언제, 어떻게, 어디로 취업할 것인가?
채용이 한눈에 보이는
취업비지도
2014
잡코리아 좋은일 연구소
NICE평가정보 엮음
한국경제신문

채용이 한눈에 보이는
2014 취업지도

CONTENTS

PART 2

꼭 챙겨야 할 업계 동향 및 채용 정보

썸을 타려고 해도 상대를 아는 것이 기본. 뭘 좋아하고, 싫어하는지 메모해가며 작전을 짜야 연애로 발전할 수 있다. 취업도 마찬가지다. 가고 싶은 회사의 정보를 명확하게 알고 있어야 그 회사와 썸(?)을 탈 수 있다. 국내 최대 취업포털 사이트 잡코리아의 정확한 채용 정보, 기업정보 분석의 최강자 NICE평가정보(주)의 기업 정보를 묶어 만든 입체형 취업 로드맵은 그린라이트를 확실하게 밝혀 줄 것이다. 자신이 입사하고자 하는 기업의 매출은 얼마인지, 회사 사정은 어떤지… 많이 아는 사람만이 더 좋은 결과를 얻는 법이다!

뽑히는
면접 & 자소서는
다르다

1인당 평균 면접 횟수?
취업 성공 비결?
면접
3회
207명
인사담당자가 1년간 만나는 지원자 수?

<u>1</u> 면접에도 밀당 프로세스가 있다

많은 취업 준비생이 서류 전형을 통과하면 취업의 문을 뚫었다고 생각하기 쉽다. 하지만 면접을 통과하기 전까지는 그저 '취준생'일 뿐이다. 막연하게 잘 봐야지라고 생각하면 떨어지는 건 불을 보듯 뻔하다. 면접 질문 유형을 철저하게 분석하고, 유형에 따른 면접 예제 1000문항을 익히면 하반기 공채의 승리자가 될 것이다.

면접 질문 유형 Best 10

No	질문 유형	면접 질문	해당 기업
1	마지막 질문	마지막으로 하고 싶은 말이 있다면 해보세요.	(주)현대HCN /대구텍(유) (주)IBK기업은행 등
2	자기소개	1분간 자기소개 / 자기PR / 장점을 토대로 자기소개 / 영어 자기소개	(주)네오위즈 / 알리안츠생명보험(주) 평안엘앤씨(주) / (주)IBK기업은행 투자증권 / (주)교원 / (주)진에어 (주)아모레퍼시픽 등
3	강점	자신의 강점을 말해보세요. / 자신의 강점으로 이 회사에 입사했을 시, 어떻게 해야 시너지를 극대화 할 수 있는 지 말해보시오. / 영업직을 수행하는 데 본인만의 강점은?	KB생명 / (주)현대HCN 삼성전자(주) / (주)경방 등
4	주량	주량은 얼마나 되나요?	대구텍(유) 등
5	목표	전공과 지원 분야가 다른데, 지원한 이유는? / 합격한다면 하고 싶은 특별한 일이 있는가?	(주)네오위즈 / 삼성엔지니어링(주) 등
공동 6	직무	영업직에 지원했는데, 영업이란 무엇이라 생각하는가. / 포장재 개발이란 무엇인지 본인의 생각을 말해보세요. / 이 직무를 하는 데 가장 필요한 역량은? / 20대를 타 깃으로 하는 마케팅전략을 세워보라. / 콜센터란? / 기획팀에서 어떤 능력을 발휘 할 수 있는지 어필해보세요. / 업계가 나가야 할 방향에 대해 말해보세요.	(주)현대HCN / (주)아모레퍼시픽 알리안츠생명보험(주) / 웅진코웨이(주) 대성에너지(주) / SK엔카 등
	회사	우리 회사가 뭐 만드는 회사인지 아나요? / 우리 회사를 어떻게 알고 오셨나요? 현재 회사 주가와 매출액이 얼마인지 아는가. / 우리 회사 서비스의 장점과 단점은 무엇인가. / 자신 있는 외국어로 우리 회사를 소개해보시오.	(주)네패스 / 삼성반도체 (주)현대HCN / (주)네오위즈 평안엘앤씨(주) / 대구텍(유) 등
8	이유	본인을 꼭 뽑아야 하는 이유가 있는가?	건강보험심사평가원 등
9	경험	인턴활동 때 했던 업무와 힘들었던 점을 말해보라. / 자신이 살아오면서 성공이라고 말 할 수 있는 일이 있었나요? / 해외 경험이 있는데 해외에서 어떤 일을 했는가?	(주)네오위즈 / 알리안츠생명보험(주) 대한무역투자진흥공사 등
10	성격	본인만의 스트레스 해소 방법이 있나요?	(주)진에어 등

면접 유형

면접 유형	장점	단점	형태
개별 면접	지원자에 대해 깊이 있게 알 수 있다.	시간이 오래 걸려 대규모 공채에서는 진행하기 힘들다.	1:1 or 1:多
집단 면접	지원자를 서로 비교할 수 있다. 채용 일정을 줄일 수 있다.	지원자에 대해 깊이 있게 파악할 수 있는 부분이 약하다.	多 : 多
블라인드 면접	객관적이다.	개인 기본 사항 파악이 힘들다.	1:多 or 多:多
다차원 면접	협동력, 친화력을 파악할 수 있다,	개인 취향에 따라 판단이 흐려질 수 있다.	등산, 술자리, 놀이동산 등의 면접(외부 진행)
PT 면접	문제의 해결 능력, 창의력, 전문성을 판단하기 좋다.	시간 소요가 많아 타 면접과 병행하여 진행한다.	프레젠테이션 (주제PT)
토론 면접	참여도, 설득력, 협동성을 파악하기 좋다.	발언의 기회를 얻지 못할 경우, 지원자를 깊이 있게 판단할 수 없다.	집단 토론 (사회자 / 찬반)

면접 프로세스

순서	내용
면접 준비	선발 직무 확인 / 필요역량, 평가지표 확인 / 이력서 검토 / 질문개발 / 체크리스트
면접 진행	시작(친화감 형성) 〉 자기PR, 지원 동기 등 기본 질문 〉 *역량 심층 분석 질문 〉 급여, 입사 시기 등 확인 〉 질의 응답 및 마무리
면접 평가	평가표에 따른 점수 합계 / 면접관 협의
선발	최종 확정 / 선정자 연락, 기타 필요사항 확인

역량 면접

- 과거의 행동으로 미래의 행동을 예측하는 면접 기법
- 기술과 지식, 능력을 평가하기 위해 역량에 초점을 맞춘 질문 구성
- 특정 상황에서 구체적으로 취한 대응 방법을 구조적인 질문에 맞춰 질문

역량 면접 대비법

- 질문의 의도를 파악한다.
- 드러나지 않는 태도에 주의해야 한다.
- 자신의 경험에 대해 구체적으로 설명해야 한다.

압박 면접에 당황하지 마라!

업무 스트레스가 많은 직무의 경우, 압박 면접을 통해 직무 적합성을 평가한다. 또한 최근 경기가 어렵다보니 이를 헤쳐 나갈 강인한 인재를 선호한다. 압박 면접에서는 말꼬리를 잡히지 않게 대답하는 것이 노하우다.

지원회사와 업계를 분석하라!

글로벌 금융 위기의 원인은 무엇인가 등의 질문이 그 예다. 이에 대해 뉴스를 통해 누구나 알고 있는 정보를 말한다면 좋은 점수를 받을 수 없다. 사건에 대한 원인과 결과, 영향에 대해 이야기 하는 것이 좋다.

업계 용어를 사용하라!

실제 업계에서 사용하고 있는 용어를 면접장에서 사용하면 유대감을 형성시킬 수 있어 호감을 얻을 수 있다. 예를 들어 금융회사의 면접장에서 이런 질문을 받았다고 하자. "어렸을 때부터 주식을 했나?" 라는 질문을 받았다면 평소 관심이 있는 지원자라면 "1분기 저점 대비 15% 정도 상회하는 수익을 냈습니다" 라고 답할 것이다. 하지만 관심이 없는 지원자라면 "남들보다 조금 더 벌었습니다" 정도로 업계 용어는 사용하지 않는 답변이 나올 것이다.

면접장에 절대 늦지 마라!

미리 회사에 도착해 주변을 돌며 직원들을 살펴보고 분위기를 익히며 마음의 안정을 찾는 것이 좋다. 특히 면접 시간에 늦어 면접관들을 기다리게 해서는 절대 안 된다. 첫인상이 무엇보다 중요하기 때문이다.

오버하는 지원자가 되지 마라!

면접 복장을 특이하게 입는다든지 마술쇼를 한다든지 하는 행동은 삼가는 것이 좋다.

앵무새처럼 외워서 대답하지 마라!

매뉴얼대로 답하는 지원자는 진부하게 보여진다. 준비된 답을 하기 보다는 자연스러운 모습을 통해 호감을 사는 것이 좋은 방법이다. 로봇처럼 감정 없이 말하는 대답은 마이너스가 될 수 있다. 자신을 숨기는 행위이기 때문이다.

순위	귀하가 면접 시 가장 많이 한 거짓말은 무엇입니까?
1	일만 즐겁게 할 수 있다면, 연봉은 중요하지 않습니다.
2	회사에 대한 인상이 너무 좋아서 꼭 합격하고 싶습니다.
3	너무 긴장해서 준비한 걸 10%도 다 보여드리지 못했습니다.
4	이 회사를 목표로 준비했기에 떨어져도 재도전할 겁니다!
5	열심히 보고 배울 각오가 돼 있습니다.
6	인내심이 강해서 한 번 들어간 회사는 잘 이직하지 않습니다.

순위	면접 고득점자	순위	최하 점수 면접자
1	미소를 잃지 않고 밝은 모습의 면접자	1	매사에 자신 없어 보이는 면접자
2	자신만의 색을 보여 줄 수 있는 면접자	2	질문의 의도를 파악하지 못하는 면접자
3	어떤 질문에도 당황하지 않는 면접자	3	논리적이지 못해 말이 길어지는 면접자
4	모르는 질문은 솔직히 모른다고 답하는 면접자	4	표정관리 안 되는 면접자
5	결론부터 말하고 근거를 제시하는 면접자	5	지식이 부족한 면접자
6	고스펙 등 상당한 지식을 보유한 면접자	6	모범 답안만 말하는 면접자

면접 대기실에서
조용히 앉아 침착하게
자신의 차례를 기다린다.

면접장에 들어설 때
가벼운 목례로 인사하고
자리에 앉는다.

모르는 질문을 받았을 때
알고 있는 선에서 최대한
성실히 대답한다.

면접 마지막 질문하라고 했을 때
꼭 입사하고 싶다는 의지를
다시 밝힌다.

스펙이 좋지 않아도 꼭 뽑고 싶은 유형
긍정 에너지가 충만해 보는 사람도
생기 넘치게 만드는 지원자

인사담당자에게 물었다!

순위	Q. 면접을 진행하며 가장 당혹스러울 때는 언제입니까?
1	왜 면접에 왔는지 의아할 정도로 입사 의자가 없어 보일 때
2	쭈뼛거리며 소극적인 모습으로 면접에 임할 때
3	자기소개서에 쓰인 성격의 장·단점 등의 내용과 면접에 임하는 모습이 다를 때
4	신입 지원자답지 않게 너무 자신만만하고 당돌해 보일 때
5	원하는 희망 연봉 등이 지나치게 높을 때
6	이력서 사진과 실제 모습이 많이 다를 때
7	지나치게 도전적이거나 열정적이어서 부담스러워 보일 때
8	면접 복장에 어울리지 않는 의상을 입고 왔을 때
9	면접장에서 애교부리는 모습을 볼 때
10	지나치게 긴장해서 보는 사람마저 긴장하게 만드는 지원자를 볼 때

면접 질문 의도 파악 3법칙

모든 면접 질문에는 의도가 숨어 있다!
다음 3가지 기준을 잡아보자.
질문의 의도를 파악하고 현명한 답을 찾을 수 있다!

지금 수중에 1억 원이 있다면 어떻게 활용할 건가요?

1억 원이라는 돈을 어떻게 가치 있게 사용할 것인지에 대한 지원자의 가치관과 계획성, 나아가 지원자의 업무 능력까지 연결해 판단하려는 의도가 숨어 있다.

사람들과 함께 있을 때 당신은 어떤 역할을 하나?

조직에서의 행동 양식을 파악해 지원자의 주도성과 협업, 추진력 등을 파악하고자 하는 질문이다. 지원자는 자신의 지원 업무와 연관해 답변하는 것이 현명하다.

살면서 가장 어려운 때가 있었다면 언제입니까? 극복 방법은?

지원자의 의지가 얼마나 강한지 또 실천력이 있는지 파악하는 질문이다. 이 경우 자신의 경험을 구체적으로 설명하는 것이 중요하다. 하지만 너무 극적인 부분이나 최악의 상황을 끄집어 내는 것은 좋지 못할 수 있다.

유형별 면접 전략

1. 주어진 주제를 통해 30~40분간 진행된다.

2. 토론 면접의 핵심은 팀워크다.

3. 토론을 자기중심으로 끌고 가는 것은 좋은 점수를 받기 힘들다.

4. '제 생각은 이런데 어떻게 생각하시나요?' 라며 공손히 자신의 의견을 피력해야 한다.

5. 옆 지원자의 이름을 기억하고 불러라!
   예)"○○씨 좋은 의견입니다. 하지만 제가 생각하는 부분은……."

6. 마인드 콘트롤이 필요하다. 상대방의 태도에 흥분해 싸우면 안 된다.

7. 상대방의 말에 경청 또 경청하자.

PT 면접

1. 30분간 준비 시간을 준다. 5~10분간 발표하고 질의 응답을 받는다.

2. 무엇보다 논리가 중요하다.

3. 주제는 전문지식과 시사상식이 주어진다.

4. 최근에는 질문이 문제 해결형으로 변화되고 있다.
   예)휴대전화 성숙기 시장에서의 마케팅 전략에 대해 발표하라.

5. 텍스트 보다는 도식화된 발표 자료를 구성하는 것이 좋다.

01 모의 테스트를 하라!

면접은 자신감이다! 영어도 이와 같다.
많은 준비를 할수록 현장에서 떨지 않고 답할 수 있다.

02 시사상식을 쌓아야 한다.

영어 면접에서 자주 나오는 질문이 시사상식이다.
때문에 기본 지식이 필요하다.
예를 들어 올해 한국경제에 대해 어떻게 생각하는가? 등의 질문이 나온다.

03 소리 내어 발음하라.

평소 영어에 많이 노출되고 소리 내어 표현하는 것이 좋다.
특히 녹음된 자신의 발음을 들어보고 수정하는 것이 많은 도움이 된다.

04

만약 면접관으로 외국인이 앉아 있고 악수를 권한다면,
힘차게 악수하는 것이 좋다.
자신감 있는 모습이 좋은 점수를 받는다.
우리나라와 악수 예절이 다르다.

05 천천히 말해도 좋다.
끝까지 포기하지 않는 자세가 중요하다!

익혀두면 좋은 표현 : I don't understand what your asking. Pardon me?

- What are your strengths and weaknesses?
- Why are you applying for this position?
- What do you do in your free time?
- What does success mean to you?
- Why do you think some companies with good products fail?

2 면접의 정석, 유형을 알면 길이 보인다
−유형별 족집게 문제 1000

PT, 압박, 토론, 영어 등 유형별로 뽑은 면접 질문 1000제를 익히고, 지원하고자 하는 해당 기업의 면접 질문을 예상해보자. 새로운 면접 유형을 기업이 고민하고 있다지만, 반복과 변형일 수밖에 없다. 족집게 면접 예제를 통해 공채의 길을 열자!

순번	유형	기업명	질문
1	PT	LG디스플레이	고객을 감동시키는 세일즈 전략을 발표하시오.
2	PT	LG디스플레이	나를 대표하는 3가지와 나를 선택해야 하는 이유를 발표하시오.
3	PT	LG디스플레이	마케팅 관점에서 본인의 차별화 포인트를 발표하시오.
4	PT	LG디스플레이	지원한 회사의 기업 이미지 상승을 위한 홍보 마케팅 전략을 수립하시오.
5	PT	LG생활건강	우리나라의 음료시장 규모는 3조 3천억 원인데, 이 중 탄산음료가 차지하는 비중을 예상해보고 그 이유를 설명하시오. (준비시간 3분, 발표 1분)
6	PT	LG전자	LG전자의 제품군 중 가장 진입 장벽이 낮은 제품을 선정하고 이 제품의 마케팅 방안을 이야기 하시오.
7	PT	LG전자	SNS 마케팅 정의와 활용 방안
8	PT	SK C&C	국내시장 포화로 중국시장 진출을 모색하는 회사 입장에서의 사업수행 계획 (업종은 본인이 선택)
9	PT	SK C&C	정부의 공공시장 IT참여 제한에 따른 대응 방안
10	PT	SK C&C	한 회사의 조직을 활성화하기 위한 방안(업종 상황 가정 가능)
11	PT	STX	당사를 스왓 분석하여 발표하시오.
12	PT	두산	SSM규제가 시행되고 있습니다. 이에 대한 본인의 생각을 PT하세요.
13	PT	두산	민간에서 개발한 검정 교과서를 심사하는 한국교육과정평가원이 중학교 국어 과목의 검정 교과서에 실린 도종환 민주통합당 의원의 작품을 뺄 것을 권고해 논란이 되고 있습니다. 현역 정치인의 문학작품을 교과서에 실어도 좋은지를 PT하세요.
14	PT	두산	2009년 서울 관악구의 한 교회에 처음 베이비박스가 설치된 후 베이비박스를 그대로 둬야 하는지에 대해 끊임없는 찬반 논란이 벌어지고 있다. 이에 대해 PT하세요.
15	PT	두산	평균 수명이 높아지고 있는 데다 한국의 경제 발전을 이끌어 온 베이비부머 세대의 퇴직이 본격화 됨에 따라 정년 연장 논의가 활발하게 이뤄지고있다. 60세까지 정년 연장에 대해 PT하세요.
16	PT	두산	흡연규제가 강화되면서 채용이나 인사에서 흡연자들에게 불이익을 주는 기업이 늘고 있다. 흡연자 인사 불이익은 정당한 건지에 대해 본인의 생각을 PT하세요.
17	PT	롯데	롯데그룹에 맞는 새로운 글로벌 전략에 맞춰 콘셉트를 정하고 전략 수립
18	PT	롯데	백화점 매출감소로 인해 카드사에 발생하는 손실을 해결할 수 있는 마케팅 전략 수립
19	PT	롯데	현재 광고전략의 한계점을 설명하고 이에 따른 새로운 광고전략 수립
20	PT	롯데카드	모바일카드 시장 성장에 따른 롯데카드의 전략에 대해 PT하세요.
21	PT	롯데푸드	군납식품 비리에 대해 PT하세요.
22	PT	롯데푸드	한식의 세계화에 관해 PT하세요.
23	PT	롯데홈쇼핑	본인만의 상품을 기획해 발표해보세요.

순번	유형	기업명	질문
24	PT	삼성	거래처에서 잘못 통보하여 일정에 차질이 생겼다. 그런데 그 쪽에서는 우리 쪽에서 비용을 지불하고서라도 기간 내에 물건을 보내달라고 한다. 거래처는 우리에게 아주 중요한 기업이다. 이때 비용을 들어서라도 그 쪽 요구를 응해주겠는가?
25	PT	삼성	귀하가 총무 담당자라면 임직원 단합대회를 어떻게 준비하고 실시할 것인지 발표해 보시오.(일정 및 경비사용계획 / 행사 프로그램 / 중식, 상품, 복장 등 준비사항 포함)
26	PT	삼성	기업 지배구조와 주가 간에 상관관계가 있다고 보는가? 그렇다면 이유는 무엇인가?
27	PT	삼성	외국계 유명 할인점인 까르푸와 월마트가 국내 시장에서 철수하였다. 세계 시장에서 성공한 기업들이 국내 유통시장에서 성공하지 못하는 이유는 무엇이라 생각하는가?
28	PT	삼성	최근 종부세에 대한 논쟁이 활발하다. 논쟁의 대립점을 설명하고 자신의 의견을 피력하라.
29	PT	삼성	최근 환율의 급격한 변동으로 우리 경제에 악영향을 미치고 있다, 환율 변동이 우리 경제에 미치는 영향을 설명하라.
30	PT	삼성	팀장 리더십, 카리스마 리더십, 서번트 리더십 등 리더십이란 말이 많이 쓰이고 있다. 올바른 리더십이란 어떤 것인지 본인의 의견을 제시하라.
31	PT	삼성	회사의 장기적인 성장과 발전을 위해서는 윤리경영이 필수라고 한다. 윤리경영을 하지 못해 실패한 국내외 기업 사례를 들어 윤리경영의 필요성을 설명하라.
32	PT	삼성전자	Youth층과 장년층간 구매 결정 과정의 차이를 설명하시오.
33	PT	삼성전자	스토리텔링 마케팅이란 제품의 기능이나 성능을 떠나 경쟁사와 차별화 할 수 있는 제품 스토리를 통한 마케팅 기법이다. 〈A사의 제품-스마트폰, 테블릿PC, 3D TV, 세탁기, 냉장고〉 A사의 제품 중 하나를 선정하여 기발한 스토리텔링 마케팅 방안을 생각하고 구체적인 실행 방안을 제시하시오.
34	PT	삼성전자	시스템을 벤치마킹 할 수 있는 것을 설명하고 그에 대한 블록도를 그려서 교량에 쓰이려면 어떻게 바꿔야 하는지 설명해보시오.
35	PT	삼성전자	실버산업에서의 마케팅 전략과 신제품 콘셉트에 대해 발표하시오.
36	PT	삼성전자	아날로그 통신에 비해 디지털 통신이 가지는 장, 단점에 대해 발표하시오.
37	PT	삼성전자	전자액자의 판매 활성화 방안에 대해 말해보시오.
38	PT	삼성전자	제품을 만들 때 들어갈 부품을 선정하는 방법에 대해 설명해보시오.
39	PT	삼성전자	(대차대조표, 손익계산서, 현금흐름표를 보고) FIFO(선입선출법)와 LIFO(후입선출법)의 차이를 설명하고, 5% 인플레 하에서 재무재표에 어떤 영향을 미칠지 설명해보시오.
40	PT	삼성전자	NPV(순현재가치), IRR(내부수익률), ROI(투자자본수익률)를 통한 투자안의 적격여부에 대해 설명해보시오.

순번	유형	기업명	질문
41	PT	삼성전자	부품의 시장 접근 타이밍에 대해 선택을 해보고 그 이유에 대해 설명해보시오.
42	PT	삼성전자	어떤 시스템의 역률이 지상일 때 역률을 개선시키기 위해서 무엇을 해야 하는가?
43	PT	삼성전자	프라다폰 등 이종 업계간 제휴가 활발한데 국제적 제휴 방안에 대해 말해보시오.
44	PT	삼성중공업	해외진출을 하려고 하는데 해외 주민의 반대가 심하다. 어떻게 극복하겠는가?
45	PT	삼성카드	애완동물을 키우는가? 애완동물 사업의 시장 규모가 작은 이유는 무엇인가? 애완동물 동호회와 연계성을 설명하라.
46	PT	신세계백화점	SNS를 활용한 홍보 마케팅 전략을 발표하시오.
47	PT	신세계백화점	기업의 사회적 책임에 대해서 발표하시오.
48	PT	신세계백화점	신세계백화점에서 아트 마케팅을 하여 얻을 수 있는 기대효과에 대하여 발표하시오.
49	PT	신세계백화점	외국인을 타깃으로 한 매출 증대 방안에 대하여 발표하시오.
50	PT	신세계백화점	회사의 친환경 경영을 위한 마케팅 전략에 대하여 발표하시오.
51	PT	이랜드	내 자신이 누구인지 나는 무엇을 잘하고 무엇에 관심이 있는지 자신을 어필할 수 있는 브리핑을 하시오.
52	PT	한솔	IFRS(국제회계기준) 도입에 따른 영향을 분석하시오.
53	PT	한솔	MRO(소모성 자재)사업의 대기업 진출 포기 요구에 대한 의견(찬반과 대안)을 말하시오.
54	PT	한솔	SPA브랜드의 성공 요인 분석을 통한 패션 기업의 전략을 수립하시오.
55	PT	한솔	매복마케팅, 노이즈마케팅, 신비마케팅을 비교하시오.
56	PT	한솔	미국 유가 상승이 중국의 돼지 농가 소유주의 행동을 어떻게 변화시킬까에 대한 논리적 분석을 해보시오.
57	PT	한솔	북한의 인도적 지원에 국가안보를 연계시키는 것에 대한 의견을 말해보시오.
58	PT	한솔	초과이익 공유제에 대한 개인 의견을 말하시오.(찬반과 대안)
59	PT	예제	25톤 트럭의 유류비를 절감하기 위한 CEO로서의 전략을 발표해 보시오.
60	PT	예제	KPI지수에 대해 말해보시오
61	PT	예제	당사의 신규사업 아이디어를 추천하고 방안을 발표하시오.
62	PT	예제	면제점 내국인 구매 활성화 방안에 대해 발표하시오.
63	PT	예제	모터의 작동원리에 대해 발표하시오.
64	PT	예제	민간 사회자본에 관련한 본인의 생각을 말하시오.
65	PT	예제	베르누이의 공식에 대해 간단히 설명하시오.
66	PT	예제	열전달법칙에 대해 간단히 설명하시오.
67	PT	예제	유재석과 강호동의 리더십에 대해 자신의 의견을 발표하시오.
68	PT	예제	재료를 강화시키는 방법에 대해 3가지 이상을 발표하고 사례를 설명하시오.
69	PT	예제	저출산이 당사 업종에 미치는 영향 및 대책을 발표하시오.
70	PT	예제	하이브리드카를 어떻게 이용할 것인가에 대해 발표하시오.
71	그룹	포스코컴텍	학생들의 불만을 사고 있는 교내식당의 문제점을 해결하기 위해 5명이 각자 역할을 정해 결과를 도출하시오.

순번	유형	기업명	질문
72	압박	예제	결혼 상대가 어떤 사람이었으면 좋겠는가. / 밤에 치한을 만났다면 어떻게 대처 할 것인가
73	압박	예제	고객이 본인을 마음에 들어 아는 사람을 소개해주고 싶다고 명함을 달라고 한 다면 어떻게 하겠는가.
74	압박	예제	만약 회사 사정이 어려워져 월급을 못 준다면 어떻게 할 것인가.
75	압박	예제	오늘 야구는 누가 이길 것인가.
76	압박	예제	이성친구 유무와 어떤 면이 좋아서 만나는지, 이성친구가 본인의 어떤 점을 좋아하는 가에 대해 이야기하시오.
77	압박	예제	자신이 생각하기에 삼국지에서 영웅은 누구라 생각하는가
78	압박	예제	제약 영업을 하는 A씨는 정부의 병원 영업 규제에 큰 타격을 입고 있었다. 하지만 법을 어기면 회사에 더 큰 손해를 입힐 상황이다. 우연찮게 동료의 불법 영업을 알게 된 A는 감사팀에 보고를 했다. A씨는 잘한 것인가.
79	압박	예제	현금 100,000원이 든 봉투를 인적이 드문 곳에서 습득했다. 당신은 어떻게 할 것인가?
80	영어	CJ E&M	영어 잘 하나요? (한국어 답변 후) 방금 한 말을 영어로 해보세요.
81	영어	LG CNS	U-city란 무엇인지 영어로 설명해보세요.
82	영어	LG상사	영어로 고향을 설명해보세요.
83	영어	LG전자	해외에서의 LG전자 이미지를 영어로 설명해보세요.
84	영어	LG화학	1년 후 만약 죽게 된다면 그 동안 무슨 일을 해보고 싶은지 영어로 표현해 보세요.
85	영어	LG화학	올 때 어떻게 왔는가?(영어)
86	영어	LG화학	좋아하는 장소는 어디인가?(영어)
87	영어	LG화학	책상 위에 있는 사진을 보고 생각나는 것이 무엇인가?(영어)
88	영어	LG화학	최근 40년간 발명된 것 중에서 자신이 생각했을 때 사람들의 삶을 바꾼 것은 무엇이라고 생각하는가?(영어)
89	영어	SK건설	취미를 영어로 말해보시오.
90	영어	SK네트웍스	영어로 테이블에 있는 종이컵을 팔아보시오.
91	영어	SK이노베이션	마지막으로 하고 싶은 말을 영어로 간략하게 표현해보세요.
92	영어	SK하이닉스	자기를 상품화하여 1분 동안 영어로 표현해보세요.
93	영어	롯데건설	영어로 지원동기를 말해보시오.
94	영어	롯데제과	자기소개를 영어로 해보시오.
95	영어	부산롯데호텔	지원한 동기를 영어로 말해보시오.
96	영어	이랜드	무엇이든 영어로 표현해 보시오.
97	영어	이랜드리테일	직장을 구할 때 가장 중요하게 생각하는 점은?(영어)
98	영어	포스코	금융위기에 대한 본인이 생각은?(영어)
99	영어	포스코	철강기업의 회계 담당자로서 가져야 할 자세에 대한 본인의 생각은?(영어)
100	영어	포스코건설	어머니에 대해 영어로 이야기하시오.

순번	유형	기업명	질문
101	영어	포스코에너지	당신이 공부했던 것들이 지원 분야에 어떻게 도움이 될 것인가?(영어)
102	영어	포스코에너지	당신이 우리 회사에 들어오기 위해 준비했던 것들이 무엇이 있는가?(영어)
103	영어	포스코에너지	요즘의 관심사는?(영어)
104	영어	포스코에너지	주로 당신은 여가시간에 무엇을 하는가?(영어)
105	영어	포스코에너지	친구들을 만나면 무엇을 하며 지내는가?(영어)
106	영어	포스코에너지	현재의 세계 경제가 어떻게 돌아가고 있다고 생각하는가?(영어)
107	영어	한화 L&C	영어로 한화 빌딩에 대한 첫인상을 말해보시오.
108	영어	한화건설	아침에 무엇을 먹었는지 영어로 말해보시오.
109	영어	한화건설	왜 친구가 많나? 친구의 신뢰를 얻기 위해 어떤 행동을 했나?(영어)
110	영어	한화건설	플랜트 산업에서 외국어 능력이 중요한 이유는?(영어)
111	영어	한화케미칼	오늘 집에서 여기 오는 길을 영어로 설명하시오.
112	영어	현대자동차	가장 영향력이 있다고 생각하는 연예인은 누구인가? 그 사람이 나오는 프로그램 중 본인이 가장 좋아하는 것을 영어로 설명해보세요.
113	영어	현대자동차	가장 좋아하는 음식이 무엇인가? 주로 언제 먹는지 영어로 설명하라.
114	영어	현대자동차	가장 최근에 읽었던 책을 영어로 설명해보세요.
115	영어	현대자동차	가족들과 밥은 얼마나 자주 같이 먹는가?(영어)
116	영어	현대자동차	우리나라에 거주하는 해외 인력에 대해 어떻게 생각하는가?(영어)
117	영어	현대자동차	자주 가는 음식점에 대해 영어로 설명해보세요.
118	영어	현대자동차	저녁 메뉴로 주로 무엇을 먹는지 영어로 설명해보세요.
119	영어	현대자동차	지금 느낌을 영어로 말해보세요.
120	영어	현대자동차	처음 차를 사는 사람에게 어떤 차를 추천하고 싶은지 영어로 말해보세요.
121	영어/토론	LG전자	LG전자 사원은 LG전자 휴대폰을 사용해야 하는가?
122	영어/토론	LG화학	담배 소비를 줄이기 위한 담배가격 인상 정책에 대해 영어로 토론해 보세요.
123	중국어	이랜드	중국어로 무엇이든지 표현해보세요.
124	토론	LG CNS	65세 정년 의무화 찬반 토론을 해보시오.
125	토론	LG패션	기여입학제에 대해 찬반 토론하시오.
126	토론	LG화학	대북송금에 관해 토론해보라.
127	토론	LG화학	립싱크 금지법 발의에 대해 토론해보라.
128	토론	SK	군 가산점에 대한 찬반논란 토론하세요.
129	토론	SK이노베이션	MRO에 대해 토론하세요.
130	토론	SK케미칼	사막에 조난된 비행기에서 필요한 물건을 우선순위로 챙기는 과정을 토론하세요.
131	토론	롯데건설	영리법인의 병원을 인정할 것인가에 대해 토론하시오.
132	토론	롯데건설	지하철 노인들의 무임승차제도에 대해 찬반 토론하시오.
133	토론	롯데건설	학교 체벌금지에 관해 찬반 토론하시오.
134	토론	롯데푸드	약국 외 약품 판매에 대해 토론하시오.
135	토론	예제	공인영어시험에 관해 찬반 토론하시오.

순번	유형	기업명	질문
136	토론	예제	금융소비자보호원 설립에 대해 토론하시오.
137	토론	예제	대한항공의 말기 암환자 탑승 거부가 정당한가에 대한 토론
138	토론	예제	산업체와 일반가정 간에 전기세 차등인상 관련 찬반 토론
139	토론	예제	아나운서들의 예능프로 출연에 대한 찬반 토론
140	토론	예제	아이돌 육성 시스템에 대한 찬반 토론
141	토론	예제	전기료 인상 관련 찬반 토론
142	토론	예제	전기세 차등 적용에 대한 찬반 토론
143	토론	예제	전자소송에 대한 토론
144	토론	예제	지하철 승차 매너에 대한 토론
145	토론	예제	창고형 매장에 대한 찬반 토론
146	토론	예제	택시요금 자율제에 대한 토론
147	토론	예제	의료영리화 정책에 대한 찬반 토론
148	일반	CJ	결혼할 나이가 됐는데 장기근무 가능한가? 결혼은 언제 할 거냐.
149	일반	CJ	고등학교 내에서 우열반 제도가 과연 좋다고 생각하는가?
150	일반	CJ	나이가 어린 편이라 걱정이 되는데, 팀원들과 잘 융화되기 위한 본인만의 장점 한 가지를 말해보시오.
151	일반	CJ	여기 말고 다른 회사도 지원했는가? 그곳에서 탈락했다면 원인은 무엇이고 과연 우리 회사는 가능하다고 생각하는가?
152	일반	CJ	입사 후 어떤 자기계발을 할 예정인지?
153	일반	CJ CGV	우리 지역에서 다른 영화관과 차별화된 마케팅 전략이 어떤 것이 있을까요?
154	일반	CJ E&M	거래처에서 새로 만들어진 제품의 후속품을 만들어 달라고 한다. 해당 제품에 대한 기획을 해보라.
155	일반	CJ E&M	다양한 아르바이트 경험은 좋으나 여러 분야에서의 사회생활은 자칫 집중력이 약하다는 평가를 받을 수 있다. 어떻게 생각하는가?
156	일반	CJ E&M	새로운 음료가 자사에서 출시되었는데 유통회사 A와 B중 하나를 선택하고 그 이유를 설명하라.
157	일반	CJ E&M	자신이 왜 이 직무에 어울리는지 표현해보시오.
158	일반	CJ E&M	원하지 않는 부서에 배치 받는다면 어떻게 할 것인가.
159	일반	CJ E&M	추석 기간에 참치 선물세트를 판매하고자 한다. 판매 이익을 극대화할 수있는 마케팅 전략을 세워보라.
160	일반	CJ E&M	타임마케팅이란 것이 있다. 타임마케팅을 활용하여 CJ계열사 중 하나의 상품군을 골라 효과적인 마케팅 방안을 세우시오.
161	일반	CJ E&M	현재 생각보다 A프로그램이 잘 되지 않고 있는데, 효과적인 홍보 방안이 있다고 생각하는가?
162	일반	CJ대한통운	공모전에서 자신이 한 역할은?
163	일반	CJ대한통운	서류합격 후 CJ 계열사를 직접 방문해 본 적이 있는가?
164	일반	CJ아이지	QA와 QC의 다른 점은 무엇인가?

순번	유형	기업명	질문
165	일반	CJ오쇼핑	소셜커머스가 활발한데 CJ오쇼핑이랑 비교를 한다면? 장·단점을 말하시오.
166	일반	CJ제일제당	10년 후 어떤 모습일지 말해보시오.
167	일반	CJ제일제당	본인이 생각할 때 우리나라 실정에 맞는 신약개발 방법은 무엇인가?
168	일반	CJ제일제당	여자가 영업하기 힘든데 남자와 차별되는 강점은 무엇인가.
169	일반	CJ제일제당	전공과는 상관없는 부서를 지원했는데, 어떤 부분이 관련이 있다고 생각하는가?
170	일반	CJ제일제당	학창시절에 본인은 친구들에게 어떤 이미지였습니까?
171	일반	CJ텔레닉스	본사에 취업을 하고 싶은 이유는 무엇입니까?
172	일반	CJ텔레닉스	스트레스를 받으면 어떻게 해소하십니까.
173	일반	CJ프레시안	대리점 영업이 무엇이라 생각하는가? 지방 근무는 가능한가?
174	일반	CJ프레시안	본인을 색깔로 표현한다면?
175	일반	GS칼텍스	계절에 따라 제품 불량률이 높아지는 이유와 조사 방법에 대해 말해보라.
176	일반	GS칼텍스	당신이 강남역 주유소 사장으로 임명되었다. 중년 남성층을 타깃으로 한 주유소 운영 방안을 기획해보라.
177	일반	GS칼텍스	아프리카에서 난방유를 팔라면 어떻게 하겠는가?
178	일반	KCC	빨간 벽돌을 건축자제 외에 사용할 수 있는 용도를 창의적으로 5가지 말하라.
179	일반	KCC	유리를 1억 원어치 팔려고 하면 어디에 팔아야 하는가.
180	일반	KT	E-sports, X-game, 축구 중 우리 회사가 새롭게 스폰서 후원을 한다면 어떤 것이 좋겠으며 그 이유는?
181	일반	KT	신규고객 10,000명을 유치해오라고 한다면, 어떤 방법들을 동원할 것인가?
182	일반	LG CNS	INFRA STRUCTURE에 대해 아는 것을 말해보라.
183	일반	LGCNS	LG CNS가 경쟁사와의 경쟁에서 앞서 나가려면 어떻게 해야 한다고 생각하는가?
184	일반	LG CNS	LG CNS에 대해 말해보시오.
185	일반	LG CNS	U-city에 가장 필요하다고 생각되는 기술은 무엇이라 생각하는가.
186	일반	LG CNS	고객과 문제점이 생기면 어떡할 것인가?
187	일반	LG CNS	나중에 컨설팅을 하고 싶다고 했는데, 자신이 생각하는 커리어 패스를 말해보시오.
188	일반	LG CNS	다른 사람의 반대를 무릅쓰고 추진한 일이 있는가?
189	일반	LG CNS	면접관들에게 질문을 해보시오.
190	일반	LG CNS	면접 오기 전에 어떻게 준비했는가?
191	일반	LG CNS	비전공인데 UX디자인이 무엇인지 아는가?
192	일반	LG CNS	우리 회사에서 성공적인 경력을 쌓기에 적합한 본인의 자질은 무엇입니까.
193	일반	LG CNS	우리 회사에서 하는 디자인을 무엇이라 생각하는가? 일반적인 디자인의 의미와 차이점이 무엇이라 생각하는가.
194	일반	LG CNS	인생에서 가장 몰두한 일은 무엇인가?
195	일반	LG CNS	인생에서 가장 중요한 세 가지는 무엇인가.

순번	유형	기업명	질문
196	일반	LG CNS	인적성 검사가 낮은 부분이 있는데 실제 성격이 그러한가?
197	일반	LG CNS	입사 후 맘에 안 드는 상사나 동료를 만났을 때 어떻게 대처하겠는가.
198	일반	LG CNS	입사 후에 구체적으로 어떤 업무를 하고 싶은가? 10년 후의 계획은?
199	일반	LG CNS	인생의 목표가 무엇이고 그것이 CNS 입사랑 어떻게 연관되는가?
200	일반	LG CNS	자신과 닮은 리더와 리더십에 대해 설명해보시오.
201	일반	LG CNS	전공과 관련하여 역량을 높이기 위해 준비했던 것은?
202	일반	LG CNS	전공과 달리 디자인 분야에 지원한 이유는 무엇인가.
203	일반	LGCNS	팀 프로젝트 경험이 있는가? 프로젝트 시 본인이 맡은 역할은?
204	일반	LG디스플레이	한 달에 책은 몇 권 읽는가? 최근에 읽은 책은?
205	일반	LG디스플레이	나중에 돈을 모아 개인 사업을 하고 싶다고 했는데, 생각한 거 보다 돈을 모으는 기간이 적게 걸린다면 어떻게 하겠는가?
206	일반	LG디스플레이	Generalist가 되고 싶은가 Speciallist가 되고 싶은가?
207	일반	LG디스플레이	LCD 공정 가운데 사용되는 화학 기체는 무엇이 있는가?
208	일반	LG디스플레이	LCD 공정 가운데 자신 있게 설명할 수 있는 공정이 있는가?
209	일반	LG디스플레이	LG와 삼성을 비교했을 때 LG가 나아가야 할 방향은 무엇인가.
210	일반	LG디스플레이	MOS 자격증이 생산공장하고 관련 있는 건가?
211	일반	LG디스플레이	OP-AMP가 뭔가?
212	일반	LG디스플레이	VLSI에 대해서 설명해보시오.
213	일반	LG디스플레이	가우스 법칙에 대해 설명하시오.
214	일반	LG디스플레이	가장 친한 친구는 몇 명 있습니까?
215	일반	LG디스플레이	경력과 관련한 직무 지식은?
216	일반	LG디스플레이	광학을 수강했는데, LCD에 어떻게 도움이 되는 과목인가?
217	일반	LG디스플레이	구체적으로 열정을 표출한 경험을 말한다면?
218	일반	LG디스플레이	나이가 어린 후배들에게 일을 배우게 된다면 어떻게 대처하겠는가.
219	일반	LG디스플레이	맥스웰 방정식의 의미가 뭔가?
220	일반	LG디스플레이	분위기는 어떻게 띄우나?
221	일반	LG디스플레이	아무도 하지 않은 일에 도전해본 경험이 있는가?
222	일반	LG디스플레이	엘지디스플레이의 기업 핵심 가치가 본인과 잘 맞는가?
223	일반	LG디스플레이	우리가 지금 제시하는 연봉은 0000이다. 자신에게 많다고 생각하는가 적다고 생각하는가.
224	일반	LG디스플레이	입사를 하게 된다면 얼마나 일할 생각인가.
225	일반	LG디스플레이	자신이 활동한 동아리를 30초 이내로 소개해보시오.
226	일반	LG디스플레이	전기기사 자격증을 왜 땄는가.
227	일반	LG디스플레이	조직 생활의 달인은 어떤 사람이라 생각하는가.
228	일반	LG디스플레이	좋아하는 전공은 무엇인가?
229	일반	LG디스플레이	주말에 주로 집에서 시간을 보내나요? 아니면 친구들을 만나나요?
230	일반	LG디스플레이	지금까지 살아오면서 가장 소중했던 것이 무엇인가?

순번	유형	기업명	질문
231	일반	LG디스플레이	집에서 행사가 있는데 갑자기 회사에서 일이 생겼다고 전화가 왔다. 어떻게 할 것인가?
232	일반	LG디스플레이	출결상황이 병결로 좋지 않은데, 건강은 괜찮은가?
233	일반	LG디스플레이	취해서 쓰러질 때까지 술을 마셔본 적이 있는가? 주량을 초과해서 마신 이유가 있는가?
234	일반	LG디스플레이	친구랑 싸우면 어떻게 화해하는가?
235	일반	LG디스플레이	캐드 프로그램을 어느 정도 수준으로 다루는가?
236	일반	LG디스플레이	파레토 법칙에 대해 아는가?
237	일반	LG디스플레이	퓨리에 법칙은 무엇인가?
238	일반	LG디스플레이	해당 분야 직무에 대한 본인의 의견은?
239	일반	LG상사	경영학도로서 통큰 치킨에 대한 생각은?
240	일반	LG상사	스티브 잡스 이후 애플의 전망은? 월가에 대해 어떻게 생각하는가?
241	일반	LG상사	어느 날 지구가 멸망 위기에 처해 우주선을 타고 대피해야 하는데 당신의 가족은 4명(부인, 아들, 딸)이지만 비행선은 2인용이다. 당신은 누구를 태울 것인가?
242	일반	LG상사	왜 본인이 LG상사와 부합한다고 생각하는가?
243	일반	LG상사	인생을 살아가면서 성공 경험 및 실패 경험을 한 것과 그것을 통해 무엇을 느꼈는지 말해보시오.
244	일반	LG상사	제2외국어 전공을 선택한 것을 후회하지 않는가?
245	일반	LG상사	최근에 읽은 책은?
246	일반	LG상사	항공 사업에 대해 알고 있는가?
247	일반	LG상사	해외에 가본 적이 있나? 그 나라의 정치와 경제는 어떻다고 생각하는가?
248	일반	LG생명과학	공백 기간 동안 뭘 했는가?
249	일반	LG생명과학	살아가면서 비중을 두는 가치는 무엇인가?
250	일반	LG생명과학	자신의 대학교에 대해 설명해보시오.
251	일반	LG생명과학	전공분야 외 다른 일을 할 수 있는데 가능한가?
252	일반	LG생명과학	최근 어떤 생각을 하며 살고 있는가?
253	일반	LG생명과학	학부 성적이 왜 이렇게 낮은가.
254	일반	LG엔시스	2지망으로 XXX을 지원한 이유는 무엇인가?
255	일반	LG엔시스	네트워크 엔지니어란 무엇인가?
256	일반	LG엔시스	밤을 새워서 해본 일이 있는가?
257	일반	LG엔시스	장학금을 받아본 적이 있는가?
258	일반	LG엔시스	지원한 분야에 관심을 가지게 된 계기는 무엇인가?
259	일반	LG유플러스	ISP사업체들 사이에서 사용하는 프로토콜이 뭔지 아는가?
260	일반	LG유플러스	LTE에 대해 본인의 생각이 어떤지 자유롭게 이야기하시오.
261	일반	LG유플러스	Single Duplex와 Double Duplex에 대해서 설명해보시오.
262	일반	LG유플러스	경영학이나 마케팅을 전공하지 않았는데, 전공자와 비교해 자신이 가지고 있는 강점은 무엇이라고 생각하는가.

순번	유형	기업명	질문
263	일반	LG유플러스	단점을 보완해야 한다고 생각하나요 아니면 강점을 부각시켜야 한다고 생각하나요?
264	일반	LG유플러스	입사하면 어떤 일을 하게 될 거라고 생각하는가?
265	일반	LG유플러스	'영업은 00이다' 라고 할 때 00은 무엇이라고 생각합니까?
266	일반	LG유플러스	올해 00선거가 있는데, 누굴 뽑을 건지 그 이유는 무엇입니까?
267	일반	LG유플러스	자사 제품 중 제일 경쟁력 있는 제품을 선택하고 그 이유를 말하시오.
268	일반	LG유플러스	전공이 다른데 왜 우리 회사에 지원하게 되었는가?
269	일반	LG유플러스	정보통신공학이 무엇이라 생각하는가?
270	일반	LG유플러스	주로 전공과목에서 무엇을 배웠는가?
271	일반	LG유플러스	최근에 본 뉴스나 신문기사 중 가장 기억에 남는 것은 무엇인가?
272	일반	LG유플러스	타사보다 LG유플러스 대리점의 강점은 무엇인가?
273	일반	LG유플러스	특정 영업점을 선택하고 해당 영업점의 고객들이 매장을 보다 많이 찾고 즐겁게 이용할 수 있는 매장 구성 방안을 기획해보라.
274	일반	LG유플러스	팀 단위로 일을 하다보면 스트레스를 받을 일이 많을 텐데, 자신만의 스트레스 해소 방법은?
275	일반	LG유플러스	회사를 선택할 때 기준은 무엇인가?
276	일반	LG이노텍	PCB에 대해 아는대로 말해보세요.
277	일반	LG이노텍	공정과정에 대해 말해보세요.
278	일반	LG이노텍	돈 많이 주고 일 많이 하는 곳과 돈 적게 주고 일 적게 하는 곳 중 어디가 좋은가?
279	일반	LG이노텍	복수전공을 한 이유는?
280	일반	LG이노텍	본인이 원하는 분야에서 일을 못 할 수 있는데 어떻게 생각하는가?
281	일반	LG이노텍	순수 학문과 연구와 엔지니어링의 접근 방법이 다를 것 같은데 차이점은 무엇인가?
282	일반	LG이노텍	R&D에 지원한 이유는?
283	일반	LG이노텍	엔지니어로서의 자질은 무엇인가?
284	일반	LG이노텍	영업에서 가장 중요한 것은 무엇인가?
285	일반	LG이노텍	자신의 단점은 무엇인가?
286	일반	LG이노텍	자신의 장점이 업무에 어떤 식으로 부각되는지 말해보세요.
287	일반	LG이노텍	자신이 공대생이라고 느낄 때가 언제인가?
288	일반	LG이노텍	자신이 큰 성취감을 느꼈던 경험이 있는가?
289	일반	LG이노텍	회사를 지원하기 전 얼마 동안 계획을 세우고 지원했는지 말해보세요.
290	일반	LG전자	20년 후에 상용화 될 제품에 대해 말해보세요.
291	일반	LG전자	3시 15분일 때의 분침과 시침의 각도는?
292	일반	LG전자	CDMA에 관하여 간단하게 설명해보세요.
293	일반	LG전자	HA 사업부에 와서 할 수 있는 일이 무엇인지 전공과 관련하여 자기소개를 해보세요.

순번	유형	기업명	질문
294	일반	LG전자	LG 전자에 들어와 기여할 수 있을 거 같은 부분은 무엇인가?
295	일반	LG전자	LG 휴대폰을 타사 휴대폰과 비교 시 어떤 장점과 단점이 있는가?
296	일반	LG전자	고시준비를 하다가 취직하려는 이유는?
297	일반	LG전자	극한상황이나 스트레스를 받으면 어떻게 해소하는가?
298	일반	LG전자	다른 곳에서 인턴경험이 있는데 거기 간 이유가 있는가? 그쪽에 왜 지원하지 않았나? 거기서 떨어졌는데 우리 회사에서 뽑아야 하는 이유는 무엇인가?
299	일반	LG전자	다른 회사 말고 LG전자를 지원한 이유는 무엇인가요?
300	일반	LG전자	대중화 기술이란 무엇입니까?
301	일반	LG전자	대학생활 때 조직생활을 하면서 리더십을 발휘한 적이 있는가?
302	일반	LG전자	동시에 여러 일이 주어졌다면 어떤 순위로 일을 처리하겠는가?
303	일반	LG전자	마케팅 성공 및 실패 사례를 말해보세요.
304	일반	LG전자	맨홀 뚜껑이 왜 원형인가?
305	일반	LG전자	무슨 핸드폰을 사용하고 있으며 그 회사는 어디인가?
306	일반	LG전자	살면서 모욕적인 일을 당한 경험은?
307	일반	LG전자	세 사람이 함께 등정을 간 친구라고 가정해보자. 영화에서 보듯, 벼랑에 세 명의 로프가 엮어서 셋 중 한 명만 끊으면 나머지 둘이 살 수 있고, 아니면 셋 다 죽어야 하는 상황이 되었을 때, 어떻게 대처할지 말해보라.
308	일반	LG전자	세계경제가 불안정한 이유는? 우리나라는 앞으로 어떻게 될까?
309	일반	LG전자	소프트웨어공학은 왜 필요하다고 생각하는가?
310	일반	LG전자	여자친구랑 한 약속과 일 중에서 어떤 것을 선택할 것인가?
311	일반	LG전자	열역학 2번째 법칙이 무엇인가?
312	일반	LG전자	우리 회사의 미래를 어떻게 보는가?
313	일반	LG전자	우리 회사는 위험한 국가에 해외파견이 많다. 갈 수 있는가?
314	일반	LG전자	유체란 무엇인가?
315	일반	LG전자	이 자격증은 왜 취득했나? 회사에 도움이 될까?
316	일반	LG전자	이 프로젝트는 어려워 보이는데 어떤 식으로 구현했는가?
317	일반	LG전자	일과 가정, 두 마리 토끼를 다 잡을 수 있겠는가?
318	일반	LG전자	입사한다면 얼마나 물건을 잘 팔 수 있을 것 같나?
319	일반	LG전자	자기가 연구한 분야에 대해 엘지 전자에서 응용할 수 있는 것에 대해 말해보세요.
320	일반	LG전자	자녀 등록금을 지원받는 동료가 있다. 본인은 대학생 자녀가 없어서 동료보다 연 200만 원 정도의 복지혜택을 덜 받고 있다. 이 상황을 어떻게받아들이겠는가? 합리적인 복지제도에 대해 생각해본 적이 있는가? 제안해보라.
321	일반	LG전자	자신은 삼국지에서 영웅이 누구라고 생각하는가?
322	일반	LG전자	전공 분야에 대한 연구 신행 과정과 결과를 실명해보세요.
323	일반	LG전자	전공이 국문과인데 한국지역본부의 마케팅 업무와 전공 사이에 무슨 관계가 있는가?

순번	유형	기업명	질문
324	일반	LG전자	전국에 공중화장실이 몇 개나 있을 것 같은가? 그렇게 생각하는 이유와 근거는 무엇인가?
325	일반	LG전자	제2외국어 수준을 '하' 라고 표기한 이유는?
326	일반	LG전자	컬러리스트자격증이 있는데, 우리 회사는 그레이컬러를 많이 사용한다. 그레이 컬러의 장점과 단점을 말해보시오.
327	일반	LG전자	평소에 LG전자에 대해 어떻게 생각하셨나요?
328	일반	LG전자	학교나 대외활동을 통해 했던 프로젝트나 경험을 이야기해보세요.
329	일반	LG전자	핸드폰에 스크래치가 안 나게 하려면 무엇을 할 수 있는가?
330	일반	LG전자	핸드폰의 열을 어떻게 제거할 수 있는가?
331	일반	LG전자	회사 앞 정문 100m 지점에 잇는 2000평 규모의 부지를 사원들의 복지를 위해 사용하겠다고 발표하였다. 체육관, 문화시설, 탁아소, 수영장 중 어떤 시설이 가장 사원들의 복지를 위해서 좋을 것이라고 생각되는가?
332	일반	LG전자	휴대폰과 본인의 전공을 접목시켜 설명해보세요.
333	일반	LG패션	창의력을 발휘하여 문제를 해결한 경험을 말해보시오.
334	일반	LG하우시스	LG하우시스에 대해 어떻게 알고 계셨나요?
335	일반	LG화학	1억 원의 돈을 면접관이 가져오라고 했을 때 가장 빨리 가져올 수 있는 방법은?
336	일반	LG화학	LG제품의 문제점은 무엇인가? 그 이유는?
337	일반	LG화학	경영자와 과학자 중 누가 더 중요한가?
338	일반	LG화학	내 생애 가장 열정적이었던 순간은?
339	일반	LG화학	다른 지원자들과 차별화되는 점은 무엇인가?
340	일반	LG화학	당신이 면접관이라면, 묻고 싶은 것 3가지는 무엇인가?
341	일반	LG화학	돈을 빌린 적이 있는가? 돈 문제는 어떻게 처리하나?
342	일반	LG화학	만약 CEO가 된다면 회사를 어떻게 이끌 것인가?
343	일반	LG화학	배낭여행에서 가장 기억에 남는 것은 무엇인가?
344	일반	LG화학	사막에서 물 없이 얼마나 생존할 수 있을까?
345	일반	LG화학	살면서 가장 높게 잡은 목표가 무엇이었나?
346	일반	LG화학	삼성과 LG의 3D TV 논란에 대해 어떻게 생각하는가?
347	일반	LG화학	생산관리가 무엇인지 말해보세요.
348	일반	LG화학	서울에서 부산까지 가는 가장 빠른 방법은?
349	일반	LG화학	설과 추석 명절 중 어느 것을 폐지하는 것이 좋겠는가?
350	일반	LG화학	성형수술을 해주고 싶은 사람 2명을 꼽는다면?
351	일반	LG화학	세상에서 가장 쓸모없는 발명품은 무엇이라고 생각하나?
352	일반	LG화학	실제로 어떤 제품을 생산하는지 아는가?
353	일반	LG화학	아르바이트나 인턴 경험에서 느낀 점을 말해보세요.
354	일반	LG화학	업무시간 중 여유시간이 생기면 주로 무슨 일을 하나요?
355	일반	LG화학	오늘 전공 면접에서 자신에게 몇 점을 주겠는가?
356	일반	LG화학	옵티머스가 어떻게 하면 갤럭시S를 이길 수 있겠는가?

순번	유형	기업명	질문
357	일반	LG화학	우리 회사 소속 야구팀이 계속 지고 있는데, 그 이유가 무엇이라고 생각하는가?
358	일반	LG화학	우리나라의 연간 신용카드 소비량이 얼마나 될 것 같은가?
359	일반	LG화학	인간이 미래에 퇴화될 부분 2가지는 무엇인가?
360	일반	LG화학	전공을 바꾸면서까지 이쪽 분야에 지원한 이유는?
361	일반	LG화학	중국에서 가장 존경하는 인물은?
362	일반	LG화학	당신이 농심 CEO라면 쥐머리 새우깡 문제 이후 기업이미지 개선을 위해 어떻게 대처할 것인가?
363	일반	LG화학	지구가 멸망하려고 할 때 당신은 다음의 6명 중 3명만 살릴 수 있다. 성직자, 의사, 판사, 선생님, 정치인 중 당신은 어느 셋을 살릴 것인가?
364	일반	LG화학	직장에 급한 일이 있는데, 아내가 회사 앞에서 같이 식사하자고 기다리고 있다. 그러면 어떤 것을 선택할 것인가?
365	일반	LG화학	최근 LG화학이 중국에 진출했는데, 중국 시장 활로를 넓히기 위해 어떤 전략이 필요하다고 생각하는가?
366	일반	LG화학	출장을 갔는데 지갑을 잃어버려서 여권, 명함 등을 다 잃어버리면 어떻게 하겠는가?
367	일반	LG화학	학창시절에 가장 크게 느꼈던 갈등이 무엇인가? 어떻게 갈등을 풀었나?
368	일반	SC은행	은행에서 발송하는 DM, TM에 대해 고객 불만이 높은 편이다. 이를 해결하기 위한 방안을 마련해보라.
369	일반	SK	기존 석유 화학 사업과 새로운 신재생에너지 사업에 대해서 투자 비중을 앞으로 어떻게 가져가야 할 것인가?
370	일반	SK	꿈을 이루기 위해 노력한 것은 무엇인가?
371	일반	SK	우리나라에 놀고 있는 손목시계가 몇 개 인가?
372	일반	SK C&C	12~1시 사이 경부 고속도로 이용자 중 핸드폰을 사용하는 사람의 수는?
373	일반	SK C&C	2,000명이 근무하는 회사의 식당 담당자로 부임해 왔다. 점심 식사로 몇 인분을 준비할 것인가?
374	일반	SK C&C	가장 어려웠던 프로젝트는?
375	일반	SK C&C	남성의 구두끈을 가지고 무엇을 할 수 있겠는가?
376	일반	SK C&C	네이버 지식검색의 하루 방문자 수가 몇 명인가?
377	일반	SK C&C	담배값이 10,000원으로 인상한다고 가정하자. 담배 수요가 얼마나 줄어들 것인가?
378	일반	SK C&C	당신이 조선시대의 김정호라고 가정하자. 임금님이 지도를 그리라고 시켰다. 어느 정도의 시간에 완성시킬 수 있는가?
379	일반	SK C&C	당신이 지금 면접관 자리에 있다고 할 경우, 질문을 만들어 보세요.
380	일반	SK C&C	대형할인마트에서 실재고와 전산재고의 차이가 많이 난다. 도난에 의한 것으로 의심된다. 당신이 매니저라면 어떤 대책을 세울 것인가?
381	일반	SK C&C	서울 시내 10층 이상 건물 수는?
382	일반	SK C&C	서울역 앞 커피자판기의 한 달 수입은?
383	일반	SK C&C	성인 남자 호주머니에 있는 동전 개수는?

순번	유형	기업명	질문
384	일반	SK C&C	우리 회사가 현재 사업 다각화를 통해 더 많은 이익을 창출하려고 하고 있다. 당신이 우리 회사 의사 결정자라면 어떤 분야로 다각화를 추진하는 것이 가장 이익이 될 거라 생각하는지 설명하라.
385	일반	SK C&C	제주도의 렌터카 수는?
386	일반	SK C&C	한국은행이 1년에 만 원권을 몇 장이나 발행하겠는가?
387	일반	SK건설	공모전 수상 경력이 있으면 말해보세요.
388	일반	SK건설	그룹의 리더를 맡아 본 적이 있는가? 어떤 그룹이었으며 구성원은 몇 명이었는지 말해보시오.
389	일반	SK건설	기존의 방식에서 벗어나 새로운 시도를 했던 적은?
390	일반	SK건설	동아리 또는 사회단체 경험이 있는가?
391	일반	SK건설	어학연수 및 교환 학생 또는 오랫동안 했던 해외여행 경험이 있으면 말해보세요.
392	일반	SK건설	열악한 상황을 극복하고 좋은 결과를 유도해 낸 경험이 있는가? 있다면 구체적으로 말해보세요.
393	일반	SK건설	팀으로 활동하면서 어려웠던 점이 있었나?
394	일반	SK건설	풀타임으로 일하거나 인턴 경험이 있는가?
395	일반	SK네트웍스	SK네트웍스가 다른 회사랑 차별점은 무엇인가?
396	일반	SK네트웍스	교환학생은 어떻게 준비했으며 무엇을 얻었는가?
397	일반	SK네트웍스	대가족의 장·단점에 대해 말해보세요.
398	일반	SK네트웍스	인천공항이 다른 공항보다 좋은 점, 나쁜 점을 말해보세요.
399	일반	SK네트웍스	인터넷 실명제에 대해 어떻게 생각하는가?
400	일반	SK브로드밴드	고객서비스가 무엇이라고 생각하는가?
401	일반	SK브로드밴드	남들이 볼 때 자신을 어떤 사람이라고 평가하는가?
402	일반	SK브로드밴드	당신의 꿈은 무엇인가?
403	일반	SK브로드밴드	소심하게 생겼는데 성격이 소심한가?
404	일반	SK브로드밴드	우리 회사의 주요 상품은 무엇인가?
405	일반	SK브로드밴드	우리 회사에 붙은 다음 업무시간 외에 자기계발은 어떻게 할 계획인가?
406	일반	SK브로드밴드	우리 회사는 해외 자원 개발 사업에 적극적이다. 사업에 대한 리스크를 고려해 어떤 곳에 진출하여 어떤 방법으로 사업을 진행해야 하는가?
407	일반	SK브로드밴드	중국 진출을 위한 유비쿼터스 홈서비스 제품을 기획해보라.
408	일반	SK이노베이션	최근에 읽은 책은?
409	일반	SK커뮤니케이션즈	만들었던 포트폴리오 중에 잘했다고 생각하는 것은?
410	일반	SK커뮤니케이션즈	본인의 경력 중에서 가장 자랑스러운 것은?
411	일반	SK커뮤니케이션즈	사람을 위하는 프로그램을 만들 것인가? 아니면 프로그램의 효율성을 우선시 할 것인가?
412	일반	SK커뮤니케이션즈	시스템 관리와 시스템 구현 중 어떤 것을 하고 싶은가?
413	일반	SK커뮤니케이션즈	언제 봄이 왔다고 느꼈는가?
414	일반	SK커뮤니케이션즈	우리 회사에서 당신이 기여할 수 있는 게 무엇인지 3가지를 말해보세요.

순번	유형	기업명	질문
415	일반	SK커뮤니케이션즈	자신이 지원한 직무에 대해 얼마나 알고 있나?
416	일반	SK케미칼	본인이 이 직무를 잘 할 수 있는 지를 말해보세요.
417	일반	SK케미칼	성적이 좋지 않은데 이유가 있나요?
418	일반	SK케미칼	어떤 기업에 지원했고 결과는 어떻게 되었나?
419	일반	SK케미칼	지원한 직무와 전공과의 연관성에 대해 말해보라.
420	일반	SK케미칼	체력은 좋은가? 좋아하는 운동이 있는가?
421	일반	SK텔레콤	UI디자인이란?
422	일반	SK텔레콤	대학가 주변에서 경쟁사 대비 대학생 고객의 확보와 경쟁력 제고 방안을 제시해보라.
423	일반	SK텔레콤	어떤 회사가 신입사원의 높은 이직률로 고민하고 있다. 신입사원 이직의 원인을 분석하고 이에 대한 해결방안을 제시하라.
424	일반	SK텔레콤	업계 1위 통신사의 수익성에 대한 원인분석을 하고, 번호 이동성 제도 도입에 따라 시장 점유율이 어떻게 변화할 것인지 분석하라.
425	일반	SK텔레콤	우리 회사 사옥 일부를 시민을 위한 공간으로 개방하기 위한 방안으로는 어떤 것들이 있을까?
426	일반	SK텔레콤	자신을 3가지 단어로 표현한다면?
427	일반	SK텔레콤	회사에서 휴무 날 비상연락망으로 출근을 요구한다면, 출근하겠는가?
428	일반	SK하이닉스	40나노급 2gb낸드플래시와 50나노급 1gb낸드플래시의 차이에 대해 설명하고 그 이유에 대해 말해보세요.
429	일반	SK하이닉스	D램과 낸드플래시에 대해 설명해보세요.
430	일반	SK하이닉스	FET 구동원리에 대해 설명해보세요.
431	일반	SK하이닉스	TSV에 대해 설명해보세요.
432	일반	SK하이닉스	리더였던 경험에서 본인의 역할과 했던 일은 무엇인가?
433	일반	SK하이닉스	면접에서 중요한 것은 무엇이라 생각하는가?
434	일반	SK하이닉스	미국발 금융위기와 우리나라의 복지제도에 관하여 둘을 연관해서 설명해보시오.
435	일반	SK하이닉스	반도체 공정에 대해 설명해보세요.
436	일반	SK하이닉스	반도체 관련 과가 아닌데 어떻게 취업을 준비했는가?
437	일반	SK하이닉스	살면서 가장 힘들었던 일은?
438	일반	SK하이닉스	선배와 트러블이 생긴다면 어떻게 하겠는가?
439	일반	SK하이닉스	설계 과정에 대해 아는가?
440	일반	SK하이닉스	스마트폰OS는 무엇이 있는지 말해보세요.
441	일반	SK하이닉스	신뢰성 공학이란 무엇인가?
442	일반	SK하이닉스	에치와 포토에 대해 말해보세요.
443	일반	SK하이닉스	열역학 법칙 3가지를 말해보세요.
444	일반	SK하이닉스	영어회화 능력은 어느 정도인가?
445	일반	SK하이닉스	외국에서 공부했는데 영어점수가 낮나. 그 이유는?
446	일반	SK하이닉스	우리 회사의 인재상과 슬로건을 아는가?
447	일반	SK하이닉스	유럽발 금융 위기에 대하여 어떻게 생각하는가?

순번	유형	기업명	질문
448	일반	SK하이닉스	인온주입이 무엇인지 설명해보세요.
449	일반	SK하이닉스	인턴경험이 있는데 그쪽으로 지원하지 않고 반도체 회사에 지원한 이유가 무엇인가?
450	일반	SK하이닉스	졸업 후 공백 기간 동안 무엇을 했는가?
451	일반	SK하이닉스	토익점수가 없는 이유는 무엇인가?
452	일반	SK하이닉스	품절이 무엇인지 말해보세요.
453	일반	SK하이닉스	플래시가 무엇인지 말해보세요.
454	일반	SK하이닉스	하이닉스가 앞으로 나가야 할 방향은?
455	일반	SK하이닉스	하이닉스에서 당신을 왜 채용해야 하는지 설득해보세요.
456	일반	SK하이닉스	학교에 반도체 장비가 있는가? 장비가 있다면 그것은 무엇인가?
457	일반	S-Oil	기업에서 여성 인력 채용을 증대할 수 있는 방안을 제시하라.
458	일반	S-Oil	조직 내 부서가 많아 여러 가지 업무가 중복되는데, 이러한 업무 중복을 피하고 효율성을 극대화시키기 위해서는 어떻게 해야 하는가?
459	일반	STX건설	건축업계 후발주자로서 우리 회사의 이미지를 활용하여 홍보 효과를 거두기 위한 방안에 대해 이야기해보세요.
460	일반	STX건설	시공에 치우친 건설회사에서 이익감소가 발생하는 원인과 이를 해결할 수 있는 방안에 대해 이야기해보세요.
461	일반	금호건설	주택경기가 좋지 않은 요즘 우리 회사가 나아가야 할 방향은 무엇인가?
462	일반	금호석유화학	우리 회사가 겪는 자금유동성 위기를 해결하기 위한 방안들로 어떤 것들이 있을까?
463	일반	금호아시아나	우리 항공사의 가치를 높일 수 있는 방안을 이야기해보세요.
464	일반	금호아시아나	출산율을 높이기 위한 방안에는 어떤 것들이 있을까?
465	일반	두산	경제학이란 무엇인가?
466	일반	두산	기업의 이윤극대화 조건은?
467	일반	두산	명목금리와 실질금리의 차이는?
468	일반	두산	시장의 4가지 원리를 말해보고 차이를 설명하세요.
469	일반	두산	왜 두산을 선택했는가?
470	일반	두산	작년의 3배수로 신입사원을 뽑을 계획인데, 신입사원의 질을 작년과 동일하게 유지하면서 비용의 증가 없이 할 수 있는 방안들을 제시하라.
471	일반	두산	전공과 직무가 다른데 일을 할 수 있겠는가?
472	일반	두산	효용과 무차별 곡선의 정의는?
473	일반	두산DST	팀을 이뤄 문제를 해결했던 경험을 말해보세요.
474	일반	두산건설	DINO건설에서 원더풀 아파트를 분양하고 있는데 타사에 비해 그 수치가 저조하다. 아파트 분양률을 100%로 끌어올리는 방안에 대해 사내 공모를 열고 있는데 이에 응모하려고 한다. 당신이라면 어떠한 방안을 제시하겠는가?
475	일반	두산건설	계획성 있게 일을 했던 경험과 얻은 성과는 무엇인가?
476	일반	두산건설	목표했던 것을 성취했던 경험을 말해보세요.
477	일반	두산건설	위기상황에서 새로운 접근으로 위기를 극복한 경험이 있습니까?
478	일반	두산건설	지원하게 된 동기와 자신의 좌우명을 말해보세요.

순별	유형	기업명	질문
479	일반	두산건설	창의적인 일을 했던 경험을 말해보세요.
480	일반	두산인프라코어	가장 자랑스러웠던 일은 무엇인가?
481	일반	두산인프라코어	가장 힘들었던 일을 말해보세요.
482	일반	두산인프라코어	가족소개를 해보시오.
483	일반	두산인프라코어	가지고 있는 자격증이 있는가?
484	일반	두산인프라코어	고등학교 시절 기억에 남는 일을 말해보세요.
485	일반	두산인프라코어	공백 기간 동안 무엇을 했는가?
486	일반	두산인프라코어	관성모멘트에 대해 설명해보세요.
487	일반	두산인프라코어	기계과로 전공을 선택한 특별한 이유가 있는가?
488	일반	두산인프라코어	대학생활을 하면서 실패했던 경험이 있는가?
489	일반	두산인프라코어	동아리활동이나 봉사활동을 한 경험이 있는가?
490	일반	두산인프라코어	두산에 대한 평소의 생각은 어떠한가?
491	일반	두산인프라코어	두산인프라코어에 들어오기 위해 남다른 노력을 한 것이 있는가?
492	일반	두산인프라코어	멘토는 누구인가?
493	일반	두산인프라코어	본 회사의 어떤 점이 마음에 들어 지원하였는지 말해보세요.
494	일반	두산인프라코어	본인의 장점을 경험담으로 말해보세요.
495	일반	두산인프라코어	본인이 가장 힘들었던 때는 언제인가?
496	일반	두산인프라코어	본인이 배운 지식을 어떻게 우리 회사에서 이용할 것인가?
497	일반	두산인프라코어	살면서 가장 궁지에 몰렸던 경험은 무엇이었으며, 어떻게 대처했는가?
498	일반	두산인프라코어	새로운 동료와 팀을 이뤄 공동으로 일하게 되었다. 업무 처리방식이 달라 자주 충돌하는데 당신이라면 어떻게 대처하겠는가?
499	일반	두산인프라코어	안전계수에 대해 설명해보라.
500	일반	두산인프라코어	어떤 회사가 유압기계를 민수와 방산 분야에 걸쳐 판매하고 있다. 거래처에서는 추가 물량을 요구하고 있다. 주어진 국방예산에 대한 이슈와 방산부문 신제품 거래수주 현황과 경쟁사의 경쟁력 비교현황, 기술현황, 생산라인 가동 현황을 살펴보고, 기술, 생산 등에 대한 경영 전략을 수립해보라.
501	일반	두산인프라코어	어려운 일에서 성공했던 일을 말해보세요.
502	일반	두산인프라코어	엔지니어로서의 어떠한 강점이 있는가?
503	일반	두산인프라코어	오토캐드 자격증을 딴 동기가 있는가?
504	일반	두산인프라코어	용접산업기사 시험에서 떨어진 이유는 무엇인가?
505	일반	두산인프라코어	우리 회사는 출판시장에서 업계 1위의 시장점유율을 차지하고 있다. 하지만 최근 들어 e-Book 열풍이 불고 있고, 종이책 산업이 점차 하락세를 보일 것이라는 분석이 나오고 있어 앞으로의 방향성에 대해 고민하고 있다. e-Book 시장에 뛰어들 경우 종이책 업계에서는 1위이지만 콘텐츠를 담당할 수 있는 인력이 없어 신규 채용을 하거나 e-Book 콘텐츠를 지닌 타 기업을 인수하는방안을 고려중이다. M&A를 할 경우 그 비용이 상당한 액수다. 이때 우리 회사는 어떠한 선택을 하는 것이 가장 좋을 것인가?

순벌	유형	기업명	질문
506	일반	두산인프라코어	운동을 그만 둔 이유는 무엇인가?
507	일반	두산인프라코어	자신에게 힘이 되는 사람이 있는가?
508	일반	두산인프라코어	자신이 살아오면서 남들과는 다른 자신만의 노력을 한 적이 있는가?
509	일반	두산인프라코어	전공을 바꾼 이유를 말해보세요.
510	일반	두산인프라코어	주말에는 무엇을 하며 지내는가?
511	일반	두산인프라코어	지원한 직무에서 이루고 싶은 목표가 무엇인가?
512	일반	두산인프라코어	지원한 파트에 대해 무슨 일을 하는 곳인지 아는가?
513	일반	두산인프라코어	직장상사와 A씨가 함께 프로젝트를 진행하는 가운데 직장상사가 이직을 하였다. 이후 A씨 혼자 프로젝트에 참여했고, 이직한 직장상사가 프로젝트의 결과물을 A씨에게 요청하였고, A씨는 그것을 주었다. A씨는 잘한 것인가?
514	일반	두산인프라코어	타사를 지원한 곳이 있는가?
515	일반	두산인프라코어	택배가 배달되었습니다. 그런데 물건의 발신처가 거래처나 경쟁회사라면 열어보겠는가?(물건은 무엇인지 모른다.)
516	일반	두산인프라코어	특기가 등산인데 가장 기억에 남는 산은 어디인가?
517	일반	두산인프라코어	파스칼의 원리에 대해 설명해보라.
518	일반	두산인프라코어	학교 졸업 후 또는 군대 제대 후 무슨 일을 하였는가? 지금은 무슨 일을 하고 있는가?
519	일반	두산인프라코어	학교에서 프로젝트에 참여한 적이 있는가?
520	일반	두산인프라코어	학창시절에 자기계발을 하기 위해 무엇을 했는가?
521	일반	두산인프라코어	현재의 능력, 성과, 약점 극복을 위해 어떠한 노력을 했는지 구체적으로 말해보세요.
522	일반	두산인프라코어	회사생활 또는 학교생활을 하면서 본인이 아이디어를 내서 일을 쉽게 처리한 기억이 있는가?
523	일반	두산중공업	가장 잘 할 수 있는 것과 좋아하는 것은 무엇인가요?
524	일반	두산중공업	기업의 기본 목적이 무엇인가?
525	일반	두산중공업	내가 가장 잘한 일은?
526	일반	두산중공업	두산 중공업의 인재상에 대해서 말해보세요.
527	일반	두산중공업	본인이 기여한 부분을 동료가 자신이 한 것처럼 말한다면?
528	일반	두산중공업	살면서 가장 황당한 일은 무엇이고 어떻게 대처했는가?
529	일반	두산중공업	인생의 세부계획은 어떻게 되었는가? 다르게 생각해본 적은 없는가?
530	일반	두산중공업	오늘 아침에 읽은 신문의 내용은?
531	일반	두산중공업	이윤을 남기는 것과 사회공헌 중 어느 것이 더 중요한가?
532	일반	두산중공업	인도시장에 진출할 때 충력과 베이오메스 또는 수수력 중에 어떤 것을 선택할 것인가?
533	일반	두산중공업	입사 후 자기계발을 할 것인가?
534	일반	두산중공업	자신의 역량보다 높은 도전을 한 적이 있는가? 본인의 역량보다 높다고 생각한 이유는?

순번	유형	기업명	질문
535	일반	두산중공업	직업 선택의 기준은 무엇인가?
536	일반	두산중공업	취업하고 나서 다른 공부를 할 계획이 있는가?
537	일반	롯데건설	구직자들 사이에서 롯데건설의 평판은?
538	일반	롯데건설	다른 곳과 중복 합격이 되면 어디를 선택할 것인가?
539	일반	롯데건설	롯데건설에 지원한 이유를 말해보세요.
540	일반	롯데건설	롯데건설에서 지은 건물을 알고 있는가?
541	일반	롯데건설	본인이 리더로 추진한 일들은 어떤 것이 있고 어떤 성과가 나왔는가?
542	일반	롯데건설	영어점수는 왜 낮은가?
543	일반	롯데건설	요즘 부동산 쪽으로 말들이 많은데 앞으로 강남지역의 가격변동에 대해 말해보라.
544	일반	롯데건설	이제 곧 월드컵인데 어떤 식으로 마케팅을 하면 좋겠는가?
545	일반	롯데건설	읽은 책 중에서 기억에 남는 것과 그 내용을 말해보라.
546	일반	롯데건설	재무분야에 대해 아는 걸 말해보라.
547	일반	롯데건설	전공과 관련하여 가장 관심 있는 분야는?
548	일반	롯데건설	전공과 지원한 직무가 잘 맞는다고 생각하는가?
549	일반	롯데건설	전공을 선택한 이유는 무엇인가?
550	일반	롯데건설	직업이라는 단어를 두 가지로 표현해보시오.
551	일반	롯데건설	친구가 부정행위를 했을 때 본인은 어떻게 했는가?
552	일반	롯데건설	친구를 사귈 때 가장 중요하게 생각하는 것은?
553	일반	롯데로지스틱스	물류란 무엇입니까?
554	일반	롯데로지스틱스	업무가 많을 경우 어떻게 대처하는가?
555	일반	롯데로지스틱스	육체적으로 힘든 일인데 참을 수 있습니까?
556	일반	롯데로지스틱스	자신의 장단점을 말해보세요.
557	일반	롯데리아	가장 도전적이었던 사례를 말해보세요.
558	일반	롯데리아	롯데리아의 기업이미지에 대해 토론하라(현상태 유지 or 변화).
559	일반	롯데리아	롯데리아의 새로운 인재상을 만들어보세요.
560	일반	롯데마트	SNS를 활용한 우리 회사 인터넷 슈퍼 마케팅 전략을 제시하시오.
561	일반	롯데마트	머리로 움직이는가, 몸으로 해결하는가?
562	일반	롯데마트	사는 곳이 인천인데 그곳에 백화점 2개가 있는 것을 아는가? 각 매장의 현황, 장단점과 우리 회사가 어떤 마케팅 전략을 구사해야 할지 말해보시오.
563	일반	롯데마트	월마트는 국내에서 실패했는데, 코스트코 홀세일은 왜 장사가 잘 된다고 생각하는가?
564	일반	롯데마트	이것만큼은 질 수 없다고 생각하는 것이 있다면?
565	일반	롯데마트	이마트를 비롯해 홈플러스와 롯데마트 모두 전단지 비용을 줄이기로 했다. 현재 TV CF를 비롯한 광고물과 다른 롯데마트만의 광고 전략에 대해 발표하라.
566	일반	롯데마트	통큰치킨에 대한 본인의 견해를 말해보라.
567	일반	롯데백화점	경제학과 경영학의 차이와 장단점은?
568	일반	롯데백화점	귀하가 사장일 경우 가장 입점시키고 싶은 브랜드와 그 이유를 말해보시오.

순번	유형	기업명	질문
569	일반	롯데백화점	당신에게 성공의 의미는 무엇인가?
570	일반	롯데백화점	롯데백화점에서 근무하면서 써먹을 수 있는 관심사는?
571	일반	롯데백화점	롯데백화점의 이미지에 대해 말해보라.
572	일반	롯데백화점	롯데백화점의 지금 이슈는 무엇인가?
573	일반	롯데백화점	봉사활동이나 자격증이 없는데, 왜 그런가?
574	일반	롯데백화점	서울 시내 중국집의 하루 매출은 얼마일까?
575	일반	롯데백화점	어떤 일에 적극적으로 임한 경험이 있다면?
576	일반	롯데백화점	일, 돈, 명예 중 중요하게 생각하는 것 순서대로 답한다면?
577	일반	롯데백화점	조직에서 어색했던 경험이 있다면 무엇인가?
578	일반	롯데백화점	조직에서는 대인관계가 중요한데, 어떻게 노력할 것인가?
579	일반	롯데백화점	좌우명이나 생활신조는 무엇인가?
580	일반	롯데백화점	직업관은 무엇인가?
581	일반	롯데백화점	타 백화점과의 경쟁력을 갖추려면 어떻게 해야 하는가?
582	일반	롯데손해보험	고객이 화를 내고 언성을 높이면 어떻게 대처할 것인가? 유사한 경험이 있는가?
583	일반	롯데손해보험	다국적 동료들과 충돌은 없었는가?
584	일반	롯데손해보험	본인이 다른 지원자보다 어떤 점이 훌륭한가? 객관적으로 드러낼 수 있는 차별성을 말해보시오.
585	일반	롯데손해보험	다른 사람의 부탁을 받아서 거짓말을 했던 경험이 있는가?
586	일반	롯데손해보험	원칙을 지킴으로서 실패했던 경험이 있는가?
587	일반	롯데손해보험	이 공모전에 왜 참여했는가? 공모전이 이력에 도움이 된다고 생각하는가?
588	일반	롯데손해보험	자신의 미래에 대한 욕심이 있는가?
589	일반	롯데손해보험	자신이 속한 조직에서 변화를 일으킨 경험은?
590	일반	롯데손해보험	지원한 직무에 대해 알고 있는가? 지원한 이유는 무엇인가?
591	일반	롯데손해보험	친구는 얼마나 많은가?
592	일반	롯데손해보험	편법을 쓰지 않고 정직하게 행동한 경험이 있는가? 그렇게 행동한 것에 후회하지 않는가?
593	일반	롯데손해보험	호주에서 일했다고 했는데, 다국적 동료에 대해 말해보세요.
594	일반	롯데쇼핑	2지망으로 지원한 직무는 왜 지원했는가?
595	일반	롯데쇼핑	5월 중 할 수 있는 2~3개의 프로모션을 기획하여 발표해보라.
596	일반	롯데쇼핑	롯데쇼핑의 판매채널에는 어떤 것들이 있는가?
597	일반	롯데쇼핑	미국 신용등급 하락이 우리 경제에 미치는 영향에 대해 말해보세요.
598	일반	롯데쇼핑	본인의 과업 중 성공사례는?
599	일반	롯데쇼핑	본인이 트렌드에 민감한 사람이라고 생각하는가?
600	일반	롯데쇼핑	어떤 고객이 억지를 부리면서 상품을 반품해달라고 하는데 회사에서는 이를 해줄 수 없다. 그런 고객에게 어떻게 하겠는가? 혹시 그 고객이 소위 말하는 '꾼'이어서 고객블랙리스트에도 오른 사람이라면? 막무가내로 법정싸움까지 불사하겠다고 한다면?

순번	유형	기업명	질문
601	일반	롯데쇼핑	유통업 관련 사회경험이 있는가?
602	일반	롯데쇼핑	임의의 상품을 가지고 광고 카피를 만들어 보세요.
603	일반	롯데쇼핑	직장생활을 하면서 부서 내에서 상사가 잘못을 했는데, 이를 본인에게 전가해서 책임을 지고 징계를 받으라고 한다면? 불이익이 오더라도 이를 수용하겠는가? 아니면 분명히 거절하겠는가?
604	일반	롯데쇼핑	최근에 이슈가 되고 있는 시사문제는?
605	일반	롯데쇼핑	최근에 했던 일들 중에서 솔선수범하여 했던 일은?
606	일반	롯데쇼핑	'홍보는 밤에 이루어 진다' 는 말이 있을 만큼 언론사 기자들과 술자리가 많을 텐데 장기가 있는가?
607	일반	롯데알미늄	결혼관에 대해 말씀해보세요.
608	일반	롯데알미늄	만약 업무 중에 윗분이 커피를 따르거나 차 시중을 들라고 한다면 본인의 생각은 어떠한가?
609	일반	롯데알미늄	창의적으로 한 일이 있는가?
610	일반	롯데알미늄	프로젝트를 한 적이 있는가?
611	일반	롯데알미늄	힘들었던 일이 있는가? 극복한 사례를 말해보세요.
612	일반	롯데제과	1인 가구 증가에 따른 식품업계의 전략은?
613	일반	롯데제과	가족사항을 상세히 말해보세요.
614	일반	롯데제과	경영을 복수전공 했는데 경제와 경영의 차이를 설명해보세요.
615	일반	롯데제과	경제학 전공자가 볼 때 내년도 경제 전망은?
616	일반	롯데제과	그룹 내 갈등을 해결했던 경험이 있다면 말해보세요.
617	일반	롯데제과	리더십을 발휘했던 적이 있는가?
618	일반	롯데제과	본인의 외모에 있어 가장 자신 있는 부분과 그 이유를 설명하세요.
619	일반	롯데제과	본인이 가장 열정을 가지고 임했던 경험은 무엇인가?
620	일반	롯데제과	본인이 원하지 않는 영업직을 시키면 어떻게 하겠는가?
621	일반	롯데제과	상사가 매번 야근을 지시한다면 어떻게 할 것인가?
622	일반	롯데제과	생활신조는 무엇인가?
623	일반	롯데제과	입사하면 스트레스 받을 일이 많은데, 평소에는 어떻게 해소하는가?
624	일반	롯데칠성음료	다른 회사는 어디 지원했나? 만약 두 곳 다 합격한다면 어디로 갈 것인가?
625	일반	롯데칠성음료	대학생활을 하면서 어떤 것에 가장 중점을 두고 생활했는가?
626	일반	롯데칠성음료	리더십을 발휘해 책임을 완수한 경험은?
627	일반	롯데칠성음료	목표를 설정하고 노력해서 성과를 낸 경험에 대해 얘기해보세요.
628	일반	롯데칠성음료	본인이 직무에서 가지고 있는 강점은 무엇이가요?
629	일반	롯데칠성음료	상관이 자신의 직위를 이용해 하기 힘든 일을 시켰을 때 당신의 선택은?
630	일반	롯데칠성음료	영업을 하는데 필요한 덕목은?
631	일반	롯데칠성음료	영업직이 체력적으로 많이 힘든 일인데 어떻게 생각하시나요?
632	일반	롯데칠성음료	우리 회사에 지원하기 위해 어떠한 것을 준비했는가?
633	일반	롯데칠성음료	자기 성격의 장단점은 무엇인가?

순별	유형	기업명	질문
634	일반	롯데칠성음료	졸업한 과를 선택한 이유를 말해보세요.
635	일반	롯데칠성음료	직무와 관련된 경험을 말해보세요.
636	일반	롯데칠성음료	본사의 주류 부분에 대해 아는 것이 있는가?
637	일반	롯데칠성음료	회사 근무를 하면서 가장 중요하다고 생각하는 2가지는?
638	일반	롯데카드	고객센터에서 고객만족(CS)이 무엇이라고 생각하는가?
639	일반	롯데카드	스트레스 받을 때 어떻게 푸는가?
640	일반	롯데카드	우리 회사와 당신의 적성이 안 맞는 것 같다. 어떻게 생각하는가?
641	일반	롯데카드	중국 은련카드와의 제휴와 국내고객 유치방안에 대해 토론해보라.
642	일반	롯데캐피탈	나이가 많은데 그동안 무엇을 했는가?
643	일반	롯데캐피탈	대학생활 동안 MT는 몇 번 갔는가?
644	일반	롯데캐피탈	롯데캐피탈에 대해 아는 것을 말해보라.
645	일반	롯데캐피탈	봉사활동은 왜 했는가? 스펙 때문인가?
646	일반	롯데캐피탈	사범대인데 왜 선생님을 안 했는가?
647	일반	롯데캐피탈	어학연수 갔을 때 가장 힘들었던 점은?
648	일반	롯데캐피탈	이 직무에 지원한 이유는 무엇인가?
649	일반	롯데캐피탈	자신만의 도전을 한 경험담을 말해보라.
650	일반	롯데캐피탈	자신의 꿈을 구체적으로 말해보라.
651	일반	롯데캐피탈	조직생활 경험이 있는가?
652	일반	롯데캐피탈	최근에 읽은 책은?
653	일반	롯데캐피탈	통계 패키지 프로그램 중 다룰 줄 아는 프로그램은?
654	일반	롯데캐피탈	해외봉사활동으로 느낀 것은 무엇인가?
655	일반	롯데케미칼	당신의 장단점을 말해보라.
656	일반	롯데케미칼	열정을 다해서 일한 적이 있는가?
657	일반	롯데케미칼	지금까지 살아오면서 가장 힘들었던 일은 무엇인가? 어떻게 극복했는지 말해보세요.
658	일반	롯데케미칼	창의력을 발휘하여 문제를 해결한 적이 있는가?
659	일반	롯데케미칼	천안함 사건의 배후는 어디라고 생각하는가? 6.25는 북침인가 남침인가?
660	일반	롯데케미칼	친구들이 자신을 보통 어떤 사람이라고 평가하는가?
661	일반	롯데케미칼	팀을 이루어서 성과를 낸 적이 있는가?
662	일반	롯데푸드	B2B와 B2C사업에 대해 본사가 하고 있는 것이 무엇인지 아는가?
663	일반	롯데푸드	가장 좋아하던 전공과목은 무엇이고 왜 좋아했는가?
664	일반	롯데푸드	가장 힘들었던 일은 무엇인가? 극복했던 과정을 말해보세요.
665	일반	롯데푸드	공장 위치가 어디인지 아는가?
666	일반	롯데푸드	누군가 억지로 시켜서 했던 경험이 무엇인가?
667	일반	롯데푸드	문제점을 개선했던 적이 있는가? 문제가 무엇이라 생각했는가?
668	일반	롯데푸드	살면서 가장 힘들었던 일과 가장 좋았던 일을 말해보시오.
669	일반	롯데푸드	우리 회사 주식 가격을 말해보세요.

순번	유형	기업명	질문
670	일반	롯데푸드	아르바이트 경험이 있는가? 아르바이트 담당자와 아직도 연락하고 지내는가?
671	일반	롯데푸드	어떠한 문제 상황이 발생했을 때 통찰력과 판단력을 빨리 내려서 결정한 경험이 있으면 말해보라.
672	일반	롯데푸드	자신의 성격을 한마디로 표현해보라.
673	일반	롯데푸드	전공과 다른 지원 업무인데 지원한 이유는 무엇인가?
674	일반	롯데푸드	직장의 의미를 어떻게 생각하는가?
675	일반	롯데푸드	최근 몇 년 내에 큰 목표를 가지고 도전해서 성공 혹은 실패한 경험이 있는가?
676	일반	롯데푸드	휴학 기간에는 무엇을 했는가?
677	일반	롯데하이마트	담배를 끊었다면 그 동기는?
678	일반	롯데하이마트	메일주소, 아이디를 왜 이렇게 만들었는지?
679	일반	롯데하이마트	본인을 꼭 뽑아야 하는 이유는?
680	일반	롯데하이마트	왜 전공을 살리지 않았나?
681	일반	롯데하이마트	우리 회사에 지원하게 된 계기와 지원하는 이유는 무엇인가?
682	일반	롯데하이마트	이 회사를 어떻게 생각하는가?
683	일반	롯데하이마트	지원하기 전 무엇을 원했는가?
684	일반	롯데하이마트	하이마트 매장에 가본 적 있나? 솔직하게 얘기해보세요.
685	일반	롯데햄	롯데햄과 롯데우유에 어떤 제품이 있는지 아는가?
686	일반	롯데햄	마케팅 믹스 전략에 대해서 말해보세요.
687	일반	롯데햄	불법취업노동자와 한국경제 활성화 방안을 연관지어 설명해보세요.
688	일반	롯데햄	열정을 가지고 했던 일을 말해보세요.
689	일반	롯데햄	취업대란인데 취업 못하면 생산직에서 일할 생각이 있는가?
690	일반	롯데홈쇼핑	롯데 홈쇼핑 TV 광고를 본 적이 있을 텐데, 지금 모델이 롯데홈쇼핑의 이미지에 잘 맞는다고 생각하는가? 본인이 광고를 만든다면 어떤 모델을 쓰고 싶으며, 그 이유는?
691	일반	롯데홈쇼핑	실제로 많이 이용하는 홈쇼핑 채널은?
692	일반	롯데홈쇼핑	이미 포화상태라고 볼 수 있는 홈쇼핑 시장에서 블루오션을 찾는다면?
693	일반	롯데홈쇼핑	현재 있는 5대 홈쇼핑의 특징을 말하고 이를 비교해보세요.
694	일반	부산롯데호텔	객실팀에서 무슨 일을 하고 싶어서 지원했는가?
695	일반	부산롯데호텔	아르바이트 경험에 대해 말해보세요.
696	일반	부산롯데호텔	외국에서 공부할 기회가 생긴다면 또 나가고 싶은가?
697	일반	부산롯데호텔	유학 중에 특별히 추억에 남는 일은?
698	일반	부산롯데호텔	지금까지 살아오면서 되돌아가서 다시 시작하고 싶은 순간이 있다면 어느 때인지?
699	일반	부산롯데호텔	책, 영화 등을 남에게 추천해준다면 무엇을 추천해주겠는가?
700	일반	부산롯데호텔	취미가 음악 감상인데 좋아하는 음악 장르와 좋아하는 가수는?
701	일반	삼성SDI	SDI에서 생산하는 제품에 대해 이야기해보시오.
702	일반	삼성SDS	가장 힘들었던 경험을 이야기해보시오.
703	일반	삼성SDS	본인은 창의적입니까, 아니면 현실적입니까?

순번	유형	기업명	질문
704	일반	삼성SDS	자신이 이 직무를 하면서 남들과 차별화된 점이 무엇이라 생각합니까?
705	일반	삼성SDS	전공학점이 안 좋은데 왜 그런가?
706	일반	삼성SDS	지원한 직무 중에서 하고 싶은 분야는 무엇인가?
707	일반	삼성메디슨	본인이 생각하는 마케팅이란 무엇인가?
708	일반	삼성물산	타 부서와 협업 시 타 부서원이 나에게 제공해줘야 하는 자료가 늦어지고 있다. 이 상황에 대해 어떻게 대처하겠는가?
709	일반	삼성생명보험	IT발달로 보험영업의 채널 또한 전화, 홈쇼핑, 방카슈랑스, 인터넷 등으로 다양해졌다. 이에 따라 방문 등 고전적 채널을 유지하고 있는 기존 FC 채널의 불만이 많아지고 있다. 이를 무마시킬 방법은 어떤 것들이 있을까?
710	일반	삼성생명보험	당신은 우리 생명보험사의 지점장이고, 지점에는 30~40명의 FC가 있다고 가정하자. 지점의 보험 판매는 영업부문 내에서 상위권을 차지하고 있으나, 수익증권 판매에서는 고전을 면치 못하고 있다. 이에 신입 FC는 상담을 지속적으로 하고 있으나 이것이 판매로 이어지지 못하고 있는 상황이며, 고객들의 수익증권 판매에 대한 인식도 부족하다. 이런 상황에서 보험과 펀드 연계 판매를 통한 신규 고객 창출 방안들은 어떤 것들이 있을까?
711	일반	삼성생명보험	여자의 적은 여자인데, 어떻게 관리할 수 있겠는가?
712	일반	삼성생명보험	영업(보험)업무에 대해서 어떻게 생각하는가?
713	일반	삼성생명보험	오늘 면접 보러 온다니깐 주변사람들이 뭐라고 하던가?
714	일반	삼성생명보험	우수한 FC 확보를 위한 효과적인 방안
715	일반	삼성생명보험	자신의 입사 포부는 무엇인가?
716	일반	삼성생명보험	첫 월급 받으면 어디에 쓰고 싶은가?
717	일반	삼성에버랜드	10년 뒤 자신의 모습에 대해 말하시오.
718	일반	삼성에버랜드	싫어하는 사람의 유형은?
719	일반	삼성에버랜드	어머니에 대해 말해보시오. 어머니의 어떤 점을 보고 영향을 받았는지 상세히 말해보시오.
720	일반	삼성에버랜드	우리 회사의 사업부가 어떤 것이 있으며 사전에 알고 있었는지 말해보시오.
721	일반	삼성에버랜드	지금 우리나라에서 가장문제라고 생각되는 것은? 그리고 그 이유는?
722	일반	삼성전기	오디션 열풍이 경쟁사회를 조장하는가? 그렇지 않은가?
723	일반	삼성전기	왜 대기업이 비판 받는다고 생각하는가?
724	일반	삼성전기	인생에 있어서 가장 힘들었던 경험을 이야기해보고, 극복 과정을 설명해보시오.
725	일반	삼성전자	가장 감명 깊게 읽은 책에서 얻은 교훈과 관련해 1분간 자신의 소개를 해보시오.
726	일반	삼성전자	가장 하고 싶은 것, 가장 갖고 싶은 것, 가장 되고 싶은 것은?
727	일반	삼성전자	기업이란 무엇이라고 생각하는가?
728	일반	삼성전자	디지털 카메라에 대해 SNS를 활용하여 세일즈 할 수 있는 방안에 대해 이야기해보세요.
729	일반	삼성전자	본인이 다른 사람과 특별하게 다른 점이나 능력을 회사를 위해 어떻게 발휘할 수 있습니까?

순번	유형	기업명	질문
730	일반	삼성전자	삼성의 사회공헌활동에 대해 말해보세요.
731	일반	삼성전자	생활 가전 분야에서 우리 회사의 혼수시장 점유율을 높일 마케팅 방안을 제시하시오.
732	일반	삼성전자	소형 프로젝터 마케팅 전략을 설명하시오.
733	일반	삼성전자	스펙이 부족하여 다른 동료보다 낮은 연봉이라면 일하겠습니까?
734	일반	삼성전자	요즘 삼성 트렌드에 대해서 어떻게 생각하십니까? 삼성인 외 사람들은 삼성을 어떻게 생각하나요?
735	일반	삼성전자	우리 전자회사가 브라질 시장에 TV를 판매하려고 한다. 어떻게 마케팅 방안을 활용할 것인지, 장단기 방안을 모두 제시하라.
736	일반	삼성전자	자신의 경험으로 볼 때 이곳의 분위기와 직무는 어떠한가?
737	일반	삼성전자	전공과 무관한 곳에 배치를 받게 되면 어떻게 할 것인가?
738	일반	삼성전자	중동 지역과 시베리아 지역에서 LCD TV가 잘 팔리지 않는 이유는 무엇인가?
739	일반	삼성전자	최근 가장 관심 있게 봤던 뉴스는 무엇인가?
740	일반	삼성증권	온라인 펀드 몰 활성화 방안을 이야기해보라. 그리고 해당 상품으로 인해 손해를 보고 항의하는 고객에 대한 대응 방안은 어떤 것들이 있을까?
741	일반	삼성증권	우리 증권사의 온라인 수수료는 0.5% 비싼 편이라, 고객들이 보다 저렴한 수수료를 찾아 타 증권사로 옮기고 있다. 이를 해결하기 위한 방안에는 어떤 것들이 있을까?
742	일반	삼성카드	김연아가 우리 경제에 미친 영향은 무엇일까?
743	일반	삼성카드	카드 컨설턴트들이 lock-in 효과를 낼 수 있는 상품을 더 많이 팔수 있게 하는 방안에는 어떤 것들이 있을까?
744	일반	삼성화재해상	결혼을 하면 일을 그만두라는 시어머니, 어떻게 설득할 것인가?
745	일반	서브원	5년 뒤에 자신의 모습은 어떨 것 같나?
746	일반	서브원	FM 직무의 미래에 대해 말해보세요.
747	일반	서브원	MD로서의 자신의 역량을 말해보세요.
748	일반	서브원	MRO 사업이 언론에서 부정적으로 거론되고 있는데 면장갑과 나사못 같은 싼 제품을 LG라는 대기업이 취급하는 것에 대해 어떻게 생각하는가?
749	일반	서브원	MRO에 대해 설명하고 기업들에게 어떤 효과를 주는지 말해보세요.
750	일반	서브원	살면서 가장 열정을 가지고 했던 일 중 자랑할만한 일이 있는가?
751	일반	서브원	영화나 드라마에서 자신과 비슷하다고 생각되는 캐릭터가 있다면?
752	일반	서브원	준비해 온 자기소개 말고 서브원을 알게 된 계기와 지원한 이유를 중심으로 자기소개를 해봐라.
753	일반	서브원	지원한 직무를 수행하면서 가장 어려울 것으로 생각하는 점은 무엇인가?
754	일반	서브원	직무를 위해 준비했던 과정에 대해 말해봐라.
755	일반	서브원	취업 준비를 하면서 느낀 점은 무엇인가?
756	일반	신한은행	계절별로 특화된 은행 상품을 개발해보라.
757	일반	신한은행	급증하는 외국인을 위한 상품을 개발해보라.

순번	유형	기업명	질문
758	일반	신한은행	당신은 재래시장이 있는 지점에 근무하게 되었다. 그곳에서 보험 상품 판매를 늘리기 위해 어떻게 할 것인가?
759	일반	신한은행	대기하는 고객이 지루하지 않게 하려면 어떻게 해야 할까?
760	일반	신한은행	대출수익의 감소를 해결하기 위한 방안을 제시해보라.
761	일반	신한은행	상품이 복잡해져서 노인들이 상품을 이해하는 데 어려움이 존재한다. 이들의 고객만족도(CS)를 높이기 위한 방안에는 어떤 것들이 있을까?
762	일반	신한은행	스마트폰으로 은행 상품 판매나 홍보활동 등을 강화할 수 있는 방안을 제시하라.
763	일반	신한은행	실버세대를 위해 어떤 금융상품을 만들 것인가?
764	일반	신한은행	우리 회사가 사회적 책임을 다하기 위해 필요한 상품을 개발해보라.
765	일반	신한은행	점심시간 사내식당의 많은 이용객들 때문에 직장인이 이용에 불편을 겪고 있다. 이를 해결하기 위한 방안에는 어떤 것들이 있는가?
766	일반	신한은행	한식을 세계적으로 알릴 수 있는 방안들에 대해 이야기해보라.
767	일반	아모레퍼시픽	남성들의 화장품에 대한 관심이 증가하고 있는데 어떻게 하면 남성시장을 공략할 수 있겠는가?
768	일반	엔카네트워크	기획팀에서 어떤 능력을 발휘할 수 있는지 어필해보세요.
769	일반	엔카네트워크	중고차 시장이 나아가야 할 방향에 대해 말해보세요.
770	일반	우리은행	카드산업을 활성화시킬 수 있는 방안을 제시해보라.
771	일반	우리은행	해외지점을 활성화시킬 수 있는 방안을 제시해보라.
772	일반	우리홈쇼핑	갈등이 생겼을 때 해결하는 방법은?
773	일반	우리홈쇼핑	다른 사람이 잘못한 경우 어떻게 행동하는 편인가?
774	일반	우리홈쇼핑	시간적 제약이 있을 때 일의 추진 방법은?
775	일반	우리홈쇼핑	실패를 예상했음에도 일을 진행한 적이 있는가?
776	일반	우리홈쇼핑	아이디어 관리는 어떻게 하는가?
777	일반	우리홈쇼핑	얼마 전 콘돔을 방송했는데 본인이 PD라면 어떻게 프로그램을 만들겠는가?
778	일반	우리홈쇼핑	왜 홈쇼핑PD가 되려고 하는가?
779	일반	우리홈쇼핑	우리홈쇼핑이나 타 홈쇼핑을 이용하면서 불편한 점은 무엇인가?
780	일반	우리홈쇼핑	자신의 목표는 무엇인가?
781	일반	우리홈쇼핑	주도적으로 일을 진행한 적이 있는가?
782	일반	우리홈쇼핑	홈쇼핑PD로 제품 과장광고를 할 수 있겠는가?
783	일반	우리홈쇼핑	홈쇼핑PD로서 본인의 장점은?
784	일반	우리홈쇼핑	황우석 사태로 본 우리의 빨리빨리 문화를 어떻게 해야 하나?
785	일반	이랜드	2001아울렛에 가보았는가? 다른 아울렛 매장과 다른 점은?
786	일반	이랜드	MD직무에 대한 비전을 제시해보세요.
787	일반	이랜드	가치관 형성에 도움을 준 책이 있는가?
788	일반	이랜드	건축에 관심이 많은가?
789	일반	이랜드	남유럽의 금융위기가 미칠 영향과 각 브랜드에서 취해야 할 전략은?
790	일반	이랜드	단체 활동을 통해 배운 것이 있는가?

순벌	유형	기업명	질문
791	일반	이랜드	당신을 뽑아야 하는 이유는?
792	일반	이랜드	매니저로서의 자질은 무엇이라 생각하는가?
793	일반	이랜드	본인에게 가장 영향을 많이 준 사람은 누구인가?
794	일반	이랜드	본인을 표현할 수 있는 키워드 다섯 가지는 무엇인가?
795	일반	이랜드	비정규직 파업사태 해결을 위한 자신만의 계획이 있는가?
796	일반	이랜드	비즈니스적으로 추천해 줄 사람 3명 이상 누가 있는가?
797	일반	이랜드	살면서 성공했던 기억과 실패했던 기억을 말해보라.
798	일반	이랜드	상품기획자의 역량이 무엇이라 생각하는가?
799	일반	이랜드	상품기획자의 하루 일과를 설명해보세요.
800	일반	이랜드	서비스는 무엇인가?
801	일반	이랜드	어떤 경험이 가장 힘들었는가? 어떻게 극복했는가?
802	일반	이랜드	영향 받은 디자이너는 누구인가?
803	일반	이랜드	오늘의 스타일 전략은?
804	일반	이랜드	오랜 시간 훈련을 받은 일은?(동아리 등)
805	일반	이랜드	외식업 종사자에게 필요한 것은?
806	일반	이랜드	유통사업부는 휴일에도 나와야 할 때가 있는데 괜찮은가?
807	일반	이랜드	이랜드를 선택한 이유는?
808	일반	이랜드	이랜드에서 지속적으로 일할 마음이 있는가?
809	일반	이랜드	이랜드의 장단점을 말해보세요.
810	일반	이랜드	인생의 목표와 신념은 무엇인가?
811	일반	이랜드	인테리어를 하고 싶은 이유는 무엇인가?
812	일반	이랜드	자신이 후원하고 있는 단체나 후원하고 싶은 단체가 있는가?
813	일반	이랜드	전역 후 한 일 및 군생활을 통해 배운 것은?
814	일반	이랜드	좋아하는 브랜드를 말해보라.
815	일반	이랜드	주량이 어느 정도인가?
816	일반	이랜드	천안함 사태가 정치에서 이용되고 있다고 생각하는가?
817	일반	이랜드	최근 읽은 신문기사 중 가장 기억에 남는 것은 무엇이며, 자신의 견해는?
818	일반	이랜드	평소 어떤 패션스타일을 즐겨 입는가?
819	일반	이랜드	한 커피점의 최근 매출이 좋지 않다. 주어진 해당 커피점의 메뉴판을 보고 문제점을 분석하고 매출을 올릴 수 있는 방안을 제시하라.
820	일반	이랜드리테일	업무 중에 스트레스 받는 주요인이 있다면?
821	일반	이랜드리테일	이랜드 매장의 개장 시간과 종료 시간이 몇 시라고 알고 있는가?
822	일반	이랜드리테일	존경하는 대통령은?
823	일반	이랜드리테일	최근 방문한 이랜드 매점과, 해당 매장의 1층에서 가장 잘 팔릴 것이라고 생각히는 제품을 말하시오.
824	일반	이랜드리테일	회사가 자신을 위해 무엇을 해주었으면 좋겠다고 생각하는가?
825	일반	이랜드 시스템즈	지원하는 직무에서 가장 필요한 역량이 무엇인가요?

순번	유형	기업명	질문
826	일반	이랜드 시스템즈	지원했던 직무와 맞지 않다면 어떻게 하겠습니까?
827	일반	이마트	식품안전 문제가 부각되면서 직접 조리해 먹을 수 있는 신선식품에 대한 소비자들의 관심이 높아졌다. 반면 가공식품의 소비가 떨어지고 있는데, 당신이 유통업자라면 어떻게 소비를 활성화시킬 것인가?
828	일반	포스코	EBITDA가 뭔가?
829	일반	포스코	가장 빠른 시간에 우리나라 사람을 많이 알려면 어떤 방법을 쓸 것인가?
830	일반	포스코	군대생활을 말한다면? 가장 힘들었던 점은?
831	일반	포스코	글로벌 인재에게 필수인 요소는 무엇이고, 자신이 그것을 위해 노력했던 것은?
832	일반	포스코	대표이사 이름을 알고 있는가?
833	일반	포스코	반복적인 업무가 많을 텐데 어떻게 극복하실 생각입니까?
834	일반	포스코	사내 학습동아리의 참여율이 저조하고 활발한 운영이 이루어지지 않고 있다. 이에 대한 개선 방안은 무엇인가?
835	일반	포스코	야구공이 회전하는 이유는?
836	일반	포스코	자신을 색깔로 묘사한다면?
837	일반	포스코	전공 외에 자신이 수준급의 실력이 될 정도로 노력한 것이 있나요? 전공과 관련하여 어떤 도움을 주나요?
838	일반	포스코	촛불시위 등 시위문화를 어떻게 생각하는가?
839	일반	포스코	최근에 본 뉴스 중에 가장 인상 깊었던 뉴스는 무엇인가요?
840	일반	포스코	최근에 읽은 신문기사 중 가장 인상 깊었던 것을 요약해서 말해보세요.
841	일반	포스코	포스코의 인재상에 대해 알고 있는가?
842	일반	포스코	프랑스에서 개최되는 식품박람회에 한국이 초대되었다. 박람회의 콘셉트는 퓨전 요리다. 박람회를 위한 기획안을 도출해보라.
843	일반	포스코	하늘마켓에서는 매년 명절마다 명절 특수로 40% 이상의 매출 증가가 있었는데, 요즘 들어 인터넷 홈쇼핑의 증가로 명절이면 오히려 매출이 줄고 있다. 어떤 해결 방안이 있을지 말해보라.
844	일반	포스코	하늘마켓이라는 우리나라 마켓이 있는데 국내에서의 성공을 바탕으로 중국 진출을 하려 한다. 중국 진출을 위해 여러 조사 및 회의를 했지만 확실하게 추진 여부를 결정할 수 없었다. 당신이라면 진출하겠는가?
845	일반	포스코ICT	기업에 대한 생각과 자세는?
846	일반	포스코ICT	남이 위기에 처했을 때 위험을 무릅쓰고 한 일은?
847	일반	포스코ICT	노조에 대해 말해보세요.
848	일반	포스코ICT	대인관계 및 개인적인 성격(성향)은?
849	일반	포스코ICT	보유 경력과 해당 경력에 대해 설명해보세요.
850	일반	포스코ICT	얼마의 연봉을 원하는가?
851	일반	포스코ICT	업무 중 애로사항이 있는가?
852	일반	포스코ICT	우리 회사의 문제점은?
853	일반	포스코ICT	우리나라의 문제점은?

순번	유형	기업명	질문
854	일반	포스코ICT	원가절감을 위해 중국에서 생산해서 제작하는 것은?
855	일반	포스코ICT	이전에 다른 회사에 지원 경험이 있으면 말해보세요.
856	일반	포스코ICT	자신의 좌우명은?
857	일반	포스코ICT	자신이 일생에서 가장 후회했던 일은?
858	일반	포스코ICT	지원자가 원하지 않는 업무를 맡게 되었을 때 어떻게 할 것인가?
859	일반	포스코ICT	포스코ICT의 비전에 대해 말하세요.
860	일반	포스코ICT	학생 운동을 해본 경험이나 학생운동에 대해서 가지고 있는 당신 생각은?
861	일반	포스코건설	공모전에 참가했는데 수상 경력은 왜 없는가?
862	일반	포스코건설	남미에서 새로운 비즈니스를 시작하려고 한다. 어떤 아이템을 어떻게 프로모션할 것인지 기획해보라.
863	일반	포스코건설	본인의 윤리기준에 어긋나는 것을 회사에서 강요한다면?
864	일반	포스코건설	송도 신도시에 대해 아는 대로 말해보시오.
865	일반	포스코건설	왜 자신이 채용되어야 하는가?
866	일반	포스코건설	자신보다 먼저 들어온 나이 어린 선배 직원들과 어떻게 지낼 것인가?
867	일반	포스코건설	친구들이 당신에 대해 얘기한다면 한 마디로 뭐라고 하겠는가?
868	일반	포스코에너지	J커브가 무엇인지 아는가?
869	일반	포스코에너지	NDF가 무엇인가?
870	일반	포스코에너지	공백 기간 동안 무엇을 했나요?
871	일반	포스코에너지	당신의 약점은? 그리고 보완, 노력은?
872	일반	포스코에너지	복합발전에 대해 설명해보세요.
873	일반	포스코에너지	성취감을 느낀 점은?
874	일반	포스코에너지	안철수 씨의 정치참여에 대해 어떻게 생각하는가?
875	일반	포스코에너지	에스코가 뭔지 아는가?
876	일반	포스코에너지	우리 회사가 다른 회사와 차별화되는 강점은?
877	일반	포스코에너지	자신이 아이디어를 내고 새로운 것을 발견한 사례를 말해보세요.
878	일반	포스코에너지	포스코파워는 고온형 연료전지를 연구하는데 본인의 연구 분야와 다르다. 어떤 쪽에서 일하고 싶은가?
879	일반	포스코에너지	포스코파워에서 M&A를 하고 싶은 이유는 무엇인가?
880	일반	포스코에너지	포스코파워의 부채비율이 얼만지 아는가?
881	일반	포스코에너지	현 상황에서 유상증자를 하는 게 좋은가?
882	일반	포스코에너지	회사에 들어오면 어떤 자기계발을 하겠는가?
883	일반	포스코에너지	힘들었던 경험이 있었는가? 어떻게 극복했는지 사례를 말해보세요.
884	일반	포스코특수강	대학생활 동안 자격증을 안 딴 이유는 무엇인가?
885	일반	포스코특수강	포스코특수강은 어떤 일을 하는지 아는가?
886	일반	포스코플랜텍	우리 회사에는 사업 분야가 3가지다. 어느 분야에서 어떻게 기여하고 싶은가?
887	일반	포스코플랜텍	자기에게 주어진 업무가 산더미처럼 쌓여있는데 옆 부서에서 자신만이 할 수 있는 일 때문에 업무가 중단된 상태다. 어떻게 할 것인가?

순번	유형	기업명	질문
888	일반	한국씨티은행	녹색금융과 관련하여 은행에서 선택할 수 있는 방안은 어떤 것들이 있을까?
889	일반	한국외환은행	증권사 CMA통장의 금리가 훨씬 높은데, 고객들이 우리를 선택하게 하려면 어떻게 해야 할까?
890	일반	한화	결혼하면 일을 그만둘 것 같은데 어떻게 생각하나?
891	일반	한화	여자로서 일하는데 가장 힘든 점이 무엇이라고 생각하나?
892	일반	한화L&C	10년 후에는 자신이 어느 위치에 있을 것이라고 생각하는가?
893	일반	한화L&C	개혁과 혁신은 어떻게 다른가?
894	일반	한화L&C	한화 L&C가 당신을 고용해야하는 이유를 상품가치로 설명해보세요.
895	일반	한화L&C	만일 상사와 의견충돌이 있다면 어떻게 대처하겠는가?
896	일반	한화L&C	사람을 웃기는 것을 좋아한다고 하는데 웃겨보세요.
897	일반	한화L&C	자신의 가치를 가격으로 책정한다면 얼마겠는가? 그리고 실제로 자신이 일해서 만드는 이익은 얼마일 것이라고 생각하는가?
898	일반	한화L&C	자신의 보물 1호는 무엇인가?
899	일반	한화L&C	해외영업에 관심 있다고 했는데 국내영업을 하게 된다면 어떻게 하겠는가?
900	일반	한화갤러리아	갤러리아 명품관과 타임월드점을 비교하라.
901	일반	한화갤러리아	갤러리아백화점의 직매입 브랜드샵에 대해 말해봐라.
902	일반	한화갤러리아	백화점 내에 유휴공간이 있다. 여기에 새 브랜드를 입점시킬 것인가 아님 고객 휴게 공간을 만들 것인가?
903	일반	한화갤러리아	유통업에 관심을 갖게 된 계기를 말해보세요.
904	일반	한화갤러리아	유학파인데 외국계회사를 선택하지 않고 국내 유통분야를 선택한 이유는 무엇인가?
905	일반	한화갤러리아	한-EU FTA가 갤러리아에 미칠 영향은 무엇인가?
906	일반	한화건설	개인과제와 팀과제 중 본인은 어떤 쪽에 높은 점수를 받았고 그 이유는 무엇인가?
907	일반	한화건설	구제역에 대해 말해보라.
908	일반	한화건설	백화점에 가서 쇼핑할 때의 방법에 대해 설명해보라.
909	일반	한화건설	변압기의 원리는?
910	일반	한화건설	본인이 살면서 힘들다고 생각한 일을 도전하여 성공/실패한 경험을 이야기해 주세요.
911	일반	한화건설	사면안정을 하기 위한 공법으로 무엇이 있는가?
912	일반	한화건설	어떤 동아리활동을 했고 맡은 역할은 무엇이었나?
913	일반	한화건설	역률에 대해 설명해보세요.
914	일반	한화건설	오늘 면접이 끝나면 무엇을 할 것인가?
915	일반	한화건설	자신과 맞지 않는 직무를 배정받게 된다면 어떻게 하시겠습니까?
916	일반	한화건설	자신이 살면서 가장 열정을 가지고 했던 일은?
917	일반	한화건설	창의적인 생각을 실천에 옮긴 경험이 있는가?
918	일반	한화건설	팀 내에서 잘 따르지 않는 멤버를 어떻게 끌고 갈 것입니까?

순번	유형	기업명	질문
919	일반	한화건설	프로토콜이 무엇인가요?
920	일반	한화건설	학업 이외에 열심히 했던 것이 있는가?
921	일반	한화건설	한화건설의 인재상 중 본인과 가장 어울리는 것은 무엇인가? 그 이유를 말해보세요.
922	일반	한화건설	화장실에 갔는데 휴지가 없으면 어떻게 할 것인가?
923	일반	한화생명보험	10억을 일주일 안에 다 써야 한다면 어떻게 할 것인가? 단 토지 구입은 할 수 없다.
924	일반	한화생명보험	고객맞춤형서비스는 무엇인가?
925	일반	한화생명보험	기업들이 갖추어야할 인재상은 무엇이 있는가?
926	일반	한화생명보험	기업에서 소통을 활성화할 수 있는 방안을 제시하시오.
927	일반	한화생명보험	기준금리란?
928	일반	한화생명보험	당신은 여성들에게 매력이 있다고 느끼는가?
929	일반	한화생명보험	당신의 경쟁력은 무엇이라고 생각하는가?
930	일반	한화생명보험	대인관계가 원활한 편인가? 구체적으로 연고소개가 가능한가?
931	일반	한화생명보험	많은 지원자들이 재무팀에 리스크 관리 업무를 원했다. 그 중엔 인턴 경험자 및 자격증 보유자도 있었다. 당신은 어떻게 그 사람들과 차별화 될 것인가?
932	일반	한화생명보험	보험 영업의 구조에 대해 아는 대로 설명해보세요.
933	일반	한화생명보험	본인의 피해를 감수하고 조직의 규칙에 따라 행동한 적이 있는가?
934	일반	한화생명보험	성공과 실패의 차이점에 대해서 아는가?
935	일반	한화생명보험	실제로 물건을 다른 사람에게 팔아본 경험이 있는가?
936	일반	한화생명보험	이 직종을 선택할 때 가장 중요하게 생각하는 것이 무엇인가?
937	일반	한화생명보험	젊음의 패기와 열정에 대해 말해보세요.
938	일반	한화생명보험	종신보험, 변액보험에 대해 말해보세요.
939	일반	한화생명보험	최근에 이쪽 분야와 관련된 책을 읽은 적이 있는가?
940	일반	한화생명보험	하루에 몇 명의 고객을 만날 생각인가?
941	일반	한화생명보험	현재 당신이 대통령이면 지금 같은 상황에서 어떤 조치를 취하겠는가?
942	일반	한화케미칼	grain stay를 아는가?
943	일반	한화케미칼	공장의 전력 에피션시를 높이려면 어떻게 해야 하나?
944	일반	한화케미칼	동아리 활동에서 인기가 좋은 편이었나?
945	일반	한화케미칼	배전을 할 때 승압과 승하의 원리는?
946	일반	한화케미칼	상사가 부당한 일을 시키면 어떻게 할 것인가?
947	일반	한화케미칼	유체역학을 아는가?
948	일반	한화케미칼	전공에서 배운 것은?
949	일반	한화케미칼	제어계측의 원리가 무엇인가?
950	일반	한화케미칼	측류와 난류를 이용하기 위해선 어떻게 해야 하나?
951	일반	한화케미칼	펌프의 효율을 높이기 위해신 어떻게 해야 하나?
952	일반	한화케미칼	화학 단지 내에서는 정전기로 화재 사고가 발생하는 경우가 있는데, 정전기란 무엇인가?

순번	유형	기업명	질문
953	일반	한화투자증권	어느 PG에 근무하고 싶은가? 그 이유는?
954	일반	한화투자증권	은행, 보험, 증권업 중 자신이 생각했을 때 가장 중요한 분야를 꼽아보고, 그 이유를 간단히 설명해보라.
955	일반	한화투자증권	이번에 미국발 금융위기를 대처하는 방안은?
956	일반	한화투자증권	자격증이 없는데 왜 없는가? 관심이 없는 건가?
957	일반	한화투자증권	재무정보전문가가 되겠다고 자소서에 썼는데, 재무정보전문가가 뜻하는 것은 무엇인가?
958	일반	한화투자증권	전공이 언론정보학과인데 증권은 잘 아는가?
959	일반	한화호텔앤드리조트	도전을 세우고 그것을 달성했던 경험은?
960	일반	한화호텔앤드리조트	서비스직에 지원하게 된 계기는?
961	일반	한화호텔앤드리조트	어떤 레저 활동을 하는가?
962	일반	한화호텔앤드리조트	입사했을 때 자신의 발전 가능성은?
963	일반	현대모비스	공장에서 생산된 제품 중에서 불량이 많이 발생되었다. 본인이 공장의 품질 책임자라고 할 때 어떤 조치들이 필요할까?
964	일반	현대모비스	신바람 나는 직장 문화 조성을 위한 아이디어와 그 이유를 제시해보라.
965	일반	현대모비스	우리 회사가 다른 나라에서 어떤 새로운 사업을 할 수 있겠는가? 예상 기간과 예상 금액도 같이 말해보라.
966	일반	현대모비스	해외 불법 모조품 및 가짜 부품을 효과적으로 차단하기 위하 아이디어와 그 이유를 제시해보라.
967	일반	현대오일뱅크	대체 에너지 개발에 따른 정유업계의 대응 방안을 제시하라.
968	일반	현대자동차	hall-patch 방정식을 설명하고 결정립이 작아짐에 따라 강도가 어떻게 되는지 발표해보세요.
969	일반	현대자동차	경부고속도로에 차가 꽉 막혀서 차들이 천천히 가고 있는데 이유가 무엇이라고 생각하나?
970	일반	현대자동차	규칙을 깨본 적이 있는가?
971	일반	현대자동차	미혼남녀가 제일 많을 것이라 생각되는 곳의 지명이나 시 등의 장소를 말하고 이유를 설명하라.
972	일반	현대자동차	본인이 즐겨하던 활동과 회사 활동이 겹친다면?
973	일반	현대자동차	본인이 현대차에서 발휘할 수 있는 강점을 말해보세요.
974	일반	현대자동차	소셜네트워크에 대한 순기능과 역기능을 말해보라.
975	일반	현대자동차	앞으로 10년 후의 자신의 모습에 대해서 이야기해보세요.
976	일반	현대자동차	우리 자동차 회사가 서유럽시장 진출 시 어떤 전략으로 나아가야 하는가?
977	일반	현대자동차	일본 지하철과 한국 지하철의 차이점을 말해보라.
978	일반	현대자동차	자동차 산업에 있어서 마케팅 비용과 연구비는 줄일 수 없다. 이 점을 명심하여 원가절감을 하기 위한 방안들로 어떤 것들이 있을지 이야기해보라.
979	일반	현대자동차	자동차에 쓰일 수 있는 통신은 무엇인가?
980	일반	현대자동차	자동차에 자신의 전공분야를 어떻게 적용할 수 있는가?

순번	유형	기업명	질문
981	일반	현대자동차	자신이 도시계획을 한다면 무엇을 중요하게 다룰 것인가?
982	일반	현대자동차	자신이 살아오면서 실패한 경험은 어떤 것이 있나요?
983	일반	현대자동차	재료를 강화시키는 방법 3가지 이상 발표하고 예를 들어보세요. 만약 어떤 재료가 고온에 계속 노출되는 재료라면 그 강화방법 중 어떤 것을 고를 것인지 발표해보세요.
984	일반	현대자동차	팀 프로젝트를 할 때 부당하게 많은 과제를 부여받은 적이 있나요? 있다면 어떻게 대처했고 그때의 생각은 어떠했나요?
985	일반	현대자동차	학부 때 도전해서 얻은 것이 있는가?
986	일반	현대자동차	해결해야 할 문제가 있는데 상사와 의견이 다를 경우 어떻게 의견을 조율하겠는가?
987	일반	현대자동차	회사에 상담하는 곳이 생긴다면 이용하겠는가?
988	일반	현대자동차	회사에 지원하는 기준을 3가지 말해보라.
989	일반	홈플러스	매장에서 특정 물품을 정해 판촉 행사를 하려고 한다. 어떤 물품을 선택할지 말해보라. 어떻게 하면 매출에 도움이 될 것인가?
990	일반	홈플러스	우리 마트가 페이스북과 같은 SNS를 활용하고자 한다. 어떻게 활용할 수 있는지, 어떤 장점이 있는지 제시하라.
991	일반	홈플러스	현재 우리 본사의 바이어들이 지점의 물품 범위를 넓히려 하고 있다. 이에 대한 당신의 의견을 듣고자 한다. 당신은 어떤 물품을 추천하겠는가? 그리고 그 이유는 무엇인가?
992	일반	효성	10만 원을 가지고 미국에 가는 방법은 무엇이 있겠는가?
993	일반	효성	당신이 재래시장 상인회장이라면 재래시장을 활성화시키기 위해 어떤 조취를 취하겠는가?
994	일반	효성	KTX 때문에 대구공항 이용자가 줄어들고 있다. 당신이 공항 책임자라면 이용자를 늘리기 위해 어떻게 하겠는가?
995	일반	효성	사람들이 모두 적록색맹이 된다면 신호등을 어떻게 바꾸겠는가?
996	일반	효성	연휴에는 귀성객이 굉장히 많이 몰려서 차표를 구하기가 어렵다. 이를 해결하기 위한 방법은?
997	일반	효성	옆의 햄버거 가게 때문에 학교 앞 떡볶이 가게가 타격을 입은 상황이다. 경쟁을 위해 떡볶이 가게 입장에서 어떤 것들이 필요할까?
998	일반	효성	우리 회사가 후원하는 비보이팀이 세계대회에서 우승했을 때 회사가 얻을 수 있는 이득은 무엇일까?
999	일반	효성	인도에는 1,500여 가지의 공용어가 있다. 인도에 있는 주민 규모 100명인 어느 작은 마을에 한국어를 공용어로 만들 수 있는 방안을 제시해보라.
1000	일반	효성	인천공항에서 김포공항까지의 도시철도는 하루에 4~5억의 적자를 내고 있다. 도시철도의 이용객을 늘리기 위한 효과적인 내안들을 제시해보라.

뽑히는 자소서에는
뭔가 특별한 것이 있다

누구나 지원할 수 있지만, 아무나 선택이 되지 않는 서류 심사. 그 중에서도 자기소개서를 쓰는 데 어려움을 겪는 취업 준비생들이 너무 많다. 자신의 인생을 회사의 인재상에 맞게 스토리를 만드는 데도 법칙이 있다. 자신의 단점도 장점으로 승화시킬 수 있는 자소서 작성 비법을 소개한다.

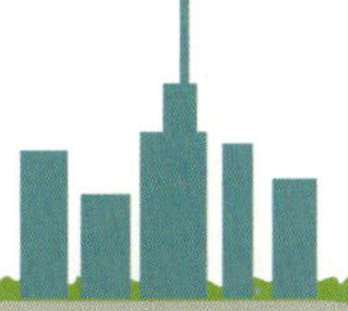

01 자기소개서에서 자주 틀리는 단어나 주의해야 할 맞춤법은?

취업을 준비하는 지원자들이 토로하는 고충 중의 하나는 자신들이 쓴 자기소개서에 혹시 틀린 단어나 문법이 있지는 않은지, 올바른 맞춤법을 사용하고 있는지 고민이 된다는 것입니다.

기본적인 맞춤법조차 틀리게 되는 경우 지원자의 자기소개서를 읽는 인사담당자는 고개를 갸웃하게 될 것입니다. 실제로 잡코리아에서 실시된 맞춤법 모의 테스트에서도 오탈자와 띄어쓰기 오류가 평균 32개로 조사되었고, 인사담당자들이 기피하는 이력서 항목으로 오탈자나 인터넷 용어 등 틀린 맞춤법이 많은 이력서가 꼽히기도 하였습니다. 지원자들이 잘못 사용하기 쉬운 표현 중의 하나인 '다르다' 와 '틀리다' 의 경우 단어가 가진 의미를 제대로 구분하지 못하기 때문으로 파악됩니다.

○○은행의 하반기 자기소개서 항목 중의 하나는 "지원 업무를 수행하는데 있어 다른 지원자와 차별화된 귀하의 역량은 무엇입니까?"라는 것이었습니다. 해당 항목에 대한 한 지원자의 답변은 "○○은행에 지원하는 이들과 제가 틀린 부분은 바로 업무 처리 속도가 빠르다는 것입니다."라는 문장으로 시작됩니다.

이 문장에서 잘못된 표현은 어디일까요? 바로 '틀린' 입니다. '틀리다' 는 셈이나 사실 따위가 맞지 않고 어긋나다는 의미를 가진 단어로, 이 지원자는 '다르다' 와 '틀리다' 의 의미를 혼동하고 있는 것입니다. "○○은행에 지원하는 이들과 제가 다른 부분은 바로 업무 처리 속도가 빠르다는 것입니다."가 올바른 문장입니다. '다르다' 는 비교가 되는 두 대상이 서로 같지 않음, 보통의 것보다 두드러진 데가 있다는 사전적인 의미를 가지고 있습니다. ○○은행으로의 취업을 원하는 여타의 지원자보다 두드러진 자신만의 자질이 빠른 업무 처리 속도임을 강조하는 표현이기 때문에 '틀린' 은 '다른' 으로 표기되어야 하는 것입니다.

다음은 상당수의 지원자들이 자기소개서를 작성할 때 잘못 표기하거나, 혼동하기 쉬운 표현들입니다.

- **○○기업의 한 가족으로써/○○기업의 한 가족으로서**

  '~로서' 와 '~로써' 를 혼동하는 지원자들이 의외로 많다는 사실에 놀란 적이 있습니다. 위 문구에서 가족이라는 단어는 지위나 신분을 의미하는 것입니다. 따라서 '~로서' 라는 표현이 바른 표기이며, '~로써' 는 도구나 수단이 될 때 쓰여야 하는 표현입니다. '○○기업의 일원으로서' , '○○은행의 미래를 밝은 빛으로 이끄는 등대로써' 라는 표현을 예로 들 수 있겠습니다.

- **저에게 주어지는 일이 어떤 업무이든지/저에게 주어지는 일이 어떤 업무이던지**

  이는 어떤 일이라도 가리지 않고 임하겠다는 의지를 드러내기 위해 자주 사용되는 표현입니다.

  '~던지' 는 과거형을 나타내는 연결 어미이기 때문에 '~든지' 라는 표현을 사용하는 것이 올바른 표현이 됩니다. (* '~든지' 는 A아니면 B라는 식의 선택을 의미)

취업 준비생들의 자기소개서를 읽다 보면 SNS와 같은 메신저 문화에 익숙해진 지원자들일수록 줄임말이나 오타 표기를 자연스럽게 습관화하고 있음을 발견하게 됩니다. 심지어 신조어를 당당하게 자기소개서에 기재하는 사례도 종종 나타나고 있습니다.

인사담당자들은 신조어를 사용하는 지원자에게 신선함을 느낄 수도 있지만, 역으로 지원자에 대한 오해와 편견을 가지게 될 수도 있습니다. 신조어를 사용할 때는 많은 사람들로부터 합의된 의미가 아닌 이상 자신의 마음대로 가져다 붙이는 경우가 발생하지 않도록 주의할 것을 명심해야 합니다.

취업 준비생들이 토로하는 자기소개서 고민을 듣다 보면 이 지원자들이 자신들이 쓴 자기소개서를 검토하는 과정에서 어떤 표현들이 잘못되어 있는지를 찾아내지 못하고 있다는 점 또한 안타까움을 자아냈던 부분입니다. 이미 습관처럼 굳어진 언어 표현이기 때문에 틀린 표현을 잡아내는 것 자체가 어려운 일일 수도 있습니다. 만일, 자신이 쓴 자기소개서의 맞춤법을 확신할 수 없다면 맞춤법과 표준어, 비표준어 등을 실시간으로 문의, 확인할 수 있는 국립국어원 트위터를 활용하거나 한큐! 맞춤법 검사 서비스(http://hanq.jobkorea.co.kr/SpellCheck)/ 등을 이용해 한 번 더 자신의 자기소개서를 확인해보는 것을 권해드립니다. 전문 작가들도 종종 맞춤법이 틀리거나 같은 표현을 반복적으로 사용하는 사례도 많습니다. 여러 번 반복해서 자신이 쓴 글을 천천히 검토해보고, 확인하는 과정을 거쳐보세요.

02 효과적인 지원동기 작성방법은?

취업의 문이 좁아져만 가면서 많은 지원자들이 본인이 하고 싶어하는 일이나 배워왔던 전공과 전혀 상관없는 직종으로 소위 말하는 '묻지마 지원'을 하고 있습니다. 문제는 이 묻지마 지원자들의 경우 취업을 목적으로 해당 지원회사가 요구하는 자기소개서를 작성해야 하는데 자신이 원했던 길이 아니기 때문에 지원동기라든가 입사 후 포부 등의 항목을 기재하는 것에 어려움을 겪고 있다는 것이겠지요.

먼저, 지원동기는 말 그대로 왜 우리 회사에서 일을 하고 싶은가에 대한 답변을 하는 것입니다. 해당 회사의 기업이념, 브랜드 로고, 광고 등 그 회사의 대외적 이미지를 자신의 가치관이나 성장 배경에 빗대어 생각해본다면 지원동기를 서술해나가는 것이 훨씬 더 수월해질 것입니다.

다음은 엔터테인먼트 기업으로의 취업을 희망하는 국제학 전공자의 지원동기 중 일부입니다.

> "저는 대학교에서 사진영상동아리에서 활동하며 사진과 동영상을 또 다른 콘텐츠로 만드는 과정을 경험할 수 있었습니다. 전공과 조금 동떨어진 분야였지만 동아리 활동을 하면서 그 동안 미처 발견하지 못했던 저의 창의력과 감성을 발견할 수 있었습니다. (중략) 저의 능력을 더욱 확장시킬 수 있는 무대가 바로 ○○기업이라 생각하고 있습니다."

이 지원자는 전공이 아닌 교·내외활동 속에서 지원동기를 발견해내고 있습니다. 이 밖에두 자신이 봉사활동 경험을 기술하면서 해당 기업의 사회적 공헌 활동에 동참하고 싶다는 생각으로 지원을 결심하게 되었다는 지원자들도 있습니다.

이들에게서 찾아볼 수 있는 공통점은 전공과는 상관이 없지만, 지원회사의 경영이념, 비전과 가치, 대내외 활동 등의 정보 속에서 자신과 연결되는 부분을 찾아 지원동기로 활용하고 있다는 점입니다.

이제 입사 후 포부에 대해 살펴볼까요?

자신의 전공과 상관없이 '취업' 만을 목적으로 하는 묻지마 지원자 중 중국어학과를 졸업한 지원자가 있었습니다. 국내 은행 취업이 목적이었던 이 지원자의 입사 후 포부 항목은 솔직하게 자신이 부족한 사실을 인정하는 문장으로 시작되고 있습니다.

이 지원자의 경우 표면적으로만 본다면 지원자가 전공한 중국어와 국내 은행에서 수행하는 금융 업무 사이의 연관성이 부족해 보일 수 있습니다. 그러나 달리 생각해본다면 다문화 사회로 접어들고 있는 국내 현실에서 다른 이들과 차별화된 중국어 능력이 이 지원자의 강점이 될 수 있습니다.

묻지마 지원을 하기에 앞서 가장 중요한 포인트는 지원하고자 하는 회사, 지원하는 직무 분야에 대한 정보를 사전에 숙지해 두는 것입니다. 습득한 정보 안에서 지원회사가 요구하는 인재상을 중심으로 자신이 그 인재상에 부합하는 능력을 가진 지원자라는 점을 어필해야 하며, 조금은 동떨어진 전공이나 경력이라 하더라도 이를 지원회사의 담당업무와 연계해 발전시킬 수 있는 방안을 고민해볼 필요가 있습니다.

전공과 상관없다거나 본인에게 관심이 없는 분야이지만, 지원을 결심한 순간부터는 '묻지마' 가 아닌 '알고' 지원하는 분야로 만들어야 합니다.

03 이렇다 할 에피소드가 없는 경우, 어떻게 작성해야 할까요?

현재의 각 기업들이 제시하고 있는 자기소개서의 질문 문항들을 보면 매우 세부적이며, 구체적인 경험을 기술할 것을 요구하고 있음을 알 수 있습니다. 질문자처럼 평범한 학창시절을 보낸 지원자들은 상대적으로 그렇지 않은 지원자들에 비해 성격이나 성장과정, 학업과정 등에 있어서 내세울만한 에피소드가 없다며 어떻게 했으면 좋겠느냐고 조언을 구하는 사례가 많습니다.

자, "나는 에피소드가 없어"라고 지레 겁을 먹기 전에 지원자의 지난 시간들이 과연 에피소드가 단 하나도 만들어지지 않은 평범 그 자체였는지 먼저 집고 넘어갈 필요가 있습니다. 에피소드가 없다고 하소연을 하는 지원자들에게 다음과 같은 질문들을 던져봅니다.

너무 평범한 삶을 살았다며 자기소개서 작성에 어려움을 겪던 한 지원자에게 이 질문은 에피소드를 발견하게 해준 것이었습니다.

> "어린 시절 〈명탐정 코난〉 시리즈를 즐겨보았던 저는 만화 속 주인공처럼 어떤 사건이나 주제에 대해 남들과 다른 시선으로 추리를 하고 유추할 수 있는 관찰력을 가지게 되었습니다. 이는 제가 책을 읽을 때나 공부를 할 때, 사람들을 대할 때 저에게 끊임없는 질문을 던지고, 대답을 찾아가는 과정의 밑거름으로 작용한 힘이기도 합니다."

어린 시절 코난을 통해 자신도 탐정이 되고 싶다는 꿈을 꾸었던 지원자는 자기소개서를 쓰기 전 이와 같은 사실을 그냥 까맣게 잊어버리고 있었던 것이지요.

집과 학교 역시 일상의 대부분을 차지하는 공간인 만큼 이곳에서 나올 수 있는 에피소드들은 무궁무진합니다. 다만 앞서 어린 시절의 꿈을 잠시 잊었던 지원자처럼 본인이 알아채지 못하고 있을 뿐이지요. 이 질문에 진짜 집과 학교만을 오갔다며 난색을 표하는 지원자가 있었습니다. 이 지원자가 찾아낸 에피소드는 집과 학교만을 오간 본인의 성실성을 드러내는 것이었습니다.

> "다른 친구들이 일탈을 경험하고, 스스로 나아갈 길을 찾아 방황할 때 저는 그저 묵묵히 학생이라는 저의 신분에만 충실했습니다. 단 한 차례의 결석이나 지각없이 학교와 집을 오가면서 학생으로서 책임과 의무를 다한 저에게 3년 개근상은 명예로운 훈장과도 같은 것입니다. 공부를 잘한 편은 아니었지만 다양한 분야의 책을 읽고 접하면서 내가 과연 어떤 것에 관심을 두고 있는지 찾아보려는 노력을 하였습니다."

이 지원자가 찾아낸 스토리텔링의 포인트는 바로 3년 개근상입니다. 이 밖에도 내 인생을 바꾼, 혹은 나의 생각을 변화시킨 책에 대해 언급을 하는 것도 에피소드의 훌륭한 소재가 됩니다.

워렌 버핏의 전기를 읽고 증권투자가의 길을 꿈꾸게 된 지원자가 있는가 하면, 기업의 창업주가 쓴 자서전이나 에세이를 읽고 그 회사로 지원을 결심하게 된 지원자도 있기 마련입니다. 이러한 소재를 활용하고자 할 때는 책을 읽고 느낀 감동이 원인이 되어 어떤 변화가 일어났고, 그 변화를 통해 지원자가 얻게 된 성과를 적절히 가미하는 것이 좋습니다. 구체적인 경험과 그 경험이 만들어낸 결과, 경험 속에서 도사리고 있던 어려움과 극복의 과정 등. 에피소드가 없다고 생각하기 전 자신의 과거를 천천히 회상해보고, 해당 기업의 성격이나 자신이 맡게 될 직무와의 연결지점을 찾아내는 연습의 과정을 거쳐볼 것을 권해드립니다.

어린 시절 보았던 만화, 학교생활에서 받았던 개근상장, 책을 통해 깨달은 가치, 자기 자신에 대해 던지는 수많은 물음들과 그에 대한 대답 등을 통해 평범함 속에서 자신만의 차별화된 강점들을 도출해 보시기 바랍니다.

04 내세울 스펙이 없을 경우, 자기소개서로 만회하는 방법은?

대기업 공채를 시작으로 본격적인 취업 시즌이 시작되었습니다. 자기소개서에 쓸 스펙이 넘쳐나는 지원자가 있는가 하면, "저는 남들 다 있는 기본적인 자격증도 하나 없고, 그렇다고 토익이나 텝스처럼 외국어 실력을 입증할만한 자격도 취득하지 못했습니다. 어떻게 해야 할까요?"라고 조언을 구해오는 지원자도 있습니다.

좋은 스펙이 구직자에게 플러스 요인이 되는 것은 분명합니다. 하지만 자기소개서에 있어서 스펙만큼 중요한 것은 지원하고자 하는 기업에 적합한 자신만의 강점을 드러내는 것임을 잊지 말아야 합니다. 변별력이 떨어지는 비슷비슷한 스펙보다는 변별력을 갖춘 지원자의 직무역량을 구체적으로 기술할 필요성이 있는 것입니다. 실제로 대한상공회의소가 수도권의 대기업과 중소기업 400곳을 조사해 발표한 자료에 따르면 스펙보다는 직무능력의 유무가 채용의 당락을 결정하는 가장 중요한 평가요소였습니다.

다음은 질문자처럼 가정 형편 때문에 어학연수나 어학원 수강 등과 같은 스펙 쌓기의 과정을 거치는 대신, 아르바이트만으로 학비와 생활비를 벌어야 했던 한 지원자의 자기소개서 내용 중 일부입니다.

> "어려서 아버지를 여읜 저는 생계를 꾸리느라 바쁘신 어머니를 대신해 하나부터 열까지 스스로의 힘으로 생활을 해야 했습니다. 중·고등학교 시절, 학교와 집 이외의 공간에서 제 이름을 대신했던 것은 '아르바이트생'이었습니다. 하고 싶은 일을 할 수 없게 만들었던 가난은 이력서에 쓸 경력 한 줄 만들지 못하게 하였지만, 결코 부끄럽거나 저를 좌절시키는 어려움은 아니었습니다. 제 자신 스스로 다른 이들에 비해 물질적으로 가난할 지는 모르지만, 마음만은 누구보다 부유한 사람이라 생각하고 있기 때문입니다. 적어도 저는 가난 때문에 꿈을 포기하고 싶지는 않았습니다. 다른 친구들이 학원이며, 과외며 공부의 길을 넓혀나갈 때 저는 저의 꿈을 위해 강한 생활력과 책임감을 길러 왔습니다."

이 지원자는 솔직하게 자신이 왜 남들과 달리 스펙 한 줄, 경력 한 줄 더할 수 없었는지 고백하면서 물질적인 가난이 자신의 꿈을 이루는데 아무런 장애물도 되지 않았음을 어필하고 있습니다. 이는 읽는 이로 하여금 "아! 이 사람은 기회가 없었을 뿐이지, 기회가 주어진다면 누구보다 성실하게 일을 하겠구나"라는 인식을 심어줄 수 있는 이 지원자만의 차별화된 강점이기도 합니다.

다음은 공부 대신 아르바이트를 해야 할 정도로 어려운 가정형편이 아님에도 불구하고 학점도 나쁘고, 내세울 스펙도 없었던 지원자가 찾아낸 자신의 강점입니다.

놀기를 좋아하고, 어울려 다니는 것을 좋아한 이 지원자는 자신의 경험 속에서 남들과 다른 커뮤니케이션 능력을 찾아내 어필하고 있습니다.

스펙이 없다고 발만 동동 구르고 있을 것이 아니라, 지나온 자신의 삶 속에서 형성된 습관, 생활태도, 성격, 학창시절 한번쯤은 해보았을 봉사활동 등과 같이 공부나 스펙이 아닌 분야에서 경험한 작고 사소한 일들 속에서 다른 이들과 다른 자신만의 자기소개서 내용을 도출해보시기 바랍니다.

인사담당자가 진정으로 원하는 것은 뛰어난 스펙이 아니라, 지원자의 잠재력, 그리고 앞으로의 성장 가능성에 있음을 잊지 마세요.

05 외국계 기업 지원 시, 특별한 자기소개서 작성법?

대학이나 대학원에 진학하기 위한 자기소개서와 취업을 목적으로 하는 자기소개서는 다를 수밖에 없습니다. 외국계 기업 역시 국내 기업들에 제출하는 자기소개서와 다른 것이 사실입니다. 일반적으로 자기소개서를 작성할 때 어린 시절부터 성장기, 지금 현재의 모습에 이르기까지 세세하게 기술하려는 경향을 볼 수 있습니다. 그러나 취업용 자기소개서, 특히 외국계 기업으로의 취업을 위한 자기소개서에서는 나열이 아닌 한 두 가지의 주제를 정해 핵심을 짚는 내용으로 구성하는 것이 좋습니다.

취업시즌을 맞아 국내 기업이 아닌 외국계 · 다국적 기업으로 눈을 돌리는 지원자들을 종종 만나게 됩니다. 질문자처럼 경력직으로 외국계기업으로의 이직을 희망하는 이들도 있지만, 신입사원으로 외국계 기업의 문을 두드리는 이들도 적지 않습니다.

도시바, 야후, 구글, 니콘, 3M, IBM, 캐논, 로레알, ADT, ING 등 국내에 들어와 있는 외국계 기업들이 내세우고 있는 자기소개서 항목들을 보면, 이들이 요구하고 있는 인재는 즉시 현장에 투입될 수 있는 실무능력을 갖춘 인재로 요약될 수 있습니다.

따라서 자신의 성장과정을 하나씩 나열하는 기술보다는 하나의 에피소드를 설정하고, 이로 인해 자신이 확보할 수 있었던 노하우와 능력을 서술한 후 앞으로 해당 외국계 기업에서 어떤 역할을 담당할 수 있는지 포부를 밝히는 것이 훨씬 더 유리합니다.

이를 위해서는 외국계 기업과 국내 기업과의 가장 두드러진 차이점을 파악하는 과정이 선행되어야 합니다. 해당 외국계 기업의 기업 및 조직문화, 업무 시스템, 지원직무에 대한 정확한 이해가 바탕이 된다면, 자신의 장점들을 해당 기업이 요구하고 있는 인재상에 가장 가깝게 그려내는 것이 수월해질 것입니다.

대표적인 외국계 기업인 한국 IBM의 마케팅 부서에 경력직으로 지원한 이의 자기소개서 내용을 살펴보겠습니다.

> "저는 경영학을 전공하면서 세계 경제의 흐름을 읽는 날카로운 눈을 가질 수 있었고, 사람들의 마음을 사로잡는 마케팅의 매력을 느끼게 되었습니다."

서두 부분에 기술된 내용입니다. 자신의 전공과 지원분야와의 관련성을 드러내고 있습니다. 이 지원자는 이어 "제가 쌓아온 경력 역시 IBMer에게 필요한 자질 중의 하나일 것입니다. 저는 전자계측장비를 전문으로 취급하는 기업인 ○○○에서 마케팅 업무를 담당하면서 자신에게 주어진 일에만 집중하는 것이 아니라 나의 능력으로 다른 이들이 맡은 업무의 성과까지 유도했던 경험을 가지고 있습니다."라는 문장으로 자신의 경력을 어필하고 있습니다.

이는 면접관으로 하여금 지원자가 자신의 경력을 통해 얻은 깨달음과 노하우를 갖추고 있기 때문에 지원자에게 주어질 업무를 담당할 수 있는 충분한 능력이 있음을 인식하도록 작성된 문장입니다.

만일, 이 지원자와 달리 경력이 없는 경우라면 인턴십이나 사회활동, 동아리, 아르바이트 등의 내용 속에서 지원하고자 하는 직무와의 연관성을 찾아 자신이 그 직무를 충분히 해낼 수 있는 인재임을 어필하는 동시에, 자신이 해당 조직의 구성원이 될 때 기업에 어떤 긍정적인 영향력을 미칠 수 있는지를 강조하는 포부로 이어나가는 것이 좋습니다.

결론적으로 이야기하자면 외국계 기업은 지원자의 사적인 경험들보다는 업무적인 경험, 지원직무에 대한 풍부한 실무경험에 주목한다는 것입니다. 일반적으로 기술되는 성장과정을 포함하되, 시기별로 이런 이러한 일이 있었다라고 나열하기보다는 핵심이 되는 에피소드를 끄집어내어 자신의 역량에 변별력을 주는 것이 필요합니다. 또한, 지원직무와 관련이 있는 지원자의 경험이나 경력 속에서 다른 이들과 차별화된 업무역량을 찾아내는 작업도 이루어져야 합니다.

06 업종이나 직무별 선호하는 자기소개서 스타일이 있나요?

현재의 취업시장은 과히 전쟁터를 방불케 하고 있습니다. 취업의 문은 좁아져만 가고, 지원하는 이들의 수는 점점 늘어나기만 하니 공급과 수요의 급격한 편차가 나타나는 것은 당연한 일인지도 모릅니다.

상황이 이렇다 보니 질문자처럼 어느 정도의 스펙을 지녔음에도 불구하고, 취업의 문턱에서 번번이 고배를 마시는 지원자들이 적지 않습니다. 이 정도면 충분할 것이라는 일종의 자신감을 가지고 도전하지만, 실패라는 결과를 받아 들게 되는 데는 많은 이유가 있겠지요. 업종과 직무에 어울리지 않는 천편일률적인 자기소개서 역시 실패라는 결과를 만드는 원인이 될 것입니다.

당연한 말이겠지만, 업종이나 직무에 적합한 자기소개서를 쓰기 위해서는 해당 업종과 직무를 정확하게 파악하고 있어야 합니다.

예를 들어 마케팅 업종으로 취업을 희망하는 사람이 마케팅과 전혀 연관이 없는 자신의 장점을 기술한 자기소개서를 제출한다면, 면접관은 이 지원자가 자신의 회사에 들어와 마케팅 업무를 수행할 수 없다고 판단을 내리기 쉽습니다.

이는 자기소개서 항목 중 많은 지원자 가운데 왜 당신을 채용해야 하는가? 라는 질문에 대한 한 지원자의 자기소개서 답변 내용 중 일부입니다. 이 지원자가 자기소개서 내용에 러시아를 언급한 이유는 해당 기업이 러시아 진출을 예정하고 있다는 신문 기사를 읽었기 때문이었습니다. 러시아 진출을 앞두고 마케팅 신입사원을 채용한다는 것은, 러시아를 대상으로 한 마케팅을 담당할 직원을 뽑는다는 예상을 가능하게 하는 부분입니다. 러시아를 무대로 삼은 마케팅을 공부해왔다는 포인트는 실제로 이 지원자에게 플러스 요인이 되어 합격이라는 기쁨을 가져다주었습니다.

사례 속의 지원자처럼 해당 기업으로의 취업을 위해 사전 정보를 발 빠르게 습득하여 그 정보를 기반으로 자신이 지원하고자 하는 업무와의 연관성을 찾아내 자기소개서 안에 녹아들게 한다면, 비슷비슷한 내용의 다른 자기소개서들과의 차별성을 부각시킬 수 있을 것입니다.

항공사 승무원에 도전하는 취업준비생이라면, 승무원에게 필요한 서비스 마인드를 부각시킬 수 있는 내용으로, 생산직종에 도전하는 지원자라면 실수나 오차를 줄일 수 있는 성실함을 부각시키는 방향으로 자기소개서의 내용을 풀어가는 것이 유리할 것입니다.

또한, 은행이나 증권 등 금융계통의 문을 두드릴 때는 지원 분야와 관련된 경력과 금융계 인재들에게서 찾아볼 수 있는 장점들을 적극적으로 어필해주는 것이 좋습니다. 영업이나 서비스 분야로의 취업을 희망한다면 이는 최일선에서 고객을 만나는 업무이기 때문에 소통능력, 친절함과 배려, 서비스 마인드 등을 자신이 경험한 실제 에피소드 속에 담아내는 것이 더욱 효과적일 것입니다.

생산관리의 경우 구성원들을 효율적으로 조율할 수 있는 리더십과 자신이 맡은 일에 대한 강한 책임감을 가진 인재를 선호합니다. 그럴싸한 말로 포장된 자기소개서보다는 실무경험을 토대로 진솔하게 자신의 장점을 드러내는 것이 좋은 인상을 주는 방법이 되어줄 것입니다.

무엇보다 중요한 것은 해당 업종과 직무에 대한 정확한 이해입니다. 어떤 일을 하는지, 향후 입사 시 어떤 일을 맡게 될 것인지 구체적으로 파악해 이에 맞는 자신의 장점과 역량에 포인트를 두어보세요.

 인사담당자 눈에 쏙! 자소서 소제목 만들기 실전 코칭!

자기소개서를 쓸 때 각 항목마다 해당 내용을 간결하고 함축적으로 드러낼 수 있는 소제목을 다는 지원자들을 많이 볼 수 있습니다. 이 소제목을 다는 것에 대해서 좋다, 나쁘다는 의견이 분분하지만 정해진 답은 없는 것 같습니다. 그럼에도 불구하고 특별한 소제목은 인사담당자의 시선을 끌기에 충분한 부분이라는 점은 이견이 없어 보입니다.

그렇다면 어떻게 해야 인사담당자를 사로잡을 수 있는 소제목을 쓸 수 있을까요? 소제목을 작성하기에 앞서 너무 잘 알려진 격언이나 가치관을 소제목으로 따올 경우 평범함 때문에 오히려 식상하다는 인상을 줄 수 있기 때문에 주의를 할 필요가 있습니다.

해당 기업의 대표적인 광고 문구나 기업의 이념, 인재상 등을 자신과 연결 지어 사용하는 방법도 대안이 될 수 있습니다. 이를 자기소개서 항목 중 지원동기 및 입사 후 포부의 소제목으로 활용한 예를 몇 가지 들어보겠습니다.

> "신한은행의 따뜻한 동행, 함께하겠습니다!" (신한은행)
>
> "세상을 이롭게 만드는 금융의 힘! 그 힘의 중심 속으로" (신한은행)
>
> "10년 10만 마일, OOO의 꿈이 되다" (현대자동차)
>
> "신세계의 울림, OOO의 열정을 불지피다" (신세계)
>
> "Play My Life, Play The World! Fun Everywhere" (NC SOFT)
>
> "아시아는 작다, 글로벌 No.1 CJ E&M의 무대에서 놀자!" (CJ E&M)
>
> "지속경영의 또 다른 이름, 녹색가치 나눔에 동참할 수 있는 사람" (포스코에너지)

이 지원자들의 공통점은 각 기업들의 광고문구, 기업이념, 인재상, 경영방침 등의 정보를 확보하고 이를 자신의 지원동기와 연결시키고 있다는 점입니다. 왜 우리 기업에 입사하고 싶어 하는가에 대한 대답으로 그 기업이 가진 비전과 가치가 지원자가 바라는 미래와 부합하고 있다는 점을 부각시키고 있는 것이지요.

이 밖에도 성장과정이나 학창시절, 성격의 장 · 단점 등의 항목에 있어서도 자신만의 개성을 인상적으로 드러낼 수 있는 키워드를 설정하는 것도 인사담당자로부터 이 지원자에 대한 관심을 불러일으킬 수 있는 방법이 되어줄 것입니다.

이 밖에도 자신만의 특별한 에피소드를 담아내기 위해 소제목을 사용한 몇 가지 예시를 나열해보겠습니다.

이와 같이 소제목을 설정할 때 주의해야 할 점은 이 소제목이 해당 항목의 내용과 연결이 되어야 한다는 것입니다. 형식적으로 그저 이목을 끌고 싶어서 내용과 상관없는 명언이나 격언, 광고 문구, 유행어 등을 차용하지 않도록 할 필요성이 있습니다. 사회적으로 널리 통용되고 있는 명언의 경우 자칫 잘못 사용하면 지루한 인상을 남기기 쉽습니다.

 ## 08 재취업 준비 중인 직장인, 퇴사사유 작성 방법은?

본격적인 취업 시즌이 시작되면 사회에 첫 발을 내딛는 신입 사원들은 물론, 이직을 원하는 경력 사원들도 많이 만나게 됩니다. 이들 중에서는 질문자처럼 '때려치우고' 나온 경력 사원들의 경우 퇴사의 이유를 묻는 인사담당자의 질문에 어떻게 답변을 해야 면접에서 유리한 고지를 선점할 수 있을지 고민하는 이들이 많습니다.

인사담당자가 지원자의 이야기를 들었을 때 퇴사 이유를 공감할 수 있을 정도로 터무니없는 대우를 받았다는 사실은 숨길 이유가 없습니다. 직장인이라면 누구나 자신의 위치에 어울리는 대우를 받으면서 자신에게 주어진 직무를 보다 효율적으로 담당할 수 있기를 원하니까요. 문제는 폭언이나 폭설, 사적인 일이 공적인 일보다 더 많이 부여되는 경우라면 솔직하게 말을 해도 되겠지만 야근이 많아서, 혹은 직장이 너무 멀어서 등과 같은 이유로 개인적인 여유를 가질 수 없어 퇴사를 하게 되었다면 인사담당자는 "우리 회사에서도 야근을 시키면 그만 둘 사람", "만에 하나 발생할 수 있는 지역 발령 시 사표를 던질 수 있는 사람"이라는 인식을 갖기 쉽습니다.

재직 당시 자신에게 주어진 업무를 배우고, 업무 노하우를 익히면서 스스로의 능력이나 회사의 시스템적인 부분에 있어서 부족함을 느끼게 되었고, 이직을 원하는 해당 회사는 그 부족함을 채워줄 수 있을 것이라는 확신을 가지고 있음을 당당하게 드러낼 필요가 있습니다.

이직할 직장이 자신이 일해 왔던 동종 업계 쪽이라면 어떻게 해야 할까요? 다음은 A회사의 회계부에서 근무하던 경력사원이 B회사의 회계부로의 이직을 희망하면서 서술한 이직 사유의 일부입니다.

> "A회사에 입사하여 2년 이상 성실히 근무하며 실로 많은 것을 배우고 익혀왔습니다. 이직은 제게 정말 어려운 선택이었지만 현재까지 수작업으로 회계업무를 하는 전근대적인 시스템에서 벗어나지 못하고 있는 회사 상황에서 더 이상 저의 발전을 도모하기는 어렵다고 판단하고 이직을 결심하였습니다. 직장을 선택하면 그 직장에서 퇴직하겠다는 저의 결심을 스스로 무너뜨리는 결정은 결코 쉽지 않았으나, 한 단계 더 높게 저의 역량을 강화시킬 수 있는 무대를 갖기 위해 불가피하게 결정을 내려야만 했습니다. 현대적인 회계 시스템을 갖추고 직원들에 대한 아낌없는 지원과 교육을 실시하고 있는 B회사는 회계전문가를 꿈꾸는 제가 평생직장으로 회사의 성장과 그 궤적을 함께할 수 있는 곳이라 확신합니다."

다음은 대기업 C회사의 계약직으로 근무했던 한 지원자가 D회사의 정규직으로의 이직을 위해 서술한 자기소개서의 일부입니다.

> "업무적인 것 외에 계약직으로서 받는 현실적인 스트레스가 너무나 컸습니다. 연봉뿐만 아니라 복지를 포함한 다른 측면에서 정규직에 비해 계약직에게는 차별대우가 무척 심했기 때문입니다. 이러한 차별대우로 인해 퇴사를 하게 되었습니다. 대기업의 계약직으로서 현실적인 문제를 겪고 난 후, 저는 아무리 규모가 큰 회사라도 직원들을 배려할 줄 알고, 직원들에 대한 복지가 잘 되어있는 곳이 정말로 좋은 직장이라는 것을 깨달을 수 있었습니다."

앞의 예시 속의 지원자들은 성장 가능성, 해당 회사의 복지 시스템 등에 포인트를 맞추어 이전 회사와의 비교를 통해 이직의 이유를 설명하고 있습니다. 이직할 직장이 이전 직장보다 자신의 성장 가능성이 더 높은 곳이라는 점, 동종 업계 중에서도 사원에 대한 지원이나 교육, 처우가 좋다고 평가를 받고 있거나, 어느 정도의 네임 밸류를 갖추고 있다거나 하는 등의 장점들을 포인트로 잡아 이직에 당위성을 부여하고 있는 것입니다.

만일 동종 업계가 아닌 전혀 다른 업무 분야로의 이직을 원하는 경우라면 오래 전부터 해당 업무를 담당하기를 원해왔고, 비록 관련된 분야에서 근무를 해온 것은 아니지만 폭넓은 경험을 쌓음으로써 현재 지원하고자 하는 업무를 충분히 수행할 수 있게 되었음을 어필해보세요.

이직사유에 대해서는 "솔직하게 말을 해야 한다"와 "어느 정도 과장되게 말을 해야 한다" 등 전문 컨설턴트 사이에서도 의견이 분분합니다. 정해진 답은 없겠지만 적어도 자신의 이직 사유를 듣고 인사담당자가 가지게 될 '물음표'를 먼저 상상해보는 과정은 반드시 필요하다고 생각됩니다.

09 재미와 감동! 나만의 자소서 스토리텔링 기법공개!

스토리텔링(Storytelling)은 Story와 telling의 합성어입니다. 이야기를 말하고, 전달한다는 사전적인 의미를 가지고 있으며, 말이나 단어, 글씨, 소리, 이미지, 영상, 그림 등을 통해 사람들에게 어떠한 이야기를 전달하는 행위 자체를 말하는 것이기도 합니다.

자기소개서의 스토리텔링은 말 그대로 '지원자'에 대한 이야기를 전달하는 것입니다. 스토리텔링에 있어 가장 중요한 부분은 일관된 흐름을 가지고 있어야 한다는 것입니다.

다음은 A은행에 지원한 한 지원자의 자기소개서 중 성장배경 항목에 대해 기술한 내용입니다.

"제가 스무 살이 되었을 때 부모님께서 이혼이라는 결정을 내리셨습니다. 부모님에 대한 원망보다는 두 분을 이해하는 방향을 택했던 저는 두 살 터울의 여동생이 받을 충격을 조금이라도 줄여주기 위해 애써 의연한 태도를 보일 수밖에 없었습니다. 다른 이들은 저에게 어머니의 부재로 인한 반쪽사랑이라는 시선을 보냈지만, 버스기사로 승객들의 안전을 책임지며 성실한 삶을 살아오신 아버지와 어쩔 수 없는 상황에서 이혼이라는 막다른 길을 택하셔야만 했던 어머니께서는 두 분의 갈등보다 더 큰 사랑을 저희 남매에게 베풀어주셨습니다. 바쁘신 부모님을 대신해 한 집안의 장남이라는 막중한 책임감부터 배워야 했던 저에게도 두 분의 이혼은 큰 아픔이었지만, 어느 한 쪽의 부재로 인해 어긋나는 삶을 살기보다는 이 어려움을 극복하고 나도 할 수 있다는 모습을 보여주는 것만이 부모님으로부터 배운 사랑에 보답하는 길이라 생각했었습니다. 부족한 생활비를 마련하기 위해 다양한 아르바이트를 하면서 나를 조금은 낮추더라도 상대방에 대한 배려를 실천하는 법을 자연스럽게 배웠고, 정직한 삶을 살아오신 아버지로부터 배운 성실함과 책임감은 지금의 저를 만든 자양분이 되어주었습니다. 아버지께서는 어머니의 몫까지 대신해 저희 남매에게 든든한 버팀목이 되어주셨고, 비록 함께 살지는 못하지만 늘 저희 남매가 올바르게 성장할 수 있도록 마음의 응원을 보내주셨던 어머니가 계셨기에 예의 바르고 자립심이 강한 청년으로 성장할 수 있었다고 생각합니다."

이 지원자는 부모님의 이혼을 먼저 언급한 후 이 사실이 자신에게 어떤 영향을 미쳤는지, 이로 인해 자신이 어떤 장점을 가지게 되었는지를 담담한 어조로 기술하고 있습니다. 또한, 이 지원자는 자신의 성장배경 중 부모님의 이혼 자체에만 집중한 것이 아니라, 그 배경이 자신에게 가져다 준 결과물에 집중하고 있습니다. 성장배경이나 가족관계와 같은 주어진 사실에 대해 스토리텔링을 할 때는 ○○○하는 삶을 살아온 지원자가 어떤 장점을 가졌는지, 그 장점으로 인해 어떤 성과를 거두었는지 6하 원칙에 따라 서술해야 합니다. 이는 읽는 이로 하여금 이 지원자가 어떤 이야기를 하고 싶어 하는지 빠르게 파악할 수 있게 만들어 줍니다. 객관적인 사실을 그대로 나열하는 것이 아니라 읽는 이로 하여금 이 사람에 대한 흥미와 관심을 유발할 수 있도록 글에 생명력을 불어넣어야 한다는 것입니다. 따라서 기-승-전-결이 핵심이 되는 건 너무나 당연한 이치이겠지요.

많은 지원자들에게서 거창한 주제로 과장된 스토리를 나열하는 모습을 보게 됩니다. 스토리텔링을 어렵게 생각하지 말고 어린 시절 즐겨 했던 장난감 조립(→집중력과 끈기)이라든가, 친구와의 다툼(→소통의 중요성)이라든가, 아르바이트로 처음 자신의 힘으로 용돈을 마련한 경험(→자기관리와 경제 개념)이라든가 하는 작고 사소한 주제 속에서 지금 현재의 자신을 만드는데 영향을 미친 사건이나 경험이 있다면 이것부터 시작해 스토리를 짜는 연습을 해볼 것을 권해드립니다.

다시 말하자면 스토리텔링의 핵심은 어떠한 사건의 나열이 아니라, 사건의 배경, 그 사건을 통해 자신이 갖게 된 목표와 성과, 목표 달성까지의 과정 등이 입체적으로 솔직하게 드러나야 한다는 점입니다. 지나친 과장이 담긴 억지스러운 스토리텔링보다는 솔직하고 담백하게 자신의 이야기를 친구에게 들려주듯 시작해보세요.

쓰는 것, 표현하는 것에 자신이 있는 경우가 아니라면 한 번에 자기소개서를 완성해내는 것은 쉬운 일이 아닙니다. 스토리텔링 역시 단번에 완성되는 것이 아닙니다. 처음은 친구에게 들려주듯 사소한 이야기로 시작하지만, 스토리를 짜고 다듬는 연습의 과정을 거친다면 얼마든지 지원자는 자신을 주인공으로 하는 한 편의 인생드라마를 완성시킬 수 있을 것입니다.

10 잘 쓰면 약! 못쓰면 독! 자소서 내 명언, 사자성어 올바른 사용법!

적재적소에 활용된 명언들은 분명 인사담당자로 하여금 지원자에게 관심을 갖도록 만드는 요소가 되어줄 것입니다. 그러나 이 명언들이 자기소개서의 플러스 요인이 될 것인지, 마이너스 요인이 될 것인지 가늠하기는 어려운 것이 사실입니다.

유명 인사나 시대를 앞선 선각자들의 명언, 영화 속에 등장하는 배우의 명대사, 고서 속에 숨어있는 명문장, 사자성어 등. 자기소개서에 차용할 수 있는 글귀들은 매우 많습니다. 문제는 이러한 많은 글귀들 속에서 지원자의 장점이나 두드러진 특징을 제대로 살릴 수 있는 글귀를 찾아내는 과정이 어렵다는 것이지요.

다음은 존 F.케네디의 명언 "위기는 위험과 기회의 줄임말이다"라는 문장을 생활신조 항목의 첫 번째 문장으로 사용한 한 지원자의 자기소개서의 일부입니다. 참고로 이 지원자가 취업의 문을 두드린 곳은 BBQ S/V 분야로, 케네디의 명언은 윤홍근 제네시스BBQ 회장의 인터뷰에서 자주 등장하는 말이기도 합니다.

> "'위기는 위험과 기회의 줄임말' 이라는 말을 항상 가슴에 새기고 살아온 저는 어떠한 난관이라도 그 상황을 피하거나 포기하는 비겁함 대신, 위기를 기회로 삼아 고치고 채워나가는 용기와 열정을 키워왔습니다. 제가 대학생이 되던 해, 저희 가족의 가장 든든한 버팀목이셨던 아버지께서 위암말기 판정을 받으시면서 제 인생의 첫 번째 위기가 찾아왔습니다. 가족의 슬픔도 컸지만, 어떻게 해서든 아버지의 건강을 되찾아드리고 싶었던 저는 엄청난 병원비를 감당해내기 위해 진학을 포기한 채 밤낮으로 일에만 매달렸었습니다. 아버지께서 세상을 떠나신 후 저는 다시 학업의 길에 들어섰지만 아버지의 병환 이후 좀처럼 나아질 기미를 보이지 않는 가정형편은 공부와 아르바이트를 병행할 수밖에 없게 만드는 것이었습니다. 성적은 계속해서 뒤처졌지만 저는 결코 학업을 포기하지는 않았습니다. 이 위기를 극복해내지 못하고, 여기에서 포기한다면 제 자신과 가족들, 돌아가신 아버지께 부끄러워질 것이 분명했기 때문입니다. 위기를 발판으로 삼아 포기하지 않았기에 지금의 제가 있는 것이라 생각합니다. 학비를 벌기 위해 아르바이트를 하면서 공부에 집중하지 못해 성적은 좋지 못하지만, 다른 친구들이 경험하지 못한 이 세상의 다양한 모습들을 직접 체험하면서 쌓은 일에 대한 노하우는 성적 그 이상의 가치를 지니고 있기 때문입니다."

결론적으로 말하자면, 이 사례 속의 지원자처럼 명언이나 사자성어, 속담 등과 같이 사회적으로 널리 알려진 문구들을 자기소개서에 활용하고자 할 때에는 반드시 그 문구의 뜻과 자기소개서의 내용이 연결되어야 한다는 점입니다. 자신의 말이 아닌, 다른 이들의 명언을 사용할 때는 자신만의 의미를 부여하거나, 다른 지원자와 차별화된 자신의 경험, 장점을 부각하기 위한 방향이 되어야 합니다. 명언을 사용하고 있으면서, 해당 명언과 동떨어진 모습을 기술한다면 이는 분명 마이너스 요인이 될 것입니다.

명언을 자기소개서에 활용하는 가장 큰 이유는 인사담당자에게 자신이 어떤 사람인가에 대한 관심을 불러일으키는 동시에, 자기소개서의 설득력을 높이기 위한 것입니다. 그러나 문제는 많은 지원자들이 이미 너무 많이 알려진 식상한 명언들을 사용하고 있다는 점입니다.

'천재는 1%의 영감과 99%의 노력', '칭찬은 고래도 춤추게 한다', '실패는 성공의 어머니', '오늘의 라이벌은 어제의 나', '비가 온 뒤에 땅이 굳어진다', '천리 길도 한 걸음부터', '寓公移山(우공이산)', '過猶不及(과유불급)' 등과 같은 명언, 속담, 사자성어들은 읽는 순간 이 지원자가 어떤 이야기를 할 것인지 뻔히 들여다보이는 문구들입니다. 자기소개서의 생명력이 인사담당자로 하여금 지원자에 대한 관심과 흥미를 유도하는 것에 있다고 전제할 때, 내용이 뻔할 것이라는 예상을 가능하게 만드는 이와 같은 문구들은 주의가 필요할 것입니다.

명언을 이용해 자기소개서의 내용을 구성하고자 할 때는 내용의 전체적인 흐름에 어울리는 명언을 사용하면서, 그 명언의 뜻과 연결된 에피소드로 해당 항목을 구성하는 것이 필요합니다. 명언을 사용하는 자기소개서를 쓰고 싶은데, 어떤 명언을 쓸 것인지가 고민이라면 지원자가 자기소개서에서 부각시키고자 하는 포인트를 확실하게 잡아내세요. 그리고 그 키워드를 통해 해당 키워드나 주제를 의미하는 명언들을 찾아 자신의 자기소개서 내용과 연결시켜보세요.

11 단점을 장점으로 승화! 자소서 단점쓰기 노하우

자기소개서의 항목 중 빠지지 않고 등장하는 것이 있다면, 바로 지원자의 인성에 대해 가늠할 수 있는 부분인 지원자의 장·단점에 대한 질문일 것입니다. 대부분의 지원자들이 자신의 장점을 기술하는 데는 어려움이 없지만, 단점에 대해서는 이걸 과연 써도 되는지, 어느 정도까지 자신의 단점을 표현하는 것이 좋은지 고민하게 됩니다.

단점을 조금만 언급하느냐, 구체적으로 기술하느냐, 약간의 과장을 섞어 기술하느냐 등에 대한 의견이 분분한 것도 자기소개서에 단점을 써야 하는 지원자의 고민을 더욱 깊게 만들고 있지요.

> 결론부터 말씀을 드리자면, 단점은 솔직하게 기술하되 그 단점을 보완하기 위해 자신이 어떤 노력을 기울이고 있는지 그에 대한 보완책도 함께 서술하는 것이 인사담당자에게 어필할 수 있는 부분일 것입니다.

장·단점을 기술하는 것에 있어서 장점과 단점을 혼동하는 지원자들도 적지 않습니다. "저의 장점은 어떤 일이든 차분하게 먼저 목표를 세우고 계획성 있게 추진하는 꼼꼼함입니다."라고 서술을 해놓고, 단점 부분에서는 "그러나 저는 덜렁대는 면이 있어…."라고 기술하는 지원자들이 의외로 많다는 것입니다.

차분함과 침착하지 못하게 가볍게 행동하는 덜렁거림은 분명 상반되는 의미입니다. 완벽함을 추구한다는 장점 뒤에 일의 속도를 높이려다 보니 실수가 많았다는 단점을 기술한 지원자가 있는가 하면, 열정과 도전정신을 자신의 장점으로 언급하면서 자신이 관심이 없는 부분에 대해서는 알려고도 들지 않는다는 단점을 기술한 지원자도 있었습니다.

> 이 지원자들의 공통된 특징은 장점과 상반된 단점을 기술하고 있다는 점입니다. 꼼꼼하고 차분한 장점을 지닌 지원자의 단점이 덜렁거리고, 실수가 많다는 것은 인사담당자의 고개를 갸웃거리게 만들기 충분합니다.

다음은 자신의 단점을 통해 장점을 더욱 부각시키는 방향으로 장·단점을 기술한 예입니다.

> "저는 어떤 일이든 최고의 성과를 추구하는 의욕이 넘쳐 다른 이들을 조금은 피곤하게 만든다는 단점도 가지고 있습니다. 조금 뒤로 미루어도 되는 일이라 하더라도 목표 달성을 위해 지체 없이 처리하고자 하는 저의 적극성이 다른 이들에게도 동기를 부여해 동참을 이끌어내기 때문입니다."

이 예시 속의 지원자는 장점에 따르는 문제점을 자신의 단점으로 보고 있습니다. 일에 대한 추진력이 과해 다른 이들도 자신처럼 일을 하게 만드는, 주변 사람들을 피곤하게 만드는 것이 바로 이 지원자의 단점인 것입니다. 하지만 달리 생각하면 이 지원자는 다른 이들의 모범이 될 수 있는 가능성을 지닌 인재라는 추론이 가능해집니다.

> "업무처리를 하는 과정에서 다른 이들보다 시간이 조금 더 걸린다는 것이 저의 단점입니다. 결정이 조금 늦어지더라도 몇 번을 다시 점검하고 확인해 업무의 정확도를 끌어올리려는 저의 성격 때문이기도 합니다."

이 지원자 역시 장점을 부각시킬 수 있는 요소로 단점을 활용하고 있습니다. 아쉬운 점이 있다면 자신의 단점을 개선시키려는 보완책에 대한 언급이 없다는 점입니다. 단점을 기술한 후에는 어떠한 노력을 통해 자신의 단점을 개선시켜나가고 있는지, 그 노력의 결과는 어떠한지에 대한 내용을 더해주는 것이 좋습니다.

> 장·단점을 쓸 때는 솔직하게 기술하되 장점과 배치되지 않는 단점을 써야 한다는 것, 자신의 단점을 보완하기 위해 노력하는 자세를 포함할 것을 권해드립니다.

자신이 지원하는 업무 분야가 요구하는 인재상과 동떨어진 단점을 기술하는 것은 피하세요. 금융계 지원자가 셈이 느리다거나, 경제 관련 영역에 대한 관심이 없다거나, 정에 휘둘려 거절을 하지 못한다거나 하는 단점을 기술한다면 금융인재에게 필요한 정확성과 속도, 경제 흐름에 대한 이해, 청탁이나 무리한 요구를 거절할 수 있는 청렴함 등에 반하는 단점이기 때문에 마이너스 요인이 될 것이 분명합니다. 한 가지 덧붙인다면 단점에 대한 내용을 작성할 때는 '가장 싫어하는', '제일 하지 못하는' 등과 같이 지나치게 부정적인 문구를 사용하는 것에 주의를 해야 할 것입니다.

12 뻔~한 자소서는 이제 그만! 펀(FUN)한 자소서 작성 노하우

많은 기업들이 전형적인 자기소개서 형식에서 벗어나 지원자만의 특별한 모습을 파악할 수 있는 자기소개서 항목들을 내세우고 있다는 점은 과거의 전형성에서 탈피한 '개성'을 중요시하고 있음을 유추하게 하는 대목입니다.

그러나 자기소개서를 작성하는 방법에 있어서 요구되는 항목은 있으되 정해진 룰은 없습니다. 그 룰을 어떻게 풀어 가느냐는 철저하게 지원자의 몫인 것입니다. 그리고 이 룰이 바로 지원자의 자기소개서 속에 지원자만이 보유하고 있는 특별함을 부각시킬 수 있습니다.

여기에서 개성 있는 자기소개서가 되느냐, 그저 그런 지루한 자기소개서가 되느냐의 문제는 이 지원자가 자기소개서 속에서 얼마나 자기 자신을 독창적으로, 개성 있게 표현해내느냐에 달려있다고 해도 과언이 아닙니다.

다음은 지원자만의 경험을 통해 지원자의 개성을 드러낸 동시에 부정적인 이미지보다는 긍정적인 이미지를 느낄 수 있도록 기술한 사례로 자신의 단점, 특히 신체적인 단점을 장점으로 표현함으로써 지원자의 장점을 살린 자기소개서의 일부입니다.

> "학창시절 반장 선거 후보로 나간 교탁 앞에서 '저는 눈썹이 거의 없어요. 모나리자라 불러주세요.' 라고 천연덕스럽게 말해 반 친구들을 뒤집어 놓았고, '모나리자 반장' 이란 별명으로 중학교 3년 내내 반장 역할을 도맡아 했었습니다."

이 예시 속의 지원자는 분명 자신의 신체적인 단점을 확실하게 인식하고 있습니다. 그러나 자신의 단점이 지원자를 주눅 들게 만들거나, 어려움을 겪게 하지 않았다는 '긍정성' 을 부각시키고 있는 것입니다.

문제는 이 '개성' 이라는 단어에 너무 집중한 나머지 자기소개서와 어울리지 않는 형식으로 자기소개서를 기술하는 지원자가 적지 않다는 점입니다. 편지나 수필을 쓰듯 자기소개서를 작성한 지원자가 있는가 하면, 심지어 자신을 3인칭의 관점에서 바라보며 소설 형식의 자기소개서를 작성한 지원자도 있었습니다.

> "그는 3학년 겨울방학 OOO에서 인턴으로 일하게 된다. ○○○에서 A/S업무와 안테나 연구를 시작하면서 전파에 많은 호기심을 가지게 된다. … 이로써 그는 머릿속에 전파란 단어가 생생히 각인되는 뇌 구조를 띄게 된다. … 이런 그는 고객감동 실현에 앞장서는 인재가 될 것이다."

이 예시 속의 지원자는 자신을 '그' 라는 3인칭의 관점에서 서술했다는 점에서 독창적이기는 하지만, 지나치게 자신의 장점(지원 회사에 필요한 뇌 구조 형성, 앞장서는 인재 등)을 부각시킴으로써 '너무 잘났다' 는 인식을 심어주기 쉽다는 점을 간과하고 있습니다.

인사담당자들 중에는 지원자의 독창성을 중시하는 이들도 있지만, 전통적인 자기소개서 형식에서 벗어난 소설체, 편지체, 수필체 등으로 기술된 자기소개서에 불편한 심기를 드러내는 이들도 분명 있을 것입니다. "0남0녀의 0째로 태어나…"로 시작되는 성장배경보다는 "제가 태어난 ○○은 담이 낮아 주민들 모두가 친척같이 지내는 작은 동네입니다"로 시작되는 성장배경이 훨씬 더 자연스럽지 않을까요?

덧붙이자면, 보기 좋게 단락을 구분 짓거나, 소제목을 다는 것도 자기소개서에 개성을 불어넣는 하나의 방법이 될 수 있습니다.

"저는 특별한 경험이 없는데 어떻게 해야 하나요?"라고 묻는 지원자도 있을 것입니다. 어렵게 생각하지 마세요. 다른 이들과 비슷비슷한 경험이라 하더라도 지원자가 경험한 이상, 그 경험은 지원자의 경험이 되는 것입니다. 이를 자신의 특별함으로 잘 포장시키기 위해서는 사소한 경험, 사소한 기억 속에 자신만의 특별한 의미를 부여해보세요.

13 자유 형식이 가장 어렵다? 자유 형식 자소서 이렇게 써라!

자기소개서를 요구하는 기업마다 천차만별의 주제와 질문으로 지원자의 옥석을 가려내고 있지만, 어떠한 질문이나 내용에 대한 언급을 하지 않고 '자유 형식'으로 분량에만 제한을 두는 기업들도 있습니다. 이 자유 형식은 말 그대로 당신에 대해 '자유롭게 기술해보라'는 것입니다.

대부분의 지원자들에게서 볼 수 있는 자유 형식의 자기소개서를 작성 항목들은 크게 성장과정, 성격의 장점과 단점, 생활신조, 경력사항, 지원동기 및 입사 후 포부 등의 세부 항목으로 나누어볼 수 있습니다. 문제는 너무나 일반적인 형식과 순서대로 정직하게 기술하다 보니 자신의 자기소개서와 다른 지원자들의 자기소개서와의 차별화를 두기가 쉽지 않다는 점일 것입니다.

다음은 자유 형식을 요구하는 프랜차이즈 기업의 경력직(점장)으로 지원한 한 지원자의 자기소개서의 일부입니다. 이 지원자는 크게 두 가지의 항목, 1. 경력을 포함한 전반적인 자기소개와 2. 지원동기 및 입사 후 포부로 자기소개서를 구성하고 있습니다.

"파트타이머에서 점장의 자리에 이르기까지"

저는 뒤를 돌아보면 설 자리가 없지만 앞을 보면 나아갈 길이 많다는 인생관을 가지고 보다 나은 내일을 위해 대인관계에 있어서도 작은 인연을 소중하게 여겨왔으며, 한 가지 일에 몰두하게 되면 일이 완료되기 전까지 몰두해 업무완성도를 높여왔습니다. 우연한 기회에 스타벅스코리아에서 파트타이머로 근무하게 되면서 다양한 사람들을 응대하고, 그들의 눈높이를 맞추는 이 일이 제 적성에 맞는다는 생각을 할 수 있었습니다. 한 회사에서 한번 맺은 인간관계를 소중히 여긴 결과 일개 파트타이머에서 점장(SM)의 자리까지 올라설 수 있었습니다.

"감동과 행복을 전하는 '○○○○(지원회사명)'에서 '○○○○(지원자)'의 방향성을 찾다"

이전 회사에서 경험과 역량을 쌓았다면, 이제는 ○○○○에서 지난 시간의 경험과 역량을 무기로 저를 한 단계 더 업그레이드시키고, 나아가 ○○○○이 글로벌 무대로 진출하는 초석이 되고 싶습니다. (중략) 사람을 대하는 일에는 '진심'을 건네는 것이 중요하다고 생각합니다. '진심'을 담아낼 줄 아는 저는 ○○○○이 나가고자 하는 방향을 향해 앞장설 것입니다.

"강력한 리더십, 결단력 하나만은 내가 No.1"

정직한 사람이 되라는 가훈과 부모님의 가르침 속에서 저는 스스로에게 떳떳한 사람, 다른 이들로부터 신뢰를 확보하는 사람, 옳지 않은 일에 대해서는 결코 타협하지 않는 사람으로 성장할 수 있었습니다. 이러한 제가 판단하는 저의 경쟁력은 원만한 대인관계를 형성하면서, 그 속에서 강력한 리더십을 발휘할 수 있다는 것입니다. 각기 다른 성격과 개성을 지닌 사람들을 하나로 모을 줄 아는 리더십은 학창 시절 다른 이들에게 태권도를 가르치는 사범이라는 지위를 가질 수 있도록 만들어준 것이기도 합니다. 저는 경호에 있어 가장 중요한 것이 경호 대상의 안전을 담보할 수 있는 적극성과 주어진 업무 환경에 대한 빠른 적응력, 그리고 경호업무에 만전을 기할 수 있는 꼼꼼함이라 생각합니다. 언제 튀어나올지 모르는 돌발변수에 대해서 즉각적으로 반응하며 대처할 수 있는 순발력과 상황 판단력을 보유한 저는 어떤 상황에서든 냉철하게 본연의 경호 업무에 충실할 수 있다는 자신감을 보유하고 있습니다. 때론 이 냉철함이 지나쳐 원리원칙만을 고집하며 다른 이들을 피곤하게 만들기도 합니다. 하지만 이러한 단점 역시 경호 · 보안요원이 가져야 할 기본 중의 기본이라는 것이 저의 생각입니다. 하나의 공통된 방향을 바라보게 만드는 리더십과 상황에 따른 빠른 위기관리능력, 제가 보유한 탁월한 운동능력, 맡은 일에 대한 고도의 집중력은 다른 이들과 차별화된 저만의 경쟁력이라 감히 자부할 수 있습니다.

이 예문 속의 지원자는 자신이 지원하는 분야에 대해 잘 알고 있다는 것, 그리고 해당 직무를 수행할 수 있는 능력과 자질을 갖추고 있음을 부각시키고 있습니다.

 '경력기술서 뽐내기' 어렵지 않아요~!!!

경력직으로 이직을 희망하는 구직자들의 경우 자기소개서와 함께 경력기술서 제출이 요구됩니다. 질문자처럼 일반적인 사무직종이 아닌 경우에는 경력기술서에 참여한 프로젝트 별 담당했던 업무와 성과를 기술하되, 성과를 도출할 수 있었던 자신의 업무 관련 스킬도 적절하게 가미해주는 것이 좋을 것 같습니다.

무엇보다 경력기술서의 핵심 포인트는 인사담당자가 경력기술서를 읽었을 때 이 지원자의 업무 성과에 대해 객관적으로 인지할 수 있도록 논리정연하게 기술되어야 한다는 것입니다. 경력사항에 기술할 내용이 많은 경우에는 현명한 취사선택을 해야 합니다. 버릴 것은 과감하게 버려야 하는 것이지요. 경력의 양적인 부분이 많다고 해서 플러스가 되는 것은 아닙니다. 지원자가 담당하게 될 업무, 해당 기업의 인재상에 맞추어 가장 적합한 인재라는 점을 부각시키기 위해서는 질적인 부분에 집중할 필요가 있습니다. 포트폴리오 역시 양적인 부분보다는 질적인 부분에 중점을 두어 지원자의 차별화된 능력이 한눈에 들어올 수 있도록 간단명료하게 핵심적인 부분만을 드러내는 것이 좋습니다. 주절주절 나열된 내용보다는 각각의 타이틀을 정하고, 한두 줄 정도 핵심적인 부분만 집약시켜 표현한 후 세부적인 내용을 구성하는 것도 방법이 될 수 있을 것입니다. 다음은 품질관리와 같이 전문적인 기술이 요구되는 직종으로 이직하려는 한 경력자의 경력기술서의 일부로 이 지원자는 먼저 자신의 업무상 강점을 기술하고, 이후 자신의 주요실적을 간결하게 기술하고 있습니다.

〈업무상 강점〉

▶ 정확한 XRF 스펙트럼 판독 능력
  - 다년간 XRF측정 경험으로 확보한 판독 노하우 보유
  - 유해물질 부적합 발생시료 및 이력 정리, XRF 측정자에 대한 정기 교육 실시
▶ 탁월한 유해물질 관리체계 수립능력
  - 문제에 대한 사전 인식 및 해소로 친환경 고객 불만사항 발생 억제
  - 친환경 기초 교육 교재 제작으로 친환경의 중요성 인식 제고

〈주요실적〉

▶ 자사 유해물질 관리체계 재정립
  - Eco SCM, 유해물질 관리 기준서 등 친환경 관련 문서 재·개정
▶ 바이어 고객 대응을 위한 기술문서 관리
  - Rohs Doc, WEEE Doc 등 자기선언을 위한 기술문서 관리
▶ 신규부품 환경승인 업무
  - 신규 부품 사전 검증 및 부품승인원 관리
  - 환경승인원 배포, 입수 관리 실시
▶ XRF 측정 및 관리
  - NITON 社 Xlt794Series 운용

이 지원자처럼 자신의 업무상 강점을 먼저 기술한 후, 주요실적에 대한 자세한 내용을 기술하는 방법 이외에도 각 기간별, 프로젝트별, 직위별로 구분해 경력을 기술하는 방법도 있습니다.

경력기술서를 작성할 때 잊지 말아야 할 것은 경력자를 모집하는 기업들이 바로 현장에 투입될 수 있는 실무능력을 갖춘 경력 구직자를 필요로 한다는 점입니다.

영업 분야의 경력자라면 자신이 이루어낸 성과에 중점을 두어 매출이나 실적 등에 있어서 구체적인 수치를 제시해 객관성을 확보할 필요가 있으며, 전문적인 기술을 요구하는 분야라면 자신이 맡았던 프로젝트와 성과를 기술하면서 지원자가 보유한 스킬이 해당 프로젝트의 성과를 도출하는데 핵심적인 역할을 담당했음을 드러낼 필요가 있습니다.

홍보 및 총무 업무 등의 경력직이라면 괄목할만한 성과가 어떤 것이었는지, 지원자를 다른 이들과 차별화시킬 수 있는 지원자만의 강점을 경력을 통해 드러내주는 것이 좋습니다. 지원 업무에 대한 능숙도를 가늠할 수 있도록 근무기간, 업무내용, 최종직위 등 기본적인 요소를 배치하고, 자신이 맡았던 업무와 성과에 대해 구체적인 프로젝트명과 외부적으로 나타난 수치상의 성과를 기록하는 것도 지원자의 능력을 파악할 수 있게 만드는 방법일 것입니다.

15 달라도 너~무 달라! '신입직과 경력직' 자소서의 차이

신입으로 입사를 하는 것과 경력직으로 입사를 하는 경우 자기소개서의 내용은 달라질 수밖에 없습니다. 신입사원으로 입사를 희망하는 경우에는 지원하고자 하는 직무와 관련된 경력이 없을 것입니다. 이런 경우라면 경력 사항 대신, 자신이 담당하고자 하는 업무와 연관된 아르바이트 경험이나 공모전 수상 경력, 지원 직무를 충분히 잘 해낼 수 있을 것이라 판단할 수 있는 장점을 부각시키는 방향으로 작성해나가는 것이 좋을 것입니다.

다음은 항공사 승무원으로 신입 지원하는 구직자의 지원동기의 일부입니다.

판촉행사 아르바이트를 하면서 고객을 응대하는 일에 흥미를 느꼈고, 고객응대와 동시에 전문성을 가질 수 있는 일을 하고 싶다는 생각에 승무원을 목표로 삼았습니다. 타 서비스 직종과는 달리 항공사의 업무는 그 전문성을 인정받을 수 있고, 외국어 등 자기계발에도 지속적으로 시간을 할애해야 하는 분야입니다. 다양한 서비스직 아르바이트를 통해 서비스 마인드를 키웠고, 일찍 사회생활을 경험하면서 어떤 역경도 능동적으로 대처해 이겨내는 저의 성격을 바탕으로 ○○○항공에서도 주목 받는 인재로 성장하고 싶습니다. 회사의 고객만족 경영이념을 공유하고, 고객의 니즈를 충족시키기 위해 끊임없이 혁신하는 승무원이 되겠습니다.

이 지원자는 판촉행사 아르바이트 경험을 통해 서비스직에 대한 관심을 키웠고, 항공사 승무원에게 필요한 능력이 어디에 있는지를 확실하게 알고 있음을 드러내고 있습니다. 지원하는 업무 분야에 대해 충분한 관심을 가져왔고, 자신이 지원 업무를 하는 데 있어 어떠한 능력들이 요구되고 있는지 고민해왔음을 어필하고 있는 것입니다.

더 나은 업무환경이나 자기개발, 급여 등을 목적으로 경력직으로의 이직을 희망하는 경우라면 지원자가 지원 업무 분야에 필요한 전문성을 보유하고 있음을 드러낼 필요가 있습니다. 인사담당자는 지원자의 경력을 통해 지원자가 이루어낸 성과와 지원자의 역량이 자신들의 기업에 어떤 시너지 효과를 가져다 줄 수 있을지를 가늠해보기 때문에, 경력직 자기소개서에는 자신의 업무역량을 판단할 수 있는 객관적인 사실을 포함하는 것이 좋습니다.

다음은 현대제철로 이직을 희망하는 경력자의 자기소개서 항목 중 경력사항에 대해 기술한 내용의 일부입니다.

> **"초심자와 숙련자 사이에서"**
>
> 1991년 12월 9일 포스코에 처음 입사하여 한 달여의 연수교육을 마치고 이듬해 1월 3일부터 광양제철소 냉연부 분석실에 배치를 받아 일을 시작하게 되었습니다. 냉연 및 도금공장에서 발생하는 폐수의 수질 분석 등의 업무를 시작으로 각종 위치에서 역할을 다해 왔습니다. 일은 아는 만큼 보이고, 잘하는 만큼 관심을 가지게 된다는 말처럼 처음 맡은 업무 외에도 다른 분야에도 관심을 갖게 되었습니다. 그리하여 냉연 및 도금공장에서 제품생산에 필요한 유틸리티 설비 운전업무로 보직을 변경하게 되었습니다. 폐수처리 업무를 시작으로 COG 정제, 수소제조 설비 등의 운전 업무를 담당하면서 고압가스 안전관리자 업무를 포스코를 퇴직할 때까지 수행 중 공정안전보고서, 작업표준서, 위험성평가표를 작성하며 가스설비 분야에 있어 안전을 한 단계 향상시켰다고 자부합니다. 무엇보다 설비는 안전이 최우선이 되어야 한다는 것, 그러면서도 일의 속도를 더디지 않게 하는 효율적 관리가 완비되어야 한다는 것을 직접 수행하고 또 경험의 자산으로 쌓게 되었습니다.

'설비' 분야로의 이직을 희망하는 이 경력 지원자는 자신이 맡았던 일에 대한 자부심과 함께, 자신이 맡게 될 업무에 있어서 안전이라는 가치를 가장 중요시하고 있음을 드러내고 있습니다. 어떠어떠한 일을 했다고 나열하는 것에 그치지 않고 스스로의 경력에 대한 평가를 통해 향후 해당 기업에서도 충분히 자신의 역량을 발휘할 수 있음을 드러내고 있는 것입니다.

최근의 자기소개서 작성 방향을 살펴보면 대부분의 기업들의 인재상에 기반하고 있는 다양한 질문 항목에 답변하는 형식으로 구성됩니다. 상당수의 질문들은 지원자의 구체적인 경험을 요구하고 있습니다. 이는 이 지원자가 어떤 업무적 자질을 보유하고 있는지를 확인하고자 하는 동시에, 지원자가 갖고 있는 잠재력과 성장 가능성을 가늠해보려는 것입니다. 따라서 신입이든 경력자이든 자기소개서에 공통적으로 포함되어야 하는 내용은 해당 기업의 인재상에 부합하는 자신의 강점을 드러내야 한다는 점입니다. 다만, 신입사원이라면 지원 업무를 충실히 담당할 수 있는 자신의 장점과 앞으로 이루고자 하는 목표를 구체적으로, 경력사원이라면 자신의 경력과 노하우가 지원하고자 하는 직무의 성과를 배가시킬 수 있다는 자신감과 지금까지 쌓아왔던 성과에 대한 진솔한 평가를 함께 기술하는 것이 필요합니다.

16 자소서 글자수 제한에 당황? '그 노하우를 전수해 드립니다.'

상당수의 기업들이 자기소개서의 각 항목별로 글자수에 제한을 두고 있습니다. 300자 이내의 짧은 분량을 요구하는 경우에는 많은 내용을 장황하게 늘어놓는 대신, 간결하게 자신의 스토리를 요약하는 것이 필요합니다. 반대로 1000자 이내의 다소 긴 분량의 내용을 요구하는 경우에는 기승전결을 떠올리며 불필요한 내용은 과감하게 줄이고, 인사담당자에게 어필할 수 있는 자신만의 강점을 더하는 것이 좋습니다.

글자수가 제한된 자기소개서를 쓸 때 권해드리고 싶은 방법은 먼저 큰 틀을 세워 지원자가 하고 싶은 이야기를 글자수에 연연하지 말고 모두 나열해보는 것입니다. 이후 지원하고자 하는 기업이 제시한 글자수가 300자 이내의 적은 분량이라면, 미리 작성해둔 내용의 핵심적인 부분만 끄집어내는 것입니다. 많은 글자수를 요구하는 경우에도 기 작성된 초안을 바탕으로 내용에 살을 더해나간다면 보다 풍부하게 자기소개서를 작성할 수 있을 것입니다.

다음의 사례는 대부분의 자기소개서 항목에서 빠지지 않는 '성장과정과 가족사항'에 대해 한 지원자가 각각 300자와 1000자 이내로 작성한 것입니다.

〈딸 부잣집 막내딸, ○○○〉

초등학생 때 아버지를 여읜 저는 막내답지 않은 책임감과 해야 할 일을 뒤로 미루지 않는 적극성을 보유한 지금의 ○○○으로 자라났습니다. 이후 대학에 진학해 가정관리학과 금융을 전공하였고 여의도 내 투자회사에서 실무경험을 쌓았습니다. 20년간 김해공항에서 근무하시다 퇴직 후 봉사활동에 매진하고 계신 따뜻하고 정 많으신 어머니와 무역회사에 근무 중인 큰 언니, 국립농산물품질관리원 인턴인 작은 언니 모두 지금 ○○ ○○○○의 문을 두드리는 밝고 당찬 막내의 든든한 후원자가 되어주고 있습니다. (290자)

〈딸 부잣집 막내딸이 가슴에 품은 白玉堂中笑滿長〉

아버지께서는 제가 초등학생일 때 불의의 교통사고로 가족의 곁을 떠나가셨습니다. 늘 가족의 든든한 버팀목이 되어주셨던 아버지의 부재는 온 가족을 고통 속으로 밀어 넣는 것이었습니다. 그러나 어머니께서는 아버지 대신 가족의 생계를 책임져야 하는 힘든 상황 속에서도 삶에 대한 희망을 포기하지 않으셨습니다. 아버지께서 남겨주신 세상 전부를 준다 해도 바꿀 수 없는 소중한 선물인 세 딸을 올곧은 사람으로 성장시키기 위해서였습니다. 세 자매의 막내딸이었던 저는 어머니 대신 실림을 꾸리느라 바쁜 언니들 대신 일터에서 돌아오시는 어머니를 마중하는 일을 도맡곤 했습니다. 당시 젊은 나이에 홀로 되어 세 딸들을 키우시느라 고생하시는 어머니께 저희 세 자매가 드릴 수 있는 것은 환한 웃음뿐이었습니다. 세 딸을 위해 여자로서의 삶을 포기하며 '엄마'라는 이름으로만 남아주셨던 어머니께서는 평생의 일터였던 김해공항에서 퇴직하신 후 절에 다니시며 어려운 이웃들을 위한 봉사활동에 전념하고 계십니다. 누구보다 강한 모습으로 저희 세 자매에게 헌신적인 사랑을 베풀어주신 어머니께서는 제 인생의 롤모델이시기도 합니다. 현재 무역회사에서 경리 업무를 담당하고 있는 큰 언니와 농산물 품질관리원에서 인턴으로 근무하며 자신의 미래를 개척해나가고 있는 작은 언니, 그리고 눈물 대신 웃음으로 삶을 대처하는 긍정의 마인드를 가진 막내딸에게 어머니께서 물려주신 가훈은 '깨끗한 집안에는 항상 웃음꽃이 핀다'라는 뜻을 가진 '白玉堂中笑滿長'입니다. 저희 집 거실 중앙에 표구된 이 가훈은 오랫동안 서예를 해오신 어머니께서 직접 쓰신 글귀이기도 합니다. 어머니의 가르침 속에서 자신의 위치에서 최선을 다하며 스스로에게 부끄럽지 않은 사람이 되겠다는 제 자신과의 약속을 지키는 사람으로 성장할 수 있었습니다. 어머니께 보여드렸던 환한 미소는 제가 만나는 모든 사람들을 향한 미소로 커져 나갔고, 밝고 긍정적이며 자신감이 넘치는 지금의 저를 만든 밑거름이 되어주었습니다. (999자)

앞의 두 가지 예시는 동일한 팩트를 두고 어떻게 살을 붙이고, 빼야 하는지를 잘 보여주고 있습니다. 300자 이내의 경우 자기소개서 항목이 요구하는 가족사항을 포함하면서, 이 지원자가 현재 어떤 장점을 가지고 있는지를 간결하게 드러내고 있고, 1000자 이내의 경우 가족사항에 대한 자세한 기술과 함께 지원자 가족의 가훈, 부모님의 가르침, 자신의 성격적인 장점 등의 내용을 더해 보다 구체적인 서술을 하고 있습니다. 두 예시의 공통점은 지원자의 가족사항을 포함하고 있다는 것, 적극성, 책임감, 밝고 당참 등과 같이 지원자의 장점 역시 포함하고 있다는 것입니다.

글자수를 맞추는 것이 어렵다면, '~했음. ~를 통해 이러이러한 점을 깨달았음. 이런 점은 고쳐야 한다고 생각함. 어떤 노력을 하고 있음.' 등과 같이 간단한 메모형식으로 해당 항목에 어떤 이야기를 서술할 것인지 미리 대강의 틀을 짜두고, 스스로에게 질문을 던져보시기 바랍니다.

그리고 그 질문에 대한 답변을 문장으로 기술해보세요. 이렇게 만들어진 틀을 인과관계에 맞추어 배열하고 편집을 통해 글자수를 체크해보거나, 어느 정도 분량이 초과되는지, 혹은 부족한지 가늠한 후 적절하게 가감하는 과정을 연습해보세요.

17 인사담당자를 유혹하는 '국문 커버레터 작성 노하우'

커버레터(covering letter)는 이력서와 함께 동봉해서 보내는, 인사담당자나 또는 해당 관련자에게 정중하게 쓴 편지라는 의미를 가지고 있습니다. 이력서를 보기 전에 인사담당자가 지원자에 대한 사전 정보를 확보할 수 있는 이력서의 표지이자, 지원자의 이력서를 읽고 싶도록 주의를 환기시키는 하나의 광고문으로서의 역할을 담당하는 셈입니다. 상당수의 기업들은 자기소개서를 인터넷 상으로 기재하도록 요구하고 있으나, 일부 기업의 경우 이메일로 이력서와 자기소개서를 제출하도록 하는 경우도 있습니다. 이런 경우 국문 커버레터를 작성한다면, 인사담당자에게 지원자의 이력서를 읽고 싶은 이력서로 어필할 수 있겠지요.

다음은 모 병원의 코디네이터로 지원하는 한 지원자의 국문 커버레터의 일부입니다.

○○병원 ○○○ 인사부장님께

대구에서 태어나 학업의 모든 정규과정 역시 대구에서 마친 대구토박이 ○○○입니다. 지역민들의 건강을 위해 긍정적인 영향력을 행사하고 있는 ○○병원의 코디네이터로 지원하게 되어 진심으로 기쁘게 생각합니다. 저는 저의 능력은 물론 인성적인 부분에 이르기까지 ○○병원에 필요한 자격을 갖춘 인재임을 확신합니다. 간호학 학사 학위를 취득한 이후, ○○대학 병원의 다양한 부서에서 일 해왔습니다. 진료비 심사팀에서 근무하면서 병원 코디네이터 분야에 대한 관심을 가질 수 있었습니다.

저는 9년간 다양한 분야의 간호업무를 수행하면서 메디컬 분야에서의 풍부한 실무 경험을 축적할 수 있었습니다. 또한, 프로페셔널한 경험에 더해 보험심사관리사 자격증을 취득해 체계적인 지식과 통찰력을 확보할 수 있었습니다. 환자의 고통을 덜어주기 위한 헌신과 열정을 보유한 저는 간호 대표 CP로 근무하면서 조화로운 커뮤니케이션 능력과 리더십도 함양할 수 있었습니다.

저는 ○○병원의 프로 코디네이터로 ○○병원에 큰 공헌을 할 수 있을 것이라 확신하고 있습니다. 저의 전문성을 ○○병원에서 입증함으로써, 제 개인적인 목표를 달성함과 동시에 ○○병원의 귀중한 자산이 될 수 있는 기회를 만들고 싶습니다. ○○○인사부장님을 직접 만나 코디네이터 분야에 대한 저의 열정과 통찰력을 증명할 수 있는 기회가 오기를 기다리고 있겠습니다. ○○○인사부장님의 시간과 배려에 감사드립니다.

○○○ 배상

이 지원자는 커버레터의 내용 전반에 걸쳐 자신이 지원하고자 하는 업무에 필요한 '실무능력'에 중점을 두어 자신을 어필하고 있습니다.

지원자에 대해 더 알고 싶게 만드는 국문 커버레터는 서류심사에서 인사담당자에게 효과적으로 어필할 수 있는 취업전략이 되어줄 것입니다.

18 '자기소개서'와 '1분 자기소개' 작성 방법의 차이점은?

자기소개에 있어 가장 중요한 포인트는 바로 지원자의 장점을 제대로 부각시켜야 한다는 것입니다. 일반적으로 자기소개서에는 구체적인 에피소드나 자세한 서술을 통해 지원자의 성장과정, 학교생활, 성격의 장·단점, 지원동기 및 입사 후 포부 등의 내용을 서술하게 됩니다. 그러나 1분 자기소개서는 말 그대로 1분이라는 매우 짧은 시간 안에 지원자의 장점을 최대한 표현해낼 수 있어야 합니다. 구체적이고 상세한 설명도 중요하지만, 보다 요약적이고 임팩트 있는 자기소개를 통해 시간의 제약을 극복할 수 있어야 하기 때문입니다.

만일 자기소개서와 1분 자기소개서의 내용이 중복되는 것처럼 느껴진다면, 두 자기소개서의 문장 표현 방법이나, 각 내용을 구성하고 있는 순서, 형식이 유사하지는 않은지 살펴볼 필요가 있습니다. 엄밀히 말하자면 자기소개서와 1분 자기소개서의 가장 큰 차이는 구체적이고 자세한 서술이냐, 자신의 장점이나 자신이 말하고 싶어 하는 핵심을 임팩트 있게 요약하느냐에 있습니다.

다음의 예문은 NC SOFT사의 GM에 지원한 한 지원자의 자기소개서의 일부입니다. 지원 당시 NC SOFT
사의 자기소개서 항목은 각각 800자 이내로 자기소개, 지원동기, 직무지원동기, 장단점, 특이사항(학창시
절)에 대해 작성하도록 되어 있었습니다.

단순히 게임을 즐기는 유저가 아닌, 게임의 보이지 않는 부분들에 대한 더 많은 관심과 이해를 가지기 위해
노력해온 저인만큼 제가 가진 새로운 일을 추구하고 도전하는 무한한 가능성이라는 파워는 NC SOFT라는
거대한 기계를 거침없이 작동하게 만드는 원동력이 되어줄 것입니다. (중략) GM은 유저들의 문의나 도움 요
청이 발생할 때 유저가 요구하는 방향을 제대로 캐치해 더욱 상세하고 정확한 답변을 해주어야 합니다. GM
의 역량은 대 고객서비스를 통한 고객 만족도를 향상시키는 것 이외에도 게임을 이끌어나가는 주춧돌이자 구
심점의 역할을 제대로 수행할 때 빛을 발할 수 있을 것입니다. 저는 학창시절 리니지부터 시작해 리니지2, 아
이온까지 NC SOFT의 게임을 친구들에게 적극 권유하며 일명 'NC 전도사'라는 별명을 가질 만큼 학교 전체
에 NC SOFT의 게임들이 가진 매력을 널리 알려본 경험이 있습니다. (중략) 배려와 나눔의 가치를 배울 수
있었던 봉사활동은 더불어 사는 세상에 대해 다시 한번 생각해볼 수 있는 소중한 시간이었습니다. 오랜 시간
리니지를 즐기면서 쌓아왔던 기억들과 봉사활동을 통해 나와 우리를 함께 생각했던 경험은 온라인이든 오프
라인이든 최선을 다하는 삶이 진짜 멋진 삶이라는 생각을 하게 만들어 주었습니다.

이 지원자는 800자라는 제한된 글자수에 최대한 맞추면서 각 항목별로 중복되는 내용이 없도록 신경을 쓰
고 있습니다. 또한, 지원하는 회사가 게임업체이며, 대 고객 서비스를 제공하는 GM이라는 직무에 지원하
는 만큼 GM이라는 직무와 게임 산업에 대한 자신의 견해를 밝히면서 왜 자신을 채용해야 하는지를 강조
하고 있습니다. 이처럼 자기소개서는 각 항목을 기술함에 있어 중복되는 내용을 최대한 줄이고, 각각의 내
용을 통해 이 지원자가 가진 팔색조의 매력을 알아볼 수 있게끔 작성되어야 합니다.
다음은 이 지원자가 면접에서 사용한 1분 자기소개서입니다. 앞서 살펴보았던 자기소개서 내용의 일부에
서 이 지원자는 자신이 다양한 게임을 즐겨왔고, 게임의 순기능을 중요시한다고 언급한 바 있습니다. 이의
연장선상에서 이 지원자가 1분 자기소개서의 핵심 포인트로 삼은 것은 자신에게 있는 게임 정보력을 바탕
으로 앞으로 어떤 GM이 되겠다는 포부였습니다.

무한대의 에너지와 열정으로 플레이앤씨의 1등 GM에 도전합니다. 안녕하십니까? 어린 시절부터 게임 척척박
사로 불렸던 OOO, 게임의 모든 것을 파고들어왔던 뚝심의 소유자 ○○○입니다. 제가 생각하는 GM의 힘은
게임에 대한 풍부한 이해에서 나오는 것입니다. 저는 그 동안 제가 다양한 분야의 게임을 즐기면서 쌓아온 게
임정보 수집능력과 게임 지식을 바탕으로 NC SOFT의 게임을 즐기는 모든 유저들에게 정확한! 빠른! 재미있
는 정보를 제공하는 GM이 될 것입니다. 저의 말 한마디 한마디가 곧 NC의 이미지로 이어진다는 생각으로
신중하고 침착한 자세로 GM의 임무를 수행해나갈 것입니다. 플레이앤씨의 GM답게 언제나 게임을 즐기며

앞서 성장과정에 대해 구체적인 내용을 기술했던 자기소개서와 달리 GM이라는 직무에 초점을 맞추어 1분 자기소개를 하고 있습니다. 동일하게 자기소개를 하고 있지만, 실제 면접에서 사용하는 1분 자기소개서에서는 앞으로의 비전과 자신의 목표에 중점을 두고 있다는 차이가 있는 것입니다.

19 수학의 기본은 정석! 영어의 기본은 성문! 자소서의 기본은?

자기소개서의 기본이란 어떤 것일까요? 자기소개서 작성에 있어 가장 기본이라 할 수 있는 것이 있다면 바로 맞춤법입니다. 인사담당자를 대상으로 한 자기소개서 관련 설문 조사에서 빠지지 않고 등장하는 최악의 자기소개서 유형 중의 하나가 '맞춤법과 띄어쓰기가 엉망인 성의 없는 자기소개서' 라는 사실을 명심할 필요가 있습니다. 한 가지 더 덧붙이자면 의미를 알 수 없는 신조어나 유행어를 남발하는 것 역시 주의해야 합니다.

두 번째 기본은 자신이 지원하고자 하는 기업이 내세우고 있는 자기소개서의 양식은 반드시 지켜야 한다는 것입니다. 정해진 글자수가 있다면 최대한 그 글자수에 가깝게 작성해 지원자가 이번 채용에 성실하게 임하고 있음을 인식시킬 필요가 있습니다. 쓸 말이 없다고 특별한 경험이 없다고 무성의하게 3~4줄 달랑 적어내는 지원자와 최대한 양식에 맞추어 성실하게 작성한 지원자가 있다면 후자가 더 좋은 점수를 받는 것은 당연한 일입니다. 만일 해당 자기소개서의 항목을 1000자 이내로 작성하라고 했다면 적어도 800자 이상은 성실하게 작성해야 합니다.

세 번째 기본은 꼭 포함되어야 할 내용이 있다면 진부하지 않게 '개성' 을 담아내어야 한다는 것입니다. 예를 들어 자기소개서의 성장과정 혹은 배경과 같은 문항에 "○째로 태어나"라는 문장으로 답변을 시작하는 지원자들이 의외로 많습니다. 해당 항목은 결코 지원자에 대한 호구조사를 하려는 것이 아닙니다. 지원자가 어떤 가정환경에서 성장해 지금의 장점(채용하려는 직무 분야에 적합한)을 가지게 되었는지를 가늠해보기 위함이라는 사실을 잊지 마세요.

"엄하신 아버지와 인자하신 어머니 슬하 몇 남 몇 녀의 몇 째로 태어나…"로 시작해서는 안 된다는 것입니다. 부모님의 직업에 대해 언급하면서 부모님의 일이 자신에게 어떤 영향을 미쳤는가를 서술하는 것이 성장배경의 기본공식이라면, 직업적인 부분은 언급하되 식상하고 지루한 표현은 사용하지 말아야 한다는 것이지요.

네 번째 기본은 자기소개서를 재활용하되, 그대로 사용해서는 안 된다는 점입니다. 자기소개서를 작성하는 것에 어려움을 느낀 나머지 기 작성된 것을 그대로 복사해 붙여 넣는 지원자들이 의외로 많습니다. 심지어 회사 이름을 쓰는 것조차 귀찮아 '귀사' 라고 써버리는 이들도 있습니다. '귀사에서 더 큰 날개를 펼치고 싶습니다' 와 '○○○○(기업명)에서 더 큰 날개를 펼치고 싶습니다' 의 차이는 글자수에만 있는 것이 아닙니다. 당신이 지원하고 있는 기업은 당신과 거래관계에 있는 회사가 아니라 당신이 몸담아야 할, 주인의식을 갖추어야만 하는 직장입니다. 따라서 남의 회사를 높여 부르는 귀사 대신 정확한 회사명을 기재할 필요가 있습니다. 이미 한 곳에 초점을 맞추어 작성해둔 자기소개서를 재활용하고 싶다면 지원하려는 기업의 성격과 지원 분야의 특징에 맞추어 적극적으로 수정할 필요가 있습니다. 한 곳에만 지원하지 않는 이상 지원하려는 회사의 성격과 업무 분야는 다를 수밖에 없습니다.

다섯 번째 자기소개서의 기본은 진정성을 담아내야 한다는 것입니다. 경험하지 않은, 있을 법한 일들을 허위 에피소드로 작성하는 지원자들이 종종 있습니다. 서류에서는 통과할지 모르지만, 자기소개서를 기반으로 질문을 던지는 면접에서 거짓말이 들통 나기 쉽습니다.

자기소개서를 쓰는 것 자체에 막막함을 느끼는 지원자들이라면 기억을 떠올리고, 다듬는 과정이 필요할 것입니다. 크게 초등학교, 중학교, 고등학교, 대학교, 대학 졸업 후로 시기를 구분하고 천천히 자신이 몇 살 때 무슨 행동을 하고 어떤 경험을 했는지 메모를 해보세요. 예를 들어 자신의 꿈을 주제로 삼는다면 초등학교 때 내 꿈은 ○○○이었다, 중학교 때는 ○○○였고, 고등학교, 대학교 때는 ○○○가 되는 것이 나의 꿈이었다는 큰 틀을 메모한 후 여기에 왜 그 꿈을 가졌었는지 동기를 저어보세요. 이러한 연상의 과정을 거쳐 현재 지원자가 지원하려는 직무 분야와의 연결지점을 도출해내는 연습이 필요할 것입니다.

자기소개서를 작성하는 데 있어 자신만의 개성을 드러내는 것도 좋지만, 이 개성이 '기본'에서 벗어난 것이어서는 안 됩니다. 자신이 미리 그려놓은 틀 안에서의 개성이라면 모를까, 읽는 이로 하여금 이 사람이 무엇을 이야기하려는 것인지 고개를 갸웃하게 만드는 지나친 개성은 오히려 독이 될 수 있음을 잊지 말아야 할 것입니다. 참신하고 개성 넘치는 자기소개서가 모두 합격으로 이어지는 것은 아니기 때문입니다.

20 자기소개서 정답은 없다. '내가 곧 답이다?!'

최근의 취업시장을 단적으로 표현한다면 구직자들에게 '바늘구멍으로 들어가는 낙타'가 될 것을 요구하고 있다고 할 수 있습니다. 그만큼 좁아든 취업문과 상대적으로 높아진 경쟁률이 구직자들에게 불가능을 가능으로 만들 것을 주문하고 있기 때문입니다. 취업을 위해 장시간 스펙 쌓기에 전념해온 이들마저도 취업의 문턱에서 고배를 마시는 경우를 종종 볼 수 있습니다.

왜일까요? 과거의 취업시장은 학점과 어학능력만 뒷받침되어주면 쉽게 합격의 기쁨을 맛볼 수 있었습니다. 그러나 취업을 위해 대학교 1학년 때부터 스펙 쌓기에 몰두하는 이들이 많아지면서 고스펙자들이 넘쳐나기 시작했고, 비슷한 수준의 스펙을 보유한 수많은 지원자들 중 합격자를 가려낼 수 있는 그 '무엇'이 요구되기 시작한 것입니다. 자기소개서는 바로 이 '무엇'에 해당하는 것이기도 합니다. 자신의 장점을 최대한 드러내어 인사담당자로 하여금 지원자를 뽑고 싶어지게 만드는 중요한 요소로 자리 잡게 된 것이기 때문이지요.

스펙을 뛰어넘을 수 있는 그 무엇! 기업이 원하는 인재상에 부합하는 진정성 있는 인재들에게서 공통적으로 찾아볼 수 있는 그 무엇! 지원자만의 스토리를 진솔하게 풀어내는 자기소개서야말로 이 '무엇'에 부합하는 대표적인 취업전략일 것입니다.

문제는 이 자기소개서를 쓰는데 있어 대부분의 구직자들이 어려움을 느끼고, 겁을 내고 있다는 사실입니다. 어디서부터 시작해야 할지, 어떤 점들을 포함시켜야 할지, 글자 수는 어떻게 맞출지, 자신의 경험이 과연 자기소개서 질문항목에 맞는 것인지… 도무지 정답을 확신할 수 없기 때문입니다. 심지어 자기소개서라는 말만 들어도 도대체 무엇을 어떻게 왜 써야 하는지 도통 알 수 없어 하얀 백지만 떠오른다며 하소연을 하는 지원자들도 있습니다.

작게는 성장배경부터 시작해 입사 후 포부로 끝맺는 자기소개서가 있고, 구체적으로 리더십, 창의성, 고난 극복의 경험, 추진력 등의 주제를 내걸고 그에 맞는 스토리를 요구하는 자기소개서가 있습니다. 대다수의 기업들이 과거 천편일률적 자유 형식의 자기소개서에서 벗어나 매우 세부적인 내용의 자기소개서를 요구하는 방향으로 선회한 것은 취업시장의 변화를 반영한 결과라 해도 과언이 아닙니다.

여기에서 많은 구직자들이 오해를 하기도 합니다. 그렇다면 스펙은 중요하지 않은가? 라는 것이지요. 안타깝지만, 채용시장의 변함없는 진리는 좋은 스펙임이 분명합니다. 좋은 스펙을 보유하고 있는 지원자가 자기소개서를 통해 기업이 필요로 하는 능력에 플러스 α로 좋은 인성과 역량까지 겸비하고 있음을 드러내는데 채용을 마다할 기업은 어디에도 없습니다. 그러나 실망하기에는 이릅니다. 예외적이기는 하지만 내세울만한 스펙이 전혀 없음에도 불구하고 자기소개서의 진정성만으로 인사담당자에게 어필한 이들도 분명 존재하고 있으니까요. 無스펙이어도 충분히 바늘구멍을 뚫고 나갈 수 있는 낙타가 될 수 있다는 자신감으로 무장할 필요가 있습니다.

입사노하우의 마지막 주제는 자기소개서 작성방법에 있어서 '정해진 정답'은 없다는 것입니다. 인사담당자를 100% 만족시킬 수 있는 자기소개서나 고스란히 베낄 수 있는 타인의 모범답안 역시 존재하지 않습니다. 자신만의 모범답안을 만드는 것이 가장 현명한 방법이 되어줄 것입니다.

합격자의 자기소개서를 읽고 자신이 쓴 자기소개서와의 비교분석 과정을 통해 어느 부분에서 부족한 것인지 확인할 수 있습니다. 또한 각 취업 전문 컨설턴트들의 칼럼 등을 통해 작성 방향에 대한 도움은 받을 수 있습니다. 만일 자신이 쓴 자기의 스토리에 자신이 없다면 최소 두 사람 이상에게 자기소개서를 보여주고 객관적인 평가를 요청하세요. 자신의 눈으로 보는 것과 다른 이들이 보는 시각은 다를 수밖에 없습니다. 인사담당자 역시 지원자가 아닌 타인의 시선에서 지원자를 바라보는 사람임을 기억하시길 바랍니다. 지원하고자 하는 기업에 대한 충분한 정보 확보 역시 자기소개서의 내용을 풍부하게 만들어줄 수 있습니다.

꼭 챙겨야 할 업계 동향 및 채용 정보

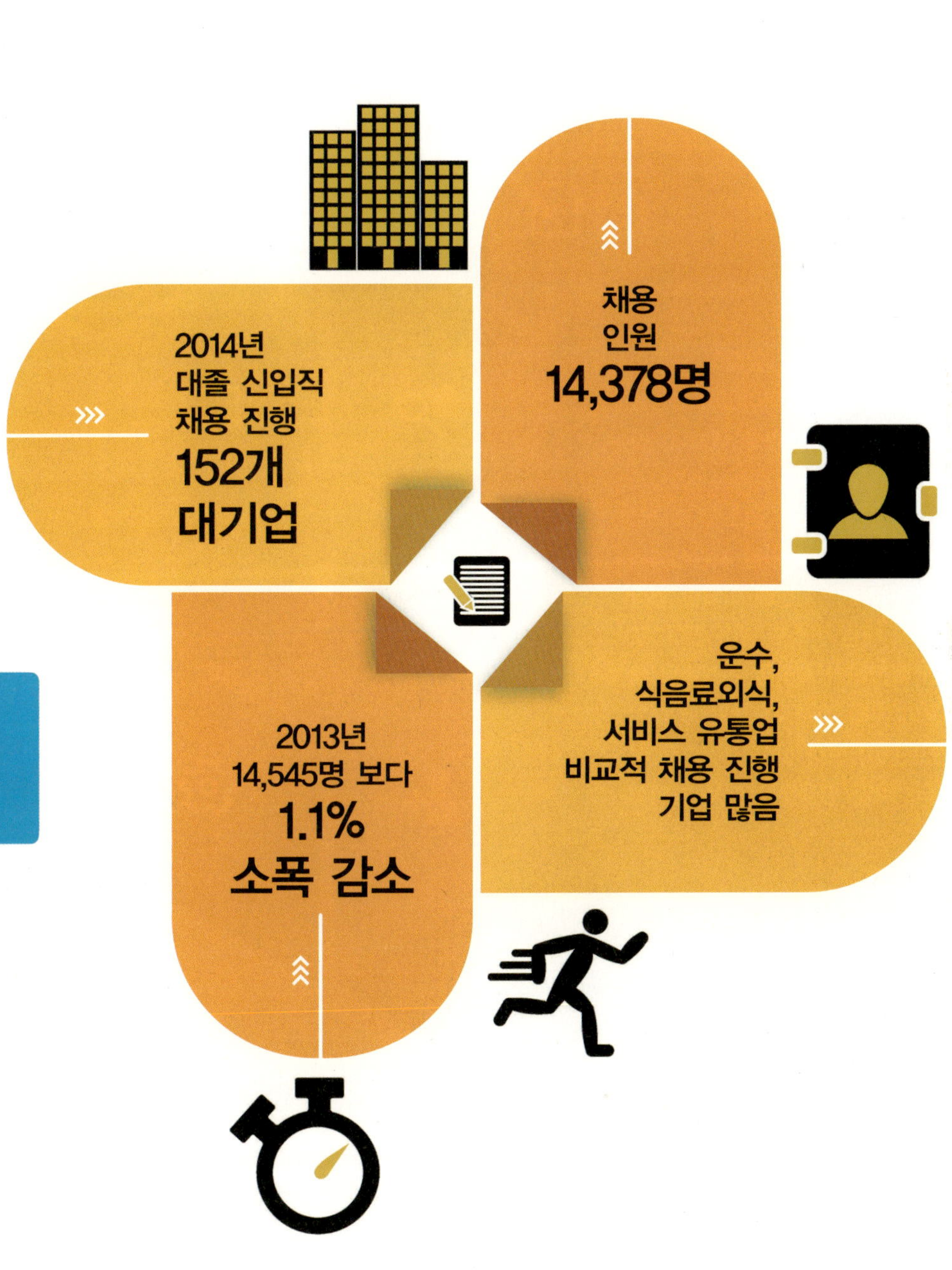
2014년
대졸 신입직
채용 진행
152개
대기업

채용
인원
14,378명

2013년
14,545명 보다
1.1%
소폭 감소

운수,
식음료외식,
서비스 유통업
비교적 채용 진행
기업 많음

1 일자리 사정은 안녕하십니까?
–채용 동향 집중 분석

한국고용정보원은 올해 전체 일자리 규모가 지난해보다 40만 개 이상 늘어나면서 고용률 역시 3.0% 오를 것이란 전망을 내놨다. 하지만 대기업들의 대졸 신입직 채용시장은 지난해 수준을 유지하거나 소폭 감소할 것으로 보인다. 지난 하반기부터 도입된 시간선택제 일자리가 대졸 신규 채용시장에 어떠한 영향을 미칠 것인가에 대한 변수도 남아 있다. 또한 지난해부터 확산되기 시작한 스펙초월 채용과 소셜채용이 자리 잡기 시작하면서 대기업 취업 지원 문턱이 보다 낮아질 것으로 예상돼 이에 따라 취업 경쟁률은 더욱 높아질 전망이다.

대기업

대기업 신규 채용 소폭 감소

올해 대졸 신입직 채용을 진행하는 152개 기업들의 채용 인원은 총 14,378명으로, 지난해 신규 채용규모 총 14,545명보다 1.1% 소폭 감소한 수준이다.(잡코리아 좋은일 연구소 조사)

운수, 식음료외식, 서비스 유통업 비교적 채용 진행 기업 많음

2014년 국내 주요 대기업들의 신입직 채용 전망은 지난해에 비해 소폭 감소할 것으로 보인다. 잡코리아 좋은일연구소의 조사를 기반으로 업종별로 보면 ▲운수업의 76.5%가 '올해 대졸 공채 계획이 있다'고 응답해 채용을 진행하는 기업 비율이 가장 높았으며, ▲식음료/외식업(70.6%), ▲기타 서비스업(66.7%), ▲유통/무역업(63.6%), ▲IT/정보통신업(61.5%) 등도 타 업종에 비해 대졸 공채를 진행하는 기업들의 비율이 비교적 높았다.

대부분의 업종에서 지난해와 동일한 수준이거나 소폭 증가한 규모로 채용을 계획하고 있는 것으로 나타났다. 지난해에 비해 채용규모가 가장 많이 늘어날 것으로 전망되는 업종은 ▲IT/정보통신 업종으로, 전년 대비 8.8% 정도 증가할 것으로 보인다. 이 외에도 ▲전기/전자업종과 ▲유통/무역업 분야도 전년 대비 각각 2.9%의 채용규모 증가가 기대된다. 반면 ▲자동차업종의 경우는 전년 대비 채용규모가 줄어들 것으로 보인다. 또한 ▲운수업(-2.0%)과 ▲기계/철강업(-3.3%), ▲금융업(-3.3%)에서는 지난해와 비슷한 수준이거나 조금 줄어들 것으로 보인다. 한편 이번에 조사된 기업들 중 올해 대졸 신입직 인력 채용규모가 가장 클 것으로 예상되는 분야는 ▲전기/전자업종으로, 총 2,800명의 신규 채용이 진행될 것으로 조사됐으며, ▲조선/중공업(1,800명), ▲유통/무역업(1,530명), ▲제조업(1,295명), ▲건설업(1,256명), ▲금융업(1,045명), ▲식음료/외식업(1,005명), ▲자동차업(760명), ▲석유/화학업(754명), ▲운수업(732명), ▲IT/정보통신업(671명) 등의 순으로 집계됐다.

2014년 업종별 대졸 신입직 채용 계획 여부

업종별	채용 계획 있다	채용 계획 없다	미정
건설업	50.0%	27.8%	22.2%
금융업	35.6%	11.1%	53.3%
기계/철강업	47.1%	29.4%	23.5%
유통/무역업	63.6%	18.2%	18.2%
석유/화학업	60.0%	33.3%	6.7%
자동차업	44.4%	11.1%	44.4%
식음료/외식업	70.6%	11.8%	11.8%
운수업	76.5%	11.8%	11.8%
전기/전자업	56.3%	0.0%	43.8%
IT/정보통신업	61.5%	15.4%	23.1%
제조업	36.8%	21.1%	42.1%
조선/중공업	50.0%	33.3%	16.7%
기타 서비스업	66.7%	8.3%	25.0%

(출처 : 잡코리아 좋은일 연구소)

2014년 대졸 신입직 채용 예상 인원

공기업

공기업 채용규모 지난해 대비 12.3% 증가

공기업 72.2% "채용 계획 있다"

올해 공기업의 정규직 신입 공채 채용규모는 지난해보다 소폭 증가할 전망이다. 잡코리아 좋은일연구소가 공기업 36개사를 대상으로 조사한 결과, 채용을 확정한 기업은 전체 83.3%였다. 그중 26개사인 72.2%는 채용 계획이 '있다'고 밝혔고, 채용 계획이 '없다'는 곳은 4개사(11.1%)로 조사됐으며, 아직 '미정'인 곳은 6곳(16.7%)으로 나타났다.

채용 계획이 있는 26개사 중 채용 인원수를 밝힌 21개사의 고용인원은 전체 1,333명으로 집계됐다. 이는 지난해 채용규모(1,187명)보다 12.3% 증가한 수준으로, 한 기업당 평균 63명을 채용하는 셈이다. 채용 예상 시기는 절반이 하반기에 집중됐다. 채용 시기를 하반기로 밝힌 곳은 50.0%를 차지했으며, 상반기가 30.8%, 미정이 19.2%로 집계됐다.

채용 조건

한편 공기업 중 영어면접을 시행하는 곳은 전체 36.1%를 차지했다. 이들 중 '전체 시행'을 하는 곳은 19.4%였으며, '직무별 부분시행'은 16.7%였다. '시행하지 않는다'고 답한 곳은 61.1%로 과반수를 차지했으며, '무응답'한 곳은 2.8%였다.

공기업 중 토익과 토플 등 외국어능력시험 점수에 제한을 두는 곳은 36.1%를 차지했다, 이들 중 토익점수를 밝힌 12개사의 평균 점수는 742점으로 집계됐다.

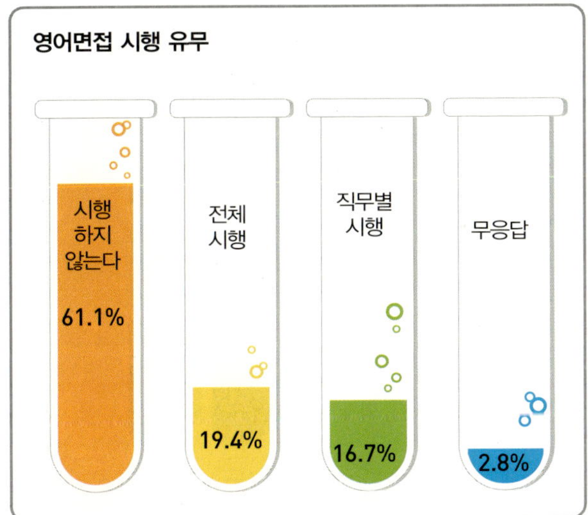

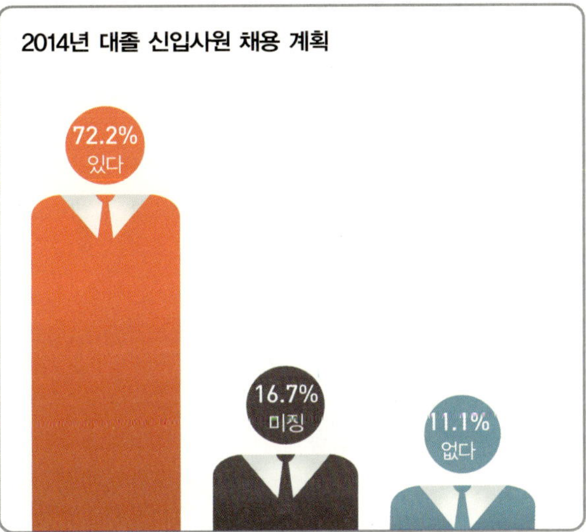

외국어 능력시험 제한 유무
36.1%
있다
61.1%
없다
2.8%
무응답

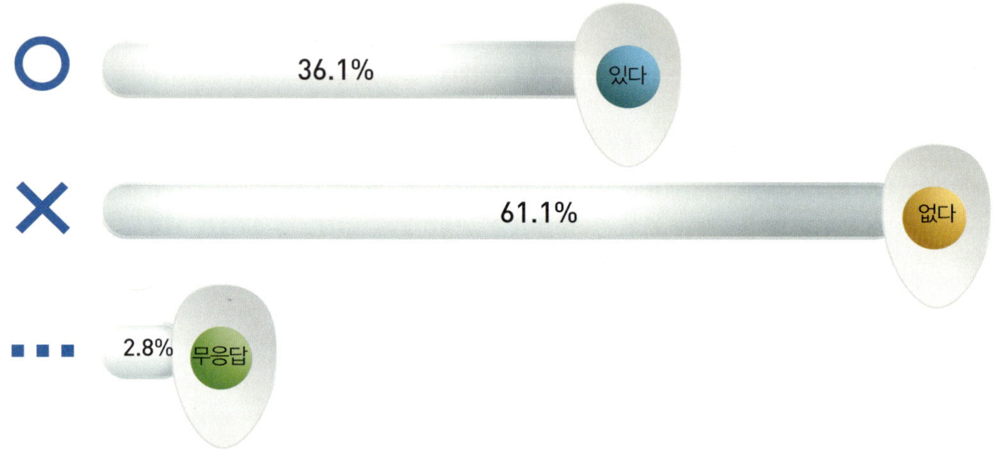

채용 예상 인원(채용 인원수를 밝힌 21개사 대상)
2013
2014
채용규모 증감률
+12.3%
1,187명
1,333명

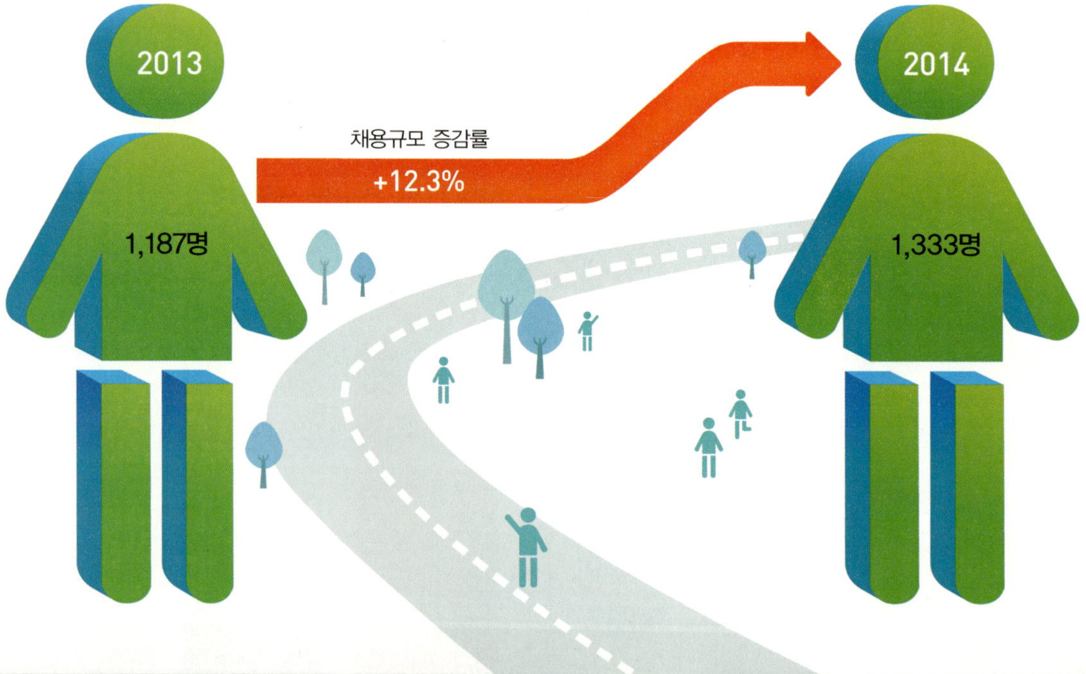

외국계 기업

외국계 기업 채용규모 대폭 감소

지난해 대비 채용규모 24% 감소

올해 외국계 기업의 채용규모는 지난해 대비 20% 이상 줄어들 전망이다. 이는 사업경영 악화 등을 이유로 야후코리아 등 외국계 기업들의 한국지사 철수 여파가 작용한 것으로 풀이된다.

잡코리아 좋은일연구소의 조사에 따르면 외국계 기업들이 2014년에 고용하게 될 채용규모는 지난해 대비 대폭 줄어들 것으로 전망된다. 올해 대졸 신입사원(정규직 전환 인턴 포함)을 고용하겠다고 밝힌 26개 기업이 채용하게 될 예상 인원은 462명이며, 고졸 사원의 신입 채용규모는 602명으로 조사돼 2014년 외국계 기업은 총 1,064명의 신규사원을 채용할 것으로 집계됐다. 이는 지난해 채용규모(대졸+고졸 신규사원)인 1,421명보다 24.6% 감소한 수치다.

한편, 외국계 기업 지원 자격 기분을 살펴보면 입사지원 시 ▲토익점수 제출을 의무화하는 곳은 21.2%로 이들이 밝힌 토익 제한 점수는 평균 710점이다. ▲학점 제한을 두는 곳은 19.2%로 평균 3.1점 이상자만 지원할 수 있도록 했다. 외국계 기업 지원 시, ▲영어말하기 시험 성적 제출 의무화를 두고 있는 곳은 11.5%로, 제한 기준은 오픽 IM/토익스피킹 6급 수준이었고, 채용절차 중 ▲영어면접을 진행하는 기업은 67.3%로 꽤 높았다.

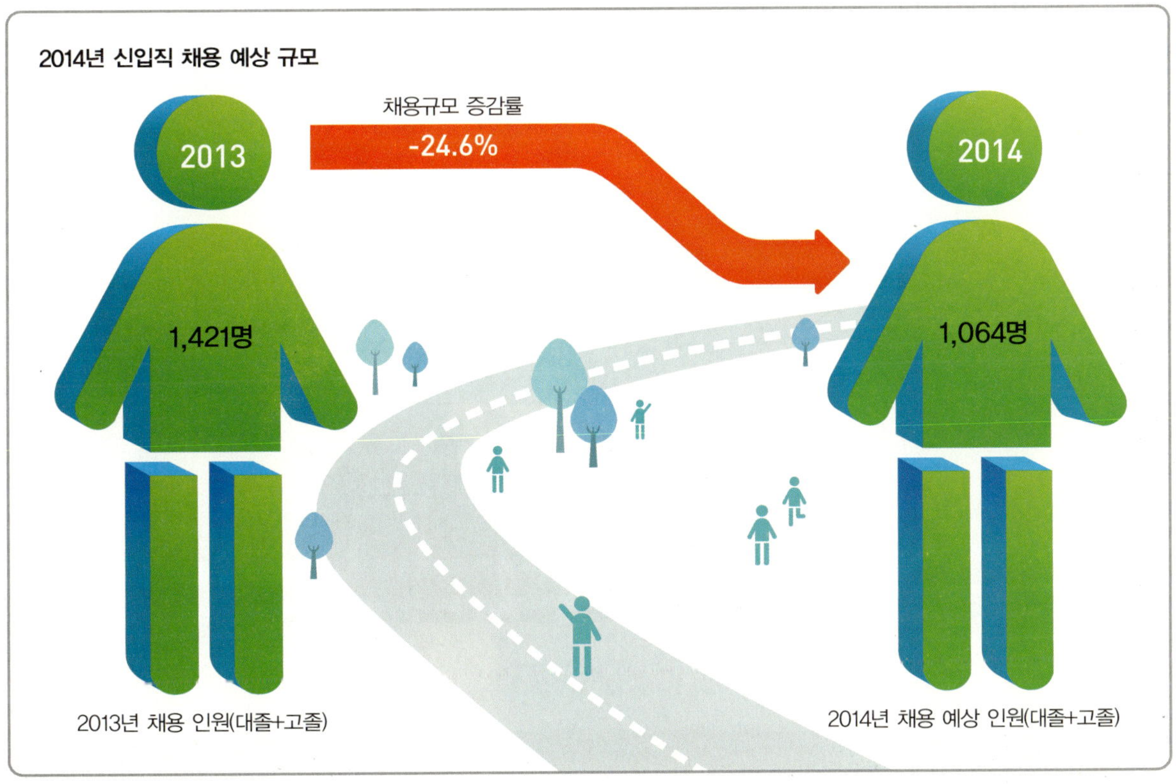

외국계 기업 평균 지원 자격

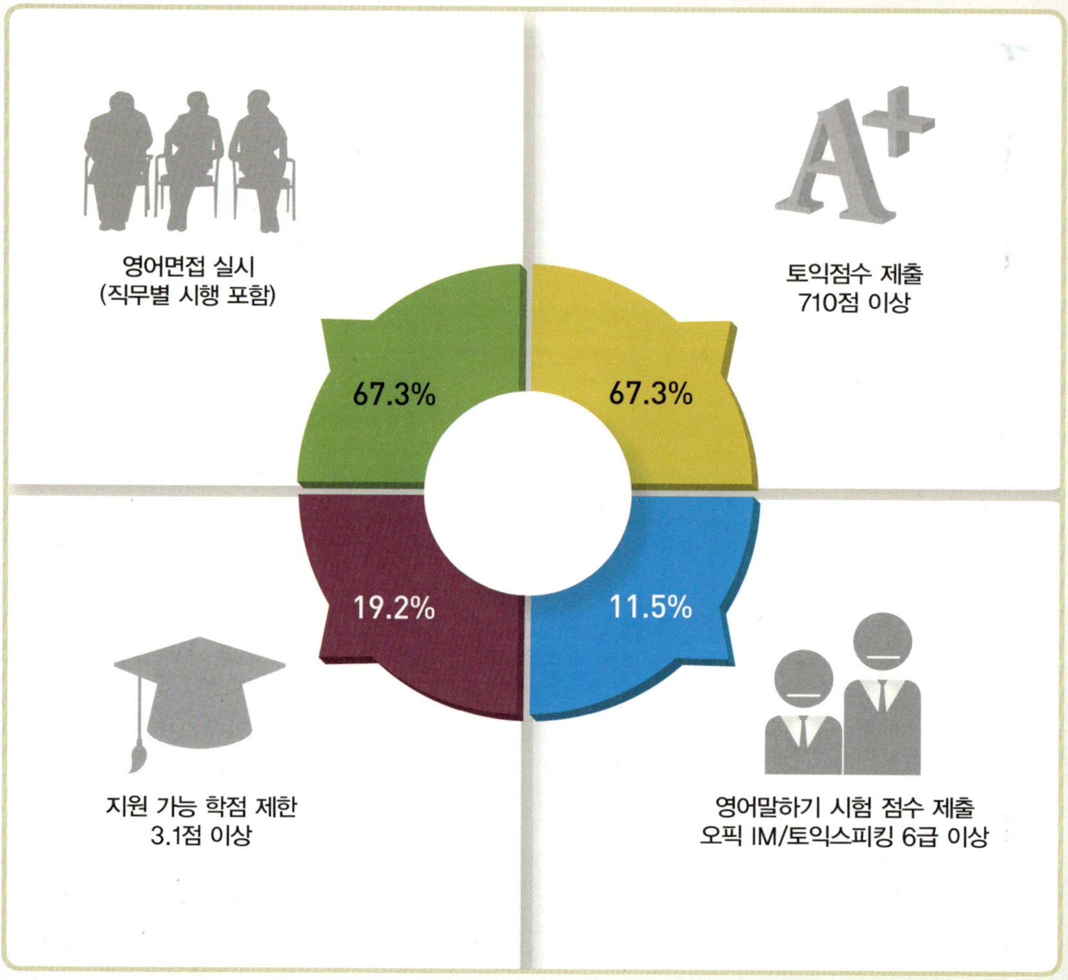

영어면접 실시
(직무별 시행 포함)

토익점수 제출
710점 이상

67.3%

67.3%

19.2%

11.5%

지원 가능 학점 제한
3.1점 이상

영어말하기 시험 점수 제출
오픽 IM/토익스피킹 6급 이상

중소기업

중소기업 인력운영 소극적 대응

중기 45.1%만 직원채용 계획 '있다'
신입사원은 '마케팅'과 '서비스', 경력사원은 '영업'과 '재무회계'

경기 변화에 민감한 중소기업에서는 올해 직원 채용에 대해 어떻게 계획하고 있을까. 잡코리아 좋은일연구소가 2014년 직원 채용 계획에 대해 직원 수 300명 미만의 중소기업 162개사를 대상으로 조사한 결과 직원을 채용한다고 답한 기업은 45.1%, 안 한다는 기업이 40.1%, 미정이 14.8%로 상당수의 중소기업에서 올해 인력운영에 대해 소극적으로 계획하고 있는 것으로 나타났다. 또한 채용할 직원의 경력에 따라 모집 분야의 차이가 있었다. 신입사원을 채용할 계획인 기업들은 ▲영업(33.8%), ▲서비스(23.1%), ▲마케팅(20.0%), ▲광고홍보(18.5%)직에서 충원할 계획이 많았다. 반면 경력사원을 채용할 계획인 기업들은 ▲영업/영업관리(35.7%), ▲재무회계(17.96%), ▲광고홍보(17.9%), ▲마케팅(16.1%), ▲생산/현장직(16.1%)에서 대부분 충원할 계획이었다. 즉, 서비스나 마케팅 분야에서는 신입사원을 채용하는 기업이 상대적으로 많았고, 재무회계, 영업/영업관리, 디자인 분야에서는 경력사원을 채용하는 기업이 상대적으로 많았다.

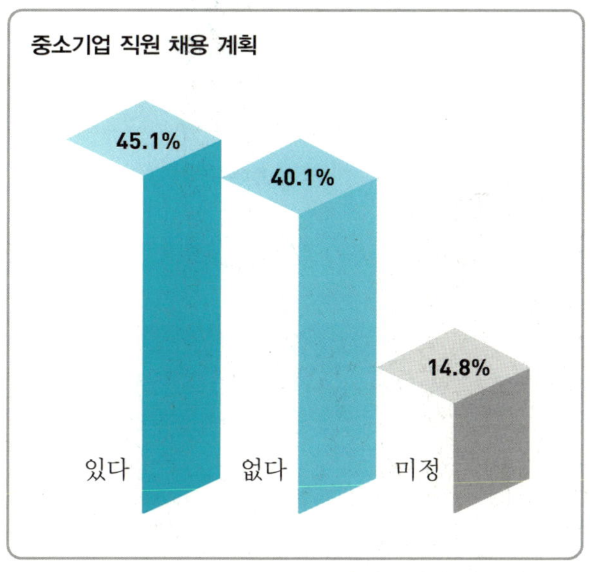

신입 및 경력사원 채용 직무 분야

항목	신입 채용	경력 채용
IT/정보통신	13.8%	14.3%
광고홍보	18.5%	17.9%
기획/인사	13.8%	14.3%
디자인	1.5%	5.4%
마케팅	20.0%	16.1%
생산/현장	16.9%	16.1%
서비스	23.1%	14.3%
연구개발	15.4%	16.1%
영업/영업관리	33.8%	35.7%
재무회계	10.8%	17.9%
기타/미정	10.8%	16.1%
전체 응답률	178.5%	183.9%

(출처 : 잡코리아 좋은일 연구소)

2 얼마면 되겠니?
−신입사원 연봉 동향 분석

해마다 기업 규모와 업종에 따른 신입사원의 연봉 격차가 커지고 있다. 대기업과 중소기업의 4년대졸 신입사원 평균 연봉 격차는 2007년 1천만 원 이상으로 커진 데 이어, 여전히 그 차이를 좁히지 못하고 있다. 대기업 중에서도 업종에 따라 신입사원 연봉이 1천만 원 이상 큰 차이를 보이고 있다.

대기업 신입 연봉 평균 3,707만원

대기업 업종별로 1천만 원 이상 차이

최근 잡코리아 좋은일연구소가 2014년 대졸 신입사원 평균 연봉 현황에 대해 대기업 및 중소기업 인사담당자 403명에게 1:1 전화 설문조사와 이메일 설문조사를 통해 조사한 결과에 따르면 대기업의 4년대졸 신입사원 평균 연봉은 3,707만 원으로 집계됐다.

한편 공기업은 3,005만 원, 외국계 기업은 2,980만 원, 중소기업은 2,580만 원으로 집계됐다. 올해에도 대기업과 중소기업의 신입 평균 연봉 격차는 1,127만 원에 달했다. 대기업 중에는 조선/중공업(4,300만 원)과 금융(4,189만 원) 업종의 신입사원 평균 연봉이 가장 높았고, 유통(3,308만 원), 식음료/외식(3,416만 원) 업종이 상대적으로 낮았다.

2014 대기업 업종별 신입사원 평균 연봉

업종	개사	평균 연봉
IT/정보통신	8개사	3,819만 원
건설	25개사	3,634만 원
금융	25개사	4,189만 원
기계/철강	9개사	3,683만 원
기타 서비스	5개사	3,680만 원
무역	3개사	3,367만 원
석유/화학	14개사	3,739만 원
섬유/의류	1개사	4,300만 원
식음료/외식	14개사	3,416만 원
운수	14개사	3,584만 원
유통	13개사	3,308만 원
자동차	11개사	3,536만 원
전기/전자	11개사	3,451만 원
제약	2개사	3,750만 원
제조	19개사	3,714만 원
조선/중공업	8개사	4,300만 원
전체	182개사	3,707만 원

*인센티브 제외-기본 상여 포함 / 4년대 졸 / 남성 기준

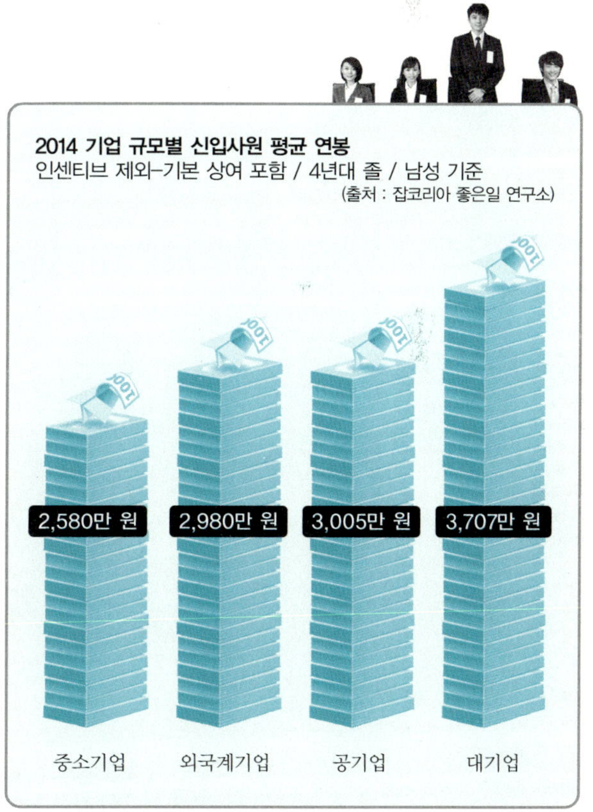

취업 내비게이션 ON

-채용 정보 및 기업 정보
(19개 업종별 181개 기업)

❶ 건설

경남기업(주) | 계룡건설산업(주) | 고려개발(주) | 금호산업(주) | 대림산업(주) | (주)대우건설
롯데건설(주) | 삼부토건(주) | (주)삼호 | (주)서희건설 | 신세계건설(주) | SK건설(주) | (주)한라
(주)한양 | 현대건설(주)

2014년 전반적인 건설수주는 2012년과 2013년 마이너스 증가율을 기록한 가운데 정부의 SOC투자 또한 부진하여 향후 상승세 지속은 어려울 것으로 보임. 다만, 수도권 주택공급 여건의 소폭 회복, 기존 미분양 주택 포함 주택거래 증가 가능성과 연구·개발, 문화시설 등 공공 주도의 투자 확대는 전문건설투자 증가 요인으로 작용할 전망임. 특히 하반기 민간 주택 부문을 중심으로 건설투자를 이끌어 갈 것으로 예상됨. 전세난과 미분양 주택 감소로 주택의 초과공급이 일정 부분 해소되어 실수요자 중심의 수요 증가가 기대되고 전문건설업은 전년대비 소폭 성장세를 보일 것으로 판단됨.

경남기업(주)

채용정보

업종	기업명	채용예상 인원	공채 예상 시기	연봉 정보	영어면접 시행유무
건설	경남기업(주)	00명	3~4월	3600만원	부분시행 (관리직)

외국어능력 시험 제한	토익점수	영어 말하기 점수	학점 제한	학점	스펙초월 채용계획	스펙초월 채용방식
有	700점	제한 없음	無	없음	없음	없음

주소		연락처	메일
서울특별시 동대문구 활물로 168 (답십리동) 경남기업㈜		02-2210-0187	비공개

주요상품	아파트 건설업

기업 정보

2013년 시공능력평가 21위 건설업체
www.kne.co.kr **【5,000원/12월/결산】**
충남 아산시 온천대로 1459
대표전화 : 02-2210-0500 주식담당자 : 02-2210-0731

설 립 일	1951.08.29	주요주주 (13.12)	(%)
상 장 일	1973.02.12	성완종	21.5
대표이사	장해남	대아레저산업(주)	19.9
종업원수	976명(13.12)	서산장학재단	3.0
회계감사법인	적정(신우회계법인)	매출구성	(%)
보 통 주	3,580만주	토목	35.0
우 선 주	-	건축	26.0
신용등급(Bond)	CCC	플랜트	12.8
신용등급(CP)	C	외국인지분율	3.41%

▶ 자본금 변동
(단위 : 억원, 원)

구 분	-06.12	07.12	-12.12	14.04
증 자 액	30.40	71.81	0.22	1,000.00
변 동 내 역	전환	유상	전환	유상

▶ 베타와 변동성
(당사/건설업/KOSPI)

기 간	12.01 ~ 12.12	13.01 ~ 13.12
베 타	0.89 / 1.27 / 1.00	1.13 / 1.03 / 1.00
변 동 성	42.7 / 25.1 / 15.3	57.5 / 20.1 / 12.2

현황 워크아웃 진행 중

· 국내 토목 및 플랜트, 해외 건축 및 토목 등 전반적인 사업부문의 신규 수주 부진으로 인한 매출 감소로 전년대비 외형 축소.
· 국내 관급공사의 저가 수주 확대로 인한 원가율 상승 및 판관비 증가, 투자부동산평가이익 감소 등 기타영업외수지 저하로 수익성 적자전환.
· 베트남 랜드마크72빌딩 준공 등 무리한 사업 추진으로 자금조달에 어려움 겪어 워크아웃 신청, 현재 진행 중.

▶ 주가 그래프

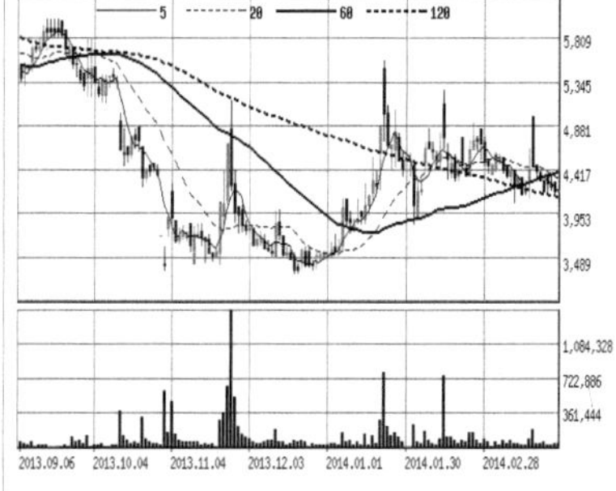

▶ 주가관련지표
(단위 : 원, 배)

구 분	10.12	11.12	12.12	13.12
주가 최 고	11,400	14,850	10,800	7,300
주가 최 저	7,130	6,540	5,050	3,330
주 순이익	-2,678	5,481	4,713	-19,617
매출액	102,288	90,332	83,293	64,306
당 순자산	21,499	26,313	27,336	7,625
PER(H/L)	-	2.71/1.19	2.29/1.07	-
PSR(H/L)	0.11/0.07	0.16/0.07	0.13/0.06	0.11/0.05
PBR(H/L)	0.53/0.33	0.56/0.25	0.40/0.18	0.96/0.44

전망 채권단 지원으로 재무구조 및 자금흐름 개선 기대

· 해외공사 역량 강화를 위한 해외 사업인원 보강 및 기존 사업장에 대한 사업 조정 실시로 신규 수주 확대 기대되는바, 외형 회복 가능할 듯.
· 사업본부 통폐합 및 조직 슬림화를 통한 원가 절감, 전환사채 발행을 통한 자금조달 및 차입 상환에 따른 금융비용 감소로 수익성 개선 기대.
· 채권단 지원으로 대규모 유상증자가 진행 중인바, 사기자본 확충에 따른 재무구조 및 자금흐름 개선 효과 기대됨.

▶ 요약연결재무제표
(단위 : 억원)

구 분	10.12	11.12	12.12	13.12
비유동자산	6,263.5	13,860.1	15,443.5	15,398.4
유 동 자 산	16,182.3	10,653.0	10,232.9	8,612.0
자 산 총 계	22,445.8	24,513.1	25,676.4	24,010.4
지배기업지분	3,396.6	4,157.2	4,319.9	1,205.0
비지배지분	44.7	-24.1	-73.7	-113.5
자 본 총 계	3,441.3	4,133.1	4,246.1	1,091.6
비유동부채	8,251.0	7,866.0	12,610.2	6,140.8
유 동 부 채	10,753.6	12,514.0	8,820.0	16,778.0
부 채 총 계	19,004.6	20,380.0	21,430.2	22,918.9
수 익	16,002.9	14,132.4	13,034.3	10,063.5
매 출 원 가	15,146.0	13,817.6	12,189.9	11,800.8
매출총이익	856.9	314.8	844.3	-1,737.3
기타영업수익	110.9	0.0	0.0	0.0
기타영업비용	245.8	0.0	0.0	0.0
판 관 비	545.7	453.2	556.9	694.3
영 업 이 익	176.4	-138.4	287.4	-2,431.6
영업외수익	506.3	2,814.0	2,580.4	466.1
영업외비용	1,137.7	1,201.0	2,055.9	1,844.0
세전계속영업이익	-455.1	1,474.7	811.9	-3,809.5
법인세비용	6.3	685.7	123.9	-700.3
지배기업순이익	-418.9	857.5	737.5	-3,070.0

▶ 요약연결현금흐름표
(단위 : 억원)

구 분	10.12	11.12	12.12	13.12
영업활동현금흐름	-962.3	667.3	-2,659.2	-1,527.7
투자활동현금흐름	-527.9	-1,840.1	-165.3	-42.3
재무활동현금흐름	1,622.3	901.6	2,684.1	1,591.9
현금의 증가	132.1	-271.2	-140.4	22.0
CF의 기말현금	853.6	582.4	442.0	464.0

▶ 연결재무비율
(단위 : %)

구 분	10.12	11.12	12.12	13.12
매출액증가율	-2.3	-11.7	-7.8	-22.8
순이익증가율	적자전환	흑자전환	-14.0	적자전환
R O A	-2.0	3.4	2.7	-12.5
R O E	-10.1	22.7	17.4	-111.1
부 채 비 율	552.3	493.1	504.7	2,099.7

계룡건설산업(주)

www.krcon.co.kr

채용정보

업종	기업명	채용예상 인원	공채 예상 시기	연봉 정보	영어면접 시행유무
건설	계룡건설산업(주)	30명	10월	3650만원	부분시행 (해외사업)

외국어능력 시험 제한	토익점수	영어 말하기 점수	학점 제한	학점	스펙초월 채용계획	스펙초월 채용방식
有	650점	토익스피킹130점	有	3.0점 이상	없음	없음

주소	연락처	메일
대전광역시 서구 문정로 48번길 48 계룡건설산업(주)	042-480-7206	비공개

주요상품	
	종합 건설업

기업 정보

2013년 시공능력평가 23위 건설업체
www.krcon.co.kr 【5,000원/12월/결산】
대전 서구 문정로48번길 48
대표전화 : 042-480-7114-5 주식담당자 : 042-480-7459

		주요주주 (13.12)	(%)
설 립 일	1978.10.11	이인구	17.0
상 장 일	1996.01.30	이승찬	14.2
대표이사	이시구/한승구	FID LOW PRICEDSTOCK FUND	10.0
종업원수	904명(13.12)	매출구성	(%)
회계감사법인	적정(한영회계법인)	건축계약공사	52.9
보 통 주	893만주	토목계약공사	30.5
우 선 주	-	분양	9.5
신용등급(Bond)	BBB+	외국인지분율	16.50%
신용등급(CP)	-		

▶ 자본금 변동
(단위 : 억원, 원)

구 분	96.01	99.07	01.12	.
증 자 액	343.00	102.90	0.65	-
변 동 내 역	신규	유상	합병	-

▶ 베타와 변동성
(당사/건설업/KOSPI)

기 간	12.01 ~ 12.12	13.01 ~ 13.12
베 타	0.88 / 1.27 / 1.00	0.84 / 1.03 / 1.00
변 동 성	28.5 / 25.1 / 15.3	31.2 / 20.1 / 12.2

현황 외형 성장에도 적자전환

· 건축 및 토목공사 부문, 분양 부문 등 전반적인 사업 부문의 호조로 전년대비 외형 성장.
· 주택시장 장기침체에 따른 주택 부문 대손충당금 설정, 관계기업지분법손실 증가 등으로 영업이익 및 순이익 적자전환.
· 차입금 감소에도 여전히 높은 부채 부담 지속되고 있으며, 적자경영으로 자기자본 규모 축소되어 전년대비 재무안정성 저하.

▶ 주가 그래프

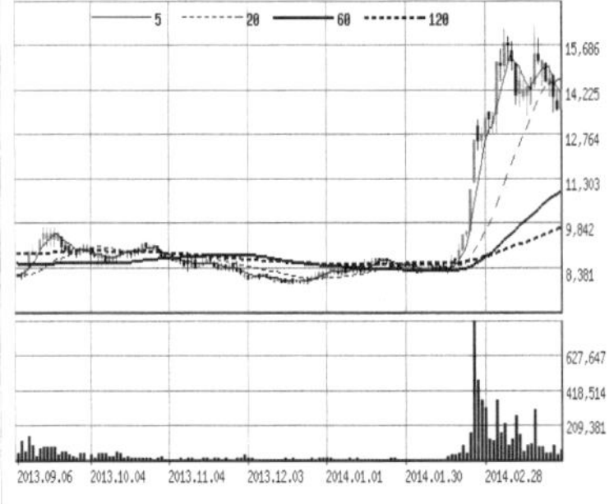

▶ 주가관련지표
(단위 : 원, 배)

구 분	10.12	11.12	12.12	13.12
주 최 고	21,550	21,700	16,850	10,300
가 최 저	11,600	12,300	7,050	7,760
주 순이익	1,308	1,080	276	-9,562
매출액	181,245	196,712	174,617	178,938
당 순자산	50,955	51,688	51,239	41,932
PER(H/L)	16.48/8.87	20.09/11.39	61.05/25.54	-
PSR(H/L)	0.12/0.06	0.11/0.06	0.10/0.04	0.06/0.04
PBR(H/L)	0.42/0.23	0.42/0.24	0.33/0.14	0.25/0.19

전망 매출 증가 및 수익성 개선 기대

· 자원개발 및 물·환경 분야 등의 신규 사업 진출 및 기존 사업과의 연계로 시너지 효과 발휘할 것으로 기대되는바, 매출 성장에 일조할 듯.
· 부실 사업장 손실의 지난해 선반영, 소송 및 지분손실 등 일회성 비용 없을 것으로 예상되어 흑자전환 가능할 전망.
· 순손실 발생에도 매출채권 회수 등으로 정(+)의 영업활동현금흐름을 나타내고 차입금을 상환하는 등 자금운용상 큰 어려움은 없을 듯.

▶ 요약연결재무제표
(단위 : 억원)

구 분	10.12	11.12	12.12	13.12
비유동자산	4,100.6	4,227.0	4,509.6	4,856.2
유 동 자 산	10,557.7	11,385.3	11,688.8	9,963.1
자 산 총 계	14,658.4	15,612.4	16,198.4	14,819.3
지배기업지분	4,550.8	4,616.2	4,576.1	3,744.9
비지배지분	499.2	519.9	586.1	608.9
자 본 총 계	5,050.0	5,136.1	5,162.2	4,353.8
비유동부채	2,782.8	3,968.6	2,529.6	2,113.3
유 동 부 채	6,825.6	6,507.6	8,506.5	8,352.2
부 채 총 계	9,608.4	10,476.2	11,036.2	10,465.5
수 익	16,054.3	17,424.3	15,467.2	15,850.0
매 출 원 가	14,776.7	16,096.6	14,181.6	14,703.7
매출총이익	1,277.6	1,327.8	1,285.6	1,146.3
기타영업수익	10.9	0.0	0.0	0.0
기타영업비용	58.5	0.0	0.0	0.0
판 관 비	881.5	880.3	844.3	1,646.9
영 업 이 익	348.4	447.5	441.3	-500.6
영업외수익	179.4	139.5	164.0	86.4
영업외비용	315.1	400.3	502.6	610.9
세전계속영업이익	212.8	186.6	102.7	-1,025.1
법인세비용	66.0	68.1	58.3	-199.0
지배기업순이익	115.8	95.7	24.4	-847.0

▶ 요약연결현금흐름표
(단위 : 억원)

구 분	10.12	11.12	12.12	13.12
영업활동현금흐름	-55.3	1,428.1	-667.6	1,027.8
투자활동현금흐름	-329.6	-377.7	-413.9	-303.2
재무활동현금흐름	279.9	-148.5	514.8	-1,093.6
현금의 증가	-104.9	901.9	-566.8	-369.0
CF의 기말현금	1,444.5	2,346.8	1,778.7	1,411.4

▶ 연결재무비율
(단위 : %)

구 분	10.12	11.12	12.12	13.12
매출액증가율	-4.3	8.5	-11.2	2.5
순이익증가율	-62.4	-17.4	-74.5	적자전환
R O A	1.1	0.8	0.3	-5.3
R O E	2.6	2.1	0.5	-20.4
부 채 비 율	190.3	204.0	213.8	240.4

고려개발(주)

채용정보

업종	기업명	채용예상 인원	공채 예상 시기	연봉 정보	영어면접 시행유무
건설	고려개발(주)	00명	9월	3300만원	無

외국어능력 시험 제한	토익점수	영어 말하기 점수	학점 제한	학점	스펙초월 채용계획	스펙초월 채용방식
有	750점	오픽 IM 이상	有	3.0점 이상	없음	없음

주소		연락처	메일
경기도 안양시 동안구 흥인대로 427번길 14 (관양동)		031-420-9793	khp1248@kdc.co.kr

주요상품	도로 건설업

기업 정보

2013년 시공능력평가 38위 건설업체
www.kdc.co.kr 【5,000원/12월/결산】
경기도 용인시 수지구 풍덕천로 112 501호
대표전화 : 031-420-9000 주식담당자 : 031-420-9902

설 립 일	1965.03.31	주요주주 (13.12)	(%)
상 장 일	1978.10.30	대림산업(주)	29.8
대 표 이 사	김종오	황순태	13.0
종업원수	411명(13.12)	(학)대림학원	0.6
회계감사법인	적정(안진회계법인)	매출구성	(%)
보 통 주	2,000만주	토 목	52.6
우 선 주	-	건 축	39.5
신용등급(Bond)	-	자체공사(분양)	7.9
신용등급(CP)	-	외국인지분율	0.39%

▶ 자본금 변동
(단위 : 억원, 원)

구 분	99.06	99.06	03.12	09.06
증 자 액	150.00	50.00	300.00	400.00
변 동 내 역	유상	무상	유상	유상

▶ 베타와 변동성
(당사/건설업/KOSPI)

기 간	12.01 ~ 12.12	13.01 ~ 13.12
베 타	0.80 / 1.27 / 1.00	1.12 / 1.03 / 1.00
변 동 성	44.7 / 25.1 / 15.3	48.0 / 20.1 / 12.2

현황 외형 성장에도 순이익 적자지속

· 분양 수익 감소에도 건축공사, 토목공사 부문의 수주 확대로 매출은 전년대비 증가.
· 원가 부담 경감 및 매출 성장에 따른 판관비 부담 축소로 영업이익률은 전년대비 상승하였으나, 기타대손상각비 증가로 순손실폭 다소 확대되며 적자지속.
· 일부 차입금 상환에도 순손실 발생에 따른 자기자본 축소 및 높은 수준의 차입금의존도 지속으로 전년에 이어 미흡한 재무안정성 나타냄.

▶ 주가 그래프

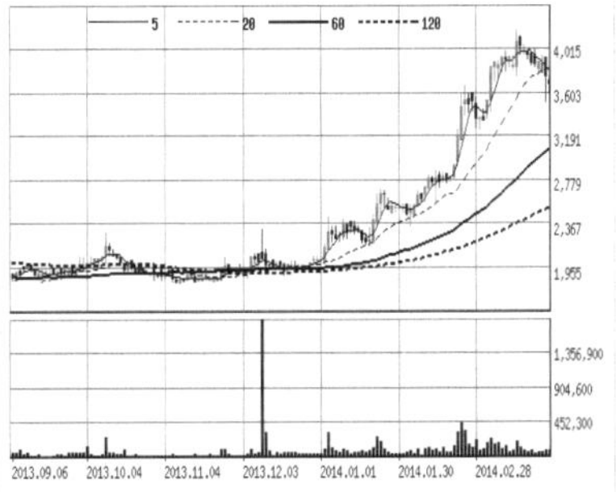

▶ 주가관련지표
(단위 : 원, 배)

구 분		10.12	11.12	12.12	13.12
주가	최 고	5,660	6,030	2,665	2,695
	최 저	3,310	1,415	1,480	1,670
당주	순이익	-18	-11,755	-132	-153
	매출액	31,129	30,581	34,714	37,221
	순자산	17,656	5,898	5,764	5,706
PER(H/L)		-	-	-	-
PSR(H/L)		0.18/0.11	0.20/0.05	0.08/0.04	0.07/0.04
PBR(H/L)		0.32/0.19	1.02/0.24	0.46/0.26	0.47/0.29

전망 수익성 개선은 제한적일 전망

· 건설경기 침체에도 안정적인 수주잔고 확보와 양호한 공사 기성에 따라 일정 수준의 외형 성장을 유지할 것으로 판단됨.
· 대부분 관급 위주의 공사 물량이므로 일정 수준의 마진에 머무를 것으로 보이는 가운데 과중한 금융비용 부담으로 수익성 개선폭은 다소 제한적일 듯.
· 순손실 발생에도 관급공사를 통한 원활한 운전자금흐름으로 영업활동 현금 창출하고 있는 점 등 감안 시 단기간 내 자금흐름에는 큰 무리 없을 듯.

▶ 요약재무제표
(단위 : 억원)

구 분	10.12	11.12	12.12	13.12
비유동자산	2,165.6	1,877.6	2,601.1	2,778.2
유 동 자 산	9,218.5	8,899.2	6,560.3	5,456.2
자 산 총 계	11,384.1	10,776.7	9,161.4	8,234.4
자 본 총 계	3,580.9	1,229.3	1,202.5	1,191.3
(보통주자본금)	1,000.0	1,000.0	1,000.0	1,000.0
(우선주자본금)	0.0	0.0	0.0	0.0
비유동부채	2,166.6	2,698.9	2,890.8	4,547.3
유 동 부 채	5,636.6	6,848.5	5,068.1	2,495.9
부 채 총 계	7,803.2	9,547.4	7,958.9	7,043.2
수 익	6,225.0	6,115.3	6,941.7	7,443.1
매 출 원 가	5,498.5	6,008.9	6,335.5	6,694.6
매 출 총 이 익	726.4	106.4	606.2	748.6
기타영업수익	268.1	0.0	0.0	0.0
기타영업비용	269.3	0.0	0.0	0.0
판 관 비	462.0	478.9	339.7	293.0
영 업 이 익	263.3	-372.5	266.5	455.6
세전계속영업이익	5.7	-2,496.5	-18.3	35.9
법인세비용	9.4	-145.9	8.1	66.5
계속영업이익	-3.7	-2,350.6	-26.4	-30.6
중단영업이익	0.0	0.0	0.0	0.0
당 기 순 이 익	-3.7	-2,350.6	-26.4	-30.6

▶ 요약현금흐름표
(단위 : 억원)

구 분	10.12	11.12	12.12	13.12
영업활동현금흐름	194.2	664.3	-66.1	490.5
투자활동현금흐름	-165.1	-2,720.0	921.3	-54.1
재무활동현금흐름	646.2	1,367.9	-929.1	-401.8
현금의 증가	675.3	-687.8	-74.1	34.7
CF의 기말현금	1,252.0	564.2	490.2	524.9

▶ 재무비율
(단위 : %)

구 분	10.12	11.12	12.12	13.12
매출액증가율	2.3	-1.8	13.5	7.2
순이익증가율	적자전환	적자지속	적자지속	적자지속
R O A	0.0	-21.2	-0.3	-0.4
R O E	-0.1	-97.7	-2.2	-2.6
부 채 비 율	217.9	776.6	661.9	591.2

금호산업(주)

채용정보

업종	기업명	채용예상 인원	공채 예상 시기	연봉 정보	영어면접 시행유무
건설	금호산업(주)	00명	3~4월, 9~10월	3000만원 후반	無
외국어능력 시험 제한	토익점수	영어 말하기 점수	학점 제한	학점	스펙초월 채용계획	스펙초월 채용방식
無	제한 없음	제한 없음	無	제한 없음	없음	없음

주소	연락처	메일
서울특별시 종로구 새문안로 76 금호아시아나 본관	02-6303-014	비공개

주요상품	건물 건설업

기업정보

2013년 시공능력 18위 건설업체
www.kumhoenc.com　【5,000원/12월/결산】
전남 나주시 시청길 4
대표전화 : 062-940-2068　주식담당자 : 02-6303-0114

		주요주주 (13.12)	(%)
설 립 일	1972.10.11	아시아나항공(주)	13.1
상 장 일	1976.06.26	미래에셋삼호 유한회사	9.1
대표이사	박삼구/원일우	박삼구	5.5
종업원수	1,204명(13.12)	**매출구성**	(%)
회계감사법인	적정(삼정회계법인)	관급	75.8
보 통 주	3,293만주	민간	18.7
우 선 주	29만주	해외도급공사	5.5
신용등급(Bond)	-	외국인지분율	2.29%
신용등급(CP)	-		

▶ 자본금 변동
(단위 : 억원, 원)

구 분	12.06	13.03	13.11	14.03
증 자 액	1,208.79	-7,306.72	381.95	46.96
변 동 내 역	유상	감자	유상	유상

▶ 베타와 변동성
(당사/건설업/KOSPI)

기 간	12.01 ~ 12.12	13.01 ~ 13.12
베 타	0.55 / 1.27 / 1.00	1.38 / 1.03 / 1.00
변 동 성	46.4 / 25.1 / 15.3	98.8 / 20.1 / 12.2

현황 | 외형 축소에도 흑자전환

· 건설경기 침체로 인한 건설 부문 매출 감소 및 운송, 부동산 임대사업중단으로 전년대비 외형 축소.
· 원가 절감 및 매출채권손상차손 감소 등 판관비 절감으로 영업이익 흑자전환.
· 영업이익 흑자전환한 가운데 금융비용 감소 및 중단영업이익 증가 등 기타영업외수지 개선으로 순이익 또한 흑자전환.

▶ 주가 그래프

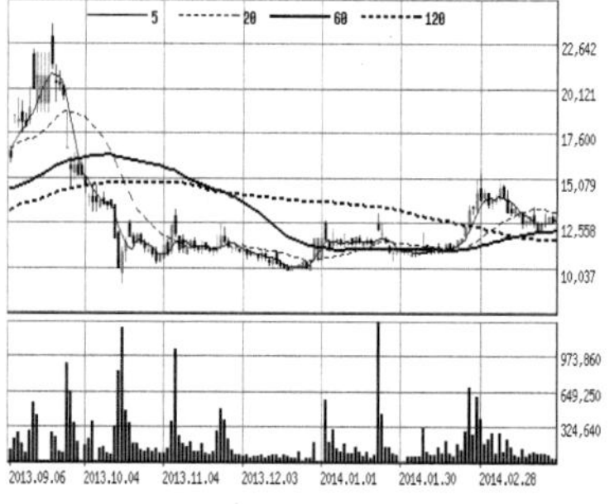

▶ 주가관련지표
(단위 : 원, 배)

구 분	10.12	11.12	12.12	13.12
주가 최 고	20,450	17,000	8,000	21,500
주가 최 저	3,170	5,220	1,390	1,590
주당 순이익	987	-485	-33,397	2,039
매출액	21,258	15,118	62,908	53,183
당 순자산	2,938	1,073	84	4,744
PER(H/L)	20.72/3.21	-	-	10.54/0.78
PSR(H/L)	0.96/0.15	1.12/0.35	0.13/0.02	0.40/0.03
PBR(H/L)	6.96/1.08	15.84/4.86	95.10/16.52	4.53/0.34

전망 | 매출 회복 및 수익성 상승 기대

· 운송 및 부동산임대 사업중단으로 건설 부문으로의 사업 집중 및 수주 확보 노력으로 외형 회복 가능할 듯.
· 원가 부담 다소 과도한 수준 이어지고 있으나, 판관비 절감 노력 및 금융비용 감소로 수익성 상승 기대.
· 무상감자 실시로 자본잠식률 낮춘 가운데 KoFC 지분 매각으로 유동성 확보 및 출자전환에 따른 자본 증가로 재무구조 개선 전망.

▶ 요약연결재무제표
(단위 : 억원)

구 분	10.12	11.12	12.12	13.12
비유동자산	25,547.2	8,743.5	8,677.0	8,112.4
유 동 자 산	37,536.9	28,068.4	10,645.4	9,551.4
자 산 총 계	63,084.2	36,811.9	19,322.4	17,663.8
지배기업지분	3,256.6	1,211.4	145.1	1,531.7
비지배지분	-29.8	0.2	0.1	0.0
자 본 총 계	3,226.8	1,211.6	145.2	1,531.7
비유동부채	19,507.8	16,828.7	5,606.8	2,731.8
유 동 부 채	40,349.5	18,771.7	13,570.4	13,400.3
부 채 총 계	59,857.4	35,600.4	19,177.2	16,132.1
수 익	19,183.5	16,847.9	14,998.6	14,345.0
매 출 원 가	18,110.5	15,432.5	13,938.5	13,283.0
매출총이익	1,073.0	1,415.4	1,060.2	1,062.0
기타영업수익	633.3	0.0	0.0	0.0
기타영업비용	5,821.8	0.0	0.0	0.0
판 관 비	1,001.5	901.8	2,708.0	473.4
영 업 이 익	-5,116.9	513.5	-1,647.8	588.6
영업외수익	10,250.3	3,027.8	2,327.0	933.8
영업외비용	4,725.1	3,503.1	8,507.7	2,310.6
세전계속영업이익	408.3	38.2	-7,828.5	-788.3
법인세비용	130.5	683.8	-36.8	144.6
지배기업순이익	817.7	-530.3	-7,279.2	526.2

▶ 요약연결현금흐름표
(단위 : 억원)

구 분	10.12	11.12	12.12	13.12
영업활동현금흐름	-1,325.3	1,879.8	-142.9	1,236.4
투자활동현금흐름	-804.5	2,085.1	7,241.1	1,639.1
재무활동현금흐름	2,930.2	-3,956.5	-7,105.1	-1,271.8
현금의 증가	800.4	8.4	-6.9	1,603.7
CF의 기말현금	1,266.5	1,243.4	1,151.7	2,829.0

▶ 연결재무비율
(단위 : %)

구 분	10.12	11.12	12.12	13.12
매출액증가율	-17.5	-12.2	-11.0	-4.4
순이익증가율	흑자전환	적자전환	적자지속	흑자전환
R O A	1.2	-1.0	-25.9	2.9
R O E	-19.6	-23.7	-1,073.2	62.8
부 채 비 율	1,855.0	2,938.4	13,206.8	1,053.2

대림산업(주)

www.daelim.co.kr

채용정보

업종	기업명	채용예상 인원	공채 예상 시기	연봉 정보	영어면접 시행유무
건설	대림산업(주)	200여명	3월 중순, 9월 중순	4000만원	無

외국어능력 시험 제한	토익점수	영어 말하기 점수	학점 제한	학점	스펙초월 채용계획	스펙초월 채용방식
有	제한 없음	토익스피킹 레벨6 이상	有	3.0점 이상	없음	없음

주소	연락처	메일
서울특별시 종로구 수송동 146-12 대림빌딩	02-2011-8670	비공개

주요상품	산업플랜트 건설업

기업 정보

2013년 시공능력평가 4위 건설업체
www.daelim.co.kr 【5,000원/12월/결산】
서울 종로구 종로1길 36
대표전화 : 02-2011-7114 주식담당자 : 02-2011-7134

		주요주주 (13.12)	(%)
설 립 일	1939.10.10	(주)대림코퍼레이션	21.7
상 장 일	1976.02.02	(학)대림학원	1.3
대표이사	이해욱/김동수/이철균/김재율	이해욱	0.5
종업원수	5,456명(13.12)	매출구성	(%)
회계감사법인	적정(안진회계법인)	플랜트공사 건설용역	53.8
보 통 주	3,480만주	건축공사 건설용역	16.6
우 선 주	380만주	석유화학 화합물질 및 제품	13.2
신용등급(Bond)	AA-	외국인지분율	30.09%
신용등급(CP)	A1		

▶ 자본금 변동

(단위 : 억원, 원)

구 분	99.10	-99.12	00.04	01.10
증 자 액	650.00	228.44	122.03	-686.63
변 동 내 역	유상	전환	주식	감자

▶ 베타와 변동성

(당사/건설업/KOSPI)

기 간	12.01 ~ 12.12	13.01 ~ 13.12
베 타	1.78 / 1.27 / 1.00	1.41 / 1.03 / 1.00
변 동 성	40.7 / 25.1 / 15.3	33.8 / 20.1 / 12.2

현황 외형 축소, 순이익 적자전환

· 플랜트 부문의 성장에도 토목 및 건축, 제조 부문의 부진으로 전년대비 외형 축소.
· 해외건설 부문의 원가율 상승으로 영업이익률 저하, 외환차손 등 기타영업외비용 증가로 순이익은 적자전환.
· 매입채무, 선수금 등의 감소로 부채 규모 축소되었으나 순손실 발생으로 자본 규모 또한 축소되어 전년 수준의 제 안정성 유지.

▶ 주가 그래프

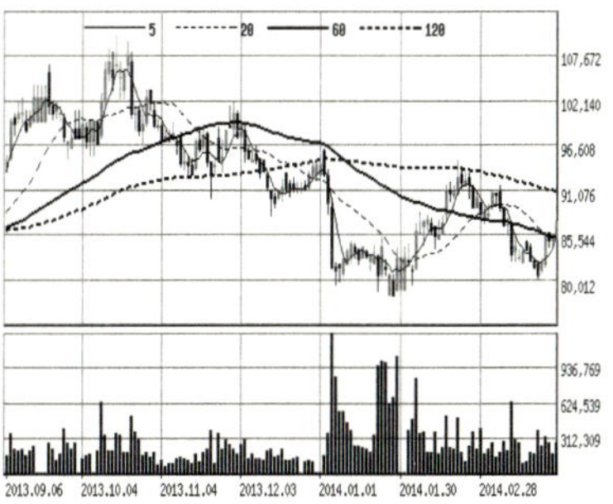

▶ 주가관련지표

(단위 : 원, 배)

구 분	10.12	11.12	12.12	13.12
주 최고	119,000	142,000	129,000	108,500
가 최저	53,100	70,500	67,600	73,500
주 순이익	8,640	9,469	10,128	-648
매출액	190,707	204,824	262,906	252,485
당 순자산	108,237	114,427	123,800	122,126
PER(H/L)	13.77/6.15	15.00/7.45	12.74/6.67	-
PSR(H/L)	0.62/0.28	0.69/0.34	0.49/0.26	0.43/0.29
PBR(H/L)	1.10/0.49	1.24/0.62	1.04/0.55	0.89/0.60

전망 매출 회복 및 수익성 개선 전망

· 해외 영업조직 통합을 통한 영업활동 강화, 건설 부문의 세분화 등 경쟁력 강화를 바탕으로 꾸준한 수주 확보가 기대되는바 매출 회복 전망.
· 해외 적자현장 손실의 선반영 및 저수익 공사 마무리로 원가 및 판관비율 개선이 예상되는바, 수익성 또한 회복 가능할 듯.
· 손실 발생에도 영업활동상 현금흐름이 정(+)의 상태를 유지하고 있고, 안정적인 재무구조를 보유하고 있는바, 자금운용상 어려움은 없을 듯.

▶ 요약연결재무제표

(단위 : 억원)

구 분	10.12	11.12	12.12	13.12
비유동자산	32,965.2	36,058.1	37,143.8	38,500.2
유 동 자 산	64,466.5	71,588.4	72,920.9	69,330.3
자 산 총 계	97,431.7	107,646.4	110,064.7	107,830.5
지배기업지분	41,779.3	44,168.8	47,786.9	47,140.6
비지배지분	621.9	2,205.2	1,398.6	1,562.8
자 본 총 계	42,401.3	46,374.0	49,185.4	48,703.4
비유동부채	12,424.2	14,775.1	13,094.2	14,523.0
유 동 부 채	42,606.3	46,497.3	47,785.1	44,604.1
부 채 총 계	55,030.4	61,272.5	60,879.3	59,127.1
수 익	74,375.8	79,881.5	102,533.5	98,469.2
매 출 원 가	65,597.7	70,584.7	92,193.9	93,381.5
매출총이익	8,778.1	9,296.8	10,339.6	5,087.7
기타영업수익	1,608.4	0.0	0.0	0.0
기타영업비용	2,359.0	0.0	0.0	0.0
판 관 비	4,902.0	4,922.2	5,479.1	4,691.1
영 업 이 익	3,125.5	4,374.6	4,860.5	396.6
영업외수익	3,094.8	5,338.7	4,478.8	4,536.1
영업외비용	1,620.8	4,518.7	3,738.7	5,068.7
세전계속영업이익	4,599.5	5,194.6	5,600.6	-136.0
법인세비용	1,019.9	1,396.2	1,592.8	-32.7
지배기업순이익	3,336.9	3,656.7	3,911.2	-248.4

▶ 요약연결현금흐름표

(단위 : 억원)

구 분	10.12	11.12	12.12	13.12
영업활동현금흐름	6,009.0	5,012.0	8,168.9	347.0
투자활동현금흐름	-4,365.1	-6,465.4	-3,326.6	-2,697.3
재무활동현금흐름	-784.3	1,897.2	-3,314.1	3,203.1
현금의 증가	859.6	443.8	1,528.2	852.8
CF의 기말현금	12,806.2	13,250.4	14,767.0	15,629.1

▶ 연결재무비율

(단위 : %)

구 분	10.12	11.12	12.12	13.12
매출액증가율	-2.4	7.4	28.4	-4.0
순이익증가율	-2.0	9.0	7.0	적지전환
R O A	3.7	3.7	3.7	-0.1
R O E	8.4	8.5	8.5	-0.5
부 채 비 율	129.8	132.1	123.8	121.4

(주)대우건설

www.daewooenc.co.kr

채용정보

업종	기업명	채용예상 인원	공채 예상 시기	연봉 정보	영어면접 시행유무
건설	(주)대우건설	00명~000명	9월	4400만원	無

외국어능력 시험 제한	토익점수	영어 말하기 점수	학점 제한	학점	스펙초월 채용계획	스펙초월 채용방식
有	제한 없음	오픽-IM1 이상, 스피킹-레벨5 이상	有	3.0점 이상	없음	없음

주소	연락처	메일
서울시 종로구 신문로 1가 57번지	02-2288-3114	synghyun.yi@daewooenc.com

주요상품	
	아파트 건설업

기업 정보

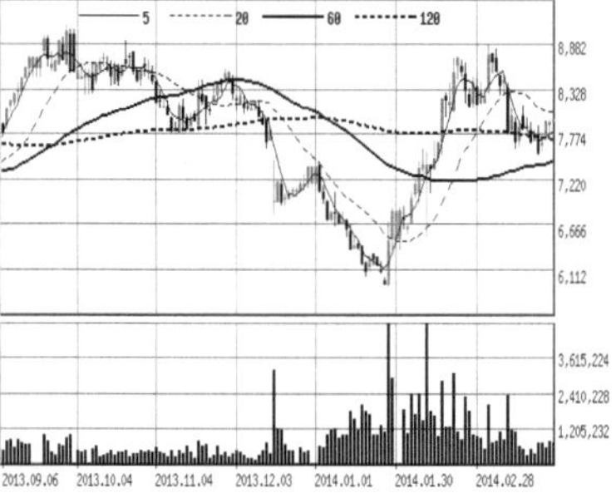

2013년 시공능력평가 3위 건설업체
http://daewooenc.co.kr 【5,000원/12월/결산】
서울 종로구 새문안로 75
대표전화 : 02-2288-3114 주식담당자 : 02-2288-4374

		주요주주 (13.12)	(%)
설 립 일	2000.12.27		
상 장 일	2001.03.23	케이디비밸류제육호(유)	50.8
대표이사	박영식	에스이비티투자(유)	12.3
종업원수	4,499명(13.12)	우리사주조합	1.3
회계감사법인	적정(삼일회계법인)	매출구성	(%)
보 통 주	41,562만주	주택공사(민간)	21.3
우 선 주	-	건축공사(민간)	18.6
신용등급(Bond)	A	플랜트공사(해외)	17.1
신용등급(CP)	A2	외국인지분율	6.43%

▶ 자본금 변동

(단위 : 억원, 원)

구 분	04.01	-04.12	07.12	11.01
증 자 액	12.45	406.77	-678.58	4,495.19
변 동 내 역	유상	전환	감자	유상

▶ 베타와 변동성

(당사/건설업/KOSPI)

기 간	12.01 ~ 12.12	13.01 ~ 13.12
베 타	1.21 / 1.27 / 1.00	1.09 / 1.03 / 1.00
변 동 성	30.3 / 25.1 / 15.3	30.4 / 20.1 / 12.2

현황 매출 성장에도 적자전환

· 건축 부문의 싱가포르 및 말레이시아 등 해외 수주 확대, 주택경기 침체에도 주택 부문의 신규 분양 수요 증가로 전년대비 외형 성장.
· 미착공 공사에 대한 손실 및 분양사업장의 회수 가능성 불투명한 채권 손실의 선반영 등으로 영업이익 및 순이익 적자전환.
· 순손실로 인한 자기자본 감소 및 주택, 건축의 사업 확장에 따른사업부지 매입비 조달로 차입금 증가하였는바 재무안정성 전년대비 저하.

▶ 주가 그래프

▶ 주가관련지표

(단위 : 원, 배)

구 분	10.12	11.12	12.12	13.12
주 최 고	13,300	15,400	11,950	10,250
가 최 저	8,660	8,030	8,080	6,760
주 순이익	-2,578	431	431	-1,747
매출액	20,916	17,084	20,014	21,374
당 순자산	7,900	8,046	8,069	6,247
PER(H/L)	-	35.73/18.63	27.73/18.75	-
PSR(H/L)	0.64/0.41	0.90/0.47	0.60/0.40	0.48/0.32
PBR(H/L)	1.68/1.10	1.91/1.00	1.48/1.00	1.64/1.08

전망 외형 성장 및 수익성 회복 기대

· 해외 대규모 플랜트 착공 지연 현장의 공사 본격화, 시장점유율 1위를 바탕으로 주택 · 건축사업의 수주 확대에 주력할 계획인바 매출 성장 기대.
· UAE · 사우디 등 저수익성 프로젝트가 상반기 중 완공될 예정인바 하반기부터 해외 원가율 개선에 따른 수익성 회복 기대됨.
· 과중한 차입 부담에 따라 CJ대한통운 지분 및 쉐라톤 인천호텔 매각 추진 등으로 재무구조 개선 노력 지속되고 있음.

▶ 요약연결재무제표

(단위 : 억원)

구 분	10.12	11.12	12.12	13.12
비유동자산	33,003.3	32,719.7	31,426.1	31,734.7
유 동 자 산	65,598.6	61,966.1	67,167.1	69,488.4
자 산 총 계	98,601.9	94,685.8	98,593.2	101,223.1
지배기업지분	32,833.5	33,441.2	33,534.8	25,962.4
비지배지분	705.4	680.7	575.0	573.5
자 본 총 계	33,538.9	34,121.9	34,109.8	26,536.0
비유동부채	29,940.9	23,696.9	22,914.8	27,116.6
유 동 부 채	35,122.1	36,867.0	41,568.6	47,570.6
부 채 총 계	65,063.0	60,563.9	64,483.4	74,687.2
수 익	67,134.0	70,195.9	82,234.3	87,822.0
매 출 원 가	65,869.4	63,367.7	74,038.6	84,421.9
매 출 총 이 익	1,264.6	6,828.3	8,195.8	3,400.0
기타영업수익	1,293.3	0.0	0.0	0.0
기타영업비용	9,106.6	0.0	0.0	0.0
판 관 비	3,365.7	3,852.7	4,738.9	5,846.7
영 업 이 익	-9,914.5	2,975.5	3,456.9	-2,446.6
영업외수익	1,094.0	4,648.9	3,933.9	3,737.6
영업외비용	2,703.3	5,524.2	5,111.3	9,688.2
세전계속영업이익	-11,523.8	2,100.2	2,279.5	-8,397.3
법인세비용	-3,246.6	364.6	549.2	-1,216.9
지배기업순이익	-8,275.5	1,770.7	1,769.0	-7,178.1

▶ 요약연결현금흐름표

(단위 : 억원)

구 분	10.12	11.12	12.12	13.12
영업활동현금흐름	-1,553.6	-1,063.7	-11,428.1	-5,054.5
투자활동현금흐름	-6,127.9	9,795.9	665.6	2,739.4
재무활동현금흐름	5,651.6	-6,415.1	7,515.9	2,516.8
현금의 증가	-2,029.8	2,317.1	-3,246.5	201.6
CF의 기말현금	4,821.4	7,138.3	3,884.4	4,096.0

▶ 연결재무비율

(단위 : %)

구 분	10.12	11.12	12.12	13.12
매출액증가율	-5.6	4.6	17.2	6.8
순이익증가율	적자전환	흑자전환	-0.1	적자전환
R O A	-8.7	1.8	1.8	-7.2
R O E	-26.1	5.3	5.3	-24.1
부 채 비 율	194.0	177.5	189.1	281.5

롯데건설(주)

www.lottecon.co.kr

채용정보

업종	기업명	채용예상 인원	공채 예상 시기	연봉 정보	영어면접 시행유무
건설	롯데건설(주)	100명	3월, 9월	4300만원	無

외국어능력 시험 제한	토익점수	영어 말하기 점수	학점 제한	학점	스펙초월 채용계획	스펙초월 채용방식
無	제한 없음	제한 없음	無	제한 없음	없음	없음

주소	연락처	메일
서울시 서초구 잠원동 50-2 (잠원로14길 29)	02-3480-9114	비공개

주요상품	종합 건설업

기업 정보

LOTTE ENGINEERING & CONSTRUCTION CO.,LTD.

기업 개요

대표자 박창규
업종종합 건설업
형태 주식회사, 대기업
주요제품 종합건설 (토목,건축,기계,전기공사),분양
종업원수 2088명 (2013.12)
사업자번호/설립일 114-81-16377/1959.02.03
본사주소 (137-723)서울특별시 서초구 잠원로 14길 29
전화/팩스번호 02-3480-9114/02-3480-9977
거래은행/결산월 하나은행/12월
홈페이지 www.lottecon.co.kr
감사의견 적정

▶ 주요주주 (2013.12.31) (단위 : 천주, %)

주주명	주식수	지분율
(주)호텔롯데	12,336	34.83
롯데케미칼(주)	11,330	31.99
롯데알미늄(주)	3,202	9.04
롯데정보통신(주)	1,701	4.80
롯데칠성음료(주)	1,058	2.99
롯데역사(주)	761	2.15
(주)롯데닷컴	306	0.87
신동빈	188	0.53
(주)롯데푸드	129	0.37
(주)롯데브랑제리	128	0.36
신동주	120	0.34
한국후지필름(주)	118	0.33
(주)롯데리아	76	0.22
신영자	46	0.13
신준호	15	0.04

▶ 재무정보 (단위 : 백만 원, 천주)

재무상태표	2012.12	2013.12
유동자산(계)	3,829,584	4,199,909
당좌자산(계)	3,603,316	3,841,345
현금및현금등가물	348,856	611,100
단기투자증권	1,405	2,120
매출채권	54,468	54,116
재고자산(계)	226,268	358,564
비유동자산(계)	1,473,831	1,427,020
투자자산(계)	1,145,887	1,092,578
유형자산(계)	215,477	217,601
무형자산(계)	2,593	2,324
자산총계	**5,303,416**	**5,626,929**
유동부채(계)	1,988,699	1,991,144
매입채무	630,694	661,790
단기차입금	21,517	41,512
유동성장기부채	782,470	580,611
유동성사채	659,494	469,824
비유동부채(계)	994,064	1,518,353
장기사채(계)	718,322	847,854
장기차입금(계)	80,067	494,067
장기부채성충당부채(계)	129,170	137,080
부채총계	**2,982,763**	**3,509,497**
자본금	190,229	206,449
자본잉여금	938,849	1,051,962
이익잉여금	1,080,738	746,375
자본총계	**2,320,652**	**2,117,433**
부채와자본총계	**5,303,416**	**5,626,929**
[평균발행주식수]	32,177	32,177

손익계산서	2012.12	2013.12
매출액	**3,872,573**	**4,306,336**
매출원가	3,468,442	3,920,628
매출총이익(손실)	404,131	385,708
판매비와관리비	225,284	335,625
영업이익	**178,848**	**50,083**
영업외수익	67,149	39,718
영업외비용	221,840	371,405
이자비용	101,847	95,072
세전계속사업이익	**24,157**	**△281,603**
계속사업손익법인세비용	8,871	△117,223
당기순이익(손실)	**15,285**	**△164,380**
기본주당순이익(원)	242	△5,507

삼부토건(주)

www.sambu.co.kr

채용정보

업종	기업명	채용예상 인원	공채 예상 시기	연봉 정보	영어면접 시행유무
건설	삼부토건(주)	00명	9월, 10월	3400만원	전체시행

외국어능력 시험 제한	토익점수	영어 말하기 점수	학점 제한	학점	스펙초월 채용계획	스펙초월 채용방식
無	제한 없음	제한 없음	有	3.0점 이상	없음	없음

주소	연락처	메일
서울시 중구 남창동9-1	02-3706-2104/2109	jjkyung@sambu.co.kr

주요상품	기타 토목시설물 건설업

기업정보

2013년 시공능력평가 36위 건설업체
www.sambu.co.kr　【5,000원/12월/결산】
서울 중구 퇴계로 63
대표전화 : 02-3706-2114　주식담당자 : 02-3706-2202

			주요주주 (13.12)	(%)
설 립 일	1955.05.14		조남욱	8.2
상 장 일	1976.06.26		조남원	3.6
대표이사	조남욱/남금석		조남립	1.7
종업원수	498명(13.12)		매출구성	(%)
회계감사법인	적정(삼정회계법인)		국내사업부문	81.8
보 통 주	800만주		해외사업부문	14.2
우 선 주	-		기타사업부문	1.6
신용등급(Bond)	BB+		외국인지분율	0.35%
신용등급(CP)	-			

▶ 자본금 변동
(단위 : 억원, 원)

구 분	05.04	09.04	10.04	11.04
증 자 액	6.87	7.01	7.14	7.29
변 동 내 역	주식	주식	주식	주식

▶ 베타와 변동성
(당사/건설업/KOSPI)

기 간	12.01 ~ 12.12	13.01 ~ 13.12
베 타	0.51 / 1.27 / 1.00	0.47 / 1.03 / 1.00
변 동 성	43.0 / 25.1 / 15.3	72.5 / 20.1 / 12.2

현황 — 외형 축소 및 순손실폭 확대

· 공공공사 신규 발주 저조 및 주택경기 침체 지속에 따른 건축 부문 부진, 해외 플랜트 공사 매출 감소 등으로 전년대비 외형 축소.
· 과중한 원가율, PF사업 대여금에 대한 대손충당금 설정 및 담보자산 매각 지연에 따른 금융비용 부담으로 영업이익 적자지속, 순손실폭 확대.
· 결손금 누적에 따른 자기자본 축소 및 과도한 차입금 등 높은 부채 부담으로 재무안정성 전년대비 저하.

▶ 주가 그래프

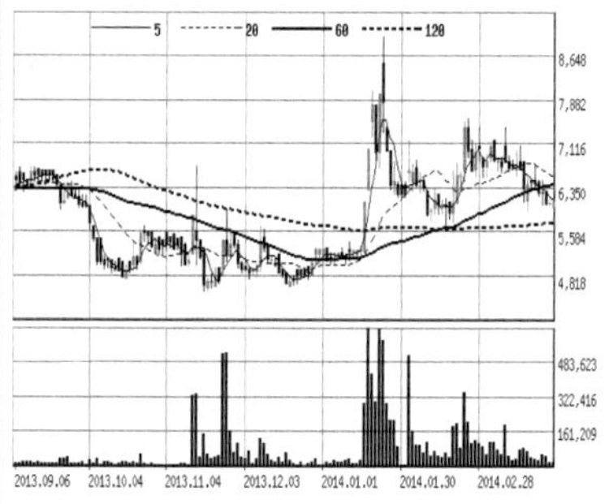

▶ 주가관련지표
(단위 : 원, 배)

구 분	10.12	11.12	12.12	13.12
주가 최 고	23,900	21,500	8,260	9,100
주가 최 저	13,150	5,030	3,400	4,070
주 순이익	-3,613	-33,502	-3,663	-22,740
매출액	131,450	89,435	82,611	79,105
당 순자산	37,077	21,061	25,061	13,810
PER(H/L)	-	-	-	-
PSR(H/L)	0.18/0.10	0.24/0.06	0.10/0.04	0.12/0.05
PBR(H/L)	0.64/0.35	1.02/0.24	0.33/0.14	0.66/0.29

전망 — 매출 회복 기대되나 수익성 개선 제한적일 듯

· 풍부한 수주잔고 보유하고 있는 가운데 공공 부문의 연이은 신규 수주 확보로 매출 회복 가능할 듯.
· 공공사업의 최저가입찰제 및 원가율 높은 토목공사 위주의 사업구조가 지속되고 있어 수익성 개선은 제한적일 전망.
· 르네상스호텔 매각을 통해 재무구조 개선 노력 중이나 유상증자 불발, 헌인마을 사업 매각 등에 난항을 겪고 있어 재무구조 개선 제한적일 듯.

▶ 요약연결재무제표
(단위 : 억원)

구 분	10.12	11.12	12.12	13.12
비유동자산	5,246.8	9,842.3	7,211.3	7,467.5
유 동 자 산	7,131.4	6,239.7	9,082.4	8,509.1
자 산 총 계	12,378.2	16,082.0	16,293.6	15,976.6
지배기업지분	2,913.1	1,685.5	2,005.6	1,105.2
비지배지분	-299.8	-682.7	-682.5	-635.1
자 본 총 계	2,613.3	1,002.8	1,323.0	470.1
비유동부채	2,598.3	9,910.4	1,298.7	1,915.3
유 동 부 채	7,166.6	5,168.9	13,671.9	13,591.2
부 채 총 계	9,764.9	15,079.2	14,970.6	15,506.5
수 익	9,577.9	6,645.8	6,138.5	5,984.1
매 출 원 가	8,826.8	7,055.3	5,717.8	5,524.8
매출총이익	751.1	-409.5	420.7	459.3
기타영업수익	0.0	0.0	0.0	0.0
기타영업비용	0.0	0.0	0.0	0.0
판 관 비	572.1	906.5	704.0	706.6
영 업 이 익	179.0	-1,316.0	-283.3	-247.3
영업외수익	308.1	384.8	810.7	444.0
영업외비용	755.6	2,177.0	1,301.7	2,320.4
세전계속영업이익	-268.5	-3,108.2	-774.3	-2,123.7
법인세비용	134.9	-395.9	-479.3	-354.6
지배기업순이익	-263.2	-2,489.5	-272.2	-1,720.3

▶ 요약연결현금흐름표
(단위 : 억원)

구 분	10.12	11.12	12.12	13.12
영업활동현금흐름	-712.8	-4,049.3	244.6	67.4
투자활동현금흐름	-301.4	-21.7	19.4	-197.9
재무활동현금흐름	1,840.6	3,400.7	-313.5	29.6
현금의 증가	826.4	-670.2	-49.5	-100.8
CF의 기말현금	1,118.3	464.0	410.5	310.7

▶ 연결재무비율
(단위 : %)

구 분	10.12	11.12	12.12	13.12
매출액증가율	3.3	-30.6	-7.6	-2.5
순이익증가율	적자지속	적자지속	적자지속	적자지속
R O A	-3.5	-18.6	-1.8	-11.0
R O E	-8.6	-108.3	-14.8	-110.6
부 채 비 율	373.7	1,503.7	1,131.5	3,298.5

(주)삼호

채용정보

업종	기업명	채용예상 인원	공채 예상 시기	연봉 정보	영어면접 시행유무
건설	(주)삼호	10명	5월	3300만원	無

외국어능력 시험 제한	토익점수	영어 말하기 점수	학점 제한	학점	스펙초월 채용계획	스펙초월 채용방식
無	제한 없음	제한 없음	有	3.0점 이상	없음	없음

주소	연락처	메일
서울시 마포구 도화동 544번지 고려빌딩 4층	02-2170-5163/5167	비공개

주요상품	기타 토목시설물 건설업

기업 정보

2013년 시공능력평가 52위 건설업체
www.samho.co.kr　【5,000원/12월/결산】
인천 남동구 미래로 14
대표전화 : 032-518-3535　주식담당자 : 02-2170-5018

		주요주주 (13.12)	(%)
설 립 일	1956.10.17	대림산업(주)	41.8
상 장 일	1977.12.22	(주)우리은행	7.8
대표이사	추문석	(주)하나은행	5.2
종업원수	346명(13.12)	매출구성	(%)
회계감사법인	적정(안진회계법인)	건축	70.5
보 통 주	1,518만주	토목	28.2
우 선 주	-	분양공사	1.2
신용등급(Bond)	-	외국인지분율	0.85%
신용등급(CP)	-		

▶ 자본금 변동
(단위 : 억원, 원)

구 분	99.10	06.06	14.01	14.01
증 자 액	75.00	200.00	-461.01	500.00
변 동 내 역	합병	유상	감자	유상

▶ 베타와 변동성
(당사/건설업/KOSPI)

기 간	12.01 ~ 12.12	13.01 ~ 13.12
베 타	0.77 / 1.27 / 1.00	0.55 / 1.03 / 1.00
변 동 성	48.5 / 25.1 / 15.3	50.9 / 20.1 / 12.2

▶ 주가 그래프

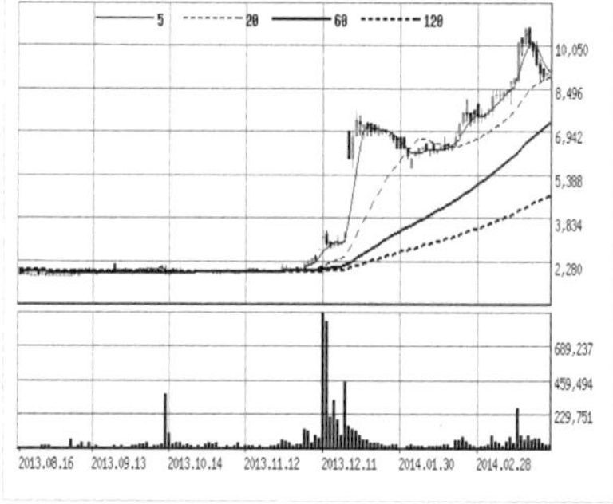

▶ 주가관련지표
(단위 : 원, 배)

구 분		10.12	11.12	12.12	13.12
주 가	최 고	3,960	4,615	2,680	3,300
	최 저	2,070	1,630	1,480	1,625
주 당	순이익	-3,415	-3,222	-6,795	1,556
	매출액	31,972	35,834	97,717	119,814
	순자산	8,311	5,142	2,686	7,392
PER(H/L)		-	-	-	2.12/1.04
PSR(H/L)		0.12/0.06	0.13/0.05	0.03/0.02	0.03/0.01
PBR(H/L)		0.48/0.25	0.90/0.32	1.00/0.55	0.45/0.22

▶ 요약재무제표
(단위 : 억원)

구 분	10.12	11.12	12.12	13.12
비유동자산	2,287.2	2,262.0	2,169.5	2,168.8
유 동 자 산	5,076.8	3,715.5	3,814.4	4,631.3
자 산 총 계	7,364.0	5,977.5	5,983.9	6,800.1
자 본 총 계	1,217.5	761.8	408.4	1,144.0
(보통주자본금)	720.0	720.0	720.0	759.0
(우선주자본금)	0.0	0.0	0.0	0.0
비유동부채	4,041.5	498.9	3,087.5	1,084.5
유 동 부 채	2,105.0	4,716.8	2,487.9	4,571.6
부 채 총 계	6,146.6	5,215.7	5,575.4	5,656.1
수　익	4,604.0	5,160.1	5,061.5	6,468.7
매 출 원 가	4,088.7	4,652.8	4,589.8	5,841.3
매 출 총 이 익	515.3	507.3	471.7	627.4
기타영업수익	35.3	0.0	0.0	0.0
기타영업비용	407.5	0.0	0.0	0.0
판 관 비	283.1	437.2	345.1	309.9
영 업 이 익	-140.0	70.1	126.6	317.5
세전계속영업이익	-632.9	-508.7	-422.9	93.2
법인세비용	-141.1	-44.7	-70.9	9.2
계속영업이익	-491.8	-463.9	-352.0	84.0
중단영업이익	0.0	0.0	0.0	0.0
당기순이익	-491.8	-463.9	-352.0	84.0

▶ 요약현금흐름표
(단위 : 억원)

구 분	10.12	11.12	12.12	13.12
영업활동현금흐름	914.7	1,031.0	510.9	533.1
투자활동현금흐름	99.4	220.9	-376.6	172.1
재무활동현금흐름	-708.6	-950.0	-112.2	24.6
현금의 증가	305.5	301.9	22.1	729.7
CF의 기말현금	358.0	659.9	682.0	1,411.7

▶ 재무비율
(단위 : %)

구 분	10.12	11.12	12.12	13.12
매출액증가율	-6.1	12.1	-1.9	27.8
순이익증가율	적지전환	적자지속	적자지속	흑자전환
R O A	-6.4	-7.0	-5.9	1.3
R O E	-34.2	-46.9	-60.2	10.8
부 채 비 율	504.9	684.6	1,365.1	494.4

현황 | 매출 성장 및 순이익 흑자전환

· 건설경기 침체에도 토목 및 건축 부문의 신규 수주 호조 등에 힘입어 전년대비 양호한 매출 성장.
· 매출 성장 및 경비 설감 노력에 따른 고정성 경비 부담 완화로 영업이익률이 전년대비 상승하였고, 채무면제이익 증가 등으로 순이익 흑자전환.
· 순이익 시현에 따른 결손금 축소 및 무상감자를 통한 감자차익, 출자전환 등으로 자기자본이 확대되어 전년 대비 제 안정성 지표 개선.

전망 | 외형 성장 및 수익성 개선세 이어질 전망

· 양호한 수주잔고를 확보한 가운데 최근 호텔 증축공사, 오피스텔 신축공사 등의 신규 공사를 수주한바 외형 성장세를 이어갈 것으로 판단됨.
· 외형 성장에 따른 고정비 부담 축소 및 원자재 가격 하향 안정세가 이어질 것으로 보여 수익성 개선세 지속 전망.
· 내부 현금 유동자산 및 무난한 운전자금흐름을 감안할 때 2014년 말 원금상환 유예 종료되는 사채 등 차입금 상환 자금조달에는 큰 무리가 없을 듯

(주)서희건설

채용정보

업종	기업명	채용예상 인원	공채 예상 시기	연봉 정보	영어면접 시행유무
건설	(주)서희건설	0명	수시채용	2500만원	無

외국어능력 시험 제한	토익점수	영어 말하기 점수	학점 제한	학점	스펙초월 채용계획	스펙초월 채용방식
無	제한 없음	제한 없음	無	제한 없음	없음	없음

주소	연락처	메일
서울시 서초구 서초동 1366-4 (남부순환로 2583) 서희타워	02-3416-6700	비공개

주요상품	
	건물 건설업

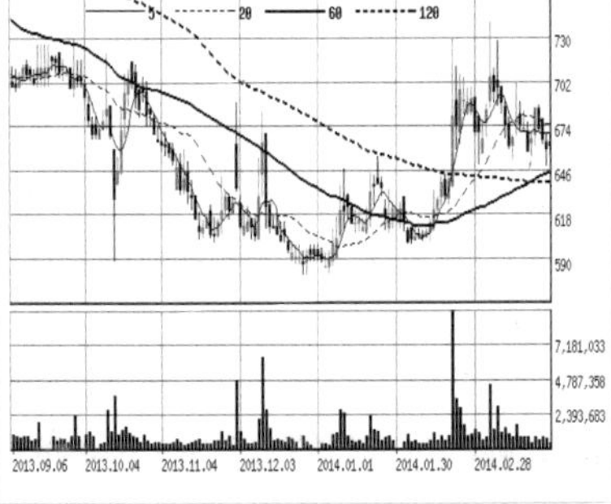

기업정보

2013년 시공능력평가 30위 건설업체
www.seohee.co.kr **【500원/12월/결산】**
경기도 성남시 분당구 수내로46번길 4, 8층
대표전화 : 031-781-4242 주식담당자 : 02-3416-6636

항목	값	주요주주 (13.12)	(%)
설 립 일	1982.10.22	(주)유성티엔에스	8.7
등 록 일	1999.12.24	이봉관	6.1
대표이사	곽선기/김팔수	(주)서희이엔비	5.4
종업원수	940명(13.12)	매출구성	(%)
회계감사법인	적정(대주회계법인)	건축	71.6
보 통 주	15,994만주	토목	11.8
우 선 주	-	플랜트	5.6
신용등급(Bond)	BB	외국인지분율	3.42%
신용등급(CP)	-		

▶ 자본금 변동
(단위 : 억원, 원)

구 분	12.01	12.07	-12.12	-13.12
증 자 액	124.33	160.00	91.91	0.01
변 동 내 역	유상	유상	전환	전환

▶ 베타와 변동성
(당사/종합건설/KOSDAQ)

기 간	12.01 ~ 12.12	13.01 ~ 13.12
베 타	1.24 / 0.71 / 1.00	0.57 / 0.58 / 1.00
변 동 성	90.5 / 19.6 / 16.5	39.3 / 14.2 / 16.3

▶ 주가 그래프

▶ 주가관련지표
(단위 : 원, 배)

구 분	10.12	11.12	12.12	13.12
주가 최 고	2,390	1,575	2,440	1,010
주가 최 저	1,070	672	771	585
주당 순이익	-197	-69	-121	-422
주당 매출액	12,220	12,025	6,633	5,305
주당 순자산	2,334	2,091	1,510	1,100
PER(H/L)	-	-	-	-
PSR(H/L)	0.20/0.09	0.13/0.06	0.37/0.12	0.19/0.11
PBR(H/L)	1.02/0.46	0.75/0.32	1.62/0.51	0.92/0.53

▶ 요약연결재무제표
(단위 : 억원)

구 분	10.12	11.12	12.12	13.12
비유동자산	2,811.2	2,173.0	2,783.0	3,210.7
유동자산	6,623.5	5,688.3	5,115.9	4,268.1
자산 총 계	9,434.7	7,861.3	7,898.9	7,478.8
지배기업지분	1,934.7	2,253.1	2,414.4	1,758.7
비지배지분	46.4	64.4	38.8	40.8
자 본 총 계	1,981.2	2,317.5	2,453.2	1,799.5
비유동부채	1,804.8	791.3	1,148.9	1,638.0
유동부채	5,648.7	4,752.4	4,296.8	4,041.4
부채 총 계	7,453.5	5,543.8	5,445.7	5,679.3
수 익	10,181.8	9,658.0	9,150.6	8,326.2
매 출 원 가	9,456.0	8,996.3	8,467.0	7,467.8
매출총이익	725.7	661.7	683.6	858.3
기타영업수익	83.9	0.0	0.0	0.0
기타영업비용	252.5	0.0	0.0	0.0
판 관 비	506.5	564.6	628.2	669.8
영업 이익	50.5	97.1	55.4	188.5
영업외수익	37.4	356.8	124.7	141.1
영업외비용	189.2	477.0	366.1	934.5
세전계속영업이익	-101.3	-23.1	-186.1	-604.9
법인세비용	57.7	30.3	-5.2	54.3
지배기업순이익	-157.8	-55.1	-167.4	-662.4

▶ 요약연결현금흐름표
(단위 : 억원)

구 분	10.12	11.12	12.12	13.12
영업활동현금흐름	250.9	-609.5	-449.7	265.6
투자활동현금흐름	-263.4	-627.7	-183.4	-287.1
재무활동현금흐름	344.3	1,109.1	581.3	45.1
현금의 증가	331.9	-128.1	-51.7	23.6
CF의 기말현금	827.3	584.5	530.8	553.3

▶ 연결재무비율
(단위 : %)

구 분	10.12	11.12	12.12	13.12
매출액증가율	17.5	-5.1	-5.3	-9.0
순이익증가율	적자전환	적자지속	적자지속	적자지속
R O A	-1.9	-0.6	-2.1	-8.6
R O E	-7.6	-2.6	-7.2	-31.8
부 채 비 율	376.2	239.2	222.0	315.6

현황 외형 축소 및 순손실폭 확대

· 공공 부문의 수주경쟁 심화 및 건설경기 침체에 따른 국내 건축 부분의 매출 감소로 전년대비 외형 축소.
· 수선유지비, 지급수수료 등 판관비 부담 확대에도 공사 및 환경 부문 원가 절감 노력으로 전년대비 영업이익률 개선.
· 일부 채권의 대손충당금 설정 반영 및 연결재무제표상 종속회사의 수익성 악화로 순손실폭 확대.

전망 매출 성장 및 수익성 개선 기대

· 공공 부문의 연이은 신규 수주 확보 및 풍력발전사업, 지역주택조합사업 진출 등 사업구조 다각화를 통해 매출 회복 전망.
· 지속적인 원가 절감 노력 및 외형 회복에 따른 고정비 경감, 사업구조 다각화 등으로 수익성 개선 가능할 듯.
· 순손실폭 확대, 차입 증가로 전년대비 재무안정성 저하되었음에도 영업활동현금흐름이 정(+)의 상태로 전환하는 등 단기적 자금흐름은 원활할 듯.

신세계건설(주)

채용정보

업종	기업명	채용예상 인원	공채 예상 시기	연봉 정보	영어면접 시행유무
건설	신세계건설(주)	10명 내외	6월	협의	無

외국어능력 시험 제한	토익점수	영어 말하기 점수	학점 제한	학점	스펙초월 채용계획	스펙초월 채용방식
無	제한 없음	제한 없음	無	제한 없음	없음	없음

주소	연락처	메일
서울특별시 중구 충무로 1가 52-5 ㈜신세계 16층 인사팀	02-747-1637	recruit@shinsegae.com

주요상품	사무 및 상업용 건물 건설업

기업 정보

신세계그룹 계열의 2013년 시공능력 39위 건설업체
www.shinsegae-con.co.kr 【5,000원/12월/결산】
서울 중구 장충단로 180
대표전화 : 02-3406-6620 주식담당자 : 02-3406-6662

		주요주주 (13.12)	(%)
설 립 일	1991.08.01	(주)이마트	32.4
상 장 일	2002.06.17	이명희	9.5
대표이사	윤기열	FIDELITY LOW PRICED STOCK FUND	7.9
종업원수	429명(13.12)	매출구성	(%)
회계감사법인	적정(삼일회계법인)	건축	94.6
보 통 주	400만주	토목	3.1
우 선 주	-	골프장부문	2.3
신용등급(Bond)	-	외국인지분율	10.10%
신용등급(CP)	A2-		

▶ 자본금 변동
(단위 : 억원, 원)

구 분	02.06	.	.	.
증 자 액	200.00	-	-	-
변 동 내 역	신규	-	-	-

▶ 베타와 변동성
(당사/건설업/KOSPI)

기 간	12.01 ~ 12.12	13.01 ~ 13.12
베 타	0.33 / 1.27 / 1.00	0.28 / 1.03 / 1.00
변 동 성	21.7 / 25.1 / 15.3	19.8 / 20.1 / 12.2

현황 외형 축소 및 적자전환

· 골프장 운영수입 증가에도 매출 비중의 대부분을 차지하는 그룹공사 기성물량 축소로 외형은 전년대비 축소.
· 실게 변동에 따른 원가율 상승, 골프장 증설투자에 따른 지급수수료 · 감가상각비 증가로 판관비 부팀 확대되어 전년대비 영업이익 및 순이익 적자전환.
· 청라 · 길음동 현장의 우발채무 현실화에 따른 기타영업외비용 발생으로 순손실을 기록하였고, 이에 따른 자기자본 축소로 재무안정성 급격하게 저하.

▶ 주가 그래프

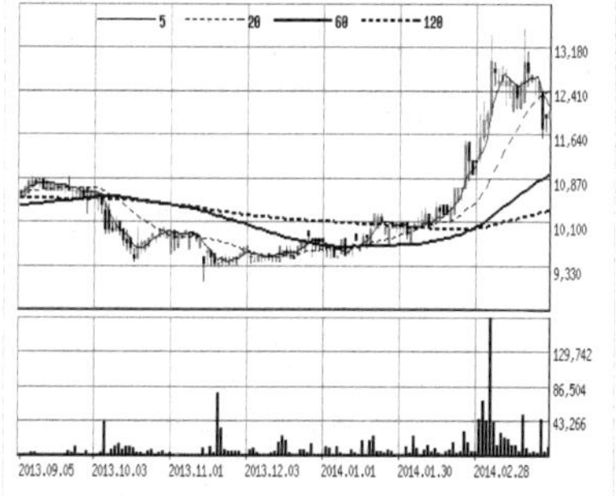

▶ 주가관련지표
(단위 : 원, 배)

구 분	10.12	11.12	12.12	13.12
주가 최 고	14,250	16,300	16,000	12,150
주가 최 저	11,700	12,300	10,450	9,370
주당 순이익	2,138	897	327	-32,783
주당 매출액	115,146	136,156	149,957	110,338
주당 순자산	38,998	39,978	39,224	6,116
PER(H/L)	6.67/5.47	18.17/13.71	48.93/31.96	-
PSR(H/L)	0.12/0.10	0.12/0.09	0.11/0.07	0.11/0.08
PBR(H/L)	0.37/0.30	0.41/0.31	0.41/0.27	1.99/1.53

전망 그룹사 수주 물량 증가로 외형 회복 기대

· 건설경기 침체에도 최근 센텀시티, 여주 프리미엄 아울렛 2관 등 그룹공사 물량 수주 증가에 따라 외형은 점진적인 회복세를 보일 것으로 판단됨.
· 계열공사 비중 증가 및 일시적인 기타영업외비용 제거로 인한 흑자전환 기대되나 이사비용 부담 산존은 감안할 때, 수익 개선폭은 제한적일 전망.
· PF지급보증액은 자본대비 과중한 수준이나 우발채무 현실화 가능성은 크지 않고, 높은 대외 신인도를 감안할 때 재무 위험 확대 가능성은 크지 않을 듯.

▶ 요약재무제표
(단위 : 억원)

구 분	10.12	11.12	12.12	13.12
비유동자산	1,782.7	2,504.7	3,676.7	3,772.3
유 동 자 산	2,404.0	2,408.5	2,134.9	1,742.4
자 산 총 계	4,186.7	4,913.2	5,811.6	5,514.7
자 본 총 계	1,583.4	1,626.7	1,601.4	279.7
(보통주자본금)	200.0	200.0	200.0	200.0
(우선주자본금)	0.0	0.0	0.0	0.0
비유동부채	91.9	82.7	1,036.8	150.2
유 동 부 채	2,511.4	3,203.7	3,173.4	5,084.8
부 채 총 계	2,603.3	3,286.5	4,210.2	5,235.0
수 익	4,605.9	5,446.3	5,998.3	4,413.5
매 출 원 가	4,134.6	4,960.3	5,591.4	4,207.7
매출총이익	471.3	486.0	406.9	205.8
기타영업수익	26.5	0.0	0.0	0.0
기타영업비용	80.5	0.0	0.0	0.0
판 관 비	221.6	252.0	328.6	408.1
영 업 이 익	195.7	234.0	78.3	-202.2
세전계속영업이익	113.7	95.6	14.3	-1,414.4
법인세비용	28.2	59.7	1.2	-103.1
계속영업이익	85.5	35.9	13.1	-1,311.3
중단영업이익	0.0	0.0	0.0	0.0
당기순이익	85.5	35.9	13.1	-1,311.3

▶ 요약현금흐름표
(단위 : 억원)

구 분	10.12	11.12	12.12	13.12
영업활동현금흐름	234.2	-165.9	-607.0	690.1
투자활동현금흐름	1,442.8	-531.4	-919.8	-1,359.0
재무활동현금흐름	-1,612.1	620.5	1,554.9	897.0
현금의 증가	64.9	-76.7	28.2	228.1
CF의 기말현금	81.7	5.0	33.1	261.2

▶ 재무비율
(단위 : %)

구 분	10.12	11.12	12.12	13.12
매출액증가율	19.5	18.3	10.1	-26.4
순이익증가율	11.0	-58.1	-63.6	적자전환
R O A	1.9	0.8	0.2	-23.2
R O E	5.5	2.2	0.8	-139.4
부 채 비 율	164.4	202.0	262.9	1,871.5

SK건설(주)

www.skec.co.kr

채용정보

업종	기업명	채용예상 인원	공채 예상 시기	연봉 정보	영어면접 시행유무
건설	SK건설(주)	150명	3월, 9월	협의	無

외국어능력 시험 제한	토익점수	영어 말하기 점수	학점 제한	학점	스펙초월 채용계획	스펙초월 채용방식
無	제한 없음	점수보유자 지원가능	無	제한 없음	있음	미정

주소		연락처	메일
서울시 종로구 인사동 7길 32 SK건설		02-3700-7114	비공개

주요상품	기타 토목시설물 건설업

기업 정보

SK ENGINEERING & CONSTRUCTION CO.,LTD.

기업개요

대표자 최광철/조기행
업종 기타 토목시설물 건설업
형태 주식회사, 대기업
주요제품 토목공사,주택건설,플랜트공사
종업원수 6364명 (2013.12)
사업자번호/설립일 101-81-34928/1962.02.21
본사주소 (110-900)서울특별시 종로구 인사동7길 32
전화/팩스번호 02-3700-7114/02-3700-8190
거래은행/결산월 하나은행/12월
홈페이지 www.skec.co.kr
감사의견 적정

주요주주 (2013.12.31)
(단위 : 천주, %)

주주명	주식수	지분율
SK(주)	15,698	44.46
SK케미칼(주)	9,970	28.24
우리사주조합	3,375	9.56
최창원	1,569	4.44
(재)한국고등교육재단	86	0.24
최광철	0.00	
조기행	0.00	

재무정보
(단위 : 백만 원, 천주)

재무상태표	2012.12	2013.12
유동자산(계)	3,403,318	3,725,870
당좌자산(계)	3,346,705	3,668,956
현금및현금등가물	79,952	496,272
매출채권	2,047,507	1,978,460
기타당좌자산	310,589	230,797
재고자산(계)	56,613	56,914
비유동자산(계)	1,116,522	1,162,068
투자자산(계)	607,255	564,044
유형자산(계)	254,979	281,745
무형자산(계)	28,257	21,234
자산총계	**4,519,840**	**4,887,938**
유동부채(계)	2,528,372	2,617,827
매입채무	714,479	1,541,904
단기차입금	20,545	239,306
유동성장기부채	477,738	351,185
유동성사채	359,642	209,980
비유동부채(계)	801,867	1,123,307
장기사채(계)	668,809	662,685
장기차입금(계)	7,747	317,120
장기부채성충당부채(계)	37,383	22,198
부채총계	**3,330,239**	**3,741,134**
자본금	194,441	252,796
자본잉여금	527,370	957,343
자본조정	−	△13,651
이익잉여금	430,308	△68,827
자본총계	**1,189,600**	**1,146,804**
부채와자본총계	4,519,840	4,887,938
[평균발행주식수]	23,628	24,364

손익계산서	2012.12	2013.12
매출액	**7,536,757**	**7,505,252**
매출원가	7,113,022	7,630,991
매출총이익(손실)	423,735	△125,739
판매비와관리비	322,749	364,837
영업이익	**100,986**	**△490,576**
영업외수익	436,838	349,245
영업외비용	475,000	498,035
이자비용	83,590	93,798
세전계속사업이익	**62,824**	**△639,366**
계속사업손익법인세비용	52,606	△146,328
당기순이익(손실)	**10,218**	**△493,038**
기본주당순이익(원)	175	△20,592

(주)한라

www.halla.com

채용정보

업종	기업명	채용예상 인원	공채 예상 시기	연봉 정보	영어면접 시행유무
건설	(주)한라	미정	9~10월	3900~4600만원	無

외국어능력 시험 제한	토익점수	영어 말하기 점수	학점 제한	학점	스펙초월 채용계획	스펙초월 채용방식
無	제한 없음	제한 없음	無	제한 없음	없음	없음

주소	연락처	메일
서울 송파구 올림픽로 289	02-3434-5538/ 5505/5568	recruit@halla.com

주요상품	종합 건설업

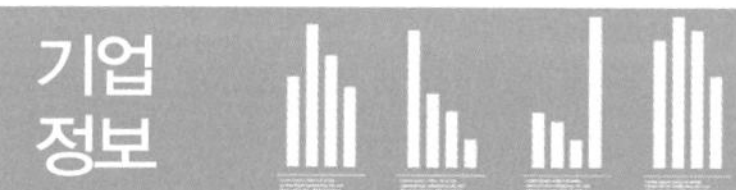

기업정보

2013년 시공능력평가 19위 건설업체
www.halla.co.kr　　　【5,000원/12월/결산】
서울 송파구 올림픽로 289
대표전화 : 02-3434-5114　주식담당자 : 02-3434-5609

		주요주주 (13.12)	(%)
설 립 일	1980.05.02	정몽원	23.6
상 장 일	1994.08.12	한라마이스터(유)	15.9
대표이사	정몽원/최병수	(주)케이씨씨	11.7
종업원수	1,013명(13.12)	매출구성	(%)
회계감사법인	적정(인덕회계법인)	건축사업(민간)	23.4
보 통 주	3,177만주	종속회사(레미콘,골프장운영,항만운영 등)	22.9
우 선 주	-	자체분양사업	15.3
신용등급(Bond)	BBB	외국인지분율	3.98%
신용등급(CP)	A3		

▶ 자본금 변동
(단위 : 억원, 원)

구 분	99.12	10.04	12.02	13.05
증 자 액	80.31	518.15	370.37	218.02
변 동 내 역	무상	유상	유상	유상

▶ 베타와 변동성
(당사/건설업/KOSPI)

기 간	12.01 ~ 12.12	13.01 ~ 13.12
베 타	1.04 / 1.27 / 1.00	0.95 / 1.03 / 1.00
변 동 성	37.2 / 25.1 / 15.3	37.5 / 20.1 / 12.2

현 황　한라엔컴 매출 반영으로 외형 성장

· 건축 및 토목, 자체 사업 등 전반적인 사업부문의 부진에도 당기부터 한라엔컴(주)가 연결대상에 포함되면서 전년대비 매출 소폭 성장.
· 미분양주택 할인 분양에 따른 손실, 대손충당금 설정 및 관련 손실의 선반영으로 인한 일회성 비용의 승가 등으로 영업 및 순손실폭 확대.
· 차입 감소 등 부채 규모 축소되었으나 결손 누적으로 자기자본 규모 또한 축소되어 여전히 미흡한 재무안정성 지속.

▶ 주가 그래프

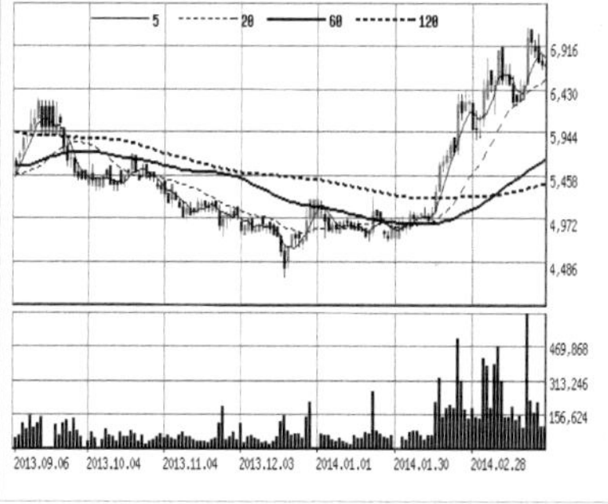

▶ 주가관련지표
(단위 : 원, 배)

구 분		10.12	11.12	12.12	13.12
주 가	최 고	27,650	26,150	15,900	8,700
	최 저	12,250	10,950	7,460	4,545
주 당	순이익	13,103	663	-8,874	-14,020
	매출액	98,549	86,427	73,143	56,173
	순자산	37,269	36,740	24,720	14,158
PER(H/L)		2.11/0.93	39.44/16.52	-	-
PSR(H/L)		0.28/0.12	0.30/0.13	0.22/0.10	0.15/0.08
PBR(H/L)		0.74/0.33	0.71/0.30	0.64/0.30	0.61/0.32

전 망　매출 성장 및 흑자전환 기대

· 대규모 신규 수주 확보 및 분양 완료에 따른 분양 수익 발생으로 외형 성장 가능할 듯.
· 부실 사업장의 손실 선반영 및 한라하이힐 매각 등 자산 매각에 따른 차입금 감소로 금융비용 부담 완화되어 흑자전환 기대.
· 한라하이힐 매각으로 공사미수금 회수 및 PF 보승재무 부담 완화로 재무구조 개선 전망.

▶ 요약연결재무제표
(단위 : 억원)

구 분	10.12	11.12	12.12	13.12
비유동자산	7,289.5	8,060.4	11,759.3	13,186.0
유 동 자 산	14,597.6	18,034.9	18,040.6	13,047.9
자 산 총 계	21,887.1	26,095.3	29,799.9	26,233.9
지배기업지분	7,453.8	7,348.1	6,775.2	5,938.1
비지배지분	0.0	7.0	135.4	112.6
자 본 총 계	7,453.8	7,355.0	6,910.5	6,050.7
비유동부채	3,889.7	4,313.7	6,603.0	4,646.0
유 동 부 채	10,543.6	14,426.6	16,286.3	15,537.2
부 채 총 계	14,433.3	18,740.2	22,889.4	20,183.3
수 익	15,841.8	17,285.4	19,691.2	19,992.0
매 출 원 가	13,924.4	15,446.1	18,351.0	19,204.2
매출총이익	1,917.5	1,839.3	1,340.2	787.8
기타영업수익	223.4	0.0	0.0	0.0
기타영업비용	225.4	0.0	0.0	0.0
판 관 비	840.2	1,358.5	3,362.6	3,295.2
영 업 이 익	1,075.3	480.8	-2,022.4	-2,507.4
영업외수익	2,075.8	720.9	1,414.8	522.7
영업외비용	840.1	1,016.5	2,434.7	2,788.8
세전계속영업이익	2,310.9	185.1	-3,042.3	-4,773.5
법인세비용	204.6	51.7	-652.3	-492.2
지배기업순이익	2,220.6	132.7	-2,389.0	-4,276.2

▶ 요약연결현금흐름표
(단위 : 억원)

구 분	10.12	11.12	12.12	13.12
영업활동현금흐름	-1,377.8	2,892.3	-2,505.5	246.5
투자활동현금흐름	2,237.5	-71.7	-594.1	153.0
재무활동현금흐름	-2,975.6	-1,623.9	2,477.5	-435.4
현금의 증가	-2,115.8	1,196.7	-622.1	-35.9
CF의 기말현금	348.2	1,543.6	908.7	884.4

▶ 연결재무비율
(단위 : %)

구 분	10.12	11.12	12.12	13.12
매출액증가율	-63.7	9.1	13.9	1.5
순이익증가율	256.9	-94.0	적자전환	적자지속
R O A	9.3	0.6	-8.6	-15.3
R O E	38.1	1.8	-33.8	-67.3
부 채 비 율	193.6	254.8	331.2	333.6

채용정보

업종	기업명	채용예상 인원	공채 예상 시기	연봉 정보	영어면접 시행유무
건설	(주)한양	10명	4월	협의	無

외국어능력 시험 제한	토익점수	영어 말하기 점수	학점 제한	학점	스펙초월 채용계획	스펙초월 채용방식
有	700점	제한 없음	有	3.0점 이상	없음	없음

주소		연락처	메일
서울시 송파구 신천동 7-25 월드타워 8층 ㈜한양		02-721-8808/8806	비공개

주요상품	토목시설물 건설

기업 정보

HANYANG CORPORATION

기업개요

대표자 윤영구/이점식
업 종 토목시설물 건설업
형 태 주식회사, 대기업
주요제품 토목공사, 건축공사, 플랜트공사, 포장공사, 주택공사, 전기공사, 통신공사
종업원수 989명 (2013.12)
사업자번호/설립일 110-81-14611/1973.06.21
본사주소 (405-835) 인천 남동구 미래로 14, 201호(구 월동, 일류빌딩)
전화/팩스번호 032-456-6500/032-456-6597
거래은행/결산월 국민은행/12월
홈페이지 www.hanyangcorp.co.kr
감사의견 적정

주요주주 (2013.12.31)

(단위 : 천주, %)

주주명	주식수	지분율
새창조건설(주)	2,041	39.63
(주)보성	1,844	35.80
이기승	364	7.08
이우식외	214	4.17
소액주주	48	0.94
3자배정	637	12.37

재 무 정보

(단위 : 백만 원, 천주)

재무상태표	2012.12	2013.12
유동자산(계)	736,403	642,863
당좌자산(계)	670,886	591,037
현금및현금등가물	54,447	69,463
단기투자증권	23,084	23,160
재고자산(계)	65,517	51,825
비유동자산(계)	163,452	226,062
투자자산(계)	115,906	126,034
유형자산(계)	17,492	53,206
무형자산(계)	1,588	252
자산총계	**899,855**	**868,925**
유동부채(계)	483,415	376,898
매입채무	228,712	234,771
단기차입금	19,800	10,000
유동성장기부채	55,318	22,410
유동성사채	54,897	21,989
비유동부채(계)	88,565	153,536
장기사채(계)	61,893	97,579
장기차입금(계)	100	19,969
장기부채성충당부채(계)	19,644	28,452
부채총계	**571,980**	**530,434**
자본금	27,196	27,196
자본잉여금	72,417	72,417
이익잉여금	228,523	239,194
자본총계	**327,875**	**338,491**
부채와자본총계	**899,855**	**868,925**
[평균발행주식수]	4,514	4,514

손익계산서	2012.12	2013.12
매출액	**911,056**	**1,282,644**
매출원가	800,969	1,161,772
매출총이익(손실)	110,087	120,872
판매비와관리비	48,307	69,807
영업이익	**61,781**	**51,065**
영업외수익	16,434	15,021
영업외비용	53,474	51,794
이자비용	11,843	10,593
세전계속사업이익	**24,741**	**14,292**
계속사업손익법인세비용	8,449	3,621
당기순이익(손실)	**16,292**	**10,671**
기본주당순이익(원)	3,609	2,364

현대건설(주)

www.hdec.co.kr

채용정보

업종	기업명	채용예상 인원	공채 예상 시기	연봉 정보	영어면접 시행유무
건설	현대건설(주)	미정	3월, 9월	협의	전체시행

외국어능력 시험 제한	토익점수	영어 말하기 점수	학점 제한	학점	스펙초월 채용계획	스펙초월 채용방식
有	기술직720점 사무직 750점	미정	有	3.0점 이상	미정	미정

주소		연락처	메일
서울시 종로구 율곡로 75 현대빌딩		1577-7755	비공개

주요상품	종합 건설업

기업정보

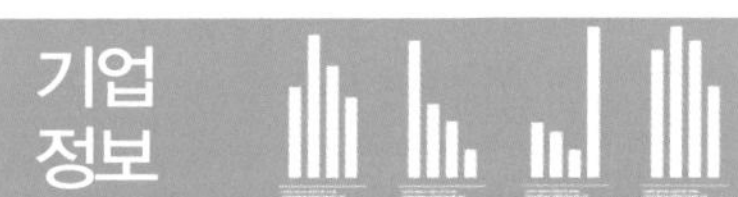

2013년 시공능력평가 1위 건설업체
www.hdec.co.kr 【5,000원/12월/결산】
서울 종로구 율곡로 75
대표전화 : 02-746-1114 주식담당자 : 02-746-2894

설 립 일	1950.01.10	주요주주 (13.12)	(%)
상 장 일	1984.12.22	현대자동차(주)	20.9
대표이사	정수현	국민연금공단	11.7
종업원수	5,219명(13.12)	현대모비스(주)	8.7
회계감사법인	적정(안진회계법인)	매출구성	(%)
보 통 주	11,136만주	플랜트/전력	55.1
우 선 주	10만주	건축/주택	24.4
신용등급(Bond)	AA-	토목/환경	22.0
신용등급(CP)	-	외국인지분율	20.63%

▶ 자본금 변동
(단위 : 억원, 원)

구 분	-06.12	-07.12	-08.12	-09.12
증 자 액	5.23	10.85	7.31	17.87
변 동 내 역	전환	전환	전환	전환

▶ 베타와 변동성
(당사/건설업/KOSPI)

기 간	12.01 ~ 12.12	13.01 ~ 13.12
베 타	1.40 / 1.27 / 1.00	1.02 / 1.03 / 1.00
변 동 성	32.2 / 25.1 / 15.3	23.9 / 20.1 / 12.2

현황 외형 성장 및 안정된 수익성 유지

· 건축·주택, 플랜트·전력 부문의 수주 확대 및 대형 해외공사의 본격적인 시공으로 전년대비 외형 성장.
· 양질의 해외공사 비중 증가와 원가 절감 노력으로 안정된 매출원가 및 판관비율 유지되며 전년 수준의 수익성 시현.
· 자회사 현대에너지(주)의 연결대상 편입으로 차입금 및 매출채권 증가하여 재무안정성 전년대비 저하.

▶ 주가 그래프

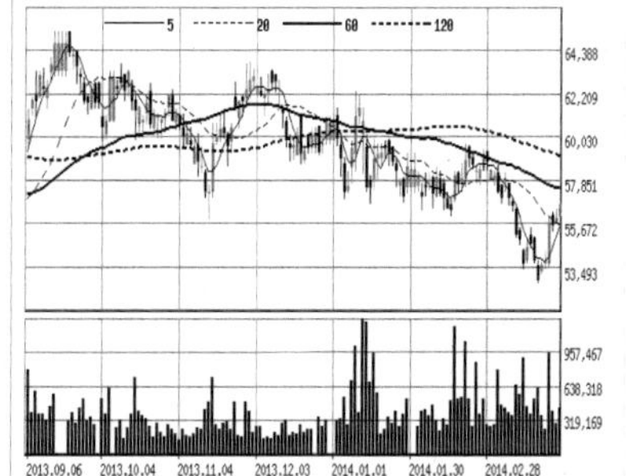

▶ 주가관련지표
(단위 : 원, 배)

구 분	10.12	11.12	12.12	13.12
주가 최고	79,200	91,800	85,600	73,800
최저	46,050	52,200	56,300	54,100
주 순이익	4,607	5,705	4,578	4,522
매출액	102,085	106,951	119,554	125,058
당 순자산	34,344	37,711	40,811	43,818
PER(H/L)	17.19/10.00	16.09/9.15	18.70/12.30	16.32/11.96
PSR(H/L)	0.78/0.45	0.86/0.49	0.72/0.47	0.59/0.43
PBR(H/L)	2.31/1.34	2.43/1.38	2.10/1.38	1.68/1.23

전망 매출 증가, 수익성 개선 기대

· 베네수엘라 공사 지연에 따른 매출 감소 예상되나, 대규모 해외 수주 확보 및 주택시장 회복에 따른 분양수익 증가로 상쇄 가능할 듯.
· 해외 부실 현장의 마무리 단계 진입, 수익성 양호한 대형 현장들의 기성이 본격화될 전망으로 수익성 개선 기대.
· 마진율 높은 현대에너지(주)의 발전소 상업 운전 시작으로 수익성 개선에 일조할 전망.

▶ 요약연결재무제표
(단위 : 억원)

구 분	10.12	11.12	12.12	13.12
비유동자산	31,242.1	31,605.9	31,361.6	36,242.5
유 동 자 산	78,722.1	87,113.0	96,106.7	111,089.6
자 산 총 계	109,964.1	118,718.9	127,468.3	147,332.1
지배기업지분	38,278.1	42,030.8	45,485.4	48,837.4
비지배지분	1,105.8	1,604.0	2,073.9	3,193.3
자 본 총 계	39,383.8	43,634.7	47,559.4	52,030.8
비유동부채	13,659.6	17,355.1	18,411.4	26,241.6
유 동 부 채	56,920.7	57,729.1	61,497.6	69,059.7
부 채 총 계	70,580.3	75,084.2	79,908.9	95,301.4
수 익	113,778.8	119,201.7	133,248.2	139,382.9
매 출 원 가	100,510.0	107,518.6	120,759.5	127,298.4
매출총이익	13,268.8	11,683.1	12,488.7	12,084.5
기타영업수익	1,567.1	0.0	0.0	0.0
기타영업비용	2,226.4	0.0	0.0	0.0
판 관 비	5,383.1	4,327.2	4,884.6	4,155.8
영 업 이 익	7,226.4	7,356.0	7,604.1	7,928.7
영업외수익	2,475.0	4,765.3	3,285.3	3,230.4
영업외비용	2,199.0	3,614.7	3,519.3	3,539.4
세전계속영업이익	7,502.5	8,506.6	7,370.1	7,619.7
법인세비용	2,032.2	1,655.2	1,700.5	1,923.3
지배기업순이익	5,130.9	6,353.5	5,098.6	5,036.3

▶ 요약연결현금흐름표
(단위 : 억원)

구 분	10.12	11.12	12.12	13.12
영업활동현금흐름	6,797.5	-1,557.5	281.4	1,174.7
투자활동현금흐름	-2,381.0	-687.3	-2,080.8	-2,212.3
재무활동현금흐름	-753.0	3,450.8	1,855.1	1,345.4
현금의 증가	3,663.5	1,206.0	55.6	307.8
CF의 기말현금	17,406.3	18,619.2	18,548.6	18,835.6

▶ 연결재무비율
(단위 : %)

구 분	10.12	11.12	12.12	13.12
매출액증가율	9.5	4.8	11.8	4.6
순이익증가율	12.7	23.8	-19.8	-1.2
R O A	5.6	6.0	4.6	4.2
R O E	15.0	15.8	11.7	10.7
부 채 비 율	179.2	172.1	168.0	183.2

② 운송업

고려해운(주) **|** (주)대우로지스틱스 **|** (주)대한항공 **|** 대한해운(주) **|** (주)삼선로직스 **|** 삼성전자로지텍(주)
세방(주) **|** 씨제이대한통운(주) **|** (주)한진 **|** (주)한진해운 **|** 현대로지스틱스(주)

2014년 상반기 도로화물운송업은 내수 경기 회복 및 글로벌 경기의 점진적인 개선에 따른 수출입 물동량 증가에 힘입어 성장한 것으로 추정됨. 하반기 역시 국내외 경기의 점진적인 성장으로 물동량 증가가 기대되는 가운데 홈쇼핑, 인터넷쇼핑몰 등 온라인 쇼핑의 견고한 성장세와 신규 채널인 모바일 쇼핑의 급격한 증가, 아울렛을 중심으로 한 기업들의 출점 확대에 따른 유통시장의 활성화 등으로 성장세를 이어갈 것으로 전망됨. 해운시장도 TSA(태평양항로안정화협정)에서 운임이 인상되며 점진적인 회복을 나타내고 있음. 2014년 하반기 항공산업은 환율 하락세 지속으로 인한 운항연료비 및 외화부채 상환이 감소한 가운데 국제유가의 하향 안정세로 항공유 가격 하락이 예상되고 이에 원가부담 완화로 이어져 수익성 개선이 전망됨.

고려해운(주)

www.kmtc.co.kr

채용정보

업종	기업명	채용예상 인원	공채 예상 시기	연봉 정보	영어면접 시행유무
운송업	고려해운(주)	0명	4~5월	3800~3900만원	전체시행

외국어능력 시험 제한	토익점수	영어 말하기 점수	학점 제한	학점	스펙초월 채용계획	스펙초월 채용방식
無	제한 없음	제한 없음	有	3.0점 이상	없음	업음

주소	연락처	메일
서울 중구 남대문로 2가 한진빌딩 고려해운(주)	02-311-6027, 6018	recruit@kmtc.co.kr

주요상품	외항 화물 운송업

기업 정보

KOREA MARINE TRANSPORT CO.,LTD.

기 업 개요

대표자 박정석/신용화
업종 외항 화물 운송업
형태 주식회사, 대기업
주요제품 국제,국내해상운송
종업원수 629명 (2013.12)
사업자번호/설립일 201-81-12826/1985.09.07
본사주소 (100-070)서울 중구 남대문로63 (소공동, 한진빌딩)
전화/팩스번호 02-311-6114/02-754-8858
거래은행/결산월 한국외환은행/12월
홈페이지 www.kmtc.co.kr
감사의견 적정

주요주주 (2013.12.31) (단위 : 천주, %)

주주명	주식수	지분율
(주)고려에이치씨	504	42.00
이동혁	490	40.87
기타	147	12.27
박정석	33	2.80
박주석	24	2.06

재무정보 (단위 : 백만 원, 천주)

재무상태표	2012.12	2013.12
유동자산(계)	197,419	212,883
당좌자산(계)	177,538	190,203
현금및현금등가물	93,210	86,096
매출채권	67,825	83,089
기타당좌자산	6,878	4,511
재고자산(계)	19,881	22,680
비유동자산(계)	220,164	299,880
투자자산(계)	58,230	54,459
유형자산(계)	160,826	241,476
건설중인자산	33,426	13,008
무형자산(계)	1,109	3,945
자산총계	417,583	512,763
유동부채(계)	144,471	184,301
매입채무	39,070	49,085
단기차입금	–	21,106
유동성장기부채	47,572	42,489
비유동부채(계)	50,107	84,368
장기차입금(계)	46,096	41,794
장기부채성충당부채(계)	2,701	3,077
부채총계	194,579	268,669
자본금	6,000	6,000
자본잉여금	16,736	16,736
이익잉여금	197,653	220,456
자본총계	223,004	244,094
부채와자본총계	417,583	512,763
[평균발행주식수]	1,200	1,200

손익계산서	2012.12	2013.12
매출액	1,064,836	1,119,636
매출원가	989,341	1,066,539
매출총이익(손실)	75,494	53,096
판매비와관리비	29,559	28,950
영업이익	45,936	24,146
영업외수익	30,512	37,414
영업외비용	40,542	34,956
이자비용	3,783	4,590
세전계속사업이익	35,906	26,604
계속사업손익법인세비용	1,274	1,401
당기순이익(손실)	34,631	25,203
기본주당순이익(원)	28,859	21,003

(주)대우로지스틱스

www.dwlogistics.co.kr

채용정보

업종	기업명	채용예상 인원	공채 예상 시기	연봉 정보	영어면접 시행유무
운송업	(주)대우로지스틱스	5명	1월	3400만원	부분시행 영업
외국어능력 시험 제한	토익점수	영어 말하기 점수	학점 제한	학점	스펙초월 채용계획	스펙초월 채용방식
有	영업직900점 이상 그외 직군800점 이상	제한 없음	有	3.7점 이상	없음	없음
주소				연락처	메일
서울 중구 남대문로5가 526 대우재단 9층				02-750-0400	비공개
주요상품	내항 화물 운송업				

기업 정보

DAEWOO LOGISTICS CORP.

기 업 개요

대표자 안용남
업종 내항 화물 운송업
형 태 주식회사, 대기업
주요제품 해상운송, 화물중개, 해운대리
종업원수 193명 (2013.12)
사업자번호/설립일 104-81-46011/1999.06.01
본사주소 (100-740) 서울 중구 퇴계로 18,9층(남대문로 5가, 대우재단빌딩)
전화/팩스번호 02-750-0400/02-750-0495
거래은행/결산월 한국씨티은행/12월
홈페이지 www.dwlogistics.co.kr
감사의견 적정

주요주주 (2013.12.31

(단위 : 천주, %)

주주명	주식수	지분율
블루오션기업재무안정제1호사모	12,000	73.32

재무정보

(단위 : 백만 원, 천주)

재무상태표	2012.12	2013.12
유동자산(계)	70,756	81,979
당좌자산(계)	70,756	81,979
현금및현금등가물	15,005	7,641
단기투자증권	–	100
매출채권	20,366	17,587
기타당좌자산	2	–
비유동자산(계)	217,189	212,739
투자자산(계)	14,796	17,781
유형자산(계)	200,515	193,348
리스자산	32,731	31,220
무형자산(계)	8	1
자산총계	**287,945**	**294,718**
유동부채(계)	45,855	67,055
매입채무	18,505	24,309
단기차입금	–	12,000
유동성장기부채	22,070	19,537
비유동부채(계)	219,159	212,784
장기사채(계)	59,913	61,234
장기부채성충당부채(계)	3,440	2,833
부채총계	**265,015**	**279,839**
이자비용	14,940	13,874
세전계속사업이익	5,567	△6,714
계속사업손익법인세비용	1,399	△76
당기순이익(손실)	4,169	△6,638
기본주당순이익(원)	131	△736
자본금	81,804	81,828
자본잉여금	223,306	223,583
자본조정	△1	–
이익잉여금	△282,748	△289,386
자본총계	**22,930**	**14,879**
부채와자본총계	**287,945**	**294,718**
[평균발행주식수]	4,350	4,364

손익계산서	2012.12	2013.12
매출액	**405,117**	**433,092**
매출원가	384,825	412,596
매출총이익(손실)	20,292	20,496
판매비와관리비	16,265	17,250
영업이익	**4,027**	**3,246**
영업외수익	25,080	15,123
영업외비용	23,539	25,083
이자비용	14,940	13,874
세전계속사업이익	**5,567**	**△6,714**
계속사업손익법인세비용	1,399	△76
당기순이익(손실)	**4,169**	**△6,638**
기본주당순이익(원)	131	△736

(주)대한항공

채용정보

업종	기업명	채용예상 인원	공채 예상 시기	연봉 정보	영어면접 시행유무
운송업	(주)대한항공	000명	9월	3800만원	전체시행

외국어능력 시험 제한	토익점수	영어 말하기 점수	학점 제한	학점	스펙초월 채용계획	스펙초월 채용방식
有	750점	제한 없음	無	제한 없음	없음	없음

주소	연락처	메일
서울특별시 강서구 하늘길 260 (공항동)	1588-2001	recruit@koreanair.com

주요상품	정기 항공 운송업

기업 정보

국내 1위 항공운송 기업
www.koreanair.com **【5,000원/12월/결산】**
서울 강서구 하늘길 260
대표전화: 02-2656-7114 주식담당자: 02-2656-7177

설 립 일	1962.06.19	주요주주 (13.12)	(%)
상 장 일	1966.03.18	(주)한진	9.9
대표이사	조양호/지창훈/이상균	(주)한진칼	6.9
종업원수	18,347명(13.12)	조양호	6.8
회계감사법인	적정(안진회계법인)	매출구성	(%)
보 통 주	5,868만주	항공운송사업	92.4
우 선 주	111만주	항공우주사업	5.4
신용등급(Bond)	A	기내식사업	0.8
신용등급(CP)	-	외국인지분율	15.47%

▶ 자본금 변동 (단위 : 억원, 원)

구 분	-01.12	07.04	13.02	13.09
증 자 액	17.24	34.11	44.03	-708.84
변 동 내 역	전환	주식	합병	감자

▶ 베타와 변동성 (당사/운수창고/KOSPI)

기 간	12.01 ~ 12.12	13.01 ~ 13.12
베 타	0.88 / 0.88 / 1.00	1.03 / 0.92 / 1.00
변 동 성	29.4 / 18.9 / 15.3	33.3 / 21.1 / 12.2

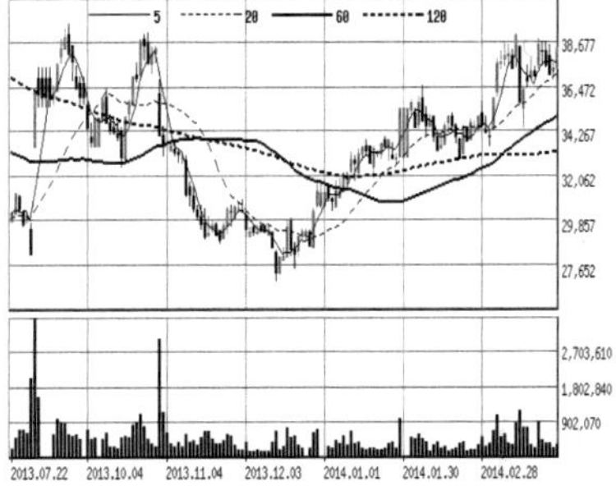

▶ 주가 그래프

▶ 주가관련지표 (단위 : 원, 배)

구 분		10.12	11.12	12.12	13.12
주 가	최 고	84,100	78,100	58,100	48,400
	최 저	54,000	38,550	42,450	27,250
주 당	순이익	8,339	-3,240	3,649	-3,517
	매출액	168,907	178,036	179,091	181,675
	순자산	37,274	33,541	35,741	44,274
PER(H/L)		10.09/6.48	-	15.92/11.63	-
PSR(H/L)		0.50/0.32	0.44/0.22	0.32/0.24	0.27/0.15
PBR(H/L)		2.26/1.45	2.33/1.15	1.63/1.19	1.09/0.62

현 황 매출 감소 및 순이익 적자전환

- 글로벌 경기 침체에 따른 화물 수송량 감소 및 엔화 약세 영향으로 일본 노선 부진 등 매출은 전년대비 감소.
- 항공운임 하락 등 원가 및 판관비 부담 확대로 영업이익 전년대비 적자전환, 법인세이익에도 외환관련 수지 저하와 중단영업손실루 순이이 저자전한.
- 순손실 기록에 따른 자기자본 축소와 과중한 부채 부담으로 제 안정성 지표 전년대비 저하되었으며 여전히 미흡한 재무구조 견지.

전 망 매출 성장 및 영업수익성 개선될 듯

- 항공운송 업황 회복으로 화물 수송량 증가와 함께 일본인 방한 수요의 기저효과, 원화 약세에 따른 국내 출국자 증가로 매출 성장 전망.
- 신규 여객기 도입에 따른 비용 발생이 예상되나 제트유 안정화 및 수송단가 상승으로 원가 부담 완화되어 영업수익성 개선될 듯.
- 과중한 부채 부담이 지속되는 가운데 한진해운 유상증자 참여 예정안바 관계사 리스크 발생으로 재무구조 개선 쉽지 않을 듯.

▶ 요약연결재무제표 (단위 : 억원)

구 분	10.12	11.12	12.12	13.12
비유동자산	172,772.8	190,381.9	196,082.8	197,806.1
유 동 자 산	27,326.9	33,501.5	33,651.2	31,398.3
자 산 총 계	200,099.7	223,883.4	229,734.0	229,204.4
지배기업지분	27,340.5	24,602.4	26,216.0	26,469.9
비지배지분	5,432.3	3,087.1	2,827.8	932.2
자 본 총 계	32,772.8	27,689.5	29,043.8	27,402.1
비유동부채	105,116.0	129,935.7	138,618.8	124,213.9
유 동 부 채	62,211.0	66,258.2	62,071.4	77,588.4
부 채 총 계	167,327.0	196,193.9	200,690.2	201,802.3
수 익	116,399.5	122,690.8	123,417.9	118,487.1
매 출 원 가	90,535.6	105,396.6	110,113.3	107,536.3
매 출 총 이 익	25,864.0	17,294.2	13,304.7	10,950.8
기타영업수익	0.0	0.0	0.0	0.0
기타영업비용	0.0	0.0	0.0	0.0
판 관 비	13,506.4	12,692.6	11,019.0	11,146.4
영 업 이 익	12,357.6	4,601.6	2,285.7	-195.6
영업외수익	10,312.0	9,428.8	13,679.2	8,711.6
영업외비용	14,614.2	16,634.9	12,497.1	12,442.6
세전계속영업이익	8,055.3	-2,604.4	3,467.8	-3,926.6
법인세비용	1,816.1	-606.9	1,623.1	-1,370.9
지배기업순이익	5,631.7	-2,188.2	2,464.1	-2,250.0

▶ 요약연결현금흐름표 (단위 : 억원)

구 분	10.12	11.12	12.12	13.12
영업활동현금흐름	32,215.2	20,252.3	23,054.9	19,493.5
투자활동현금흐름	-13,043.1	-5,862.0	-6,573.5	-13,547.7
재무활동현금흐름	-18,806.0	-8,330.1	-15,905.8	-9,274.8
현금의 증가	366.2	6,060.2	575.6	-3,329.0
CF의 기말현금	8,515.7	14,657.5	14,655.0	11,268.3

▶ 연결재무비율 (단위 : %)

구 분	10.12	11.12	12.12	13.12
매출액증가율	20.5	5.4	0.6	-4.0
순이익증가율	흑사선환	적자전환	흑자전환	적자전환
R O A	3.2	-0.9	1.1	-1.7
R O E	19.5	-8.4	9.7	-8.5
부 채 비 율	510.6	708.6	691.0	736.5

대한해운(주)

채용정보

업종	기업명	채용예상 인원	공채 예상 시기	연봉 정보	영어면접 시행유무
운송업	대한해운(주)	0명	1월	3000만원 중반	無

외국어능력 시험 제한	토익점수	영어 말하기 점수	학점 제한	학점	스펙초월 채용계획	스펙초월 채용방식
無	제한 없음	제한 없음	無	제한 없음	없음	없음

주소		연락처	메일
서울특별시 강남구 삼성로 570 대한해운 빌딩		02-3701-0114	asksmklc@korealines.co.kr

주요상품	외항 화물 운송업

기업 정보

벌크선 중심의 대형 해운업체
www.korealines.co.kr　　　**【5,000원/12월/결산】**
서울 강남구 삼성로 570
대표전화 : 02-3701-0114　주식담당자 : 02-3701-0114

설 립 일	1968.12.12	주요주주 (13.12)	(%)
상 장 일	1992.04.23	(주)티케이케미칼	17.9
대표이사	김용완	(주)케이엘홀딩스	16.7
종업원수	278명(13.12)	(주)케이엘홀딩스이호	16.5
회계감사법인	적정(대주회계법인)	매출구성	(%)
보 통 주	2,396만주	운항수익	100.0
우 선 주	-		
신용등급(Bond)	-		
신용등급(CP)	-	외국인지분율	13.11%

▶ 자본금 변동
(단위 : 억원, 원)

구 분	13.05	13.05	13.09	13.11
증 자 액	-1,051.45	483.35	27.66	612.18
변 동 내 역	감자	유상	유상	유상

▶ 베타와 변동성
(당사/운수창고/KOSPI)

기 간	12.01 ~ 12.12	13.01 ~ 13.12
베 타	0.66 / 0.88 / 1.00	0.36 / 0.92 / 1.00
변 동 성	73.2 / 18.9 / 15.3	86.3 / 21.1 / 12.2

현 황　수익성 크게 향상되며 흑자전환

· 2013년도 BDI의 상반기평균이 842p를 기록하는 등 시황 부진에 따른 영향으로 벌크선 등 수요 감소, 매출 규모 축소.
· 매출액을 상회하던 원가율이 크게 개선되면서 영업이익 흑자전환, 이와 함께 손해배상채무손실 감소로 순익 또한 흑자전환.
· 흑자기록 등 영업활동현금흐름 더욱 확대, 이에 단기 금융상품취득 등 투자활동 및 이자지급 등 자금흐름 무난한 수준.

▶ 주가 그래프

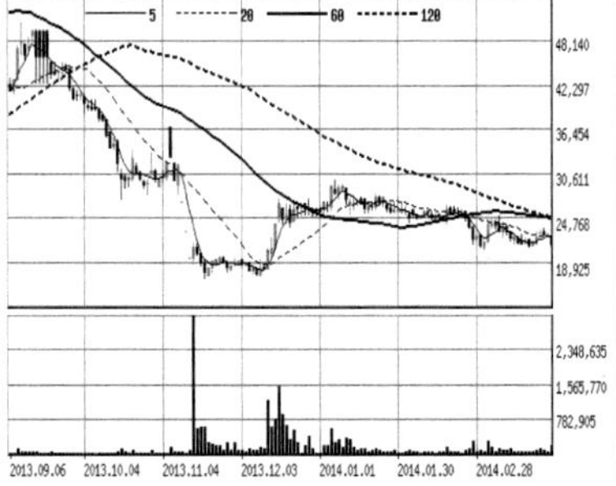

▶ 주가관련지표
(단위 : 원, 배)

구 분		10.12	11.12	12.12	13.12
주가	최 고	64,600	32,550	31,150	69,300
	최 저	25,200	5,210	3,000	6,240
주당	순이익	-27,657	-228,113	-15,213	51,371
	매출액	181,918	147,426	36,190	71,658
	순자산	30,242	3,188	-9,732	16,646
PER(H/L)		-	-	-	1.35/0.12
PSR(H/L)		0.36/0.14	0.22/0.04	0.86/0.08	0.97/0.09
PBR(H/L)		2.14/0.83	10.21/1.63	-	4.16/0.37

전 망　제한적인 성장 기대

· 주요 선진국들의 경기 회복세로 물동량 증가 예상되며 주 거래처와의 전용선 계약 확대 등 영업력 강화로 성장 전망.
· 원가관리 능력 제고와 함께 매출 신장에 따른 고정비 분산효과 기대되는바 수익 확보에 주력할 전망.
· 원가의 상당 부분을 차지하는 용선료는 장기용선계약으로 고정되어 있기 때문에 운임등락에 의한 손익 영향 커질 듯.

▶ 요약재무제표
(단위 : 억원)

구 분	10.12	11.12	12.12	13.12
비유동자산	23,094.6	13,672.4	11,589.2	10,283.8
유동자산	4,744.6	2,947.1	2,605.0	1,940.1
자 산 총 계	27,839.2	16,619.4	14,194.2	12,223.9
자 본 총 계	5,011.5	440.2	-1,709.8	4,040.3
(보통주자본금)	821.2	661.9	916.1	1,197.8
(우선주자본금)	0.0	0.0	0.0	0.0
비유동부채	17,735.8	13,388.7	12,583.8	4,886.4
유 동 부 채	5,092.0	2,790.6	3,320.3	3,297.2
부 채 총 계	22,827.8	16,179.2	15,904.0	8,183.6
수 익	21,614.0	7,571.5	5,956.1	5,354.7
매 출 원 가	22,631.6	8,865.9	6,738.9	4,131.7
매 출 총 이 익	-1,017.6	-1,294.4	-782.8	1,223.0
기타영업수익	404.3	254.8	0.0	0.0
기타영업비용	732.4	1,183.3	0.0	0.0
판 관 비	368.3	115.0	313.7	209.1
영 업 이 익	-1,714.1	-2,337.9	-1,096.5	1,013.9
세전계속영업이익	-3,286.0	-11,715.4	-2,503.7	3,838.7
법인세비용	0.0	0.0	0.0	0.0
계속영업이익	-3,286.0	-11,715.4	-2,503.7	3,838.7
중단영업이익	0.0	0.0	0.0	0.0
당기순이익	-3,286.0	-11,715.4	-2,503.7	3,838.7

▶ 요약현금흐름표
(단위 : 억원)

구 분	10.12	11.12	12.12	13.12
영업활동현금흐름	-331.0	-166.4	405.2	2,105.5
투자활동현금흐름	115.5	1,168.3	326.5	-25.6
재무활동현금흐름	176.2	-3,080.3	-1,586.3	-1,773.0
현금의 증가	-39.3	-2,078.4	-940.2	306.9
CF의 기말현금	1,434.1	415.0	834.8	730.3

▶ 재무비율
(단위 : %)

구 분	10.12	11.12	12.12	13.12
매출액증가율	-5.2	-65.0	-21.3	-10.1
순이익증가율	적자지속	적자지속	적자지속	흑자전환
R O A	-11.7	-52.7	-16.3	29.1
R O E	-55.3	-429.8	-	-
부 채 비 율	455.5	3,675.4	자본잠식	202.6

(주)삼선로직스

www.samsunlogix.com

채용정보

업종	기업명	채용예상 인원	공채 예상 시기	연봉 정보	영어면접 시행유무
운송업	(주)삼선로직스	15명	4월, 10월	3500만원	전체시행

외국어능력 시험 제한	토익점수	영어 말하기 점수	학점 제한	학점	스펙초월 채용계획	스펙초월 채용방식
無	제한 없음	제한 없음	無	제한 없음	있음	역량면접 강화

주소		연락처	메일
서울 종로구 수송동 이마빌딩 5층		02-399-8915	recruit@samsun.co.kr

주요상품	내항 화물 운송업

기업 정보

SAMSUN LOGIX COPORATION

기 업 개요

대표자 허현철/송충원
업종 내항 화물 운송업
형태 주식회사, 대기업
주요제품 국내외항화물부정기운송, 주선/스텐레스제품, 몰리브데늄,크롬,니켈 수출입,대리
종업원수 207명 (2013.12)
사업자번호/설립일 102-81-19430/1983.09.01
본사주소 (110-755) 서울 종로구 종로1길 42, 5층(수송동,이마빌딩)
전화/팩스번호 02-399-8500/02-399-8570
거래은행/결산월 한국외환은행/12월
홈페이지 www.samsunlogix.com
감사의견 적정

주요주주 (2013.12.31) (단위 : 천주, %)

주주명	주식수	지분율
(주)에스티앤아이	3,846	17.45
우리사수소합	3,684	16.71
송충원	1,994	9.05
(주)삼선글로벌	1,416	6.42
(주)신광	741	3.36
허현철	41	0.19
김효찬	1	0.01

재무정보 (단위 : 백만 원, 천주)

재무상태표	2012.12	2013.12
유동자산(계)	100,718	101,298
당좌자산(계)	72,231	75,348
현금및현금등가물	7,010	10,590
매출채권	42,558	34,297
재고자산(계)	28,487	25,950
비유동자산(계)	322,835	255,241
투자자산(계)	45,455	51,118
유형자산(계)	272,228	200,471
건설중인자산	24,480	24,919
무형자산(계)	2,122	1,974
자산총계	423,553	356,540
유동부채(계)	161,056	150,037
매입채무	12,707	11,600
단기차입금	489	1,427
유동성장기부채	135,956	130,215
비유동부채(계)	335,222	271,189
장기차입금(계)	148,886	120,895
장기부채성충당부채(계)	13,876	1,526
부채총계	496,278	421,226
자본금	21,879	22,040
자본잉여금	637,802	8,795
자본조정	38,932	31,733
이익잉여금	△764,655	△120,902
자본총계	△72,725	△64,687
부채와자본총계	423,553	356,540
[평균발행주식수]	21,737	21,879

손익계산서	2012.12	2013.12
매출액	425,808	359,514
매출원가	441,564	333,292
매출총이익(손실)	△15,756	26,222
판매비와관리비	19,712	12,796
영업이익	△35,468	13,426
영업외수익	56,763	40,794
영업외비용	98,656	47,800
이자비용	23,198	18,673
세전계속사업이익	△77,362	6,421
계속사업손익법인세비용	722	469
당기순이익(손실)	△78,084	5,952
기본주당순이익(원)	△3,591	272

삼성전자로지텍(주)

채용정보

업종	기업명	채용예상 인원	공채 예상 시기	연봉 정보	영어면접 시행유무
운송업	삼성전자로지텍(주)	미정	10월	협의	부분시행 해외파트

외국어능력 시험 제한	토익점수	영어 말하기 점수	학점 제한	학점	스펙초월 채용계획	스펙초월 채용방식
無	제한 없음	오픽:IM, 토익스피킹:6급	有	3.0점 이상	미정	미정

주소	연락처	메일
경기도 수원시 영통구 삼성로 129 삼성전자로지텍(주) 인사그룹 채용담당자	031-270-3420	Jinuk17.choi@samsung.com

주요상품	그외 기타 분류안된 운송관련 서비스업

기업 정보

SAMSUNG ELECTRONICS LOGITECH CO.,LTD .

기업개요

대표자 정기환
업종 그 외 기타 분류 안 된 운송관련 서비스업
형태 주식회사, 대기업
주요제품 기업물류관리 종합대행
종업원수 528명 (2013.12)
사업자번호/설립일 124-81-55381/1998.04.01
본사주소 (443-803) 경기 수원시 영통구 삼성로 129
(매탄동,주차타워)
전화/팩스번호 031-270-3650/031-270-3673
거래은행/결산월 한국외환은행/12월
홈페이지 www.selc.co.kr
감사의견 적정

주요주주 (2012.12.31)   (단위 : 천주, %)

주주명	주식수	지분율
삼성전자(주)	1,010	100.00

재무정보   (단위 : 백만 원, 천주)

재무상태표	2012.12	2013.12
유동자산(계)	160,922	120,984
당좌자산(계)	160,356	120,077
현금및현금등가물	37,947	24,980
매출채권	70,007	70,896
재고자산(계)	567	907
비유동자산(계)	17,954	20,345
투자자산(계)	2	–
유형자산(계)	9,833	10,728
무형자산(계)	2,001	1,929
자산총계	178,876	141,329
유동부채(계)	96,479	89,416
매입채무	77,323	70,609
비유동부채(계)	3,176	454
장기부채성충당부채(계)	3,176	–
부채총계	99,655	89,870
자본금	5,054	5,054
이익잉여금	78,302	51,487
자본총계	79,220	51,459
부채와자본총계	178,876	141,329
[평균발행주식수]	1,011	1,011

손익계산서	2012.12	2013.12
매출액	1,180,558	1,070,812
매출원가	1,137,513	1,030,253
매출총이익(손실)	43,045	40,558
판매비와관리비	32,666	39,464
영업이익	10,380	1,094
영업외수익	9,848	8,952
영업외비용	6,284	5,571
세전계속사업이익	13,943	4,474
계속사업손익법인세비용	2,749	1,289
당기순이익(손실)	11,194	3,185
기본주당순이익(원)	11,074	3,151

세방(주)

채용정보

업종	기업명	채용예상 인원	공채 예상 시기	연봉 정보	영어면접 시행유무
운송업	세방(주)	00명	4월 말	3280만원	無

외국어능력 시험 제한	토익점수	영어 말하기 점수	학점 제한	학점	스펙초월 채용계획	스펙초월 채용방식
無	제한 없음	제한 없음	無		없음	없음

주소	연락처	메일
서울시 강남구 선릉로 433 (역삼동) 세방빌딩	02-3469-0300	비공개

주요상품	
주요상품	화물자동차 운송업

기업 정보

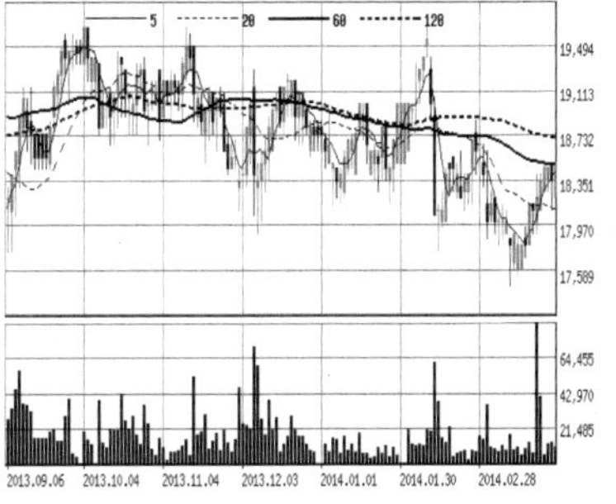

항만하역, 화물운송업 영위업체
www.sebang.com
【500원/12월/결산】
부산 남구 북항로 141
대표전화 : 051-630-5300 　주식담당자 : 02-3469-0560

설 립 일	1965.09.13	주요주주 (13.12)	(%)
상 장 일	1977.05.19	이앤에스글로벌(주)	20.4
대표이사	김옥현	이상웅	11.3
종업원수	773명(13.12)	국민연금공단	10.8
회계감사법인	적정(삼일회계법인)	매출구성	(%)
보 통 주	1,680만주	부산	20.2
우 선 주	620만주	광양	10.3
신용등급(Bond)	-	경인	8.1
신용등급(CP)	-	외국인지분율	13.97%

▶ 자본금 변동
(단위 : 억원, 원)

구 분	88.08	00.04	05.03	05.04
증 자 액	14.00	500.00	20.00	14.00
변 동 내 역	유상	액분	유상	무상

▶ 베타와 변동성
(당사/운수창고/KOSPI)

기 간	12.01 ~ 12.12	13.01 ~ 13.12
베 타	0.32 / 0.88 / 1.00	0.16 / 0.92 / 1.00
변 동 성	21.3 / 18.9 / 15.3	23.6 / 21.1 / 12.2

현황 | 외형 축소 및 수익성 하락

· 세계 경기 부진과 함께 경쟁 심화로 물동량 감소하며 하역운송 부문 축소된바, 매출액은 전년대비 감소.
· 매출 부진에 따른 원가 부담이 가중된 가운데 관계기업지분이익 감소 등으로 영업이익률 및 순이익률 전년대비 하락.
· 사채 감소 등에 따른 부채 규모 축수 및 총자산대비 70% 이상의 자기자본을 보유하는 등 양호한 재무구조 견지.

▶ 주가 그래프

▶ 주가관련지표
(단위 : 원, 배)

구 분		10.12	11.12	12.12	13.12
주가	최 고	19,950	18,300	18,000	20,450
	최 저	12,000	13,300	13,900	16,200
주당	순이익	1,872	2,281	2,356	1,492
	매출액	30,083	33,277	31,220	28,109
	순자산	22,256	24,367	26,523	27,913
PER(H/L)		10.66/6.41	8.02/5.83	7.64/5.90	13.71/10.86
PSR(H/L)		0.66/0.40	0.55/0.40	0.58/0.45	0.73/0.58
PBR(H/L)		0.90/0.54	0.75/0.55	0.68/0.52	0.73/0.58

전망 | 매출 회복 및 수익성 개선 전망

· 글로벌 경기의 완만한 개선에 따른 수출입 물동량 증가 및 주요 고객사인 포스코와 한전의 지속적인 물량 확대로 매출 회복 기대.
· 국제 유가의 하향 안정화로 원가 부담 완화가 예상되며 주요 자회사인 세방전지의 안정적인 성장 등으로 수익성 개선 선방.
· 영업활동현금흐름 정(+)의 상태를 유지하고 있으며 양호한 재무구조를 바탕으로 사업 운용상 특정 어려움 없을 듯

▶ 요약연결재무제표
(단위 : 억원)

구 분	10.12	11.12	12.12	13.12
비유동자산	5,505.5	5,849.4	6,541.7	7,324.9
유 동 자 산	2,932.9	3,236.9	2,490.2	1,681.6
자 산 총 계	8,438.4	9,086.3	9,031.9	9,006.5
지배기업지분	5,118.4	5,603.8	6,099.6	6,419.5
비지배지분	216.6	231.2	18.1	46.2
자 본 총 계	5,335.0	5,835.0	6,117.8	6,465.6
비유동부채	1,123.1	1,538.8	970.4	1,069.2
유 동 부 채	1,980.4	1,712.5	1,943.7	1,471.7
부 채 총 계	3,103.4	3,251.3	2,914.2	2,540.9
수 익	6,912.5	7,646.5	7,180.0	6,464.5
매 출 원 가	6,151.5	6,916.3	6,495.1	6,038.6
매출총이익	761.0	730.2	684.9	426.0
기타영업수익	33.3	0.0	0.0	0.0
기타영업비용	47.1	0.0	0.0	0.0
판 관 비	313.4	321.3	340.5	287.0
영 업 이 익	433.8	408.9	344.4	139.0
영업외수익	291.4	460.7	660.8	348.5
영업외비용	75.7	109.0	240.1	70.9
세전계속영업이익	649.5	760.6	765.1	416.5
법인세비용	196.6	212.4	224.2	123.0
지배기업순이익	430.6	524.5	542.2	343.5

▶ 요약연결현금흐름표
(단위 : 억원)

구 분	10.12	11.12	12.12	13.12
영업활동현금흐름	262.6	555.8	274.4	291.7
투자활동현금흐름	-324.3	-193.1	-146.3	-36.1
재무활동현금흐름	-160.6	-162.1	-249.1	-333.0
현금의 증가	-222.3	200.6	-121.1	-77.4
CF의 기말현금	202.6	402.7	281.5	204.1

▶ 연결재무비율
(단위 : %)

구 분	10.12	11.12	12.12	13.12
매출액증가율	-11.1	10.8	-6.1	-10.0
순이익증가율	-8.3	21.8	3.4	-36.7
R O A	4.9	6.3	6.0	3.3
R O E	9.4	9.8	9.3	5.5
부 채 비 율	58.2	55.7	47.6	39.3

씨제이대한통운(주)

채용정보

업종	기업명	채용예상 인원	공채 예상 시기	연봉 정보	영어면접 시행유무
운송업	씨제이대한통운(주)	00명	3월, 9월	3750만원	無

외국어능력 시험 제한	토익점수	영어 말하기 점수	학점 제한	학점	스펙초월 채용계획	스펙초월 채용방식
無	제한 없음	오픽:IL, 토익스피킹:5급	無	제한 없음	없음	없음

주소	연락처	메일
서울특별시 중구 세종대로9길 53 CJ대한통운빌딩	1588-1255 /5353	applycj@cj.net

주요상품	화물자동차 운송업

기업 정보

CJ그룹 계열의 국내 최대 복합물류기업
www.korex.co.kr 【5,000원/12월/결산】
서울 중구 세종대로9길 53 대한통운빌딩
대표전화 : 02-3782-0114 주식담당자 : 02-3782-0685

		주요주주 (13.12)	(%)
설 립 일	1930.11.15		
상 장 일	1956.07.02	CJ제일제당(주)	20.1
대표이사	이채욱/신현재	케이엑스홀딩스(주)	20.1
종업원수	5,496명(13.12)	국민연금공단	7.0
회계감사법인	적정(한영회계법인)	매출구성	(%)
보 통 주	2,281만주	CL사업부문	48.0
우 선 주	-	포워딩사업부문	28.2
신용등급(Bond)	AA-	택배사업부문	23.8
신용등급(CP)	A1	외국인지분율	9.04%

▶ 자본금 변동 (단위 : 억원, 원)

구 분	08.03	08.09	-08.12	09.05
증 자 액	1,200.00	2.10	7.25	-868.22
변 동 내 역	유상	합병	전환	감자

▶ 베타와 변동성 (당사/운수창고/KOSPI)

기 간	12.01 ~ 12.12	13.01 ~ 13.12
베 타	0.77 / 0.88 / 1.00	0.89 / 0.92 / 1.00
변 동 성	37.2 / 18.9 / 15.3	33.9 / 21.1 / 12.2

현 황 매출 증가에도 순이익 적자전환

· CL, 포워딩, 택배 등 전 사업부문의 고른 성장으로 매출 규모는 전년대비 확대.
· 배송 지연 및 택배파업의 따른 일회성 비용으로 영업이익률 전년대비 하락, 매각예성 자산손상차손 발생 등 기타비용 증가로 순이익은 적자전환.
· 순손실 기록으로 이익잉여금 감소되며 자기자본 축소된 가운데 차입금 증가 등 부채 부담 확대로 제 안정성 지표 전년대비 저하됨.

▶ 주가 그래프

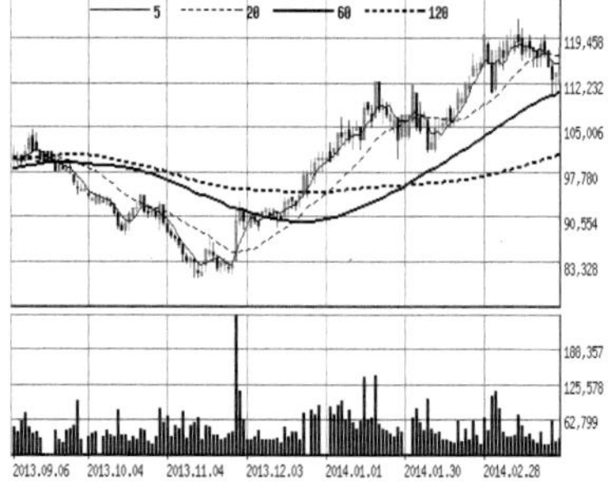

▶ 주가관련지표 (단위 : 원, 배)

구 분		10.12	11.12	12.12	13.12
주가	최 고	95,600	137,000	121,000	124,500
주가	최 저	51,700	62,100	62,500	81,000
주	순이익	5,641	4,858	7,000	-3,089
	매출액	141,677	148,822	151,100	166,359
당	순자산	94,300	96,993	100,335	97,222
PER(H/L)		16.95/9.17	28.20/12.78	17.29/8.93	-
PSR(H/L)		0.67/0.36	0.92/0.42	0.80/0.41	0.75/0.49
PBR(H/L)		1.01/0.55	1.41/0.64	1.21/0.62	1.28/0.83

전 망 외형 성장 및 수익성 개선 가능할 듯

· 3자 물류시장의 성장과 함께 해외 직구 확대로 인한 택배 물동량 증가세 지속 및 당일서비스 시작에 따른 단가 인상 등으로 외형 성장 전망.
· 매출 성장세 지속에 따른 고정비 부담 완화와 전년에 발생한 일회성 비용 제거 시 수익성 개선 가능할 듯.
· CJ GLS와의 합병으로 택배산업의 규모의 경제 효과 달성하며 경쟁사 대비 가격 경쟁력을 갖춰 택배 부문의 성장 기대.

▶ 요약연결재무제표 (단위 : 억원)

구 분	10.12	11.12	12.12	13.12
비유동자산	31,720.9	27,827.0	29,918.5	32,790.4
유 동 자 산	7,373.0	8,124.6	6,776.5	13,296.9
자 산 총 계	39,093.9	35,951.6	36,695.0	46,087.2
지배기업지분	21,512.0	22,126.5	22,888.8	22,178.6
비지배지분	547.3	520.5	391.8	303.5
자 본 총 계	22,059.3	22,646.9	23,280.6	22,482.1
비유동부채	8,195.5	7,403.7	7,410.0	14,035.2
유 동 부 채	8,839.1	5,901.0	6,004.4	9,569.9
부 채 총 계	17,034.6	13,304.7	13,414.4	23,605.1
수 익	24,636.1	25,878.5	26,274.7	37,950.5
매 출 원 가	22,045.5	23,526.9	23,696.3	34,975.0
매출총이익	2,590.6	2,351.6	2,578.3	2,975.5
기타영업수익	371.0	0.0	0.0	0.0
기타영업비용	97.0	0.0	0.0	0.0
판 관 비	1,127.9	1,101.4	1,148.1	2,333.7
영 업 이 익	1,736.8	1,250.2	1,430.3	641.8
영업외수익	284.1	349.1	589.2	746.6
영업외비용	738.8	1,164.5	788.0	1,843.4
세전계속영업이익	1,282.1	434.7	1,231.5	-455.0
법인세비용	425.2	344.7	330.4	-303.9
지배기업순이익	981.0	844.7	828.2	-557.7

▶ 요약연결현금흐름표 (단위 : 억원)

구 분	10.12	11.12	12.12	13.12
영업활동현금흐름	979.1	1,112.0	1,169.4	-925.8
투자활동현금흐름	285.2	788.0	-2,190.6	-1,286.3
재무활동현금흐름	-558.6	-586.3	222.9	1,738.8
현금의 증가	705.8	1,313.6	-798.3	-473.8
CF의 기말현금	991.7	2,307.6	1,516.5	1,013.9

▶ 연결재무비율 (단위 : %)

구 분	10.12	11.12	12.12	13.12
매출액증가율	9.6	5.0	1.5	44.4
순이익증가율	2,711.7	-13.9	-2.0	적자전환
R O A	2.7	2.2	1.9	-1.5
R O E	4.9	3.9	3.7	-2.5
부 채 비 율	77.2	58.8	57.6	105.0

(주)한진

채용정보

업종	기업명	채용예상 인원	공채 예상 시기	연봉 정보	영어면접 시행유무
운송업	(주)한진	25명	수시채용	3000만원	부분시행 해외관련부서

외국어능력 시험 제한	토익점수	영어 말하기 점수	학점 제한	학점	스펙초월 채용계획	스펙초월 채용방식
有	700점	토익스피킹 6급	無	제한 없음	있음	자격증, 직무능력 등

주소	연락처	메일
서울시 중구 남대문로 63 (주)한신	02-728-5587/5588	recruit@hanjin.com

주요상품	기타 도로화물 운송업

기업 정보

국내 상위의 물류사업 영위업체
www.hanjin.co.kr 【5,000원/12월/결산】
서울 중구 남대문로 63, 신관 21층
대표전화 : 02-728-5114   주식담당자 : 02-728-5563

		주요주주 (13.12)	(%)
설 립 일	1958.03.10	정석기업(주)	19.4
상 장 일	1974.08.12	신영자산운용(주)	11.0
대표이사	조양호/서용원	조양호	6.9
종업원수	2,104명(13.12)	매출구성	(%)
회계감사법인	적정(한영회계법인)	택배사업(용역)	28.6
보 통 주	1,197만주	육운사업(용역)	16.8
우 선 주	-	하역사업(용역)	16.5
신용등급(Bond)	A-	외국인지분율	8.43%
신용등급(CP)	-		

▶ 자본금 변동
(단위 : 억원, 원)

구 분	99.11	-99.12	00.03	00.04
증 자 액	2.03	27.61	116.94	14.03
변 동 내 역	합병	전환	유상	주식

▶ 베타와 변동성
(당사/운수창고/KOSPI)

기 간	12.01 ~ 12.12	13.01 ~ 13.12
베 타	0.55 / 0.88 / 1.00	0.70 / 0.92 / 1.00
변 동 성	32.0 / 18.9 / 15.3	30.9 / 21.1 / 12.2

현황 매출 증가 및 순손실 규모 축소

· 해운 및 창고 사업부문의 부진에도 택배, 육운사업의 물량 증가 및 연결자회사의 성장 등으로 매출은 전년 대비 증가.
· 판관비 부담 가중에도 원가율 하락하며 영업이익률 전년 수준 유지, 금융원기 및 지분법손실 감소 등으로 순손실 규모는 축소됨.
· 화물운송주선, 보세구역운영, 보세운송, 하역 4개 부문의 인증 취득으로 국내 AEO인증 업계 최다 획득한 경쟁력 확보한 기업임.

▶ 주가 그래프

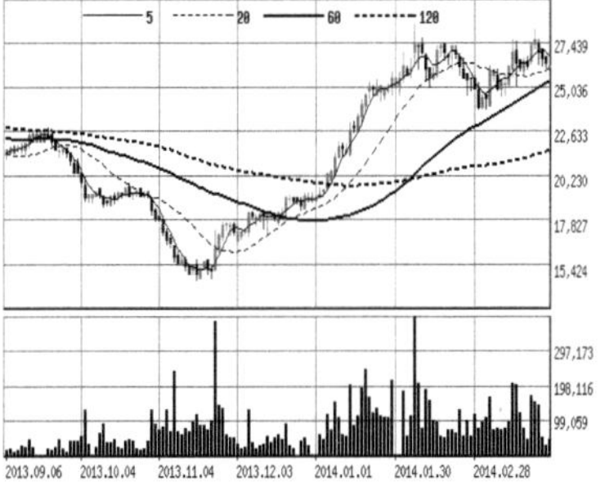

▶ 주가관련지표
(단위 : 원, 배)

구 분	10.12	11.12	12.12	13.12
주 최 고	40,500	36,000	25,150	25,000
가 최 저	31,800	19,750	16,800	14,900
주 순이익	-179	-2,404	-854	-585
당 매출액	107,117	117,820	121,776	127,050
당 순자산	78,674	63,441	63,003	57,852
PER(H/L)	-	-	-	-
PSR(H/L)	0.38/0.30	0.31/0.17	0.21/0.14	0.20/0.12
PBR(H/L)	0.51/0.40	0.57/0.31	0.40/0.27	0.43/0.26

전망 외형 성장세 이어갈 듯

· 3자 물류시장의 성장과 함께 해외 직구 확대로 인한 택배 물동량 증가세 지속 및 해외 매출 확대 기대 등으로 외형 성장 이어갈 듯.
· 유가 안정화 지속 및 매출 신장에 따른 고정비 부담 완화로 수익성 개선 가능힐 듯.
· 영업활동상 현금 창출력 및 무난한 수준의 재무구조 견지하고 있는바 사업 운용상 단기적인 자금흐름에 큰 무리 없을 듯.

▶ 요약연결재무제표
(단위 : 억원)

구 분	10.12	11.12	12.12	13.12
비유동자산	16,493.1	15,077.5	15,695.4	14,973.3
유 동 자 산	3,402.7	2,853.7	2,891.1	3,100.6
자 산 총 계	19,895.8	17,931.2	18,586.5	18,073.8
지배기업지분	9,420.9	7,596.8	7,544.4	6,927.5
비지배지분	68.6	74.9	128.3	113.4
자 본 총 계	9,489.6	7,671.7	7,672.8	7,040.9
비유동부채	5,620.0	6,908.6	6,038.1	6,233.9
유 동 부 채	4,786.2	3,350.9	4,875.6	4,799.0
부 채 총 계	10,406.2	10,259.6	10,913.8	11,032.9
수 익	12,643.5	13,906.9	14,373.8	14,996.2
매 출 원 가	11,799.1	13,169.6	13,569.0	14,125.6
매출총이익	844.3	737.3	804.8	870.7
기타영업수익	1.3	0.0	0.0	0.0
기타영업비용	0.1	0.0	0.0	0.0
판 관 비	392.3	391.3	429.4	468.3
영 업 이 익	453.2	345.9	375.5	402.4
영업외수익	39.7	83.4	80.2	59.2
영업외비용	486.2	688.6	539.0	521.2
세전계속영업이익	6.7	-259.2	-83.3	-59.6
법인세비용	40.1	36.7	21.9	24.4
지배기업순이익	-21.1	-283.7	-100.9	-69.1

▶ 요약연결현금흐름표
(단위 : 억원)

구 분	10.12	11.12	12.12	13.12
영업활동현금흐름	504.2	722.9	379.3	1,070.0
투자활동현금흐름	-836.7	-1,102.8	-655.5	-519.5
재무활동현금흐름	912.0	-422.7	346.1	-429.2
현금의 증가	579.6	-802.6	69.9	121.3
CF의 기말현금	1,308.0	499.4	558.3	679.8

▶ 연결재무비율
(단위 : %)

구 분	10.12	11.12	12.12	13.12
매출액증가율	25.2	10.0	3.4	4.3
순이익증가율	적자전환	적자지속	적자지속	적자지속
R O A	-0.2	-1.6	-0.6	-0.5
R O E	-0.3	-3.3	-1.3	-1.0
부 채 비 율	109.7	133.7	142.2	156.7

(주)한진해운

www.hanjin.com

채용정보

업종	기업명	채용예상 인원	공채 예상 시기	연봉 정보	영어면접 시행유무
운송업	(주)한진해운	미정	9월	3800만원	전체시행

외국어능력 시험 제한	토익점수	영어 말하기 점수	학점 제한	학점	스펙초월 채용계획	스펙초월 채용방식
有	800점	제한 없음	有	3.0점 이상	없음	없음

주소		연락처	메일
서울특별시 영등포구 국제금융로 2길 25 한진해운빌딩		02-3770-6114	recruit@hanjin.com

주요상품	외항 화물 운송업

기업정보

컨테이너선 해운사업을 주력으로 영위하는 업체
www.hanjin.com　【5,000원/12월/결산】
서울 영등포구 국제금융로2길 25 한진해운빌딩
대표전화 : 02-3770-6114　주식담당자 : 02-3770-6114

설 립 일	2009.12.02	주요주주 (13.12)	(%)
상 장 일	2009.12.29	(주)한진해운홀딩스	36.2
대표이사	최은영/석태수	우리사주조합	2.0
종업원수	1,935명(13.12)	(재)양현	0.3
회계감사법인	적정(삼정회계법인)	매출구성	(%)
보 통 주	12,676만주	운임수입	70.2
우 선 주	-	대선수입	21.8
신용등급(Bond)	BBB	기타부대수입	3.8
신용등급(CP)	A3-	외국인지분율	13.70%

▶ 자본금 변동
(단위 : 억원, 원)

구 분	10.07	11.11	-13.12	14.01-
증 자 액	545.76	2,000.00	19.60	68.45
변 동 내 역	유상	유상	전환	전환

▶ 베타와 변동성
(당사/운수창고/KOSPI)

기 간	12.01 ~ 12.12	13.01 ~ 13.12
베 타	1.73 / 0.88 / 1.00	1.18 / 0.92 / 1.00
변 동 성	49.9 / 18.9 / 15.3	44.6 / 21.1 / 12.2

현황　매출 감소 및 순손실 규모 확대

- 컨테이너와 벌크 수송량 증가에도 컨테이너선 공급과잉에 따른 운임 하락 및 터미널사업의 부진으로 매출은 전년대비 감소.
- 과중한 원가 부담으로 여전히 영업적자 상태를 보이는 가운데 기타영업외수지 저하되며 영업손실 및 순손실 규모 확대됨.
- 적자지속에 따른 누적 결손금 확대, 매입채무 및 단기차입금 증가 등으로 제 안정성 지표 전년대비 큰 폭으로 저하되며 취약한 재무구조 유지.

전망　외형 회복 및 수익성 일부 개선될 듯

- 글로벌 경기의 완만한 개선이 예상되는 가운데 대형선 위주의 물동량 증가, 컨테이너 운임 회복, 남미 곡물 시즌 수요 등으로 외형 회복 전망.
- 경쟁 심화에 따른 컨테이너 운임 인상폭이 제한적이나 유가 안정화 및 환율 약세 지속으로 연료비 부담 완화가 예상되어 수익성 일부 개선될 듯.
- 벌크 전용선사업부 매각 등 구조조정 지속, 자회사를 통한 현금성 자산 확보 등으로 재무구조 개선을 위해 노력 중.

▶ 주가 그래프

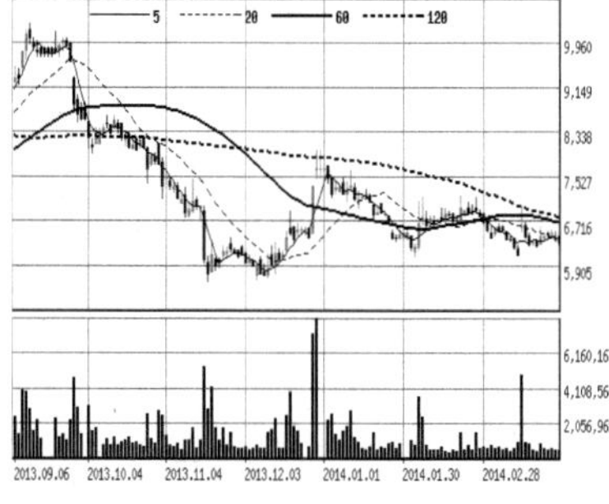

▶ 주가관련지표
(단위 : 원, 배)

구 분		10.12	11.12	12.12	13.12
주 가	최 고	38,950	41,700	18,600	13,450
	최 저	20,350	8,070	9,390	5,730
주 당	순이익	3,224	-8,481	-5,205	-5,649
	매출액	108,323	96,674	84,730	82,594
	순자산	31,789	15,903	9,924	5,046
PER(H/L)		12.08/6.31	-	-	-
PSR(H/L)		0.36/0.19	0.43/0.08	0.22/0.11	0.16/0.07
PBR(H/L)		1.23/0.64	2.62/0.51	1.87/0.95	2.67/1.14

▶ 요약연결재무제표
(단위 : 억원)

구 분	10.12	11.12	12.12	13.12
비유동자산	80,782.7	90,525.4	88,321.9	85,856.2
유 동 자 산	25,722.6	21,443.1	21,985.9	19,937.0
자 산 총 계	106,505.2	111,968.5	110,307.8	105,793.2
지배기업지분	27,020.8	19,878.6	12,404.4	6,373.2
비지배지분	261.2	372.1	506.6	397.4
자 본 총 계	27,282.0	20,250.7	12,911.0	6,770.6
비유동부채	58,514.4	67,709.3	54,309.4	38,433.1
유 동 부 채	20,708.8	24,008.5	43,087.4	60,589.5
부 채 총 계	79,223.2	91,717.8	97,396.8	99,022.6
수　　익	96,252.0	95,232.6	105,893.9	103,317.4
매 출 원 가	85,223.3	95,603.1	102,224.7	101,092.8
매출총이익	11,028.7	-370.6	3,669.2	2,224.6
기타영업수익	960.9	0.0	0.0	0.0
기타영업비용	770.4	0.0	0.0	0.0
판 관 비	4,352.3	4,758.7	4,767.0	4,649.1
영 업 이 익	6,866.9	-5,129.3	-1,097.9	-2,424.5
영업외수익	1,197.1	3,314.8	1,876.1	2,241.8
영업외비용	4,312.9	6,293.4	6,860.5	6,474.7
세전계속영업이익	3,751.1	-8,107.9	-6,082.3	-6,657.4
법인세비용	854.8	130.8	297.2	144.5
지배기업순이익	2,864.9	-8,354.4	-6,504.5	-7,066.1

▶ 요약연결현금흐름표
(단위 : 억원)

구 분	10.12	11.12	12.12	13.12
영업활동현금흐름	6,956.6	-1,302.3	3,111.7	5,851.6
투자활동현금흐름	-9,748.3	-9,919.7	-6,607.9	762.5
재무활동현금흐름	6,344.6	7,431.8	2,222.7	-6,664.7
현금의 증가	3,552.9	-3,790.2	-1,273.4	-50.6
CF의 기말현금	10,439.1	6,842.0	5,579.9	5,171.8

▶ 연결재무비율
(단위 : %)

구 분	10.12	11.12	12.12	13.12
매출액증가율	540.8	-1.1	11.2	-2.4
순이익증가율	흑자전환	적자전환	적자지속	적자지속
R O A	3.0	-7.5	-5.7	-6.3
R O E	12.4	-35.6	-40.3	-75.3
부 채 비 율	290.4	452.9	754.4	1,462.5

현대로지스틱스(주)

채용정보

업종	기업명	채용예상 인원	공채 예상 시기	연봉 정보	영어면접 시행유무
운송업	현대로지스틱스(주)	00명	11월	3000만원 중반	전체시행

외국어능력 시험 제한	토익점수	영어 말하기 점수	학점 제한	학점	스펙초월 채용계획	스펙초월 채용방식
有	비공개	비공개	有	비공개	없음	없음

주소		연락처	메일
서울시 종로구 율곡로 194 현대그룹빌딩		02-2170-3508/3505	recruit@hlc.co.kr

주요상품	
	택배업

기업정보

HYUNDAI LOGISTICS CO.,LTD.

기업개요

대표자 이재복
업종 택배업
형태 주식회사, 대기업
주요제품 택배사업, 항공화물 취급(국내, 국외) ,복합 운송주선
종업원수 1247명 (2013.12)
사업자번호/설립일 102-81-23012/1988.06.13
본사주소 (110-470) 서울 종로구 율곡로 194 (연지동, 현대그룹빌딩)
전화/팩스번호 02-2170-3355/02-725-5244
거래은행/결산월 한국외환은행/12월
홈페이지 www.hlc.co.kr
감사의견 적정

주요주주 (2013.12.31)

(단위 : 천주, %)

주주명	주식수	지분율
현대상선(주)	8,705	47.67
현대글로벌(주)	4,447	24.36
현정은	2,198	12.04
현대증권(주)	609	3.34
현일선	75	0.41
현지선	75	0.41
정지이	47	0.26
정영선	33	0.18
정영이	18	0.10
이재복	15	0.09
김대용		0.00
권중우		0.00

재무정보

(단위 : 백만 원, 천주)

재무상태표	2012.12	2013.12
유동자산(계)	217,169	285,430
당좌자산(계)	217,169	285,205
현금및현금등가물	61,872	89,111
매출채권	149,879	177,688
재고자산(계)	–	225
비유동자산(계)	641,210	552,849
투자자산(계)	407,822	301,632
유형자산(계)	191,128	205,259
리스자산	2,667	2,027
건설중인자산	16,562	1,123
무형자산(계)	15,683	18,551
자산총계	**858,380**	**838,279**
유동부채(계)	223,362	322,604
매입채무	108,177	115,970
단기사채(계)	–	10,000
단기차입금	–	45,000
유동성장기부채	96,627	131,845
유동성사채	70,000	131,213
비유동부채(계)	288,760	266,264
장기사채(계)	238,957	194,219
장기차입금(계)	1,990	38,000
장기부채성충당부채(계)	4,774	4,307
부채총계	**512,122**	**588,868**
자본금	91,303	91,303
자본잉여금	80,874	80,468
이익잉여금	169,465	68,164
자본총계	**346,257**	**249,411**
부채와자본총계	**858,380**	**838,279**
[평균발행주식수]	18,261	18,261

손익계산서	2012.12	2013.12
매출액	**821,222**	**932,328**
매출원가	745,564	855,080
매출총이익(손실)	75,658	77,248
판매비와관리비	54,584	58,008
영업이익	**21,073**	**19,240**
영업외수익	10,922	18,970
영업외비용	20,668	148,184
이자비용	17,028	21,638
세전계속사업이익	**11,327**	**△109,973**
계속사업손익법인세비용	3,585	△9,118
당기순이익(손실)	**7,743**	**△100,856**
기본주당순이익(원)	424	△5,523

❸ 비철금속

고려아연(주) ▎롯데알미늄(주)

기타 제1차 금속 산업은 금, 은, 백금 등의 귀금속과 주석, 니켈, 안티모니, 수은, 망간, 크롬, 텅스텐, 몰리브덴, 마그네사이트, 지르코늄 등의 비철금속 광석 및 스크랩을 처리하여 제련 및 정련하거나 이들의 합금을 제조하는 산업이며, 원재료가 되는 광석의 매장량이 미미하며 대부분 수입에 의존하고 생산 제품은 주로 내수시장에서 소비되고 있음. 2014년 하반기 알루미늄 가공제품은 국내외 경기의 완만한 개선 및 이에 따른 자동차 산업의 생산 증가로 자동차용 수요와 내수경기 회복세로 연포장재용, 캔재료용 수요가 증가하며 상반기에 이어 성장세가 지속될 것으로 전망됨.

고려아연(주)

채용정보

업종	기업명	채용예상 인원	공채 예상 시기	연봉 정보	영어면접 시행유무
비철금속	고려아연(주)	00명	하반기	4400만원	전체시행

외국어능력 시험 제한	토익점수	영어 말하기 점수	학점 제한	학점	스펙초월 채용계획	스펙초월 채용방식
有	인문750점 이공700점	인문IM2 이상 이공IM1 이상	有	3.0점 이상	없음	없음

주소		연락처	메일
서울시 강남구 논현동 142번지 영풍빌딩14층 고려아연㈜ 인사팀		02-519-3420~1	비공개

주요상품	연 및 아연 제련, 정련 및 합금 제조업

기업정보

아연 및 연 등의 비철금속 제련업체
www.koreazinc.co.kr **【5,000원/12월/결산】**
서울 강남구 강남대로 542
대표전화 : 02-519-3671   주식담당자 : 02-519-3680

		주요주주 (13.12)	(%)
설 립 일	1974.08.01	(주)영풍	26.9
상 장 일	1990.07.28	국민연금공단	8.1
대 표 이 사	최창근/이제중	장형진	4.5
종 업 원 수	1,186명(13.12)	매출구성	(%)
회계감사법인	적정(삼정회계법인)	아연	33.3
보 통 주	1,887만주	은	28.9
우 선 주	-	연	13.3
신용등급(Bond)	-	외국인지분율	15.71%
신용등급(CP)	-		

▶ 자본금 변동
(단위 : 억원, 원)

구 분	90.07	90.07	99.01	
증 자 액	600.00	260.00	83.50	-
변 동 내 역	신규	유상	무상	-

▶ 베타와 변동성
(당사/철강,금속/KOSPI)

기 간	12.01 ~ 12.12	13.01 ~ 13.12
베 타	1.21 / 0.96 / 1.00	1.38 / 0.93 / 1.00
변 동 성	40.5 / 18.8 / 15.3	38.3 / 16.2 / 12.2

현황 매출 감소 및 수익성 하락

· 글로벌 경기 부진에 따른 전방 자동차산업 생산 감소, 전기 · 전자산업 회복 지연, 비철금속 가격 약세 등으로 전년대비 매출 규모 축소되었음.
· 고가 정광 투입 및 Fumer 보수 등으로 원가 부담 확대되며 영업이익률 및 순이익률 전년대비 하락하였음. 순익 시현을 통한 이익잉여금 증대 및 차입금 감소에 따른 부채 부담 축소로 제 안정성 지표 전년대비 개선되었으며, 우량한 재무구조 견지.

▶ 주가 그래프

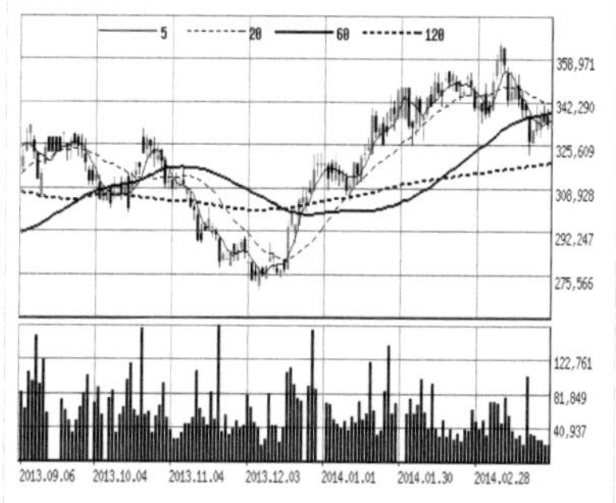

▶ 주가관련지표
(단위 : 원, 배)

구 분	10.12	11.12	12.12	13.12
주가 최 고	327,000	487,000	490,000	406,500
주가 최 저	162,500	232,000	299,000	260,000
주당 순이익	31,054	39,868	31,693	25,352
주당 매출액	217,153	314,379	311,048	272,585
주당 순자산	143,796	179,655	204,525	221,659
PER(H/L)	10.53/5.23	12.22/5.82	15.46/9.43	16.03/10.26
PSR(H/L)	1.51/0.75	1.55/0.74	1.58/0.96	1.49/0.95
PBR(H/L)	2.27/1.13	2.71/1.29	2.40/1.46	1.83/1.17

전망 외형 성장 및 수익성 개선 전망

· 글로벌 경기의 완만한 개선에 따른 전방 자동차 생산 증가, 철강 시황의 회복세로 비철금속 수요 증가, 아연 가격 상승 등으로 외형 성장 전망.
· 매출 증대에 따른 고정비 부담 완화, 연 및 아연 가격 이 상승, 제련수수료 상승으로 수익성 개선 선방.
· 2014년 10월 아연 전해공장 증설, 2015년 12월 제2 비철산업단지 완공으로 중장기적 성장동력 확보 전망.

▶ 요약연결재무제표
(단위 : 억원)

구 분	10.12	11.12	12.12	13.12
비유동자산	19,296.1	21,676.3	24,172.2	25,971.2
유 동 자 산	20,444.2	24,385.5	25,233.2	25,238.5
자 산 총 계	39,740.2	46,061.8	49,405.4	51,209.7
지배기업지분	27,134.4	33,900.8	38,594.0	41,827.0
비지배지분	974.6	1,203.3	1,266.5	1,492.6
자 본 총 계	28,109.0	35,104.1	39,860.5	43,319.6
비유동부채	5,884.5	4,094.5	3,285.6	3,056.4
유 동 부 채	5,746.7	6,863.2	6,259.4	4,833.7
부 채 총 계	11,631.2	10,957.7	9,545.0	7,890.1
수 익	38,380.1	55,564.1	54,975.3	48,177.3
매 출 원 가	30,753.4	44,580.6	45,997.1	40,818.0
매출총이익	7,626.8	10,983.5	8,978.3	7,359.4
기타영업수익	955.1	0.0	0.0	0.0
기타영업비용	591.8	0.0	0.0	0.0
판 관 비	1,148.5	1,347.1	1,402.9	1,373.3
영 업 이 익	6,841.6	9,636.4	7,575.4	5,986.1
영업외수익	950.1	1,460.6	1,385.3	1,205.4
영업외비용	527.0	1,351.9	1,447.3	1,234.9
세전계속영업이익	7,264.6	9,745.1	7,513.5	5,956.5
법인세비용	1,719.2	2,607.8	1,833.2	1,429.0
지배기업순이익	5,488.5	7,046.4	5,601.5	4,480.8

▶ 요약연결현금흐름표
(단위 : 억원)

구 분	10.12	11.12	12.12	13.12
영업활동현금흐름	6,082.9	9,093.2	4,985.9	7,288.6
투자활동현금흐름	-5,077.4	-3,261.4	-5,938.0	-5,303.9
재무활동현금흐름	342.0	-1,343.0	-2,239.9	-2,515.1
현금의 증가	1,347.5	4,488.8	-3,192.0	-530.5
CF의 기말현금	3,514.0	8,034.4	4,753.2	4,197.4

▶ 연결재무비율
(단위 : %)

구 분	10.12	11.12	12.12	13.12
매출액증가율	20.5	44.8	-1.1	-12.4
순이익증가율	32.3	28.4	-20.5	-20.0
R O A	15.4	16.6	11.9	9.0
R O E	22.4	23.1	15.5	11.1
부 채 비 율	41.4	31.2	24.0	18.2

롯데알미늄(주)

채용정보

업종	기업명	채용예상 인원	공채 예상 시기	연봉 정보	영어면접 시행유무
비철금속	롯데알미늄(주)	10명	5월, 10월	3200만원	부분시행 해외영업
외국어능력 시험 제한	토익점수	영어 말하기 점수	학점 제한	학점	스펙초월 채용계획	스펙초월 채용방식
無	제한 없음	제한 없음	無	제한 없음	있음	경험중시

주소	연락처	메일
서울특별시 금천구 벚꽃로 88	02-801-8000	recruit@lotteal.co.kr

주요상품	알루미늄 압연, 압출 및 연신제품 제조업

기업 정보

LOTTE ALUMINIUM CO.,LTD.

기업개요

대표자 김영순
업종 알루미늄 압연, 압출 및 연신제품 제조업
형태 주식회사, 대기업
주요제품 알루미늄박, 알루미늄캔, PET병, 연포장재, 연포장지 제조
종업원수 1310명 (2014. 3)
사업자번호/설립일 119-81-07494/1966.11.04
본사주소 (153-829) 서울 금천구 벚꽃로88 (독산동, 롯데알미늄)
전화/팩스번호 02-801-8000/02-801-8069
거래은행/결산월 우리은행/12월
홈페이지 www.lotteal.co.kr
감사의견 적정

주요주주 (2014. 4.15)

(단위 : 천주, %)

주주명	주식수	지분율
(주)L제2투자회사	362	34.92
(주)광윤사	237	22.84
(주)호텔롯데	134	12.99
롯데쇼핑(주)	125	12.05
(주)롯데캐미칼	84	8.13
(주)호텔롯데부산	40	3.89
(주)대홍기획	31	3.08
(주)롯데리아	20	1.99
신영자	1	0.13

재 무 정 보

(단위 : 백만 원, 천주)

재무상태표	2012.12	2013.12
유동자산(계)	363,043	329,186
당좌자산(계)	285,071	257,914
현금및현금등가물	6,225	6,657
단기투자증권	0	38
매출채권	269,271	243,846
재고자산(계)	77,972	71,271
비유동자산(계)	1,272,638	1,349,228
투자자산(계)	853,003	923,341
유형자산(계)	411,313	418,293
건설중인자산	3,889	2,642
무형자산(계)	2,529	2,539
자산총계	1,635,681	1,678,414
유동부채(계)	394,939	335,286
매입채무	146,329	130,398
단기차입금	133,912	121,837
유동성장기부채	74,911	52,761
유동성사채	74,911	52,761
비유동부채(계)	344,039	385,997
장기사채(계)	110,725	133,483
장기부채성충당부채(계)	4,039	3,579
부채총계	738,978	721,283
자본금	5,189	5,189
자본잉여금	61,513	61,513
이익잉여금	318,300	325,520
자본총계	896,703	957,131
부채와자본총계	1,635,681	1,678,414
[평균발행주식수]	1,038	1,038

손익계산서	2012.12	2013.12
매출액	1,043,768	990,885
매출원가	940,339	898,482
매출총이익(손실)	103,429	92,404
판매비와관리비	69,615	72,888
영업이익	33,814	19,516
영업외수익	26,622	29,809
영업외비용	34,936	41,125
이자비용	14,990	4,241
세전계속사업이익	25,500	8,199
계속사업손익법인세비용	7,285	1,778
당기순이익(손실)	18,215	6,421
기본주당순이익(원)	17,551	6,187

식음료외식 ④

(주)농심 | 대한제당(주) | (주)동원F&B | 롯데제과(주) | 롯데칠성음료(주) | 매일유업(주) | (주)빙그레
(주)오리온 | (주)한국야쿠르트

음료산업은 진입장벽이 낮으나 기존기업의 브랜드와 유통망이 견고하여 신규 진입이 용이하지 않으며 갈수록 변화속도가 빨라지는 소비자들의 기호변화로 신제품 개발능력이 매우 중요한 실정임. 국내 제과산업은 내수경기 부진, 주요 소비계층인 유소년 인구의 감소, 건강과 안전 지향의 식품소비 경향 등으로 양적 성장이 둔화되고 있으나 소비계층의 저변확대 노력과 건강지향 소비성향을 반영한 제품의 고급화, 고가화, 기능화를 통하여 금액적인 성장이 이루어지고 있음. 또한 국내시장 경쟁 심화 등으로 해외 기업들과 전략적 제휴를 통한 현지화 전략을 전개하며 해외 사업 확대에 주력하고 있어 해외 시장에서의 성장이 기대됨.

(주)농심

채용정보

업종	기업명	채용예상 인원	공채 예상 시기	연봉 정보	영어면접 시행유무
식음료외식	(주)농심	00명	4월 중순, 10월 중순	3400만원	부분시행 해외영업

외국어능력 시험 제한	토익점수	영어 말하기 점수	학점 제한	학점	스펙초월 채용계획	스펙초월 채용방식
無	제한 없음	제한 없음	無	제한 없음	있음	직무경험중시

주소		연락처	메일
서울특별시 동작구 여의대방로 112 (신대방동)		02- 820 - 7095	recruit@nongshim.com

주요상품	면류, 마카로니 및 유사식품 제조업

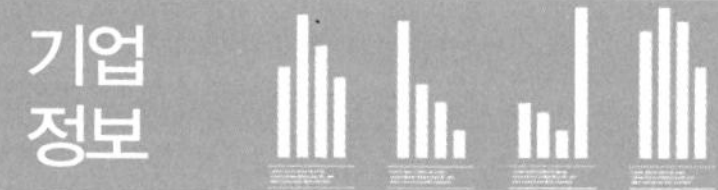

기업정보

국내 시장점유율 1위의 라면 제조업체
www.nongshim.com **【5,000원/12월/결산】**
서울 동작구 여의대방로 112
대표전화 : 02-820-7114 주식담당자 : 02-820-7260

		주요주주 (13.12)	(%)
설 립 일	1965.09.18	(주)농심홀딩스	32.7
상 장 일	1976.06.30	국민연금공단	9.2
대표이사	신동원/박준	신춘호	7.4
종업원수	4,657명(13.12)		
회계감사법인	적정(한영회계법인)	매출구성	(%)
보 통 주	608만주	라면	78.1
우 선 주	-	스낵	15.4
신용등급(Bond)	-	기타	14.0
신용등급(CP)	-	외국인지분율	25.88%

▶ 자본금 변동
(단위 : 억원, 원)

구 분	00.07	03.07	-06.12	-07.12
증 자 액	65.02	-91.43	13.50	2.06
변 동 내 역	무상	감자	전환	전환

▶ 베타와 변동성
(당사/음식료업/KOSPI)

기 간	12.01 ~ 12.12	13.01 ~ 13.12
베 타	0.28 / 0.37 / 1.00	0.50 / 0.56 / 1.00
변 동 성	37.5 / 17.7 / 15.3	28.2 / 16.4 / 12.2

현황 순이익 흑자전환

·국내 경기 부진 영향으로 라면 소비 증가, 스낵 등의 중국향 수출 증가에도 삼다수 판매 계약 만료에 따른 매출 제거로 전년대비 매출 감소.
·매출 감소에도 원재료 가격 하락으로 원가율 개선된 가운데 전년에 발생한 담합 관련 일회성 비용 제거로 전년대비 순이익 흑자전환.
·매입채무 증가 등으로 부채 규모 확대되었으나 순익 시현을 통해 자기자본 확충하는 등 제 안정성 지표 전년대비 소폭 상승.

▶ 주가 그래프

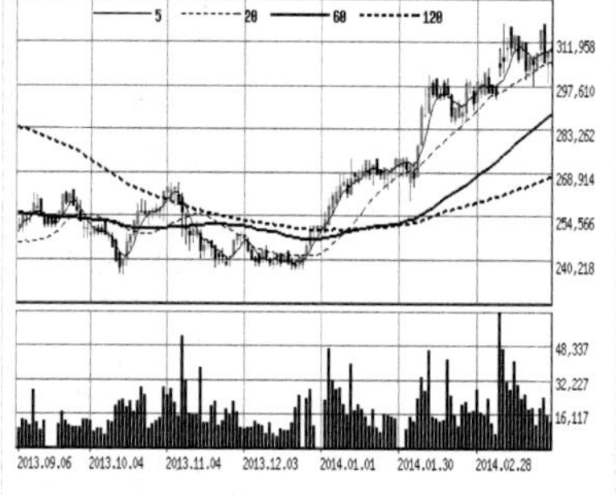

▶ 주가관련지표
(단위 : 원, 배)

구 분		10.12	11.12	12.12	13.12
주 가	최 고	263,000	270,000	285,000	358,000
	최 저	195,000	200,000	204,000	233,000
주 당	순이익	24,168	14,662	-1,173	15,286
	매출액	360,188	375,415	376,250	360,848
	순자산	238,637	246,150	236,878	246,461
PER(H/L)		10.88/8.07	18.41/13.64	-	23.42/15.24
PSR(H/L)		0.73/0.54	0.72/0.53	0.76/0.54	0.99/0.65
PBR(H/L)		1.10/0.82	1.10/0.81	1.20/0.86	1.45/0.95

전망 매출 회복 가능할 전망

·라면시장 내 높은 시장점유율 확보한 가운데 건면, 비빔면 등의 신제품 출시와 함께 스낵 가격 인상에 힘입어 매출 회복 가능할 전망.
·주요 원재료인 소맥 가격의 하향 안정세 지속 및 프리미엄 신제품 출시에 따른 마진 확대 등으로 수익성 개선 기대.
·중국 내 한류 드라마 열풍 등에 힘입어 농심차이나의 타오바오 쇼핑몰이 꾸준한 성장세를 보이고 있는바 중국 시장 확대를 통한 외형 성장 기대.

▶ 요약연결재무제표
(단위 : 억원)

구 분	10.12	11.12	12.12	13.12
비유동자산	12,944.0	13,475.1	13,079.7	12,970.5
유 동 자 산	8,871.9	9,227.8	8,433.4	9,183.4
자 산 총 계	21,815.8	22,702.9	21,513.1	22,153.9
지배기업지분	14,515.4	14,972.4	14,408.5	14,991.3
비지배지분	32.4	220.0	184.9	175.4
자 본 총 계	14,547.8	15,192.5	14,593.4	15,166.7
비유동부채	1,031.3	1,019.1	1,158.2	1,112.8
유 동 부 채	6,236.7	6,491.3	5,761.6	5,874.4
부 채 총 계	7,268.0	7,510.4	6,919.7	6,987.2
수 익	20,828.3	21,708.8	21,757.1	20,866.5
매 출 원 가	14,637.1	15,927.5	15,776.5	15,005.4
매출총이익	6,191.2	5,781.4	5,980.7	5,861.2
기타영업수익	163.9	0.0	0.0	0.0
기타영업비용	65.6	0.0	0.0	0.0
판 관 비	4,658.4	4,765.8	5,011.7	4,935.1
영 업 이 익	1,631.1	1,015.6	968.9	926.0
영업외수익	320.4	493.7	507.3	385.0
영업외비용	115.8	231.4	1,220.3	130.4
세전계속영업이익	1,835.7	1,277.8	255.9	1,180.6
법인세비용	438.1	439.1	347.5	311.6
지배기업순이익	1,397.6	847.8	-67.8	884.0

▶ 요약연결현금흐름표
(단위 : 억원)

구 분	10.12	11.12	12.12	13.12
영업활동현금흐름	2,238.3	1,207.2	290.3	1,622.2
투자활동현금흐름	-1,670.8	-1,326.9	-127.4	-837.1
재무활동현금흐름	-366.0	-315.3	-336.9	-306.9
현금의 증가	201.4	-434.9	-174.0	478.2
CF의 기말현금	1,247.8	812.8	638.5	1,115.7

▶ 연결재무비율
(단위 : %)

구 분	10.12	11.12	12.12	13.12
매출액증가율	3.8	4.2	0.2	-4.1
순이익증가율	9.7	-39.3	적자전환	흑자전환
R O A	6.9	3.8	-0.4	4.0
R O E	10.5	5.8	-0.5	6.0
부 채 비 율	50.0	49.4	47.4	46.1

대한제당(주)

채용정보

업종	기업명	채용예상 인원	공채 예상 시기	연봉 정보	영어면접 시행유무
식음료외식	대한제당(주)	30명	7월	3300만원	無

외국어능력 시험 제한	토익점수	영어 말하기 점수	학점 제한	학점	스펙초월 채용계획	스펙초월 채용방식
無	제한 없음	제한 없음	無	제한 없음	없음	없음

주소		연락처	메일
서울특별시 송파구 올림픽로 299		02-410-6079	비공개

주요상품	동물용 사료 및 조제식품 제조업

기업 정보

제당 및 사료를 주 제품으로 제조 및 판매하는 식품회사
www.ts.co.kr 【2,500원/12월/결산】
인천 중구 월미로 116
대표전화 : 032-770-1400　주식담당자 : 02-410-6055

설 립 일	1956.07.06	주요주주 (13.12)	(%)
상 장 일	1968.12.27	설윤호	23.2
대표이사	고덕희/김영권	박선영	14.1
종업원수	589명(13.12)	신영자산운용(주)	10.2
회계감사법인	적정(대주회계법인)	매출구성	(%)
보 통 주	751만주	설탕외	45.3
우 선 주	65만주	사료	31.9
신용등급(Bond)	A-	외식업	3.1
신용등급(CP)	-	외국인지분율	4.29%

▶ 자본금 변동
(단위 : 억원, 원)

구 분	98.11	-01.12	10.04	11.05
증 자 액	14.64	1.39	29.22	2,500.00
변 동 내 역	무상	전환	무상	액분

▶ 베타와 변동성
(당사/음식료업/KOSPI)

기 간	12.01 ~ 12.12	13.01 ~ 13.12
베 타	0.04 / 0.37 / 1.00	-0.02 / 0.56 / 1.00
변 동 성	27.5 / 17.7 / 15.3	32.3 / 16.4 / 12.2

현황 매출 감소 및 수익성 하락

·금융·서비스·외식업 부문 등의 매출 증가에도 판가 인하에 따른 제당 부문 매출 감소, 사료 부문 판매 부진하여 전년대비 매출 규모 축소.
·대손상각비 증가 등으로 판관비 부담 확대된 가운데 외화관련 영업외수지 저하 등으로 전년대비 영업이익률 및 순이익률 하락.
·영업활동을 통한 현금 창출력이 양호한 가운데 이를 통해 투자부동산 취득, 차입금 상환 등 원활한 자금흐름 보이고 있음.

▶ 주가 그래프

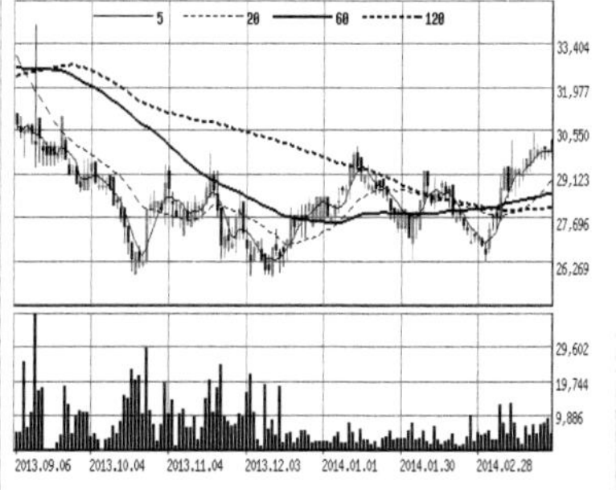

▶ 주가관련지표
(단위 : 원, 배)

구 분	10.12	11.12	12.12	13.12
주가 최 고	31,450	30,650	29,300	38,500
주가 최 저	18,450	18,550	19,300	25,450
주당 순이익	1,181	2,786	4,321	1,562
주당 매출액	178,031	193,797	207,249	190,251
주당 순자산	49,378	50,572	53,174	54,411
PER(H/L)	26.63/15.62	11.00/6.66	6.78/4.47	24.65/16.29
PSR(H/L)	0.18/0.10	0.16/0.10	0.14/0.09	0.20/0.13
PBR(H/L)	0.64/0.37	0.61/0.37	0.55/0.36	0.71/0.47

전망 매출 회복 예상되나 수익성 개선은 제한적일 듯

·설탕 가격 인하 효과가 당분간 이어질 것으로 보이나 필수재 및 양호한 브랜드 인지도를 기반으로 매출 회복 가능할 전망.
·환율 안정세 지속될 것으로 보이나 주요 원재료인 원당 가격 상승으로 원가 부담 확대되어 수익성 개선은 제한적일 듯.
·사료 부문은 FTA 발효로 사육심리가 위축될 것으로 보이나 중국 내에서 성장 산업인바 해외 수출 확대를 통한 매출 회복 기대.

▶ 요약연결재무제표
(단위 : 억원)

구 분	10.12	11.12	12.12	13.12
비유동자산	6,992.5	7,098.8	7,351.4	7,249.7
유 동 자 산	8,379.9	8,859.5	8,855.8	8,296.3
자 산 총 계	15,372.4	15,958.3	16,207.2	15,700.5
지배기업지분	4,027.8	4,125.1	4,337.4	4,438.3
비지배지분	1.8	7.3	4.5	1.5
자 본 총 계	4,029.6	4,132.4	4,341.9	4,439.9
비유동부채	3,148.9	4,152.1	3,914.6	4,141.4
유 동 부 채	8,193.9	7,673.7	7,950.6	7,119.3
부 채 총 계	11,342.8	11,825.9	11,865.2	11,260.6
수 익	13,444.5	14,352.8	15,138.9	13,897.3
매 출 원 가	12,002.5	12,755.2	13,287.1	12,087.2
매출총이익	1,442.0	1,597.5	1,851.8	1,810.1
기타영업수익	0.0	0.0	0.0	0.0
기타영업비용	0.0	0.0	0.0	0.0
판 관 비	1,162.5	1,171.5	1,316.2	1,363.4
영 업 이 익	279.5	426.1	535.6	446.7
영업외수익	327.6	324.1	326.8	257.9
영업외비용	462.4	504.3	478.0	459.1
세전계속영업이익	144.8	245.8	384.4	245.4
법인세비용	47.5	55.9	94.0	141.0
지배기업순이익	89.1	190.9	291.8	107.4

▶ 요약연결현금흐름표
(단위 : 억원)

구 분	10.12	11.12	12.12	13.12
영업활동현금흐름	546.2	26.2	-273.4	1,057.1
투자활동현금흐름	-702.6	-114.1	-213.0	-295.5
재무활동현금흐름	-381.0	342.0	167.6	-700.0
현금의 증가	-537.4	254.1	-318.9	61.7
CF의 기말현금	969.9	1,224.2	905.2	966.7

▶ 연결재무비율
(단위 : %)

구 분	10.12	11.12	12.12	13.12
매출액증가율	0.9	6.8	5.5	-8.2
순이익증가율	-60.8	114.2	52.9	-63.2
R O A	0.6	1.2	1.8	0.7
R O E	2.2	4.7	6.9	2.5
부 채 비 율	281.5	286.2	273.3	253.6

(주)동원F&B

www.dongwonfnb.com

채용정보

업종	기업명	채용예상 인원	공채 예상 시기	연봉 정보	영어면접 시행유무
식음료외식	(주)동원F&B	00명 이상	9~10월	협의	부분시행 해외영업

외국어능력 시험 제한	토익점수	영어 말하기 점수	학점 제한	학점	스펙초월 채용계획	스펙초월 채용방식
無	제한 없음	제한 없음	無	제한 없음	있음	직무경험 중시

주소	연락처	메일
서울특별시 서초구 양재2동 275 동원산업빌딩	02-1588-9350	비공개

주요상품	
	수산동물 훈제, 조리 및 유사 조제식품 제조업

기업 정보

국내 최대 참치캔 생산기업
www.dw.co.kr　**【5,000원/12월/결산】**
서울 서초구 마방로 68
대표전화 : 02-589-3000-1　주식담당자 : 02-589-3214

설 립 일	2000.11.01	주요주주 (13.12)	(%)
상 장 일	2000.11.23	(주)동원엔터프라이즈	71.3
대표이사	박성칠	김해관	0.1
종업원수	1,864명(13.12)		
회계감사법인	적정(삼정회계법인)	매출구성	(%)
보 통 주	386만주	참치통조림외	57.7
우 선 주	-	우유외	16.4
신용등급(Bond)	A+	유통사업외	12.1
신용등급(CP)	A1	외국인지분율	4.21%

▶ 자본금 변동
(단위 : 억원, 원)

구 분	00.11	02.12	10.10	.
증 자 액	150.00	6.71	36.25	-
변 동 내 역	신규	합병	합병	-

▶ 베타와 변동성
(당사/음식료업/KOSPI)

기 간	12.01 ~ 12.12	13.01 ~ 13.12
베　타	0.32 / 0.37 / 1.00	0.32 / 0.56 / 1.00
변 동 성	28.1 / 17.7 / 15.3	42.6 / 16.4 / 12.2

현황　매출 증가 및 수익성 상승

· 사료 및 유통 부문 부진에도 참치캔 및 유제품 가격 인상에 따른 식품사업부 매출 증가에 힘입어 전년대비 매출 규모 확대.
· 참치 원어가 하락 및 식품사업부의 수익성 낮은 품목 축소로 원가 부담 완화된바 전년대비 영업이익률 및 순이익률 상승.
· 단기차입금 일부 상환으로 부채 규모 축소되는 등 재무 안정성 지표 전년대비 개선된바, 전년에 이어 안정적 재무구조 견지.

▶ 주가 그래프

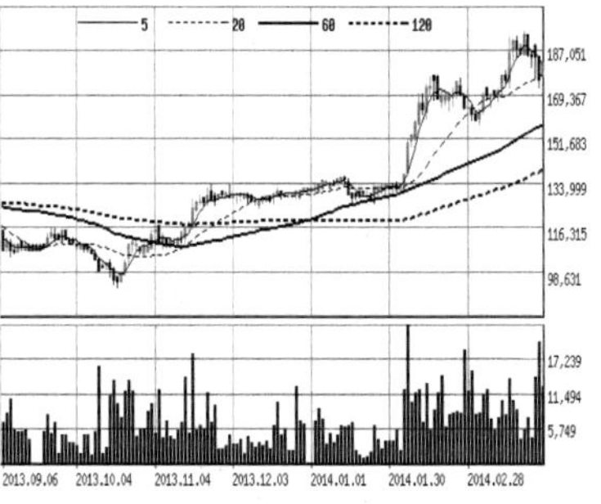

▶ 주가관련지표
(단위 : 원, 배)

구 분		10.12	11.12	12.12	13.12
주 가	최 고	56,000	76,000	76,600	141,000
	최 저	41,600	42,300	58,900	73,100
주 당	순이익	10,562	9,852	5,484	9,471
	매출액	414,422	407,550	430,883	437,568
	순자산	87,406	99,907	102,961	110,581
PER(H/L)		5.30/3.94	7.71/4.29	13.97/10.74	14.89/7.72
PSR(H/L)		0.14/0.10	0.19/0.10	0.18/0.14	0.32/0.17
PBR(H/L)		0.64/0.48	0.76/0.42	0.74/0.57	1.28/0.66

전망　매출 성장 및 수익성 향상 기대

· 유제품 가격 인상 효과 지속 및 참치캔의 안정적인 수요 확대 등 식품사업부 판매 확대에 힘입어 매출 성장세 이어갈 전망.
· 수익성 낮은 품목 조정에 따른 원가구조 개선 노력 지속되고 있는바 수익성 향상 가능할 것으로 기대.
· 중국 최대 규모의 식품업체 광명그룹과 MOU를 통해 참치캔 시장에 진출한바, 중국 시장에서의 매출 가세로 외형 성장 전망.

▶ 요약연결재무제표
(단위 : 억원)

구 분	10.12	11.12	12.12	13.12
비유동자산	4,018.1	4,044.4	4,201.5	4,298.0
유 동 자 산	4,141.0	5,057.1	5,471.3	4,851.4
자 산 총 계	8,159.1	9,101.5	9,672.9	9,149.3
지배기업지분	3,373.1	3,855.5	3,973.4	4,267.5
비지배지분	2.5	3.0	2.8	3.1
자 본 총 계	3,375.6	3,858.5	3,976.2	4,270.6
비유동부채	1,115.3	1,419.5	2,004.1	1,894.2
유 동 부 채	3,668.2	3,823.5	3,692.5	2,984.6
부 채 총 계	4,783.5	5,243.0	5,696.7	4,878.8
수　　　익	13,287.7	15,632.5	16,628.3	16,886.3
매 출 원 가	10,077.5	11,839.4	12,750.1	12,532.8
매출총이익	3,210.2	3,793.1	3,878.3	4,353.5
기타영업수익	0.0	0.0	0.0	0.0
기타영업비용	0.0	0.0	0.0	0.0
판 관 비	2,705.3	3,203.9	3,534.5	3,768.0
영 업 이 익	504.9	589.2	343.8	585.5
영업외수익	138.1	136.3	109.9	111.1
영업외비용	179.7	201.4	189.8	216.1
세전계속영업이익	463.3	524.1	263.9	480.5
법인세비용	117.3	145.7	52.2	114.7
지배기업순이익	338.7	377.9	211.7	365.5

▶ 요약연결현금흐름표
(단위 : 억원)

구 분	10.12	11.12	12.12	13.12
영업활동현금흐름	-50.0	140.0	746.4	1,212.3
투자활동현금흐름	-281.0	-309.1	-1,127.7	-10.9
재무활동현금흐름	95.6	205.0	448.8	-1,169.4
현금의 증가	-235.3	35.9	67.4	32.0
CF의 기말현금	161.4	197.9	264.3	292.7

▶ 연결재무비율
(단위 : %)

구 분	10.12	11.12	12.12	13.12
매출액증가율	33.8	17.7	6.4	1.6
순이익증가율	43.9	11.6	-44.0	72.7
R O A	4.8	4.4	2.3	3.9
R O E	10.5	10.5	5.4	8.9
부 채 비 율	141.7	135.9	143.3	114.2

롯데제과(주)

채용정보

업종	기업명	채용예상 인원	공채 예상 시기	연봉 정보	영어면접 시행유무
식음료외식	롯데제과(주)	00명	4~5월, 9~10월	협의	無

외국어능력 시험 제한	토익점수	영어 말하기 점수	학점 제한	학점	스펙초월 채용계획	스펙초월 채용방식
無	제한 없음	제한 없음	無	제한 없음	없음	없음

주소	연락처	메일
서울특별시 영등포구 양평로 21길 10 (양평동 5가 21)	02-2670-6305~6	비공개

주요상품	과자류 제조업

기업정보

국내 건과 및 빙과 시장점유율 1위 기업
www.lotteconf.co.kr **[5,000원/12월/결산]**
서울 영등포구 양평로21길 10
대표전화 : 02-2670-6114 주식담당자 : 02-2670-6250

		주요주주 (13.12)	(%)
설 립 일	1967.03.24	롯데알미늄(주)	15.3
상 장 일	1974.02.16	(재)롯데장학재단	8.7
대표이사	김용수/신동빈	신격호	6.8
종업원수	4,541명(13.12)	매출구성	(%)
회계감사법인	적정(삼일회계법인)	비스켓,초코렛	39.1
보 통 주	142만주	빙과제빵,기타	32.5
우 선 주	-	껌 및 캔디	12.4
신용등급(Bond)	AA+	외국인지분율	39.51%
신용등급(CP)	A1		

▶ 자본금 변동 (단위 : 억원, 원)

구 분	80.01	84.09	87.11	90.03
증 자 액	10.00	20.00	9.00	2.07
변 동 내 역	유상	유상	유상	주식

▶ 베타와 변동성 (당사/음식료업/KOSPI)

기 간	12.01 ~ 12.12	13.01 ~ 13.12
베 타	0.63 / 0.37 / 1.00	0.65 / 0.56 / 1.00
변 동 성	26.3 / 17.7 / 15.3	27.0 / 16.4 / 12.2

현황 | 외형 확대에도 수익성 저하

· 대형마트 의무휴업 확대에도 과자류, 껌류 및 빙과류 매출 증가한 가운데 기린식품 합병에 따른 제빵 부문 매출 기여로 전년대비 외형 확대.
· 지급수수료, 판매촉진비 증가 등 판관비 부담 확대된 가운데 지분법손실 증가 등으로 전년대비 영업이익률 및 순이익률 하락.
· 순익 시현에 따른 자기자본 확충에도 사채 발행으로 부채 부담 확대되는 등 제 안정성 지표 전년대비 저하 되었으나 여전히 양호한 수준 견지.

▶ 주가 그래프

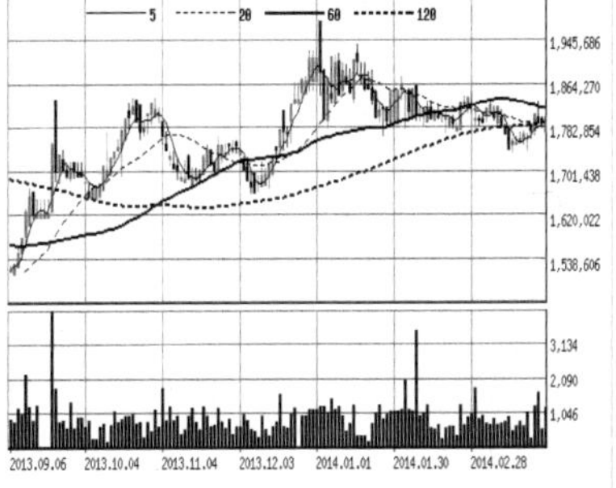

▶ 주가관련지표 (단위 : 원, 배)

구 분		10.12	11.12	12.12	13.12
주가	최 고	1,570,000	1,860,000	1,840,000	2,005,000
	최 저	1,110,000	1,340,000	1,419,000	1,469,000
주당	순이익	66,461	69,402	65,102	36,044
	매출액	1,172,858	1,317,435	1,324,778	1,404,268
	순자산	1,841,207	1,780,431	1,903,486	1,978,599
PER(H/L)		23.62/16.70	26.80/19.31	28.26/21.80	55.63/40.76
PSR(H/L)		1.34/0.95	1.41/1.02	1.39/1.07	1.43/1.05
PBR(H/L)		0.85/0.60	1.04/0.75	0.97/0.75	1.01/0.74

전망 | 외형 확대 및 수익성 개선 기대

· 제과 부문의 가격 인상 및 지속적인 신제품 출시와 함께 카자흐스탄 1위 제과업체 인수에 따른 매출 기여로 외형 확대 전망.
· 중국의 적자 사업부 구조조정 및 경쟁 완화에 따른 판촉비 부담 완화 등으로 수익성 개선 가능할 것으로 기대.
· 영업활동상 양호한 현금 창출력 및 양호한 수준의 재무구조 견지한바 향후 사업 운용상 추가 자금조달은 원활할 듯.

▶ 요약연결재무제표 (단위 : 억원)

구 분	10.12	11.12	12.12	13.12
비유동자산	33,074.1	31,603.8	33,116.7	36,473.0
유 동 자 산	6,844.7	7,408.8	7,127.2	7,849.1
자 산 총 계	39,918.8	39,012.7	40,243.9	44,322.2
지배기업지분	26,170.9	25,307.1	27,056.1	28,123.8
비지배지분	748.5	842.9	959.9	1,541.6
자 본 총 계	26,919.4	26,149.9	28,016.1	29,665.4
비유동부채	7,739.2	6,144.2	8,504.9	9,744.4
유 동 부 채	5,260.2	6,718.5	3,722.9	4,912.4
부 채 총 계	12,999.4	12,862.8	12,227.8	14,656.8
수 익	16,506.8	18,541.6	18,644.9	19,763.7
매 출 원 가	9,785.0	11,397.9	11,816.8	12,540.8
매출총이익	6,721.8	7,143.7	6,828.1	7,222.9
기타영업수익	136.3	0.0	0.0	0.0
기타영업비용	110.1	0.0	0.0	0.0
판 관 비	5,035.4	5,411.3	5,674.2	6,307.5
영 업 이 익	1,712.6	1,732.4	1,154.0	915.4
영업외수익	562.6	693.9	887.2	641.6
영업외비용	967.9	850.3	781.2	632.1
세전계속영업이익	1,307.3	1,576.0	1,260.0	924.9
법인세비용	366.5	572.4	362.3	373.0
지배기업순이익	935.4	976.8	916.3	507.3

▶ 요약연결현금흐름표 (단위 : 억원)

구 분	10.12	11.12	12.12	13.12
영업활동현금흐름	1,545.2	1,423.5	913.2	1,479.1
투자활동현금흐름	-363.0	-820.8	-118.7	-2,989.4
재무활동현금흐름	-150.4	-702.1	-822.2	1,551.1
현금의 증가	1,031.8	-99.3	-27.7	40.8
CF의 기말현금	1,925.4	1,826.1	1,796.8	1,836.2

▶ 연결재무비율 (단위 : %)

구 분	10.12	11.12	12.12	13.12
매출액증가율	5.4	12.3	0.6	6.0
순이익증가율	-3.3	4.4	-6.2	-44.6
R O A	2.4	2.5	2.3	1.3
R O E	3.7	3.8	3.5	1.8
부 채 비 율	48.3	49.2	43.7	49.4

롯데칠성음료(주)

company.lottechilsung.co.kr

채용정보

업종	기업명	채용예상 인원	공채 예상 시기	연봉 정보	영어면접 시행유무
식음료외식	롯데칠성음료(주)	00명	5월, 9월	3400만원	부분시행 해외영업
외국어능력 시험 제한	토익점수	영어 말하기 점수	학점 제한	학점	스펙초월 채용계획	스펙초월 채용방식
無	제한 없음	제한 없음	無	제한 없음	있음	블라인드 채용

주소	연락처	메일
서울특별시 송파구 올림픽로 269 롯데캐슬골드 4, 5층	02-3479-9144	insa@lottechilsung.co.kr

주요상품	
	비알콜음료 제조업

기업정보

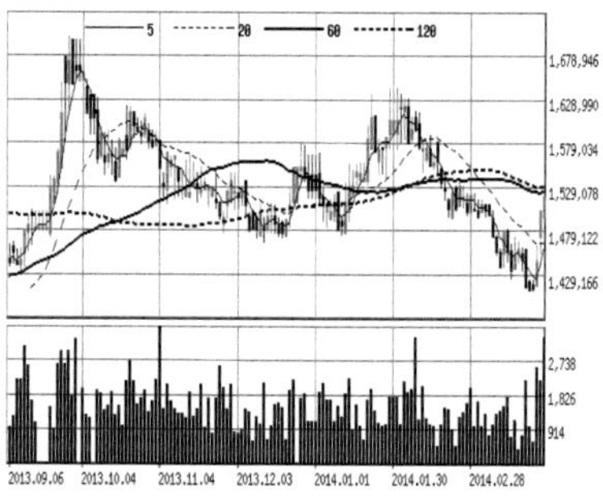

음료 및 주류 제조 및 판매기업
http://company.lottechilsung.co.kr 【5,000원/12월/결산】
서울 서초구 서초2동 1322-1
대표전화 : 02-3479-9114   주식담당자 : 02-3479-9117

구 분		
설 립 일	1950.05.09	
상 장 일	1973.06.21	
대표이사	이재혁	
종업원수	5,165명(13.12)	
회계감사법인	적정(삼일회계법인)	
보 통 주	124만주	
우 선 주	12만주	
신용등급(Bond)	AA+	
신용등급(CP)	A1	

주요주주 (13.12)	(%)
롯데제과(주)	17.7
국민연금공단	10.3
롯데알미늄(주)	8.9
매출구성	(%)
탄산음료	25.8
소주	21.0
기타주류	12.5
외국인지분율	25.01%

▶ 자본금 변동
(단위 : 억원, 원)

구 분	86.10	87.11	89.01	90.04
증 자 액	3.67	10.00	10.00	1.86
변 동 내 역	합병	유상	유상	주식

▶ 베타와 변동성
(당사/음식료업/KOSPI)

기 간	12.01 ~ 12.12	13.01 ~ 13.12
베 타	0.31 / 0.37 / 1.00	0.59 / 0.56 / 1.00
변 동 성	24.7 / 17.7 / 15.3	25.8 / 16.4 / 12.2

현 황 매출 증가 및 수익성 상승

· 국내 경기 둔화에 따른 식품경기 부진에도 소주, 캔커피, 생수 등의 판매 증가와 탄산음료 부문의 양호한 성장으로 전년대비 매출 규모 확대.
· 운반비 증가 등 판관비 부담 확대에도 당류 등 주요 원재료 가격 하락으로 원가 부담 완화되어 전년대비 영업이익률 및 순이익률 상승.
· 이연법인세 증가 등 부채 규모 확대에도 순이익 내부 유보를 통한 자기자본 확충으로 제 안정성 지표 전년대비 소폭 개선.

▶ 주가 그래프

▶ 주가관련지표
(단위 : 원, 배)

구 분		10.12	11.12	12.12	13.12
주가	최 고	960,000	1,465,000	1,515,000	1,722,000
	최 저	743,000	886,000	1,202,000	1,315,000
주당	순이익	45,899	56,570	61,145	74,371
	매출액	1,361,857	1,537,897	1,619,938	1,632,712
	순자산	1,608,643	1,576,619	1,668,321	1,779,294
PER(H/L)		20.92/16.19	25.90/15.66	24.78/19.66	23.15/17.68
PSR(H/L)		0.70/0.55	0.95/0.58	0.94/0.74	1.05/0.81
PBR(H/L)		0.60/0.46	0.93/0.56	0.91/0.72	0.97/0.74

전 망 맥주 시장 신규 진출로 매출 성장세 이어갈 듯

· 탄산음료의 안정적인 수요 확대와 음료 부문 가격 인상 효과 반영, 상반기 맥주 부문의 신규 사업 추진 등에 힘입어 매출 성장세 이어갈 듯.
· 맥주 부문 신규 사업에 따른 초기비용 부담이 예상되나, 고수익 제품군인 탄산음료 판매 비중 확대로 수익성 개선 추세 이어갈 듯.
· 저도주 선호 현상에 따라 주력 소주인 처음처럼의 도수를 1도 낮춰 출시한바, 매출 증대에 긍정적으로 작용할 전망.

▶ 요약연결재무제표
(단위 : 억원)

구 분	10.12	11.12	12.12	13.12
비유동자산	30,135.5	29,195.5	30,002.9	31,787.9
유 동 자 산	6,252.1	6,796.3	7,501.6	7,797.1
자 산 총 계	36,387.6	35,991.8	37,504.5	39,585.0
지배기업지분	21,832.6	21,397.9	22,642.5	24,148.6
비지배지분	42.5	41.6	41.6	110.3
자 본 총 계	21,875.0	21,439.5	22,684.2	24,258.9
비유동부채	8,857.5	5,482.0	8,909.8	8,747.1
유 동 부 채	5,655.1	9,070.3	5,910.6	6,579.0
부 채 총 계	14,512.6	14,552.3	14,820.4	15,326.1
수 익	18,483.2	20,872.4	21,985.9	22,159.2
매 출 원 가	10,837.3	12,365.7	13,080.9	12,840.7
매 출 총 이 익	7,645.9	8,506.7	8,905.0	9,318.5
기타영업수익	168.3	0.0	0.0	0.0
기타영업비용	216.4	0.0	0.0	0.0
판 관 비	6,264.3	6,754.5	7,404.6	7,594.7
영 업 이 익	1,333.4	1,752.2	1,500.4	1,723.8
영업외수익	197.8	323.4	333.0	321.6
영업외비용	657.0	749.2	617.1	553.6
세전계속영업이익	874.3	1,324.1	1,217.1	1,491.9
법인세비용	249.2	555.1	387.6	456.9
지배기업순이익	623.5	769.1	830.6	1,010.3

▶ 요약연결현금흐름표
(단위 : 억원)

구 분	10.12	11.12	12.12	13.12
영업활동현금흐름	1,534.0	2,060.2	1,267.9	2,227.5
투자활동현금흐름	-1,689.1	-1,665.3	-2,176.3	-2,099.0
재무활동현금흐름	313.9	-488.3	809.5	249.6
현금의 증가	158.9	-93.4	-98.9	378.1
CF의 기말현금	1,025.0	944.8	813.8	1,199.2

▶ 연결재무비율
(단위 : %)

구 분	10.12	11.12	12.12	13.12
매출액증가율	42.1	12.9	5.3	0.8
순이익증가율	602.4	23.4	8.0	21.6
R O A	1.9	2.1	2.3	2.7
R O E	3.0	3.6	3.8	4.3
부 채 비 율	66.3	67.9	65.3	63.2

매일유업(주)

www.maeil.com

채용정보

업종	기업명	채용예상 인원	공채 예상 시기	연봉 정보	영어면접 시행유무
식음료외식	매일유업(주)	00명	4월	3300만원	無

외국어능력 시험 제한	토익점수	영어 말하기 점수	학점 제한	학점	스펙초월 채용계획	스펙초월 채용방식
有	800점	제한 없음	無	제한 없음	없음	없음

주소		연락처	메일
서울시 종로구 종로1길 (중학동) 더 케이 트윈타워 A동		1588-1539	비공개

주요상품	액상시유 및 기타 낙농제품 제조업

기업 정보

분유, 시유 및 유음료 제조 및 판매업체
www.maeil.com 【500원/12월/결산】
서울 종로구 율곡로 88
대표전화 : 02-2127-2114 주식담당자 : 02-2127-2096

		주요주주 (13.12)	(%)
설 립 일	1969.02.14		
등 록 일	1999.05.14	김정완	15.4
대표이사	김정완/김선희	진암사회복지재단	10.0
종업원수	2,034명(13.12)	김정민	6.9
회계감사법인	적정(삼일회계법인)	매출구성	(%)
보 통 주	1,340만주	유제품외	100.0
우 선 주	-		
신용등급(Bond)	-		
신용등급(CP)	A2+	외국인지분율	5.35%

▶ 자본금 변동
(단위 : 억원, 원)

구 분	99.05	01.01	.	.
증 자 액	67.00	500.00	-	-
변 동 내 역	신규	액분	-	-

▶ 베타와 변동성
(당사/음식료,담배/KOSDAQ)

기 간	12.01 ~ 12.12	13.01 ~ 13.12
베 타	1.04 / 0.96 / 1.00	0.98 / 0.90 / 1.00
변 동 성	47.0 / 21.7 / 16.5	42.0 / 22.4 / 16.3

현황 매출 증가, 순이익률 소폭 하락

·분유 및 음료 부문의 양호한 성장과 함께 유아동의류 및 용품 부문 신규 매출 발생으로 전년대비 매출 규모 확대.
·판관비 부담 확대에도 조제분유 판가 인상으로 원가율 개선되어 영업이익률 전년 수준 유지하였으나 법인세 비용 증가로 순이익률 소폭 하락.
·매입채무 증가 등 부채 규모 확대에도 순이익 내부유보를 통해 자기자본 확충한바 전년대비 제 안정성 지표 개선.

전망 매출 성장 및 수익성 개선 기대

·분유, 커피음료, 치즈 등의 높은 시장지위 확보에 따른 양호한 성장 지속과 함께 중국향 분유 수출 확대를 통한 매출 성장 전망.
·매출 성장과 함께 고마진 제품군 판매 확대 및 유가공품 판가 인상 효과 등에 따른 고정비 부담 완화로 수익성 개선 기대.
·분유 제품의 중국 유통망 확대를 위해 자회사 제로투세븐 온라인몰 입점 및 신규 거래선 추가할 예정인바, 이를 통한 외형 성장 기대.

▶ 주가 그래프

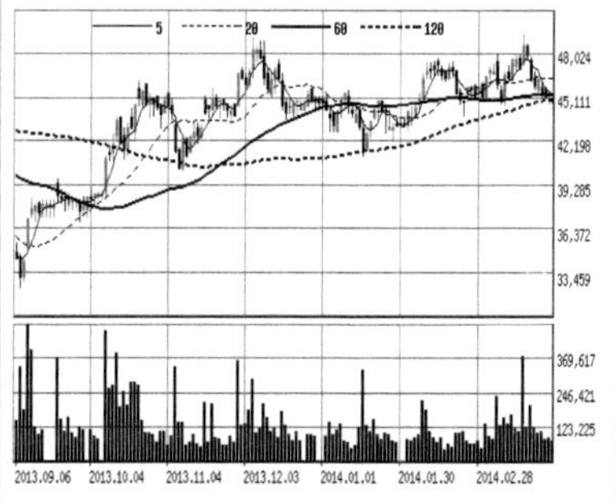

▶ 주가관련지표
(단위 : 원, 배)

구 분		10.12	11.12	12.12	13.12
주가	최 고	21,700	22,500	37,600	55,300
	최 저	13,250	9,900	13,850	31,250
주당	순이익	1,759	396	1,711	1,703
	매출액	75,989	77,902	85,963	107,112
	순자산	20,740	20,798	22,698	24,775
PER(H/L)		12.34/7.53	56.82/25.00	21.98/8.09	32.47/18.35
PSR(H/L)		0.29/0.17	0.29/0.13	0.44/0.16	0.52/0.29
PBR(H/L)		1.05/0.64	1.08/0.48	1.66/0.61	2.23/1.26

▶ 요약연결재무제표
(단위 : 억원)

구 분	10.12	11.12	12.12	13.12
비유동자산	3,324.5	3,375.6	3,356.1	3,190.7
유 동 자 산	2,347.1	2,745.0	2,921.0	4,051.7
자 산 총 계	5,671.5	6,120.6	6,277.1	7,242.4
지배기업지분	2,779.2	2,787.0	3,041.6	3,319.8
비지배지분	6.0	12.7	19.2	373.8
자 본 총 계	2,785.2	2,799.6	3,060.8	3,693.6
비유동부채	457.3	1,011.8	1,041.6	953.7
유 동 부 채	2,429.0	2,309.2	2,174.7	2,595.1
부 채 총 계	2,886.3	3,321.0	3,216.3	3,548.8
수 익	9,531.9	9,758.8	10,723.3	13,643.8
매 출 원 가	6,853.5	7,027.3	7,771.7	9,322.2
매출총이익	2,678.4	2,731.5	2,951.6	4,321.6
기타영업수익	102.2	0.0	0.0	0.0
기타영업비용	41.0	0.0	0.0	0.0
판 관 비	2,459.9	2,594.9	2,685.9	3,974.9
영 업 이 익	279.7	136.6	265.7	346.6
영업외수익	48.7	153.8	170.7	182.4
영업외비용	74.3	175.4	173.7	188.9
세전계속영업이익	254.1	115.1	262.6	340.1
법인세비용	36.4	68.3	56.5	110.5
지배기업순이익	220.7	49.6	213.5	217.0

▶ 요약연결현금흐름표
(단위 : 억원)

구 분	10.12	11.12	12.12	13.12
영업활동현금흐름	215.0	110.5	596.6	408.6
투자활동현금흐름	-385.2	-365.4	-252.1	-177.3
재무활동현금흐름	-72.1	336.1	-223.7	91.8
현금의 증가	-242.3	81.1	120.8	323.1
CF의 기말현금	131.3	216.0	333.5	650.2

▶ 연결재무비율
(단위 : %)

구 분	10.12	11.12	12.12	13.12
매출액증가율	-9.5	2.4	9.9	27.2
순이익증가율	7.1	-77.5	330.0	1.7
R O A	3.8	0.8	3.3	3.4
R O E	8.4	1.8	7.3	6.8
부 채 비 율	103.6	118.6	105.1	96.1

(주)빙그레

채용정보

업종	기업명	채용예상 인원	공채 예상 시기	연봉 정보	영어면접 시행유무
식음료외식	(주)빙그레	50~70명	5월, 10월	3800만원	無

외국어능력 시험 제한	토익점수	영어 말하기 점수	학점 제한	학점	스펙초월 채용계획	스펙초월 채용방식
無	제한 없음	제한 없음	無	제한 없음	있음	면접전형 강화

주소	연락처	메일
경기도 남양주시 도농동 344-3	02-2022-6116	lbigbell@bing.co.kr

주요상품	아이스크림 및 기타 식용빙과류 제조업

기업 정보

유제품 및 빙과류 전문 식품기업
www.bing.co.kr **【5,000원/12월/결산】**
경기도 남양주시 미금로65번길 45
대표전화 : 02-2022-6000 주식담당자 : 02-2022-6261

설 립 일	1967.09.13	주요주주 (13.12)	(%)
상 장 일	1978.08.31	김호연	33.3
대표이사	이건영	Templeton Investment Counsel,	7.2
종업원수	1,554명(13.12)	국민연금공단	6.3
회계감사법인	적정(삼정회계법인)	매출구성	(%)
보 통 주	985만주	우유 및 유음료 외	57.3
우 선 주	-	아이스크림외	42.6
신용등급(Bond)	-	컨테이너 보관서비스	0.1
신용등급(CP)	-	외국인지분율	22.94%

▶ 자본금 변동

(단위 : 억원, 원)

구 분	98.12	98.12	99.02	-00.12
증 자 액	14.04	81.97	50.00	117.55
변 동 내 역	주식	유상	유상	전환

▶ 베타와 변동성

(당사/음식료업/KOSPI)

기 간	12.01 ~ 12.12	13.01 ~ 13.12
베 타	0.45 / 0.37 / 1.00	0.69 / 0.56 / 1.00
변 동 성	40.6 / 17.7 / 15.3	33.8 / 16.4 / 12.2

현 황 | 매출 증가에도 수익성 저하

· 빙과류 수출 감소에도 유제품 판가 인상과 함께 하반기 중국 시장에서의 바나나맛우유 판매 회복 등에 힘입어 전년대비 매출액 증가.
· 매출 증가에 따른 판관비 부담 완화에도 원유 가격 상승에 따른 원가 부담 확대로 전년대비 영업이익률 및 순이익률 하락.
· 실질적 무차입경영 기조 유지하는 가운데 자산대비 충분한 규모의 자기자본을 보유하고 있는바 전년에 이어 우량한 재무구조 견지.

▶ 주가 그래프

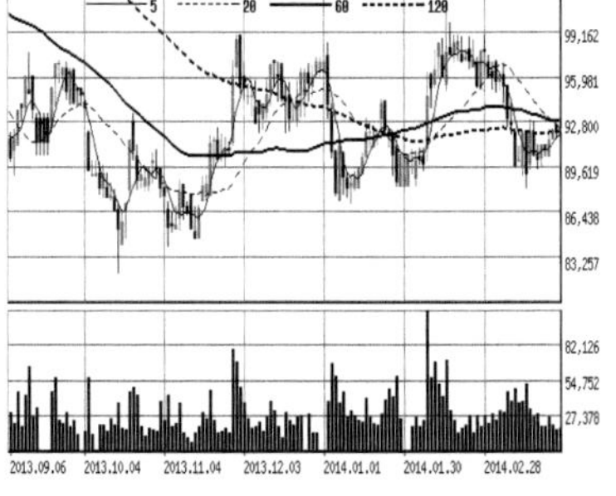

▶ 주가관련지표

(단위 : 원, 배)

구 분	10.12	11.12	12.12	13.12
주 최 고	58,000	66,400	131,500	138,500
가 최 저	44,900	45,700	54,900	84,600
주 순이익	5,512	4,753	5,744	4,289
매출액	78,015	81,582	89,350	91,155
당 순자산	37,371	40,004	44,224	47,174
PER(H/L)	10.52/8.15	13.97/9.61	22.89/9.56	32.29/19.72
PSR(H/L)	0.74/0.58	0.81/0.56	1.47/0.61	1.52/0.93
PBR(H/L)	1.55/1.20	1.66/1.14	2.97/1.24	2.94/1.79

전 망 | 매출 성장, 수익성 개선 기대

· 판가 인상 효과가 당분간 이어질 것으로 보이는 가운데 중국향 바나나맛우유 및 브라질향 아이스크림 수출 확대로 매출 성장 전망.
· 원유 가격 상승에 따른 원가 부담 지속이 예상되나 마진율 높은 빙과류 부문의 판매 비중 확대로 수익성 개선 가능할 것으로 기대.
· 브라질 법인 통해 국내 계절과 반대인 남미 지역을 빙과류 수출 거점으로 활용, 계절적 비수기의 매출액 보완을 통한 외형 성장 기대.

▶ 요약연결재무제표

(단위 : 억원)

구 분	10.12	11.12	12.12	13.12
비유동자산	2,187.4	2,321.1	2,438.5	2,635.4
유 동 자 산	2,513.8	2,618.4	3,017.9	3,007.6
자 산 총 계	4,701.2	4,939.5	5,456.3	5,642.9
지배기업지분	3,681.5	3,940.9	4,356.7	4,647.3
비지배지분	0.0	29.4	28.5	28.8
자 본 총 계	3,681.5	3,970.3	4,385.2	4,676.1
비유동부채	235.4	258.4	276.4	250.1
유 동 부 채	784.3	710.9	794.7	716.8
부 채 총 계	1,019.7	969.2	1,071.2	966.9
수 익	6,853.5	7,213.3	7,900.2	8,059.7
매 출 원 가	4,648.5	5,050.4	5,386.0	5,737.6
매출총이익	2,205.0	2,162.9	2,514.1	2,322.1
기타영업수익	11.1	0.0	0.0	0.0
기타영업비용	59.2	0.0	0.0	0.0
판 관 비	1,560.3	1,660.6	1,848.3	1,814.8
영 업 이 익	596.7	502.3	665.9	507.4
영업외수익	53.6	77.1	72.2	71.0
영업외비용	6.8	30.1	63.8	78.6
세전계속영업이익	643.5	549.3	674.2	499.8
법인세비용	149.0	120.0	167.2	120.6
지배기업순이익	484.3	420.3	507.9	378.9

▶ 요약연결현금흐름표

(단위 : 억원)

구 분	10.12	11.12	12.12	13.12
영업활동현금흐름	568.3	135.4	666.6	519.2
투자활동현금흐름	-218.2	-62.3	-1,115.8	-665.3
재무활동현금흐름	-70.2	-117.0	-112.6	-184.9
현금의 증가	280.0	-43.9	-561.8	-330.9
CF의 기말현금	1,228.3	1,184.3	620.4	289.4

▶ 연결재무비율

(단위 : %)

구 분	10.12	11.12	12.12	13.12
매출액증가율	-	5.3	9.5	2.0
순이익증가율	-	-13.2	20.9	-25.4
R O A	10.3	8.7	9.8	6.8
R O E	13.2	11.0	12.2	8.4
부 채 비 율	27.7	24.4	24.4	20.7

(주)오리온

채용정보

업종	기업명	채용예상 인원	공채 예상 시기	연봉 정보	영어면접 시행유무
식음료외식	(주)오리온	0명	3~4월	3200만원	無

외국어능력 시험 제한	토익점수	영어 말하기 점수	학점 제한	학점	스펙초월 채용계획	스펙초월 채용방식
有	600점	제한 없음	有	3.0점 이상	있음	구체적인 계획이 없음

주소	연락처	메일
서울시 용산구 문배동 30-10	02-710-6000	orion@orionworld.com

주요상품	제과사업 기반으로 사업 다각화의 실질적 지주사

기업 정보

제과사업을 모태로 다양한 사업을 영위하는 실질적 지주사
www.orionworld.com 【5,000원/12월/결산】
서울 용산구 백범로90다길 13
대표전화 : 02-710-6000 주식담당자 : 02-710-6000

설 립 일	1956.07.25	주요주주 (13.12)	(%)
상 장 일	1975.06.27	이화경	14.5
대 표 이 사	강원기	담철곤	12.9
종업원수	2,450명(13.12)	담경선	0.5
회계감사법인	적정(삼정회계법인)	매출구성	(%)
보 통 주	597만주	스낵	38.1
우 선 주	-	파이	22.2
신용등급(Bond)	AA-	비스킷	17.1
신용등급(CP)	A1	외국인지분율	40.13%

▶ 자본금 변동
(단위 : 억원, 원)

구 분	-11.12	-12.12	-13.12	14.01-
증 자 액	0.04	0.10	0.21	0.15
변 동 내 역	전환	전환	전환	전환

▶ 베타와 변동성
(당사/음식료업/KOSPI)

기 간	12.01 ~ 12.12	13.01 ~ 13.12
베 타	0.30 / 0.37 / 1.00	0.47 / 0.56 / 1.00
변 동 성	35.7 / 17.7 / 15.3	33.0 / 16.4 / 12.2

현황 매출 성장에도 수익성 하락
· 스포츠토토 판매 부진에도 영상 및 건설 부문의 양호한 성장과 함께 중국 시장에서의 제과 부문 판매 호조로 전년대비 매출 성장.
· 스포츠토토 수수료율 하락한 가운데 판매촉진비 증가 등 판매비 부담 확대로 진년대비 영입이큘 및 순이익률 하락.
· 브랜드 인지도를 바탕으로 중국 파이시장 점유율 1위, 베트남 제과시장에서 1위를 차지하는 등 해외 시장에서 높은 성장세 보이고 있음.

▶ 주가 그래프

▶ 주가관련지표
(단위 : 원, 배)

구 분	10.12	11.12	12.12	13.12
주 가 최 고	428,500	682,000	1,123,000	1,214,000
주 가 최 저	244,500	358,000	606,000	882,000
주 당 순이익	37,270	18,908	28,842	27,698
주 당 매출액	303,826	363,958	450,489	472,452
주 당 순자산	129,950	146,981	164,993	188,018
PER(H/L)	11.50/6.56	36.07/18.93	38.94/21.01	43.83/31.84
PSR(H/L)	1.41/0.80	1.87/0.98	2.49/1.35	2.57/1.87
PBR(H/L)	3.30/1.88	4.64/2.44	6.81/3.67	6.46/4.69

전망 매출 성장 및 수익성 개선 기대
· 제과 부문의 가격 인상 효과 반영 및 중국 시장에서의 높은 브랜드 인지도와 함께 신공장 가동으로 매출 성장세 이어갈 전망.
· 신공장 가동에 따른 초기비용 증가가 예상되나 동북 3싱으로의 물류비 축소, 매출 싱장에 따른 고징비 부담 완화로 수익성 개선 기대.
· 다만, 스포츠토토 사업의 계약 만료로 하반기부터 매출이 미반영될 예정인바 외형 성장은 다소 둔화될 수 있음.

▶ 요약연결재무제표
(단위 : 억원)

구 분	10.12	11.12	12.12	13.12
비유동자산	13,374.5	14,207.2	16,153.2	19,052.2
유 동 자 산	8,322.4	8,991.7	10,322.9	10,683.9
자 산 총 계	21,696.9	23,198.8	26,476.1	29,736.2
지배기업지분	7,750.3	8,767.2	9,845.0	11,226.8
비지배지분	1,231.8	1,329.0	1,434.8	1,466.0
자 본 총 계	8,982.1	10,096.3	11,279.8	12,692.8
비유동부채	4,019.5	4,838.6	6,635.5	6,030.5
유 동 부 채	8,695.4	8,264.0	8,560.8	11,012.9
부 채 총 계	12,714.9	13,102.6	15,196.3	17,043.4
수 익	15,954.7	19,126.3	23,680.3	24,852.0
매 출 원 가	8,714.0	10,755.0	13,484.1	14,079.2
매출총이익	7,240.6	8,371.2	10,196.2	10,772.7
기타영업수익	1,589.7	0.0	0.0	0.0
기타영업비용	343.4	0.0	0.0	0.0
판 관 비	5,110.8	6,220.3	7,558.9	8,184.9
영 업 이 익	3,376.1	2,150.9	2,637.3	2,587.8
영업외수익	319.8	464.0	395.0	382.3
영업외비용	654.7	834.0	790.2	709.0
세전계속영업이익	3,041.2	1,781.0	2,241.5	2,261.1
법인세비용	926.2	652.6	491.9	658.7
지배기업순이익	1,957.1	993.7	1,516.1	1,457.0

▶ 요약연결현금흐름표
(단위 : 억원)

구 분	10.12	11.12	12.12	13.12
영업활동현금흐름	1,398.9	1,702.5	2,498.1	2,923.8
투자활동현금흐름	506.8	-993.1	-4,147.5	-3,868.5
재무활동현금흐름	-1,730.8	136.3	1,676.2	1,171.4
현금의 증가	174.9	845.7	26.7	226.7
CF의 기말현금	1,255.1	2,155.0	2,114.7	2,331.8

▶ 연결재무비율
(단위 : %)

구 분	10.12	11.12	12.12	13.12
매출액증가율	3.5	19.9	23.8	5.0
순이익증가율	925.6	-49.2	52.6	-3.9
R O A	10.4	4.9	6.8	5.7
R O E	31.9	12.0	16.3	13.8
부 채 비 율	141.6	129.8	134.7	134.3

(주)한국야쿠르트

www.yakult.co.kr

채용정보

업종	기업명	채용예상 인원	공채 예상 시기	연봉 정보	영어면접 시행유무
식음료외식	(주)한국야쿠르트	30명	9월	3700만원	無

외국어능력 시험 제한	토익점수	영어 말하기 점수	학점 제한	학점	스펙초월 채용계획	스펙초월 채용방식
無	제한 없음	제한 없음	無	제한 없음	있음	서류심사 시 스펙을 보지 않음

주소		연락처	메일
서울시 서초구 잠원동 28-10		02-3449-6322~6	jung-cj@yakult.co.kr

주요상품	액상시유 및 기타 낙농제품 제조업

기업정보

KOREA YAKULT CO.,LTD.

기업개요

대표자 김혁수
업종 액상시유 및 기타 낙농제품 제조업
형태 주식회사, 대기업
주요제품 야쿠르트, 유산균발효유,낙농품,음료,라면,스낵 제조,도매
종업원수 1041명 (2013.12)
사업자번호/설립일 114-81-70065/1971.07.19
본사주소 (137-904)서울특별시 서초구 강남대로 577
전화/팩스번호 02-3449-6000/02-3449-6665
거래은행/결산월 신한은행/12월
홈페이지 www.yakult.co.kr
감사의견 적정

주요주주 (2014. 2.13)

(단위 : 천주, %)

주주명	주식수	지분율
팔도	4,082	40.83

재무정보

(단위 : 백만 원, 천주)

재무상태표	2012.12	2013.12
유동자산(계)	358,393	407,501
당좌자산(계)	331,645	381,903
현금및현금등가물	4,365	6,798
매출채권	56,897	62,491
재고자산(계)	26,748	25,598
비유동자산(계)	613,027	578,344
투자자산(계)	275,986	242,832
유형자산(계)	316,101	313,125
건설중인자산	8,068	8,218
무형자산(계)	3,310	4,471
자산총계	971,420	985,845
유동부채(계)	141,098	122,556
매입채무	41,664	36,655
비유동부채(계)	19,561	20,121
장기부채성충당부채(계)	6,539	4,043
부채총계	160,659	142,677
자본금	50,000	50,000
자본잉여금	31,569	31,569
자본조정	△6,803	△6,803
이익잉여금	743,578	779,849
자본총계	810,761	843,168
부채와자본총계	971,420	985,845
[평균발행주식수]	10,000	10,000

손익계산서	2012.12	2013.12
매출액	981,466	992,463
매출원가	351,364	358,386
매출총이익(손실)	630,101	634,078
판매비와관리비	542,377	547,285
영업이익	87,724	86,793
영업외수익	38,927	26,197
영업외비용	70,418	37,412
세전계속사업이익	56,233	75,579
계속사업손익법인세비용	25,434	24,371
중단사업이익(손실)	29,078	–
당기순이익(손실)	59,878	51,208
기본주당순이익(원)	5,988	5,121

유통업 ⑤

(주)BGF리테일 | (주)농협유통 | 롯데쇼핑(주) | (주)바이더웨이 | (주)메가마트 | 홈플러스(주)
씨제이프레시웨이(주) | (주)GS리테일 | (주)롯데하이마트 | (주)현대백화점

2014년 상반기 백화점 산업은 각종 프로모션 축소, 해외직구 증가와 병행수입 활성화에 따른 의류·잡화 매출 부진, 세월호 참사 여파로 소비 수요가 감소되며 매출이 둔화된 것으로 추정됨. 할인점 산업은 물가상승과 함께 주요 선도 업체의 공격적인 출점 경쟁을 바탕으로 매년 성장세를 유지하여 왔으나, 최근에는 업계 경쟁구도 정착과 신규 점포의 효율성 악화 등으로 성장률이 둔화되는 모습을 보이고 있음. 국내 편의점 산업은 싱글가족 및 핵가족화의 심화, 근거리 쇼핑과 소량구매를 선호하는 소비트렌드가 확산되면서 2000년대 초 이후를 중심으로 꾸준한 성장세를 보이고 있음. 다만, 편의점 출점 제한 및 24시간 강제 영업 금지의 영향으로 성장률은 둔화될 것으로 보여짐.

(주)BGF리테일

채용정보

업종	기업명	채용예상 인원	공채 예상 시기	연봉 정보	영어면접 시행유무
유통업	(주)BGF리테일	200명	3월, 9월	3700만원	無

외국어능력 시험 제한	토익점수	영어 말하기 점수	학점 제한	학점	스펙초월 채용계획	스펙초월 채용방식
無	제한 없음	제한 없음	有	3.0점 이상	없음	없음

주소	연락처	메일
서울특별시 강남구 삼성동 141-32 ㈜BGF리테일	02-528-6806	recruit@bgf.co.kr

주요상품	
주요상품	체인화 편의점

기업 정보

BGF RETAIL CO.,LTD.

기업개요

대표자 홍석조/박재구
업종 체인화 편의점
형태 주식회사, 대기업
주요제품 연쇄화사업(편의점)
종업원수 1610명 (2014. 3)
사업자번호/설립일 120-81-44752/1994.12.01
본사주소 (135-876) 서울 강남구 테헤란로405(삼성동, 보광빌딩)
전화/팩스번호 1577-3663/02-528-6820
거래은행/결산월 하나은행/12월
홈페이지 www.bgfretail.com
감사의견 적정

주요주주 (2014. 3.24)

(단위 : 천주, %)

주주명	주식수	지분율
홍석조	8,607	34.93
일본훼미리마트	6,160	25.00
홍석현	2,256	9.16
홍라영	1,858	7.54

재 무 정보

(단위 : 백만 원, 천주)

재무상태표	2012.12	2013.12
유동자산(계)	201,580	471,895
당좌자산(계)	147,572	423,760
현금및현금등가물	49,933	148,796
단기투자증권	57	–
매출채권	3,439	975
기타당좌자산	16,377	16,663
재고자산(계)	54,008	48,134
비유동자산(계)	686,054	554,792
투자자산(계)	28,627	59,630
유형자산(계)	317,894	304,994
건설중인자산	446	18
무형자산(계)	48,623	47,491
자산총계	887,635	1,026,687
유동부채(계)	390,245	703,717
매입채무	244,299	266,877
단기차입금	4,000	–
유동성장기부채	640	–
비유동부채(계)	120,873	122,397
장기차입금(계)	1,245	–
장기부채성충당부채(계)	5,304	8,775
부채총계	511,118	826,114
자본금	24,640	24,640
자본잉여금	15,179	15,179
자본조정	–	△250,305
이익잉여금	336,462	410,851
자본총계	376,516	200,573
부채와자본총계	887,635	1,026,687
[평균발행주식수]	–	24,640

손익계산서	2012.12	2013.12
매출액	2,857,192	3,076,064
매출원가	2,313,039	2,357,821
매출총이익(손실)	544,154	718,243
판매비와관리비	484,236	623,765
영업이익	59,918	94,478
영업외수익	16,898	29,688
영업외비용	17,670	41,052
이자비용	568	17,292
세전계속사업이익	59,146	83,114
계속사업손익법인세비용	16,838	22,050
당기순이익(손실)	42,308	61,064
기본주당순이익(원)		2,478

(주)농협유통

채용정보

업종	기업명	채용예상 인원	공채 예상 시기	연봉 정보	영어면접 시행유무
유통업	(주)농협유통	0명	12월	3000만원 중반	無
외국어능력 시험 제한	토익점수	영어 말하기 점수	학점 제한	학점	스펙초월 채용계획	스펙초월 채용방식
無	제한 없음	제한 없음	無	제한 없음	없음	없음

주소	연락처	메일
서울시 중구 새문안로 16번지	02-3498-1016,1025	비공개
주요상품	과실 및 채소 도매업	

기업정보

HANARO-CLUB CO.,LTD.

기업개요

대표자 김청용

업종 과실 및 채소 도매업

형태 주식회사, 대기업

주요제품 농림축수산물판매,저장,가공,보관,냉장,운송

종업원수 1462명 (2013.12)

사업자번호/설립일 229-81-16010/1995.05.01

본사주소 (137-916)서울 서초구 양재2동 230 농협 하나로클럽

전화/팩스번호 02-3498-1018/02-3461-7945

거래은행/결산월 농업협동조합/12월

홈페이지 www.hanaro-club.com

감사의견 적정

주요주주 (2012.12.31)

(단위 : 천주, %)

주주명	주식수	지분율
농협경제지주(주)	11,404	100.00

재무정보

(단위 : 백만 원, 천주)

재무상태표	2012.12	2013.12
유동자산(계)	165,233	174,335
당좌자산(계)	142,197	150,596
현금및현금등가물	21,753	26,285
단기투자증권	4	131
매출채권	27,921	25,234
재고자산(계)	23,036	23,739
비유동자산(계)	83,530	87,581
투자자산(계)	5,517	3,814
유형자산(계)	58,912	64,755
건설중인자산	–	10,383
무형자산(계)	1,539	1,121
자산총계	248,763	261,916
유동부채(계)	70,651	82,703
매입채무	56,353	61,911
비유동부채(계)	6,261	6,151
장기부채성충당부채(계)	6,261	6,151
부채총계	76,912	88,855
자본금	57,020	57,020
자본잉여금	1,572	1,572
이익잉여금	113,259	114,470
자본총계	171,851	173,061
부채와자본총계	248,763	261,916
[평균발행주식수]	11,404	11,404

손익계산서	2012.12	2013.12
매출액	1,137,744	1,180,935
매출원가	959,189	998,485
매출총이익(손실)	178,555	182,450
판매비와관리비	169,739	171,503
영업이익	8,816	10,947
영업외수익	10,593	9,219
영업외비용	3,735	4,596
세전계속사업이익	15,674	15,570
계속사업손익법인세비용	3,670	3,559
당기순이익(손실)	12,004	12,010
기본주당순이익(원)	1,053	1,053

롯데쇼핑(주)

store.lotteshopping.com

채용정보

업종	기업명	채용예상 인원	공채 예상 시기	연봉 정보	영어면접 시행유무
유통업	롯데쇼핑(주)	미정	4월, 10월	협의	전체시행

외국어능력 시험 제한	토익점수	영어 말하기 점수	학점 제한	학점	스펙초월 채용계획	스펙초월 채용방식
無	제한 없음	제한 없음	無	제한 없음	있음	이미 시행중이고 종합적으로 본다고 함

주소	연락처	메일
서울 중구 소공동 롯데쇼핑센터빌딩 25	02-771-2500	비공개

주요상품	
	백화점

기업정보

통업계 선두주자이며 롯데그룹의 주력기업

vw.lotteshopping.com 【5,000원/12월/결산】

울 중구 남대문로 81

표전화 : 02-771-2500   주식담당자 : 02-2118-2025

구분		주요주주 (13.12)	(%)
립 일	1970.07.02	신동빈	13.5
장 일	2006.02.09	신동주	13.5
표이사	신격호/이인원/신헌	(주)호텔롯데	8.8
업원수	26,943명(13.12)	매출구성	(%)
계감사법인	적정(삼정회계법인)	식품 외	46.5
통 주	3,149만주	의류 외	26.3
선 주	-	가전제품 외	12.4
등급(Bond)	AA+		
등급(CP)	A1	외국인지분율	13.46%

자본금 변동
(단위 : 억원, 원)

구 분	06.02	06.03	13.01	.
자 액	1,428.57	23.60	122.38	-
동 내역	신규	유상	합병	-

베타와 변동성
(당사/유통업/KOSPI)

기 간	12.01 ~ 12.12	13.01 ~ 13.12
타	0.65 / 0.77 / 1.00	0.78 / 0.72 / 1.00
동 성	26.6 / 15.0 / 15.3	24.4 / 12.7 / 12.2

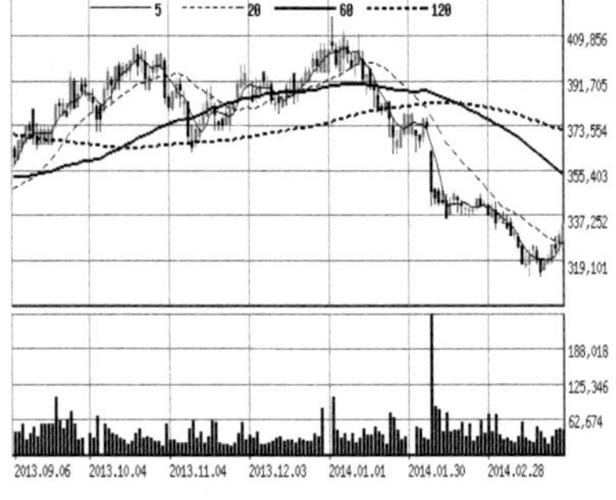

▶ 주가 그래프

▶ 주가관련지표
(단위 : 원, 배)

구 분	10.12	11.12	12.12	13.12
주 최 고	514,000	532,000	388,000	415,000
가 최 저	296,000	314,000	276,500	336,000
주 순이익	35,626	32,084	37,195	26,674
매출액	654,805	766,202	862,286	954,640
당 순자산	451,374	480,875	512,281	515,186
PER(H/L)	14.43/8.31	16.58/9.79	10.43/7.43	15.56/12.60
PSR(H/L)	0.78/0.45	0.69/0.41	0.45/0.32	0.43/0.35
PBR(H/L)	1.14/0.66	1.11/0.65	0.76/0.54	0.81/0.65

▶ 요약연결재무제표
(단위 : 억)

구 분	10.12	11.12	12.12	13.12
비유동자산	191,622.7	203,329.6	237,864.0	246,814
유 동 자 산	100,292.6	127,281.6	130,706.4	142,910
자 산 총 계	291,915.3	330,611.2	368,570.5	389,725
지배기업지분	131,094.1	139,662.3	148,783.8	162,236
비지배지분	5,325.9	7,127.7	8,399.5	7,015
자 본 총 계	136,420.0	146,790.1	157,183.3	169,252
비유동부채	65,468.2	84,711.1	100,497.0	97,154
유 동 부 채	90,027.1	99,110.1	110,890.2	123,318
부 채 총 계	155,495.3	183,821.2	211,387.2	220,473
수 익	190,177.4	222,530.9	250,436.8	282,117
매 출 원 가	130,886.4	153,774.3	174,154.9	195,470
매출총이익	59,291.1	68,756.6	76,281.9	86,646
기타영업수익	973.6	0.0	0.0	0
기타영업비용	1,576.4	0.0	0.0	0
판 관 비	42,711.0	51,807.6	61,607.2	71,794
영 업 이 익	15,977.3	16,949.0	14,674.7	14,852
영업외수익	2,545.2	3,779.1	5,764.4	4,267
영업외비용	3,120.4	5,175.7	4,132.3	5,936
세전계속영업이익	15,402.2	15,552.4	16,306.8	13,184
법인세비용	4,041.7	5,426.4	4,730.4	4,377
지배기업순이익	10,347.1	9,318.2	10,802.6	7,884

▶ 요약연결현금흐름표
(단위 : 억)

구 분	10.12	11.12	12.12	13.12
영업활동현금흐름	1,704.1	8,710.0	9,039.8	13,306
투자활동현금흐름	-27,611.9	-17,565.6	-30,736.4	-17,356
재무활동현금흐름	28,302.6	15,953.9	11,615.5	7,722
현금의 증가	2,394.8	7,098.2	-10,081.2	3,672
CF의 기말현금	12,424.3	19,582.0	9,340.0	13,094

▶ 연결재무비율
(단위 :)

구 분	10.12	11.12	12.12	13.12
매출액증가율	18.8	17.0	12.5	12
순이익증가율	44.6	-9.9	15.9	-27
R O A	4.1	3.3	3.3	2
R O E	8.1	6.9	7.5	5

황 외형 성장에도 순이익률 하락

소비경기 침체에 따른 백화점 및 할인점의 매출 부진에도 자회사인 롯데하이마트의 매출 발생으로 전년대비 외형 성장.

매출 증대에 따른 원가율 개선에도 급여, 운반비 증가 등 판관비 부담 가중되며 영업이익률은 전년 수준 유지.

그러나 무형자산손상차손 증가 및 외화환산수지 저하 등으로 순이익률은 전년대비 하락하였음.

전망 매출 신장 이어갈 듯

·카드정보 유출 사태에 따른 금융 사업부문의 부진이 예상되나 아울렛의 높은 성장성과 홈쇼핑의 지속적인 성장 등으로 매출 신장 이어갈 듯.

·매출 비중 확대에 따른 규모의 경제 효과에도 공격적인 신규 출점에 따른 비용 증가로 수익성 개선 다소 제한적일 듯.

·2014년 백화점인 잠실제2롯데월드점과 수원점 및 고양, 구리, 광명, 부산 등 아울렛 신규 출점이 예정됨.

(주)바이더웨이

www.buytheway.co.kr

채용정보

업종	기업명	채용예상 인원	공채 예상 시기	연봉 정보	영어면접 시행유무
유통업	(주)바이더웨이	미정	2월	3200만원	無

외국어능력 시험 제한	토익점수	영어 말하기 점수	학점 제한	학점	스펙초월 채용계획	스펙초월 채용방식
有	700점	제한 없음	有	3.0점 이상	없음	없음

주소	연락처	메일
서울시 중구 소월로3 롯데손해보험빌딩 7층	02-2164-7223	비공개

주요상품	체인화 편의점

기업 정보

BUY THE WAY INC.

기업개요

대표자 정승인
업종 체인화 편의점
형태 주식회사, 대기업
주요제품 체인화 편의점
종업원수 136명 (2013.12)
사업자번호/설립일 107-81-41728/1990.07.25
본사주소 (100-778) 서울 중구 소월로3(남창동, 롯데손해보험빌딩)
전화/팩스번호 1577-0711/02-2679-6860
거래은행/결산월 신한은행/12월
홈페이지 www.buytheway.co.kr
감사의견 적정

주요주주 (2012.12.31)

(단위 : 천주, %)

주주명	주식수	지분율
(주)코리아세븐	3,951	100.00

재 무 정보

(단위 : 백만 원, 천주)

재무상태표	2012.12	2013.12
유동자산(계)	70,392	80,045
당좌자산(계)	59,501	71,394
현금및현금등가물	40,215	45,683
매출채권	8,163	7,152
재고자산(계)	10,892	9,451
비유동자산(계)	167,649	147,559
투자자산(계)	1,567	1,905
유형자산(계)	19,944	10,862
무형자산(계)	84,835	83,942
자산총계	238,041	228,404
유동부채(계)	62,712	52,303
매입채무	37,805	29,535
비유동부채(계)	24,567	18,118
장기부채성충당부채(계)	1,134	1,301
부채총계	87,279	70,421
자본금	19,755	19,755
자본잉여금	69,790	69,790
이익잉여금	60,945	68,170
자본총계	150,761	157,984
부채와자본총계	238,041	228,404
[평균발행주식수]	222	222

손익계산서	2012.12	2013.12
매출액	548,787	420,347
매출원가	422,997	321,825
매출총이익(손실)	125,790	98,522
판매비와관리비	111,803	91,356
영업이익	13,987	7,166
영업외수익	5,304	4,173
영업외비용	3,385	2,122
이자비용	1,283	887
세전계속사업이익	15,906	9,217
계속사업손익법인세비용	3,556	2,016
당기순이익(손실)	12,350	7,201
기본주당순이익(원)	3,126	1,822

(주)메가마트

home.megamart.com

채용정보

업종	기업명	채용예상 인원	공채 예상 시기	연봉 정보	영어면접 시행유무
유통업	(주)메가마트	20~30명	5, 10월	3650만원	無
외국어능력 시험 제한	토익점수	영어 말하기 점수	학점 제한	학점	스펙초월 채용계획	스펙초월 채용방식
無	제한 없음	제한 없음	無	제한 없음	없음	없음

주소	연락처	메일
서울시 동작구 신대방동 370번지 ㈜메가마트	02-820-8564	recruit@megamart.com
주요상품	대형 종합 소매업	

기업 정보

MEGA MART CO.,LTD.

기 업 개요

대표자 강성균
업종 기타 대형 종합 소매업
형태 주식회사, 대기업
주요제품 할인점,직영수퍼마켓/여성의류판매,인터넷쇼핑몰/가맹점연쇄화사업
종업원수 1388명 (2013.12)
사업자번호/설립일 119-81-00851/1975.09.08
본사주소 (153-863) 서울 금천구시 흥대로27길 32(시흥동)
전화/팩스번호 02-820-8500/02-6344-8532
거래은행/결산월 우리은행/12월
홈페이지 www.mega-mart.co.kr
감사의견 적정

주요주주 (2013.12.31) (단위 : 천주, %)

주주명	주식수	지분율
신동익	1,738	57.94
농심사내근로복지기금	547	18.27
(주)이스턴웰스	295	9.85
율촌화학사내근로복지기금	268	8.95
(재)율촌재단	150	5.00

재무정보 (단위 : 백만 원, 천주)

재무상태표	2012.12	2013.12
유동자산(계)	67,557	52,202
당좌자산(계)	39,557	20,995
현금및현금등가물	1,373	8,208
단기투자증권	186	29
매출채권	12,090	10,930
재고자산(계)	28,001	31,207
비유동자산(계)	312,103	335,457
투자자산(계)	30,203	40,153
유형자산(계)	260,215	273,302
건설중인자산	154	1,239
무형자산(계)	248	524
자산총계	379,660	387,660
유동부채(계)	182,721	145,705
매입채무	78,815	78,800
단기사채(계)	19,999	–
단기차입금	5,611	12,615
유동성장기부채	42,799	29,981
유동성사채	42,799	29,981
비유동부채(계)	70,178	107,715
장기사채(계)	29,930	–
장기차입금(계)	25,000	94,000
장기부채성충당부채(계)	9,105	6,466
부채총계	252,900	253,420
자본금	15,000	15,000
자본잉여금	20,253	20,253
이익잉여금	90,224	97,813
자본총계	126,761	134,240
부채와자본총계	379,660	387,660
[평균발행주식수]	3,000	3,000

손익계산서	2012.12	2013.12
매출액	604,823	616,686
매출원가	425,237	429,701
매출총이익(손실)	179,586	186,985
판매비와관리비	162,495	170,497
영업이익	17,091	16,487
영업외수익	10,094	6,878
영업외비용	15,813	11,458
이자비용	5,481	5,788
세전계속사업이익	11,373	11,908
계속사업손익법인세비용	1,877	3,269
당기순이익(손실)	9,496	8,639
기본주당순이익(원)	3,165	2,880

홈플러스(주)

corporate.homeplus.co.kr

채용정보

업종	기업명	채용예상 인원	공채 예상 시기	연봉 정보	영어면접 시행유무
유통업	홈플러스(주)	00명	11월	2800만원	전체시행
외국어능력 시험 제한	토익점수	영어 말하기 점수	학점 제한	학점	스펙초월 채용계획	스펙초월 채용방식
無	제한 없음	제한 없음	無	제한 없음	있음	미정(현재 시행중인 블라인드 심사 참고중)

주소	연락처	메일
서울시 강남구 테헤란로 301 삼정개발빌딩	02-3459-8302	비공개

주요상품	
	대형 종합 소매업

기업정보

HOMEPLUS CO.,LTD.

기업개요

- **대표자** 도성환
- **업종** 기타 대형 종합 소매업
- **형태** 주식회사, 대기업
- **주요제품** 종합식품 소매/통신판매/경영상담
- **종업원수** 20479명 (2013. 2)
- **사업자번호/설립일** 220-81-60348/1999.05.01
- **본사주소** (135-513) 서울 강남구 역삼1동 701-2 삼정개 발빌딩 17층
- **전화/팩스번호** 02-3459-8000/02-3459-8442
- **거래은행/결산월** 우리은행/2월
- **홈페이지** www.homeplus.co.kr
- **감사의견** 적정

주요주주 (2012. 8.31)   (단위 : 천주, %)

주주명	주식수	지분율
Tesco Holdings B.V.	61,670	100.00

재무정보   (단위 : 백만 원, 천주)

재무상태표	2012. 2	2013. 2
유동자산(계)	753,894	657,305
당좌자산(계)	402,544	299,229
현금및현금등가물	28,021	13,864
매출채권	71,774	58,712
기타당좌자산	2,285	2,772
재고자산(계)	351,350	358,076
비유동자산(계)	5,714,692	5,676,521
투자자산(계)	811,693	861,222
유형자산(계)	4,265,355	4,069,844
건설중인자산	535,079	424,446
무형자산(계)	65,202	63,773
자산총계	**6,468,586**	**6,333,826**
유동부채(계)	2,297,880	3,276,097
매입채무	966,032	855,129
단기차입금	–	123
유동성장기부채	579,789	1,650,811
유동성사채	579,789	1,650,811
비유동부채(계)	2,527,195	926,337
장기사채(계)	2,450,811	800,000
장기부채성충당부채(계)	45,074	72,033
부채총계	**4,825,076**	**4,202,434**
자본금	616,700	616,700
자본잉여금	112,931	111,127
이익잉여금	913,880	1,403,566
자본총계	**1,643,510**	**2,131,393**
부채와자본총계	**6,468,586**	**6,333,826**
[평균발행주식수]	61,670	61,670

손익계산시	2012. 2	2013. 2
매출액	**6,964,917**	**7,086,293**
매출원가	4,709,034	4,768,864
매출총이익(손실)	2,255,883	2,317,428
판매비와관리비	1,831,688	1,988,200
영업이익	**424,195**	**329,229**
영업외수익	125,491	495,261
영업외비용	161,385	192,967
이자비용	138,317	124,903
세전계속사업이익	**388,301**	**631,523**
계속사업손익법인세비용	112,655	141,837
당기순이익(손실)	**275,646**	**489,686**
기본주당순이익(원)	4,470	7,940

씨제이프레시웨이(주)

www.cjfreshway.com

채용정보

업종	기업명	채용예상 인원	공채 예상 시기	연봉 정보	영어면접 시행유무
유통업	씨제이프레시웨이(주)	00명	2월	3000만원	부분시행 해외파트
외국어능력 시험 제한	토익점수	영어 말하기 점수	학점 제한	학점	스펙초월 채용계획	스펙초월 채용방식
無	제한 없음	오픽:IL	有	3.0점 이상	있음	미정

주소		연락처	메일
서울시 중구 동호로 330 (쌍림동) CJ제일제당센터 5층		02-2149-6114	applycj@cj.net
주요상품	가공식품 도매업		

기업 정보

식자재유통 및 단체급식 전문업체
www.cjfreshway.com
【1,000원/12월/결산】
경기도 용인시 기흥구 기곡로 32
대표전화 : 02-2149-6114 주식담당자 : 02-2149-6036

		주요주주 (13.12)	(%)
설 립 일	1988.10.27	CJ(주)	51.6
등 록 일	2001.07.26	EFG BANK AG	12.0
대표이사	강신호	알리안츠글로벌인베스터스자산	9.0
종업원수	1,772명(13.12)		
회계감사법인	적정(삼일회계법인)	매출구성	(%)
보 통 주	1,085만주	가공상품	43.7
우 선 주	-	축산물	21.3
신용등급(Bond)	A	농산물	14.0
신용등급(CP)	A2	외국인지분율	12.66%

▶ 자본금 변동
(단위 : 억원, 원)

구 분	-09.12	-11.12	-12.12	-13.12
증 자 액	0.10	0.22	0.32	0.18
변 동 내 역	전환	전환	전환	전환

▶ 베타와 변동성
(당사/도매/KOSDAQ)

기 간	12.01 ~ 12.12	13.01 ~ 13.12
베 타	0.50 / 0.77 / 1.00	0.64 / 0.85 / 1.00
변 동 성	36.5 / 16.3 / 16.5	37.9 / 16.7 / 16.3

현황 매출 증가에도 순이익 적자전환

·원료유통 및 기타 사업부문 부진에도 대리점, 직거래, 단체급식사업부의 양호한 성장에 힘입어 전년대비 매출 규모 소폭 확대.
·축산물 및 신선식품 재고 손실 반영으로 전년대비 영업이익률 하락한 가운데 지분법손실 증가 등으로 순이익 적자전환.
·신종자본증권 발행으로 자기자본 확충한 가운데 일부 차입금 상환으로 부채 규모 축소된바 제 안정성 지표 전년대비 개선.

▶ 주가 그래프

▶ 주가관련지표
(단위 : 원, 배)

구 분		10.12	11.12	12.12	13.12
주 가	최 고	14,250	27,500	44,700	44,000
	최 저	9,000	12,000	19,500	27,500
주 당	순이익	970	1,716	1,132	-1,290
	매출액	102,212	160,435	181,759	173,247
	순자산	8,234	9,483	13,009	16,871
PER(H/L)		14.69/9.28	16.03/6.99	39.49/17.23	-
PSR(H/L)		0.14/0.09	0.17/0.07	0.25/0.11	0.25/0.16
PBR(H/L)		1.73/1.09	2.90/1.27	3.44/1.50	2.61/1.63

전망 외형 성장 및 수익성 개선 전망

·신규 거래처 확보에 따른 외식·급식사업부의 양호한 성장이 예상되는바, 이를 통한 외형 성장 전망.
·마진 높은 급식사업부 거래처 증가 및 기존 부진 사업장 정리, 전년에 발생한 비경상적 비용 제거로 수익성 개선 가능할 듯.
·조인트벤처 사업인 프레시원 역시 수도권 지역 거래처 확대되고 참여 업체 증가하고 있는바, 중장기적 성장 동력 확보하고 있음.

▶ 요약연결재무제표
(단위 : 억원)

구 분	10.12	11.12	12.12	13.12
비유동자산	1,096.3	1,648.4	2,968.1	2,634.9
유 동 자 산	2,132.3	2,630.9	3,537.1	3,334.7
자 산 총 계	3,228.6	4,279.3	6,505.2	5,969.6
지배기업지분	887.4	1,024.0	1,408.9	1,830.4
비지배지분	-	-	0.7	0.3
자 본 총 계	887.4	1,024.0	1,409.7	1,830.6
비유동부채	556.6	430.1	700.6	1,098.8
유 동 부 채	1,784.7	2,825.2	4,395.0	3,040.2
부 채 총 계	2,341.3	3,255.3	5,095.5	4,139.0
수 익	10,205.1	16,026.1	18,727.3	18,769.3
매 출 원 가	9,254.1	14,713.9	17,317.0	17,334.4
매 출 총 이 익	951.0	1,312.1	1,410.3	1,435.0
기타영업수익	9.8	0.0	0.0	0.0
기타영업비용	5.0	0.0	0.0	0.0
판 관 비	850.8	1,057.3	1,143.5	1,350.1
영 업 이 익	105.0	254.8	266.8	84.8
영업외수익	54.7	47.1	84.9	72.4
영업외비용	58.6	75.5	204.9	229.6
세전계속영업이익	101.1	226.5	146.8	-72.4
법인세비용	4.3	55.1	30.2	67.6
지배기업순이익	96.8	171.4	116.7	-139.8

▶ 요약연결현금흐름표
(단위 : 억원)

구 분	10.12	11.12	12.12	13.12
영업활동현금흐름	-336.8	579.8	28.1	-95.7
투자활동현금흐름	-278.6	-703.4	-1,249.1	-163.6
재무활동현금흐름	332.4	116.9	1,247.9	257.3
현금의 증가	-283.0	-6.7	26.9	-2.0
CF의 기말현금	94.2	87.5	113.8	110.7

▶ 연결재무비율
(단위 : %)

구 분	10.12	11.12	12.12	13.12
매출액증가율	30.9	57.0	16.9	0.2
순이익증가율	24.3	77.0	-31.9	적자전환
R O A	3.4	4.6	2.2	-2.2
R O E	11.4	17.9	9.6	-8.6
부 채 비 율	263.9	317.9	361.5	226.1

(주)GS리테일

채용정보

업종	기업명	채용예상 인원	공채 예상 시기	연봉 정보	영어면접 시행유무
유통업	(주)GS리테일	미정	미정	3000만원 중반	無

외국어능력 시험 제한	토익점수	영어 말하기 점수	학점 제한	학점	스펙초월 채용계획	스펙초월 채용방식
無	제한 없음	제한 없음	無	제한 없음	없음	없음

주소	연락처	메일
서울특별시 영등포구 문래동 6가 10번지 GS강서타워 인사운영팀	02-2006-3349/2111	recruit@gsretail.com

주요상품	체인화 편의점

기업 정보

GS25, GS슈퍼마켓 등을 보유한 전문유통기업
www.gsretail.com
【1,000원/12월/결산】
서울 강남구 논현로 508
대표전화 : 02-2005-1114 주식담당자 : 2006-2186

설 립 일	1971.02.13
상 장 일	2011.12.23
대표이사	허승조
종업원수	4,373명(13.12)
회계감사법인	적정(삼일회계법인)
보 통 주	7,700만주
우 선 주	-
신용등급(Bond)	AA
신용등급(CP)	A1

주요주주 (13.12)	(%)
(주)GS	65.8
우리사주조합	0.6

매출구성	(%)
(주)GS리테일/편의점(상품)	56.4
(주)GS리테일/수퍼마켓(상품)	28.7
(주)GS리테일/편의점(용역)	10.4
외국인지분율	20.83%

▶ 자본금 변동
(단위 : 억원, 원)

구 분	11.12	.	.	.
증 자 액	770.00	-	-	-
변 동 내 역	신규	-	-	-

▶ 베타와 변동성
(당사/유통업/KOSPI)

기 간	12.01 ~ 12.12	13.01 ~ 13.12
베 타	-0.05 / 0.77 / 1.00	0.42 / 0.72 / 1.00
변 동 성	44.3 / 15.0 / 15.3	27.5 / 12.7 / 12.2

현 황 매출 신장에도 순이익률 소폭 하락

· 정부의 강제 휴무 시행에 따른 슈퍼마켓 부문의 매출 부진에도 편의점사업부의 성장으로 매출은 전년대비 신장.
· 원가 부담 가중에도 판관비용 축소되며 영업이익률 전년 수준 유지하였으나, 이자수익 감소 등 금융수지 저하되며 순이익률은 소폭 하락.
· 이익잉여금 확보를 통한 자기자본 확충가 한께 일부 사입금 상환 등 부채 규모 축소되며 재무안정성은 전년대비 개선된 양호한 수준 견지.

▶ 주가 그래프

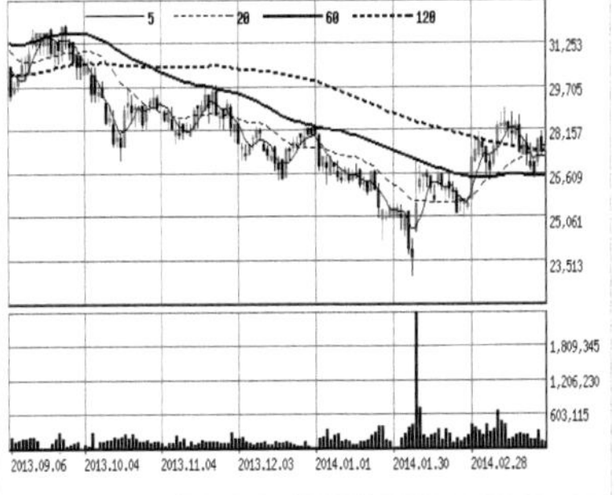

▶ 주가관련지표
(단위 : 원, 배)

구 분		11.12	12.12	13.12
주 가	최 고	23,900	34,800	33,800
	최 저	22,400	20,400	26,450
주	순이익	1,215	1,603	1,546
	매출액	51,709	56,851	61,150
당	순자산	18,574	19,798	20,969
PER(H/L)	-	19.67/18.44	21.71/12.73	21.86/17.11
PSR(H/L)	-	0.46/0.43	0.61/0.36	0.55/0.43
PBR(H/L)	-	1.29/1.21	1.76/1.03	1.61/1.26

전 망 매출 성장 및 수익성 개선 전망

· 휴일 영업규제 효과 감소에 따른 슈퍼마켓 매출 회복 및 스포츠 이벤트 영향으로 편의점 특수가 기대되는바, 매출 성장 전망.
· 편의점사업부 신규 출점 둔화에 따른 비용 부담 완화 및 제품믹스 강화로 수익성 개선 전망.
· 영업활동상 현금 창출력 및 양호한 수주의 재무구조 견지하고 있는바 사업 분봉상 단기적인 자금흐름은 무난할 것으로 전망.

▶ 요약연결재무제표
(단위 : 억원)

구 분	10.12	11.12	12.12	13.12
비유동자산	15,914.9	20,005.3	21,830.3	21,776.6
유 동 자 산	10,040.6	9,935.0	7,307.8	7,024.3
자 산 총 계	25,955.5	29,940.3	29,138.1	28,800.9
지배기업지분	13,764.9	14,301.8	15,244.5	16,146.2
비지배지분	0.0	44.3	0.0	0.0
자 본 총 계	13,764.9	14,346.0	15,244.5	16,146.2
비유동부채	4,813.2	6,027.8	7,870.8	7,858.1
유 동 부 채	7,377.4	9,566.4	6,022.8	4,796.7
부 채 총 계	12,190.6	15,594.3	13,893.6	12,654.7
수 익	32,803.4	39,816.1	43,775.5	47,085.6
매 출 원 가	25,912.8	31,356.1	33,842.9	36,473.5
매출총이익	6,890.7	8,460.0	9,932.7	10,612.2
기타영업수익	296.1	0.0	0.0	0.0
기타영업비용	142.5	0.0	0.0	0.0
판 관 비	6,094.1	7,521.1	8,527.9	9,061.7
영 업 이 익	950.1	938.9	1,404.7	1,550.5
영업외수익	395.9	792.0	815.8	675.3
영업외비용	284.9	439.1	602.6	633.0
세전계속영업이익	1,061.1	1,291.8	1,617.9	1,592.8
법인세비용	304.9	357.7	383.4	402.4
지배기업순이익	4,422.4	935.6	1,234.6	1,190.5

▶ 요약연결현금흐름표
(단위 : 억원)

구 분	10.12	11.12	12.12	13.12
영업활동현금흐름	1,873.4	5.5	2,214.7	2,944.3
투자활동현금흐름	589.7	-2,162.7	-232.7	-1,210.0
재무활동현금흐름	-2,264.1	2,076.5	-1,767.2	-1,807.9
현금의 증가	198.9	-80.6	214.8	-73.6
CF의 기말현금	383.4	302.8	517.5	444.0

▶ 연결재무비율
(단위 : %)

구 분	10.12	11.12	12.12	13.12
매출액증가율	-	21.4	9.9	7.6
순이익증가율	-	70.8	32.0	-3.6
R O A	17.0	3.3	4.2	4.1
R O E	32.1	6.7	8.4	7.6
부 채 비 율	88.6	108.7	91.1	78.4

(주)롯데하이마트

www.e-himart.co.kr

채용정보

업종	기업명	채용예상 인원	공채 예상 시기	연봉 정보	영어면접 시행유무
유통업	(주)롯데하이마트	00명	미정	협의	無

외국어능력 시험 제한	토익점수	영어 말하기 점수	학점 제한	학점	스펙초월 채용계획	스펙초월 채용방식
無	제한 없음	제한 없음	無	제한 없음	없음	없음

주소		연락처	메일
서울시 강남구 삼성로 156 하이마트빌딩 3, 5~8F		02-2050-5077	recruit@himart.co.kr

주요상품	가전제품 소매업

기업 정보

국내 1위 전자제품 전문점
www.himart.co.kr
서울 강남구 삼성로 156
대표전화 : 02-2050-5000　주식담당자 : 02-2050-5021

【5,000원/12월/결산】

설 립 일	1987.07.01
상 장 일	2011.06.29
대표이사	한병희
종업원수	3,878명(13.12)
회계감사법인	적정(삼일회계법인)
보 통 주	2,361만주
우 선 주	-
신용등급(Bond)	AA-
신용등급(CP)	A1

주요주주 (13.12)	(%)
롯데쇼핑(주)	57.8
국민연금공단	9.5
우리사주조합	2.4
매출구성	(%)
전자제품 전문점(상품)	95.9
운송서비스	3.7
전자제품 전문점(상품외)	0.2
외국인지분율	5.03%

▶ 자본금 변동
(단위 : 억원, 원)

구 분	11.06	.	.	.
증 자 액	1,180.39	-	-	-
변 동 내 역	신규	-	-	-

▶ 베타와 변동성
(당사/유통업/KOSPI)

기 간	12.01 ~ 12.12	13.01 ~ 13.12
베 타	0.53 / 0.77 / 1.00	0.47 / 0.72 / 1.00
변 동 성	42.6 / 15.0 / 15.3	27.0 / 12.7 / 12.2

현황 외형 성장 및 순이익률 상승

· 국내 소비심리 위축에도 에어컨, 김치냉장고, 온수매트 등 계절가전제품 판매 호조 등으로 외형은 전년대비 성장.
· 영업이익률 전년 수준을 유지한 가운데 이자비용 감소 등 금융수지 개선되며 순이익률은 상승.
· 순익 시현에 따른 누적 이익잉여금 증가로 자기자본 확충하는 등 제 안정성 지표 전년대비 개선되며 안정적 재무구조 견지.

▶ 주가 그래프

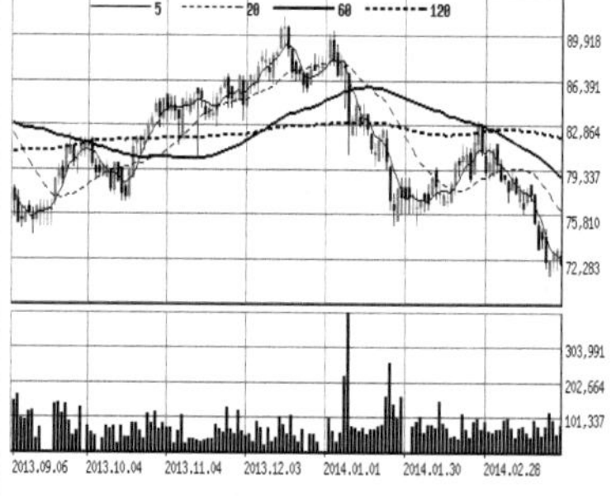

▶ 주가관련지표
(단위 : 원, 배)

구 분	.	11.12	12.12	13.12
주가 최 고	-	93,600	83,000	90,500
주가 최 저	-	51,300	47,000	64,000
주 순이익	-	6,855	2,947	5,469
매출액	-	137,588	136,444	149,064
당 순자산	-	60,485	62,454	67,564
PER(H/L)	-	13.65/7.48	28.16/15.95	16.55/11.70
PSR(H/L)	-	0.68/0.37	0.61/0.34	0.61/0.43
PBR(H/L)	-	1.55/0.85	1.33/0.75	1.34/0.95

전망 매출 성장세 이어갈 듯

· 국내 경기의 완만한 회복이 예상되는 가운데 롯데마트 숍인숍 입점, 롯데카드 등과 시너지 효과에 힙입어 매출 성장세 이어갈 듯.
· 2014년 상반기 대규모 신규 출점으로 인건비, 임차료 등 비용 부담 확대되어 수익성 개선은 다소 제한적일 듯.
· 국내 전자제품전문점 업계에서 약 47%의 시장점유율을 확보하고 있으며 향후 독보적인 위치를 유지할 것으로 기대됨.

▶ 요약연결재무제표
(단위 : 억원)

구 분	10.12	11.12	12.12	13.12
비유동자산	21,687.7	21,952.4	21,999.2	22,263.4
유 동 자 산	4,884.0	5,730.1	4,035.8	5,290.9
자 산 총 계	26,571.7	27,682.5	26,034.9	27,554.2
지배기업지분	9,987.7	14,279.2	14,744.0	15,950.4
비지배지분	0.0	0.1	0.1	0.0
자 본 총 계	9,987.7	14,279.3	14,744.1	15,950.4
비유동부채	11,827.9	10,390.9	3,360.4	7,587.5
유 동 부 채	4,756.2	3,012.3	7,930.4	4,016.3
부 채 총 계	16,584.0	13,403.2	11,290.8	11,603.8
수 익	30,522.6	34,105.6	32,211.4	35,190.6
매 출 원 가	22,933.2	25,514.0	24,201.2	26,389.1
매출총이익	7,589.4	8,591.6	8,010.2	8,801.5
기타영업수익	102.3	0.0	0.0	0.0
기타영업비용	120.2	0.0	0.0	0.0
판 관 비	5,416.7	6,083.8	6,395.5	6,953.5
영 업 이 익	2,154.8	2,507.9	1,614.8	1,848.0
영업외수익	89.4	172.1	130.8	142.5
영업외비용	817.4	811.5	832.9	321.6
세전계속영업이익	1,426.7	1,868.4	912.7	1,669.0
법인세비용	357.9	461.2	216.9	377.9
지배기업순이익	1,068.8	1,407.2	695.8	1,291.1

▶ 요약연결현금흐름표
(단위 : 억원)

구 분	10.12	11.12	12.12	13.12
영업활동현금흐름	1,677.4	2,980.9	593.7	1,567.3
투자활동현금흐름	-696.8	-511.8	-369.6	-592.6
재무활동현금흐름	-512.6	-1,820.4	-2,333.8	-932.3
현금의 증가	468.1	648.7	-2,109.7	42.4
CF의 기말현금	2,038.6	2,687.3	577.6	620.0

▶ 연결재무비율
(단위 : %)

구 분	10.12	11.12	12.12	13.12
매출액증가율	14.6	11.7	-5.6	9.3
순이익증가율	70.0	31.7	-50.6	85.6
R O A	4.1	5.2	2.6	4.8
R O E	13.0	11.6	4.8	8.4
부 채 비 율	166.0	93.9	76.6	72.8

(주)현대백화점

채용정보

업종	기업명	채용예상 인원	공채 예상 시기	연봉 정보	영어면접 시행유무
유통업	(주)현대백화점	미정	수시채용	협의	無

외국어능력 시험 제한	토익점수	영어 말하기 점수	학점 제한	학점	스펙초월 채용계획	스펙초월 채용방식
有	700점	제한 없음	有	3.0점 이상	있음	블라인드 면접

주소		연락처	메일
서울시 강남구 압구정로 201		02-547-2233	recruit@hcn.co.kr

주요상품	백화점

기업 정보

대형 백화점 사업을 영위하는 업체
www.ehyundai.com 【5,000원/12월/결산】
서울 강남구 압구정로 201
대표전화 : 02-549-2233 주식담당자 : 02-3416-5375

		주요주주 (13.12)	(%)
설 립 일	2002.11.01		
상 장 일	2002.11.25	정지선	17.1
대표이사	정지선/이동호/김영태	(주)현대그린푸드	12.1
종업원수	1,719명(13.12)	국민연금	8.0
회계감사법인	적정(삼일회계법인)	매출구성	(%)
보 통 주	2,340만주	백화점 부문(상품매출)	91.0
우 선 주	-	백화점 부문(용역매출)	9.0
신용등급(Bond)	AA+		
신용등급(CP)	A1	외국인지분율	39.14%

▶ 자본금 변동
(단위 : 억원, 원)

구 분	-08.12	-09.12	-10.12	11.07
증 자 액	1.45	0.20	0.10	34.54
변 동 내 역	전환	전환	전환	합병

▶ 베타와 변동성
(당사/유통업/KOSPI)

기 간	12.01 ~ 12.12	13.01 ~ 13.12
베 타	0.94 / 0.77 / 1.00	0.54 / 0.72 / 1.00
변 동 성	37.6 / 15.0 / 15.3	23.3 / 12.7 / 12.2

현황 | 매출 신장에도 수익성 하락

· 국내 소비경기 침체 지속에도 충청점 신규 출점 효과 및 코엑스 리뉴얼 오픈 등으로 매출 규모는 전년대비 신장.
· 원가구조 개선에도 지급수수료, 감가상각비 등 판관비 부담 가중된 가운데 기타수지 저하로 영업이익률 및 순이익률 전년대비 하락.
· 부채 규모 축소 및 총자산대비 60% 이상의 자기자본을 보유하고 있는 등 재무구조 양호한 수준 견지.

▶ 주가 그래프

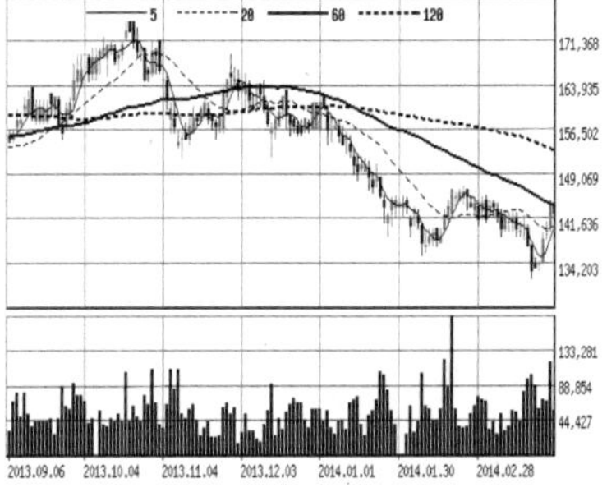

▶ 주가관련지표
(단위 : 원, 배)

구 분	10.12	11.12	12.12	13.12
주 최 고	148,000	200,000	184,500	174,000
가 최 저	93,200	121,500	119,000	146,500
주 순이익	14,851	15,183	13,974	12,975
매출액	56,151	63,077	65,985	66,582
당 순자산	89,945	104,412	117,456	129,092
PER(H/L)	9.97/6.28	13.17/8.00	13.20/8.52	13.41/11.29
PSR(H/L)	2.64/1.66	3.17/1.93	2.80/1.80	2.61/2.20
PBR(H/L)	1.65/1.04	1.92/1.16	1.57/1.01	1.35/1.13

전망 | 매출 성장세 이어갈 듯

· 상반기 코엑스 증축 효과 지속과 함께 하반기 가산 하이힐, 가든 파이브, 김포 아울렛 출점 등의 영업 면적 확대로 매출 성장세 어어갈 듯.
· 매출 증가에 따른 규모의 경제 효과가 기대되나 아울렛 출점으로 인한 추가 비용 발생이 예상되는바, 수익성 개선 다소 제한적일 듯.
· 2015년 판교 및 속두에 아울렛과 복합 쇼핑몰 출점 예정인바, 중장기적 성장동력 확보 기대.

▶ 요약연결재무제표
(단위 : 억원)

구 분	10.12	11.12	12.12	13.12
비유동자산	32,094.3	38,714.0	41,328.6	44,509.3
유 동 자 산	7,072.1	8,486.7	12,672.2	11,497.8
자 산 총 계	39,166.4	47,200.6	54,000.8	56,007.1
지배기업지분	20,428.0	24,434.9	27,487.5	30,210.6
비지배지분	4,041.5	4,489.0	4,877.9	5,250.4
자 본 총 계	24,469.5	28,923.9	32,365.4	35,461.0
비유동부채	3,425.0	6,953.2	9,184.8	7,648.9
유 동 부 채	11,271.9	11,323.5	12,450.6	12,897.2
부 채 총 계	14,696.9	18,276.7	21,635.4	20,546.0
수 익	12,706.5	14,391.5	15,199.7	15,337.4
매 출 원 가	2,503.9	2,475.1	2,513.3	2,428.3
매출총이익	10,202.6	11,916.4	12,686.5	12,909.0
기타영업수익	308.0	0.0	0.0	0.0
기타영업비용	212.8	0.0	0.0	0.0
판 관 비	6,375.5	7,550.3	8,423.6	8,976.7
영 업 이 익	3,922.3	4,366.2	4,262.9	3,932.3
영업외수익	1,425.0	1,620.7	923.0	1,055.1
영업외비용	147.1	380.9	283.1	369.4
세전계속영업이익	5,200.3	5,606.0	4,902.8	4,618.0
법인세비용	1,354.6	1,660.9	1,258.8	1,242.3
지배기업순이익	3,360.8	3,464.1	3,219.0	2,988.7

▶ 요약연결현금흐름표
(단위 : 억원)

구 분	10.12	11.12	12.12	13.12
영업활동현금흐름	4,531.1	3,097.8	4,317.8	3,463.5
투자활동현금흐름	-2,910.3	-6,346.0	-6,920.4	-2,153.4
재무활동현금흐름	-1,422.0	2,485.9	3,258.2	-1,260.1
현금의 증가	198.7	-762.3	655.6	50.0
CF의 기말현금	851.4	89.1	744.6	794.7

▶ 연결재무비율
(단위 : %)

구 분	10.12	11.12	12.12	13.12
매출액증가율	-53.0	13.3	5.6	0.9
순이익증가율	11.7	3.1	-7.1	-7.2
R O A	8.9	9.1	7.2	6.1
R O E	17.9	15.4	12.4	10.4
부 채 비 율	60.1	63.2	66.9	57.9

⑥ 기계 · 철강

포스코강판(주) | 동부제철(주) | 동국제강(주) | (주)세아베스틸 | 현대제철(주) | 현대하이스코(주)

2014년 상반기 철강산업은 글로벌 경기의 완만한 개선 추세와 자동차 산업의 생산 증가, 기계산업의 회복세, 포스코, 현대제철 등 주요 업체들의 신규 설비 가동 등으로 내수와 수출이 모두 증가하며 전년 동기대비 성장한 것으로 추정됨. 하반기 역시 글로벌 경기회복세 및 선진국과 신흥국의 철강재 수요 증가로 수출이 증가하며 상반기에 이어 성장세를 보일 것으로 전망되나, 내수 둔화로 전체적인 성장률은 상반기 대비 둔화될 것으로 보여짐. 2014년 상반기 철강산업은 철강재 수요 성장에 따른 매출 증대 및 철강 원료의 가격 약세로 수익성이 개선된 것으로 추정되며, 이러한 추세는 하반기에도 지속될 것으로 전망됨.

포스코강판(주)

채용정보

업종	기업명	채용예상 인원	공채 예상 시기	연봉 정보	영어면접 시행유무
기계철강	포스코강판(주)	10명	상반기, 하반기	3400만원	부분시행영업, 마케팅

외국어능력 시험 제한	토익점수	영어 말하기 점수	학점 제한	학점	스펙초월 채용계획	스펙초월 채용방식
有	700점	제한 없음	無	제한 없음	없음	없음

주소	연락처	메일
경북 포항시 남구 철강로 173 (장흥로)	054-280-6692	vy1029@posconc.com

주요상품	도금, 착색 및 기타 표면처리강재 제조업

기업정보

포스코 계열의 도금 및 컬러강판 제조기업
www.pocos.co.kr　　【5,000원/12월/결산】
경북 포항시 남구 철강로 173
대표전화 : 054-280-6114　주식담당자 : 054-280-6120

구분		주요주주 (13.12)	(%)
설 립 일	1988.02.15	(주)포스코	56.9
상 장 일	2002.08.16	동국제강(주)	9.8
대표이사	신정석	신영자산운용(주)	8.1
종업원수	350명(13.12)	매출구성	(%)
회계감사법인	적정(삼정회계법인)	도금/컬러강판	97.6
보 통 주	600만주	부산물 매출 등	2.4
우 선 주	-		
신용등급(Bond)	-		
신용등급(CP)	-	외국인지분율	0.89%

▶ 자본금 변동
(단위 : 억원, 원)

구 분	02.08	.	.	.
증 자 액	300.00	-	-	-
변 동 내 역	신규	-	-	-

▶ 베타와 변동성
(당사/철강,금속/KOSPI)

기 간	12.01 ~ 12.12	13.01 ~ 13.12
베　타	0.53 / 0.96 / 1.00	0.58 / 0.93 / 1.00
변 동 성	20.4 / 18.8 / 15.3	17.1 / 16.2 / 12.2

현 황 | 매출 감소 및 적자지속

·전방산업인 자동차산업, 가전산업, 건설업 등의 전반적인 침체로 강판 수요가 감소하여 매출액 전기대비 소폭 감소.
·원자재 가격 하락 및 원료 수급처 다변화 정책을 통한 수익구조 개선 등으로 영업이익은 흑자전환되었으나 영업이익률은 저조한 수준.
·전기 MCI 생산라인 신규 투자시업을 중단에 따른 사산손상차손(318억 원) 제거로 손실폭은 축소되었으나, 금융비용 부담 등으로 적자 기조 지속.

▶ 주가 그래프

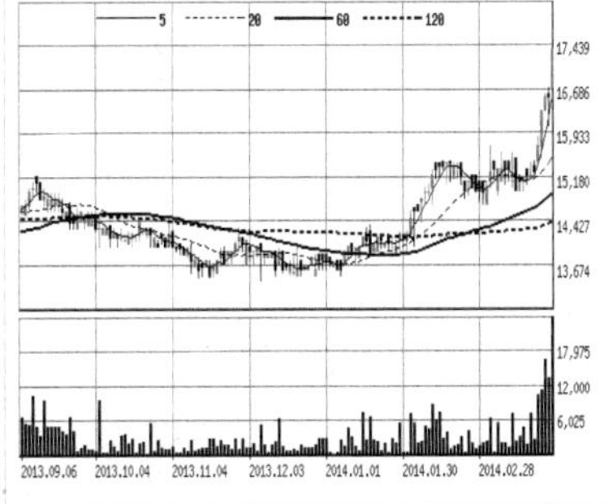

▶ 주가관련지표
(단위 : 원, 배)

구 분		.	.	12.12	13.12
주 가	최 고	-	-	22,000	15,950
	최 저	-	-	14,450	13,350
주	순이익	-	-	-7,907	-862
	매출액	-	-	142,250	136,864
당	순자산	-	-	29,032	28,258
PER(H/L)		-	-	-	-
PSR(H/L)		-	-	0.15/0.10	0.12/0.10
PBR(H/L)		-	-	0.76/0.50	0.56/0.47

전 망 | 매출 회복 기대

·글로벌 경기의 회복에 따른 자동차산업 수출 증가, 가전산업 경기 개선 등으로 컬러 및 도금강판 수요 증가가 기대됨.
·주요 원자재 가격이 하락세를 보이고 있는 가운데 매출 증가에 따른 고정성 경비 부담 완화로 수익 개선이 이루어질 듯.
·2013년 10월 해외 시장 진출을 목적으로 미얀마에 미얀마포스코강판을 설립하였으며, 공장은 당기 10월 준공 예정임.

▶ 요약연결재무제표
(단위 : 억원)

구 분			12.12	13.12
비유동자산	-	-	2,513.5	2,442.2
유 동 자 산	-	-	2,175.6	2,073.7
자 산 총 계	-	-	4,689.1	4,515.9
지배기업지분	-	-	1,741.9	1,695.5
비지배지분	-	-	0.0	19.3
자 본 총 계	-	-	1,741.9	1,714.7
비유동부채	-	-	109.2	125.3
유 동 부 채	-	-	2,838.0	2,675.8
부 채 총 계	-	-	2,947.2	2,801.1
수　　　익	-	-	8,535.0	8,211.8
매 출 원 가	-	-	8,127.3	7,718.7
매출총이익	-	-	407.7	493.2
기타영업수익	-	-	0.0	0.0
기타영업비용	-	-	0.0	0.0
판 관 비	-	-	421.8	466.7
영 업 이 익	-	-	-14.1	26.5
영업외수익	-	-	124.9	50.9
영업외비용	-	-	658.2	156.7
세전계속영업이익	-	-	-547.4	-79.3
법인세비용	-	-	-72.9	-27.6
지배기업순이익	-	-	-474.4	-51.7

▶ 요약연결현금흐름표
(단위 : 억원)

구 분			12.12	13.12
영업활동현금흐름	-	-	26.0	-0.3
투자활동현금흐름	-	-	-242.8	-62.4
재무활동현금흐름	-	-	201.9	110.8
현금의 증가	-	-	-15.0	48.1
CF의 기말현금	-	-	0.1	48.3

▶ 연결재무비율
(단위 : %)

구 분			12.12	13.12
매출액증가율	-	-	-	-3.8
순이익증가율	-	-	-	적자지속
R O A	-	-	-10.1	-1.1
R O E	-	-	-27.2	-3.0
부 채 비 율	-	-	169.2	163.4

동부제철(주)

채용정보

업종	기업명	채용예상 인원	공채 예상 시기	연봉 정보	영어면접 시행유무
기계철강	동부제철(주)	30명	4월, 9월	3700만원	無

외국어능력 시험 제한	토익점수	영어 말하기 점수	학점 제한	학점	스펙초월 채용계획	스펙초월 채용방식
無	제한 없음	제한 없음	有	3.0점 이상	없음	없음

주소	연락처	메일
서울시 강남구 테헤란로 432,18 (대치동, 동부금융센터)	02-3450-8423	scout@dongbu.com

주요상품	냉간 압연 및 압출 제품 제조업

기업 정보

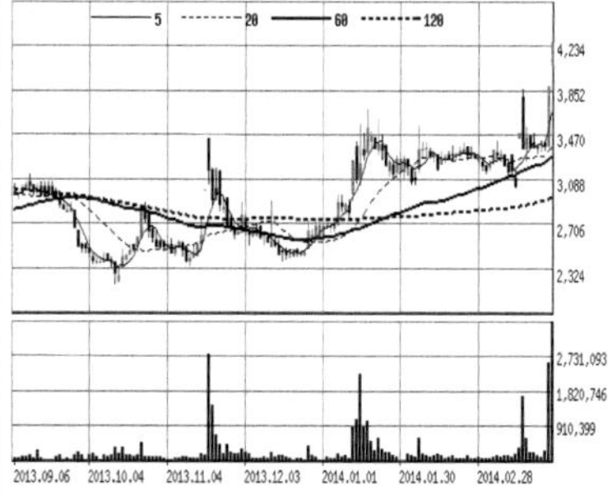

열연 및 냉연강판 등을 생산하는 일관제철소
www.dongbusteel.co.kr **【5,000원/12월/결산】**
서울 강남구 테헤란로 432 동부금융센터
대표전화 : 02-3450-8114 주식담당자 : 02-3450-8114

구분		주요주주 (13.12)	(%)
설 립 일	1982.10.27		
상 장 일	1986.02.03	동부씨엔아이(주)	13.3
대표이사	김준기/이종근	김남호	8.8
종업원수	1,720명(13.12)	동부건설(주)	8.5
회계감사법인	적정(삼정회계법인)	매출구성	(%)
보 통 주	5,065만주	열연강판,냉연강판,아연도강판,칼라강판,석도강판 등	88.2
우 선 주	257만주	선재,봉강 등	10.8
신용등급(Bond)	BBB-	강관,형강,PEB 등	8.3
신용등급(CP)	A3-	외국인지분율	4.70%

▶ 자본금 변동
(단위 : 억원, 원)

구 분	-09.12	-10.12	-11.12	-12.12
증 자 액	0.83	12.95	0.36	0.18
변 동 내 역	전환	전환	전환	전환

▶ 베타와 변동성
(당사/철강,금속/KOSPI)

기 간	12.01 ~ 12.12	13.01 ~ 13.12
베 타	0.86 / 0.96 / 1.00	1.09 / 0.93 / 1.00
변 동 성	31.9 / 18.8 / 15.3	41.0 / 16.2 / 12.2

현황 매출 감소 및 순손실 규모 증가

· 건설경기 침체로 강관 · 형강 등 건재 부문 매출 감소, 열연 · 냉연의 판재류 판매도 부진한 모습 보이며 전년 대비 매출 규모 축소.
· 영업이익률 전년의 미흡한 수준에 머무른 가운데 법인세 감소에도 금융수지 및 기타영업외수지 저하되어 순손실 규모는 전년대비 증가.
· 순손실 기록으로 이익잉여금 감소, 차입금 증가 등에 따른 부채 부담 확대로 제 안정성 지표는 전년대비 소폭 하락하였음.

▶ 주가 그래프

▶ 주가관련지표
(단위 : 원, 배)

구 분		10.12	11.12	12.12	13.12
주가	최 고	12,000	10,150	7,030	4,315
	최 저	8,750	5,410	3,150	2,280
주	순이익	-684	-4,448	-2,422	-3,102
	매출액	58,898	68,347	63,263	60,649
당	순자산	32,511	27,896	25,818	22,999
PER(H/L)		-	-	-	-
PSR(H/L)		0.20/0.15	0.15/0.08	0.11/0.05	0.07/0.04
PBR(H/L)		0.37/0.27	0.36/0.19	0.27/0.12	0.19/0.10

전망 매출 성장 전망되나 수익성 개선은 제한적일 듯

· 건설경기 침체와 조선건조량 감소 지속에도, 글로벌 경기 개선 및 전방 자동차 생산 증가 등으로 철강재 수요 증가하며 매출 성장 전망.
· 매출 성장에 따른 고정비 부담 완화와 원재료 가격 안정세가 기대되나, 과중한 원가 부담 및 금융비용 부담의 지속으로 수익성 개선 제한적일 듯.
· 차입금의존도 과중하여 재무구조 다소 미흡한 수준이나, 차입금을 상회하는 유형자산을 담보로 제공 중인 바 단기적 상환 부담 높지 않을 듯.

▶ 요약연결재무제표
(단위 : 억원)

구 분	10.12	11.12	12.12	13.12
비유동자산	39,276.8	38,815.1	38,346.1	36,998.8
유 동 자 산	13,434.7	14,288.0	14,556.5	14,730.7
자 산 총 계	52,711.5	53,103.1	53,466.9	52,415.1
지배기업지분	17,297.0	14,844.0	13,738.7	12,239.1
비지배지분	0.0	49.2	988.3	1,028.3
자 본 총 계	17,297.0	14,893.2	14,727.1	13,267.3
비유동부채	17,203.6	15,769.6	17,122.9	11,858.4
유 동 부 채	18,210.8	22,440.3	21,616.9	27,194.9
부 채 총 계	35,414.4	38,209.9	38,739.8	39,147.8
수 익	36,714.4	42,595.1	39,441.5	37,812.4
매 출 원 가	33,743.4	40,209.1	37,031.3	35,380.2
매출총이익	2,971.0	2,386.0	2,410.2	2,432.3
기타영업수익	78.8	0.0	0.0	0.0
기타영업비용	11.4	0.0	0.0	0.0
판 관 비	1,998.2	2,172.3	2,239.3	2,173.6
영 업 이 익	1,040.2	213.7	170.9	258.7
영업외수익	807.6	773.6	782.7	815.4
영업외비용	2,312.9	2,869.7	2,420.4	2,586.4
세전계속영업이익	-465.1	-1,882.4	-1,466.8	-1,512.3
법인세비용	-215.2	286.6	-366.0	-107.1
지배기업순이익	-328.4	-2,168.8	-1,119.2	-1,451.0

▶ 요약연결현금흐름표
(단위 : 억원)

구 분	10.12	11.12	12.12	13.12
영업활동현금흐름	-1,933.3	1,824.6	4,171.4	737.5
투자활동현금흐름	-1,555.8	-1,800.2	-1,969.7	494.3
재무활동현금흐름	3,926.7	-361.4	-1,188.8	-1,188.8
현금의 증가	446.9	-337.0	72.4	43.1
CF의 기말현금	796.9	452.2	614.0	650.5

▶ 연결재무비율
(단위 : %)

구 분	10.12	11.12	12.12	13.12
매출액증가율	39.2	16.0	-7.4	-4.1
순이익증가율	적자전환	적자지속	적자지속	적자지속
R O A	-0.7	-4.1	-2.1	-2.7
R O E	-2.0	-13.5	-7.8	-11.2
부 채 비 율	204.7	256.6	263.1	295.1

동국제강(주)

www.dongkuk.com

채용정보

업종	기업명	채용예상 인원	공채 예상 시기	연봉 정보	영어면접 시행유무
기계철강	동국제강(주)	00명	상반기	협의	無

외국어능력 시험 제한	토익점수	영어 말하기 점수	학점 제한	학점	스펙초월 채용계획	스펙초월 채용방식
有	700점	제한 없음	有	3.0점 이상	없음	없음

주소	연락처	메일
서울특별시 중구 을지로 5길 19 페럼타워	02-317-1114	www.dongkuk.com

주요상품	제강업

기업 정보

봉형강 및 후판 등 철강 제조업체
www.dongkuk.co.kr　　【5,000원/12월/결산】
서울 중구 을지로5길 19
대표전화 : 02-317-1114　주식담당자 : 02-317-1114

설 립 일	1954.07.07	주요주주 (13.12)	(%)
상 장 일	1988.05.09	장세주	14.9
대표이사	장세주/남윤영	제이에프이스틸인터내셔널유럽	14.9
종업원수	1,886명(13.12)	장세욱	10.2
회계감사법인	적정(삼일회계법인)	매출구성	(%)
보 통 주	6,182만주	봉형강	37.6
우 선 주	-	냉연강판등	25.3
신용등급(Bond)	A	후판	21.2
신용등급(CP)	-	외국인지분율	24.62%

▶ 자본금 변동
(단위 : 억원, 원)

구 분	99.07	99.09	99.11	00.04
증 자 액	1,000.00	1,000.00	140.00	183.05
변 동 내 역	유상	유상	유상	주식

▶ 베타와 변동성
(당사/철강,금속/KOSPI)

기 간	12.01 ~ 12.12	13.01 ~ 13.12
베 타	1.38 / 0.96 /1.00	1.35 / 0.93 /1.00
변 동 성	35.1 / 18.8 /15.3	36.2 / 16.2 /12.2

▶ 주가 그래프

▶ 주가관련지표
(단위 : 원, 배)

구 분		10.12	11.12	12.12	13.12
주가	최 고	35,200	46,950	25,400	16,000
	최 저	19,800	20,000	12,550	10,600
주당	순이익	2,681	124	-3,686	-1,924
	매출액	119,966	130,153	113,036	98,489
	순자산	47,235	45,259	40,415	36,920
PER(H/L)		13.13/7.39	378.63/161.29	-	-
PSR(H/L)		0.29/0.17	0.36/0.15	0.22/0.11	0.16/0.11
PBR(H/L)		0.75/0.42	1.04/0.44	0.63/0.31	0.43/0.29

▶ 요약연결재무제표
(단위 : 억원)

구 분	10.12	11.12	12.12	13.12
비유동자산	50,345.2	53,137.3	52,871.4	53,345.3
유 동 자 산	46,357.8	48,391.6	40,335.3	37,752.8
자 산 총 계	96,703.1	101,528.9	93,206.8	91,098.1
지배기업지분	29,202.8	27,980.9	24,986.0	22,825.6
비지배지분	2,871.0	3,496.2	3,360.7	3,363.8
자 본 총 계	32,073.8	31,477.1	28,346.7	26,189.5
비유동부채	18,792.1	24,814.0	29,328.2	23,488.9
유 동 부 채	45,837.2	45,237.7	35,531.9	41,419.7
부 채 총 계	64,629.3	70,051.8	64,860.1	64,908.6
수　　익	81,548.0	88,419.4	76,791.2	66,908.6
매 출 원 가	73,662.1	82,136.5	74,130.3	62,584.9
매 출 총 이익	7,885.9	6,282.9	2,660.9	4,323.7
기타영업수익	1,205.2	0.0	0.0	0.0
기타영업비용	2,021.5	0.0	0.0	0.0
판 관 비	3,605.4	3,492.3	3,354.0	3,512.4
영 업 이 익	3,464.3	2,790.6	-693.1	811.2
영업외수익	1,294.4	2,832.3	3,264.4	2,662.6
영업외비용	2,474.9	4,834.9	4,766.5	4,528.8
세전계속영업이익	2,283.8	788.1	-2,195.2	-1,055.0
법인세비용	496.1	723.0	118.8	29.3
지배기업순이익	1,625.5	74.9	-2,232.8	-1,165.3

▶ 요약연결현금흐름표
(단위 : 억원)

구 분	10.12	11.12	12.12	13.12
영업활동현금흐름	-814.6	-2,181.5	7,216.9	1,000.0
투자활동현금흐름	-7,825.0	-6,844.4	-4,913.0	-2,528.6
재무활동현금흐름	5,533.2	8,377.1	-4,202.0	1,219.3
현금의 증가	-3,106.4	-648.8	-1,898.1	-309.4
CF의 기말현금	8,836.4	8,214.2	6,296.0	5,974.0

▶ 연결재무비율
(단위 : %)

구 분	10.12	11.12	12.12	13.12
매출액증가율	16.1	8.4	13.2	-12.9
순이익증가율	188.3	-95.4	적자전환	적자지속
R O A	2.0	0.1	-2.4	-1.3
R O E	5.7	0.3	-8.4	-4.9
부 채 비 율	201.5	222.6	228.8	247.8

 매출 축소되었으나 영업이익 흑자전환

· 전방 자동차 생산 및 조선건조량 감소, 건설경기 침체의 지속, 기계산업 성장 둔화 등으로 봉형강 및 후판 수요 감소하며 전년대비 매출 축소.
· 재료비 하락 등에 따른 원가구조 개선으로 영업이익 전년대비 흑자전환하였으며, 순손실 규모는 축소되었음.
· 순손실 기록으로 제 안정성 시표 선년대비 소폭 하락, 외부차입금 부담 여전히 과중한 수준으로 전년에 이어 미흡한 재무구조 보임.

 매출 성장 제한적이나 수익성은 개선될 듯

· 글로벌 경기 개선에도 주요 전방산업인 국내 건설경기의 부진, 조선건조량 감소 지속 등으로 매출 성장은 제한적일 듯.
· 후판 수요 부진에 따른 가격 상승 제한에도, 봉형강 가동률 상승과 주요 원재료 가격의 약세로 수익성은 개선 추세 보일 듯.
· 국내 후판시장은 동국제강 · 포스코 · 현대제철의 과점 체제이나, 2013년 9월 현대제철 신규 후판공장의 가동으로 경쟁이 심화될 전망.

(주)세아베스틸

채용정보

업종	기업명	채용예상 인원	공채 예상 시기	연봉 정보	영어면접 시행유무
제조업	(주)세아베스틸	15명	10월 말	3800만원	無

외국어능력 시험 제한	토익점수	영어 말하기 점수	학점 제한	학점	스펙초월 채용계획	스펙초월 채용방식
無	점수보유자 모두 지원가능	제한 없음	有	3.0점 이상	없음	없음

서울시 마포구 양화로 45 세아타워 29층	02-6970-2000	비공개
제철 및 제강업		

기업정보

자동차 및 철도부품용 특수강 제조업체
www.seahbesteel.co.kr **【5,000원/12월/결산】**
서울 마포구 양화로 45
대표전화 : 02-6970-2000 주식담당자 : 02-6970-2025

구분		주요주주 (13.12)	(%)
설립일	1955.02.04	(주)세아홀딩스	54.4
상장일	1991.03.12	(주)해덕기업	7.5
대표이사	이승휘	(주)세아제강	6.0
종업원수	1,500명(13.12)	**매출구성**	(%)
회계감사법인	적정(안진회계법인)	특수강	94.1
보통주	3,586만주	단조품	2.5
우선주	-	AxleAssembly	1.2
신용등급(Bond)	A+	외국인지분율	6.03%
신용등급(CP)	A2+		

▶ 자본금 변동
(단위 : 억원, 원)

구 분	-00.12	-02.12	03.12	03.12
증 자 액	5.63	169.55	-1,769.01	2,100.00
변 동 내 역	전환	전환	감자	유상

▶ 베타와 변동성
(당사/철강,금속/KOSPI)

기 간	12.01 ~ 12.12	13.01 ~ 13.12
베 타	1.23 / 0.96 / 1.00	0.78 / 0.93 / 1.00
변 동 성	37.4 / 18.8 / 15.3	35.4 / 16.2 / 12.2

현황 매출 축소 및 수익성 하락

- 국내외 경기 침체에 따른 자동차시장의 생산 감소, 기계산업의 성장 둔화로 특수강의 판매 부진 및 판가 하락으로 매출 소폭 축소.
- 판가 하락 및 매출 감소에 따른 고정비 부담 증가 등으로 원가율이 상승하고 운반비 등의 판관비 규모가 확대되어 수익성 전기대비 하락.
- 국내 특수강봉강 시장에서 60% 이상의 시장점유율을 보이며 업계 1위를 유지하고 있음.

▶ 주가 그래프

▶ 주가관련지표
(단위 : 원, 배)

구 분		10.12	11.12	12.12	13.12
주가	최 고	36,900	68,800	54,800	34,850
	최 저	14,400	35,800	23,450	24,700
주당	순이익	4,243	6,317	3,336	2,922
	매출액	53,174	69,286	61,414	59,351
	순자산	30,716	35,809	37,519	39,566
PER(H/L)		8.70/3.39	10.89/5.67	16.43/7.03	11.93/8.45
PSR(H/L)		0.69/0.27	0.99/0.52	0.89/0.38	0.59/0.42
PBR(H/L)		1.20/0.47	1.92/1.00	1.46/0.63	0.88/0.62

전망 매출 증가 및 수익성 개선 기대

- 글로벌 경기의 완만한 개선과 전방 자동차 및 기계산업 수요 회복으로 특수강 수요 확대가 예상되어 매출 성장이 기대됨.
- 수요 증가와 더불어 창녕공장 생산 증가에 따른 고정비 부담 완화 및 철스크랩 가격 하락 등으로 수익성 개선이 이루어질 듯.
- 빌렛연주기 증설 및 창녕 공장건설 등으로 전기까지 차입금 규모가 확대되었으나, 창녕공장 완공 이후 투자 부담 경감되어 안정성이 개선될 듯.

▶ 요약재무제표
(단위 : 억원)

구 분	10.12	11.12	12.12	13.12
비유동자산	12,019.0	11,526.2	13,335.8	13,451.2
유 동 자 산	7,073.9	8,467.8	8,255.1	8,639.9
자 산 총 계	19,093.0	19,994.0	21,590.9	22,091.1
자 본 총 계	11,039.5	12,880.2	13,497.2	14,231.2
(보통주자본금)	2,193.1	2,193.1	2,193.1	2,193.1
(우선주자본금)	0.0	0.0	0.0	0.0
비유동부채	1,891.4	1,757.3	4,170.4	3,752.7
유 동 부 채	6,162.0	5,356.6	3,923.3	4,107.2
부 채 총 계	8,053.4	7,113.8	8,093.7	7,859.9
수 익	18,675.4	24,847.3	21,940.8	21,126.5
매 출 원 가	15,981.8	21,096.5	19,450.6	18,887.5
매 출 총 이 익	2,693.6	3,750.8	2,490.2	2,239.1
기타영업수익	32.7	0.0	0.0	0.0
기타영업비용	38.7	0.0	0.0	0.0
판 관 비	597.7	731.9	772.5	800.5
영 업 이 익	2,089.9	3,018.9	1,717.7	1,438.5
세전계속영업이익	1,756.3	2,713.4	1,526.4	1,292.1
법인세비용	266.0	447.8	334.6	252.0
계속영업이익	1,490.3	2,265.6	1,191.8	1,040.1
중단영업이익	0.0	0.0	0.0	0.0
당기순이익	1,490.3	2,265.6	1,191.8	1,040.1

▶ 요약현금흐름표
(단위 : 억원)

구 분	10.12	11.12	12.12	13.12
영업활동현금흐름	2,129.3	2,527.9	1,444.4	1,422.0
투자활동현금흐름	-1,015.2	-555.1	-2,518.9	-864.4
재무활동현금흐름	-1,046.0	-2,048.8	1,149.3	-583.6
현금의 증가	68.1	-76.0	74.7	-26.0
CF의 기말현금	76.1	0.0	74.7	48.7

▶ 재무비율
(단위 : %)

구 분	10.12	11.12	12.12	13.12
매출액증가율	50.0	33.1	-11.7	-3.7
순이익증가율	흑자전환	52.0	-47.4	-12.7
R O A	8.3	11.6	5.7	4.8
R O E	15.5	18.9	9.0	7.5
부 채 비 율	73.0	55.2	60.0	55.2

현대제철(주)

채용정보

업종	기업명	채용예상 인원	공채 예상 시기	연봉 정보	영어면접 시행유무
기계철강	현대제철(주)	미정	3월, 9월	4000만원	無

외국어능력 시험 제한	토익점수	영어 말하기 점수	학점 제한	학점	스펙초월 채용계획	스펙초월 채용방식
無	제한 없음	제한 없음	無	제한 없음	있음	능력 위주

주소	연락처	메일
인천광역시 동구 송현동 1번지	02-3464-4066,6058	recruit13@hyundai-steel.com

주요상품	열간 압연 및 압출 제품 제조업

기업정보

봉형강 및 판재 등을 생산하는 일관제철소
www.hyundai-steel.com 【5,000원/12월/결산】
인천 동구 중봉대로 63
대표전화 : 032-760-2114 주식담당자 : 02-3464-6166

		주요주주 (13.12)	(%)
설 립 일	1964.09.01		
상 장 일	1987.05.23	기아자동차(주)	19.8
대표이사	박승하/우유철	정몽구	11.8
종업원수	10,663명(13.12)	현대자동차(주)	7.9
회계감사법인	적정(삼정회계법인)	매출구성	(%)
보 통 주	11,655만주	판재	53.7
우 선 주	-	봉형강	35.8
신용등급(Bond)	AA	반제품, 부산물외	6.8
신용등급(CP)	-	외국인지분율	18.23%

▶ 자본금 변동
(단위 : 억원, 원)

구 분	04.07	06.01	-10.12	14.01
증 자 액	-375.00	-325.00	20.83	1,561.77
변 동 내 역	감자	감자	전환	합병

▶ 베타와 변동성
(당사/철강,금속/KOSPI)

기 간	12.01 ~ 12.12	13.01 ~ 13.12
베 타	1.35 / 0.96 / 1.00	1.39 / 0.93 / 1.00
변 동 성	30.3 / 18.8 / 15.3	28.7 / 16.2 / 12.2

현황 매출 감소 및 수익성 정체

· 국내외 경기 둔화로 전방 자동차산업 생산 감소, 건설 및 조선산업 침체, 기계산업 부진으로 철강재 수요 감소한바 전년대비 매출 규모 축소.
· 매출 감소에 따른 판관비 부담 확대로 영업이익률 전년대비 소폭 하락, 법인세 감소에도 영업수지 저하와 금융수지 저하로 순이익률은 정체.
· 3고로 공사 등 지속적인 설비투자로 외부차입금 증가세를 보여왔으나, 현대하이스코 냉연 부문 합병으로 자기자본 확충되며 재무구조 소폭 개선.

▶ 주가 그래프

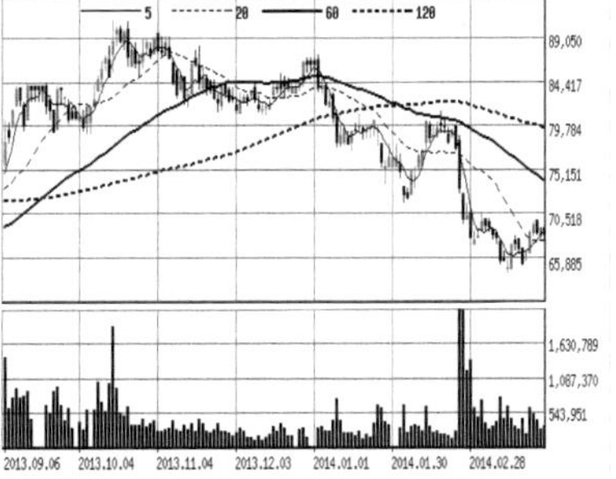

▶ 주가관련지표
(단위 : 원, 배)

구 분		10.12	11.12	12.12	13.12
주가	최 고	127,000	148,000	117,500	90,600
	최 저	78,000	77,800	75,200	61,100
주	순이익	10,993	8,876	9,449	8,193
	매출액	121,371	180,842	176,702	160,241
당	순자산	98,822	106,885	115,232	113,168
PER(H/L)		11.55/7.10	16.67/8.77	12.44/7.96	11.06/7.46
PSR(H/L)		1.05/0.64	0.82/0.43	0.66/0.43	0.57/0.38
PBR(H/L)		1.29/0.79	1.38/0.73	1.02/0.65	0.80/0.54

전망 3고로 완공과 냉연 부문 합병으로 성장 기대

· 글로벌 경기의 완만한 개선과 이에 따른 철강 시황의 회복세, 2013년 9월 3고로 완공, 현대하이스코 냉연 부문 합병 등으로 외형 성장 전망.
· 철광석 · 원료탄 등 원재료 가격 약세의 지속이 예상되나, 자동차용 냉연강판의 단가 인하 협상이 이루어진바 수익성 개선은 제한적일 듯.
· 2013년 9월 3고로 완공으로 생산능력 확대된 가운데 12월 사업시너지를 위해 현대하이스코의 냉연 부문을 합병한바 중장기적 성장 기대.

▶ 요약연결재무제표
(단위 : 억원)

구 분	10.12	11.12	12.12	13.12
비유동자산	138,993.9	151,579.4	176,653.8	231,569.2
유 동 자 산	59,780.4	66,187.7	58,009.5	63,633.5
자 산 총 계	198,774.3	217,767.1	234,663.3	295,202.8
지배기업지분	84,309.3	91,188.6	98,309.3	131,897.0
비지배지분	0.0	0.0	1,572.6	1,749.9
자 본 총 계	84,309.3	91,188.6	99,881.9	133,646.8
비유동부채	57,597.3	62,780.2	71,176.4	96,594.9
유 동 부 채	56,867.7	63,798.2	63,605.0	64,961.1
부 채 총 계	114,465.0	126,578.5	134,781.4	161,555.9
매 출 액	102,354.6	152,595.5	148,934.2	135,327.6
매 출 원 가	87,330.0	134,458.8	134,300.7	121,840.3
매출총이익	15,024.6	18,136.7	14,633.5	13,487.3
기타영업수익	598.4	0.0	0.0	0.0
기타영업비용	585.4	0.0	0.0	0.0
판 관 비	4,445.7	5,391.6	5,740.9	5,861.2
영 업 이 익	10,591.9	12,745.1	8,892.7	7,626.0
영업외수익	2,848.8	3,520.9	5,504.1	4,375.9
영업외비용	3,037.0	7,175.0	4,984.0	4,178.3
세전계속사업이익	10,403.8	9,090.9	9,412.8	7,823.7
법인세비용	1,179.3	1,619.5	1,381.5	729.7
지배기업순이익	9,224.4	7,471.4	7,964.0	6,919.1

▶ 요약연결현금흐름표
(단위 : 억원)

구 분	10.12	11.12	12.12	13.12
영업활동현금흐름	-5,457.6	8,016.5	18,086.0	6,439.6
투자활동현금흐름	-14,789.1	-18,668.6	-22,756.1	-19,467.0
재무활동현금흐름	22,048.1	10,385.0	3,642.1	11,437.7
현금의 증가	1,801.5	-267.0	-1,028.1	-1,589.7
CF의 기말현금	10,137.4	9,870.4	9,245.7	7,653.7

▶ 연결재무비율
(단위 : %)

구 분	10.12	11.12	12.12	13.12
매출액증가율	10.1	49.1	-2.4	-9.1
순이익증가율	-19.9	-19.0	6.6	-13.1
R O A	5.1	3.6	3.6	2.7
R O E	12.3	8.5	8.4	6.0
부 채 비 율	135.8	138.8	134.9	120.9

현대하이스코(주)

www.hysco.com

채용정보

업종	기업명	채용예상 인원	공채 예상 시기	연봉 정보	영어면접 시행유무
기계철강	현대하이스코(주)	20여명	9~10월	3800만원	無

외국어능력 시험 제한	토익점수	영어 말하기 점수	학점 제한	학점	스펙초월 채용계획	스펙초월 채용방식
無	제한 없음	제한은 없지만 제출은 의무	有	3.0점 이상	있음	블라인드 면접

주소		연락처	메일
서울시 서초구 강남대로 573 현대하이스코		02-2112-9098	hy720678@hysco.com

주요상품	
	강관 제조업

기업 정보

관 등 철강재 생산업체
vw.hysco.com 【5,000원/12월/결산】
산 북구 염포로 706
표전화 : 052-280-0114   주식담당자 : 02-2112-9356

		주요주주 (13.12)	(%)
립 일	1975.03.18	현대자동차(주)	29.4
장 일	1989.09.29	기아자동차(주)	15.7
표이사	신성재	정몽구	10.0
업원수	360명(13.12)	매출구성	(%)
계감사법인	적정(안진회계법인)	해외스틸서비스부문(해외)	75.5
통 주	2,281만주	강관부문(해외)	19.5
선 주	-	강관부문(국내)	17.8
등급(Bond)	A+	외국인지분율	17.23%
등급(CP)	A2+		

자본금 변동
(단위 : 억원, 원)

구 분	99.12	00.01	-02.12	14.01
자 액	-3,400.00	3,622.00	0.28	-2,869.60
동 내역	감자	유상	전환	감자

베타와 변동성
(당사/철강,금속/KOSPI)

기 간	12.01 ~ 12.12	13.01 ~ 13.12
타	0.99 / 0.96 / 1.00	1.18 / 0.93 / 1.00
동 성	35.8 / 18.8 / 15.3	37.8 / 16.2 / 12.2

▶ 주가 그래프

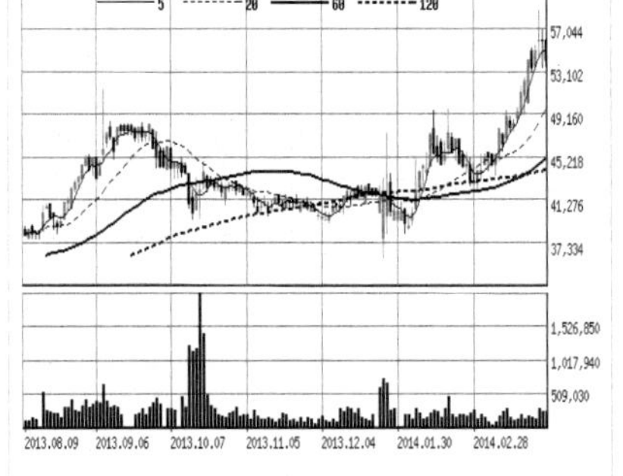

▶ 주가관련지표
(단위 : 원, 배)

구 분		10.12	11.12	12.12	13.12
주가	최 고	26,350	54,300	50,200	48,200
	최 저	14,850	25,100	33,600	25,650
주당	순이익	2,438	3,733	3,288	20,288
	매출액	86,386	102,800	53,027	51,024
	순자산	16,828	20,300	23,090	30,646
PER(H/L)		10.81/6.09	14.55/6.72	15.27/10.22	2.38/1.26
PSR(H/L)		0.31/0.17	0.53/0.24	0.95/0.63	0.94/0.50
PBR(H/L)		1.57/0.88	2.67/1.24	2.17/1.46	1.57/0.84

황 2013년 12월 냉연 사업부문을 분할

자동차 해외 생산 증가로 해외스틸 사업부문 매출 증가하였으나, 강관 및 경량화 제품 판매 감소하며 전체 매출 규모는 전년대비 소폭 축소.
원가구조 개선으로 영업이익률 전년대비 상승한 가운데 냉연 부문 분할과 관련한 중단영업이익 발생으로 순이익률은 전년대비 큰 폭 상승.
현대제철(주)은 3고로 가동에 따른 사업 시너지 등을 목적으로 2013년 12월 현대하이스코(주)의 냉연 사업

전망 매출 성장 및 영업수익성 개선 전망

·글로벌 경기 개선과 자동차산업의 회복세, 주요 고객사의 신차 출시 효과 및 해외 생산 확대로 인한 해외 스틸사업부 성장으로 매출 성장 전망.
·매출 성장에 따른 고정비 부담 완화와 원재료 가격 안정세가 기대되는바 영업수익성 개선 전망.
·수소연료전지 차량용 금속분리판 사업, 차량 경량화 등 신사업부문의 확대로 중장기적 성장동력 확보 기대.

▶ 요약연결재무제표
(단위 : 억)

구 분	10.12	11.12	12.12	13.12
비유동자산	17,106.4	19,943.3	26,887.3	7,878
유 동 자 산	22,622.4	27,263.1	27,143.4	14,703
자 산 총 계	39,728.8	47,206.5	54,030.7	22,581
지배기업지분	13,496.0	16,280.4	18,518.5	6,989
비지배지분	32.6	56.0	18.5	32
자 본 총 계	13,528.6	16,336.4	18,537.0	7,022
비유동부채	7,161.0	5,221.1	9,510.3	4,448
유 동 부 채	19,039.2	25,649.0	25,983.4	11,111
부 채 총 계	26,200.3	30,870.1	35,493.7	15,559
수 익	68,657.8	81,703.4	42,150.9	40,461
매 출 원 가	63,072.5	74,611.4	39,720.0	37,276
매출총이익	5,585.3	7,092.0	2,431.0	3,184
기타영업수익	742.2	0.0	0.0	0
기타영업비용	777.7	0.0	0.0	0
판 관 비	2,481.1	2,757.2	1,418.5	1,574
영 업 이 익	3,068.7	4,334.8	1,012.5	1,610
영업외수익	402.5	1,183.0	549.6	511
영업외비용	962.7	1,700.4	715.3	1,340
세전계속영업이익	2,508.5	3,817.5	846.8	780
법인세비용	561.1	839.6	245.0	244
지배기업순이익	1,937.3	2,966.7	2,614.1	16,088

▶ 요약연결현금흐름표
(단위 : 억)

구 분	10.12	11.12	12.12	13.12
영업활동현금흐름	4,092.7	4,686.0	7,307.7	7,513
투자활동현금흐름	-1,501.6	-5,457.0	-9,530.0	-8,838
재무활동현금흐름	-1,292.5	822.5	2,796.3	2,473
현금의 증가	1,298.6	51.4	574.0	1,148
CF의 기말현금	4,421.7	4,473.9	4,994.3	750

▶ 연결재무비율
(단위 :)

구 분	10.12	11.12	12.12	13.12
매출액증가율	31.1	19.0	-48.4	-4
순이익증가율	234.9	53.1	-11.9	515
R O A	5.2	6.9	5.2	42
R O E	15.4	19.9	15.0	126

자동차 ⑦

2014년 하반기 국내 자동차 산업은 글로벌 경기회복세에 따른 세계 자동차 수요 증가 및 신차 효과의 지속, 해외 생산능력 확대, 국산차의 품질 및 브랜드 가치 상승 등으로 성장할 것으로 전망됨. 그러나 수입차의 국내 시장 잠식, 가계부채 부담, 원화 강세에 따른 수출경쟁력 약화 등은 부정적 요인으로 작용할 수 있음. 수익성의 경우 내수 판매 및 수출 증대, 고부가 차종의 비중 확대, 원재료 가격 안정화 등으로 개선 추세를 보일 것으로 전망됨. 2013년 업체 별 국내 시장 점유율은 현대자동차와 기아자동차가 각각 41.5%, 29.5%로 1위와 2위를 차지하였으며, 그 밖에 수입차 10.5%, 한국지엠 9.8%, 쌍용자동차 4.1%, 르노삼성 3.9%, 기타 0.6%의 순위를 보였음.

기아자동차(주)

www.kia.com

채용정보

업종	기업명	채용예상 인원	공채 예상 시기	연봉 정보	영어면접 시행유무
자동차	기아자동차(주)	미정	3월, 9월	협의	전체시행

외국어능력 시험 제한	토익점수	영어 말하기 점수	학점 제한	학점	스펙초월 채용계획	스펙초월 채용방식
無	제한 없음	제한 없음	無	제한 없음	있음	학교, 학점, 영어점수 제한없이 채용진행

주소	연락처	메일
서울특별시 서초구 헌릉로 12 (양재동)	080-200-2000	비공개

주요상품	승용차 및 기타 여객용 자동차 제조업

기업 정보

세계 10위권의 완성차업체
www.kia.co.kr
【5,000원/12월/결산】
서울 서초구 헌릉로 12
대표전화 : 02-3464-1114　주식담당자 : 02-3464-5465

		주요주주 (13.12)	(%)
설 립 일	1944.12.11	현대자동차(주)	33.9
상 장 일	1973.07.21	국민연금공단	7.0
대표이사	이형근/이삼웅	정의선	1.7
종업원수	33,375명(13.12)	매출구성	(%)
회계감사법인	적정(삼정회계법인)	북미	47.7
보 통 주	40,536만주	유럽	46.6
우 선 주	-	승용	28.2
신용등급(Bond)	AA+	외국인지분율	34.06%
신용등급(CP)	-		

▶ 자본금 변동　(단위 : 억원, 원)

구 분	-09.12	-10.12	-11.12	-12.12
증 자 액	2,023.55	493.69	311.98	77.43
변 동 내 역	전환	전환	전환	전환

▶ 베타와 변동성　(당사/운수장비/KOSPI)

기 간	12.01 ~ 12.12	13.01 ~ 13.12
베 타	0.99 / 1.13 / 1.00	0.98 / 1.10 / 1.00
변 동 성	29.2 / 22.9 / 15.3	27.2 / 20.1 / 12.2

▶ 주가 그래프

2013.09.06　2013.10.04　2013.11.04　2013.12.03　2014.01.01　2014.01.30　2014.02.28

2,544,615
1,697,174
849,733

▶ 주가관련지표　(단위 : 원, 배)

구 분	10.12	11.12	12.12	13.12
주가 최 고	52,300	82,400	83,800	68,900
최 저	18,550	52,500	54,700	49,000
주당 순이익	6,843	8,573	9,546	9,425
매출액	91,412	108,407	116,696	117,530
순자산	25,093	33,441	41,563	49,967
PER(H/L)	7.64/2.71	9.61/6.12	8.78/5.73	7.31/5.20
PSR(H/L)	0.57/0.20	0.76/0.48	0.72/0.47	0.59/0.42
PBR(H/L)	2.08/0.74	2.46/1.57	2.02/1.32	1.38/0.98

▶ 요약연결재무제표　(단위 : 억원)

구 분	10.12	11.12	12.12	13.12
비유동자산	165,114.7	191,799.9	212,588.8	227,096.5
유 동 자 산	97,636.7	110,751.9	111,394.3	134,723.9
자 산 총 계	262,751.4	302,551.8	323,983.1	361,820.4
지배기업지분	99,832.4	135,097.2	168,480.6	202,548.0
비지배지분	2,648.8	-0.1	0.0	0.0
자 본 총 계	102,481.2	135,097.1	168,480.6	202,548.0
비유동부채	43,994.9	53,235.5	55,500.1	51,210.1
유 동 부 채	116,275.4	114,219.2	100,002.4	108,062.4
부 채 총 계	160,270.3	167,454.7	155,502.5	159,272.5
수　　　익	358,269.6	431,909.4	472,429.3	475,979.0
매 출 원 가	279,053.7	331,389.6	365,360.1	375,119.4
매출총이익	79,215.9	100,519.8	107,069.3	100,859.6
기타영업수익	4,205.5	0.0	0.0	0.0
기타영업비용	3,003.7	0.0	0.0	0.0
판 관 비	55,517.4	65,528.9	71,846.8	69,088.6
영 업 이 익	24,900.3	34,990.9	35,222.5	31,771.0
영업외수익	11,820.8	19,754.7	22,610.0	21,533.7
영업외비용	3,490.6	7,529.1	6,192.0	5,018.9
세전계속영업이익	33,230.5	47,216.5	51,640.6	48,285.8
법인세비용	6,247.2	12,024.1	12,993.5	10,115.2
지배기업순이익	26,821.2	34,155.8	38,646.9	38,170.6

▶ 요약연결현금흐름표　(단위 : 억원)

구 분	10.12	11.12	12.12	13.12
영업활동현금흐름	52,725.4	47,451.9	43,454.3	47,765.9
투자활동현금흐름	-22,960.5	-26,305.5	-28,425.8	-35,139.4
재무활동현금흐름	-33,433.0	-14,409.6	-18,101.1	-7,912.1
현금의 증가	-3,668.1	6,736.9	-3,072.7	4,714.5
CF의 기말현금	16,158.8	23,041.7	19,033.1	23,112.6

▶ 연결재무비율　(단위 : %)

구 분	10.12	11.12	12.12	13.12
매출액증가율	22.5	20.6	9.4	0.8
순이익증가율	173.9	27.4	13.2	-1.2
R O A	10.3	12.5	12.3	11.1
R O E	32.1	29.1	25.5	20.6
부 채 비 율	156.4	124.0	92.3	78.6

현황 | 매출 소폭 증가에 그치며 영업수익성 하락

·가계부채 부담 등으로 국내 판매 둔화된 가운데 글로벌 경기 부진으로 해외 판매 역시 둔화된바 전체 매출 규모는 전년대비 소폭 증가에 그침.
·부분파업·특근미실시 등으로 원가 부담이 확대된바 영업이익률 전년대비 하락, 그러나 법인세 감소에 힘입어 순이익률은 전년 수준 유지.
·2013년 판매량 기준 현대·기아차는 756만 대를 판매하여 세계 시장점유율 8.8%, 국내 시장점유율 66.0%를 차지하였음.

전망 | 매출 성장 및 수익성 개선 전망

·글로벌 경기의 완만한 개선 및 이에 따른 세계 자동차 판매 증가, 브랜드 인지도 상승, 해외 공장 증설, 신차 효과 등으로 매출 성장 전망.
·국내 공장 UPH 및 해외 공장의 가동률 상승, 고가 차종 출시와 SUV 판매 증가를 통한 제품믹스 개선으로 수익성 역시 개선 전망.
·2014년 미국, 중국, 유럽 등 해외 시장에서 K9, SOUL, Sorento 등의 신차를 출시하는바 외형 성장에 기여할 듯.

현대다이모스(주)

www.hyundai-dymos.com

채용정보

업종	기업명	채용예상 인원	공채 예상 시기	연봉 정보	영어면접 시행유무
자동차	현대다이모스(주)	30명	9월	협의	전체시행
외국어능력 시험 제한	토익점수	영어 말하기 점수	학점 제한	학점	스펙초월 채용계획	스펙초월 채용방식
無	제한 없음	제한 없음	有	3.0점 이상	없음	검토중

주소	연락처	메일
충남 서산시 성연면 신당1로 105 (갈현리)	031-369-9673	recruit@hyundai-dymos.com

주요상품	기타 자동차 부품 제조업

기업 정보

HYUNDAI DYMOS INC.

기 업 개요

대표자   여승동
업종   그외 기타 자동차 부품 제조업
형태   주식회사, 대기업
주요제품   자동차부품(파워트레인, 시트, 수동변속기, 엑슬) 제조, 판매
종업원수   1204명 (2013.12)
사업자번호/설립일   310-81-12926/1999.12.28
본사주소   (356-705)충청남도 서산시 신당1로 105
전화/팩스번호   041-661-7061/041-661-7586
거래은행/결산월   한국산업은행/12월
홈페이지   http://www.hyundai-dymos.com
감사의견   적정

주요주주 (2013.12.31)

(단위 : 천주, %)

주주명	주식수	지분율
현대자동차(주)	14,185	47.27
기아자동차(주)	13,615	45.37
현대위아(주)	1,536	5.12

재무정보

(단위 : 백만 원, 천주)

재무상태표	2012.12	2013.12
유동자산(계)	613,591	710,490
당좌자산(계)	569,127	657,938
현금및현금등가물	164,967	179,942
매출채권	365,473	408,149
기타당좌자산	3,314	14,604
재고자산(계)	44,464	52,552
비유동자산(계)	518,084	659,994
투자자산(계)	217,382	224,862
유형자산(계)	273,531	407,916
건설중인자산	14,421	156,735
무형자산(계)	19,140	16,032
자산총계	1,131,674	1,370,484
유동부채(계)	345,301	438,691
매입채무	217,806	230,081
단기차입금	149	4,893
유동성장기부채	40,832	69,990
유동성사채	39,975	69,990
비유동부채(계)	340,822	406,289
장기사채(계)	318,863	388,624
장기부채성충당부채(계)	14,859	12,754
부채총계	686,122	844,980
자본금	150,044	150,044
자본조정	930	930
이익잉여금	294,547	374,096
자본총계	445,552	525,504
부채와자본총계	1,131,674	1,370,484

[평균발행주식수]	30,009	30,009

손익계산서	2012.12	2013.12
매출액	1,402,493	1,604,118
매출원가	1,279,243	1,482,389
매출총이익(손실)	123,250	121,728
판매비와관리비	59,547	69,326
영업이익	63,702	52,403
영업외수익	43,688	56,287
영업외비용	28,892	24,206
이자비용	12,007	15,442
세전계속사업이익	78,498	84,485
계속사업손익법인세비용	10,597	5,772
당기순이익(손실)	67,901	78,712
기본주당순이익(원)	2,263	2,623

대원강업(주)

채용정보

업종	기업명	채용예상 인원	공채 예상 시기	연봉 정보	영어면접 시행유무
자동차	대원강업(주)	00명	9~10월	3800만원	때마다 다름

외국어능력 시험 제한	토익점수	영어 말하기 점수	학점 제한	학점	스펙초월 채용계획	스펙초월 채용방식
無	제한 없음	제한 없음	無	제한 없음	있음	공개거부

주소	연락처	메일
서울특별시 중구 세종대로5길 35 대원강업(주)	041-520-7522	recruit@dwku.com

주요상품	기타 자동차 부품 제조업

기업 정보

자동차용 스프링 전문 부품업체
www.daewonspring.com　【500원/12월/결산】
충남 천안시 서북구 성거읍 오목모전길 117-8
대표전화 : 02-3455-7300　주식담당자 : 041-520-7570

구분		주요주주 (13.12)	(%)
설 립 일	1946.09.20	홍민철	14.4
상 장 일	1977.06.22	고려용접봉	11.0
대표이사	허재철/허승호/성열각	허재철	8.5
종업원수	1,019명(13.12)	매출구성	(%)
회계감사법인	적정(삼일회계법인)	스프링 제품	80.9
보 통 주	6,200만주	시트제품	12.0
우 선 주	-	기타	7.2
신용등급(Bond)	-	외국인지분율	1.89%
신용등급(CP)	-		

▶ 자본금 변동　(단위 : 억원, 원)

구 분	97.04	98.04	08.05	10.04
증 자 액	13.00	80.00	500.00	10.00
변 동 내 역	주식	유상	액분	주식

▶ 베타와 변동성　(당사/운수장비/KOSPI)

기 간	12.01 ~ 12.12	13.01 ~ 13.12
베　타	0.67 / 1.13 / 1.00	0.95 / 1.10 / 1.00
변 동 성	35.8 / 22.9 / 15.3	30.0 / 20.1 / 12.2

현황　매출 소폭 증가에 그치며 순이익률은 하락

· 주력 제품인 스프링 · 시트의 가격 인상에도, 전방 자동차산업 생산 감소에 따른 수주 부진으로 전체 매출 규모는 전년대비 소폭 증가에 그침.
· 영업이익률 전년 수준을 유지하였으나, 유형자산폐기 손실 증가 및 지분법이익 감소로 순이익률은 전년대비 하락하였음.
· 2013년 말 서울 본사 · 천안공장 · 주안공장 · 부평연구소를 천안 신공장으로 통합 이전, 창원 및 성환공장 외 기존 공장들은 매각 예정

▶ 주가 그래프

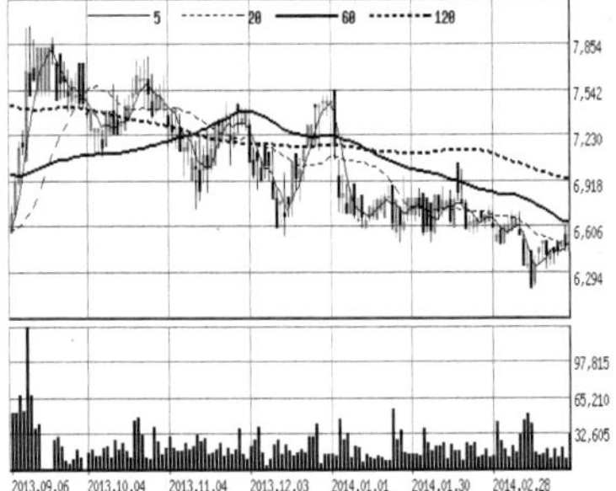

▶ 주가관련지표　(단위 : 원, 배)

구 분		10.12	11.12	12.12	13.12
주가	최 고	4,560	7,420	9,140	8,980
	최 저	1,785	4,195	4,625	6,220
주당	순이익	731	597	682	508
	매출액	13,498	16,349	16,373	16,300
	순자산	5,124	5,677	6,211	6,680
PER(H/L)		6.24/2.44	12.43/7.03	13.40/6.78	17.68/12.24
PSR(H/L)		0.34/0.13	0.45/0.26	0.56/0.28	0.55/0.38
PBR(H/L)		0.89/0.35	1.31/0.74	1.47/0.74	1.34/0.93

전망　매출 성장 및 수익성 개선 전망

· 글로벌 경기의 완만한 개선 및 전방 자동차산업의 생산 증가로 스프링, 시트 등의 수주 증가하며 매출 성장 전망.
· 생산공장의 통합 이전에 따른 효율성 증대, 매출 성장에 따른 규모의 경제 효과, 원재료 가격 안정세 등으로 수익성 개선 전망.
· 유형자산 취득 목적의 차입금 증가로 재무안정성 전년대비 하락하였으나, 여전히 무난한 수준으로 사업 운용상 단기적 자금조달은 큰 무리 없을 듯

▶ 요약연결재무제표　(단위 : 억원)

구 분	10.12	11.12	12.12	13.12
비유동자산	5,337.8	5,757.8	6,339.7	7,580.7
유 동 자 산	2,988.7	3,798.6	3,547.4	4,101.3
자 산 총 계	8,326.5	9,556.5	9,887.2	11,681.9
지배기업지분	3,176.9	3,519.5	3,851.1	4,141.9
비지배지분	169.0	551.5	678.9	719.9
자 본 총 계	3,345.9	4,070.9	4,529.9	4,861.8
비유동부채	1,311.9	1,061.0	1,032.0	1,293.6
유 동 부 채	3,668.7	4,424.5	4,325.2	5,526.6
부 채 총 계	4,980.6	5,485.6	5,357.2	6,820.2
수　　익	8,241.4	9,964.5	10,004.1	10,105.8
매 출 원 가	6,948.9	8,671.1	8,633.9	8,772.7
매출총이익	1,292.5	1,293.4	1,370.2	1,333.2
기타영업수익	158.4	0.0	0.0	0.0
기타영업비용	126.7	0.0	0.0	0.0
판 관 비	596.9	658.9	743.4	695.1
영 업 이 익	727.3	634.5	626.8	638.1
영 업 외 수 익	26.9	255.7	320.3	242.5
영 업 외 비 용	118.2	303.6	309.9	348.6
세전계속영업이익	636.0	586.6	637.2	532.1
법 인 세 비 용	153.0	162.3	149.1	154.2
지배기업순이익	446.1	363.6	416.9	315.3

▶ 요약연결현금흐름표　(단위 : 억원)

구 분	10.12	11.12	12.12	13.12
영업활동현금흐름	678.0	354.4	771.0	506.5
투자활동현금흐름	-680.4	-677.9	-859.8	-1,449.2
재무활동현금흐름	7.8	507.1	19.8	1,020.8
현금의 증가	5.4	183.6	-69.1	78.2
CF의 기말현금	87.5	271.2	202.7	276.6

▶ 연결재무비율　(단위 : %)

구 분	10.12	11.12	12.12	13.12
매출액증가율	22.6	20.9	0.4	1.0
순이익증가율	616.3	-18.5	14.7	-24.4
R O A	6.2	4.8	5.0	3.5
R O E	14.9	10.9	11.3	7.9
부 채 비 율	148.9	134.8	118.3	140.3

(주)만도

www.mando.com

채용정보

업종	기업명	채용예상 인원	공채 예상 시기	연봉 정보	영어면접 시행유무
자동차	(주)만도	60명	9월	4000만원	전체시행

외국어능력 시험 제한	토익점수	영어 말하기 점수	학점 제한	학점	스펙초월 채용계획	스펙초월 채용방식
無	제한 없음	오픽:IL, 토익스피킹:5급	有	3.0점 이상	미정	미정

주소		연락처	메일
경기도 성남시 분당구 판교로 255번길 21		02-6244-2258	recruit@mando.com

주요상품	기타 자동차 부품 제조업

기업정보

대표적인 자동차부품 업체
www.mando.com　【5,000원/12월/결산】
경기도 평택시 포승읍 하만호길 32
대표전화 : 031-680-6114　주식담당자 : 02-6244-2520

		주요주주 (13.12)	(%)
설 립 일	1999.12.27	(주)한라	17.3
상 장 일	2010.05.19	국민연금공단	13.4
대표이사	성일모/신사현	정몽원	7.7
종업원수	4,181명(13.12)	매출구성	(%)
회계감사법인	적정(삼일회계법인)	제동,조향,현가장치등	100.0
보 통 주	1,800만주		
우 선 주	-		
신용등급(Bond)	AA-		
신용등급(CP)	-	외국인지분율	10.57%

▶ 자본금 변동
(단위 : 억원, 원)

구 분	10.05	.	.	.
증 자 액	910.70	-	-	-
변 동 내 역	신규	-	-	-

▶ 베타와 변동성
(당사/운수장비/KOSPI)

기 간	12.01 ~ 12.12	13.01 ~ 13.12
베 타	0.87 / 1.13 / 1.00	1.15 / 1.10 / 1.00
변 동 성	34.1 / 22.9 / 15.3	40.0 / 20.1 / 12.2

현황 | 매출 성장 및 영업수익성 소폭 개선

· 전방 자동차산업의 생산 감소에도 현대 · 기아차라는 안정적 매출처 확보와 해외 생산 확대 등으로 전년대비 매출 성장.
· 매출 증대에 따른 원가 및 판관비 부담 축소로 영업이익률 전년대비 소폭 상승하였으나, 금융수지 저하로 순이익률은 전년 수준에 머무름.
· 순익 시현을 통한 이익잉여금 증대에도 투자자산 취득을 위한 외부차입금 증가로 부채 부담 확대되며 제 안정성 지표는 전년대비 하락.

▶ 주가 그래프

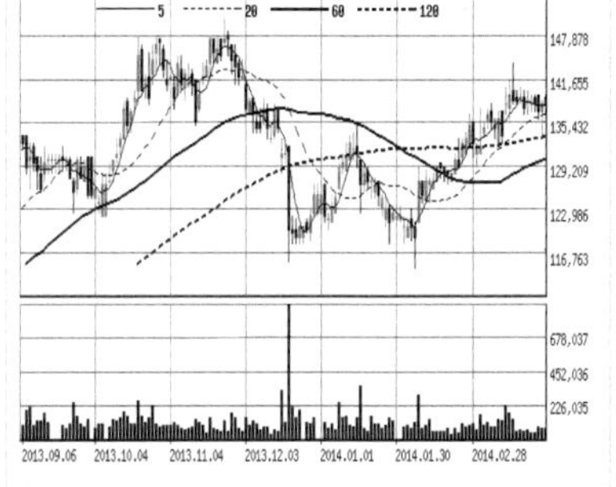

▶ 주가관련지표
(단위 : 원, 배)

구 분		10.12	11.12	12.12	13.12
주가	최 고	155,000	223,000	201,500	147,500
	최 저	106,500	133,500	121,000	73,800
주당	순이익	11,565	12,349	9,065	9,999
	매출액	208,696	251,209	281,225	316,412
	순자산	66,802	74,805	82,640	90,762
PER(H/L)		13.40/9.21	18.06/10.81	22.23/13.35	14.75/7.38
PSR(H/L)		0.74/0.51	0.89/0.53	0.72/0.43	0.47/0.23
PBR(H/L)		2.32/1.59	2.98/1.78	2.44/1.46	1.63/0.81

▶ 요약연결재무제표
(단위 : 억원)

구 분	10.12	11.12	12.12	13.12
비유동자산	12,704.1	16,351.4	20,987.9	25,931.3
유 동 자 산	12,655.6	18,002.5	19,359.5	24,840.0
자 산 총 계	25,359.7	34,353.8	40,347.4	50,771.3
지배기업지분	12,167.4	13,625.0	15,052.0	16,531.4
비지배지분	228.4	483.0	621.6	656.1
자 본 총 계	12,395.8	14,108.0	15,673.6	17,187.4
비유동부채	3,090.8	6,524.4	9,564.4	15,037.4
유 동 부 채	9,873.2	13,721.4	15,109.5	18,546.5
부 채 총 계	12,963.9	20,245.9	24,673.8	33,583.9
수 익	36,396.4	45,601.3	50,592.8	56,338.5
매 출 원 가	30,944.3	38,929.9	43,519.2	48,200.8
매출총이익	5,452.1	6,671.4	7,073.6	8,137.6
기타영업수익	500.3	0.0	0.0	0.0
기타영업비용	469.2	0.0	0.0	0.0
판 관 비	2,725.9	3,667.1	4,514.3	5,007.2
영 업 이 익	2,757.3	3,004.3	2,559.3	3,130.5
영업외수익	132.5	736.1	711.6	814.1
영업외비용	267.5	994.7	1,187.5	1,762.2
세전계속영업이익	2,622.3	2,745.8	2,083.5	2,182.3
법인세비용	567.3	495.2	462.9	405.4
지배기업순이익	2,016.9	2,241.6	1,630.9	1,780.4

▶ 요약연결현금흐름표
(단위 : 억원)

구 분	10.12	11.12	12.12	13.12
영업활동현금흐름	2,805.1	3,183.8	1,534.4	5,538.2
투자활동현금흐름	-2,500.5	-4,630.2	-6,548.4	-8,513.6
재무활동현금흐름	-760.3	3,470.3	3,888.0	8,024.7
현금의 증가	-455.8	2,023.9	-1,126.0	5,049.3
CF의 기말현금	1,299.3	3,357.0	2,145.1	7,182.8

▶ 연결재무비율
(단위 : %)

구 분	10.12	11.12	12.12	13.12
매출액증가율	33.5	25.3	11.0	11.4
순이익증가율	87.8	11.1	-27.2	9.2
R O A	8.7	7.5	4.3	3.9
R O E	19.3	17.4	11.4	11.3
부 채 비 율	104.6	143.5	157.4	195.4

전망 | 매출 성장 및 수익성 개선 전망

· 글로벌 경기의 완만한 개선 및 완성차업체들의 생산 증가, 현대 · 기아차의 해외 공장 증설 및 신차 출시 효과로 매출 성장 전망.
· 매출 성장에 따른 가동률 상승과 고객사 신차 출시 및 중국 SUV 판매 호조에 따른 고부가가치 제품 비중 확대 등으로 수익성 개선 전망.
· 중국 Great Wall과의 전략적 제휴와 Geely로의 납품 확대로 중국에서의 수주 증가 기대.

S&T모티브(주)

www.sntmotiv.com

채용정보

업종	기업명	채용예상 인원	공채 예상 시기	연봉 정보	영어면접 시행유무
자동차	S&T모티브(주)	40명 이상	9~10월	3200만원	부분시행 해외영업
외국어능력 시험 제한	토익점수	영어 말하기 점수	학점 제한	학점	스펙초월 채용계획	스펙초월 채용방식
有	700점	제한 없음	有	3.0점 이상	있음	미정

주소	연락처	메일
부산광역시 기장군 철마면 여락 송정로 363	051-509-2260	비공개
주요상품	기타 자동차 부품 제조업	

기업정보

S&T MOTIV CO.,LTD.

기업개요

대표자 김택권
업종 그외 기타 자동차 부품 제조업
형태 주식회사, 대기업
주요제품 자동차부품(서스펜션모듈, 전장품, 속옵서버, 에어백, 트로틀바디,너클), 방산품(총포) 제조, 도매
종업원수 938명 (2014. 3)
사업자번호/설립일 621-81-47887/2002.02.06
본사주소 (619-873)부산광역시 기장군 철마면 여락 송정로 363
전화/팩스번호 051-509-2114/051-508-3339
거래은행/결산월 한국스탠다드차타드제일은행/12월
홈페이지 www.sntmotiv.com
감사의견 적정

주요주주 (2014. 3.31)

(단위 : 천주, %)

주주명	주식수	지분율
(주)S&T홀딩스	6,440	44.04
국민연금공단	1,193	8.16
신영자산운용	794	5.43
브이아이피투자자문	730	5.00
최평규	269	1.84
우리사주조합	55	0.38
김택권	12	0.09

재무정보

(단위 : 백만 원, 천주)

재무상태표	2012.12	2013.12
유동자산(계)	392,286	370,767
당좌자산(계)	284,494	253,508
현금및현금등가물	45,413	35,445
단기투자증권	568	496
매출채권	200,457	188,076
기타당좌자산	8,412	-
재고자신(계)	107,792	117,259
비유동자산(계)	418,662	484,360
투자자산(계)	71,331	140,144
유형자산(계)	341,016	337,603
건설중인자산	6,567	2,027
무형자산(계)	3,892	5,576
자산총계	810,948	855,127
유동부채(계)	267,138	277,588
매입채무	174,164	162,584
단기차입금	42,229	56,685
비유동부채(계)	80,229	74,341
장기부채성충당부채(계)	39,462	32,950
부채총계	347,367	351,929
자본금	73,116	73,116
자본잉여금	31,615	35,531
자본조정	△6,567	△2,559
이익잉여금	365,419	397,110
자본총계	463,581	503,198
부채와자본총계	810,948	855,127
[평균발행주식수]	11,092	13,726

손익계산서	2012.12	2013.12
매출액	758,167	746,023
매출원가	671,831	650,840
매출총이익(손실)	86,336	95,183
판매비와관리비	45,212	43,843
영업이익	41,124	51,340
영업외수익	8,075	15,549
영업외비용	17,860	22,514
이자비용	1,942	1,161
세전계속사업이익	31,338	44,375
계속사업손익법인세비용	7,064	10,002
당기순이익(손실)	24,274	34,373
기본주당순이익(원)	2,181	2,495

현대위아(주)

www.hyundai-wia.com

채용정보

업종	기업명	채용예상 인원	공채 예상 시기	연봉 정보	영어면접 시행유무
자동차	현대위아(주)	미정	9월	3800만원	전체시행

외국어능력 시험 제한	토익점수	영어 말하기 점수	학점 제한	학점	스펙초월 채용계획	스펙초월 채용방식
無	제한 없음	제한 없음	無	제한 없음	없음	없음

주소	연락처	메일
경상남도 창원시 성산구 정동로 153	055-280-9052/9055	recruit@hyundai-wia.com

주요상품	기타 자동차 부품 제조업

기업정보

자동차부품 및 공작기계, 산업설비 전문업체
www.hyundai-wia.com 【5,000원/12월/결산】
경남 창원시 성산구 정동로 153
대표전화 : 055-280-9114 주식담당자 : 02-2112-8577

설 립 일	1976.03.29	주요주주 (13.12)	(%)
상 장 일	2011.02.21	현대자동차(주)	26.8
대표이사	윤준모	기아자동차(주)	14.2
종업원수	2,674명(13.12)	국민연금공단	9.9
회계감사법인	적정(안진회계법인)	매출구성	(%)
보 통 주	2,573만주	부품	51.3
우 선 주	-	모듈	29.7
신용등급(Bond)	AA	공작기계	14.4
신용등급(CP)	-	외국인지분율	20.58%

▶ 자본금 변동
(단위 : 억원, 원)

구 분	11.02	.	.	.
증 자 액	1,286.51	-	-	-
변 동 내 역	신규	-	-	-

▶ 베타와 변동성
(당사/운수장비/KOSPI)

기 간	12.01 ~ 12.12	13.01 ~ 13.12
베 타	0.98 / 1.13 / 1.00	0.78 / 1.10 / 1.00
변 동 성	35.4 / 22.9 / 15.3	32.1 / 20.1 / 12.2

·국내외 경기 부진으로 기계 부문 매출 감소하였으나, 현대·기아차를 안정적 매출처로 확보한 자동차부품 판매 증가로 전년대비 매출 소폭 증가.
·기계 부문 매출 감소에 따른 실적 저하로 영업이익률 전년대비 소폭 하락, 순이익률은 전년 수준을 유지.
·순이익 내부유보를 통한 이익잉여금 확대로 제 안정성 지표는 전년대비 개선되었으며, 안정적 수준의 재무구조 견지.

▶ 주가 그래프

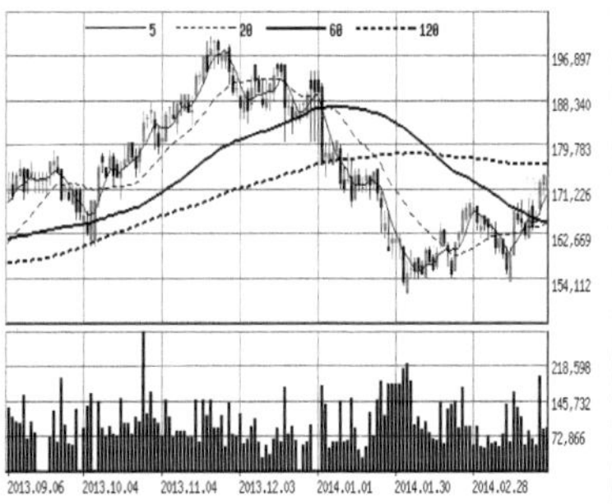

▶ 주가관련지표
(단위 : 원, 배)

구 분	.	11.12	12.12	13.12
주가 최 고	-	175,500	192,500	199,500
주가 최 저	-	66,300	124,000	127,000
주당 순이익	-	9,421	16,262	16,224
주당 매출액	-	248,452	272,874	275,630
주당 순자산	-	56,421	71,238	87,626
PER(H/L)	-	18.63/7.04	11.84/7.63	12.30/7.83
PSR(H/L)	-	0.71/0.27	0.71/0.45	0.72/0.46
PBR(H/L)	-	3.11/1.18	2.70/1.74	2.28/1.45

·국내외 경기의 완만한 개선에 따른 기계 업황 회복, 글로벌 자동차 판매 증가, 고객사 신차 출시 효과, 해외 생산 확대 등으로 매출 성장 전망.
·매출 성장에 따른 고정비 부담 완화와 기계 부문의 실적 개선, 엔진 등 고부가가치 제품 비중 확대 등으로 수익성 역시 개선 전망.
·중국 CJV 30만 대, 산동 엔진법인 30만 대, 부변속기 15만 대, 서산 터보차저 등의 증설을 진행 중인바 중장기적 성장 기대.

▶ 요약연결재무제표
(단위 : 억원)

구 분	10.12	11.12	12.12	13.12
비유동자산	13,614.5	15,577.1	17,847.1	20,914.2
유동자산	21,728.9	26,951.4	27,887.8	27,690.3
자산총계	35,343.4	42,528.5	45,734.9	48,604.6
지배기업지분	9,497.8	14,517.2	18,329.6	22,546.3
비지배지분	405.5	437.2	491.6	566.3
자본총계	9,903.3	14,954.4	18,821.2	23,112.6
비유동부채	5,992.8	5,972.3	9,013.9	10,137.4
유동부채	19,447.3	21,601.7	17,899.8	15,354.6
부채총계	25,440.1	27,574.1	26,913.7	25,491.9
수 익	51,249.4	63,927.1	70,210.9	70,919.9
매출원가	47,066.9	58,095.9	61,973.3	62,717.4
매출총이익	4,182.5	5,831.2	8,237.6	8,202.5
기타영업수익	633.4	0.0	0.0	0.0
기타영업비용	445.0	0.0	0.0	0.0
판관비	2,169.7	2,652.1	2,840.6	2,910.1
영업이익	2,201.1	3,179.0	5,396.9	5,292.4
영업외수익	300.5	1,216.6	1,231.4	1,613.7
영업외비용	845.8	1,274.8	1,065.6	1,344.0
세전계속영업이익	1,655.9	3,120.8	5,562.8	5,562.1
법인세비용	331.9	712.0	1,317.1	1,312.1
지배기업순이익	1,278.9	2,377.6	4,184.3	4,174.5

▶ 요약연결현금흐름표
(단위 : 억원)

구 분	10.12	11.12	12.12	13.12
영업활동현금흐름	6,082.3	1,520.4	5,949.1	5,294.0
투자활동현금흐름	-1,873.4	-2,591.6	-5,270.4	-5,080.1
재무활동현금흐름	-2,901.8	2,474.5	-486.7	-382.3
현금의 증가	1,307.1	1,403.4	192.0	-168.4
CF의 기말현금	2,080.9	3,497.9	3,649.1	3,490.0

▶ 연결재무비율
(단위 : %)

구 분	10.12	11.12	12.12	13.12
매출액증가율	-	24.7	9.8	1.0
순이익증가율	-	85.9	76.0	-0.2
R O A	3.8	6.2	9.6	9.0
R O E	13.5	19.8	25.5	20.4
부채비율	256.9	184.4	143.0	110.3

(주)유라코퍼레이션

www.yuracorp.co.kr

채용정보

업종	기업명	채용예상 인원	공채 예상 시기	연봉 정보	영어면접 시행유무
자동차	(주)유라코퍼레이션	00명	3월	협의	無

외국어능력 시험 제한	토익점수	영어 말하기 점수	학점 제한	학점	스펙초월 채용계획	스펙초월 채용방식
無	제한 없음	제한 없음	無	제한 없음	없음	없음

주소	연락처	메일
경기도 성남시 분당구 판교로 308	070-7878-1438	recruit@yura.co.kr

주요상품	기타 자동차 부품 제조업

기업정보

YURA CORPORATION

기업개요

대표자 엄병윤/엄대열
업종 그외 기타 자동차 부품 제조업
형태 주식회사, 대기업
주요제품 자동차부품(와이어링하네스, 스파크플러그) 제조
종업원수 1666명 (2014. 3)
사업자번호/설립일 301-81-23415/1995.03.06
본사주소 (363-951)충북 청원군 오송읍 정중연제로387 (연제리)
전화/팩스번호 070-7878-1000/043-238-8599
거래은행/결산월 중소기업은행/12월
홈페이지 www.yuracorp.co.kr
감사의견 적정

주요주주 (2013.12.31)

(단위 : 천주, %)

주주명	주식수	지분율
엄대열외 3명	3,400	50.00
(주)유라	3,400	50.00

재 무 정보

(단위 : 백만 원, 천주)

재무상태표	2012.12	2013.12
유동자산(계)	351,010	327,343
당좌자산(계)	274,424	248,398
현금및현금등가물	30,061	26,121
매출채권	200,599	178,113
재고자산(계)	76,586	78,946
비유동자산(계)	232,275	301,512
투자자산(계)	118,142	175,323
유형자산(계)	109,602	121,612
건설중인자산	1,757	3,687
자산총계	583,286	628,855
유동부채(계)	292,918	271,116
매입채무	185,259	206,098
단기차입금	50,000	15,000
유동성장기부채	25,000	–
비유동부채(계)	19,312	30,486
장기부채성충당부채(계)	15,367	5,820
부채총계	312,231	301,603
자본금	3,400	3,400
이익잉여금	254,507	310,057
자본총계	271,055	327,253
부채와자본총계	583,286	628,855
[평균발행주식수]	6,800	6,800

손익계산서	2012.12	2013.12
매출액	1,009,570	1,088,409
매출원가	900,909	971,538
매출총이익(손실)	108,661	116,871
판매비와관리비	102,407	128,837
영업이익	6,254	△11,966
영업외수익	105,887	115,376
영업외비용	28,260	22,616
이자비용	3,922	1,851
세전계속사업이익	83,881	80,794
계속사업손익법인세비용	15,147	17,853
당기순이익(손실)	68,733	62,941
기본주당순이익(원)	10,108	9,256

한국델파이(주)

채용정보

업종	기업명	채용예상 인원	공채 예상 시기	연봉 정보	영어면접 시행유무
자동차	한국델파이(주)	40명	1월	3500만원	전체시행

외국어능력 시험 제한	토익점수	영어 말하기 점수	학점 제한	학점	스펙초월 채용계획	스펙초월 채용방식
有	700점 해외영업, 구매분야 850점	토익스피킹5급	有	3.0점 이상	없음	없음

주소		연락처	메일
대구광역시 달성군 논공읍 논공로 664		053-610-1500	비공개

주요상품	기타 자동차 부품 제조업

기업 정보

KOREA DELPHI AUTOMOTIVE SYSTEMS CORPORATION

기업개요

대표자 김용중/해리루돌프3세
업종 그외 기타 자동차 부품 제조업
형태 주식회사, 대기업
주요제품 자동차부품(자동차전장품,공조기,조향장치,제동장치) 제조
종업원수 1962명 (2014. 3)
사업자번호/설립일 116-81-08325/1984.10.30
본사주소 (711-857)대구 달성군 논공읍 논공로 664(북리)
전화/팩스번호 053-610-1500/053-615-0786
거래은행/결산월 우리은행/12월
홈페이지 www.kdac.co.kr
감사의견 적정

주요주주 (2014. 3.27)

(단위 : 천주, %)

주주명	주식수	지분율
Delphi International S.ar.l	11,914	50.00
(주)이래엔에스	10,078	42.30
(주)대우인터내셔널	1,835	7.70

재무정보

(단위 : 백만 원, 천주)

재무상태표	2012.12	2013.12
유동자산(계)	442,269	406,671
당좌자산(계)	359,593	324,814
현금및현금등가물	8,616	8,261
매출채권	309,480	272,243
기타당좌자산	907	954
재고자산(계)	82,676	81,857
비유동자산(계)	324,760	338,830
투자자산(계)	27,452	31,255
유형자산(계)	250,913	260,373
건설중인자산	9,899	15,559
무형자산(계)	351	378
자산총계	767,029	745,501
유동부채(계)	274,927	215,061
매입채무	166,787	116,514
단기차입금	908	–
유동성장기부채	25,000	–
비유동부채(계)	135,275	167,317
장기차입금(계)	24,000	45,000
장기부채성충당부채(계)	111,275	122,317
부채총계	410,202	382,379
자본금	119,140	119,140
자본잉여금	19,112	19,112
이익잉여금	216,938	224,611
자본총계	366,827	363,122
부채와자본총계	767,029	745,501
[평균발행주식수]	23,828	23,828

손익계산서	2012.12	2013.12
매출액	1,187,004	1,203,794
매출원가	1,105,733	1,096,961
매출총이익(손실)	81,271	106,832
판매비와관리비	63,520	84,097
영업이익	17,751	22,735
영업외수익	35,077	30,396
영업외비용	18,817	20,109
이자비용	3,073	2,240
세전계속사업이익	34,011	33,021
계속사업손익법인세비용	5,498	3,308
당기순이익(손실)	28,513	29,713
기본주당순이익(원)	1,197	1,247

⑧ 석유화학

이수화학(주) | 오씨아이(주) | 국도화학(주) | 금호피앤비화학(주) | 롯데케미칼(주) | (주)휴비스

2014년 하반기 석유화학 산업은 선진국의 수요 회복과 공급 과잉 요인 해소 등으로 수급 여건이 개선되어 성장세를 보일 전망임. 수요는 미국, 유럽 등 선진국을 중심으로 한 글로벌 경제 회복세 확대, 국내 자동차, 전기전자, 화섬, 타이어 등 관련 전방산업 생산 증가로 확대될 전망이다. 공급은 아시아 역내 대형 신·증설 부재, shut-down 단행, 최대 규모의 정기보수 실시 등으로 축소될 전망임. 중국의 경우 정부의 환경오염 규제 및 수익성 제고 방안에 따라 석유화학 부문의 설비투자가 지연되고 있는 것으로 알려졌음. 다만, 중국의 공급과잉설비 구조조정이 지속됨에 따라 역내 전방산업 수요가 부진할 수 있어 석유화학산업의 성장 폭은 제한적일 전망임.

이수화학(주)

www.isuchemical.com

채용정보

업종	기업명	채용예상 인원	공채 예상 시기	연봉 정보	영어면접 시행유무
석유화학	이수화학(주)	50명	9월	4200만원	부분시행 (해외영업, 연구개발)

외국어능력 시험 제한	토익점수	영어 말하기 점수	학점 제한	학점	스펙초월 채용계획	스펙초월 채용방식
無	제한 없음	제한 없음	無	제한 없음	없음	없음

주소	연락처	메일
서울시 서초구 사평대로 84	02-590-6743	recruit@isu.co.kr

주요상품	
석유화학계 기초화학물질 제조업	

기업 정보

합성세제의 원료인 LAB을 주력으로 생산하는 업체
www.isuchemical.co.kr　　**【5,000원/12월/결산】**
서울 서초구 사평대로 84
대표전화 : 02-590-6600　　주식담당자 : 02-590-6548

		주요주주 (13.12)	(%)
설 립 일	1969.01.17		
상 장 일	1988.04.28	(주)이수	34.8
대표이사	이규철	김선정	3.8
종업원수	382명(13.12)	엑사켐(주)	0.2
회계감사법인	적정(선진회계법인)	**매출구성**	(%)
보 통 주	1,528만주	KEROSENE(케로신)	51.4
우 선 주	-	LAB(연성알킬벤젠)	17.8
신용등급(Bond)	-	NP(노말파라핀)	7.0
신용등급(CP)	A3	외국인지분율	6.00%

▶ 자본금 변동

(단위 : 억원, 원)

구 분	97.04	-09.12	-10.12	-12.12
증 자 액	18.38	99.65	97.34	88.50
변 동 내 역	주식	전환	전환	전환

▶ 베타와 변동성

(당사/화 학/KOSPI)

기 간	12.01 ~ 12.12	13.01 ~ 13.12
베 타	1.04 / 0.99 / 1.00	1.18 / 0.92 / 1.00
변 동 성	32.5 / 19.2 / 15.3	30.8 / 13.8 / 12.2

현 황　영업이익 및 순이익 적자전환

- 세계 경제의 회복세 지연에 따른 석유화학사업 매출 감소한 가운데 건설경기 침체에 따른 종속회사 이수건설 부진으로 전년대비 매출 감소.
- 매출원가율 상승한 가운데 대손상각비 증가 등으로 판관비 부담 확대된바 전년대비 영업이익 적자전환.
- 영업이익 적자전환한 가운데 기타대손상각비, 피생상품거래손실 증가 등으로 당기순이익 역시 적자전환.

▶ 주가 그래프

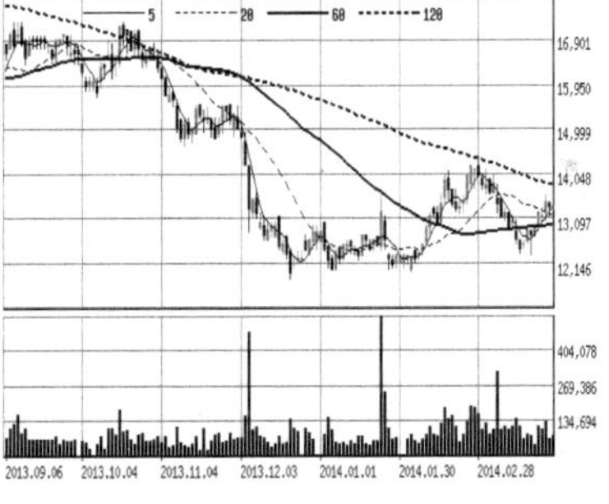

▶ 주가관련지표

(단위 : 원, 배)

구 분	10.12	11.12	12.12	13.12
주 가 최고	24,600	34,200	29,500	21,950
주 가 최저	11,200	16,250	17,300	12,100
주 순이익	3,297	1,444	1,576	-3,802
매출액	133,788	153,853	151,726	140,192
당 순자산	32,350	33,229	30,403	25,616
PER(H/L)	7.46/3.40	23.68/11.25	18.72/10.98	-
PSR(H/L)	0.18/0.08	0.22/0.11	0.19/0.11	0.16/0.09
PBR(H/L)	0.76/0.35	1.03/0.49	0.97/0.57	0.86/0.47

전 망　외형 성장 및 수익성 개선 전망

- 글로벌 경제의 회복세 확대에 따른 석유화학 수요 증가, 이수건설의 평택, 대구 아파트 공사 착공으로 외형 성장 전망.
- 화학 부문 원재료 가격 안정, 전년의 대손처리에 따른 건설 부문의 흑자전환 기대되는바 수익성 개선될 듯.
- 10톤 규모의 LAB 신규 공장 완공으로 본격적인 매출 발생이 기대되는바 외형 성장 및 수익성 개선에 일조할 듯.

▶ 요약연결재무제표

(단위 : 억원)

구 분	10.12	11.12	12.12	13.12
비유동자산	4,833.9	5,813.1	6,455.1	6,215.5
유 동 자 산	5,736.3	6,088.0	6,427.8	6,697.1
자 산 총 계	10,570.2	11,901.1	12,882.9	12,912.6
지배기업지분	4,369.8	4,488.6	4,645.0	3,913.6
비지배지분	73.6	73.8	37.2	123.0
자 본 총 계	4,443.4	4,562.4	4,682.3	4,036.6
비유동부채	1,766.5	2,556.4	2,749.8	3,512.0
유 동 부 채	4,360.3	4,782.3	5,450.9	5,364.0
부 채 총 계	6,126.8	7,338.7	8,200.6	8,875.9
수 익	17,300.4	20,558.8	22,314.4	20,727.0
매 출 원 가	15,774.8	19,063.8	20,996.8	19,831.7
매출총이익	1,525.6	1,495.0	1,317.6	895.3
기타영업수익	45.5	0.0	0.0	0.0
기타영업비용	182.9	0.0	0.0	0.0
판 관 비	600.0	640.3	621.7	896.2
영 업 이 익	788.2	854.7	695.9	-0.9
영업외수익	277.3	417.2	468.0	379.2
영업외비용	499.2	793.7	859.1	964.7
세전계속영업이익	566.4	478.1	304.9	-586.5
법인세비용	138.3	285.4	108.6	18.1
지배기업순이익	426.3	193.0	231.8	-562.1

▶ 요약연결현금흐름표

(단위 : 억원)

구 분	10.12	11.12	12.12	13.12
영업활동현금흐름	236.4	375.2	-142.8	-440.6
투자활동현금흐름	-521.7	-747.9	-603.2	-277.7
재무활동현금흐름	299.4	782.3	1,164.0	932.3
현금의 증가	14.1	409.6	418.0	214.0
CF의 기말현금	377.9	789.5	1,199.8	1,538.8

▶ 연결재무비율

(단위 : %)

구 분	10.12	11.12	12.12	13.12
매출액증가율	14.9	18.8	8.5	-7.1
순이익증가율	20.1	-54.7	20.1	적자전환
R O A	4.1	1.7	1.6	-4.7
R O E	10.0	4.4	5.1	-13.1
부 채 비 율	137.9	160.9	175.1	219.9

오씨아이(주)

채용정보

업종	기업명	채용예상 인원	공채 예상 시기	연봉 정보	영어면접 시행유무
석유화학	오씨아이(주)	미정	3월	3900만원	전체시행
외국어능력 시험 제한	토익점수	영어 말하기 점수	학점 제한	학점	스펙초월 채용계획	스펙초월 채용방식
無	제한 없음	제한 없음	無	제한 없음	없음	없음

주소	연락처	메일
서울시 중구 소공로 94 OCI빌딩 채용팀	02-727-6459	recruit@oci.co.kr
주요상품	석유화학계 기초화학물질 제조업	

기업정보

특수화학제품 생산업체
www.oci.co.kr
【5,000원/12월/결산】
서울 중구 소공로 94
대표전화 : 02-727-9500　　주식담당자 : 02-727-9371

		주요주주 (13.12)	(%)
설 립 일	1974.07.01	이수영	10.9
상 장 일	1985.07.09	국민연금공단	6.1
대표이사	이수영/백우석/이우현	이복영	5.5
종업원수	2,711명(13.12)	매출구성	(%)
회계감사법인	적정(안진회계법인)	폴리실리콘,소다회,NF3,과산화수소 외	59.5
보 통 주	2,385만주	Tar 유도체,BTX 유도체,P/A 및 유도체,기타	33.1
우 선 주	-	소다회,규사,시약 외	6.9
신용등급(Bond)	AA-	외국인지분율	24.81%
신용등급(CP)	-		

▶ 자본금 변동
(단위 : 억원, 원)

구 분	-08.12	-09.12	-10.12	11.06
증 자 액	47.39	98.74	11.85	56.40
변 동 내 역	전환	전환	전환	유상

▶ 베타와 변동성
(당사/화 학/KOSPI)

기 간	12.01 ~ 12.12	13.01 ~ 13.12
베 타	1.07 / 0.99 / 1.00	0.78 / 0.92 / 1.00
변 동 성	35.3 / 19.2 / 15.3	26.5 / 13.8 / 12.2

현황 영업이익 적자전환

- 글로벌 경기 회복 지연에 따른 태양광　자동차 등 전방산업 생산 부진, 폴리실리콘 공급과잉으로 전년대비 매출 감소.
- 폴리실리콘 가동률 하락에 따른 원가 부담 확대로 전년대비 영업이익 적자전환.
- 순손실 기록으로 자기자본 축소된 가운데 미지급금, 차입금 증가에 따른 부채 규모 확대로 전년말대비 제 안정성 지표 하락.

▶ 주가 그래프

▶ 주가관련지표
(단위 : 원, 배)

구 분	10.12	11.12	12.12	13.12
주 가 최 고	372,000	640,000	304,500	211,500
주 가 최 저	161,000	181,000	146,500	131,000
주 당 순이익	27,008	32,588	-2,866	-13,741
주 당 매출액	147,590	181,417	134,949	123,924
주 당 순자산	86,601	139,821	133,074	118,766
PER(H/L)	13.77/5.96	19.64/5.55	-	-
PSR(H/L)	2.52/1.09	3.53/1.00	2.26/1.09	1.71/1.06
PBR(H/L)	4.30/1.86	4.58/1.29	2.29/1.10	1.78/1.10

전망 매출 회복, 수익성 개선 기대

- 세계 태양광시장의 성장으로 원재료 폴리실리콘 소비량 증가할 전망인바 매출 회복 기대.
- 폴리실리콘 수요 증가하는 가운데 메이저 폴리실리콘사의 신증설 계획이 없어 폴리실리콘의 가동률 상승할 전망인바 수익성 개선 기대.
- 폴리실리콘 제조설비의 디보틀네킹에 대한 투자로 중장기적 가격경쟁력 상승 및 원가 절감에 따른 수익성 개선이 기대됨.

▶ 요약연결재무제표
(단위 : 억원)

구 분	10.12	11.12	12.12	13.12
비유동자산	41,798.8	52,193.1	53,056.2	54,574.2
유 동 자 산	14,163.4	19,857.0	19,774.3	18,448.7
자 산 총 계	55,962.2	72,050.1	72,830.5	73,022.9
지배기업지분	20,023.2	33,346.5	31,737.2	28,325.0
비지배지분	2,854.1	3,854.9	4,179.1	4,408.1
자 본 총 계	22,877.3	37,201.4	35,916.3	32,733.0
비유동부채	17,161.8	20,324.1	27,425.9	24,488.7
유 동 부 채	15,923.0	14,524.7	9,488.2	15,801.2
부 채 총 계	33,084.8	34,848.8	36,914.2	40,289.9
수 익	33,220.6	42,758.7	32,184.6	29,555.1
매 출 원 가	21,035.4	27,976.4	27,012.1	27,047.1
매출총이익	12,185.2	14,782.4	5,172.5	2,508.0
기타영업수익	35.3	0.0	0.0	0.0
기타영업비용	364.4	0.0	0.0	0.0
판 관 비	3,252.8	3,603.2	3,624.6	3,570.0
영 업 이 익	8,603.3	11,179.2	1,547.8	-1,062.0
영업외수익	1,043.2	1,643.8	2,579.6	2,004.3
영업외비용	1,470.2	2,389.8	3,939.0	2,772.8
세전계속영업이익	8,176.3	10,433.2	188.4	-1,830.4
법인세비용	1,487.0	1,785.8	61.3	1,047.4
지배기업순이익	6,079.1	7,680.7	-683.5	-3,277.2

▶ 요약연결현금흐름표
(단위 : 억원)

구 분	10.12	11.12	12.12	13.12
영업활동현금흐름	10,209.2	13,739.8	553.4	281.4
투자활동현금흐름	-9,531.5	-19,106.3	-6,010.1	-2,522.7
재무활동현금흐름	-706.6	5,052.3	6,134.8	1,310.6
현금의 증가	-28.9	-314.2	678.1	-930.8
CF의 기말현금	4,212.5	3,901.9	4,462.9	3,519.6

▶ 연결재무비율
(단위 : %)

구 분	10.12	11.12	12.12	13.12
매출액증가율	21.8	28.7	-24.7	-8.2
순이익증가율	70.3	26.4	적자전환	적자지속
R O A	13.1	13.5	0.2	-4.0
R O E	35.5	28.8	-2.1	-10.9
부 채 비 율	144.6	93.7	102.8	123.1

국도화학(주)

채용정보

업종	기업명	채용예상 인원	공채 예상 시기	연봉 정보	영어면접 시행유무
석유화학	국도화학(주)	20명	5월 말, 10~11월 초	협의	부분시행 해외영업

외국어능력 시험 제한	토익점수	영어 말하기 점수	학점 제한	학점	스펙초월 채용계획	스펙초월 채용방식
無	제한 없음	제한 없음	無	제한 없음	없음	없음

주소		연락처	메일
서울 금천구 가산동 345-35		02-3282-1400	비공개

주요상품	합성수지 및 기타 플라스틱물질 제조업

기업 정보

에폭시수지 전문메이커
www.kukdo.com 【5,000원/12월/결산】
서울 금천구 가산디지털2로 61
대표전화 : 02-3282-1400 주식담당자 : 02-3282-1475

		주요주주 (13.12)	(%)
설 립 일	1972.02.22		
상 장 일	1989.08.05	신닛테츠스미킨화학(주)	22.4
대표이사	이삼열/이시창	뉴서울케미칼(주)	18.9
종업원수	347명(13.12)	국민연금공단	9.3
회계감사법인	적정(신한회계법인)	매출구성	(%)
보 통 주	581만주	YD-128등	83.1
우 선 주	-	KSF-2423B	13.9
신용등급(Bond)	A	SC-490등	4.9
신용등급(CP)	-	외국인지분율	30.36%

▶ 자본금 변동
(단위 : 억원, 원)

구 분	95.01	95.01	95.12	95.12
증 자 액	36.60	10.98	46.12	13.83
변 동 내 역	유상	무상	유상	무상

▶ 베타와 변동성
(당사/화 학/KOSPI)

기 간	12.01 ~ 12.12	13.01 ~ 13.12
베 타	1.02 / 0.99 / 1.00	0.76 / 0.92 / 1.00
변 동 성	33.0 / 19.2 / 15.3	27.7 / 13.8 / 12.2

현 황 매출 증가하였으나 수익성은 소폭 하락

- 미국 · 유럽 FTA에 따른 선진국향 매출 증가, 역내 증설 부족에 따른 판매량 증가로 전년대비 매출 증가.
- 운반및보관료, 급여 증가에 따른 판관비 부담 확대로 전년대비 영업이익률 및 순이익률은 소폭 하락하였음.
- 주력 제품인 에폭시는 국내 최대 규모의 생산능력을 바탕으로 글로벌 점유율 3위를 차지하고 있음.

▶ 주가 그래프

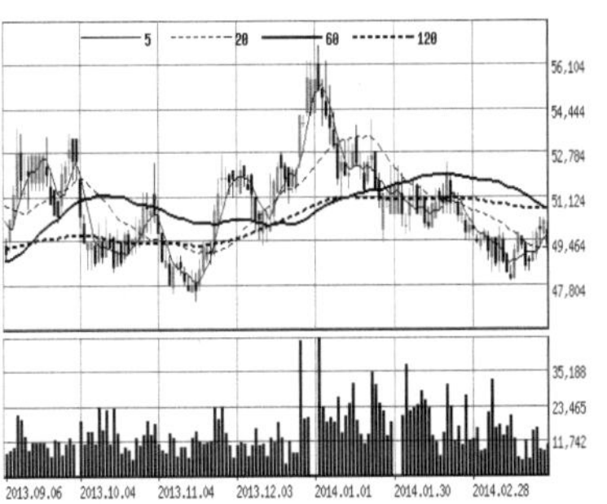

▶ 주가관련지표
(단위 : 원, 배)

구 분	10.12	11.12	12.12	13.12
주 최 고	58,700	77,000	61,500	55,500
가 최 저	24,750	34,050	39,150	39,300
주 순이익	5,429	4,185	5,098	5,335
매출액	137,636	150,557	144,801	156,945
당 순자산	49,098	52,866	56,584	60,985
PER(H/L)	10.81/4.56	18.40/8.14	12.06/7.68	10.40/7.37
PSR(H/L)	0.43/0.18	0.51/0.23	0.42/0.27	0.35/0.25
PBR(H/L)	1.20/0.50	1.46/0.64	1.09/0.69	0.91/0.64

전 망 매출 성장, 수익성 개선 기대

- 중국 곤산설비 증설완료된 가운데 전방의 전기전자 · 도료산업 생산 증가에 따른 에폭시 수요 증가로 매출 성장 기대.
- 환경이슈에 따른 PU 수요 확대로 polyol 판매 증가할 전망이고, 신제품 POP생산에 따른 자동차시장 진입으로 외형 성상에 일소할 늣.
- 매출 증가에 따른 비용 부담 완화, 생산효율성 향상으로 수익성 개선 전망.

▶ 요약연결재무제표
(단위 : 억원)

구 분	10.12	11.12	12.12	13.12
비유동자산	1,789.3	2,142.0	2,165.0	2,470.8
유 동 자 산	3,941.3	3,532.5	3,312.7	3,433.7
자 산 총 계	5,730.6	5,674.5	5,477.8	5,904.4
지배기업지분	2,852.9	3,071.9	3,287.9	3,543.6
비지배지분	63.3	83.2	80.5	83.8
자 본 총 계	2,916.2	3,155.1	3,368.3	3,627.4
비유동부채	503.0	738.5	454.5	818.1
유 동 부 채	2,311.4	1,780.9	1,654.9	1,458.9
부 채 총 계	2,814.4	2,519.4	2,109.4	2,277.1
수 익	7,997.5	8,748.3	8,413.9	9,119.5
매 출 원 가	7,121.4	7,990.7	7,578.2	8,218.2
매출총이익	876.1	757.5	835.7	901.3
기타영업수익	8.8	0.0	0.0	0.0
기타영업비용	23.2	0.0	0.0	0.0
판 관 비	414.3	379.6	430.3	495.8
영 업 이 익	447.5	377.9	405.4	405.5
영업외수익	88.0	118.3	67.2	77.0
영업외비용	106.8	147.9	77.7	75.0
세전계속영업이익	428.6	348.3	394.9	407.5
법인세비용	106.9	99.0	95.7	93.7
지배기업순이익	315.5	243.2	296.2	310.0

▶ 요약연결현금흐름표
(단위 : 억원)

구 분	10.12	11.12	12.12	13.12
영업활동현금흐름	-235.8	764.7	618.2	320.4
투자활동현금흐름	-77.7	-818.7	-352.4	-322.4
재무활동현금흐름	93.1	-195.2	-448.1	49.3
현금의 증가	-220.4	-249.2	-182.3	47.3
CF의 기말현금	493.1	252.9	64.9	112.0

▶ 연결재무비율
(단위 : %)

구 분	10.12	11.12	12.12	13.12
매출액증가율	60.2	9.4	-3.8	8.4
순이익증가율	39.3	-22.9	21.8	4.6
R O A	6.8	4.4	5.4	5.5
R O E	12.3	8.2	9.3	9.1
부 채 비 율	96.5	79.9	62.6	62.8

금호피앤비화학(주)

www.kpb.co.kr

채용정보

업종	기업명	채용예상 인원	공채 예상 시기	연봉 정보	영어면접 시행유무
석유화학	금호피앤비화학(주)	6명	3~4월	3400만원	無

외국어능력 시험 제한	토익점수	영어 말하기 점수	학점 제한	학점	스펙초월 채용계획	스펙초월 채용방식
有	700점	토익점수 700점 환산기준 정도	無	제한 없음	없음	없음

주소	연락처	메일
서울시 중구 청계천로 100 (수표동) 시그너쳐타워 동관 8층	02-6961-1114	비공개

주요상품	석유화학계 기초화학물질 제조업

기업정보

KUMHO P & B CHEMICALS INC.

기업개요

대표자 문동준
업종 석유화학계 기초화학물질 제조업
형태 주식회사, 대기업
주요제품 큐멘,페놀,아세톤 제조,도소매
종업원수 310명 (2013.12)
사업자번호/설립일 417-81-21425/2000.08.01
본사주소 (555-280)전남 여수시 여수산 단2로 218(화치동)
전화/팩스번호 02-6967-3441/02-6967-3490
거래은행/결산월 우리은행/12월
홈페이지 www.kpb.co.kr
감사의견 적정

주요주주 (2013.12.31)

(단위 : 천주, %)

주주명	주식수	지분율
금호석유화학(주)	22,476	78.20
신닛테츠스미킨화학	6,266	21.80
한국산업은행	4,281	14.90
박철완	3,046	10.60
박준경	2,183	7.60
박찬구	2,030	7.07

재 무 정 보

(단위 : 백만 원, 천주)

재무상태표	2012.12	2013.12
유동자산(계)	293,344	290,772
당좌자산(계)	179,356	197,115
현금및현금등가물	36,502	36,453
매출채권	127,835	143,091
재고자산(계)	113,989	93,656
비유동자산(계)	467,735	530,000
투자자산(계)	72,255	70,099
유형자산(계)	384,305	439,265
건설중인자산	120,268	85,386
무형자산(계)	3,256	4,564
자산총계	**761,080**	**820,772**
유동부채(계)	230,204	210,954
매입채무	76,670	72,054
단기차입금	109,278	90,960
유동성장기부채	5,000	10,333
비유동부채(계)	85,473	185,630
장기사채(계)	59,813	109,723
장기차입금(계)	16,250	67,250
장기부채성충당부채(계)	7,850	7,442
부채총계	**315,677**	**396,584**
자본금	143,712	143,712
자본잉여금	3,759	3,759
이익잉여금	302,803	275,535
자본총계	**445,403**	**424,188**
부채와자본총계	**761,080**	**820,772**
[평균발행주식수]	28,742	28,742

손익계산서	2012.12	2013.12
매출액	**1,124,251**	**1,036,776**
매출원가	1,097,231	1,041,105
매출총이익(손실)	27,020	△4,329
판매비와관리비	12,221	15,826
영업이익	**14,799**	**△20,155**
영업외수익	17,935	16,791
영업외비용	30,821	34,311
이자비용	3,389	4,584
세전계속사업이익	**1,913**	**△37,674**
계속사업손익법인세비용	△2,530	△8,711
당기순이익(손실)	**4,444**	**△28,963**
기본주당순이익(원)	155	△1,008

롯데케미칼(주)

www.lottechem.com

채용정보

업종	기업명	채용예상 인원	공채 예상 시기	연봉 정보	영어면접 시행유무
석유화학	롯데케미칼(주)	100명 이상	4월, 9월	4000만원	부분시행 경영지원, 영업관리

외국어능력 시험 제한	토익점수	영어 말하기 점수	학점 제한	학점	스펙초월 채용계획	스펙초월 채용방식
無	제한 없음	제한 없음	無	제한 없음	없음	없음

주소	연락처	메일
서울특별시 동작구 신대방동 395-67 롯데타워 11층 롯데케미칼㈜ HR팀	02-829-4114	recruit@lottechem.com

주요상품	합성수지 및 기타 플라스틱물질 제조업

기업정보

롯데그룹 계열의 석유화학 기업

www.lottechem.com 【5,000원/12월/결산】

서울 동작구 보라매로5길 51
대표전화 : 02-829-4114 주식담당자 : 02-840-0330

		주요주주 (13.12)	(%)
설 립 일	1976.03.16	롯데물산(주)	31.3
상 장 일	1991.05.30	(주)호텔롯데	12.7
대표이사	신동빈/허수영	LOTTE HOLDINGS CO.,LTD(일본)	9.3
종업원수	2,483명(13.12)	**매출구성**	**(%)**
회계감사법인	적정(안진회계법인)	HDPE,LLDPE,LDPE	22.1
보 통 주	3,428만주	PP	15.9
우 선 주	-	BTX	15.0
신용등급(Bond)	AA+	외국인지분율	24.36%
신용등급(CP)	-		

▶ 자본금 변동
(단위 : 억원, 원)

구 분	91.05	91.05	92.04	13.01
증 자 액	900.00	386.00	307.00	120.77
변 동 내 역	신규	유상	유상	합병

▶ 베타와 변동성
(당사/화 학/KOSPI)

기 간	12.01 ~ 12.12	13.01 ~ 13.12
베 타	1.67 / 0.99 / 1.00	1.26 / 0.92 / 1.00
변 동 성	41.3 / 19.2 / 15.3	34.6 / 13.8 / 12.2

현황 매출 소폭 증가

· 글로벌 경기 둔화 지속으로 석유화학제품 수요 부진하였으나 폴리머 사업부문의 생산능력 확내에 힘입어 선년대비 매출 소폭 증가.

· 매출원가율 하락으로 전년대비 영업이익률 상승하였으나 지분법투자손실 발생 등으로 영업외수지 저하된바 순이익은 소폭 하락.

· 연 2.1백만 톤 규모의 에틸렌 생산능력을 갖춘 국내 1위의 NCC업체이며, PP · PE 등 합성수지 또한 수위의 시장지위를 확보.

▶ 주가 그래프

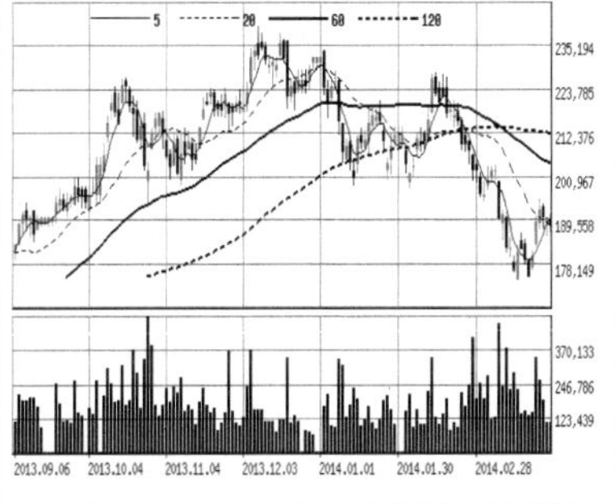

▶ 주가관련지표
(단위 : 원, 배)

구 분		10.12	11.12	12.12	13.12
주가	최 고	291,000	458,000	395,000	261,000
	최 저	103,000	229,500	191,000	128,000
주당	순이익	24,817	30,701	9,865	8,546
	매출액	333,797	492,763	498,763	487,945
	순자산	141,840	171,456	176,320	182,525
PER(H/L)		11.73/4.15	14.92/7.48	40.04/19.36	30.54/14.98
PSR(H/L)		0.87/0.31	0.93/0.47	0.79/0.38	0.53/0.26
PBR(H/L)		2.05/0.73	2.67/1.34	2.24/1.08	1.43/0.70

전망 매출 성장은 제한적일 듯

· 세계 경제의 회복세 확대로 석유화학제품 수요 증가할 선방이나 판가 약세 및 산업 내 공급과잉으로 매출 성장은 제한적일 듯.

· 국제 유가 하향 안정세에도 공급과잉에 따른 가격 경쟁 등으로 수익성 개선 제한적일 듯.

· 미국 액시올과 공동으로 루이지애나주에 셰일가스를 이용한 에탄 분해 설비를 건설할 예정인바 향후 외형 성장 및 수익성 개선에 일조할 듯.

▶ 요약연결재무제표
(단위 : 억원)

구 분	10.12	11.12	12.12	13.12
비유동자산	50,483.3	58,579.8	61,936.4	60,733.1
유 동 자 산	37,442.1	48,886.3	41,786.8	46,143.5
자 산 총 계	87,925.4	107,466.1	103,723.1	106,876.6
지배기업지분	45,190.2	54,625.7	60,434.3	62,561.2
비지배지분	5,484.6	6,952.0	406.9	383.4
자 본 총 계	50,674.7	61,577.8	60,841.2	62,944.6
비유동부채	14,018.6	18,603.5	16,155.4	14,642.0
유 동 부 채	23,232.1	27,284.8	26,726.7	29,290.1
부 채 총 계	37,250.7	45,888.3	42,882.0	43,932.1
수 익	106,347.9	156,994.4	159,028.0	164,389.4
매 출 원 가	91,083.6	138,053.3	151,092.0	155,271.7
매출총이익	15,264.3	18,941.1	7,936.1	9,117.6
기타영업수익	2,077.4	0.0	0.0	0.0
기타영업비용	2,296.8	0.0	0.0	0.0
판 관 비	3,269.4	4,240.1	4,218.7	4,243.4
영 업 이 익	11,775.6	14,701.0	3,717.3	4,874.2
영업외수익	1,434.5	4,364.4	3,533.9	3,315.7
영업외비용	1,306.5	3,790.9	3,382.6	4,444.0
세전계속영업이익	11,903.5	15,274.5	3,868.7	3,745.9
법인세비용	2,903.4	3,938.8	604.1	887.7
지배기업순이익	7,906.7	9,781.5	3,145.4	2,879.2

▶ 요약연결현금흐름표
(단위 : 억원)

구 분	10.12	11.12	12.12	13.12
영업활동현금흐름	10,538.4	16,183.4	1,028.1	3,593.0
투자활동현금흐름	-16,513.6	-9,603.2	-4,468.8	-5,497.9
재무활동현금흐름	4,392.0	492.9	-1,574.6	4,323.9
현금의 증가	-1,583.1	7,073.1	-5,015.3	2,419.0
CF의 기말현금	5,303.6	12,512.5	7,448.2	9,790.9

▶ 연결재무비율
(단위 : %)

구 분	10.12	11.12	12.12	13.12
매출액증가율	23.7	47.6	1.3	3.4
순이익증가율	-0.9	23.7	-67.8	-8.5
R O A	11.7	11.6	3.0	2.7
R O E	19.2	19.6	5.5	4.7
부 채 비 율	73.5	74.5	70.5	69.8

(주)휴비스

www.huvis.com

채용정보

업종	기업명	채용예상 인원	공채 예상 시기	연봉 정보	영어면접 시행유무
석유화학	(주)휴비스	20명	9월	협의	부분시행 마케팅

외국어능력 시험 제한	토익점수	영어 말하기 점수	학점 제한	학점	스펙초월 채용계획	스펙초월 채용방식
無	제한 없음	제한 없음	無	제한 없음	있음	블라인드 면접

주소	연락처	메일
서울특별시 강남구 학동로 343 (POBA강남타워 12층)	02-2189-4567	recruit@huvis.com

주요상품	합성섬유 제조업

기업 정보

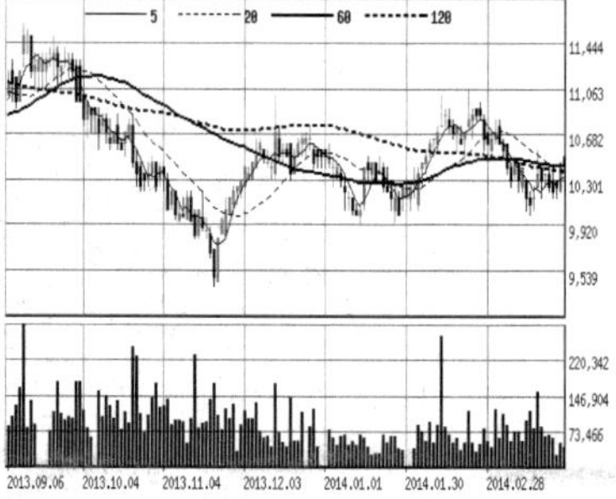

단섬유 전문 폴리에스터 제조업체
www.huvis.com　【5,000원/12월/결산】
서울 강남구 학동로 343, 12층
대표전화 : 02-2189-4567　주식담당자 : 02-2189-4732

설 립 일	2000.11.01	주요주주 (13.12)	(%)
상 장 일	2012.02.23	(주)삼양홀딩스	25.5
대표이사	유배근	SK신텍(주)	25.5
종업원수	947명(13.12)	우리사주조합	10.1
회계감사법인	적정(안진회계법인)	매출구성	(%)
보 통 주	3,450만주	SF(단섬유)	48.2
우 선 주	-	FY(장섬유)	18.1
신용등급(Bond)	-	SF 등	18.0
신용등급(CP)	-	외국인지분율	7.04%

▶ 자본금 변동
(단위 : 억원, 원)

구 분	12.02	.	.	.
증 자 액	1,725.00	-	-	-
변 동 내 역	신규	-	-	-

▶ 베타와 변동성
(당사/화 학/KOSPI)

기 간	12.01 ~ 12.12	13.01 ~ 13.12
베 타	0.54 / 0.99 / 1.00	0.69 / 0.92 / 1.00
변 동 성	117.3 / 19.2 / 15.3	28.8 / 13.8 / 12.2

현 황 매출 소폭 감소, 수익성 소폭 하락

·국내외 경기 회복 지연으로 전방의 자동차, 의류산업의 생산이 부진함에 따라 폴리에스터 수요 약세 및 판가 하락하여 전년대비 매출 소폭 감소.
·매출 부진, 신규 사업 초기비용 등으로 원가 및 판관비 부담 증가한바 전년대비 영업이익률 및 당기순이익률 하락.
·국내 최대의 폴리에스터 원사 생산업체로 단섬유는 웅진케미칼과 더불어 국내 복점생산구조를 형성하고 있으며 수위의 시장지위를 보유.

▶ 주가 그래프

▶ 주가관련지표
(단위 : 원, 배)

구 분	.	.	12.12	13.12
주가 최 고	-	-	13,600	12,400
주가 최 저	-	-	7,700	9,480
주 순이익	-	-	1,552	1,107
매출액	-	-	46,215	45,773
당 순자산	-	-	10,361	10,589
PER(H/L)	-	-	8.76/4.96	11.20/8.56
PSR(H/L)	-	-	0.29/0.17	0.27/0.21
PBR(H/L)	-	-	1.31/0.74	1.17/0.90

전 망 매출 성장 및 수익성 개선 기대

·안정적인 시장지위 보유한 가운데 국내외 경제의 회복세 확대에 따른 전방산업 생산 증가로 폴리에스터 수요 증가 기대되는바 매출 회복세 전망.
·원재료 가격 안정, 고부가가치 제품 확대, 매출 회복에 따른 비용 부담 완화로 수익성 개선 전망.
·수퍼섬유인 메타 아라미드의 생산 규모 확대, 파라 아라미드의 본격 생산이 가시화될 전망인바 향후 외형 성장 및 수익성 개선에 일조할 듯.

▶ 요약연결재무제표
(단위 : 억원)

구 분	10.12	11.12	12.12	13.12
비유동자산	3,439.8	3,601.8	3,622.9	3,705.0
유 동 자 산	3,694.1	4,334.8	4,631.7	4,557.7
자 산 총 계	7,133.9	7,936.6	8,254.6	8,262.7
지배기업지분	1,741.7	2,478.0	3,574.5	3,653.1
비지배지분	6.7	11.1	11.9	15.6
자 본 총 계	1,748.4	2,489.1	3,586.4	3,668.7
비유동부채	318.9	262.6	159.7	158.8
유 동 부 채	5,066.6	5,184.9	4,508.5	4,435.2
부 채 총 계	5,385.5	5,447.5	4,668.2	4,594.0
수 익	13,556.8	16,691.9	15,625.2	15,329.2
매 출 원 가	12,001.8	15,059.0	14,145.2	13,992.8
매출총이익	1,555.1	1,632.9	1,480.0	1,336.4
기타영업수익	256.1	0.0	0.0	0.0
기타영업비용	401.1	0.0	0.0	0.0
판 관 비	1,060.9	946.3	892.8	905.8
영 업 이 익	349.2	686.6	587.2	430.6
영업외수익	39.5	334.5	203.1	263.3
영업외비용	141.7	354.0	188.0	211.7
세전계속영업이익	247.0	667.1	602.3	482.2
법인세비용	69.3	-32.6	76.1	108.0
지배기업순이익	177.1	695.9	524.6	370.6

▶ 요약연결현금흐름표
(단위 : 억원)

구 분	10.12	11.12	12.12	13.12
영업활동현금흐름	914.2	1,093.9	686.6	272.7
투자활동현금흐름	-110.1	-416.8	-516.4	-167.7
재무활동현금흐름	-588.5	-635.1	273.2	-141.7
현금의 증가	215.6	42.0	443.4	-36.7
CF의 기말현금	491.5	547.8	978.9	944.4

▶ 연결재무비율
(단위 : %)

구 분	10.12	11.12	12.12	13.12
매출액증가율	15.9	23.1	-6.4	-1.9
순이익증가율	395.7	292.9	-24.6	-29.4
R O A	2.6	9.3	6.5	4.5
R O E	10.6	33.0	17.3	10.3
부 채 비 율	308.0	218.9	130.2	125.2

중공업 ⑨

두산중공업(주) | 삼성중공업(주) | 현대삼호중공업(주) | 현대중공업(주)

2013년 건설기계 산업은 국내 건설경기 침체와 이에 따른 건설 수주 부진으로 굴삭기, 지게차 등 품목의 내수 판매가 감소하고, 글로벌 경기가 둔화된 가운데 중국 경제의 저성장 기조와 인프라 투자 위축 등으로 중국으로의 수출 역시 감소해 성장세가 저하되었음. 2014년 상반기 내수경기의 점진적 회복세 및 전년 기저효과 등으로 내수가 증가 하였으나 서유럽, 북미, 중국 등 주력시장의 회복세에도 기타 아시아 지역, 중동, 중남미 등 신흥시장의 부진으로 수출은 감소한 것으로 추정됨. 하반기 건설기계 산업은 글로벌 경기의 완만한 개선 및 중국 경제의 내수 부양과 인프라 투자 확대에 따른 굴삭기 등 건설기계 수요 증가 등에 힘입어 총 출하량은 증가할 것으로 전망됨.

두산중공업(주)

www.doosanheavy.com

채용정보

업종	기업명	채용예상 인원	공채 예상 시기	연봉 정보	영어면접 시행유무
중공업	두산중공업(주)	000명	3월, 9월	협의	無

외국어능력 시험 제한	토익점수	영어 말하기 점수	학점 제한	학점	스펙초월 채용계획	스펙초월 채용방식
無	제한 없음	이공계-오픽:IL이상 토익스피킹120점 이상, 인문계-오픽IM이상 토익스피킹130점 이상	無	제한 없음	없음	없음

주소	연락처	메일
서울시 서초구 강남대로 465 두산중공업㈜ HR Management팀 채용담당자	02-513-6381	recruit-dhic@doosan.com

주요상품	기관 및 터빈 제조업

기업정보

원자력, 풍력 등 대표적인 발전설비업체
www.doosanheavy.com 【5,000원/12월/결산】
경남 창원시 성산구 두산볼보로 22
대표전화 : 055-278-6114 주식담당자 : 02-513-6848

설 립 일	1962.09.20	주요주주 (13.12)	(%)
상 장 일	2000.10.25	(주)두산	41.4
대표이사	박지원/한기선	국민연금공단	6.1
종업원수	8,428명(13.12)		
회계감사법인	적정(한영회계법인)	매출구성	(%)
보 통 주	10,616만주	건설기계, 공작기계, 엔진 등	40.3
우 선 주	-	주기(NSSS,T/G,BOILER)보조기(배관지지대 등)	34.4
신용등급(Bond)	A+	아파트, 주상복합, 상업용, 주거용건축물, 도로, 교량	11.7
신용등급(CP)	A2+	외국인지분율	9.40%

▶ 자본금 변동
(단위 : 억원, 원)

구 분	-11.12	-12.12	13.09	-13.12
증 자 액	1.35	0.64	15.03	0.06
변 동 내 역	전환	전환	유상	전환

▶ 베타와 변동성
(당사/기계/KOSPI)

기 간	12.01 ~ 12.12	13.01 ~ 13.12
베 타	0.92 / 0.95 / 1.00	1.36 / 1.05 / 1.00
변 동 성	29.3 / 20.8 / 15.3	32.4 / 20.0 / 12.2

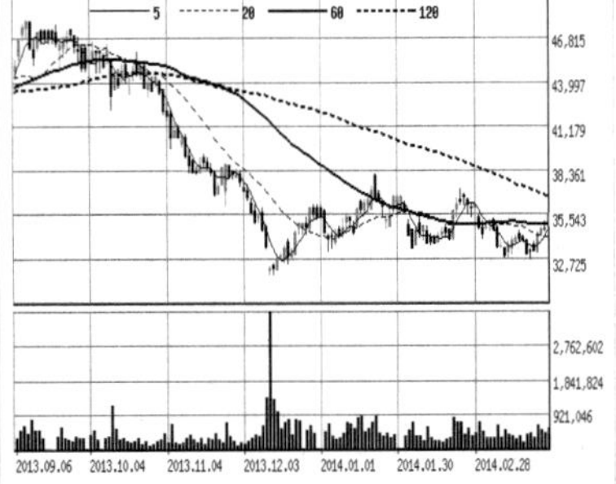

▶ 주가관련지표
(단위 : 원, 배)

구 분		10.12	11.12	12.12	13.12
주가	최 고	94,700	87,000	77,100	49,200
	최 저	61,800	50,400	40,150	32,000
주당	순이익	13,937	3,063	478	772
	매출액	88,292	94,690	238,938	214,216
	순자산	45,325	45,072	36,075	44,524
PER(H/L)		6.79/4.43	28.40/16.45	161.30/84.00	63.73/41.45
PSR(H/L)		1.07/0.70	0.92/0.53	0.32/0.17	0.23/0.15
PBR(H/L)		2.09/1.36	1.93/1.12	2.14/1.11	1.11/0.72

▶ 요약연결재무제표
(단위 : 억원)

구 분	10.12	11.12	12.12	13.12
비유동자산	83,379.5	83,255.2	152,867.4	165,512.6
유 동 자 산	86,391.9	52,636.5	126,275.5	111,742.2
자 산 총 계	169,771.4	135,891.7	279,142.9	277,254.8
지배기업지분	47,961.5	47,706.0	38,187.4	47,266.4
비지배지분	3,800.5	263.3	21,677.2	31,851.6
자 본 총 계	51,762.0	47,969.3	59,864.6	79,117.9
비유동부채	30,468.3	27,161.1	96,094.7	92,414.1
유 동 부 채	87,541.1	60,761.3	123,183.6	105,722.7
부 채 총 계	118,009.4	87,922.4	219,278.3	198,136.9
수 익	79,288.7	84,955.1	212,740.6	192,081.7
매 출 원 가	65,825.1	72,504.7	177,878.2	160,215.9
매출총이익	13,463.6	12,450.4	34,862.4	31,865.8
기타영업수익	410.2	0.0	0.0	0.0
기타영업비용	770.6	0.0	0.0	0.0
판 관 비	7,945.5	7,188.9	29,000.9	22,285.1
영 업 이 익	5,157.7	5,261.6	5,861.5	9,580.7
영업외수익	4,233.8	10,474.8	14,755.3	12,011.4
영업외비용	7,315.5	7,131.8	25,667.2	20,891.3
세전계속영업이익	2,076.0	8,604.6	-5,050.5	700.9
법인세비용	1,256.7	1,192.8	-6,025.2	514.3
지배기업순이익	12,515.8	2,747.8	425.7	692.2

▶ 요약연결현금흐름표
(단위 : 억원)

구 분	10.12	11.12	12.12	13.12
영업활동현금흐름	6,522.2	135.3	-3,272.3	1,504.4
투자활동현금흐름	-13,284.5	-12,395.0	-10,914.7	-10,483.8
재무활동현금흐름	1,765.5	5,116.6	10,119.5	40.1
현금의 증가	-4,996.7	-7,143.1	-4,067.5	-8,939.3
CF의 기말현금	15,176.1	7,832.5	18,271.5	9,427.6

▶ 연결재무비율
(단위 : %)

구 분	10.12	11.12	12.12	13.12
매출액증가율	-56.1	7.2	150.4	-9.7
순이익증가율	흑자전환	-78.1	-84.5	62.6
R O A	6.1	1.7	0.5	0.1
R O E	30.9	5.7	1.0	1.6
부 채 비 율	228.0	183.3	366.3	250.4

현황 | 외형 축소에도 순이익률 미흡한 수준
- 전방 건설산업의 위축에 따른 프로젝트 이월과 지연으로 수주 감소한 가운데 연결자회사들의 부진으로 외형은 전년대비 축소.
- 원가율 하락한 가운데 대손상각비 등 판관비 부담 완화되며 영업이익률 전년대비 상승하였으나, 법인세비용 증가로 순이익률은 전년 수준 유지.
- 단기차입금 · 미지급금 감소 등으로 부채 규모 축소 및 유상증자 · 이익잉여금 누적으로 자기자본 확충되며 제 안정성 지표 전년대비 개선됨.

전망 | 외형 회복 가능할 듯
- 이월된 신고리 원전5 · 6호기 및 베트남 석탄화력 발전 EPC와 서비스, 주단 · 기자재 등의 안정적인 수주로 외형 회복 가능할 듯.
- 고마진 발전 부문의 지속적인 매출 증가와 자회사들의 실적 개선으로 수익성 향상 전망.
- 해수담수화 플랜트 부문에서 세계 시장점유율 1위 업체로 경쟁우위를 확보한 기업임.

삼성중공업(주)

www.shi.samsung.co.kr

채용정보

업종	기업명	채용예상 인원	공채 예상 시기	연봉 정보	영어면접 시행유무
중공업	삼성중공업(주)	600명	3월, 9월	협의	無

외국어능력 시험 제한	토익점수	영어 말하기 점수	학점 제한	학점	스펙초월 채용계획	스펙초월 채용방식
無	제한 없음	오픽:이공계-IL, 인문계-IM/ 토익스피킹:이공계-5급, 인문계-6급	有	3.0점 이상	미정	미정

주소	연락처	메일
서울 서초구 서초대로 74길 4 삼성생명 서초타워	02-3458-7000	hosub.jung@samsung.com

주요상품	
	선박건조, 해양플랜트 제조

기업정보

선박건조, 해양플랜트 제조업체
www.shi.samsung.co.kr 【5,000원/12월/결산】
서울 서초구 서초대로7 길 4
대표전화 : 02-3458-7000 주식담당자 : 02-3458-6162

		주요주주 (13.12)	(%)
설 립 일	1974.08.05	삼성전자(주)	17.6
상 장 일	1994.01.28	국민연금공단	5.9
대표이사	박대영	삼성생명보험(주)	3.4
종업원수	13,546명(13.12)	매출구성	(%)
회계감사법인	적정(삼일회계법인)	선박/플랫폼	96.9
보 통 주	23,088만주	토목/건축	4.1
우 선 주	11만주		
신용등급(Bond)	AA		
신용등급(CP)	A1	외국인지분율	25.54%

▶ 자본금 변동
(단위 : 억원, 원)

구 분	99.01	99.07	-06.12	-07.12
증 자 액	3,000.00	3,000.00	0.38	0.14
변 동 내 역	유상	유상	전환	전환

▶ 베타와 변동성
(당사/운수장비/KOSPI)

기 간	12.01 ~ 12.12	13.01 ~ 13.12
베 타	1.58 / 1.13 / 1.00	1.07 / 1.10 / 1.00
변 동 성	36.4 / 22.9 / 15.3	28.1 / 20.1 / 12.2

현황 매출 소폭 증가하였으나 수익성 하락
- 건설경기 부진 영향으로 E&I사업부 매출 감소하였으나, 조선해양 부문의 양호한 성장에 힘입어 전체 매출 규모는 전년대비 소폭 증가.
- 원가 및 판관비 부담 확대로 영업이익률 전년대비 하락하였으며, 기타수지 개선에도 파생상품거래손실 증가로 순이익률 역시 전년대비 하락.
- 시황 부진한 상선 비중을 축소하고 LNG선과 헤양설비 위주로 수주, 2009년부터 2013년까지 발주된 133척의 LNG 중 42척을 수주.

▶ 주가 그래프

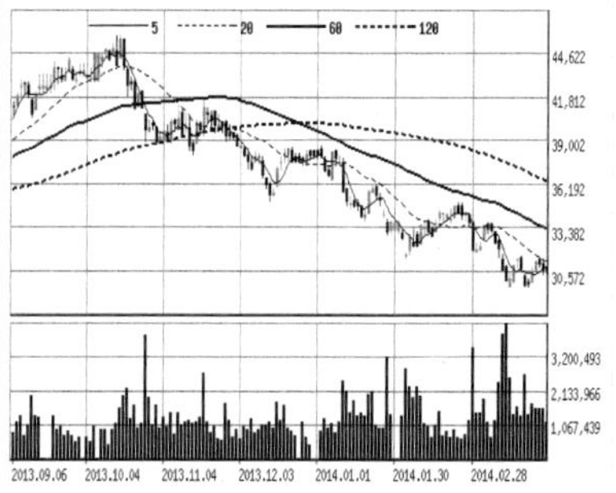

▶ 주가관련지표
(단위 : 원, 배)

구 분		10.12	11.12	12.12	13.12
주가	최 고	42,050	49,450	41,900	45,550
	최 저	21,250	23,000	28,100	30,100
주당	순이익	4,626	3,930	3,673	2,914
	매출액	60,802	61,832	66,830	68,380
	순자산	17,888	20,103	22,869	25,308
PER(H/L)		9.09/4.59	12.58/5.85	11.41/7.65	15.63/10.33
PSR(H/L)		0.69/0.35	0.80/0.37	0.63/0.42	0.67/0.44
PBR(H/L)		2.35/1.19	2.46/1.14	1.83/1.23	1.80/1.19

전망 외형 성장 및 수익성 확보 기대
- 조선 수주량 증가세인 가운데 경쟁력을 확보한 FLNG 시장의 성장세, LNG 부문의 수주 확대 등을 통해 안정적 성장이 전망됨.
- 신조선 가격 상승 기대 및 마진이 높은 시추설비 및 LNG선 수주의 매출 인식, 매출 증대에 따른 원가 부담 완화 등으로 수익성 확보 기대.
- 무난한 재무구조 및 안정적 수익 창출력을 확보, 영업현금흐름 역시 전년대비 개선된바 사업 운용상 단기적 자금흐름에 큰 무리는 없을 듯.

▶ 요약연결재무제표
(단위 : 억원)

구 분	10.12	11.12	12.12	13.12
비유동자산	70,546.3	67,973.8	63,590.7	67,102.1
유 동 자 산	117,957.8	96,165.6	102,758.9	107,169.4
자 산 총 계	188,504.1	164,139.4	166,349.7	174,271.5
지배기업지분	41,319.5	46,436.2	52,826.0	58,458.0
비지배지분	5.0	3.7	3.5	-0.1
자 본 총 계	41,324.6	46,439.9	52,829.5	58,458.0
비유동부채	20,022.4	12,309.8	24,333.5	21,376.8
유 동 부 채	127,157.1	105,389.7	89,186.7	94,436.8
부 채 총 계	147,179.5	117,699.5	113,520.2	115,813.5
수 익	131,464.4	133,917.6	144,894.7	148,345.0
매 출 원 가	114,569.8	116,283.9	125,543.5	130,376.6
매출총이익	16,894.6	17,633.8	19,351.3	17,968.5
기타영업수익	36,440.1	0.0	0.0	0.0
기타영업비용	34,121.2	0.0	0.0	0.0
판 관 비	4,886.1	6,807.7	7,294.7	8,826.3
영 업 이 익	14,327.5	10,826.1	12,056.6	9,142.1
영업외수익	836.6	43,932.7	45,339.8	38,268.8
영업외비용	2,186.1	43,255.6	46,946.0	39,218.1
세전계속영업이익	12,978.0	11,503.1	10,450.4	8,192.8
법인세비용	2,972.8	2,992.0	2,486.5	1,870.8
지배기업순이익	10,002.6	8,512.4	7,964.0	6,322.0

▶ 요약연결현금흐름표
(단위 : 억원)

구 분	10.12	11.12	12.12	13.12
영업활동현금흐름	10,351.6	14,397.6	-11,934.4	5,902.2
투자활동현금흐름	-7,346.4	1,151.9	-85.0	-3,464.6
재무활동현금흐름	-4,299.4	-11,884.0	13,348.5	-3,668.3
현금의 증가	-1,294.2	3,665.5	1,329.1	-1,230.7
CF의 기말현금	4,467.4	8,055.7	9,289.2	8,183.6

▶ 연결재무비율
(단위 : %)

구 분	10.12	11.12	12.12	13.12
매출액증가율	0.0	1.9	8.2	2.4
순이익증가율	42.5	14.9	-6.4	-20.6
R O A	5.1	4.8	4.8	3.7
R O E	24.2	19.4	16.1	11.4
부 채 비 율	356.2	253.4	214.9	198.1

현대삼호중공업(주)

채용정보

업종	기업명	채용예상 인원	공채 예상 시기	연봉 정보	영어면접 시행유무
중공업	현대삼호중공업(주)	미정	3월, 9월	5000만원 초반	無

외국어능력 시험 제한	토익점수	영어 말하기 점수	학점 제한	학점	스펙초월 채용계획	스펙초월 채용방식
無	제한 없음	제한 없음	無	제한 없음	없음	없음

주소	연락처	메일
전남 영암군 삼호읍 대불로 93	061-460-3530/3543	recruit@hshi.co.kr

주요상품	강선 건조업

기업정보

HYUNDAI SAMHO HEAVY INDUSTRIES CO.,LTD .

기업개요

대표자 하경진
업종 강선 건조업
형태 주식회사, 대기업
주요제품 선박건조, 수리, 운반하역설비(크레인), 해양철 구조물, 선박기자재제조, 도매/스포츠단(씨름) 운영
종업원수 4365명 (2013.12)
사업자번호/설립일 411-81-19799/1998.11.04
본사주소 (526-892)전남 영암군 삼호읍 대불로93(삼포리,현대삼호중공업)
전화/팩스번호 061-460-2114/061-460-3701
거래은행/결산월 한국외환은행/12월
홈페이지 www.hshi.co.kr
감사의견 적정

주요주주 (2013. 12. 31)

(단위 : 천주, %)

주주명	주식수	지분율
현대중공업(주)	37,967	94.92

재무정보

(단위 : 백만 원, 천주)

재무상태표	2012.12	2013.12
유동자산(계)	2,174,068	2,197,513
당좌자산(계)	2,020,769	2,050,536
현금및현금등가물	103,743	124,200
단기투자증권	2,013	144
매출채권	653,804	678,057
기타당좌자산	272,145	–
재고자산(계)	153,299	146,977
비유동자산(계)	4,804,793	4,585,208
투자자산(계)	2,698,668	2,696,525
유형자산(계)	1,670,448	1,648,404
건설중인자산	9,484	20,381
무형자산(계)	26,288	27,796
자산총계	6,978,860	6,782,721
유동부채(계)	2,141,321	2,292,101
매입채무	404,686	372,494
단기차입금	386,217	126,432
유동성장기부채	303,582	311,714
비유동부채(계)	1,499,805	1,136,762
장기차입금(계)	1,226,694	917,869
장기부채성충당부채(계)	40,429	21,978
부채총계	3,641,126	3,428,863
자본금	200,000	200,000
이익잉여금	2,816,874	2,768,257
자본총계	3,337,735	3,353,858
부채와자본총계	6,978,860	6,782,721
[평균발행주식수]	40,000	40,000

손익계산서	2012.12	2013.12
매출액	4,231,840	3,506,163
매출원가	3,761,996	3,428,394
매출총이익(손실)	469,844	77,769
판매비와관리비	214,704	113,368
영업이익	255,140	△35,600
영업외수익	311,485	275,567
영업외비용	593,877	314,404
이자비용	43,043	38,244
세전계속사업이익	△27,251	△74,436
계속사업손익법인세비용	△14,792	△22,385
당기순이익(손실)	△12,460	△52,051
기본주당순이익(원)	△311	△1,301

현대중공업(주)

채용정보

업종	기업명	채용예상 인원	공채 예상 시기	연봉 정보	영어면접 시행유무
중공업	현대중공업(주)	000명	3월, 9월	4800만원	無

외국어능력 시험 제한	토익점수	영어 말하기 점수	학점 제한	학점	스펙초월 채용계획	스펙초월 채용방식
無	제한 없음	제한 없음	無	제한 없음	미정	미정

주소		연락처	메일
울산광역시 동구 전하동 1번지		052-202-2392/2292	recruit@hhi.co.kr
주요상품	선박, 플랜트 및 엔진 제조		

기업 정보

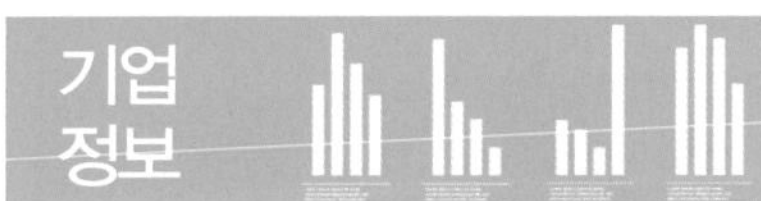

선박과 해양구조물, 플랜트 및 엔진 제조업체
www.hhi.co.kr　　　　　【5,000원/12월/결산】
울산 동구 방어진순환도로 1000
대표전화 : 052-202-2114　　주식담당자 : 052-202-2413

		주요주주 (13.12)	(%)
설 립 일	1973.12.28	정몽준	10.2
상 장 일	1999.08.24	(주)현대미포조선	8.0
대표이사	이재성/김외현	국민연금공단	6.3
종업원수	27,246명(13.12)		
회계감사법인	적정(삼정회계법인)	매출구성	(%)
보 통 주	7,600만주	휘발유외	41.0
우 선 주	-	선박	31.4
신용등급(Bond)	AA+	해양구조물외	8.8
신용등급(CP)	A1	외국인지분율	17.41%

▶ 자본금 변동

(단위 : 억원, 원)

구 분	99.08	99.08	00.01	00.01
증 자 액	2,158.50	601.50	540.00	500.00
변 동 내 역	신규	유상	유상	무상

▶ 베타와 변동성

(당사/운수장비/KOSPI)

기 간	12.01 ~ 12.12	13.01 ~ 13.12
베 타	1.48 / 1.13 / 1.00	1.29 / 1.10 / 1.00
변 동 성	34.1 / 22.9 / 15.3	28.0 / 20.1 / 12.2

현 황　매출 감소 및 수익성 하락

- 해양플랜트를 제외한 조선, 화공 및 발전 플랜트, 엔진, 전기전자, 건설 등 대부분의 영역에서 매출 부진하며 전년대비 매출 규모 소폭 축소.
- 기 수주된 저가 선박의 건조로 조선 부문 마진율 저하, 해양플랜트 부문, 엔진 부문 역시 마진율 저하되며 영업이익률과 순이익률 전년대비 하락.
- 종속회사 현대미포조선과 현대삼호중공업 보유로 상선 비중이 높으며, 플랜트・정유・전기진사 등 다양한 비조선사업부를 보유하고 있음.

▶ 주가 그래프

▶ 주가관련지표

(단위 : 원, 배)

구 분	10.12	11.12	12.12	13.12
주가 최 고	456,500	547,000	345,000	288,500
주가 최 저	171,000	237,000	195,500	176,000
주당 순이익	75,808	46,337	17,823	5,047
주당 매출액	681,551	972,589	995,442	981,216
당 순자산	188,053	215,515	222,116	226,968
PER(H/L)	6.02/2.26	11.80/5.11	19.36/10.97	57.16/34.87
PSR(H/L)	0.67/0.25	0.56/0.24	0.35/0.20	0.29/0.18
PBR(H/L)	2.43/0.91	2.54/1.10	1.55/0.88	1.27/0.78

전 망　매출 성장 기대되나 수익성 개선은 제한적일 듯

- 전년 해양플랜트와 조선 부분의 양호한 수주 증가 영향과 글로벌 경기 개선에 따른 전기전자, 건설 등 비조선 부문 매출 증가로 외형 성장 전망.
- 종속기업 현대미포조선과 현대삼호중공업의 실적 개선에도, 저 선가 물량의 건조 지속으로 수익성 개선은 제한적 수준에 머무를 듯.
- 2013년 견주한 산선 수주 및 해양플랜드 수주 승가로 274억 달러 수주, 2014년 역시 글로벌 경기 개선으로 약 300억 달러 수주 예상.

▶ 요약연결재무제표

(단위 : 억원)

구 분	10.12	11.12	12.12	13.12
비유동자산	239,248.4	259,244.5	239,945.5	239,507.9
유 동 자 산	229,290.6	230,763.7	252,786.3	292,541.8
자 산 총 계	468,539.0	490,008.2	492,731.8	532,049.7
지배기업지분	142,920.3	163,791.4	168,808.3	172,496.0
비지배지분	17,308.9	17,973.8	18,605.2	17,799.9
자 본 총 계	160,229.2	181,765.2	187,413.5	190,295.9
비유동부채	48,192.6	53,335.5	83,578.4	76,589.6
유 동 부 채	260,117.2	254,907.5	221,739.9	265,164.2
부 채 총 계	308,309.8	308,243.0	305,318.3	341,753.8
수 익	373,424.0	537,116.7	549,737.0	541,881.0
매 출 원 가	298,494.5	467,844.5	503,309.5	509,329.9
매출총이익	74,929.6	69,272.2	46,427.6	32,551.1
기타영업수익	0.0	0.0	0.0	0.0
기타영업비용	0.0	0.0	0.0	0.0
판 관 비	19,611.7	23,661.8	26,495.9	24,531.3
영 업 이 익	55,317.9	45,610.4	19,931.7	8,019.8
영업외수익	31,460.6	27,077.0	30,024.3	22,626.7
영업외비용	25,496.3	33,924.4	35,597.4	29,203.6
세전계속영업이익	61,282.2	38,763.0	14,358.5	1,442.9
법인세비용	15,655.4	11,328.6	4,152.6	-20.1
지배기업순이익	41,535.4	25,590.1	9,842.7	2,787.1

▶ 요약연결현금흐름표

(단위 : 억원)

구 분	10.12	11.12	12.12	13.12
영업활동현금흐름	2,510.3	5,035.4	-34,590.8	4,928.0
투자활동현금흐름	-34,146.3	-13,668.0	-8,092.9	-12,634.0
재무활동현금흐름	31,031.8	5,987.9	37,740.5	10,017.3
현금의 증가	-604.2	-2,644.7	-4,943.1	2,311.3
CF의 기말현금	18,788.0	16,099.8	11,076.9	13,366.1

▶ 연결재무비율

(단위 : %)

구 분	10.12	11.12	12.12	13.12
매출액증가율	27.7	43.8	2.4	-1.4
순이익증가율	94.0	-38.4	-61.6	71.7
R O A	11.0	5.7	2.1	0.3
R O E	34.5	16.7	5.9	1.6
부 채 비 율	192.4	169.6	162.9	179.6

⑩ 무역업

롯데상사(주) | 현대종합상사(주)

2013년 국내 종합상사는 중국, 미국 등 주력 시장으로의 수출 확대 및 무선통신기기, 반도체 등 IT제품의 선전에 따른 전반적인 수출 증가에도 글로벌 경기둔화에 따른 철강, 석유, 기계 등 종합상사가 취급하고 있는 품목의 수출 둔화와 주요 수출품인 원유 및 곡물 등의 원자재 가격 하락세 등 비우호적인 영업환경 영향으로 전년대비 외형이 감소하였음. 2014년 상반기 역시 원자재 가격 약세가 지속된 가운데 환율 하락 및 엔저 현상 등으로 매출액은 전년 동기 대비 하락한 것으로 추정되나, 하반기에는 글로벌 경기의 점진적인 개선에 따른 수출입 물동량 증가가 기대되는 가운데 해외발전사업을 통한 자원탐사 및 이를 활용한 연계사업과 타 산업으로의 사업 영역 확대 등으로 성장할 것으로 전망됨.

롯데상사(주)

채용정보

업종	기업명	채용예상 인원	공채 예상 시기	연봉 정보	영어면접 시행유무
무역업	롯데상사(주)	5명	1월	3400만원	無

외국어능력 시험 제한	토익점수	영어 말하기 점수	학점 제한	학점	스펙초월 채용계획	스펙초월 채용방식
無	제한 없음	제한 없음	無	제한 없음	없음	없음

주소		연락처	메일
서울특별시 강남구 영동대로 302 (대치동)		02-3459-9600	비공개

주요상품	합성고무 및 플라스틱물질 도매업

기업정보

LOTTE TRADING CO.,LTD

기업개요

대표자　김영준/송용덕
업종　상품종합 중개업
형태　주식회사, 대기업
주요제품　피혁제품,봉제품 중개/골프장 운영
종업원수　213명 (2013.12)
사업자번호/설립일　202-81-55570/1974.01.26
본사주소　(135-851)서울 강남구 영동대로 302,3,4층
　　　　　(대치동,구상빌딩)
전화/팩스번호　02-3459-9600/02-6234-1611
거래은행/결산월　농업협동조합/12월
홈페이지　www.lotteintl.com
감사의견　적정

주요주주 (2012.12.31)　　(단위 : 천주, %)

주주명	주식수	지분율
(주)호텔롯데	310	34.60
기타	258	28.85
롯데로지스틱스(주)	122	13.67
롯데쇼핑(주)	94	10.57
롯데알미늄(주)	55	6.23
롯데건설(주)	53	5.97

재무정보　　(단위 : 백만 원, 천주)

재무상태표	2012.12	2013.12
유동자산(계)	1,193,742	518,766
당좌자산(계)	1,164,678	466,623
현금및현금등가물	2,905	5,450
매출채권	71,476	60,872
재고자산(계)	29,064	52,143
비유동자산(계)	711,106	707,356
투자자산(계)	465,087	463,614
유형자산(계)	243,108	241,094
리스자산	734	764
건설중인자산	45,439	45,439
무형자산(계)	1,263	1,486
자산총계	1,904,848	1,226,123
유동부채(계)	1,257,583	584,476
매입채무	29,739	27,668
단기차입금	468,089	321,421
유동성장기부채	410	161
비유동부채(계)	92,172	84,293
장기부채성충당부채(계)	2,338	1,344
부채총계	1,349,755	668,769
자본금	4,477	4,477
자본잉여금	140,942	140,942
이익잉여금	405,253	406,037
자본총계	555,093	557,353
부채와자본총계	1,904,848	1,226,123
[평균발행주식수]	895	895

손익계산서	2012.12	2013.12
매출액	1,007,701	879,432
매출원가	948,125	823,026
매출총이익(손실)	59,576	56,406
판매비와관리비	43,851	49,654
영업이익	15,725	6,752
영업외수익	20,556	18,577
영업외비용	29,397	23,842
이자비용	11,421	5,941
세전계속사업이익	6,884	1,486
계속사업손익법인세비용	△617	1,197
당기순이익(손실)	7,501	289
기본주당순이익(원)	8,377	323

현대종합상사(주)

www.hyundaicorp.com

채용정보

업종	기업명	채용예상 인원	공채 예상 시기	연봉 정보	영어면접 시행유무
무역업	현대종합상사(주)	30명	4월, 10월	4000만원	無

외국어능력 시험 제한	토익점수	영어 말하기 점수	학점 제한	학점	스펙초월 채용계획	스펙초월 채용방식
有	850점	제한 없음	有	3.0점 이상	없음	없음

주소	연락처	메일
서울시 종로구 율곡로 2길 25	02-390-1937	recruit@hyundaicorp.com

주요상품	상품 종합 도매업

기업정보

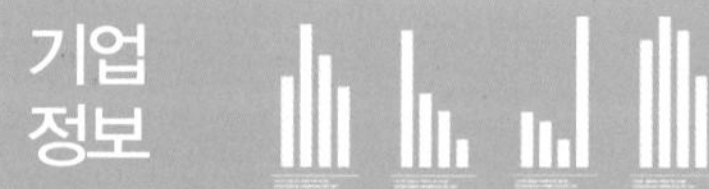

현대중공업그룹의 종합상사업체
www.hyundaicorp.co.kr 【5,000원/12월/결산】
서울 종로구 율곡로2길 25
대표전화 : 02-390-1114　주식담당자 : 02-390-1899

설 립 일	1976.12.08	주요주주 (13.12)	(%)
상 장 일	1977.12.01	현대중공업(주)	22.4
대표이사	정몽혁	(주)케이씨씨	12.0
종업원수	368명(13.12)	국민연금공단	9.2
회계감사법인	적정(삼일회계법인)	매출구성	(%)
보 통 주	2,233만주	철강	35.7
우 선 주	-	화학	34.6
신용등급(Bond)	-	차량/건설장비	22.8
신용등급(CP)	-	외국인지분율	6.36%

▶ 자본금 변동 (단위 : 억원, 원)

구 분	03.08	03.09	-05.12	06.01
증 자 액	-3,296.70	765.27	2,201.56	-2,232.98
변 동 내 역	감자	유상	전환	감자

▶ 베타와 변동성 (당사/유통업/KOSPI)

기 간	12.01 ~ 12.12	13.01 ~ 13.12
베　타	0.86 / 0.77 / 1.00	0.73 / 0.72 / 1.00
변 동 성	30.6 / 15.0 / 15.3	31.0 / 12.7 / 12.2

현황 매출 감소하였으나 순이익률 상승

· 글로벌 경기 부진에 따른 플랜트건설장비 및 철강사업부의 물량 감소, 차량·건설장비의 부진 등으로 매출 규모는 전년대비 축소.
· 영업이익률 전년 수준을 유지하였으나, 청도현대조선 지분 매각에 따른 이익 증가 등 기타수지 개선으로 순이익률은 상승.
· 매입채무 감소, 일부 차입금 상환 등으로 부채 규모 크게 축소되며 제 안정성 지표 전년대비 개선됨.

▶ 주가 그래프

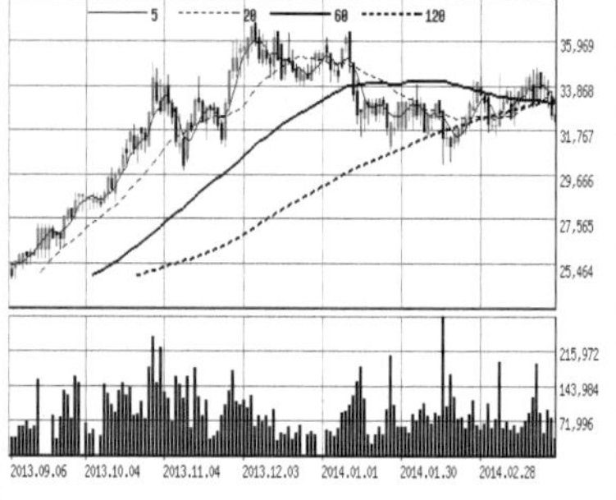

▶ 주가관련지표 (단위 : 원, 배)

구 분	10.12	11.12	12.12	13.12
주가 최고	28,000	38,500	28,900	36,600
주가 최저	18,950	23,050	19,150	21,100
주당 순이익	2,179	1,965	2,309	4,867
주당 매출액	167,267	244,018	244,893	227,611
주당 순자산	8,756	17,381	18,278	26,591
PER(H/L)	12.85/8.70	19.59/11.73	12.52/8.29	7.52/4.34
PSR(H/L)	0.17/0.11	0.16/0.09	0.12/0.08	0.16/0.09
PBR(H/L)	3.20/2.16	2.22/1.33	1.58/1.05	1.38/0.79

전망 매출 회복 제한적일 듯

· 글로벌 경기의 완만한 회복세로 계열사 물량 확대가 기대되나 분쟁으로 인한 우크라이나 전동차 수출 프로젝트 지연으로 매출 회복 제한적일 듯.
· 환율 악세에 따른 마진율 하락이 예상되나 예멘의 LNG 가스판매 가격 상승으로 수익성 향상 전망.
· 다양한 사업 기회 발굴을 위해 아프리카 등에 신규 법인 설립을 계획 중인바, 미래 성장동력 확보할 듯.

▶ 요약연결재무제표 (단위 : 억원)

구 분	10.12	11.12	12.12	13.12
비유동자산	3,051.3	5,214.8	4,840.2	4,925.7
유 동 자 산	13,063.4	15,575.7	14,307.4	12,255.6
자 산 총 계	16,114.7	20,790.5	19,147.6	17,181.3
지배기업지분	1,955.3	3,881.2	4,081.4	5,937.7
비지배지분	10.2	-19.5	17.7	6.1
자 본 총 계	1,965.5	3,861.7	4,099.0	5,943.8
비유동부채	1,104.6	1,694.4	1,360.1	1,062.8
유 동 부 채	13,044.6	15,234.3	13,688.5	10,174.7
부 채 총 계	14,149.2	16,928.7	15,048.6	11,237.5
수 익	37,350.4	54,488.8	54,684.2	50,825.0
매 출 원 가	36,173.4	53,104.5	53,334.5	49,594.9
매출총이익	1,177.0	1,384.3	1,349.8	1,230.2
기타영업수익	1,317.0	0.0	0.0	0.0
기타영업비용	1,286.9	0.0	0.0	0.0
판 관 비	712.0	856.1	1,061.7	1,010.6
영 업 이 익	495.1	528.2	288.1	219.6
영업외수익	280.6	2,428.9	2,121.1	2,933.7
영업외비용	223.2	2,358.5	1,763.3	1,934.8
세전계속영업이익	552.5	598.7	645.9	1,218.5
법인세비용	76.1	179.6	129.5	136.0
지배기업순이익	486.6	438.8	515.7	1,086.9

▶ 요약연결현금흐름표 (단위 : 억원)

구 분	10.12	11.12	12.12	13.12
영업활동현금흐름	-925.9	716.7	279.6	775.7
투자활동현금흐름	-782.2	444.0	-463.2	443.8
재무활동현금흐름	1,303.8	798.8	-129.1	-1,799.7
현금의 증가	-404.3	1,959.4	-312.7	-580.2
CF의 기말현금	1,564.1	3,556.1	3,138.7	2,548.6

▶ 연결재무비율 (단위 : %)

구 분	10.12	11.12	12.12	13.12
매출액증가율	17.6	45.9	0.4	-7.1
순이익증가율	흑자전환	-9.8	17.5	110.8
R O A	3.4	2.3	2.6	6.0
R O E	28.6	15.0	13.0	21.7
부 채 비 율	719.9	438.4	367.1	189.1

IT정보통신 ⑪

(주)서브원 ▎ 에스케이텔레시스(주) ▎ (주)케이티

2014년 하반기 유선전화는 인터넷전화로의 대체 지속 및 이동통신사의 무제한 요금제 사용자 증가 등으로 시장 축소는 불가피할 전망이며, 초고속인터넷 시장은 가입자 수 증가에도 통신시장이 모바일 컨버전스로 발전되면서 이동통신 서비스 중심으로 결합상품이 재편되고 있어 양적 시장은 축소될 것으로 전망됨. 반면, 전용회선 시장은 유선 전용회선 시장에서 무선 전용회선 시장으로 대체되고 있으나 기업들의 캐리어이더넷 방식의 PTN 구축에 따라 질적인 성장세를 보일 것으로 전망됨. 한편, 유선통신서비스는 시내전화, 시외전화, 국제전화, 전기통신설비임대업, 초고속인터넷에 참여하고 있는 기간통신사업자와 다수의 별정통신사업자가 경쟁하고 있으며 이러한 유선통신 시장에서 유무선을 통합하고 시장 지배력이 높은 KT를 비롯하여 SK브로드밴드, LG유플러스 등의 대형통신사가 시장을 주도하고 있음.

(주)서브원

채용정보

업종	기업명	채용예상 인원	공채 예상 시기	연봉 정보	영어면접 시행유무
IT정보통신	(주)서브원	110명	3월, 9월	3800만원	無

외국어능력 시험 제한	토익점수	영어 말하기 점수	학점 제한	학점	스펙초월 채용계획	스펙초월 채용방식
有(토익, 토플,오픽, 토익스피킹 영어점수 중 택)	600점	오픽:IL, 토익스피킹:5급	無	제한 없음	미정	미정

주소		연락처	메일
서울특별시 종로구 새문안로 58 (신문로 2가)		02-3773-1114	비공개

주요상품	
	전자상거래업

기업정보

SERVE ONE CO.,LTD.

기업개요

대표자 박규석
업종 전자상거래업
형태 주식회사, 대기업
주요제품 전자상거래/부동산임대, 관리/골프장, 휴게음식점운영, 건축엔지니어링, 별정통신/건축공사
종업원수 2349명 (2013.12)
사업자번호/설립일 107-86-09325/2002.01.01
본사주소 (110-783)서울특별시 종로구 새문안로 58
전화/팩스번호 02-3773-1114/02-6924-5222
거래은행/결산월 중소기업은행/12월
홈페이지 www.serveone.co.kr
감사의견 적정

주요주주 (2013.12.31)

(단위 : 천주, %)

주주명	주식수	지분율
(주)LG	5,000	100.00

재무정보

(단위 : 백만 원, 천주)

재무상태표	2012.12	2013.12
유동자산(계)	1,007,869	1,070,455
당좌자산(계)	995,181	1,056,319
현금및현금등가물	96,282	165,448
매출채권	832,159	814,138
기타당좌자산	13,620	13,644
재고자산(계)	12,688	14,136
비유동자산(계)	850,030	875,441
투자자산(계)	110,109	111,982
유형자산(계)	702,687	726,887
건설중인자산	20,399	42,048
무형자산(계)	21,913	19,418
자산총계	**1,857,900**	**1,945,896**
유동부채(계)	793,154	1,002,207
매입채무	523,780	518,605
유동성장기부채	–	166,644
유동성사채	–	99,977
비유동부채(계)	503,265	342,843
장기사채(계)	99,820	–
장기차입금(계)	100,000	33,333
장기부채성충당부채(계)	30,365	36,290
부채총계	**1,296,420**	**1,345,050**
자본금	25,000	25,000
자본잉여금	127	127
이익잉여금	536,737	575,781
자본총계	**561,480**	**600,846**
부채와자본총계	**1,857,900**	**1,945,896**
[평균발행주식수]	5,000	5,000

손익계산서	2012.12	2013.12
매출액	**3,875,048**	**3,833,489**
매출원가	3,588,846	3,565,299
매출총이익(손실)	286,202	268,190
판매비와관리비	127,314	142,336
영업이익	**158,888**	**125,854**
영업외수익	7,680	10,221
영업외비용	35,877	30,410
이자비용	21,448	22,302
세전계속사업이익	**130,691**	**105,665**
계속사업손익법인세비용	27,430	23,209
당기순이익(손실)	**103,261**	**82,456**
기본주당순이익(원)	20,652	16,491

에스케이텔레시스(주)

채용정보

업종	기업명	채용예상 인원	공채 예상 시기	연봉 정보	영어면접 시행유무
IT정보통신	에스케이텔레시스(주)	11명	9월	3300만원	無

외국어능력 시험 제한	토익점수	영어 말하기 점수	학점 제한	학점	스펙초월 채용계획	스펙초월 채용방식
無	제한 없음	오픽:IM, 토익스피킹:4급	無	제한 없음	없음	없음

주소	연락처	메일
서울시 중구 을지로 51 교원내외빌딩 13층 SK텔레시스(주)	080-808-3114	sayclair@sktelesys.com

주요상품	무선 통신장비 제조업

기업 정보

SK TELESYS CO.,LTD.

기업개요

대표자 김종식
업종 기타 무선 통신장비 제조업
형태 주식회사, 대기업
주요제품 광중계기,유무선전송장비, 이동통신단말기 제조, 도소매/소프트웨어개발/정보통신공사
종업원수 206명 (2013.12)
사업자번호/설립일 220-81-44203/1997.04.28
본사주소 (100-844) 서울 중구 을지로51(을지로2가,내외빌딩)
전화/팩스번호 02-2129-1800/02-2129-2089
거래은행/결산월 한국스탠다드차타드제일은행/12월
홈페이지 www.sktelesys.com
감사의견 적정

주요주주 (2012.12.31) (단위 : 천주, %)

주주명	주식수	지분율
에스케이씨(주)	45,512	50.01
최신원	35,710	39.24
소액주주 등	9,777	10.74

재무정보 (단위 : 백만 원, 천주)

재무상태표	2012.12	2013.12
유동자산(계)	135,757	135,074
당좌자산(계)	103,715	125,916
현금및현금등가물	2,647	2,165
매출채권	91,567	112,476
재고자산(계)	32,041	9,158
비유동자산(계)	90,412	87,895
투자자산(계)	19,273	16,403
유형자산(계)	36,900	42,310
무형자산(계)	3,759	2,032
자산총계	226,169	222,969
유동부채(계)	238,895	314,358
매입채무	203,506	209,432
단기차입금	31,539	40,436
유동성장기부채	–	52,523
유동성사채	–	37,523
비유동부채(계)	66,725	15,876
장기사채(계)	42,251	6,372
장기차입금(계)	15,000	–
장기부채성충당부채(계)	7,953	8,935
부채총계	305,620	330,234
자본금	45,500	45,500
자본잉여금	18,118	18,118
이익잉여금	△142,992	△170,883
자본총계	△79,451	△107,265
부채와자본총계	226,169	222,969
[평균발행주식수]	44,470	91,000

손익계산서	2012.12	2013.12
매출액	494,896	450,784
매출원가	441,086	409,737
매출총이익(손실)	53,809	41,047
판매비와관리비	60,755	53,028
영업이익	△6,945	△11,981
영업외수익	6,200	2,792
영업외비용	16,070	16,434
이자비용	9,600	11,750
세전계속사업이익	△16,815	△25,624
계속사업손익법인세비용	△4,990	2,266
중단사업이익(손실)	△17,215	–
당기순이익(손실)	△29,040	△27,890
기본주당순이익(원)	△652	△306

(주)케이티

www.kt.com

채용정보

업종	기업명	채용예상 인원	공채 예상 시기	연봉 정보	영어면접 시행유무
IT정보통신	(주)케이티	미정	상반기, 하반기	협의	전체시행

외국어능력 시험 제한	토익점수	영어 말하기 점수	학점 제한	학점	스펙초월 채용계획	스펙초월 채용방식
有	750점	토익 750점대와 비슷한 수준	無	제한 없음	있음	미정

주소		연락처	메일
경기도 성남시 분당구 불정로 90 (정자동 206번지)		02-582-06551 577-0655	recruit@kt.com

주요상품	
유 · 무선 통신업	

기업 정보

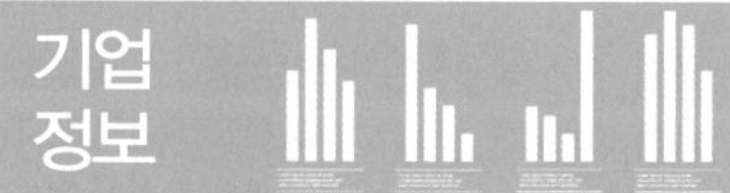

유무선 종합 통신업자
www.kt.co.kr 【5,000원/12월/결산】
경기도 성남시 분당구 불정로 90
대표전화 : 031-727-0114 주식담당자 : 02-3495-5400

설 립 일	1981.12.10	주요주주 (13.12)	(%)
상 장 일	1998.12.23	국민연금공단	8.9
대표이사	황창규	우리사주조합	1.1
종업원수	32,224명(13.12)		
회계감사법인	적정(삼일회계법인)	매출구성	(%)
보 통 주	26,111만주	서비스의 제공	52.7
우 선 주	-	재화의 판매	13.9
신용등급(Bond)	AAA	신용카드매입	9.7
신용등급(CP)	A1	외국인지분율	38.89%

▶ 자본금 변동
(단위 : 억원, 원)

구 분	98.12	99.06	09.06	.
증 자 액	14,395.87	1,214.11	35.01	-
변 동 내 역	신규	유상	합병	-

▶ 베타와 변동성
(당사/통신업/KOSPI)

기 간	12.01 ~ 12.12	13.01 ~ 13.12
베 타	0.09 / 0.19 / 1.00	0.38 / 0.23 / 1.00
변 동 성	20.5 / 18.7 / 15.3	22.7 / 22.6 / 12.2

현황 매출 정체 및 순이익 적자전환

· 금융 및 렌탈 등 비통신 부문의 약진에도 유무선통신 가입자 감소에 따른 통신 부문 부진으로 매출 규모는 전년 수준에 정체.
· 서비스원가 부담 확대로 전년대비 영업이익률 하락한 가운데 유형자산처분손실 증가 등 영업외수지 저하되어 순이익 적자전환.
· 영업활동에 따른 양호한 현금 창출력을 바탕으로 유형자산 취득하는 등 전년에 이어 원활한 자금흐름 견지.

▶ 주가 그래프

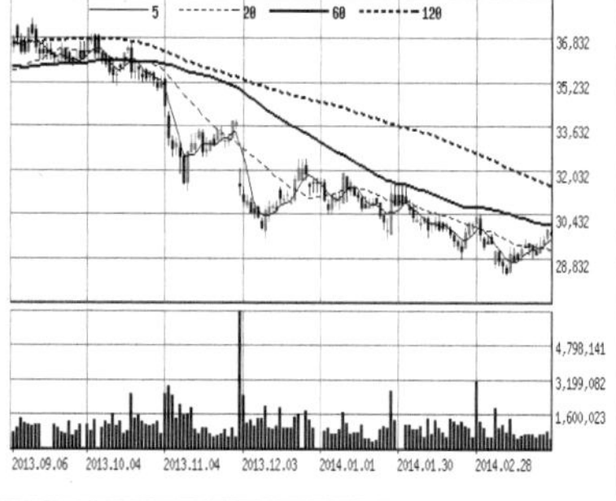

▶ 주가관련지표
(단위 : 원, 배)

구 분		10.12	11.12	12.12	13.12
주가	최 고	50,600	45,500	39,750	40,850
	최 저	39,150	34,200	27,700	29,950
주당	순이익	5,328	5,946	4,417	-666
	매출액	83,576	87,443	97,966	97,690
	순자산	42,638	44,825	47,141	45,020
PER(H/L)		9.50/7.35	7.65/5.75	9.00/6.27	-
PSR(H/L)		0.61/0.47	0.52/0.39	0.41/0.28	0.42/0.31
PBR(H/L)		1.19/0.92	1.02/0.76	0.84/0.59	0.91/0.67

전망 매출 성장에도 수익성 개선은 제한적일 듯

· 광대역 LTE 서비스에 따른 무선통신 가입자 증가와 함께 IP TV 성장에 따른 유료 콘텐츠 판매 확대 등에 힘입어 매출 성장 전망.
· 유료 콘텐츠 판매 확대에도 광대역 LTE 관련 마케팅비 증가 및 주파수 할당에 따른 비용 부담 지속으로 수익성 개선은 제한적일 듯.
· 노후 건축물의 에너지 효율을 높이는 그린 리모델링 사업에 진출하기로 한바, 사업다각화를 통한 성장동력 마련 기대.

▶ 요약연결재무제표
(단위 : 억원)

구 분	10.12	11.12	12.12	13.12
비유동자산	190,142.8	218,034.5	235,279.0	243,682.1
유 동 자 산	75,194.5	97,906.6	105,174.2	99,684.5
자 산 총 계	269,416.0	320,854.1	345,579.1	348,465.3
지배기업지분	111,332.6	117,042.4	123,091.8	117,552.4
비지배지분	2,207.9	8,335.7	9,088.0	11,096.8
자 본 총 계	113,540.6	125,378.1	132,179.8	128,649.1
비유동부채	77,028.8	108,024.8	100,731.7	107,938.9
유 동 부 채	78,846.7	87,451.3	112,667.7	111,877.4
부 채 총 계	155,875.5	195,476.0	213,399.3	219,816.2
수 익	203,262.8	212,720.3	238,563.8	238,106.0
매 출 원 가	0.0	40,885.2	48,513.0	35,659.5
매출총이익	203,262.8	171,835.2	190,050.8	202,446.5
기타영업수익	547.6	0.0	0.0	0.0
기타영업비용	39,849.3	358.9	0.0	0.0
판 관 비	143,882.3	153,992.2	177,958.5	194,053.1
영 업 이 익	20,078.7	17,484.1	12,092.3	8,393.4
영업외수익	2,720.7	10,416.6	13,041.3	6,151.6
영업외비용	5,986.6	11,867.0	10,985.2	14,597.6
세전계속영업이익	16,812.7	16,033.7	14,148.4	-52.6
법인세비용	3,963.7	3,159.5	2,778.7	549.9
지배기업순이익	12,958.4	14,465.5	10,461.3	-1,624.4

▶ 요약연결현금흐름표
(단위 : 억원)

구 분	10.12	11.12	12.12	13.12
영업활동현금흐름	29,731.1	21,503.1	57,254.9	41,110.7
투자활동현금흐름	-29,490.7	-26,480.0	-38,511.8	-37,825.8
재무활동현금흐름	-3,983.5	7,684.7	-12,778.0	-3,117.9
현금의 증가	-3,743.1	2,707.8	5,965.0	167.0
CF의 기말현금	11,616.4	14,451.7	20,576.1	20,708.7

▶ 연결재무비율
(단위 : %)

구 분	10.12	11.12	12.12	13.12
매출액증가율	3.5	4.7	12.2	-0.2
순이익증가율	161.9	11.6	-27.7	적자전환
R O A	4.9	4.9	3.3	-0.2
R O E	12.1	12.7	8.7	-1.4
부 채 비 율	137.3	155.9	161.5	170.9

전기 · 전자 

(주)동부대우전자 ▎ 세방전지(주) ▎ 삼성SDI(주)

2014년 상반기 글로벌 경기 개선에 따른 소비심리 회복이 기대되는 가운데 내수의 기저효과 및 하이엔드 백색가전의 공급이 지속적으로 늘어나고 있으며 서남아시아 등 신흥시장의 꾸준한 수요가 기대돼 가전산업은 성장할 것으로 전망됨. 다만, 스마트폰, 태블릿 등 무선기기 구매 및 사용이 늘어나면서 전통 가전제품의 매출 부진으로 그 성장세는 둔화될 것으로 보여짐.

상반기 전지 시장은 글로벌 경기의 더딘 회복세에도 불구, 태블릿PC 등 스마트기 성장에 따른 소형 리튬이차전지와 전기자동차용 배터리 및 에너지저장장치(ESS)용 수요가 증가함에 따라 전지 산업의 성장세는 지속된 것으로 추정됨. 하반기 역시 이러한 기조를 지속할 것으로 보임에 따라 소형 및 중대형 리튬이차전지 수요가 증가할 것으로 예상되며, 전력난 심화 등으로 스마트그리드용 리튬일차전지 수요도 확대될 것으로 전망됨.

(주)동부대우전자

채용정보

업종	기업명	채용예상 인원	공채 예상 시기	연봉 정보	영어면접 시행유무
전기전자	(주)동부대우전자	30여명	4월, 9월	3000만원초반	부분시행 해외영업
외국어능력 시험 제한	토익점수	영어 말하기 점수	학점 제한	학점	스펙초월 채용계획	스펙초월 채용방식
無	관리850~900점 연구직750점 이상	토익 점수 환산기준	無	제한 없음	있음	지방대 출신 블라인드 채용 진행

주소	연락처	메일
서울시 강남구 테헤란로 432 (주)동부대우전자	02-360-7103	recruit@dwe.co.kr

주요상품	
주요상품	주방용 전기기기 제조업

기업정보

DONGBU DAEWOO ELECTRONICS CORPORATION

기업개요

대표자 김준기/이재형

업종 주방용 전기기기 제조업

형태 주식회사, 대기업

주요제품 냉장고,세탁기,전자렌지,청소기,선풍기제조,도 소매

종업원수 1493명 (2013.12)

사업자번호/설립일 410-81-06501/1987.10.05

본사주소 (135-523)서울강남구테헤란로432,26-29층 (대치동,동부금융센터)

전화/팩스번호 02-360-7114/02-360-7700

거래은행/결산월 우리은행/12월

홈페이지 www.dwe.co.kr

감사의견 적정

주요주주 (2013. 7.19)

(단위 : 천주, %)

주주명	주식수	지분율
동부하이텍	20	0.02
기타	17	0.02
김준기	10	0.01
빌텍	8	0.01

재무정보

(단위 : 백만 원, 천주)

재무상태표	2012.12	2013.12
유동자산(계)	326,733	189,231
당좌자산(계)	292,981	152,850
현금및현금등가물	12,574	19,450
매출채권	253,294	118,958
재고자산(계)	33,752	36,381
비유동자산(계)	405,448	404,525
투자자산(계)	129,908	210,227
유형자산(계)	267,436	184,256
건설중인자산	16	128
무형자산(계)	3,181	4,245
자산총계	732,181	593,756
유동부채(계)	446,516	294,801
매입채무	265,323	204,175
단기차입금	46,607	22,572
유동성장기부채	–	4,000
비유동부채(계)	666,060	137,332
장기차입금(계)	600,908	62,000
장기부채성충당부채(계)	65,153	73,879
부채총계	1,112,577	432,133
자본금	2,661	554,812
자본조정	△0	△2,679
이익잉여금	△377,608	△380,323
자본총계	△380,396	161,623
부채와자본총계	732,181	593,756
[평균발행주식수]	56,172	56,172

손익계산서	2012.12	2013.12
매출액	797,435	1,168,751
매출원가	673,210	997,338
매출총이익(손실)	124,225	171,414
판매비와관리비	124,218	170,618
영업이익	7	796
영업외수익	27,728	79,956
영업외비용	158,990	80,141
이자비용	10,593	6,622
세전계속사업이익	△131,254	611
당기순이익(손실)	△131,254	611
기본주당순이익(원)	△2,337	11

채용정보

업종	기업명	채용예상 인원	공채 예상 시기	연봉 정보	영어면접 시행유무
전기전자	세방전지(주)	20명	4~5월	3200만원	부분시행 해외영업
외국어능력 시험 제한	토익점수	영어 말하기 점수	학점 제한	학점	스펙초월 채용계획	스펙초월 채용방식
無	제한 없음	제한 없음	無	제한 없음	없음	없음

주소	연락처	메일
서울시 강남구 역삼동 708-8	02-3451-6122/6125	recruit@qbattery.com

주요상품	축전지 제조업

기업 정보

자동차용 및 산업용 축전지 제조업체
www.gbattery.com **【500원/12월/결산】**
서울 강남구 선릉로 433
대표전화 : 02-3451-6201 주식담당자 : 02-3451-6201

		주요주주 (13.12)	(%)
설 립 일	1966.02.10	세방(주)	38.0
상 장 일	1987.11.28	GS Yuasa INT'L	16.0
대 표 이 사	임동준	(주)브이아이피투자자문	6.4
종 업 원 수	817명(13.12)	매출구성	(%)
회계감사법인	적정(삼일회계법인)	자동차용 외	100.0
보 통 주	1,400만주		
우 선 주	-		
신용등급(Bond)	-		
신용등급(CP)	-	외국인지분율	24.91%

▶ 자본금 변동
(단위 : 억원, 원)

구 분	87.11	87.11	00.04	.
증 자 액	49.00	21.00	500.00	-
변 동 내 역	신규	유상	액분	-

▶ 베타와 변동성
(당사/전기,전자/KOSPI)

기 간	12.01 ~ 12.12	13.01 ~ 13.12
베 타	0.46 / 1.41 / 1.00	0.57 / 1.42 / 1.00
변 동 성	24.8 / 26.0 / 15.3	29.3 / 20.8 / 12.2

현황 외형 확대에도 순이익률 하락

· 전방산업인 완성 자동차의 생산 둔화에도 자동차용 축전지 교체 수요 증가 등으로 전년대비 외형 확대.
· 주요 원재료인 납 가격 상승 등으로 원가 부담이 확대되어 전년대비 영업이익률 및 순이익률 모두 하락.
· 영업활동상 창출자금으로 기계장치 취득 자금소요 충당하고 잉여 재원은 현금성 자산으로 축적하는 등 양호한 현금흐름 시현.

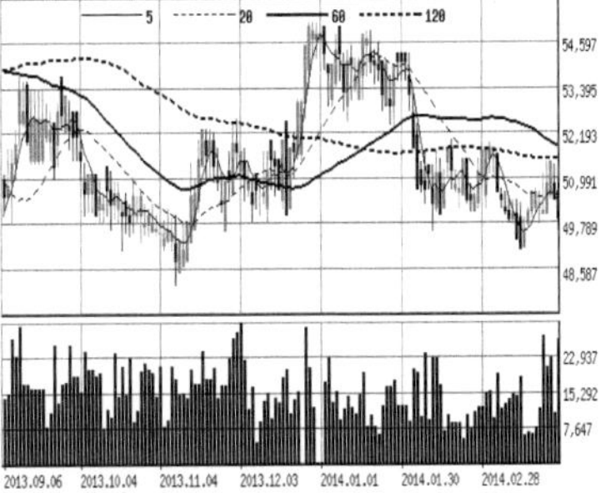

▶ 주가 그래프

▶ 주가관련지표
(단위 : 원, 배)

구 분	10.12	11.12	12.12	13.12
주 최 고	34,100	48,800	50,500	60,000
가 최 저	21,150	33,400	42,950	43,150
주 순이익	6,130	7,527	6,991	5,007
매출액	56,443	68,134	60,452	65,672
당 순자산	27,753	34,780	41,625	46,095
PER(H/L)	5.56/3.45	6.48/4.44	7.22/6.14	11.98/8.62
PSR(H/L)	0.60/0.37	0.72/0.49	0.84/0.71	0.91/0.66
PBR(H/L)	1.23/0.76	1.40/0.96	1.21/1.03	1.30/0.94

전망 매출 성장세 이어나갈 전망

· 차량용 축전지시장 경쟁 심화에도 국내 1위 시장점유율을 바탕으로 자동차 A/S 증가에 따른 축전지 교체 수요 증가로 매출 성장세 이어나갈 전망.
· 매출 성장에 따른 고정성 경비 부담 완화 및 납 가격 하향 안정화 추세를 통한 원가 부담 경감으로 수익성 회복 가능할 듯.
· 메인 배터리 방전을 방지해주는 차량용 에너지저장시스템 외에 태양광 연계 소형 ESS시스템 개발, 출시를 통한 신성장동력 및 경쟁력 향상 기대.

▶ 요약재무제표
(단위 : 억원)

구 분	10.12	11.12	12.12	13.12
비유동자산	1,363.9	1,880.2	2,158.0	2,318.3
유 동 자 산	4,575.5	5,246.2	5,567.6	6,383.3
자 산 총 계	5,939.4	7,126.3	7,725.6	8,701.6
자 본 총 계	3,924.1	4,904.2	5,855.2	6,480.4
(보통주자본금)	70.0	70.0	70.0	70.0
(우선주자본금)	0.0	0.0	0.0	0.0
비유동부채	206.8	146.1	123.4	129.2
유 동 부 채	1,808.4	2,076.1	1,746.9	2,092.0
부 채 총 계	2,015.3	2,222.2	1,870.3	2,221.2
수 익	7,902.0	9,538.7	8,463.3	9,188.0
매 출 원 가	6,145.2	7,524.8	6,551.2	7,596.1
매 출 총 이 익	1,756.8	2,013.9	1,912.1	1,591.8
기타영업수익	53.7	0.0	0.0	0.0
기타영업비용	89.1	0.0	0.0	0.0
판 관 비	633.2	687.7	680.7	739.8
영 업 이 익	1,088.2	1,326.2	1,231.5	852.1
세전계속영업이익	1,127.3	1,370.3	1,283.8	921.7
법인세비용	269.0	316.5	305.1	221.2
계속영업이익	858.3	1,053.8	978.7	700.5
중단영업이익	0.0	0.0	0.0	0.0
당 기 순 이 익	858.3	1,053.8	978.7	700.5

▶ 요약현금흐름표
(단위 : 억원)

구 분	10.12	11.12	12.12	13.12
영업활동현금흐름	1,119.9	829.6	1,458.6	566.5
투자활동현금흐름	-241.2	-978.9	-1,828.7	-443.4
재무활동현금흐름	-55.8	86.9	-226.0	86.0
현금의 증가	822.8	-62.4	-596.2	209.1
CF의 기말현금	1,195.6	1,133.3	536.8	743.9

▶ 재무비율
(단위 : %)

구 분	10.12	11.12	12.12	13.12
매출액증가율	26.0	20.7	-11.3	8.6
순이익증가율	22.1	22.8	-7.1	-28.4
R O A	16.8	16.1	13.2	8.5
R O E	24.1	23.9	18.2	11.4
부 채 비 율	51.4	45.3	31.9	34.3

삼성SDI(주)

채용정보

업종	기업명	채용예상 인원	공채 예상 시기	연봉 정보	영어면접 시행유무
전기전자	삼성SDI(주)	미정	3월, 9월	협의	無

외국어능력 시험 제한	토익점수	영어 말하기 점수	학점 제한	학점	스펙초월 채용계획	스펙초월 채용방식
無	제한 없음	이공계-오픽:IL, 토익스피킹5급 인문계-오픽:IM, 토익스피킹:6급	有	3.0점 이상	있음	그룹공통-학력초월, 영어말하기 점수와 학점고졸자의 경우 100점만점 환산 기준만 도달하면 전원 필기시험 응시

주소	연락처	메일
경기도 용인시 기흥구 공세동 428-5	031-8006-3146	joori.kwak@samsung.com

주요상품	
	전자관 제조업

기업 정보

글로벌 PDP, 2차전지 제조기업
www.samsungsdi.co.kr　【5,000원/12월/결산】
경기도 용인시 기흥구 공세로 150-34
대표전화 : 031-8006-3100　주식담당자 : 031-8006-3766

		주요주주 (13.12)	(%)
설 립 일	1970.01.20		
상 장 일	1979.02.27	삼성전자(주)	20.4
대표이사	박상진	국민연금공단	9.5
종업원수	8,500명(13.12)	Capital Research & Management	5.2
회계감사법인	적정(삼정회계법인)	매출구성	(%)
보 통 주	4,556만주	전지 등	66.9
우 선 주	162만주	PDP 등	33.1
신용등급(Bond)	AA		
신용등급(CP)	-	외국인지분율	26.20%

▶ 자본금 변동
(단위 : 억원, 원)

구 분	99.07	-99.12	-02.12	-04.12
증 자 액	32.08	82.31	4.74	0.09
변 동 내 역	유상	전환	전환	전환

▶ 베타와 변동성
(당사/전기,전자/KOSPI)

기 간	12.01 ~ 12.12	13.01 ~ 13.12
베 타	0.88 / 1.41 / 1.00	1.03 / 1.42 / 1.00
변 동 성	29.2 / 26.0 / 15.3	28.3 / 20.8 / 12.2

현황　매출 감소, 순이익률 큰 폭으로 하락

· PDP TV 시장의 급격한 축소에 따른 디스플레이 부문 부진한 가운데 2차전지 수출도 감소하여 전년대비 매출 규모 축소.
· 인건비 증가 등에 따른 판관비 부담 확대로 영업이익 적자전환, 전년의 관계기업투자처분이익 제거로 전년대비 순이익률 큰 폭으로 하락.
· 유형자산 취득에 필요한 자금을 영업활동을 통한 창출 현금 및 기보유 현금성 자산으로 조달하는 등 양호한 현금흐름을 보임.

▶ 주가 그래프

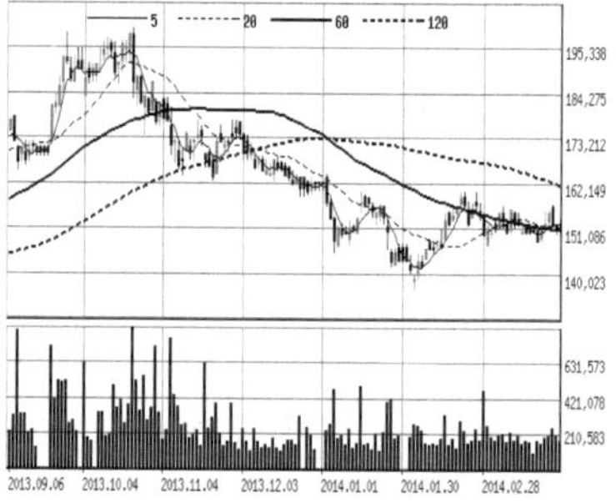

▶ 주가관련지표
(단위 : 원, 배)

구 분	10.12	11.12	12.12	13.12
주가 최 고	187,000	201,000	168,000	198,500
주가 최 저	127,000	100,000	128,500	122,500
주당 순이익	8,203	7,341	33,885	2,957
주당 매출액	114,492	121,144	128,233	111,430
주당 순자산	128,267	129,687	156,291	156,394
PER(H/L)	22.80/15.48	27.38/13.62	4.96/3.79	67.13/41.43
PSR(H/L)	1.63/1.11	1.66/0.83	1.31/1.00	1.78/1.10
PBR(H/L)	1.46/0.99	1.55/0.77	1.07/0.82	1.27/0.78

전망　2014년 7월 제일모직 흡수합병 예정

· BMW의 신규 전기차 출시 등 글로벌 자동차업체들의 전기차 판매 경쟁 본격화에 따른 중대형전지 수요 증가에 힘입어 매출 회복 전망.
· 중대형 전지의 신규 라인 가동에 따른 비용 부담이 예상되나 본격적인 판매 확대에 따른 규모의 경제 효과로 수익성 개선 기대.
· 2014년 7월 제일모직 흡수합병 예정인바, 배터리 소재의 수직 계열화 및 기존 사업부와의 시너지 효과를 통한 중장기적 성장동력 확보 기대.

▶ 요약연결재무제표
(단위 : 억원)

구 분	10.12	11.12	12.12	13.12
비유동자산	54,821.1	61,633.0	84,802.3	84,924.8
유 동 자 산	24,514.6	23,641.1	24,148.6	20,631.9
자 산 총 계	79,335.7	85,274.1	108,950.9	105,556.7
지배기업지분	60,511.7	61,181.2	73,732.3	73,780.9
비지배지분	1,797.0	1,964.1	1,912.6	1,643.2
자 본 총 계	62,308.6	63,145.3	75,644.8	75,424.2
비유동부채	6,043.1	4,629.0	13,265.6	14,863.0
유 동 부 채	10,984.0	17,499.8	20,040.4	15,269.6
부 채 총 계	17,027.1	22,128.8	33,306.1	30,132.5
수 익	51,242.8	54,438.8	57,711.9	50,164.7
매 출 원 가	43,339.2	47,606.1	48,633.4	42,600.0
매 출 총 이 익	7,903.5	6,832.7	9,078.5	7,564.6
기타영업수익	971.8	2,834.1	0.0	0.0
기타영업비용	445.9	1,896.6	0.0	0.0
판 관 비	5,561.3	5,733.0	7,209.8	7,838.6
영 업 이 익	2,868.1	2,037.1	1,868.7	-273.9
영업외수익	4,474.9	6,394.7	25,433.9	8,161.0
영업외비용	3,117.0	3,650.9	7,008.5	6,046.9
세전계속영업이익	4,226.0	4,781.0	20,294.2	1,840.2
법인세비용	374.9	1,270.5	5,426.1	361.0
지배기업순이익	3,561.0	3,201.1	14,715.0	1,306.0

▶ 요약연결현금흐름표
(단위 : 억원)

구 분	10.12	11.12	12.12	13.12
영업활동현금흐름	4,889.1	2,997.4	5,778.0	3,084.5
투자활동현금흐름	-2,521.0	-8,791.0	-5,112.7	-5,042.3
재무활동현금흐름	-6,227.7	2,685.8	1,128.0	-256.9
현금의 증가	-3,692.4	-3,107.8	1,793.3	-2,214.7
CF의 기말현금	10,663.2	7,576.6	9,465.2	7,301.8

▶ 연결재무비율
(단위 : %)

구 분	10.12	11.12	12.12	13.12
매출액증가율	3.5	6.2	6.0	-13.1
순이익증가율	63.6	-10.1	359.7	-91.1
R O A	5.1	4.3	15.3	1.4
R O E	6.5	5.3	21.8	1.8
부 채 비 율	27.3	35.0	44.0	40.0

섬유 · 의류 ⑬

(주)LF ▎ **도레이케미칼(주)** ▎ **(주)영원무역**

2014년 1/4분기 국내 의류 시장은 아웃도어 및 SPA 판매호조, 해외 유명 브랜드의 지속적인 매출 증가 등에도 불구하고 전년 동기대비 높은 기온에 따른 겨울의류 판매 부진으로 1% 성장에 그친 것으로 나타났음. 한편, 2011년 이후 소비 경기 약세가 지속되며 동일 품질의 저가 제품을 구매하고자 하는 알뜰 구매 확대와 저가 아이템 공급확대, 유통구조의 다변화 등 환경 변화로 저렴한 상품 구매가 용이해지면서 불황형, 절약형 소비패턴이 확산되고 있음. 이에 저가 행사 및 기획상품 수요 확산, 온라인, 홈쇼핑, 아울렛 등 저가 채널 판매 확대 등으로 의류시장은 저성장을 지속하고 있음.

(주)LF

www.lfcorp.com

채용정보

업종	기업명	채용예상 인원	공채 예상 시기	연봉 정보	영어면접 시행유무
섬유의류	(주)LF	00명	미정	4300만원	전체시행

외국어능력 시험 제한	토익점수	영어 말하기 점수	학점 제한	학점	스펙초월 채용계획	스펙초월 채용방식
無	제한 없음	토익스피킹 120점	有	3.0점 이상	없음	없음

주소		연락처	메일
서울 강남구 언주로 870		1544-5114	recruit@lfcorp.com

주요상품	남자용 정장 제조업

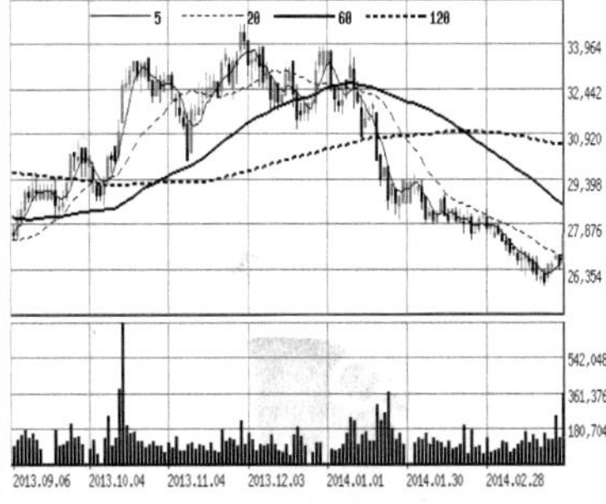

기업정보

닥스, 헤지스 등의 브랜드를 보유한 패션의류 업체
www.lgfashion.co.kr　【5,000원/12월/결산】
서울 강남구 언주로 870
대표전화 : 02-3441-8114　주식담당자 : 02-3441-8073

설 립 일	2006.11.03	주요주주 (13.12)	(%)
상 장 일	2006.12.01	구본걸	18.1
대표이사	구본걸/오규식	국민연금공단	10.0
종업원수	995명(13.12)	구본순	8.6
회계감사법인	적정(삼정회계법인)	매출구성	(%)
보 통 주	2,924만주	상제품매출	98.8
우 선 주	-	수수료수익	1.4
신용등급(Bond)	AA-	기타매출	0.8
신용등급(CP)	-	외국인지분율	29.39%

▶ 자본금 변동
(단위 : 억원, 원)

구 분	06.12	.	.	.
증 자 액	1,462.00	-	-	-
변 동 내 역	신규	-	-	-

▶ 베타와 변동성
(당사/섬유,의복/KOSPI)

기 간	12.01 ~ 12.12	13.01 ~ 13.12
베 타	0.52 / 0.45 / 1.00	0.48 / 0.47 / 1.00
변 동 성	37.0 / 17.7 / 15.3	26.9 / 15.9 / 12.2

현 황　수익성 상승

· 국내 소비경기 회복 지연, 의류시장 내 경쟁 심화로 매출 규모는 전년 대비 소폭 증가.
· 재고자산평가손실 환입 등으로 매출원가율 하락한바 전년대비 영업이익률 및 당기순이익률 상승.
· 중국과 유럽의 해외 법인 등 17개 종속기업으로 구성된 의류 제조 및 판매업체로 닥스, 헤지스 등 메가브랜드 다수 보유.

▶ 주가 그래프

▶ 주가관련지표
(단위 : 원, 배)

구 분	10.12	11.12	12.12	13.12
주가 최 고	34,900	53,100	46,450	34,350
주가 최 저	24,500	27,750	25,850	25,850
주당 순이익	3,310	3,293	2,076	2,332
주당 매출액	38,569	49,224	50,154	50,823
주당 순자산	25,303	28,101	29,701	31,274
PER(H/L)	10.54/7.40	16.13/8.43	22.37/12.45	14.73/11.08
PSR(H/L)	0.90/0.64	1.08/0.56	0.93/0.52	0.68/0.51
PBR(H/L)	1.38/0.97	1.89/0.99	1.56/0.87	1.10/0.83

전 망　외형 성장 제한적일 듯

· 글로벌 명품, SPA브랜드의 국내 진출 확대, 직구 등 합리적인 소비패턴 확산으로 내수 패션업체 입지가 약화되고 있어 외형 성장 제한적일 듯.
· 양주 생산업체의 본격적인 가동으로 재고관리 체계화, 외주가공업체 집중 관리로 수익성 개선 전망.
· 영업활동상 현금 창출력 및 우수한 수준의 재무구조 보유한바 단기간 내 사업 운용상 자금흐름에 어려움 없을 듯.

▶ 요약연결재무제표
(단위 : 억원)

구 분	10.12	11.12	12.12	13.12
비유동자산	5,199.3	5,685.3	5,683.7	5,591.3
유동자산	4,569.5	6,042.1	6,396.9	7,324.5
자 산 총 계	9,768.7	11,727.4	12,080.6	12,915.8
지배기업지분	7,398.6	8,216.7	8,684.5	9,144.5
비지배지분	17.7	32.7	62.6	5.0
자 본 총 계	7,416.3	8,249.4	8,747.1	9,149.5
비유동부채	453.1	850.2	1,351.0	1,285.5
유 동 부 채	1,899.4	2,627.8	1,982.5	2,480.8
부 채 총 계	2,352.5	3,478.1	3,333.5	3,766.3
수 익	11,277.5	14,393.2	14,665.0	14,860.5
매 출 원 가	4,082.9	5,574.7	5,887.5	5,793.8
매출총이익	7,194.6	8,818.5	8,777.5	9,066.8
기타영업수익	114.2	0.0	0.0	0.0
기타영업비용	76.1	0.0	0.0	0.0
판 관 비	5,992.3	7,545.6	7,998.6	8,219.2
영 업 이 익	1,240.5	1,272.9	778.9	847.6
영업외수익	72.0	224.5	191.8	272.3
영업외비용	38.2	169.5	170.3	221.1
세전계속영업이익	1,274.3	1,327.9	800.4	898.8
법인세비용	312.0	391.1	233.0	249.7
지배기업순이익	967.8	963.0	607.0	681.8

▶ 요약연결현금흐름표
(단위 : 억원)

구 분	10.12	11.12	12.12	13.12
영업활동현금흐름	1,394.0	-610.7	1,794.8	1,721.4
투자활동현금흐름	-1,072.4	-254.6	-1,222.9	-854.9
재무활동현금흐름	-279.7	662.0	184.6	427.2
현금의 증가	41.8	-203.3	756.5	1,293.7
CF의 기말현금	364.7	160.7	910.2	2,200.8

▶ 연결재무비율
(단위 : %)

구 분	10.12	11.12	12.12	13.12
매출액증가율	-	27.6	1.9	1.3
순이익증가율	-	-0.5	-37.0	12.3
R O A	9.9	8.7	4.8	5.2
R O E	13.1	12.3	7.2	7.7
부 채 비 율	31.7	42.2	38.1	41.2

도레이케미칼(주)

www.wjchemical.co.kr

채용정보

업종	기업명	채용예상 인원	공채 예상 시기	연봉 정보	영어면접 시행유무
섬유의류	도레이케미칼(주)	00명	5월	3500만원 이상	부분시행(해외영업, 해외마케팅, 경영관리)
외국어능력 시험 제한	토익점수	영어 말하기 점수	학점 제한	학점	스펙초월 채용계획	스펙초월 채용방식
無	제한 없음	제한 없음	無	제한 없음	있음	PT면접으로 전문성 판단

주소		연락처	메일
서울시 중구 충무로3가 60-1 극동빌딩 23층, 7층(택수터알 사업본부)		02-3279-7000	비공개
주요상품	합성섬유 제조업		

기업정보

TORAY CHEMICAL KOREA INC.

기업개요

대표자 이영관/니시모토야스노부/박찬구
업종 합성섬유 제조업
형태 주식회사, 대기업
주요제품 폴리에스터F, SF, 합섬수지, 폴리에스터필름, 테이프, 전지, 리튬이온폴리머전지, 포터블, 디지털기기, 디지털스토리지, 면방, 종합건설, 분양
종업원수 1085명 (2014. 3)
사업자번호/설립일 515-81-00097/1972.07.01
본사주소 (730-906)경북 구미시 구미대로 102(공단동,(주)웅진케미칼)
전화/팩스번호 054-469-4114/054-469-4364
거래은행/결산월 우리은행/12월
홈페이지 ww.wjchemical.co.kr
감사의견 적정

주요주주 (2014. 3.31)

(단위 : 천주, %)

주주명	주식수	지분율
도레이첨단소재(주)	26,062	56.21
Toray Industries, Inc.	242	0.52
도레이케미칼(주)	82	0.18
우리사주조합	49	0.11
박찬구	2	0.01
염기동		0.00
(주)웅진홀딩스		0.00
웅진식품(주)		0.00
윤양용		0.00
김범철		0.00
윤형덕		0.00
윤새봄		0.00
문무경		0.00

재무정보

(단위 : 백만 원, 천주)

재무상태표	2012.12	2013.12
유동자산(계)	235,185	249,784
당좌자산(계)	156,671	168,794
현금및현금등가물	28,037	51,374
매출채권	113,314	110,864
기타당좌자산	11,360	4,012
재고자산(계)	78,514	80,990
비유동자산(계)	508,851	524,595
투자자산(계)	83,650	85,027
유형자산(계)	384,777	398,207
건설중인자산	82,058	39,493
무형자산(계)	17,431	17,371
자산총계	744,036	774,379
유동부채(계)	322,150	273,037
매입채무	73,687	80,565
단기차입금	142,694	87,669
유동성장기부채	42,452	54,333
유동성사채	30,000	40,534
비유동부채(계)	113,205	189,098
장기사채(계)	60,635	–
장기차입금(계)	32,200	167,376
장기부채성충당부채(계)	14,013	14,539
부채총계	435,355	462,136
자본금	237,231	237,231
자본조정	△1,298	584
이익잉여금	73,496	74,421
자본총계	308,681	312,243
부채와자본총계	744,036	774,379
[평균발행주식수]	48,061	44,917

손익계산서	2012.12	2013.12
매출액	1,033,404	900,993
매출원가	910,203	798,341
매출총이익(손실)	123,200	102,653
판매비와관리비	106,579	89,721
영업이익	16,621	12,932
영업외수익	23,230	19,754
영업외비용	34,946	28,110
이자비용	11,292	13,496
세전계속사업이익	4,905	4,576
계속사업손익법인세비용	2,206	1,214
당기순이익(손실)	2,699	3,362
기본수낭순이익(원)	56	75

(주)영원무역

채용정보

업종	기업명	채용예상 인원	공채 예상 시기	연봉 정보	영어면접 시행유무
섬유의류	(주)영원무역	00명	수시채용	협의	전체시행

외국어능력 시험 제한	토익점수	영어 말하기 점수	학점 제한	학점	스펙초월 채용계획	스펙초월 채용방식
無	제한 없음	ESPT(영어회화능력평가시험) 점수 결과만 활용	有	3.0점 이상	없음	없음

주소	연락처	메일
서울시 중구 만리동 2가 171	02-390-6114	recruit@youngone.com

주요상품	
	기능성 아웃도어 의류 및 신발 제조업

기업 정보

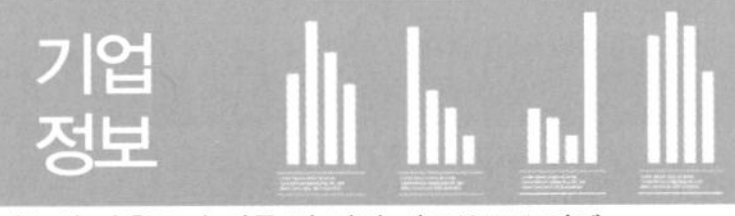

기능성 아웃도어 의류 및 신발 제조(OEM) 업체
www.youngone.co.kr
【500원/12월/결산】
서울 중구 만리재로 159
대표전화 : 02-390-6114 주식담당자 : 02-390-6216

		주요주주 (13.12)	(%)
설 립 일	2009.07.01	(주)영원무역홀딩스	50.5
상 장 일	2009.07.30	Templeton Asset Management	15.0
대표이사	성기학	국민연금공단	6.1
종업원수	446명(13.12)		
회계감사법인	적정(삼일회계법인)	매출구성	(%)
보 통 주	4,431만주	의류사업	79.3
우 선 주	-	신발사업	9.4
신용등급(Bond)	A+	기타사업	11.3
신용등급(CP)	-	외국인지분율	28.45%

▶ 자본금 변동
(단위 : 억원, 원)

구 분	09.07	13.02	.	.
증 자 액	204.06	17.50	-	-
변 동 내 역	신규	유상	-	-

▶ 베타와 변동성
(당사/유통업/KOSPI)

기 간	12.01 ~ 12.12	13.01 ~ 13.12
베 타	-0.02 / 0.77 / 1.00	0.43 / 0.72 / 1.00
변 동 성	41.7 / 15.0 / 15.3	34.5 / 12.7 / 12.2

현황 수익성 하락하였으나 여전히 우수한 수준

· 아웃도어 제품 수요 증가에 따른 의류 및 신발 수주 증가로 전년대비 매출 소폭 증가.
· 노무비, 지급수수료 증가로 비용 부담 확대되어 전년대비 영업이익률 및 당기순이익률 하락하였으나 여전히 우수한 수준.
· 유상증자 · 순이익 내부유보를 통한 자기자본 증가로 전년말대비 제 안정성 지표 상승, 양호한 수준 견지.

▶ 주가 그래프

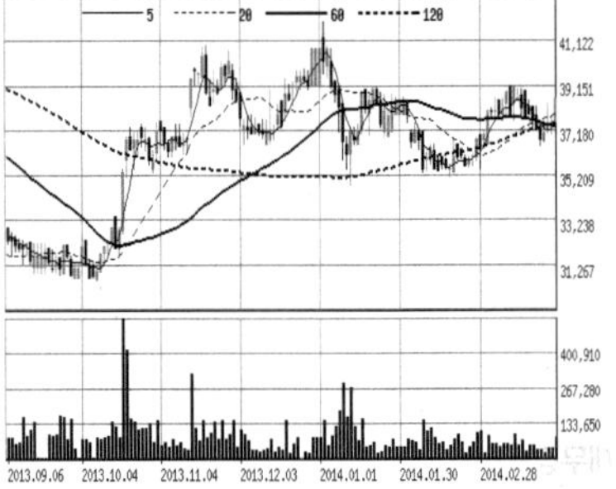

▶ 주가관련지표
(단위 : 원, 배)

구 분		10.12	11.12	12.12	13.12
주 가	최 고	11,500	31,800	37,700	46,200
	최 저	7,860	10,300	21,100	30,100
주 당	순이익	1,782	2,869	2,909	2,513
	매출액	19,764	24,263	25,952	25,206
	순자산	11,299	13,454	15,724	19,215
PER(H/L)		6.45/4.41	11.08/3.59	12.96/7.25	18.38/11.98
PSR(H/L)		0.58/0.40	1.31/0.42	1.45/0.81	1.83/1.19
PBR(H/L)		1.02/0.70	2.36/0.77	2.40/1.34	2.40/1.57

전망 외형 성장 지속될 듯

· 주요 수요처인 미국, 유럽의 경기 호전으로 긍정적인 오더 수주가 기대되는바 외형 성장 지속될 듯.
· 방글라데시 생산법인의 임금 인상될 예정이나 제품 가격에 점진적 전이로 현 수준의 우수한 수익성 견지할 듯.
· 양호한 수익성에 기반한 영업활동상 현금 창출력 및 우수한 재무구조 견지한바 단기간 내 사업 운용상 자금흐름에 어려움 없을 듯.

▶ 요약연결재무제표
(단위 : 억원)

구 분	10.12	11.12	12.12	13.12
비유동자산	2,836.7	3,333.7	4,899.8	6,029.2
유 동 자 산	4,249.2	5,112.2	5,085.4	6,093.6
자 산 총 계	7,085.8	8,445.9	9,985.2	12,122.8
지배기업지분	4,611.3	5,490.8	6,417.1	8,514.4
비지배지분	193.1	277.9	388.5	505.5
자 본 총 계	4,804.3	5,768.7	6,805.5	9,019.9
비유동부채	522.2	809.9	1,627.7	1,674.5
유 동 부 채	1,759.3	1,867.3	1,552.0	1,428.4
부 채 총 계	2,281.5	2,677.2	3,179.7	3,102.8
수 익	8,065.8	9,901.9	10,591.5	11,082.3
매 출 원 가	6,041.6	7,066.0	7,645.5	8,255.3
매출총이익	2,024.2	2,835.9	2,946.0	2,827.0
기타영업수익	300.9	0.0	0.0	0.0
기타영업비용	345.8	0.0	0.0	0.0
판 관 비	918.3	1,013.0	1,082.9	1,219.1
영 업 이 익	1,061.0	1,822.9	1,863.0	1,607.9
영업외수익	26.1	370.9	329.5	388.7
영업외비용	41.4	345.6	403.2	368.5
세전계속영업이익	1,045.6	1,848.2	1,789.4	1,628.0
법인세비용	279.0	563.0	472.7	408.7
지배기업순이익	727.1	1,170.9	1,191.1	1,105.0

▶ 요약연결현금흐름표
(단위 : 억원)

구 분	10.12	11.12	12.12	13.12
영업활동현금흐름	609.3	1,415.1	1,785.6	1,019.7
투자활동현금흐름	-1,092.0	-570.5	-2,343.1	-1,721.9
재무활동현금흐름	44.8	18.2	272.5	919.1
현금의 증가	-437.9	862.7	-285.1	216.9
CF의 기말현금	902.5	1,750.1	1,450.3	1,653.9

▶ 연결재무비율
(단위 : %)

구 분	10.12	11.12	12.12	13.12
매출액증가율	74.0	22.8	7.0	4.6
순이익증가율	45.1	61.0	1.7	-7.2
R O A	11.6	16.6	14.3	11.0
R O E	16.9	23.2	20.0	14.8
부 채 비 율	47.5	46.4	46.7	34.4

의료제약 ⑭

(주)대웅제약 | JW중외제약(주)

2014년 1~3월 국내 의약품 소매판매액은 독감 영향, 도입품목 확대 등으로 전년 동기대비 5.08% 증가하였으며, 의약품 수출액 역시 터키, 이탈리아 등 수출지역 다변화로 전년 동기대비 24.5% 증가하는 등 양호한 성장세를 보이고 있음. 하반기 제약산업 역시 도입품목, 신약 출시 등에 따른 내수 시장 회복과 수출 증가로 외형 성장이 지속될 전망임. 양호한 건강보험 재정과 낮아진 약가 수준으로 향후 대규모 약가 인하 가능성은 크지 않은 가운데, 의약품 수요가 증가하고 있어 2014년 제약산업 영업수익성은 개선될 전망임. 다만, 대부분의 제약사들의 연구개발비 비용 증가와 상품 매출 비중 증가로 개선 폭은 제한적일 것으로 예상됨.

(주)대웅제약

www.daewoong.co.kr

채용정보

업종	기업명	채용예상 인원	공채 예상 시기	연봉 정보	영어면접 시행유무
의료제약	(주)대웅제약	150명	4월 말, 9월 말	3700만원	無

외국어능력 시험 제한	토익점수	영어 말하기 점수	학점 제한	학점	스펙초월 채용계획	스펙초월 채용방식
無	제한 없음	제한 없음	無	제한 없음	있음	서류면제, 인적성검사를 통해 지원자의 역량 위주로 선발하려함

주소	연락처	메일
서울시 강남구 봉은사로 114길 12 (삼성동)	02-550-8800	incruit_dw@daewoong.co.kr

주요상품	의약용 화합물 및 항생물질 제조업

기업 정보

우루사, 알비스 등 의약품 제조 및 판매 상위 제약사
www.daewoong.co.kr 【2,500원/12월/결산】
경기도 성남시 중원구 갈마치로 244 대웅제약)
대표전화 : 031-741-7700 주식담당자 : 02-2190-6969

		주요주주 (13.12)	(%)
설 립 일	2002.10.02	(주)대웅	40.7
상 장 일	2002.11.01	국민연금공단	7.2
대 표 이 사	윤재승/이종욱	대웅재단	5.1
종 업 원 수	1,317명(13.12)	매출구성	(%)
회계감사법인	적정(한영회계법인)	올메텍/올메텍PLUS	10.0
보 통 주	1,159만주	글리아티린	10.0
우 선 주	-	알비스	9.2
신용등급(Bond)	A+	외국인지분율	12.69%
신용등급(CP)	-		

▶ 자본금 변동
(단위 : 억원, 원)

구 분	10.04	11.01	12.01	13.01
증 자 액	7.03	7.15	7.30	7.52
변 동 내 역	무상	무상	무상	무상

▶ 베타와 변동성
(당사/의약품/KOSPI)

기 간	12.01 ~ 12.12	13.01 ~ 13.12
베 타	0.28 / 0.39 / 1.00	0.46 / 0.54 / 1.00
변 동 성	36.1 / 18.7 / 15.3	37.1 / 18.8 / 12.2

현황 매출 소폭 증가, 수익성 상승

·우루사, 올메텍 등 주력 제품 판매 감소하였으나 비주력 제품 판매 호조, 세비카 등 주력 상품 판매 증가에 힘입어 전년대비 매출 소폭 증가.
·매출원가율 소폭 하락한 가운데 판촉비, 급여 감소 등으로 판관비중 축소된바 전년대비 영업이익률 및 순이익률 상승.
·차입금 증가에 따른 부채 규모 확대로 전년말대비 제 안정성 지표 하락하였으나 충분한 자기자본 보유한바 제 안정성 지표 양호한 수준.

▶ 주가 그래프

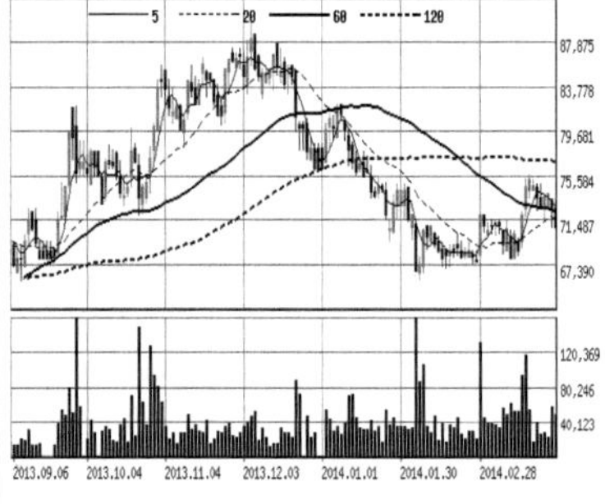

▶ 주가관련지표
(단위 : 원, 배)

구 분		10.12	11.12	12.12	13.12
주가	최 고	55,100	47,150	50,700	88,300
	최 저	40,300	26,250	20,700	46,000
주당	순이익	1,789	5,148	3,401	5,658
	매출액	51,954	72,892	66,766	66,129
	순자산	29,661	32,604	33,957	37,429
PER(H/L)		30.80/22.53	9.16/5.10	14.91/6.09	15.61/8.13
PSR(H/L)		1.06/0.78	0.65/0.36	0.76/0.31	1.34/0.70
PBR(H/L)		1.86/1.36	1.45/0.81	1.49/0.61	2.36/1.23

전망 우수한 수익성 견지할 전망

·코프로모션 제품의 매출 확대 및 자체 개발 보톡스 바이오시밀러 나보타의 국내 출시에 힘입어 매출 증가할 전망.
·고마진 제품 비중 확대와 매출 증가에 따른 비용 부담 완화로 현 수준의 우수한 수익성 견지할 전망.
·보톡스 바이오시밀러 나보타에 대한 미국 임상승인 신청 예정으로 향후 외형 성장에 일조할 듯.

▶ 요약연결재무제표
(단위 : 억원)

구 분	10.12	11.12	12.12	13.12
비유동자산	2,291.6	2,557.5	2,525.5	2,668.9
유 동 자 산	2,830.3	2,427.2	2,297.9	3,121.2
자 산 총 계	5,121.9	4,984.6	4,823.4	5,790.1
지배기업지분	3,176.2	3,584.5	3,832.4	4,336.7
비지배지분	45.1	39.7	33.5	42.9
자 본 총 계	3,221.3	3,624.2	3,865.9	4,379.6
비유동부채	411.8	181.2	178.9	538.5
유 동 부 채	1,488.9	1,179.2	778.7	872.0
부 채 총 계	1,900.7	1,360.4	957.6	1,410.5
수 익	5,125.0	7,105.5	6,690.1	6,825.1
매 출 원 가	2,854.2	4,098.3	3,919.0	3,908.1
매출총이익	2,270.8	3,007.2	2,771.2	2,917.0
기타영업수익	49.3	0.0	0.0	0.0
기타영업비용	115.0	0.0	0.0	0.0
판 관 비	1,538.6	2,414.3	2,402.3	2,203.3
영 업 이 익	666.4	592.9	368.8	713.7
영업외수익	66.9	198.3	152.5	91.7
영업외비용	56.8	151.5	104.1	65.4
세전계속영업이익	676.5	639.8	417.3	740.0
법인세비용	497.2	132.5	82.1	160.3
지배기업순이익	176.5	501.9	340.8	584.0

▶ 요약연결현금흐름표
(단위 : 억원)

구 분	10.12	11.12	12.12	13.12
영업활동현금흐름	200.4	788.2	450.2	541.6
투자활동현금흐름	149.6	-180.4	-129.6	-635.0
재무활동현금흐름	-138.0	-639.7	-366.7	265.9
현금의 증가	212.0	-31.9	-46.0	172.4
CF의 기말현금	583.5	551.6	505.6	676.6

▶ 연결재무비율
(단위 : %)

구 분	10.12	11.12	12.12	13.12
매출액증가율	결산변경	-	-5.9	2.0
순이익증가율	결산변경	-	-32.1	71.4
R O A	결산변경	10.0	6.8	10.9
R O E	결산변경	14.9	9.2	14.3
부 채 비 율	59.0	37.5	24.8	32.2

JW중외제약(주)

www.jw-pharma.co.kr

채용정보

업종	기업명	채용예상 인원	공채 예상 시기	연봉 정보	영어면접 시행유무
의료제약	JW중외제약(주)	00명	6월	3800만원	無

외국어능력 시험 제한	토익점수	영어 말하기 점수	학점 제한	학점	스펙초월 채용계획	스펙초월 채용방식
無	제한 없음	제한 없음	無	제한 없음	있음	미정

주소		연락처	메일
서울시 서초구 서초동 1424-2번지		02-840-6614	job@jw-pharma.co.kr
주요상품	완제 의약품 제조업		

기업정보

수액제로 유명한 업계 상위 제약회사

www.jw-pharma.co.kr 【2,500원/12월/결산】

서울 서초구 남부순환로 2477

대표전화 : 02-840-6777　주식담당자 : 02-840-6664

설 립 일	1945.08.08	주요주주 (13.12)	(%)
상 장 일	1976.06.14	JW홀딩스(주)	48.5
대표이사	이경하/한성권	우리사주조합	0.8
종업원수	1,067명(13.12)	이경하	0.7
회계감사법인	적정(안진회계법인)	매출구성	(%)
보 통 주	1,449만주	일반수액	13.0
우 선 주	22만주	이미페넴(프리페넴)	8.1
신용등급(Bond)	-	리바로	7.9
신용등급(CP)	-	외국인지분율	3.38%

▶ 자본금 변동
(단위 : 억원, 원)

구 분	13.01	-13.12	14.01-	14.01
증 자 액	14.22	46.10	0.18	17.23
변 동 내 역	무상	전환	전환	무상

▶ 베타와 변동성
(당사/의약품/KOSPI)

기 간	12.01 ~ 12.12	13.01 ~ 13.12
베 타	0.50 / 0.39 / 1.00	0.73 / 0.54 / 1.00
변 동 성	36.3 / 18.7 / 15.3	38.2 / 18.8 / 12.2

·주력 제품 트루패스와 프리페넴의 성장, 신제품의 성공적인 시장 안착에도 일부 제품 약가 인하 영향으로 매출 규모는 전년 수준에 정체.
·엔화 약세에 따른 원재료 구입 부담 완화 등으로 전년 대비 영업이익률 상승한 가운데 영업외수지 개선, 법인세비용 감소한바 순이익 흑자전환.
·치료외약품과 수액, 원료의약품, OTC, 헬스케어제품 등을 주력 사업으로 영위하고 있으며 국내 수액제 공급의 60%를 차지하고 있음.

▶ 주가 그래프

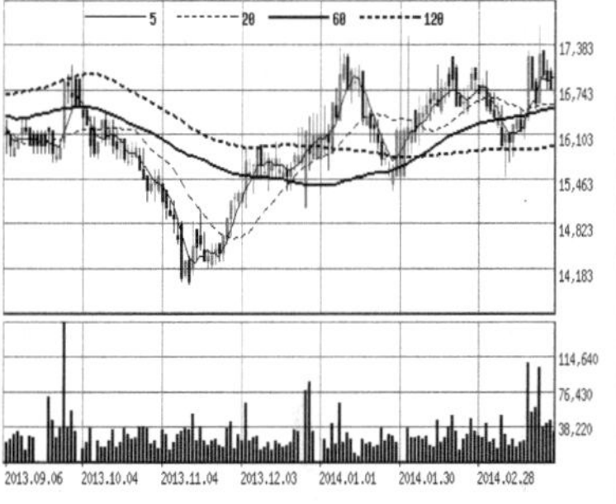

▶ 주가관련지표
(단위 : 원, 배)

구 분	10.12	11.12	12.12	13.12
주 최 고	20,200	22,650	18,400	20,100
가 최 저	15,000	12,650	11,650	12,900
주 순이익	366	-991	-1,881	173
매출액	44,380	42,588	35,926	29,834
당 순자산	18,649	16,679	14,131	14,334
PER(H/L)	55.19/40.98	-	-	116.18/74.57
PSR(H/L)	0.46/0.34	0.53/0.30	0.51/0.32	0.67/0.43
PBR(H/L)	1.08/0.80	1.36/0.76	1.30/0.82	1.40/0.90

·고령화 확대, 신정부의 보건복지 강화, 지속적인 신제품 출시에 힘입어 매출 증가할 전망.
·당진공장 안정화로 원가구조 개선되었으나 과도한 금융비용 부담 지속되고 있는바 수익성 개선 제한적일 듯.
·브라질 위생감시국으로부터 카바페넴계 항생제에 대한 GMP 인증을 획득한바 중남미 시장 공략으로 향후 외형성장 및 수익성 개선에 일조할 전망.

▶ 요약연결재무제표
(단위 : 억원)

구 분	10.12	11.12	12.12	13.12
비유동자산	2,589.6	2,642.6	2,712.5	2,652.7
유 동 자 산	3,771.8	4,028.3	3,319.0	3,241.0
자 산 총 계	6,361.4	6,670.9	6,031.5	5,893.7
지배기업지분	1,826.6	1,702.5	1,636.6	2,007.4
비지배지분	0.0	0.0	0.0	0.0
자 본 총 계	1,826.6	1,702.5	1,636.6	2,007.4
비유동부채	1,906.6	1,786.6	1,416.3	723.5
유 동 부 채	2,628.2	3,181.8	2,978.5	3,162.8
부 채 총 계	4,534.8	4,968.4	4,394.8	3,886.3
수 익	4,432.8	4,310.1	3,970.9	3,941.8
매 출 원 가	2,814.6	2,830.1	2,681.1	2,497.0
매출총이익	1,618.2	1,480.0	1,289.8	1,444.8
기타영업수익	13.4	0.0	0.0	0.0
기타영업비용	14.2	0.0	0.0	0.0
판 관 비	1,361.3	1,304.7	1,194.9	1,185.8
영 업 이 익	256.1	175.3	94.9	259.0
영업외수익	90.1	47.7	70.1	91.8
영업외비용	286.8	337.8	316.5	316.7
세전계속영업이익	59.4	-114.8	-151.5	34.1
법인세비용	22.5	-16.8	52.4	11.3
지배기업순이익	36.9	-98.0	-203.9	22.8

▶ 요약연결현금흐름표
(단위 : 억원)

구 분	10.12	11.12	12.12	13.12
영업활동현금흐름	-98.1	-181.8	632.0	187.3
투자활동현금흐름	-248.3	-192.1	-188.1	-101.8
재무활동현금흐름	319.1	306.4	-440.2	-99.6
현금의 증가	-27.3	-67.5	3.8	-14.1
CF의 기말현금	88.1	20.6	23.8	9.5

▶ 연결재무비율
(단위 : %)

구 분	10.12	11.12	12.12	13.12
매출액증가율	-	-2.8	-7.9	-0.7
순이익증가율	-	적자전환	적자지속	흑자전환
R O A	0.6	-1.5	-3.2	0.4
R O E	2.0	-5.6	-12.2	1.3
부 채 비 율	248.3	291.8	268.5	193.6

15 조선업

성동조선해양(주)

2013년 조선업은 글로벌 경기회복에 대한 기대로 수년 간 발주를 연기했던 선주, 선사들의 발주가 재개되고 선박 해체 급증에 따른 선박 과잉 완화, 신조선 가격 하락으로 국내 조선 수주량이 전년대비 90.94% 증가한 1,369만 CGT를 기록하며 큰 폭의 성장세를 보였음. 그러나 건조량은 전년 수주 감소의 영향으로 전년대비 14.39% 감소한 1,003만CGT를 기록하였음. 영국 조선/해운 분석기관인 클락슨에 따르면 2014년 1분기 국내 조선산업의 수주량은 전년 동기의 338만CGT 대비 19.2% 증가한 403만CGT인 것으로 파악됨. 그러나 2014년 국내 조선산업의 연간 수주량은 글로벌 경기의 완만한 개선과 유럽 경기회복세, LNG선 및 유조선 발주 호조 등에도 불구하고, 컨테이너선과 벌크선 발주 둔화 등으로 전년대비 소폭 감소할 것으로 전망됨.

성동조선해양(주)

채용정보

업종	기업명	채용예상 인원	공채 예상 시기	연봉 정보	영어면접 시행유무
조선업	성동조선해양(주)	20명	5월	3400만원	전체시행

외국어능력 시험 제한	토익점수	영어 말하기 점수	학점 제한	학점	스펙초월 채용계획	스펙초월 채용방식
有	650점	제한 없음	有	3.0점 이상	없음	없음

주소		연락처	메일
경상남도 통영시 광동면 황리 1609-2번지		055-647-7215/7220	ran0922@isungdong.com

주요상품	선박건조, 해상 플랜트 제조

기업정보

SUNGDONG SHIPBUILDING & MARINE ENGINEERING CO.,LTD.

기업개요

대표자 김연신
업 종 강선 건조업
형 태 주식회사, 대기업
주요제품 선박건조, 수리개조, 수리/육, 해상철구조물, 해상 플랜트, 조선기자재 제작, 판매, 수리
종업원수 1819명 (2013.12)
사업자번호/설립일 612-81-16944/2003.01.24
본사주소 (650-827) 경남 통영시 광도면 공단로 940(황리)
전화/팩스번호 055-647-7297/055-647-5056
거래은행/결산월 우리은행/12월
홈페이지 www.isungdong.com
감사의견 적정

주요주주 (2012.12.31) (단위 : 천주, %)

주주명	주식수	지분율
군인공제회	5,277	34.85
정홍준	3,738	24.68
성동산업(주)	3,171	20.94
기타	1,116	7.37
성동조선해양(주)	1,077	7.12
우리은행	380	2.52
농업협동조합중앙회	380	2.52

재무정보 (단위 : 백만 원, 천주)

재무상태표	2012.12	2013.12
유동자산(계)	739,790	284,552
당좌자산(계)	621,773	258,368
현금및현금등가물	26,734	74,945
단기투자증권	363	35
매출채권	370,333	19,877
재고자산(계)	118,017	26,184
비유동자산(계)	1,661,008	1,607,178
투자자산(계)	28,276	65,358
유형자산(계)	1,609,619	1,519,075
건설중인자산	157,224	160,203
무형자산(계)	17,722	12,571
자산총계	2,400,798	1,891,730
유동부채(계)	3,805,043	1,481,419
매입채무	235,090	22,371
단기차입금	781,842	1,016,611
유동성장기부채	2,161,860	26,000
유동성사채	136,200	6,000
비유동부채(계)	341,124	2,315,517
장기사채(계)	27,000	21,000
장기차입금(계)	234,744	2,041,592
장기부채선충당부채(계)	20,143	22,846
부채총계	4,146,167	3,796,936
자본금	151,442	287,642
자본잉여금	229,690	229,029
자본조정	△43,512	△43,512
이익잉여금	△2,249,287	△2,570,565
자본총계	△1,745,369	△1,905,206
부채와자본총계	2,400,798	1,891,730
[평균발행주식수]	11,799	–

손익계산서	2012.12	2013.12
매출액	1,762,872	1,011,524
매출원가	1,826,491	1,113,923
매출총이익(손실)	△63,619	△102,399
판매비와관리비	103,862	89,216
영업이익	△167,481	△191,615
영업외수익	273,930	68,420
영업외비용	224,779	199,583
이자비용	170,655	137,046
세전계속사업이익	△118,330	△322,779
계속사업손익법인세비용	59,745	△1,500
당기순이익(손실)	△178,075	△321,278
기본주당순이익(원)	△15,093	–

금융위기 이후 지속된 투자, 소비의 동반 부진은 금융산업의 활력을 떨어뜨리고 실적을 악화시켰다. 금융산업은 미국의 출구전력이 시행될 때까진 불확실성이 지속될 전망. 양적완화 종료는 신흥국에서 선진국으로 대규모 자금 이동을 일으켜, 환율 및 금리 변동성 확대를 초래해 금융시장에 큰 혼란을 줄 수 있음. 또한 금융소비자보호 역시 지속적으로 강화될 것이기에 금융권에 대한 정부와 정치권의 목소리는 더욱 커질 전망.

악사손해보험(주)

채용정보

업종	기업명	채용예상 인원	공채 예상 시기	연봉 정보	영어면접 시행유무
금융	악사손해보험(주)	10명 이내	수시채용	3700만원	전체시행

외국어능력 시험 제한	토익점수	영어 말하기 점수	학점 제한	학점	스펙초월 채용계획	스펙초월 채용방식
無	제한 없음	제한 없음	無	제한 없음	없음	없음

주소	연락처	메일
서울 동작구 보라매로 5길 15	1566-1566	비공개

주요상품	
	손해 보험업

기업 정보

AXA GENERAL INSURANCE CO., LTD.

기업개요

대표자　자비에베리
업종　손해 보험업
형태　주식회사, 대기업
주요제품　자동차 손해보험
종업원수　1947명 (2013.12)
사업자번호/설립일　114-86-04968/2001.02.19
본사주소　(156-849)서울 동작구 보라매로5길 15(신대방동,전문건설회관빌딩)
전화/팩스번호　1566-1566/02-3479-4800
거래은행/결산월　우리은행/12월
홈페이지　www.axa.co.kr
감사의견　적정

주요주주 (2013. 3.31)　(단위 : 천주, %)

주주명	주식수	지분율
AXA S.A	33,780	99.52
기타	162	0.48

재무정보　(단위 : 백만 원, 천주)

재무상태표	2013. 3	2013.12
현금및예치금	771	5,880
유가증권	461,182	490,522
단기매매증권	152,272	138,990
매도가능증권	308,910	351,532
대출채권	11,147	10,368
유형자산	4,921	5,245
기타자산	226,882	234,615
자산총계	704,903	746,630
책임준비금	451,403	520,177
기타부채	97,910	80,690
부채총계	549,313	600,867
자본금	169,714	182,214
자본잉여금	–	4,937
이익잉여금(결손금)	△24,128	△45,892
자본조정	1,532	2,019
자본총계	155,590	145,762
부채와자본총계	704,903	746,630
[평균발행주식수]	33,943	34,516

손익계산서	2013. 3	2013.12
영업수익	709,685	645,464
영업비용	698,440	665,724
영업이익	11,245	△20,260
영업외수익	1,435	892
영업외비용	976	707
세전계속사업이익	11,704	△20,075
계속사업손익법인세비용	△1,253	1,689
당기순이익(손실)	12,957	△21,764
기본주당순이익(원)	382	△631

케이디비생명보험(주)

채용정보

업종	기업명	채용예상 인원	공채 예상 시기	연봉 정보	영어면접 시행유무
금융	케이디비생명보험(주)	20여명	4월	4200만원	無

외국어능력 시험 제한	토익점수	영어 말하기 점수	학점 제한	학점	스펙초월 채용계획	스펙초월 채용방식
無	제한 없음	제한 없음	無	제한 없음	없음	없음

주소	연락처	메일
서울특별시 용산구 한강대로 372 KDB생명타워	02-6303-5316	비공개

주요상품	생명 보험업

기업정보

KDB LIFE INSURANCE CO.,LTD.

기업개요

대표자 조재홍
업 종 생명 보험업
형 태 주식회사, 대기업
주요제품 생명보험/통신판매
종업원수 849명 (2013.12)
사업자번호/설립일 408-81-07958/1988.06.01
본사주소 (140-170)서울 용산구 한강대로372(동자동,KDB생명타워)
전화/팩스번호 1588-4040/02-771-7561
거래은행/결산월 한국스탠다드차타드제일은행/12월
홈페이지 www.kdblife.co.kr
감사의견 적정

주요주주 (2013.12.31)

(단위 : 천주, %)

주주명	주식수	지분율
케이디비칸서스밸류(유)	74,000	60.35
케이디비칸서스밸류사모투자전문	30,283	24.70
우리사주조합	1,891	1.54

재무정보

(단위 : 백만 원, 천주)

재무상태표	2013. 3	2013.12
현금및예치금	405,677	487,649
유가증권	7,706,204	8,349,262
단기매매증권	102,501	–
매도가능증권	5,974,724	7,946,047
만기보유증권	1,301,188	–
기타유가증권	327,791	403,215
대출채권	1,585,430	1,533,515
유형자산	33,343	37,001
기타자산	988,895	969,070
자산총계	11,470,030	12,216,073
책임준비금	9,658,620	10,397,382
계약자지분조정	51,656	18,652
차입부채	124,537	224,001
기타부채	260,513	214,823
부채총계	10,862,434	11,720,909
자본금	613,122	613,122
이익잉여금(결손금)	△170,601	△156,703
자본조정	△4,928	△4,928
자본총계	607,596	495,164
부채와자본총계	11,470,030	12,216,073
[평균발행주식수]	122,624	122,624

손익계산서	2013. 3	2013.12
영업수익	3,640,931	2,430,636
보험료수익	2,939,564	1,838,692
재보험금수익	45,801	30,532
이자수익	349,651	259,131
유가증권평가및처분이익	130,880	132,593
배당금수익	34,655	41,609
영업비용	3,625,953	2,390,741
책임준비금전입액	1,495,577	739,065
보험금비용	1,382,940	1,093,571
재보험료비용	45,424	31,541
사업비	225,092	159,342
이자비용	10,477	9,879
유가증권평가및처분손실	48,942	36,247
기타의영업비용	70,359	48,786
영업이익	14,978	39,894
영업외수익	3,249	10,024
영업외비용	3,152	1,468
세전계속사업이익	15,076	48,451
계속사업손익법인세비용	△26,007	44,850
당기순이익(손실)	41,082	3,601
기본주당순이익(원)	335	29

(주)경남은행

채용정보

업종	기업명	채용예상 인원	공채 예상 시기	연봉 정보	영어면접 시행유무
금융	(주)경남은행	00명	9~10월	협의	無

외국어능력 시험 제한	토익점수	영어 말하기 점수	학점 제한	학점	스펙초월 채용계획	스펙초월 채용방식
有	제한 없음	제한 없음	有	제한 없음	없음	없음

주소	연락처	메일
경상남도 창원시 마산회원구 석전동 246-1	055-290-8222	job@knbank.co.kr

주요상품	국내은행

기업정보

KYONGNAM BANK CO.,LTD.

기 업 개요

대표자 손교덕
업 종 국내은행
형 태 주식회사, 대기업
주요제품 금융(예금,대출)
종업원수 2302명 (2013.12)
사업자번호/설립일 608-81-00555/1970.04.18
본사주소 (630-807)경상남도 창원시 마산회원구3. 15 대로 642
전화/팩스번호 055-290-8000/055-290-8199
거래은행/결산월 12월
홈페이지 www.knbank.co.kr
감사의견 적정

주요주주 (2013.12.31)　　(단위 : 천주, %)

주주명	주식수	지분율
우리금융지주(주)	58,050	100.00

재무정보　　(단위 : 백만 원, 천주)

재무상태표	2012.12	2013.12
현금및예치금	1,320,656	1,235,850
유가증권	4,698,716	4,564,584
단기매매증권	601,574	241,156
매도가능증권	2,028,304	2,227,058
만기보유증권	2,068,838	2,096,370
대출채권	21,616,583	24,562,918
원화대출금	20,003,018	23,081,372
외화대출금	703,425	532,795
유무형자산	186,156	204,446
기타자산	1,078,249	1,099,228
자산총계	**28,900,360**	**31,667,025**
예수부채	20,719,529	23,725,017
차입부채	4,691,614	4,177,222
기타부채	1,521,388	1,505,630
부채총계	**26,932,531**	**29,407,869**
자본금	290,250	290,250
자본잉여금	211,478	422,170
이익잉여금(결손금)	1,420,071	1,520,990
자본총계	**1,967,829**	**2,259,157**
부채와자본총계	**28,900,360**	**31,667,025**
[평균발행주식수]	58,050	58,050

손익계산서	2012.12	2013.12
영업수익	1,654,953	1,601,340
영업비용	1,419,211	1,441,216
영업이익	**235,742**	**160,124**
영업외수익	4,122	8,185
영업외비용	15,333	16,056
세전계속사업이익	**224,531**	**152,253**
계속사업손익법인세비용	46,148	21,938
당기순이익(손실)	**178,383**	**130,315**
기본주당순이익(원)	2,938	2,045

(주)광주은행

www.kjbank.com

채용정보

업종	기업명	채용예상 인원	공채 예상 시기	연봉 정보	영어면접 시행유무
금융	(주)광주은행	00명	하반기	5100만원	無

외국어능력 시험 제한	토익점수	영어 말하기 점수	학점 제한	학점	스펙초월 채용계획	스펙초월 채용방식
無	제한 없음	제한 없음	有	3.0점 이상	없음	없음

주소	연락처	메일
광주광역시 동구 제봉로 225 (대인동, 광주은행)	062-239-5000	비공개

주요상품	국내은행

기업 정보

THE KWANGJU BANK LTD.

기 업 개요

대표자 김장학
업 종 국내은행
형 태 주식회사, 대기업
주요제품 은행업,신탁
종업원수 1683명 (2013.12)
사업자번호/설립일 408-81-00182/1982.12.14
본사주소 (501-811)광주 동구 제봉로225(대인동,광주은행본점빌딩)
전화/팩스번호 062-239-5000/062-239-5199
거래은행/결산월 12월
홈페이지 www.kjbank.com
감사의견 적정

주요주주 (2013.12.31)　　　(단위 : 천주, %)

주주명	주식수	지분율
우리금융지주(주)	49,413	100.00

재무정보　　　(단위 : 백만 원, 천주)

재무상태표	2012.12	2013.12
현금및예치금	1,489,183	1,183,751
유가증권	3,267,567	3,155,874
단기매매증권	74,858	60,823
매도가능증권	921,289	1,067,340
만기보유증권	2,271,420	2,027,711
대출채권	12,865,045	13,435,216
원화대출금	11,807,065	12,727,977
외화대출금	593,477	412,578
유무형자산	142,563	156,624
기타자산	532,767	614,799
자산총계	**18,297,125**	**18,546,264**
예수부채	13,041,938	13,523,316
차입부채	3,230,170	2,761,093
기타부채	688,698	802,655
부채총계	**16,960,806**	**17,087,064**
자본금	247,069	247,069
자본잉여금	147,375	234,240
자본조정	24,173	24,173
이익잉여금(결손금)	901,714	938,280
자본총계	**1,336,320**	**1,459,200**
부채와자본총계	**18,297,125**	**18,546,264**
[평균발행주식수]	49,414	49,414

손익계산서	2012.12	2013.12
영업수익	1,093,003	971,268
영업비용	910,047	889,610
영업이익	**182,957**	**81,658**
영업외수익	7,373	5,713
영업외비용	14,406	14,078
세전계속사업이익	**175,924**	**73,293**
계속사업손익법인세비용	40,481	12,290
당기순이익(손실)	**135,444**	**61,004**
기본주당순이익(원)	2,617	1,091

(주)국민은행

채용정보

업종	기업명	채용예상 인원	공채 예상 시기	연봉 정보	영어면접 시행유무
금융	(주)국민은행	000명	상/하반기	5000만원 이상	無

외국어능력 시험 제한	토익점수	영어 말하기 점수	학점 제한	학점	스펙초월 채용계획	스펙초월 채용방식
有	800점	토익스피킹 130점	無	제한 없음	없음	없음

주소	연락처	메일
서울 영등포구 여의도동 국민은행 여의도본점 36-3 국민은행 빌딩	02-2073-7114	비공개

주요상품	국내은행

기업정보

KOOKMIN BANK CO.,LTD.

기업개요

- **대표자** 이건호
- **업종** 국내은행
- **형태** 주식회사, 대기업
- **주요제품** 은행,신탁,보험/부동산 임대
- **종업원수** 21695명 (2013.12)
- **사업자번호/설립일** 201-81-68693/2001.11.01
- **본사주소** (100-845)서울 중구 남대문로84(을지로2가, 국민은행)
- **전화/팩스번호** 02-2073-7114/02-769-8360
- **거래은행/결산월** 국민은행/12월
- **홈페이지** www.kbstar.com
- **감사의견** 적정

주요주주 (2013.12.31)

(단위 : 천주, %)

주주명	주식수	지분율
(주)KB금융지주	404,379	100.00

재무정보

(단위 : 백만 원, 천주)

재무상태표	2012.12	2013.12
현금및예치금	9,439,053	13,048,992
유가증권	39,059,611	36,903,142
단기매매증권	3,505,664	3,364,823
매도가능증권	23,139,122	21,235,931
만기보유증권	10,952,294	11,011,518
지분법적용주식	1,462,531	1,290,870
대출채권	198,422,569	202,365,667
원화대출금	183,335,917	186,730,725
외화대출금	7,473,996	6,154,384
유무형자산	3,189,456	3,115,412
기타자산	8,444,327	6,995,225
자산총계	**258,555,016**	**262,428,438**
예수부채	195,339,216	198,761,452
차입부채	30,425,019	29,501,392
기타부채	12,913,247	13,680,264
부채총계	**238,677,482**	**241,943,108**
자본금	2,021,896	2,021,896
자본잉여금	5,002,086	5,002,086
자본조정	40,716	40,716
이익잉여금(결손금)	12,066,642	12,700,257
자본총계	**19,877,534**	**20,485,330**
부채와자본총계	**258,555,016**	**262,428,438**
[평균발행주식수]	404,379	404,379

손익계산서	2012.12	2013.12
영업수익	19,136,842	17,306,038
영업비용	17,271,416	15,785,581
영업이익	**1,865,426**	**1,520,457**
영업외수익	61,226	71,074
영업외비용	207,589	307,993
세전계속사업이익	1,719,063	1,283,538
계속사업손익법인세비용	419,474	406,070
당기순이익(손실)	**1,299,589**	**877,468**
기본주당순이익(원)	3,214	2,170

(주)대구은행

www.dgb.co.kr

채용정보

업종	기업명	채용예상 인원	공채 예상 시기	연봉 정보	영어면접 시행유무
금융	(주)대구은행	100여명	4월, 10월	3000만원 후반	無

외국어능력 시험 제한	토익점수	영어 말하기 점수	학점 제한	학점	스펙초월 채용계획	스펙초월 채용방식
無	제한 없음	제한 없음	有	제한 없음	없음	없음

주소		연락처	메일
대구광역시 수성구 달구벌대로 2310 (수성동 2가 118)		053-740-2097	insa@dgb.co.kr

주요상품	국내은행

기업 정보

DAEGU BANK CO.,LTD.

기 업 개요

대표자 박인규
업 종 국내은행
형 태 주식회사, 대기업
주요제품 금융, 신탁(대출금이자, 유가증권이자, 수수료 수입)
종업원수 3230명 (2013.12)
사업자번호/설립일 502-81-07740/1967.10.07
본사주소 (706-032)대구 수성구 달구벌대로2310(수성동2가,대구은행본점건물)
전화/팩스번호 053-756-2001/053-756-2095
거래은행/결산월 대구은행/12월
홈페이지 www.dgb.co.kr
감사의견 적정

주요주주 (2013.12.31)
(단위 : 천주, %)

주주명	주식수	지분율
(주)DGB금융지주	132,125	100.00

재무정보
(단위 : 백만 원, 천주)

재무상태표	2012.12	2013.12
현금및예치금	1,183,781	1,491,547
유가증권	6,655,802	7,181,601
단기매매증권	232,778	207,782
매도가능증권	1,994,272	2,588,348
만기보유증권	4,428,522	4,385,242
지분법적용주식	230	230
대출채권	24,190,080	26,027,657
원화대출금	21,969,038	24,279,988
외화대출금	628,551	533,111
유무형자산	379,170	384,577
기타자산	1,477,331	1,591,260
자산총계	**33,886,164**	**36,676,643**
예수부채	24,649,849	26,631,473
차입부채	4,947,715	4,943,764
기타부채	1,838,839	2,189,442
부채총계	**31,436,403**	**33,764,679**
자본금	660,625	660,625
자본잉여금	12,328	301,893
이익잉여금(결손금)	1,748,365	1,952,739
자본총계	**2,449,762**	**2,911,964**
부채와자본총계	**33,886,164**	**36,676,643**
[평균발행주식수]	132,125	132,125

손익계산서	2012.12	2013.12
영업수익	2,428,958	2,351,274
영업비용	2,061,462	2,014,590
영업이익	**367,496**	**336,683**
영업외수익	–	9,718
영업외비용	34	15,437
세전계속사업이익	367,462	330,965
계속사업손익법인세비용	87,403	82,079
당기순이익(손실)	**280,058**	**248,886**
기본주당순이익(원)	2,120	1,836

동부생명보험(주)

채용정보

업종	기업명	채용예상 인원	공채 예상 시기	연봉 정보	영어면접 시행유무
금융	동부생명보험(주)	10명 내외	9월	협의	無
외국어능력 시험 제한	토익점수	영어 말하기 점수	학점 제한	학점	스펙초월 채용계획	스펙초월 채용방식
無	제한 없음	제한 없음	無	제한 없음	있음	미정

주소	연락처	메일
서울 강남구 대치동 891-10 동부금융센터 7층	02-3011-4200	hoops14@dongbulife.com

주요상품	
	생명 보험업

기업 정보

DONGBU LIFE INSURANCE CO.,LTD.

기업개요

대표자 이성택
업 종 생명 보험업
형 태 주식회사, 대기업
주요제품 보장성,개인연금성,저축성,교육 보험
종업원수 512명 (2013. 9)
사업자번호/설립일 202-81-18158/1989.07.01
본사주소 (135-523) 서울특별시 강남구 테헤란로432 동부금융센터 7층
전화/팩스번호 1588-3131/02-3011-4050
거래은행/결산월 한국스탠다드차타드제일은행/12월
홈페이지 www.dongbulife.co.kr
감사의견 적정

주요주주 (2013.12.31)

(단위 : 천주, %)

주주명	주식수	지분율
동부화재해상보험(주)	28,026	72.48
김준기	2,047	5.29
동부제철(주)		0.00
동부캐피탈(주)		0.00
이성택	4	0.01
이봉	2	0.01
왕정일	2	0.01
문인구	1	0.00

재무정보

(단위 : 백만 원, 천주)

재무상태표	2013. 3	2013.12
현금및예치금	673,693	581,876
유가증권	3,902,361	4,071,220
단기매매증권	244,483	–
매도가능증권	3,522,799	3,350,344
지분법적용주식	116,225	109,659
기타유가증권	18,854	611,216
대출채권	880,314	937,404
유형자산	3,812	4,639
기타자산	655,941	669,744
자산총계	6,963,730	7,243,031
책임준비금	5,307,636	5,686,563
계약자지분조정	29,031	7,367
기타부채	154,394	80,766
부채총계	6,383,477	6,790,036
자본금	193,331	193,331
자본잉여금	65,048	65,048
이익잉여금(결손금)	106,584	135,785
자본총계	580,252	452,995
부채와자본총계	6,963,730	7,243,031
[평균발행주식수]	29,000	29,000

손익계산서	2013. 3	2013.12
영업수익	1,862,147	1,386,705
보험료수익	1,284,156	922,310
재보험금수익	62,888	40,042
이자수익	224,349	173,281
유가증권평가및처분이익	91,654	63,560
대출채권평가및처분이익	8	–
배당금수익	23,631	27,516
영업비용	1,829,272	1,342,041
책임준비금전입액	588,809	371,454
보험금비용	705,731	565,720
재보험료비용	63,108	41,444
사업비	91,110	78,432
이자비용	–	748
유가증권평가및처분손실	64,306	29,597
기타의영업비용	66,662	49,806
영업이익	32,875	44,664
영업외수익	8,176	3,704
영업외비용	10,338	3,942
세전계속사업이익	30,712	44,426
계속사업손익법인세비용	4,901	12,188
당기순이익(손실)	25,811	32,239
기본주당순이익(원)	725	946

동부화재해상보험(주)

www.idongbu.com

채용정보

업종	기업명	채용예상 인원	공채 예상 시기	연봉 정보	영어면접 시행유무
금융	동부화재해상보험(주)	80명	1월, 7월	4820만원	無

외국어능력 시험 제한	토익점수	영어 말하기 점수	학점 제한	학점	스펙초월 채용계획	스펙초월 채용방식
無	제한 없음	제한 없음	有	3.0점 이상	없음	없음

주소	연락처	메일
서울 강남구 대치동 891-10 동부금융센터 10층	02-3011-3299	비공개

주요상품	
	손해 보험업

기업정보

DONGBU INSURANCE CO.,LTD.

기업개요

대표자 김정남
업 종 손해 보험업
형 태 주식회사, 대기업
주요제품 자동차보험, 화재보험, 해상보험, 특종보험, 장기보험
종업원수 5070명 (2014. 3)
사업자번호/설립일 201-81-45593/1968.11.01
본사주소 (135-523)서울특별시 강남구 테헤란로 432
전화/팩스번호 02-3011-3114/02-3011-3339
거래은행/결산월 신한은행/12월
홈페이지 www.idongbu.com
감사의견 적정

주요주주 (2013.12.31) (단위 : 천주, %)

주주명	주식수	지분율
김남호	9,411	13.29
동부화재해상보험(주)	7,501	10.60
김준기	4,908	6.93
MATTHEWS INTERNATIONAL FUNDS	4,021	5.68
(재)동부문화재단	3,539	5.00
(주)우리은행(국민연금고유)	3,224	4.55
김주원	2,879	4.07
동부인베스트먼트(주)	1,200	1.69
이순병	85	0.12
김정남	73	0.10
김하중	62	0.09
곽제동	23	0.03

재무정보 (단위 : 백만 원, 천주)

재무상태표	2013. 3	2013.12
현금및예치금	774,587	1,090,247
유가증권	11,124,835	11,575,249
단기매매증권	739,687	505,840
매도가능증권	9,544,673	9,294,325
만기보유증권	499,586	1,415,410
지분법적용주식	340,889	359,674
대출채권	4,555,274	5,452,798
유형자산	315,714	399,517
기타자산	3,678,542	3,844,135
자산총계	**21,241,950**	**23,185,034**
책임준비금	16,669,293	18,766,292
차입부채	−	70,000
기타부채	1,012,716	788,981
부채총계	**18,488,088**	**20,481,842**
자본금	35,400	35,400
자본잉여금	37,913	37,913
이익잉여금(결손금)	2,133,108	2,360,019
자본조정	△29,655	△29,655
자본총계	**2,753,862**	**2,703,192**
부채와자본총계	**21,241,950**	**23,185,034**
[평균발행주식수]	63,298	63,298

손익계산서	2013. 3	2013.12
영업수익	11,298,872	8,950,128
영업비용	10,720,424	8,518,438
영업이익	**578,448**	**431,690**
영업외수익	2,849	3,285
영업외비용	30,724	28,901
세전계속사업이익	**550,574**	**406,073**
계속사업손익법인세비용	139,026	100,040
당기순이익(손실)	**411,548**	**306,033**
기본주당순이익(원)	6,502	4,835

롯데손해보험(주)

채용정보

업종	기업명	채용예상 인원	공채 예상 시기	연봉 정보	영어면접 시행유무
금융	롯데손해보험(주)	00명	4월, 9월	4000만원	부분시행

외국어능력 시험 제한	토익점수	영어 말하기 점수	학점 제한	학점	스펙초월 채용계획	스펙초월 채용방식
無	제한 없음	제한 없음	無	제한 없음	있음	아이디어 공모전

주소	연락처	메일
서울시 중구 소월로3 (남창동, 롯데손해보험빌딩)	1588-3344	비공개

주요상품	
	손해 보험업

기업 정보

LOTTE NON-LIFE INSURANCE CO., LTD.

기 업 개요

대표자 김현수
업종 손해 보험업
형태 주식회사, 대기업
주요제품 손해보험업
종업원수 1746명 (2014. 3)
사업자번호/설립일 104-81-30770/1946.05.20
본사주소 (100-778)서울특별시 중구 소월로 3
전화/팩스번호 02-3455-3114/02-757-5737
거래은행/결산월 한국외환은행/12월
홈페이지 www.lotteins.co.kr
감사의견 적정

주요주주 (2014. 3.31)

(단위 : 천주, %)

주주명	주식수	지분율
(주)호텔롯데	17,556	26.09
롯데역사(주)	9,532	14.17
(주)대홍기획	7,751	11.52
AIOINISSAYDOWAINSURANCECO.,LTD	6,270	9.32
우리사주조합	3,635	5.40
(주)부산롯데호텔	1,248	1.86
신동빈	1,000	1.49
이봉철		0.00

재 무 정보

(단위 : 백만 원, 천주)

재무상태표	2013. 3	2013.12
현금및예치금	197,870	123,858
유가증권	1,932,224	2,192,099
단기매매증권	246,391	218,992
매도가능증권	1,400,959	1,823,292
만기보유증권	284,874	149,814
대출채권	754,525	983,445
유형자산	62,734	62,834
기타자산	794,225	797,701
자산총계	**4,485,335**	**5,252,119**
책임준비금	3,215,122	3,621,217
차입부채	49,816	89,631
기타부채	184,268	178,670
부채총계	**4,189,937**	**4,987,341**
자본금	67,280	67,280
자본잉여금	68,577	68,577
이익잉여금(결손금)	44,348	49,261
자본조정	26,741	29,103
자본총계	**295,398**	**264,778**
부채와자본총계	**4,485,335**	**5,252,119**
[평균발행주식수]	47,547	65,526

손익계산서	2013. 3	2013.12
영업수익	2,335,190	1,824,115
영업비용	2,352,349	1,818,485
영업이익	**△17,160**	**5,630**
영업외수익	982	827
영업외비용	903	919
세전계속사업이익	**△17,081**	**5,537**
계속사업손익법인세비용	△3,289	625
당기순이익(손실)	**△13,792**	**4,913**
기본주당순이익(원)	△314	75

(주)부산은행

www.busanbank.co.kr

채용정보

업종	기업명	채용예상 인원	공채 예상 시기	연봉 정보	영어면접 시행유무
금융	(주)부산은행	000명	7월 이후	협의	부분시행 해외파트

외국어능력 시험 제한	토익점수	영어 말하기 점수	학점 제한	학점	스펙초월 채용계획	스펙초월 채용방식
有	700점	제한 없음	有	3.0점 이상	미정	미정

주소		연락처	메일
부산광역시 동구 범일로 92 (주)부산은행		051-620-3900	비공개

주요상품	
	국내은행

기업정보

BUSAN BANK CO.,LTD.

기업개요

대표자 성세환
업종 국내은행
형태 주식회사, 대기업
주요제품 은행,외국환업무,신탁업무
종업원수 3261명 (2014. 3)
사업자번호/설립일 604-81-04753/1967.10.12
본사주소 (601-807)부산 동구 범일로92(범일동,부산은행본점)
전화/팩스번호 051-642-3300/051-631-7477
거래은행/결산월 12월
홈페이지 www.busanbank.co.kr
감사의견 적정

주요주주 (2013.12.31)

(단위 : 천주, %)

주주명	주식수	지분율
(주)BS금융지주	189,683	100.00

재무정보

(단위 : 백만 원, 천주)

재무상태표	2012.12	2013.12
현금및예치금	1,995,772	1,741,082
유가증권	7,276,894	7,278,223
단기매매증권	114,096	132,110
매도가능증권	2,708,466	2,776,790
만기보유증권	4,454,332	4,369,323
대출채권	28,013,454	30,599,202
원화대출금	25,962,762	28,538,740
외화대출금	1,241,636	1,106,110
유무형자산	466,569	575,785
기타자산	2,082,286	2,398,934
자산총계	**39,834,976**	**42,593,228**
예수부채	27,843,933	30,303,829
차입부채	6,477,345	6,021,673
기타부채	2,514,294	2,795,298
부채총계	**36,835,571**	**39,120,800**
자본금	933,418	948,418
자본잉여금	–	234,776
이익잉여금(결손금)	2,027,449	2,268,928
자본총계	**2,999,404**	**3,472,427**
부채와자본총계	**39,834,976**	**42,593,228**
[평균발행주식수]	186,684	187,119

손익계산서	2012.12	2013.12
영업수익	2,745,135	2,751,119
영업비용	2,274,997	2,340,454
영업이익	**470,137**	**410,664**
영업외수익	8,149	11,576
영업외비용	16,822	16,736
세전계속사업이익	**461,464**	**405,505**
계속사업손익법인세비용	108,939	87,296
당기순이익(손실)	**352,525**	**318,209**
기본주당순이익(원)	1,888	1,695

비씨카드(주)

채용정보

업종	기업명	채용예상 인원	공채 예상 시기	연봉 정보	영어면접 시행유무
금융	비씨카드(주)	20명 내외	10월	4000만원	전체시행 (최종면접시 시행)
외국어능력 시험 제한	토익점수	영어 말하기 점수	학점 제한	학점	스펙초월 채용계획	스펙초월 채용방식
有	700점	오픽:IL, 토익스피킹:6급	無	제한 없음	없음	없음

주소	연락처	메일
서울시 서초구 효령로 275 비씨카드㈜	02-520-4971	bchr@bccard.com

주요상품	신용카드 및 할부금융업

기업 정보

BC CARD CO.,LTD.

기업개요

대표자 서준희
업종 신용카드 및 할부금융업
형태 주식회사, 대기업
주요제품 신용카드,금융서비스,통신판매,보험서비스
종업원수 839명 (2013.12)
사업자번호/설립일 214-81-37726/1983.09.07
본사주소 (137-876) 서울 서초구 효령로 275 (서초동)
전화/팩스번호 02-3475-8362/02-500-3156
거래은행/결산월 우리은행/12월
홈페이지 www.bccard.com
감사의견 적정

주요주주 (2012.12.31)

(단위 : 천주, %)

주주명	주식수	지분율
(주)케이티캐피탈	3,059	69.54
(주)우리은행	336	7.65
농협은행(주)	217	4.95
중소기업은행	217	4.95
(주)케이비국민카드	217	4.95
(주)대구은행	87	1.98
(주)경남은행	87	1.98
우리사주조합	44	1.00
신한카드(주)	44	1.00
(주)부산은행	44	1.00
(주)하나은행	44	1.00

재무정보

(단위 : 백만 원, 천주)

재무상태표	2012.12	2013.12
현금및예치금	518,646	654,460
유가증권	258,171	349,295
카드자산	1,401,250	1,617,134
유형자산	125,677	113,473
무형자산	44,628	47,860
자산총계	2,495,146	2,923,915
기타부채	1,886,933	2,167,729
부채총계	1,886,933	2,167,729
자본금	44,000	44,000
이익잉여금(결손금)	458,653	536,132
자본총계	608,213	756,187
부채와자본총계	2,495,146	2,923,915
[평균발행주식수]	4,400	4,400

손익계산서	2012.12	2013.12
영업수익	3,111,706	3,073,350
영업비용	2,973,168	2,927,218
영업이익	138,538	146,132
영업외수익	6,622	1,672
영업외비용	18,272	5,241
세전계속사업이익	126,887	142,563
계속사업손익법인세비용	31,024	38,695
당기순이익(손실)	95,863	103,868
기본주당순이익(원)	21,787	23,606

신영증권(주)

채용정보

업종	기업명	채용예상 인원	공채 예상 시기	연봉 정보	영어면접 시행유무
금융	신영증권(주)	00명	하반기	4000만원	無

외국어능력 시험 제한	토익점수	영어 말하기 점수	학점 제한	학점	스펙초월 채용계획	스펙초월 채용방식
無	제한 없음	제한 없음	無	제한 없음	미정	미정

주소	연락처	메일
서울시 영등포구 국제 금융로 8길 16, 신영증권빌딩	02-2004-9512/9620	비공개

주요상품	증권 중개업

기업정보

SHINYOUNG SECURITIES CO.,LTD.

기업개요

- **대표자** 원종석
- **업종** 증권 중개업
- **형태** 주식회사, 대기업
- **주요제품** 증권업
- **종업원수** 617명 (2013. 9)
- **사업자번호/설립일** 116-81-10802/1956.02.25
- **본사주소** (150-884)서울특별시 영등포구 국제금융로8길 16
- **전화/팩스번호** 02-2004-9000/02-786-2884
- **거래은행/결산월** 한국스탠다드차타드제일은행/3월
- **홈페이지** www.shinyoung.com
- **감사의견** 적정

주요주주 (2013.12.31)

(단위 : 천주, %)

주주명	주식수	지분율
원국희	1,713	10.42
신영자산운용(주)	720	4.38
Ruane, Cunniff &	714	4.35
원종석	922	5.61
민숙기	171	1.05
원주영	77	0.47
권보은	9	0.06
김부길	2	0.01
원정연	1	0.01
이종원	5	0.03
강혜리	7	0.04
오미나	7	0.04
원재연	1	0.01
신상용	7	0.04
신성용	7	0.04
신승용	9	0.06
ConnieHyesook Lee	61	0.37
AHN JAE JOON	10	0.06
이진	59	0.36
LEESEUNGHYUN	3	0.02

재무정보

(단위 : 백만 원, 천주)

재무상태표	2012. 3	2013. 3
현금및예치금	854,154	423,522
유가증권	3,399,542	3,946,960
단기매매증권	2,801,530	3,339,971
매도가능증권	289,642	269,594
신종증권	239,997	268,994
대출채권	151,153	68,732
유형자산	35,016	38,372
기타자산	261,374	257,254
자산총계	**4,701,240**	**4,734,839**
예수부채	118,894	89,516
차입부채	3,269,194	3,347,380
콜머니	40,000	–
환매조건부채권매도	1,165,031	1,118,824
매도유가증권	8,126	14,906
매도신종증권	2,056,038	2,213,649
기타부채	444,934	406,566
부채총계	**3,833,022**	**3,843,461**
자본금	82,200	82,200
자본잉여금	90,629	90,629
이익잉여금(결손금)	668,789	700,492
자본조정	△84,470	△84,470
자본총계	**868,218**	**891,378**
부채와자본총계	**4,701,240**	**4,734,839**
[평균발행주식수]	6,925	6,874

손익계산서	2012. 3	2013. 3
영업수익	1,194,005	1,599,245
수수료수익	80,511	74,376
유가증권평가및처분이익	350,163	258,979
이자수익	168,268	175,739
배당금수익	14,982	14,335
영업비용	1,123,347	1,537,980
수수료비용	7,447	5,215
유가증권평가및처분손실	324,801	308,638
이자비용	59,438	58,004
판매비와관리비	108,369	106,038
기타영업비용	610,430	1,043,143
영업이익	**70,658**	**61,266**
영업외수익	3,435	3,519
영업외비용	1,569	1,446
세전계속사업이익	**72,523**	**63,338**
계속사업손익법인세비용	19,346	12,817
당기순이익(손실)	**53,177**	**50,521**
기본주당순이익(원)	6,947	6,612

(주)전북은행

채용정보

업종	기업명	채용예상 인원	공채 예상 시기	연봉 정보	영어면접 시행유무
금융	(주)전북은행	15명	12월	4500만원	無

외국어능력 시험 제한	토익점수	영어 말하기 점수	학점 제한	학점	스펙초월 채용계획	스펙초월 채용방식
有	700점	제한 없음	有	3.0점 이상	없음	없음

주소	연락처	메일
전주시 덕진구 백제대로 566 (금앙동)	063-250-7153/7157	

주요상품	
	국내은행

기업정보

THE JEONBUK BANK CO.,LTD.

기업개요

대표자 김한
업 종 국내은행
형 태 주식회사, 대기업
주요제품 국내은행(대출금이자,예치금이자,유가증권이자,외환매매익,보험)
종업원수 1082명 (2013.12)
사업자번호/설립일 418-81-07090/1969.12.10
본사주소 (561-711)전라북도 전주시 덕진구 백제대로 566
전화/팩스번호 063-250-7114/063-250-7161
거래은행/결산월 12월
홈페이지 www.jbbank.co.kr
감사의견 적정

주요주주 (2013.12.31) (단위 : 천주, %)

주주명	주식수	지분율
(주)JB금융지주	66,824	100.00

재무정보 (단위 : 백만 원, 천주)

새무상태표	2012.12	2013.12
현금및예치금	759,002	622,009
유가증권	2,175,273	2,431,583
단기매매증권	1,126	676
매도가능증권	950,935	1,155,782
만기보유증권	1,123,887	1,275,125
지분법적용주식	99,325	–
대출채권	7,945,381	8,872,233
원화대출금	7,512,304	8,612,393
외화대출금	220,021	148,677
유무형자산	177,230	179,401
기타자산	331,316	323,138
자산총계	**11,388,202**	**12,428,364**
예수부채	8,795,166	9,930,150
차입부채	1,417,111	1,302,475
기타부채	394,501	385,862
부채총계	**10,606,778**	**11,618,487**
자본금	334,122	334,122
자본잉여금	97,180	97,180
자본조정	△10,189	4,120
이익잉여금(결손금)	355,008	382,343
자본총계	**781,424**	**809,877**
부채와자본총계	**11,388,202**	**12,428,364**
[평균발행주식수]	65,679	65,639

손익계산서	2012.12	2013.12
영업수익	670,562	625,157
영업비용	587,904	562,204
영업이익	**82,658**	**62,953**
영업외수익	1,330	3,785
영업외비용	4,109	7,677
세전계속사업이익	**79,879**	**59,061**
계속사업손익법인세비용	20,553	13,852
당기순이익(손실)	**59,326**	**45,209**
기본주당순이익(원)	903	689

한화손해보험(주)

채용정보

업종	기업명	채용예상 인원	공채 예상 시기	연봉 정보	영어면접 시행유무
금융	한화손해보험(주)	비공개	4월, 9월	협의	無

외국어능력 시험 제한	토익점수	영어 말하기 점수	학점 제한	학점	스펙초월 채용계획	스펙초월 채용방식
無	제한 없음	제한 없음	無	제한 없음	있음	블라인드 면접

주소	연락처	메일
서울시 영등포구 여의대로 56	02-316-0514	rainmaker@hanwha.com

주요상품	손해 보험업

기업 정보

HANWHA GENERAL INSURANCE CO.,LTD .

기업개요

대표자 박윤식
업종 손해 보험업
형태 주식회사, 대기업
주요제품 손해보험
종업원수 2897명 (2014. 3)
사업자번호/설립일 116-81-46445/1946.04.01
본사주소 (150-717)서울특별시 영등포구 여의대로 56
전화/팩스번호 1566-8000/02-6366-7209
거래은행/결산월 한국스탠다드차타드제일은행/12월
홈페이지 www.hwgeneralins.com
감사의견 적정

주요주주 (2014.3.31)

(단위 : 천주, %)

주주명	주식수	지분율
한화생명보험(주)	31,116	34.29
우리사주조합	8,077	8.90
(주)한화건설	6,619	7.30
한화엘앤씨(주)	4,762	5.25
한화호텔앤드리조트(주)	3,324	3.66
한화데크엠(주)	1,561	1.72
(주)한화갤러리아	392	0.43
한화에스앤씨(주)	388	0.43
한화투자증권(주)	305	0.34
한화폴리드리머(주)	305	0.34
박윤식	75	0.08
김성일	30	0.03
이성조	5	0.01

재 무 정 보

(단위 : 백만 원, 천주)

재무상태표	2013. 3	2013.12
현금및예치금	374,824	289,663
유가증권	3,230,205	3,956,374
단기매매증권	508,091	288,085
매도가능증권	2,722,114	2,223,218
만기보유증권	–	1,445,071
대출채권	2,091,091	2,525,418
유형자산	304,563	296,755
기타자산	1,878,734	1,924,466
자산총계	7,886,562	8,999,608
책임준비금	6,782,874	7,802,552
차입부채	194,039	194,190
기타부채	423,299	449,163
부채총계	7,407,513	8,452,965
자본금	243,695	453,695
자본잉여금	23,188	–
이익잉여금(결손금)	129,747	78,483
자본조정	△7,623	△31,226
자본총계	479,049	546,642
부채와자본총계	7,886,562	8,999,608

[평균발행주식수]	47,746	55,917

손익계산서	2013. 3	2013.12
영업수익	4,790,526	3,816,549
영업비용	4,761,873	3,865,959
영업이익	28,653	△49,410
영업외수익	8,705	1,426
영업외비용	2,452	3,278
세전계속사업이익	34,906	△51,262
계속사업손익법인세비용	5,574	△7,621
당기순이익(손실)	29,333	△43,641
기본주당순이익(원)	614	△780

현대카드(주)

채용정보

업종	기업명	채용예상 인원	공채 예상 시기	연봉 정보	영어면접 시행유무
금융	현대카드(주)	100명	9월	4000만원 초반	無

외국어능력 시험 제한	토익점수	영어 말하기 점수	학점 제한	학점	스펙초월 채용계획	스펙초월 채용방식
無	제한 없음	오픽IM	有	3.0점 이상	있음	미정

주소	연락처	메일
서울특별시 영등포구 의사당대로3 현대캐피탈빌딩	1577-6000	비공개

주요상품	신용카드 및 할부금융업

기업 정보

HYUNDAI CARD CO.,LTD.

기 업 개요

대표자 정태영
업종 신용카드 및 할부금융업
형태 주식회사, 대기업
주요제품 신용카드,부대금융(카드론,수요자금융팩토링)
종업원수 1968명 (2013.12)
사업자번호/설립일 213-86-15419/1984.10.02
본사주소 (150-872)서울 영등포구 의사당대로3(여의도동,현대캐피탈빌딩)
전화/팩스번호 1577-6000/0505-127-0726
거래은행/결산월 신한은행/12월
홈페이지 www.hyundaicard.com
감사의견 적정

주요주주 (2013.12.31)

(단위 : 천주, %)

주주명	주식수	지분율
GE Capital Int'l Holdings Corp	69,000	43.00
현대자동차(주)	59,301	36.96
기아자동차(주)	18,422	11.48
현대커머셜(주)	8,889	5.54
현대제철(주)		0.00

재무정보

(단위 : 백만 원, 천주)

재무상태표	2012.12	2013.12
현금및예치금	824,576	998,467
유가증권	1,767	1,767
카드자산	9,707,038	9,729,167
유형자산	275,424	347,941
무형자산	63,623	61,131
자산총계	11,250,632	11,520,579
차입부채	7,061,356	7,235,589
기타부채	1,991,846	1,917,980
부채총계	9,053,201	9,153,569
자본금	802,326	802,326
자본잉여금	45,399	45,399
이익잉여금(결손금)	1,348,744	1,511,954
자본조정	12,305	12,305
자본총계	2,197,431	2,367,010
부채와자본총계	11,250,632	11,520,579
[평균발행주식수]	160,465	160,465

손익계산서	2012.12	2013.12
영업수익	2,471,235	2,515,759
영업비용	2,234,040	2,295,834
영업이익	237,195	219,925
영업외수익	2,367	3,153
영업외비용	3,126	4,304
세전계속사업이익	236,436	218,773
계속사업손익법인세비용	42,137	55,564
당기순이익(손실)	194,299	163,210

기본주당순이익(원)	1,211	1,017

⑰ 기타

(주)교원 Ⅰ (주)농협사료 Ⅰ 넥센타이어(주) 대한전선(주) Ⅰ (주)대륜이엔에스 Ⅰ 대성산업(주) Ⅰ 동원시스템즈(주) Ⅰ 동우화인켐(주) Ⅰ 무림페이퍼(주) Ⅰ 삼성전자판매(주) Ⅰ (주)문화방송 Ⅰ (주)부산도시가스 삼성에버랜드(주) Ⅰ 삼성전자서비스(주) 삼성테크윈(주) Ⅰ (주)삼양사 Ⅰ (주)삼표 (주)신도리코 Ⅰ (주)에스원 Ⅰ SK가스(주) SK네트웍스(주) Ⅰ SK이노베이션(주) S-OIL(주) Ⅰ (주)엔투비 Ⅰ (주)LG생활건강 (주)예스코 Ⅰ 에어프로덕츠코리아(주) 인천도시가스(주) Ⅰ 일진홀딩스(주) Ⅰ 지에스칼텍스(주) Ⅰ (주)풍산홀딩스 Ⅰ 포스코에너지(주) Ⅰ (주)한샘 Ⅰ 한전KPS(주) (주)한진중공업홀딩스 Ⅰ (주)한화 Ⅰ 한화엘앤씨(주) Ⅰ 현대엔지니어링(주) Ⅰ (주)호텔롯데

(주)교원

채용정보

업종	기업명	채용예상 인원	공채 예상 시기	연봉 정보	영어면접 시행유무
기타	(주)교원	50~60명	4월, 10월	3500만원 내외	부분시행(영어교육상품 해외저작권 관련)
외국어능력 시험 제한	토익점수	영어 말하기 점수	학점 제한	학점	스펙초월 채용계획	스펙초월 채용방식
無	제한 없음	제한 없음	無	제한 없음	없음	없음
주소				연락처	메일
서울시 중구 을지로 2가 6번지				02-397-6406, 9051	비공개
주요상품	교과서 및 학습서적 출판업				

기업 정보

KYOWON CO.,LTD.

기업개요

대표자 장평순
업종 교과서 및 학습서적 출판업
형태 주식회사, 대기업
주요제품 학습지, 서적, 아동도서류(전집류)출판, 도매/ 정수기, 화장품, 비데 임대, 도매/호텔 운영
종업원수 1404명 (2013.12)
사업자번호/설립일 101-81-39753/1988.06.14
본사주소 (100-844)서울 중구 을지로 51(을지로2가,내 외빌딩)
전화/팩스번호 02-397-9055/02-397-9085
거래은행/결산월 국민은행/12월
홈페이지 www.kyowon.co.kr
감사의견 적정

주요주주 (2008. 5.22)   (단위 : 천주, %)

주주명	주식수	지분율
장평순	2,348	78.28
이정자	355	11.87
김숙영	295	9.86

재무정보   (단위 : 백만 원, 천주)

재무상태표	2012.12	2013.12
유동자산(계)	253,190	265,579
당좌자산(계)	225,942	224,847
현금및현금등가물	5,961	4,964
단기투자증권	1	6
매출채권	70,135	74,994
재고자산(계)	27,248	40,732
비유동자산(계)	670,437	735,521
투자자산(계)	357,121	394,613
유형자산(계)	279,030	298,837
리스자산	37,889	31,375
건설중인자산	687	12,897
무형자산(계)	992	8,044
자산총계	923,626	1,001,099
유동부채(계)	145,004	145,862
매입채무	18,208	13,596
비유동부채(계)	101,373	107,395
장기부채성충당부채(계)	2,312	2,643
부채총계	246,377	253,257
자본금	15,000	16,080
자본잉여금	187,235	231,063
자본조정	–	△4,665
이익잉여금	474,953	505,183
자본총계	677,249	747,842
부채와자본총계	923,626	1,001,099
[평균발행주식수]	3,000	3,216

손익계산서	2012.12	2013.12
매출액	487,534	501,524
매출원가	130,991	118,138
매출총이익(손실)	356,543	383,386
판매비와관리비	305,776	329,511
영업이익	50,767	53,875
영업외수익	42,416	39,901
영업외비용	6,841	33,011
이자비용	–	13
세전계속사업이익	86,342	60,765
계속사업손익법인세비용	18,925	21,907
당기순이익(손실)	67,416	38,858
기본주당순이익(원)	22,472	12,083

(주)농협사료

채용정보

업종	기업명	채용예상 인원	공채 예상 시기	연봉 정보	영어면접 시행유무
기타	(주)농협사료	10명	10월	3000만원	無

외국어능력 시험 제한	토익점수	영어 말하기 점수	학점 제한	학점	스펙초월 채용계획	스펙초월 채용방식
無	제한 없음	제한 없음	無	제한 없음	없음	없음

주소		연락처	메일
서울특별시 강동구 올림픽로 528 (성내동 451)		02-2224-8512, 8513	비공개

주요상품	동물용 사료 및 조제식품 제조업

기업정보

NONGHYUP FEED INC.

기업개요

대표자 채형석
업종 동물용 사료 및 조제식품 제조업
형태 주식회사, 대기업
주요제품 배합사료 제조,도소매/사료원료 수입
종업원수 722명 (2013.12)
사업자번호/설립일 212-81-59971/2002.09.01
본사주소 (134-848)서울 강동구 올림픽로528 (성내동, 농협중앙회서울지역본부)
전화/팩스번호 02-6932-9700/02-6932-9730
거래은행/결산월 농업협동조합/12월
홈페이지 www.nonghyupsaryo.co.kr
감사의견 적정

주요주주 (2013.12.31) (단위 : 천주, %)

주주명	주식수	지분율
농협경제지주(주)	13,353	100.00

재무정보 (단위 : 백만 원, 천주)

재무상태표	2012.12	2013.12
유동자산(계)	519,533	417,008
당좌자산(계)	336,107	263,102
현금및현금등가물	84,864	11,850
단기투자증권	4	5
매출채권	26,978	24,690
기타당좌자산	75	604
재고자산(계)	183,425	153,906
비유동자산(계)	204,899	215,721
투자자산(계)	17,968	27,992
유형자산(계)	179,436	179,998
건설중인자산	19,232	2,287
무형자산(계)	2,095	2,955
자산총계	**724,431**	**632,729**
유동부채(계)	519,898	454,247
매입채무	155,106	81,122
단기차입금	226,804	313,332
유동성장기부채	86,972	8,723
비유동부채(계)	61,098	12,274
장기차입금(계)	59,802	7,714
장기부채성충당부채(계)	1,296	4,560
부채총계	**580,996**	**466,521**
자본금	66,768	66,768
이익잉여금	76,828	99,700
자본총계	**143,435**	**166,207**
부채와자본총계	**724,431**	**632,729**
[평균발행주식수]	13,354	13,354

손익계산서	2012.12	2013.12
매출액	**1,435,419**	**1,501,244**
매출원가	1,331,305	1,390,739
매출총이익(손실)	104,114	110,504
판매비와관리비	86,262	75,972
영업이익	**17,853**	**34,532**
영업외수익	26,420	21,825
영업외비용	12,990	22,336
이자비용	3,116	2,517
세전계속사업이익	**31,283**	**34,020**
계속사업손익법인세비용	6,314	6,461
당기순이익(손실)	**24,969**	**27,559**
기본주당순이익(원)	1,870	2,064

넥센타이어(주)

www.nexentire.com

채용정보

업종	기업명	채용예상 인원	공채 예상 시기	연봉 정보	영어면접 시행유무
기타	넥센타이어(주)	50명	2월	3500만원	부분시행 해외영업

외국어능력 시험 제한	토익점수	영어 말하기 점수	학점 제한	학점	스펙초월 채용계획	스펙초월 채용방식
有	700점	제한 없음	無	제한 없음	없음	없음

주소	연락처	메일
경상남도 양산시 충렬로 355	055-370-5114	khm7111@nexentire.co.kr

주요상품	타이어 및 튜브 제조업

기업정보

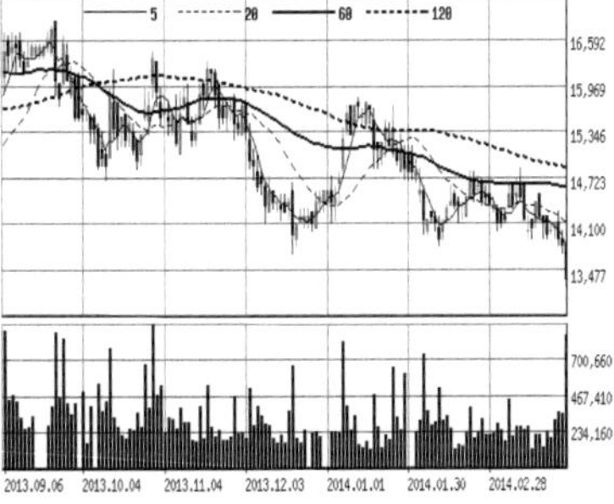

국내 3위의 타이어 생산업체
www.nexentire.com　　【500원/12월/결산】
경남 양산시 충렬로 355
대표전화 : 055-370-5114　주식담당자 : 055-370-5114

		주요주주 (13.12)	(%)
설 립 일	1958.04.11	(주)넥센	40.8
상 장 일	1976.05.19	강병중	21.1
대표이사	이현봉/강병중	국민연금공단	7.0
종업원수	3,883명(13.12)	매출구성	(%)
회계감사법인	적정(삼일회계법인)	타이어부분	98.5
보 통 주	9,492만주	운송보관수익	1.5
우 선 주	650만주		
신용등급(Bond)	A+		
신용등급(CP)	-	외국인지분율	6.11%

▶ 자본금 변동
(단위 : 억원, 원)

구 분	99.02	99.06	99.06	08.03
증 자 액	-248.41	332.50	100.00	500.00
변 동 내 역	감자	유상	유상	액분

▶ 베타와 변동성
(당사/화 학/KOSPI)

기 간	12.01 ~ 12.12	13.01 ~ 13.12
베 타	0.85 / 0.99 / 1.00	0.96 / 0.92 / 1.00
변 동 성	38.6 / 19.2 / 15.3	38.5 / 13.8 / 12.2

- 내수 판매 및 아시아 · 유럽 · 중동 지역 판매도 증가하였으나, 북미와 기타 해외 지역 판매가 감소하면서 전년대비 매출 소폭 증가에 그침.
- 원가구조 개선에도 광고비 · 업구개발비 증가 등에 따른 판관비 부담 확대로 영업이익률 전년 수준에 성제, 법인세 증가로 순이익률은 소폭 하락.
- 차입금 증가에도 순익 시현을 통한 이익잉여금 증대로 제 안정성 지표는 전년 수준을 유지, 그러나 외부차입금 부담은 여전히 과중한 수준.

▶ 주가 그래프

▶ 주가관련지표
(단위 : 원, 배)

구 분	10.12	11.12	12.12	13.12
주가 최 고	9,620	22,200	21,800	17,750
주가 최 저	4,940	8,490	14,750	11,850
주당 순이익	1,072	878	1,333	1,227
주당 매출액	11,496	14,312	17,076	17,297
주당 순자산	4,766	5,571	6,684	7,819
PER(H/L)	8.97/4.61	25.28/9.67	16.35/11.07	14.47/9.66
PSR(H/L)	0.84/0.43	1.55/0.59	1.28/0.86	1.03/0.69
PBR(H/L)	2.02/1.04	3.98/1.52	3.26/2.21	2.27/1.52

- 미국 시장 내 경쟁 심화에도, 글로벌 경기의 완만한 개선 및 전방 자동차산업의 생산 증가로 타이어 수요 증가하며 매출 성장 전망.
- 원자재 가격 약세가 예상되나, 타이어시장 내 경쟁 심화 및 광고비 · 연구개발비 · 수출운송비 등의 비용 부담으로 수익성 개선 제한적일 듯.
- 창녕공장 2기 투자설비가 6월부터 생산을 시작하고 중국 공장 역시 생산 확대가 예상되는바, 이는 외형 성장에 기여할 듯.

▶ 요약연결재무제표
(단위 : 억원)

구 분	10.12	11.12	12.12	13.12
비유동자산	7,676.1	11,708.4	13,661.2	15,648.5
유 동 자 산	4,912.7	7,314.1	6,859.6	7,349.6
자 산 총 계	12,588.8	19,022.4	20,520.8	22,998.1
지배기업지분	4,833.5	5,650.4	6,778.4	7,929.6
비지배지분	0.0	0.0	27.1	40.4
자 본 총 계	4,833.5	5,650.4	6,805.5	7,970.0
비유동부채	3,027.0	5,828.8	7,297.7	8,076.8
유 동 부 채	4,728.3	7,543.2	6,417.7	6,951.3
부 채 총 계	7,755.3	13,372.0	13,715.3	15,028.1
수 익	11,486.3	14,299.6	17,061.6	17,282.4
매 출 원 가	8,012.3	10,856.8	12,493.6	12,392.4
매출총이익	3,474.0	3,442.7	4,568.0	4,890.0
기타영업수익	167.2	0.0	0.0	0.0
기타영업비용	204.1	0.0	0.0	0.0
판 관 비	2,107.7	2,322.9	2,765.8	3,119.7
영 업 이 익	1,329.4	1,119.8	1,802.2	1,770.3
영업외수익	289.1	776.0	672.0	728.5
영업외비용	309.5	764.6	893.0	884.7
세전계속영업이익	1,309.0	1,131.2	1,581.2	1,614.2
법인세비용	237.1	253.6	238.3	374.5
지배기업순이익	1,071.9	877.7	1,332.7	1,226.3

▶ 요약연결현금흐름표
(단위 : 억원)

구 분	10.12	11.12	12.12	13.12
영업활동현금흐름	1,102.9	-142.2	1,456.9	2,090.1
투자활동현금흐름	-1,474.7	-3,567.2	-2,703.4	-3,141.3
재무활동현금흐름	436.7	3,734.8	870.3	1,181.7
현금의 증가	64.9	25.4	-376.2	130.5
CF의 기말현금	776.4	925.8	460.2	662.7

▶ 연결재무비율
(단위 : %)

구 분	10.12	11.12	12.12	13.12
매출액증가율	13.7	24.5	19.3	1.3
순이익증가율	-5.4	-18.1	51.8	-8.0
R O A	9.4	5.6	6.8	5.7
R O E	24.6	16.7	21.4	16.7
부 채 비 율	160.5	236.7	201.5	188.6

대한전선(주)

www.taihan.com

채용정보

업종	기업명	채용예상 인원	공채 예상 시기	연봉 정보	영어면접 시행유무
기타	대한전선(주)	30명	9월	3300만원	부분시행 영업

외국어능력 시험 제한	토익점수	영어 말하기 점수	학점 제한	학점	스펙초월 채용계획	스펙초월 채용방식
有	600점	오픽L이상 or 토익스피킹 레벨5 이상	有	3.0점 이상	없음	없음

주소		연락처	메일
경기도 안양시 동안구 시민대로 180 G.SQUARE빌딩		02-316-9402	recruit@taihan.com

주요상품	기타 절연선 및 케이블 제조업

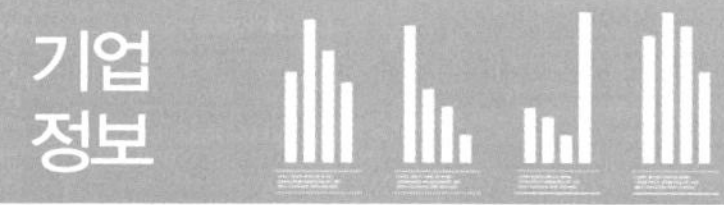

기업정보

전선 제조 전문업체
www.taihan.com　　【2,500원/12월/결산】
경기도 안양시 동안구 시민대로 180 지스퀘어빌딩 25-28층
대표전화 : 02-316-9114　주식담당자 : 02-316-9114

설 립 일	1955.02.21	주요주주 (13.12)	(%)
상 장 일	1968.12.27	대한광통신(주)	7.9
대표이사	강희전	대한시스템즈(주)	3.0
종업원수	852명(13.12)	설윤석	1.1
회계감사법인	적정(안진회계법인)	매출구성	(%)
보 통 주	15,231만주	나선 및 권선	36.0
우 선 주	-	전력 및절연선	29.9
신용등급(Bond)	B+	전선부문(상품)	28.3
신용등급(CP)	B-	외국인지분율	3.38%

▶ 자본금 변동　　(단위 : 억원, 원)

구 분	-12.12	12.12	14.01	14.04
증 자 액	589.89	2,000.00	1,179.44	280.56
변 동 내 역	전환	유상	유상	유상

▶ 베타와 변동성　　(당사/전기,전자/KOSPI)

기 간	12.01 ~ 12.12	13.01 ~ 13.12
베 타	0.56 / 1.41 / 1.00	1.48 / 1.42 / 1.00
변 동 성	62.8 / 26.0 / 15.3	59.4 / 20.8 / 12.2

현황　매출 소폭 감소, 적자폭 확대

· 아시아 시장의 전력 수요 급증에 따른 전력케이블 수주 확대에도 남미 및 아프리카향 수주 감소하여 전년대비 매출 규모 소폭 축소.
· 원재료 가격 하락에 따른 원가율 개선에도 대손상각비 증가 등 판관비 부담 가중되어 전년대비 영업손실 및 순손실 규모 확대.
· 차입금 출자전환으로 자기자본 확충, 부채 부담 축소되며 제 안정성 지표 전년대비 개선되었으나, 여전히 부분자본잠식 상태로 미흡한 재무구조 보임.

▶ 주가 그래프

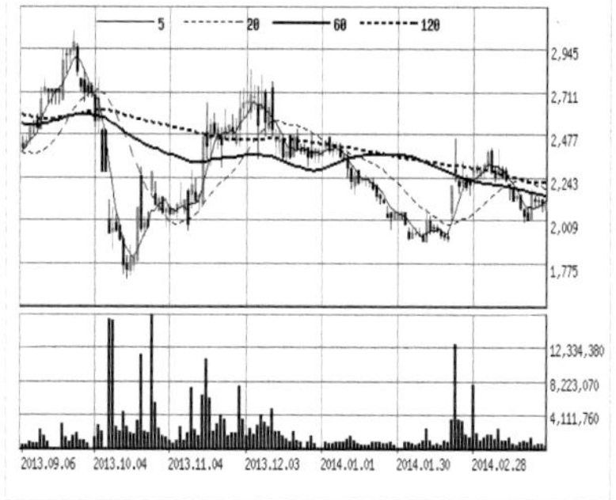

▶ 주가관련지표　　(단위 : 원, 배)

구 분		10.12	11.12	12.12	13.12
주가	최 고	18,900	8,000	8,960	4,325
	최 저	6,160	2,630	1,560	1,740
주당	순이익	-11,275	-12,085	-16,805	-5,475
	매출액	38,026	20,794	88,243	19,548
	순자산	3,226	1,517	1,799	1,320
PER(H/L)		-	-	-	-
PSR(H/L)		0.50/0.16	0.38/0.13	0.10/0.02	0.22/0.09
PBR(H/L)		5.86/1.91	5.27/1.73	4.98/0.87	3.28/1.32

전망　매출 회복, 수익성 개선 기대

· 중동 및 아시아 지역의 전력 수요가 급증하는 가운데 카타르에서 대규모 초고속케이블을 수주하는 등 해외 시장 확대를 통한 매출 회복 기대.
· 고부가가치 초고압케이블 매출 비중 확대 및 주요 원재료인 전기동 가격 약세 지속으로 수익성 개선 가능할 듯.
· 국책사업으로 개발된 시속 400km급 고속철도용 전차선 기술을 세계 최초로 확보한바, 향후 해외 시장 진출을 통한 외형 성장 기대됨.

▶ 요약연결재무제표　　(단위 : 억원)

구 분	10.12	11.12	12.12	13.12
비유동자산	17,718.0	16,425.9	15,579.9	12,289.5
유 동 자 산	28,036.0	18,803.1	13,223.5	10,260.2
자 산 총 계	45,754.0	35,228.9	28,803.4	22,549.7
지배기업지분	4,619.3	2,365.1	1,891.5	2,596.2
비지배지분	2,094.0	880.0	-10.6	115.0
자 본 총 계	6,713.4	3,245.1	1,880.9	2,711.3
비유동부채	6,720.3	5,509.4	5,839.3	7,008.7
유 동 부 채	32,320.4	26,474.5	21,083.3	12,829.8
부 채 총 계	39,040.6	31,983.9	26,922.5	19,838.5
수　익	30,476.0	31,064.4	25,271.8	25,134.6
매 출 원 가	28,449.8	29,391.7	24,083.9	23,574.3
매출총이익	2,026.2	1,672.7	1,187.9	1,560.3
기타영업수익	1,406.0	0.0	0.0	0.0
기타영업비용	1,353.1	0.0	0.0	0.0
판 관 비	1,623.6	1,603.8	1,834.4	3,545.5
영 업 이 익	455.5	68.9	-646.5	-1,985.2
영업외수익	900.2	2,740.6	1,690.8	1,284.1
영업외비용	11,578.0	6,068.3	5,569.2	4,546.7
세전계속영업이익	-10,222.3	-3,258.9	-4,524.8	-5,247.8
법인세비용	-1,357.5	-128.2	1,296.2	688.6
지배기업순이익	-8,584.2	-2,579.3	-4,812.9	-5,825.3

▶ 요약연결현금흐름표　　(단위 : 억원)

구 분	10.12	11.12	12.12	13.12
영업활동현금흐름	-2,189.6	-119.7	-554.4	283.1
투자활동현금흐름	-1,813.7	1,592.8	758.7	-345.5
재무활동현금흐름	4,402.6	-1,800.4	-375.8	-24.6
현금의 증가	399.4	-329.0	-171.5	-87.0
CF의 기말현금	1,142.6	803.2	622.2	525.9

▶ 연결재무비율　　(단위 : %)

구 분	10.12	11.12	12.12	13.12
매출액증가율	20.8	1.9	-18.7	-0.5
순이익증가율	적자지속	적자지속	적자지속	적자지속
R O A	-18.5	-7.6	-18.1	-23.1
R O E	-143.5	-73.9	-226.1	-259.6
부 채 비 율	581.5	985.3	1,431.4	731.7

(주)대륜이엔에스

www.daeryunens.com

채용정보

업종	기업명	채용예상 인원	공채 예상 시기	연봉 정보	영어면접 시행유무
기타	(주)대륜이엔에스	0명	3~4월	4000만원	無

외국어능력 시험 제한	토익점수	영어 말하기 점수	학점 제한	학점	스펙초월 채용계획	스펙초월 채용방식
無	제한 없음	오픽IM 이상	有	3.0점 이상	없음	없음

주소	연락처	메일
의정부시 민락로 244-6 ㈜대륜이엔에스 인사팀 (민락동 372-1번지)	02-950-5000	recruit@daeryunens.com

주요상품	가스 제조 및 배관공급업

기업 정보

DAERYUN E&S CO.,LTD.

기 업 개요

대표자 김성회
업종 가스 제조 및 배관공급업
형태 주식회사, 대기업
주요제품 도시가스 제조,공급/도시가스설비공사
종업원수 227명 (2013.12)
사업자번호/설립일 217-81-16055/1999.06.15
본사주소 (139-942)서울 노원구 덕릉로70길54(상계동)
전화/팩스번호 02-950-5000/02-950-5050
거래은행/결산월 한국산업은행/12월
홈페이지 www.daeryunens.com
감사의견 적정

주요주주 (2012.12.31) (단위 : 천주, %)

주주명	주식수	지분율
(주)한진중공업홀딩스	4,410	100.00

재무정보 (단위 : 백만 원, 천주)

재무상태표	2012.12	2013.12
유동자산(계)	268,519	221,938
당좌자산(계)	267,760	221,239
현금및현금등가물	41,530	13,999
단기투자증권	2	26
매출채권	207,438	194,542
기타당좌자산	10,461	1,915
재고자산(계)	759	699
비유동자산(계)	369,667	377,157
투자자산(계)	94,474	100,401
유형자산(계)	273,004	274,623
건설중인자산	9,721	14,429
무형자산(계)	1,295	1,257
자산총계	**638,185**	**599,095**
유동부채(계)	295,229	230,845
매입채무	250,298	186,751
단기차입금	19,865	–
유동성장기부채	1,170	20,732
비유동부채(계)	119,086	132,812
장기차입금(계)	59,055	67,312
장기부채성충당부채(계)	2,266	1,311
부채총계	**414,316**	**363,657**
자본금	44,108	44,108
이익잉여금	179,781	191,330
자본총계	**223,870**	**235,438**
부채와자본총계	**638,185**	**599,095**
[평균발행주식수]	4,411	4,411

손익계산서	2012.12	2013.12
매출액	**875,830**	**895,128**
매출원가	809,084	828,479
매출총이익(손실)	66,746	66,649
판매비와관리비	50,399	50,782
영업이익	**16,347**	**15,868**
영업외수익	6,693	10,521
영업외비용	5,447	6,151
이자비용	2,097	2,866
세전계속사업이익	**17,593**	**20,238**
계속사업손익법인세비용	3,846	4,655
당기순이익(손실)	**13,746**	**15,583**
기본주당순이익(원)	3,116	3,533

대성산업(주)

채용정보

업종	기업명	채용예상 인원	공채 예상 시기	연봉 정보	영어면접 시행유무
기타	대성산업(주)	00명 이상	수시채용	3000~5000만원	無

외국어능력 시험 제한	토익점수	영어 말하기 점수	학점 제한	학점	스펙초월 채용계획	스펙초월 채용방식
無	제한 없음	제한 없음	有	3.0점 이상	없음	없음

주소	연락처	메일
서울특별시 구로구 신도림동 692	02-2170-2100	비공개

주요상품	액체연료 및 관련제품 도매업

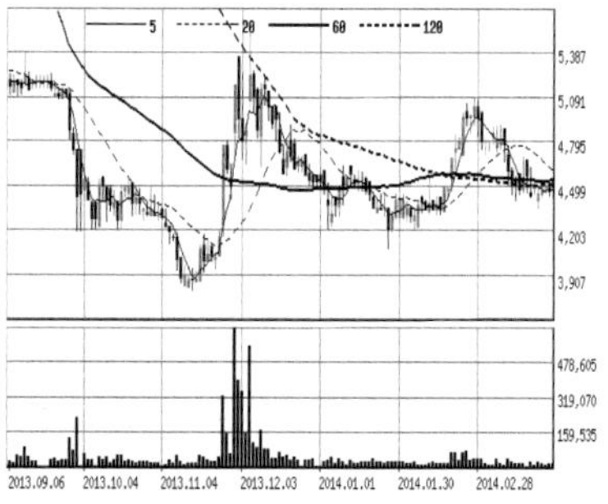

기업 정보

석유가스 및 건설, 유통업 영위업체
www.daesung.co.kr 【5,000원/12월/결산】
서울 구로구 경인로 662
대표전화 : 02-2170-2100 주식담당자 : 02-2170-2125

설 립 일	2010.06.29	주요주주 (13.12)	(%)
상 장 일	2010.07.30	(주)대성합동지주	54.7
대표이사	김영대/정광우	대성산업가스(주)	16.8
종업원수	933명(13.12)	김영주	2.3
회계감사법인	적정(안진회계법인)	매출구성	(%)
보 통 주	2,862만주	석유가스부문	64.2
우 선 주	-	유통부문	4.5
신용등급(Bond)	BBB	건설부문	2.4
신용등급(CP)	A3	외국인지분율	0.54%

▶ 자본금 변동
(단위 : 억원, 원)

구 분	13.01	13.07	13.07	13.10
증 자 액	0.52	376.00	332.55	433.14
변 동 내 역	합병	유상	무상	유상

▶ 베타와 변동성
(당사/유통업/KOSPI)

기 간	12.01 ~ 12.12	13.01 ~ 13.12
베 타	0.41 / 0.77 / 1.00	0.80 / 0.72 / 1.00
변 동 성	51.8 / 15.0 / 15.3	49.3 / 12.7 / 12.2

현 황 외형 확대에도 순이익 적자폭 확대

· 국내 경기 침체에 따른 석유가스 부문 및 건설 부문의 매출 부진에도 신도림 디큐브시티 매출 증가로 전년대비 외형 소폭 확대.
· 원가 절감 노력에도 지급수수료 등 판관비 증가와 금융비용 및 소송충당부채전입액 등 일시적 비용의 증가로 전년대비 순이익 적자폭 확대.
· 차입금 감소 및 유상증자에도 결손금 누적, 매도가능 금융자산평가손실 인식 등으로 자기자본 규모가 축소되어 전년대비 제 안정성 저하.

▶ 주가 그래프

▶ 주가관련지표
(단위 : 원, 배)

구 분		10.12	11.12	12.12	13.12
주 가	최 고	68,000	48,700	31,900	17,150
	최 저	46,050	25,200	13,850	3,875
주 당	순이익	3,071	-11,725	-21,650	-20,051
	매출액	168,255	254,431	228,865	89,510
	순자산	174,662	120,896	107,313	15,380
PER(H/L)		22.14/15.00	-	-	-
PSR(H/L)		0.40/0.27	0.19/0.10	0.14/0.06	0.19/0.04
PBR(H/L)		0.39/0.26	0.40/0.21	0.30/0.13	1.12/0.25

전 망 외형 성장은 제한적일 전망

· 국내 경기의 점진적 회복에 따른 석유 수요 증가에도 국내 건설경기 회복 지연에 따른 건설 부분의 부진 등으로 외형 성장은 제한적일 전망.
· 소송충당부채전입액 등 일시적 비용의 제거로 영업손실 및 당기순손실폭 축소 기대.
· 디큐브시티 오피스, 쉐라톤 서울 디큐브시티호텔, 주유소부지 등 유형자산 매각을 통한 현금유동성 확보 및 재무구조 개선 기대.

▶ 요약연결재무제표
(단위 : 억원)

구 분	10.12	11.12	12.12	13.12
비유동자산	15,862.0	18,527.9	16,078.7	18,370.2
유 동 자 산	4,880.3	5,692.5	10,602.5	4,108.0
자 산 총 계	20,742.3	24,220.4	26,681.2	22,478.2
지배기업지분	6,633.2	6,977.5	6,204.8	4,401.0
비지배지분	25.2	82.8	54.2	46.4
자 본 총 계	6,658.5	7,060.3	6,259.0	4,447.4
비유동부채	7,828.0	7,084.7	9,479.3	10,728.6
유 동 부 채	6,255.8	10,075.4	10,942.9	7,302.2
부 채 총 계	14,083.8	17,160.1	20,422.2	18,030.8
수 익	6,386.5	12,765.0	13,204.2	13,591.1
매 출 원 가	5,417.3	11,425.5	11,300.6	11,588.1
매출총이익	969.2	1,339.5	1,903.6	2,003.0
기타영업수익	292.8	0.0	0.0	0.0
기타영업비용	179.3	0.0	0.0	0.0
판 관 비	615.4	1,623.6	2,009.2	4,163.0
영 업 이 익	467.3	-284.1	-105.6	-2,159.9
영업외수익	60.1	632.4	490.7	1,164.7
영업외비용	369.0	1,085.7	1,950.7	2,435.7
세전계속영업이익	158.3	-737.3	-1,565.6	-3,431.0
법인세비용	45.4	-152.8	-361.9	-313.5
지배기업순이익	116.6	-588.3	-1,249.1	-3,044.5

▶ 요약연결현금흐름표
(단위 : 억원)

구 분	10.12	11.12	12.12	13.12
영업활동현금흐름	-1,071.4	-673.2	-4,848.1	-1,137.9
투자활동현금흐름	-1,176.6	-2,322.0	1,559.6	1,646.5
재무활동현금흐름	1,270.4	3,390.8	3,630.6	-1,561.3
현금의 증가	-977.5	395.5	342.1	-1,052.7
CF의 기말현금	1,170.9	1,569.1	1,896.3	829.0

▶ 연결재무비율
(단위 : %)

구 분	10.12	11.12	12.12	13.12
매출액증가율	-	99.9	3.4	2.9
순이익증가율	-	적자전환	적자지속	적자지속
R O A	0.5	-2.6	-4.8	-12.4
R O E	1.8	-8.6	-19.0	-57.4
부 채 비 율	211.5	243.1	326.3	405.4

동원시스템즈(주)

www.dongwonsystems.com

채용정보

업종	기업명	채용예상 인원	공채 예상 시기	연봉 정보	영어면접 시행유무
기타	동원시스템즈(주)	00명 이상	9~10월	협의	부분시행 해외영업
외국어능력 시험 제한	토익점수	영어 말하기 점수	학점 제한		
無	제한 없음	제한 없음	無	제한 없음	있음	직무경험중시
서울특별시 서초구 양재동 275 동원산업빌딩			02-589-4700		비공개
포장용 플라스틱제품 제조업					

기업정보

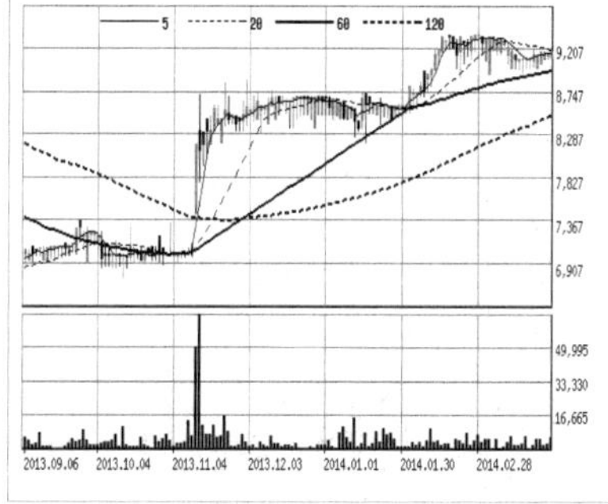

통신장비, 포장재, 광학기기 제조 및 건설업 영위기업
www.dongwonsystems.com　【5,000원/12월/결산】
경기도 성남시 중원구 둔촌대로541번길 46
대표전화 : 02-589-4700　주식담당자 : 02-589-4967

		주요주주 (13.12)	(%)
설 립 일	1980.05.10		
상 장 일	1994.03.29	(주)동원엔터프라이즈	80.7
대 표 이 사	조점근	김중한	0.1
종업원수	413명(13.12)		
회계감사법인	적정(삼정회계법인)	매출구성	(%)
보 통 주	2,408만주	공사/분양	27.8
우 선 주	27만주	성형/연포장	23.4
신용등급(Bond)	-	압연	11.5
신용등급(CP)	-	외국인지분율	0.49%

▶ 자본금 변동
(단위 : 억원, 원)

구 분	05.03	-07.12	13.01	13.01
증 자 액	450.00	0.64	5,000.00	60.10
변 동 내 역	합병	전환	액병	합병

▶ 베타와 변동성
(당사/화 학/KOSPI)

기 간	12.01 ~ 12.12	13.01 ~ 13.12
베 타	0.69 / 0.99 / 1.00	0.43 / 0.92 / 1.00
변 동 성	44.6 / 19.2 / 15.3	29.5 / 13.8 / 12.2

현황　외형 확대, 순이익 흑자전환

· 건설 · PM 사업부문의 양호한 성장 및 대한은박지의 합병에 따른 알루미늄 사업부문 확대로 전년대비 외형 확대.
· 원가율 상승으로 영업수익성 하락하였으나, 이자비용 감소 등으로 금융수지 개선된바 전년대비 순이익 흑자 전환.
· 대한은박지 피흡수합병으로 연결기준 자기자본 규모 확대된바 전년말대비 제 안정성 지표 개선.

▶ 주가 그래프

▶ 주가관련지표
(단위 : 원, 배)

구 분	10.12	11.12	12.12	13.12
주 최 고	17,900	16,300	13,450	11,900
가 최 저	11,800	8,800	9,260	6,550
주 순이익	-850	-2,160	-30	450
매출액	34,844	37,797	33,927	23,697
당 순자산	9,189	6,980	6,908	8,317
PER(H/L)	-	-	-	26.44/14.56
PSR(H/L)	0.51/0.34	0.43/0.23	0.40/0.27	0.50/0.28
PBR(H/L)	1.95/1.28	2.34/1.26	1.95/1.34	1.43/0.79

전 망　매출 성장 전망

· 글로벌 경제의 회복세 확대로 포장재 및 광학기, 통신장비 수요 증가할 전망인바 매출 성장 전망.
· 원자재 가격 안정, 매출 성장에 따른 비용 부담 완화로 수익성 개선 전망.
· 대한은박지 피흡수합병에 따른 사업포트폴리오 확대 및 포장재 부문 시너지 효과로 향후 외형 성장과 수익성 개선에 일조할 전망.

▶ 요약연결재무제표
(단위 : 억원)

구 분	10.12	11.12	12.12	13.12
비유동자산	1,149.7	1,289.3	1,741.4	2,388.3
유 동 자 산	2,977.3	3,220.1	2,437.4	3,030.2
자 산 총 계	4,127.0	4,509.5	4,178.7	5,418.5
지배기업지분	1,132.5	860.3	851.5	2,024.9
비지배지분	-0.2	45.8	41.2	31.9
자 본 총 계	1,132.3	906.0	892.6	2,056.7
비유동부채	828.0	1,494.8	784.6	967.0
유 동 부 채	2,166.7	2,108.7	2,501.5	2,394.9
부 채 총 계	2,994.7	3,603.5	3,286.1	3,361.8
수 익	4,294.5	4,658.5	4,181.5	5,493.1
매 출 원 가	3,696.6	4,090.1	3,663.3	4,990.9
매출총이익	597.9	568.4	518.2	502.2
기타영업수익	0.0	0.0	0.0	0.0
기타영업비용	0.0	0.0	0.0	0.0
판 관 비	339.4	327.5	355.5	336.1
영 업 이 익	258.5	240.9	162.7	166.1
영업외수익	154.3	62.0	57.3	74.5
영업외비용	509.5	580.7	186.4	155.7
세전계속영업이익	-96.7	-277.8	33.6	84.9
법인세비용	8.1	-10.3	44.3	-9.1
지배기업순이익	-104.9	-266.4	-4.1	104.2

▶ 요약연결현금흐름표
(단위 : 억원)

구 분	10.12	11.12	12.12	13.12
영업활동현금흐름	-190.2	-164.1	-227.8	436.6
투자활동현금흐름	629.8	-42.9	-58.1	535.5
재무활동현금흐름	-35.6	184.8	-60.3	-721.6
현금의 증가	404.0	-22.2	-346.2	250.5
CF의 기말현금	509.4	487.3	141.1	391.5

▶ 연결재무비율
(단위 : %)

구 분	10.12	11.12	12.12	13.12
매출액증가율	13.2	8.5	-10.2	31.4
순이익증가율	적자지속	적자지속	적자지속	흑자전환
R O A	-2.8	-0.2	0.3	2.0
R O E	-8.9	-26.7	-0.5	7.3
부 채 비 율	264.5	397.7	368.2	163.5

동우화인켐(주)

채용정보

업종	기업명	채용예상 인원	공채 예상 시기	연봉 정보	영어면접 시행유무
기타	동우화인켐(주)	100명	6~7월, 11월	3740만원	無

외국어능력 시험 제한	토익점수	영어 말하기 점수	학점 제한	학점	스펙초월 채용계획	스펙초월 채용방식
無	제한 없음	제한 없음	有	3.0점 이상	없음	없음

주소	연락처	메일
경기도 평택시 포승읍 포승공단로 117번길 35	031-659-4122	비공개

주요상품	화학제품 제조업

기업정보

DONGWOO FINE-CHEM CO.,LTD.

기업개요

- **대표자** 김상윤/하시모토키요야스
- **업종** 그외 기타 분류안된 화학제품 제조업
- **형태** 주식회사, 대기업
- **주요제품** 화학약품(반도체칩용, TFT-LCD제조공정용), 정밀화학용약품(화장품, 살충제, 안료), 광학재료용약품 제조, 도매
- **종업원수** 2761명 (2013. 3)
- **사업자번호/설립일** 403-81-06691/1991.12.10
- **본사주소** (570-977)전북 익산시 신흥동 740-30
- **전화/팩스번호** 063-830-2888/063-3452-3615
- **거래은행/결산월** 하나은행/12월
- **홈페이지** www.dwchem.co.kr
- **감사의견** 적정

주요주주 (2013. 3.31)

(단위 : 천주, %)

주주명	주식수	지분율
스미토모화학(주)	45,743	100.00

재무정보

(단위 : 백만 원, 천주)

재무상태표	2012.12	2013. 3
유동자산(계)	433,229	437,360
당좌자산(계)	270,265	275,922
현금및현금등가물	23,059	5,912
매출채권	222,837	238,129
기타당좌자산	124	50
재고자산(계)	162,964	161,438
비유동자산(계)	1,046,570	1,085,822
투자자산(계)	22,690	17,371
유형자산(계)	969,536	1,009,098
건설중인자산	115,239	156,489
무형자산(계)	10	9
자산총계	1,479,799	1,523,182
유동부채(계)	341,441	427,056
매입채무	215,514	187,185
단기차입금	–	86,769
비유동부채(계)	8,233	11,092
장기부채성충당부채(계)	5,352	8,143
부채총계	349,674	438,148
자본금	235,628	235,628
자본잉여금	258,918	258,918
자본조정	△3,748	△637
이익잉여금	639,327	591,126
자본총계	1,130,125	1,085,034
부채와자본총계	1,479,799	1,523,182
[평균발행주식수]	–	42,261

손익계산서	2012.12	2013. 3
매출액	2,310,855	509,367
매출원가	2,011,130	436,642
매출총이익(손실)	299,725	72,725
판매비와관리비	109,190	32,341
영업이익	190,535	40,384
영업외수익	63,799	18,587
영업외비용	51,532	22,266
이자비용	6,229	93
세전계속사업이익	202,802	36,705
계속사업손익법인세비용	4,602	1,273
당기순이익(손실)	198,201	35,432
기본주당순이익(원)	–	838

무림페이퍼(주)

www.moorim.co.kr

채용정보

업종	기업명	채용예상 인원	공채 예상 시기	연봉 정보	영어면접 시행유무
기타	무림페이퍼(주)	20명	10, 11월	3400만원	부분시행 해외영업

외국어능력 시험 제한	토익점수	영어 말하기 점수	학점 제한	학점	스펙초월 채용계획	스펙초월 채용방식
無	제한 없음	제한 없음	無	제한 없음	없음	없음

주소	연락처	메일
서울 강남구 강남대로 656 (신사동)	02-3458-1582/1584	recruit@moorim.co.kr

주요상품	
	인쇄 및 필기용 원지 제조업

기업 정보

백상지, 아트지 등 인쇄용지 제조업체
www.moorim.co.kr　【2,500원/12월/결산】
경남 진주시 남강로 1003
대표전화 : 055-751-1234　주식담당자 : 02-512-3672

설 립 일	1973.08.29	주요주주 (13.12)	(%)
상 장 일	1990.06.09	무림에스피(주)	19.7
대표이사	김석만	이동욱	18.9
종업원수	556명(13.12)	이도균	12.3
회계감사법인	적정(삼정회계법인)	매출구성	(%)
보 통 주	4,161만주	백상지아트지기타지	79.3
우 선 주	-	활엽수펄프	13.4
신용등급(Bond)	A-	기타부문	5.7
신용등급(CP)	A2-	외국인지분율	4.47%

▶ 자본금 변동
(단위 : 억원, 원)

구 분	00.01	-05.12	-08.12	11.05
증 자 액	276.00	39.35	74.93	2,500.00
변 동 내 역	유상	전환	전환	액분

▶ 베타와 변동성
(당사/종이,목재/KOSPI)

기 간	12.01 ~ 12.12	13.01 ~ 13.12
베 타	0.46 / 0.54 / 1.00	0.42 / 0.68 / 1.00
변 동 성	19.8 / 16.6 / 15.3	20.8 / 17.9 / 12.2

현황 외형 확대 및 영업이익률 상승

·전년말 공장 파업에 따른 생산량 감소 기저효과와 함께 인쇄용지 가격 인상 등으로 제지 부문 매출 증가하며 전년대비 외형 확대.
·원재료 가격 하락으로 원가율 개선된 가운데 대손상각비 감소 등 판관비 부담 완화되어 전년대비 영업이익률 상승 및 지배기업순이익 흑자전환.
·지속적인 설비투자에 따른 자금소요를 외부차입금을 통해 조달해온바, 과중한 차입금의존도로 전반적인 재무구조 미흡한 수준.

▶ 주가 그래프

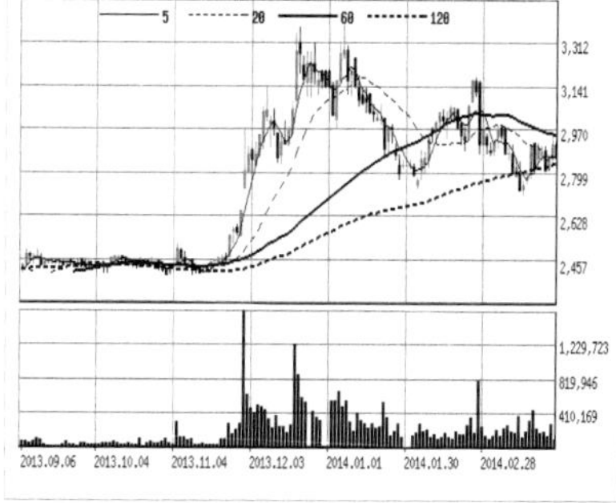

▶ 주가관련지표
(단위 : 원, 배)

구 분	10.12	11.12	12.12	13.12
주가 최 고	5,025	4,415	3,090	3,275
주가 최 저	3,855	2,570	2,355	2,210
주당 순이익	657	-244	-284	206
주당 매출액	21,501	24,716	25,940	27,338
주당 순자산	8,799	8,596	7,941	8,500
PER(H/L)	7.65/5.87	-	-	15.90/10.73
PSR(H/L)	0.23/0.18	0.18/0.10	0.12/0.09	0.12/0.08
PBR(H/L)	0.57/0.44	0.51/0.30	0.39/0.30	0.39/0.26

전망 매출 성장은 다소 제한적일 듯

·내수경기의 점진적 회복세에도 인쇄용지시장의 구조적 저성장, 경쟁 심화 등으로 매출 성장은 다소 제한적일 듯.
·주요 원재료인 펄프 가격의 하향 안정세가 예상되나, 과중한 차입금에 따른 이자비용 부담 지속으로 수익성 개선 제한적일 듯.
·주력 지종을 라벨지 등 고부가가치 산업용 인쇄용지로 전환하기 위해 진주공장에 투자하고 있는바, 이를 통한 성장동력 확보 기대.

▶ 요약연결재무제표
(단위 : 억원)

구 분	10.12	11.12	12.12	13.12
비유동자산	13,641.2	14,878.2	15,181.2	15,017.2
유 동 자 산	7,240.9	7,698.0	7,067.6	7,779.2
자 산 총 계	20,882.1	22,576.3	22,248.8	22,796.4
지배기업지분	3,661.2	3,576.8	3,304.1	3,537.0
비지배지분	3,068.3	2,958.9	3,043.0	3,097.6
자 본 총 계	6,729.5	6,535.7	6,347.0	6,634.5
비유동부채	7,925.3	8,031.2	7,240.9	7,862.8
유 동 부 채	6,227.4	8,009.3	8,660.9	8,299.0
부 채 총 계	14,152.6	16,040.5	15,901.8	16,161.8
수 익	8,946.4	10,284.1	10,793.4	11,375.2
매 출 원 가	7,071.9	8,716.1	9,102.3	9,365.1
매 출 총 이 익	1,874.5	1,567.9	1,691.1	2,010.2
기타영업수익	23.4	0.0	0.0	0.0
기타영업비용	58.0	0.0	0.0	0.0
판 관 비	864.0	1,055.5	1,244.1	1,245.4
영 업 이 익	976.0	512.5	447.0	764.8
영업외수익	324.6	387.3	588.2	343.2
영업외비용	436.4	840.1	946.6	741.1
세전계속영업이익	864.2	59.6	88.6	366.9
법인세비용	231.9	69.8	41.9	117.7
지배기업순이익	273.4	-101.7	-118.3	85.7

▶ 요약연결현금흐름표
(단위 : 억원)

구 분	10.12	11.12	12.12	13.12
영업활동현금흐름	98.0	-1,549.4	787.4	412.0
투자활동현금흐름	-4,337.7	-1,229.5	-510.7	-395.6
재무활동현금흐름	4,103.4	1,869.2	185.7	-38.7
현금의 증가	-136.2	-909.7	462.4	-22.2
CF의 기말현금	1,778.4	881.5	1,333.7	1,310.4

▶ 연결재무비율
(단위 : %)

구 분	10.12	11.12	12.12	13.12
매출액증가율	6.3	15.0	5.0	5.4
순이익증가율	-44.1	적자전환	적자지속	흑자전환
R O A	3.6	-0.1	0.2	1.1
R O E	7.5	-2.8	-3.4	2.5
부 채 비 율	210.3	245.4	250.5	243.6

삼성전자판매㈜

채용정보

업종	기업명	채용예상 인원	공채 예상 시기	연봉 정보	영어면접 시행유무
기타	삼성전자판매㈜	40~60명	4월, 9월	4000만원	無

외국어능력 시험 제한	토익점수	영어 말하기 점수	학점 제한	학점	스펙초월 채용계획	스펙초월 채용방식
無	제한 없음	오픽IM	有	3.0점 이상	있음	영어말하기, 학점만 기준에 도달하면 전원 필기시험 응시 가능

주소		연락처	메일
서울시 서초구 서초동 1338-12 한화생명 서초빌딩10층 삼성전자판매㈜		02-3460-6620 / 6830	recruit.lp@samsung.com

주요상품	가전제품 및 부품 도매업

기업 정보

SAMSUNG ELECTRONICS SALES CO., LTD.

기업개요

대표자　이응암
업종　가전제품 및 부품 도매업
형태　주식회사, 대기업
주요제품　가전제품 도소매
종업원수　3830명 (2013.12)
사업자번호/설립일　617-81-17517/1996.07.15
본사주소　(463-824)경기성남시분당구황새울로340(서현동, 삼성디지털프라자)
전화/팩스번호　02-3460-6663/02-3460-6802
거래은행/결산월　우리은행/12월
홈페이지　www.samsungsales.co.kr
감사의견　적정

주요주주 (2012.12.31)　(단위 : 천주, %)

주주명	주식수	지분율
삼성전자㈜	1,766	100.00

재무정보　(단위 : 백만 원, 천주)

재무상태표	2012.12	2013.12
유동자산(계)	235,300	272,037
당좌자산(계)	83,937	114,372
현금및현금등가물	417	537
단기투자증권	1	1
매출채권	44,342	52,561
재고자산(계)	151,363	157,666
비유동자산(계)	279,242	292,323
유형자산(계)	114,091	109,605
무형자산(계)	8,340	10,645
자산총계	514,542	564,361
유동부채(계)	223,441	268,411
매입채무	147,813	167,295
단기차입금	–	2,582
비유동부채(계)	24,071	28,639
장기부채성충당부채(계)	21,283	25,838
부채총계	247,512	297,050
자본금	17,667	17,667
자본잉여금	212,210	212,210
이익잉여금	53,939	58,364
자본총계	267,030	267,310
부채와자본총계	514,542	564,361
[평균발행주식수]	1,767	1,767

손익계산서	2012.12	2013.12
매출액	1,838,672	2,020,698
매출원가	1,405,246	1,525,370
매출총이익(손실)	433,426	495,328
판매비와관리비	441,390	514,332
영업이익	△7,964	△19,004
영업외수익	22,240	28,940
영업외비용	4,008	4,235
이자비용	774	919
세전계속사업이익	10,268	5,701
계속사업손익법인세비용	2,273	1,277
당기순이익(손실)	7,995	4,425
기본주당순이익(원)	4,526	2,505

(주)문화방송

www.imbc.com

채용정보

업종	기업명	채용예상 인원	공채 예상 시기	연봉 정보	영어면접 시행유무
기타	(주)문화방송	20명	5월	협의	無

외국어능력 시험 제한	토익점수	영어 말하기 점수	학점 제한	학점	스펙초월 채용계획	스펙초월 채용방식
無	제한 없음	제한 없음	無	제한 없음	미정	미정

주소		연락처	메일
서울시 마포구 성암로 267		02-789-0011	mbcrecruit@mbc.co.kr

주요상품	지상파 방송업

기업 정보

MUNHWA BROADCASTING CORPORATION

기업개요

대표자 안광한
업 종 지상파 방송업
형 태 주식회사, 대기업
주요제품 텔레비전 방송,라디오 방송,광고
종업원수 2227명 (2013.12)
사업자번호/설립일 116-81-13833/1961.12.02
본사주소 (150-010)서울 영등포구 여의나루로96 (여의도동,문화방송(주)빌딩)
전화/팩스번호 02-789-0011/02-789-3982
거래은행/결산월 중소기업은행/12월
홈페이지 http://www.mbc.co.kr
감사의견 적정

주요주주 (2013. 6.27)

(단위 : 천주, %)

주주명	주식수	지분율
방송문화진흥회	140	70.00
재단법인정수장학회	60	30.00

재무정보

(단위 : 백만 원, 천주)

재무상태표	2012.12	2013.12
유동자산(계)	516,791	401,116
당좌자산(계)	514,881	399,174
현금및현금등가물	236,481	161,381
단기투자증권	32,307	29,687
매출채권	191,107	164,812
재고자산(계)	1,910	1,943
비유동자산(계)	1,446,498	1,637,204
투자자산(계)	878,132	883,985
유형자산(계)	555,526	741,204
건설중인자산	111,363	309,220
무형자산(계)	302	241
자산총계	1,963,289	2,038,320
유동부채(계)	138,054	176,834
매입채무	42,453	45,759
비유동부채(계)	97,429	94,397
장기부채성충당부채(계)	15,479	19,202
부채총계	235,483	271,231
자본금	1,000	1,000
자본잉여금	286,740	286,740
자본조정	△4,005	△4,059
이익잉여금	1,438,196	1,476,396
자본총계	1,727,806	1,767,089
부채와자본총계	1,963,289	2,038,320
[평균발행주식수]	200	200

손익계산서	2012.12	2013.12
매출액	802,150	815,501
매출원가	622,134	647,213
매출총이익(손실)	180,016	168,289
판매비와관리비	164,798	152,252
영업이익	15,218	16,037
영업외수익	90,580	44,254
영업외비용	10,786	15,235
세전계속사업이익	95,012	45,056
계속사업손익법인세비용	14,942	6,414
당기순이익(손실)	80,069	38,642
기본주당순이익(원)	400,346	193,211

(주)부산도시가스

www.busangas.co.kr

채용정보

업종	기업명	채용예상 인원	공채 예상 시기	연봉 정보	영어면접 시행유무
기타	(주)부산도시가스	0명	3월	협의	無

외국어능력 시험 제한	토익점수	영어 말하기 점수	학점 제한	학점	스펙초월 채용계획	스펙초월 채용방식
無	제한 없음	제한 없음	無	제한 없음	있음	자사 형식 콘테스트 선발인원 대상 서류전형 면제

주소	연락처	메일
부산광역시 수영구 황령대로 513	051-607-1234	psg@sk.com

주요상품	가스 제조 및 배관공급업

기업정보

부산광역시 도시가스 공급업체
www.pusangas.co.kr
【5,000원/12월/결산】
부산 수영구 황령대로 513
대표전화 : 051-607-1234　　주식담당자 : 051-607-1178

설 립 일	1981.03.04	주요주주 (13.12)	(%)
상 장 일	1997.06.23	에스케이이엔에스(주)	67.3
대표이사	한치우	(주)부산도시가스	9.1
종업원수	297명(13.12)		
회계감사법인	적정(삼일회계법인)	매출구성	(%)
보 통 주	1,100만주	LNG	99.1
우 선 주	-	임대등	0.5
신용등급(Bond)	-	기타	0.4
신용등급(CP)	-	외국인지분율	1.37%

▶ 자본금 변동
(단위 : 억원, 원)

구 분	97.06	99.12	.	.
증 자 액	450.00	100.00	-	-
변 동 내 역	신규	무상	-	-

▶ 베타와 변동성
(당사/전기가스업/KOSPI)

기 간	12.01 ~ 12.12	13.01 ~ 13.12
베 타	0.16 / 0.14 / 1.00	0.08 / 0.60 / 1.00
변 동 성	11.5 / 19.4 / 15.3	25.3 / 24.8 / 12.2

현황 매출 증가에도 영업이익률 하락

· 가정용 가스 수요 증가 및 2월, 8월 요금 인상 등으로 전년대비 매출 증가.
· 설비 증설에 따른 감가상각비 등의 증가로 원가율 상승하여 영업이익률이 전년대비 하락하였으나 지분법이익 증가로 전년 수준의 순이익률 기록.
· 미미한 차입금 부담 및 자산대비 충분한 규모의 자기자본 보유로 전년에 이어 양호한 수준의 재무구조 견지.

▶ 주가 그래프

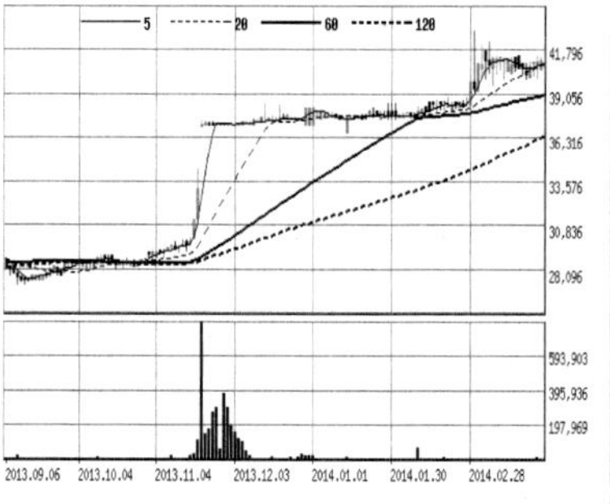

▶ 주가관련지표
(단위 : 원, 배)

구 분		10.12	11.12	12.12	13.12
주가	최 고	23,000	20,900	22,650	38,200
	최 저	19,650	18,000	18,000	20,500
주당	순이익	2,831	3,321	3,727	3,680
	매출액	95,032	105,001	118,809	120,982
	순자산	32,707	34,668	37,122	39,490
PER(H/L)		8.12/6.94	6.29/5.42	6.08/4.83	10.38/5.57
PSR(H/L)		0.24/0.21	0.20/0.17	0.19/0.15	0.32/0.17
PBR(H/L)		0.70/0.60	0.60/0.52	0.61/0.48	0.97/0.52

전망 매출 성장세 이어갈 듯

· 올해 초 도시가스 요금 인상과 더불어 보급률이 전국 평균 보급률에 비해 낮아 보급 확대 여력이 충분하기에 꾸준한 외형 성장세 전망.
· 지속적인 설비투자에 따른 감가상각비 계상에도 외형 성장에 따른 고정성 경비 부담 완화 및 요금 인상에 따른 판매마진 향상으로 영업수지 회복 기대.
· 영업활동 현금 창출로 설비 신설 및 배당금 지급 재원으로 사용하는 등, 양호한 현금흐름 및 재무안정성을 감안할 때 향후에도 자금흐름 무리 없을 듯.

▶ 요약재무제표
(단위 : 억원)

구 분	10.12	11.12	12.12	13.12
비유동자산	4,365.0	4,389.6	4,461.8	4,560.9
유 동 자 산	2,239.4	2,480.1	3,186.6	3,365.6
자 산 총 계	6,604.3	6,869.6	7,648.4	7,926.4
자 본 총 계	3,620.6	3,833.2	4,103.9	4,365.7
(보통주자본금)	550.0	550.0	550.0	550.0
(우선주자본금)	0.0	0.0	0.0	0.0
비유동부채	417.5	534.7	538.9	629.8
유 동 부 채	2,566.3	2,501.8	3,005.6	2,931.0
부 채 총 계	2,983.8	3,036.4	3,544.5	3,560.8
수 익	9,504.2	10,501.1	11,882.1	12,099.4
매 출 원 가	8,276.4	9,248.9	10,511.2	10,825.4
매출총이익	1,227.8	1,252.2	1,370.9	1,274.0
기타영업수익	39.0	0.0	0.0	0.0
기타영업비용	28.3	0.0	0.0	0.0
판 관 비	792.9	831.3	921.5	899.9
영 업 이 익	445.6	420.9	449.4	374.2
세전계속영업이익	421.8	457.5	495.5	470.5
법인세비용	138.6	125.3	122.9	102.4
계속영업이익	283.2	332.2	372.7	368.1
중단영업이익	0.0	0.0	0.0	0.0
당기순이익	283.2	332.2	372.7	368.1

▶ 요약현금흐름표
(단위 : 억원)

구 분	10.12	11.12	12.12	13.12
영업활동현금흐름	661.5	617.8	703.5	527.3
투자활동현금흐름	-151.0	-188.0	-204.5	-197.2
재무활동현금흐름	-29.7	-394.9	-101.3	-96.7
현금의 증가	480.8	34.9	397.8	233.4
CF의 기말현금	776.0	810.9	1,208.7	1,442.1

▶ 재무비율
(단위 : %)

구 분	10.12	11.12	12.12	13.12
매출액증가율	14.7	10.5	13.2	1.8
순이익증가율	52.6	17.3	12.2	-1.2
R O A	4.7	4.9	5.1	4.7
R O E	8.7	8.9	9.4	8.7
부 채 비 율	82.4	79.2	86.4	81.6

삼성에버랜드(주)

채용정보

업종	기업명	채용예상 인원	공채 예상 시기	연봉 정보	영어면접 시행유무
기타	삼성에버랜드(주)	○명	3월, 9월	협의	無

외국어능력 시험 제한	토익점수	영어 말하기 점수	학점 제한	학점	스펙초월 채용계획	스펙초월 채용방식
無	제한 없음	조정예정	有	3.0점 이상	있음	그룹공통-학력초월, 영어말하기 점수와 학점고졸자의 경우 100점만점 환산 기준만 도달하면 전원 필기시험 응시

주소	연락처	메일
서울특별시 중구 세종대로 67 삼성본관빌딩 19층	02-759-0290	recruit.sei@samsung.com

주요상품	
	유원지 및 테마파크 운영업

기업 정보

SAMSUNG EVERLAND INC.

기업개요

대표자　김봉영/윤주화
업 종　유원지 및 테마파크 운영업
형 태　주식회사, 대기업
주요제품　레저문화, 리조트개발사업, 골프장운영/자산관리, 환경개발/조경공사/급식, 식자재유통
종업원수　5062명 (2014. 3)
사업자번호/설립일　202-81-45975/1963.12.23
본사주소　(100-865)서울 중구 세종대로67(태평로2가, 삼성본관빌딩)
전화/팩스번호　02-759-1217/02-757-7892
거래은행/결산월　우리은행/12월
홈페이지　www.samsungeverland.com
감사의견　적정

주요주주 (2013.12.31)　(단위 : 천주, %)

주주명	주식수	지분율
이재용	627	25.10
(주)KCC	425	17.00
삼성에버랜드(주)	380	15.23
이부진	209	8.37
이서현	209	8.37
삼성카드(주)	124	5.00
삼성전기(주)	100	4.00
삼성SDI(주)	100	4.00
제일모직(주)	100	4.00
이건희	93	3.72
삼성물산(주)	36	1.48
(재)삼성문화재단	22	0.88
이유정	12	0.48

재무정보　(단위 : 백만 원, 천주)

재무상태표	2012.12	2013.12
유동자산(계)	727,338	1,413,560
당좌자산(계)	685,929	1,025,247
현금밎현금등가물	33,587	74,183
단기투자증권	271	286
매출채권	443,490	570,587
기타당좌자산	–	26,806
재고자산(계)	41,409	388,314
비유동자산(계)	5,931,647	6,982,080
투자자산(계)	3,928,652	4,678,682
유형자산(계)	1,744,077	1,945,631
건설중인자산	89,655	47,704
무형자산(계)	159,341	203,877
자산총계	6,658,985	8,395,640
유동부채(계)	1,062,634	1,608,127
매입채무	229,247	177,194
단기차입금	560,000	710,000
유동성장기부채	26,436	274,731
비유동부채(계)	1,776,617	2,774,814
장기사채(계)	–	797,526
장기차입금(계)	324,019	504,724
장기부채성충당부채(계)	26,216	10,784
부채총계	2,839,251	4,382,941
자본금	12,500	12,500
자본잉여금	51,668	51,668
자본조정	△499,610	△692,801
이익잉여금	2,006,339	2,103,696
자본총계	3,819,733	4,012,699
부채와자본총계	6,658,985	8,395,640
[평균발행주식수]	2,350	2,142

손익계산서	2012.12	2013.12
매출액	2,699,553	3,018,454
매출원가	2,265,762	2,463,373
매출총이익(손실)	433,791	555,081
판매비와관리비	363,893	446,974
영업이익	69,898	108,107
영업외수익	93,466	68,531
영업외비용	43,357	105,260
이자비용	21,966	32,259
세전계속사업이익	120,007	71,378
계속사업손익법인세비용	21,449	25,441
중단사업이익(손실)	52,749	50,364
당기순이익(손실)	151,307	96,302
기본주당순이익(원)	64,376	44,952

삼성전자서비스(주)

www.samsungsvc.co.kr

채용정보

업종	기업명	채용예상 인원	공채 예상 시기	연봉 정보	영어면접 시행유무
기타	삼성전자서비스(주)	10명	10월	4000만원	無

외국어능력 시험 제한	토익점수	영어 말하기 점수	학점 제한	학점	스펙초월 채용계획	스펙초월 채용방식
有	620점	제한 없음	有	3.0점 이상	없음	없음

주소	연락처	메일
경기도 수원시 영통구 삼성로 290번지 삼성전자서비스 주식회사	1588-3366	비공개

주요상품	
	가전제품 수리업

기업 정보

SAMSUNG ELECTRONICS SERVICE CO.,LTD.

기업개요

대표자 박상범
업 종 가전제품 수리업
형 태 주식회사, 대기업
주요제품 가전제품 수리
종업원수 1398명 (2013.12)
사업자번호/설립일 124-81-58485/1998.11.02
본사주소 (443-822)경기 수원시 영통구 삼성로 290(원천동,수원SCM연구동)
전화/팩스번호 031-270-2177/031-270-2173
거래은행/결산월 우리은행/12월
홈페이지 www.samsungsvc.co.kr
감사의견 적정

주요주주 (2010.12.31)

(단위 : 천주, %)

주주명	주식수	지분율
삼성전자(주)	5,999	99.33

재무정보

(단위 : 백만 원, 천주)

재무상태표	2012.12	2013.12
유동자산(계)	201,701	232,735
당좌자산(계)	177,452	208,566
현금및현금등가물	56,751	70,564
매출채권	102,474	104,490
재고자산(계)	24,249	24,168
비유동자산(계)	90,685	102,854
유형자산(계)	37,911	39,830
무형자산(계)	11,564	18,523
자산총계	**292,387**	**335,588**
유동부채(계)	234,187	281,844
매입채무	137,378	191,470
비유동부채(계)	12,483	4,258
장기부채성충당부채(계)	12,382	4,229
부채총계	**246,669**	**286,102**
자본금	30,203	30,203
이익잉여금	26,134	30,497
자본총계	**45,717**	**49,486**
부채와자본총계	**292,387**	**335,588**
[평균발행주식수]	6,041	6,041

손익계산서	2012.12	2013.12
매출액	**1,068,145**	**1,278,913**
매출원가	945,026	1,151,869
매출총이익(손실)	123,120	127,045
판매비와관리비	115,403	121,988
영업이익	**7,716**	**5,057**
영업외수익	975	1,574
영업외비용	1,179	905
세전계속사업이익	**7,513**	**5,726**
계속사업손익법인세비용	1,778	1,363
당기순이익(손실)	**5,735**	**4,363**
기본주당순이익(원)	949	722

삼성테크윈(주)

www.samsungtechwin.co.kr

채용정보

업종	기업명	채용예상 인원	공채 예상 시기	연봉 정보	영어면접 시행유무
기타	삼성테크윈(주)	100명	4월	협의	無

외국어능력 시험 제한	토익점수	영어 말하기 점수	학점 제한	학점	스펙초월 채용계획	스펙초월 채용방식
無	제한 없음	미정	有	3.0점 이상	미정	미정

주소	연락처	메일
경상남도 창원시 성산구 창원대로 1204 (성주동) 삼성테크윈㈜	070-7147-7132	jaewon.koo@samsung.com

주요상품	
	방산장비 제조업

기업 정보

방산장비, 에너지장비 제조 및 보안 솔루션 제공업체
www.samsungtechwin.co.kr　【5,000원/12월/결산】
경남 창원시 성산구 창원대로 1204
대표전화 : 055-260-2114　주식담당자 : 070-7147-7624

설 립 일	1977.08.01	주요주주 (13.12)	(%)
상 장 일	1987.05.27	삼성전자(주)	25.5
대표이사	김철교	국민연금공단	7.1
종업원수	5,078명(13.12)	한국투자신탁운용(주)	7.1
회계감사법인	적정(삼정회계법인)	매출구성	(%)
보 통 주	5,313만주	파워시스템사업부	32.7
우 선 주	-	Security Solution사업부	24.7
신용등급(Bond)	AA	DS사업부	22.1
신용등급(CP)	A1	외국인지분율	14.59%

▶ 자본금 변동

(단위 : 억원, 원)

구 분	99.04	99.07	04.04	09.02
증 자 액	1,000.00	1,650.00	-425.00	-1,193.50
변 동 내 역	유상	유상	감자	감자

▶ 베타와 변동성

(당사/전기,전자/KOSPI)

기 간	12.01 ~ 12.12	13.01 ~ 13.12
베 타	0.80 / 1.41 / 1.00	0.70 / 1.42 / 1.00
변 동 성	28.7 / 26.0 / 15.3	21.0 / 20.8 / 12.2

현황　외형 소폭 감소

·항공기엔진부품, 엔진조립 등 엔진 부문의 매출 확대에도 신형자주포, 장갑차 등 방산사업 매출 감소로 전년대비 외형 소폭 감소.
·원가, 판관비, 개발비, 일회성 비용 등 전반적인 비용 증가에도 관계기업지분법이익 확대로 전년도 수준의 수익성 유지.
·선수금 등의 증가로 부채 규모 확대되었으나 매도가능금융자산평가이익 증가, 순익 시현에 따른 이익유보로 자본 규모 확충, 양호한 재무구조 유지.

▶ 주가 그래프

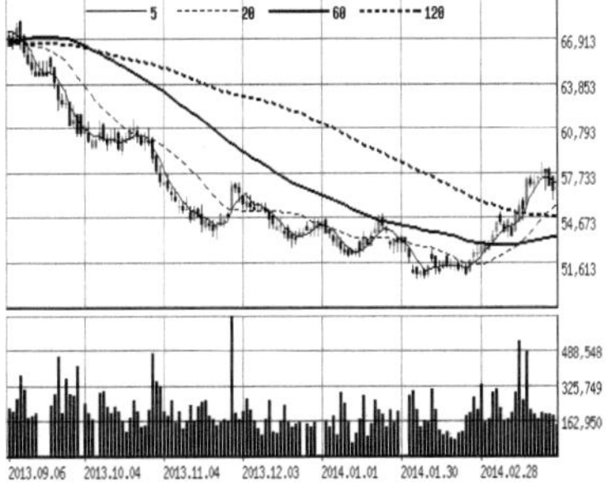

▶ 주가관련지표

(단위 : 원, 배)

구 분		10.12	11.12	12.12	13.12
주가	최 고	117,500	106,500	79,900	70,500
	최 저	66,900	49,800	53,000	53,200
주당	순이익	4,398	4,347	2,467	2,494
	매출액	55,086	55,498	55,249	54,818
	순자산	23,815	29,923	29,655	32,056
PER(H/L)		26.72/15.21	24.50/11.46	32.39/21.48	28.27/21.33
PSR(H/L)		2.13/1.21	1.92/0.90	1.45/0.96	1.29/0.97
PBR(H/L)		4.93/2.81	3.56/1.66	2.69/1.79	2.20/1.66

전망　외형 성장 및 수익성 개선 기대

·항공기산업의 성장 및 국책사업에서 대규모 항공기 엔진 수주 기대, 해외 독점의 액화천연가스 선박용 압축기 시장 진출로 외형 성장 예상.
·외형 성장에 따른 고정비 부담 완화 및 일회성 비용의 제거, SMI장비 제품믹스 개선 등으로 수익성 상승 보일 듯.
·안정적인 재무구조 견지 및 영업활동상 양호한 현금 창출력을 보이는바 단기간 사업 운용상 자금조달 큰 문제 없을 듯.

▶ 요약연결재무제표

(단위 : 억원)

구 분	10.12	11.12	12.12	13.12
비유동자산	17,638.3	19,592.8	18,547.0	18,725.2
유 동 자 산	11,341.1	12,442.5	13,862.4	15,617.1
자 산 총 계	28,979.4	32,035.2	32,409.4	34,342.2
지배기업지분	12,652.9	15,898.1	15,755.8	17,031.5
비지배지분	53.4	39.4	20.9	16.3
자 본 총 계	12,706.3	15,937.5	15,776.8	17,047.8
비유동부채	5,650.5	6,467.1	6,437.1	5,601.9
유 동 부 채	10,622.6	9,630.6	10,195.5	11,692.5
부 채 총 계	16,273.1	16,097.7	16,632.6	17,294.4
수　　익	29,240.3	29,475.3	29,347.0	29,120.3
매 출 원 가	23,241.6	24,027.8	22,829.3	22,461.2
매출총이익	5,998.7	5,447.5	6,517.7	6,659.2
기타영업수익	612.0	0.0	0.0	0.0
기타영업비용	470.6	0.0	0.0	0.0
판 관 비	3,860.3	4,553.9	4,957.2	5,432.3
영 업 이 익	2,279.8	893.6	1,560.4	1,226.9
영업외수익	912.2	2,548.7	954.2	1,227.2
영업외비용	304.4	955.2	872.1	760.8
세전계속영업이익	2,887.6	2,487.0	1,642.5	1,693.3
법인세비용	457.9	168.1	329.3	362.9
지배기업순이익	2,334.3	2,308.9	1,310.3	1,324.9

▶ 요약연결현금흐름표

(단위 : 억원)

구 분	10.12	11.12	12.12	13.12
영업활동현금흐름	1,286.0	652.2	1,468.3	2,193.3
투자활동현금흐름	-5,129.8	580.0	-612.4	-380.9
재무활동현금흐름	2,234.4	-482.5	-292.4	-1,431.6
현금의 증가	-1,609.4	749.7	563.5	380.8
CF의 기말현금	1,118.0	1,878.5	2,390.4	2,758.7

▶ 연결재무비율

(단위 : %)

구 분	10.12	11.12	12.12	13.12
매출액증가율	8.7	0.8	-0.4	-0.8
순이익증가율	33.5	-1.1	-43.3	1.1
R O A	8.0	7.0	4.1	4.0
R O E	20.0	16.2	8.3	8.1
부 채 비 율	128.1	101.0	105.4	101.5

(주)삼양사

채용정보

업종	기업명	채용예상 인원	공채 예상 시기	연봉 정보	영어면접 시행유무
기타	(주)삼양사	40명	4월, 9월	3500만원 이상	無

외국어능력 시험 제한	토익점수	영어 말하기 점수	학점 제한	학점	스펙초월 채용계획	스펙초월 채용방식
有	600점	오픽:IL, 토익스피킹:5급	無	제한 없음	미정	미정

주소		연락처	메일
서울시 종로구 종로33길 31 (주)삼양홀딩스 HRM팀		02-740-7160	비공개

주요상품	설탕, 엔지니어링 플라스틱 제조업체

기업 정보

설탕, 엔지니어링 플라스틱 제조업체
www.samyangcorp.com
【5,000원/12월/결산】
서울 종로구 종로33길 31
대표전화 : 02-740-7114   주식담당자 : 02-740-7114

		주요주주 (13.12)	(%)
설 립 일	2011.11.03	(주)삼양홀딩스	56.9
상 장 일	2011.12.05	윤재용	0.1
대표이사	김정/문성환	윤혜연	0.1
종업원수	925명(13.12)		
회계감사법인	적정(삼정회계법인)	매출구성	(%)
보 통 주	497만주	식품	54.2
우 선 주	16만주	화학	48.2
신용등급(Bond)	-	기타	0.1
신용등급(CP)	A1	외국인지분율	4.15%

▶ 자본금 변동
(단위 : 억원, 원)

구 분	11.12	13.07	14.01	.
증 자 액	213.09	15.03	20.31	-
변 동 내 역	신규	합병	합병	-

▶ 베타와 변동성
(당사/음식료업/KOSPI)

기 간	12.01 ~ 12.12	13.01 ~ 13.12
베 타	0.58 / 0.37 / 1.00	0.43 / 0.56 / 1.00
변 동 성	32.1 / 17.7 / 15.3	23.3 / 16.4 / 12.2

현황 매출 감소, 순이익률 하락

· 국제 원당 가격 하락에 따른 설탕 출고가 인하로 식품 부문 매출 감소한 가운데 영업양도에 따른 사료 부문 매출 제거로 전년대비 매출액 감소.
· 원당 가격 하락으로 원가율 개선되어 전년대비 영업이익률은 상승하였으나 중단영업이익 제거로 순이익률은 하락.
· 단기차입금 감소로 부채 규모 축소되는 등 제 안정성 지표 전년대비 개선된바 안정적인 재무구조 견지하고 있음.

▶ 주가 그래프

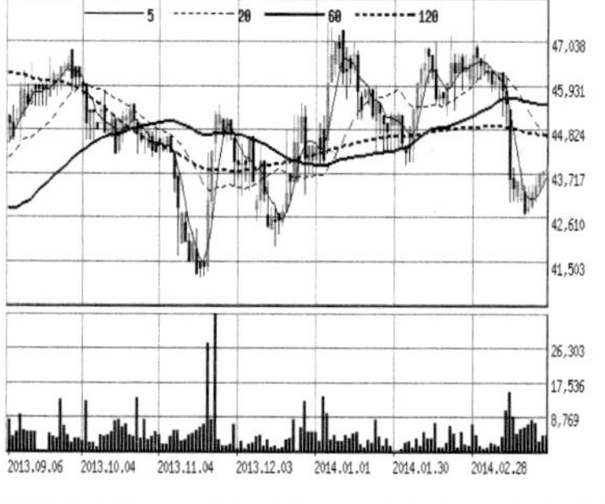

▶ 주가관련지표
(단위 : 원, 배)

구 분	.	11.12	12.12	13.12
주가 최 고	-	68,000	60,100	55,800
주가 최 저	-	48,000	41,850	39,550
주당 순이익	-	-317	6,119	4,521
주당 매출액	-	53,432	317,568	317,433
주당 순자산	-	90,423	92,646	91,120
PER(H/L)	-	-	9.82/6.84	12.34/8.75
PSR(H/L)	-	1.27/0.90	0.19/0.13	0.18/0.12
PBR(H/L)	-	0.75/0.53	0.65/0.45	0.61/0.43

전망 외형 회복 기대

· 이온교환수지, 친환경 플라스틱소재 등 화학 부문 사업 확대와 함께 삼양웰푸드 흡수합병에 따른 외형 회복 기대.
· 외형 회복에 따른 고정비 부담 완화가 예상되나 국제 원당 가격 상승으로 원가 부담 확대되어 수익성 개선은 제한적일 듯.
· 이온교환수지 사업 확대를 위해 미쓰비시화학과 삼양화인테크놀로지 합작법인을 설립한바, 시너지 효과를 통한 외형 성장 기대.

▶ 요약연결재무제표
(단위 : 억원)

구 분	.	11.12	12.12	13.12
비유동자산	-	4,262.1	4,099.4	4,243.2
유 동 자 산	-	4,956.5	4,170.1	3,566.0
자 산 총 계	-	9,218.6	8,269.5	7,809.1
지배기업지분	-	4,002.7	4,101.1	4,307.4
비지배지분	-	0.0	0.0	0.0
자 본 총 계	-	4,002.7	4,101.1	4,307.4
비유동부채	-	497.6	521.3	476.0
유 동 부 채	-	4,718.3	3,647.1	3,025.7
부 채 총 계	-	5,215.9	4,168.4	3,501.7
수 익	-	2,320.1	13,666.5	13,453.1
매 출 원 가	-	2,126.2	11,869.1	11,642.8
매출총이익	-	193.9	1,797.5	1,810.4
기타영업수익	-	0.0	0.0	0.0
기타영업비용	-	0.0	0.0	0.0
판 관 비	-	252.8	1,635.2	1,601.5
영 업 이 익	-	-58.9	162.2	208.9
영업외수익	-	225.3	462.0	401.8
영업외비용	-	173.6	377.3	323.0
세전계속영업이익	-	-7.2	246.9	287.8
법인세비용	-	-10.4	43.5	97.7
지배기업순이익	-	-13.9	261.3	190.1

▶ 요약연결현금흐름표
(단위 : 억원)

구 분	.	11.12	12.12	13.12
영업활동현금흐름	-	156.2	15.5	205.8
투자활동현금흐름	-	-58.0	-239.2	164.8
재무활동현금흐름	-	-19.1	-133.1	-58.4
현금의 증가	-	79.1	-356.8	312.2
CF의 기말현금	-	727.0	370.6	682.3

▶ 연결재무비율
(단위 : %)

구 분	.	11.12	12.12	13.12
매출액증가율	-	-	489.1	-1.6
순이익증가율	-	-	흑자전환	-27.3
R O A	-	-0.2	3.0	2.4
R O E	-	-0.4	6.5	4.5
부 채 비 율	-	130.3	101.6	81.3

(주)삼표

채용정보

업종	기업명	채용예상 인원	공채 예상 시기	연봉 정보	영어면접 시행유무
기타	(주)삼표	60명	3월	2900만원	부분시행 해외영업, 구매
외국어능력 시험 제한	토익점수	영어 말하기 점수	학점 제한	학점	스펙초월 채용계획	스펙초월 채용방식
無	제한 없음	제한 없음	無	제한 없음	없음	없음

주소	연락처	메일
서울시 종로구 수송동 146-1 이마빌딩 15층	02-460-7111	비공개

주요상품	레미콘 제조업

기업정보

SAMPYO CORPORATION

기업개요

대표자 최병길
업 종 레미콘 제조업
형 태 주식회사, 대기업
주요제품 레미콘,콘크리트제품제조,판매/골재,토사석 채취
종업원수 169명 (2013.12)
사업자번호/설립일 218-81-12329/1966.12.02
본사주소 (110-755)서울 종로구 수송동 146-1번지 이마빌딩 15층
전화/팩스번호 02-460-7111/02-497-2600
거래은행/결산월 신한은행/12월
홈페이지 www.sampyo.co.kr
감사의견 적정

주요주주 (2007. 1.18)

(단위 : 천주, %)

주주명	주식수	지분율
정도원	2,985	99.79
정문원	3	0.11
구지용	1	0.04
정청자	1	0.03
정연희		0.01
백낙원		0.00

재무정보

(단위 : 백만 원, 천주)

재무상태표	2012.12	2013.12
유동자산(계)	145,995	36,732
당좌자산(계)	137,404	36,503
현금및현금등가물	4,616	8,000
단기투자증권	99	100
매출채권	120,814	22,832
재고자산(계)	8,591	229
비유동자산(계)	375,527	284,102
투자자산(계)	115,586	218,092
유형자산(계)	245,464	29,940
건설중인자산	6,656	580
무형자산(계)	718	33,542
자산총계	521,522	320,834
유동부채(계)	165,844	17,389
매입채무	87,395	10,476
단기차입금	130	–
유동성장기부채	48,847	–
유동성사채	35,000	–
비유동부채(계)	109,751	16,076
장기사채(계)	40,000	
장기차입금(계)	47,183	–
장기부채성충당부채(계)	14,984	260
부채총계	275,596	33,465
자본금	14,957	18,048
자본잉여금	9,257	42,972
자본조정	△115	△115
이익잉여금	214,098	218,777
자본총계	245,926	287,370
부채와자본총계	521,522	320,834
[평균발행주식수]	2,991	2,995

손익계산서	2012.12	2013.12
매출액	458,582	318,334
매출원가	389,741	269,002
매출총이익(손실)	68,841	49,332
판매비와관리비	49,234	38,159
영업이익	19,607	11,174
영업외수익	8,689	133,952
영업외비용	17,600	133,554
이자비용	8,478	5,912
세전계속사업이익	10,696	11,572
계속사업손익법인세비용	8,258	3,154
당기순이익(손실)	2,438	8,418
기본주당순이익(원)	815	2,811

(주)신도리코

www.sindoh.com

채용정보

업종	기업명	채용예상 인원	공채 예상 시기	연봉 정보	영어면접 시행유무
기타	(주)신도리코	70~80명	1월, 4월, 9월	4000만원	부분시행 해외영업

외국어능력 시험 제한	토익점수	영어 말하기 점수	학점 제한	학점	스펙초월 채용계획	스펙초월 채용방식
無	제한 없음	제한 없음	無	제한 없음	없음	없음

주소		연락처	메일
서울시 성동구 성수이로24길 3 인력개발실 채용담당자		02-460-1146	비공개

주요상품	사무용 기계 및 장비 제조업

기업 정보

프린터, 복사기 등 출력기기 제조 및 판매업체
http://www.sindoh.com　【5,000원/12월/결산】
서울 성동구 성수이로24길 3
대표전화 : 02-460-1114　　주식담당자 : 02-460-1171

		주요주주 (13.12)	(%)
설 립 일	1960.07.07	(주)신도에스디알	22.6
상 장 일	1996.12.24	우석형	11.7
대표이사	우석형/표희선/최종하	신영자산운용(주)	9.4
종업원수	860명(13.12)	매출구성	(%)
회계감사법인	적정(안진회계법인)	복사기	34.2
보 통 주	1,008만주	소모품 및 기타	19.0
우 선 주	-	프린터	7.4
신용등급(Bond)	-	외국인지분율	22.93%
신용등급(CP)	-		

▶ 자본금 변동
(단위 : 억원, 원)

구 분	96.12	96.12	97.07	99.07
증 자 액	336.00	144.00	14.13	9.87
변 동 내 역	신규	유상	무상	무상

▶ 베타와 변동성
(당사/전기.전자/KOSPI)

기 간	12.01 ~ 12.12	13.01 ~ 13.12
베 타	0.35 / 1.41 / 1.00	0.71 / 1.42 / 1.00
변 동 성	26.3 / 26.0 / 15.3	27.4 / 20.8 / 12.2

▶ 주가 그래프

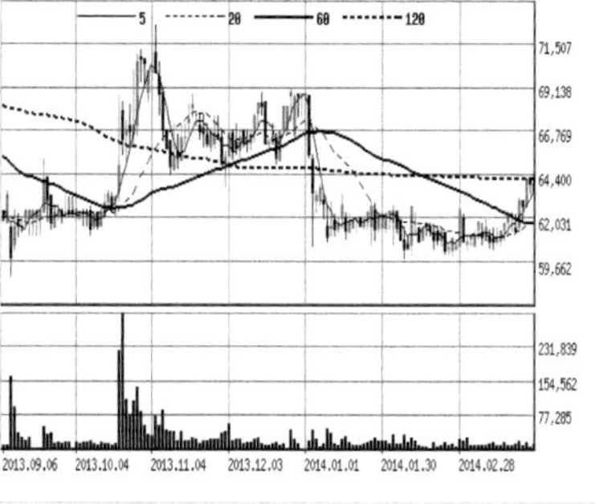

▶ 주가관련지표
(단위 : 원, 배)

구 분		10.12	11.12	12.12	13.12
주 가	최 고	57,100	55,600	72,400	77,000
	최 저	47,150	43,750	49,000	59,800
주 당	순이익	6,739	6,746	5,209	2,676
	매출액	73,005	76,383	77,230	53,657
	순자산	75,612	79,895	81,384	81,711
PER(H/L)		8.47/7.00	8.24/6.49	13.90/9.41	28.77/22.35
PSR(H/L)		0.78/0.65	0.73/0.57	0.94/0.63	1.44/1.11
PBR(H/L)		0.76/0.62	0.70/0.55	0.89/0.60	0.94/0.73

▶ 요약연결재무제표
(단위 : 억원)

구 분	10.12	11.12	12.12	13.12
비유동자산	1,986.4	2,033.7	2,444.1	1,993.8
유 동 자 산	7,121.0	7,775.6	7,255.6	7,204.0
자 산 총 계	9,107.4	9,809.3	9,699.7	9,197.7
지배기업지분	7,621.7	8,053.5	8,203.5	8,236.5
비지배지분	345.5	333.8	336.9	0.0
자 본 총 계	7,967.2	8,387.2	8,540.4	8,236.5
비유동부채	408.0	324.6	353.7	245.0
유 동 부 채	732.2	1,097.6	805.6	716.1
부 채 총 계	1,140.2	1,422.1	1,159.3	961.2
수　　　익	7,178.0	7,510.1	7,593.4	5,275.7
매 출 원 가	5,543.7	5,947.4	6,187.4	4,081.0
매 출 총 이 익	1,634.3	1,562.7	1,406.1	1,194.7
기타영업수익	286.2	0.0	0.0	0.0
기타영업비용	204.9	0.0	0.0	0.0
판 관 비	888.9	909.2	905.0	910.6
영 업 이 익	826.7	653.5	501.1	284.1
영업외수익	145.7	429.4	393.3	258.0
영업외비용	4.7	198.7	194.3	121.1
세전계속영업이익	967.6	884.2	700.1	421.0
법인세비용	210.5	228.4	180.3	146.4
지배기업순이익	662.6	663.2	512.2	263.1

▶ 요약연결현금흐름표
(단위 : 억원)

구 분	10.12	11.12	12.12	13.12
영업활동현금흐름	934.1	916.0	832.5	397.5
투자활동현금흐름	-471.6	-732.9	-734.1	-940.1
재무활동현금흐름	-193.5	-205.8	-170.8	-213.6
현금의 증가	269.0	-22.7	-72.4	-756.2
CF의 기말현금	1,390.9	1,371.0	1,283.4	527.0

▶ 연결재무비율
(단위 : %)

구 분	10.12	11.12	12.12	13.12
매출액증가율	13.1	4.6	1.1	-30.5
순이익증가율	17.1	0.1	-22.8	-48.6
R O A	8.7	6.9	5.3	2.7
R O E	9.1	8.5	6.3	3.2
부 채 비 율	14.3	17.0	13.6	11.7

현황 | 외형 축소 및 수익성 하락

· 글로벌 경기 둔화 영향으로 주력 제품인 프린터 및 복사기의 해외 판매 부진하며 전년대비 외형 축소.
· 원가율 하락에도 판관비 부담 가중되며 영업이익률 전년대비 소폭 하락, 유형자산처분이익 감소 및 중단영업손실 등으로 순이익률은 하락.
· 자산대비 충분한 규모의 자기자본 보유하고 낮은 부채 수준 유지하며 전년에 이어 우량한 재무구조 견지.

전망 | 매출 회복 가능할 전망

· 국내외 경기의 완만한 회복세로 주력 제품의 수요 증가가 기대되며 신규 사업인 3D프린터 시장 진출 등으로 매출 회복 가능할 전망.
· 매출 회복에 따른 고정비 부담 완화와 전년에 발생한 중단영업손실 제거 시 수익성 개선 가능할 듯.
· 독자적 Ownership 기종을 자사 브랜드로 중국과 미국 등 해외에 시장 진출함에 따라 중장기적인 성장동력 확보할 듯.

(주)에스원

www.s1.co.kr

채용정보

업종	기업명	채용예상 인원	공채 예상 시기	연봉 정보	영어면접 시행유무
기타	(주)에스원	00명	3월, 9월	협의	無

외국어능력 시험 제한	토익점수	영어 말하기 점수	학점 제한	학점	스펙초월 채용계획	스펙초월 채용방식
無	제한 없음	직군 별 상이	有	3.0점 이상	있음	미정

주소	연락처	메일
서울시 중구 세종대로 7길 25	02-2131-7082	비공개

주요상품	경비 및 경호 서비스업

기업정보

국내 1위의 시스템 경비 및 통합보안시스템 업체
www.s1.co.kr　　【500원/12월/결산】
서울 중구 세종대로7길 25, 17층
대표전화 : 1588-3112　　주식담당자 : 02-2131-8366

설 립 일	1977.11.28	주요주주 (13.12)	(%)
상 장 일	1996.01.30	SECOM(주)	25.7
대표이사	윤진혁/마끼야사네노리	삼성SDI(주)	11.0
종업원수	5,200명(13.12)	삼성생명보험(주)	5.3
회계감사법인	적정(삼일회계법인)	매출구성	(%)
보 통 주	3,800만주	시스템보안서비스	58.3
우 선 주	-	보안관련상품판매스마트카드	20.5
신용등급(Bond)	-	통합보안	15.9
신용등급(CP)	-	외국인지분율	49.05%

▶ 자본금 변동
(단위 : 억원, 원)

구 분	99.08	99.08	99.12	00.04
증 자 액	13.79	6.49	500.00	7.50
변 동 내 역	유상	무상	액분	주식

▶ 베타와 변동성
(당사/서비스업/KOSPI)

기 간	12.01 ~ 12.12	13.01 ~ 13.12
베 타	0.43 / 0.83 / 1.00	0.73 / 0.83 / 1.00
변 동 성	26.2 / 15.2 / 15.3	29.2 / 13.0 / 12.2

현황 매출 신장에도 수익성 하락

· 보안시스템서비스와 정보보안 솔루션 개발 및 공급, 콜센터 및 텔레마케팅 부문 모두 고른 성장을 나타내며 전년대비 매출 증가.
· 시급수수료 및 기술사용류 등 판관비 부담 완화에도 원가율 상승과 유형자산처분손실 등 영업외비용 증가로 수익성 전년대비 하락.
· 무차입경영과 함께 낮은 부채 규모 유지하고 있으며 총자산의 70% 이상을 자기자본으로 보유하는 등 전년에 이어 우수한 재무구조 견지.

▶ 주가 그래프

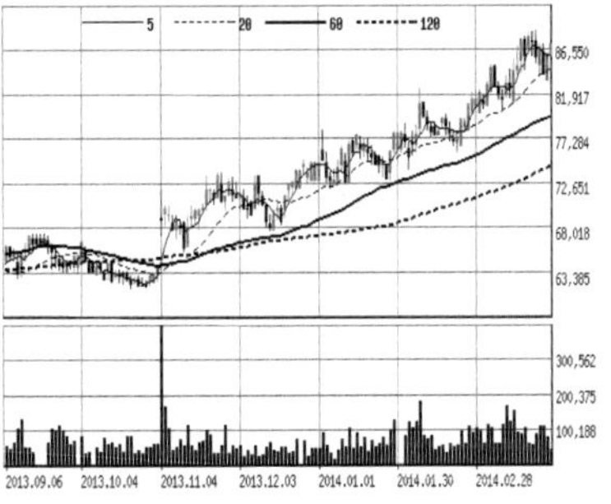

▶ 주가관련지표
(단위 : 원, 배)

구 분	10.12	11.12	12.12	13.12
주 최 고	66,100	60,100	71,700	74,800
가 최 저	43,250	48,900	52,000	58,900
주 순이익	3,351	3,745	2,987	2,343
매출액	26,168	30,430	32,458	37,699
당 순자산	17,524	19,384	20,352	21,493
PER(H/L)	19.73/12.91	16.05/13.06	24.00/17.41	31.92/25.14
PSR(H/L)	2.53/1.65	1.98/1.61	2.21/1.60	1.98/1.56
PBR(H/L)	3.77/2.47	3.10/2.52	3.52/2.55	3.48/2.74

전망 수익성 개선을 동반한 성장 기대

· 글로벌 보안 솔루션 전문업체 비드시스와 파트너십 체결로 PSIM 분야 강화, 이에 통합보안역량 향상으로 점유 확대를 통한 성장 전망.
· 매출 신장 관련 고정성 경비 부담 완화 기대되며, PSIM 등 특이시스텔의 인건비 절감효과 등 비용통제로 수익 확보에 기여할 듯.
· 삼성에버랜드 건물관리 부문 인수 완료로 건물관리사업부 매출 발생 및 기존 시스템경비 사업과의 시너지 창출 등 성장동력 구축 기대.

▶ 요약연결재무제표
(단위 : 억원)

구 분	10.12	11.12	12.12	13.12
비유동자산	4,966.2	4,496.2	5,162.2	5,934.8
유 동 자 산	4,346.3	6,081.0	5,647.3	5,573.4
자 산 총 계	9,312.6	10,577.2	10,809.5	11,508.2
지배기업지분	6,659.1	7,365.8	7,733.7	8,167.0
비지배지분	163.4	244.9	316.5	370.3
자 본 총 계	6,822.6	7,610.7	8,050.2	8,537.3
비유동부채	844.1	1,017.2	853.7	740.7
유 동 부 채	1,645.9	1,949.3	1,905.5	2,230.1
부 채 총 계	2,490.0	2,966.5	2,759.2	2,970.9
수 　 익	8,979.4	10,261.2	10,964.6	12,741.0
매 출 원 가	5,403.6	6,283.7	6,975.1	8,396.5
매출총이익	3,575.9	3,977.5	3,989.5	4,344.5
기타영업수익	50.7	0.0	0.0	0.0
기타영업비용	64.1	0.0	0.0	0.0
판 관 비	2,158.8	2,305.6	2,643.0	3,053.1
영 업 이 익	1,403.6	1,671.9	1,346.5	1,291.5
영업외수익	167.1	211.1	205.1	246.1
영업외비용	0.5	121.1	125.4	314.2
세전계속영업이익	1,570.2	1,761.9	1,426.2	1,223.3
법인세비용	385.0	412.7	334.3	363.6
지배기업순이익	1,150.0	1,263.0	1,009.2	791.9

▶ 요약연결현금흐름표
(단위 : 억원)

구 분	10.12	11.12	12.12	13.12
영업활동현금흐름	1,599.7	2,078.2	1,272.1	1,649.1
투자활동현금흐름	-297.9	-1,722.6	-1,123.9	-1,066.7
재무활동현금흐름	-953.5	-400.0	-418.1	-438.7
현금의 증가	348.2	-44.4	-269.9	143.7
CF의 기말현금	1,075.8	1,031.2	760.9	904.2

▶ 연결재무비율
(단위 : %)

구 분	10.12	11.12	12.12	13.12
매출액증가율	15.8	14.3	6.9	16.2
순이익증가율	18.8	9.8	-20.1	-21.5
R O A	13.4	13.6	10.2	7.7
R O E	17.9	18.0	13.4	10.0
부 채 비 율	36.5	39.0	34.3	34.8

SK가스(주)

채용정보

업종	기업명	채용예상 인원	공채 예상 시기	연봉 정보	영어면접 시행유무
기타	SK가스(주)	00명	9월	3000만원 후반	無

외국어능력 시험 제한	토익점수	영어 말하기 점수	학점 제한	학점	스펙초월 채용계획	스펙초월 채용방식
有	750점	오픽:IM2	有	3.0점 이상	있음	미정

주소		연락처	메일
서울시 중구 을지로 100 SK G.plant SK가스		02-6200-8114	비공개

주요상품	
	기체연료 및 관련제품 도매업

기업 정보

SK그룹 계열의 액화석유가스(LPG) 업체
www.skgas.co.kr　　　　　【5,000원/12월/결산】
서울 중구 을지로 100, SK.G.Plant빌딩
대표전화 : 02-6200-8114　주식담당자 : 02-6200-8114

설 립 일	1985.12.20	주요주주 (13.12)	(%)
상 장 일	1997.08.27	SK케미칼(주)	45.5
대표이사	최창원/김정근	에스케이신텍(주)	10.0
종업원수	290명(13.12)	국민연금공단	7.7
회계감사법인	적정(한영회계법인)	매출구성	(%)
보 통 주	863만주	LPG	99.3
우 선 주	-	기타	0.7
신용등급(Bond)	AA-		
신용등급(CP)	-	외국인지분율	7.23%

▶ 자본금 변동
(단위 : 억원, 원)

구 분	97.08	-99.12	.	.
증 자 액	400.30	31.13	-	-
변 동 내 역	신규	전환	-	-

▶ 베타와 변동성
(당사/유통업/KOSPI)

기 간	12.01 ~ 12.12	13.01 ~ 13.12
베 타	0.07 / 0.77 / 1.00	0.32 / 0.72 / 1.00
변 동 성	30.2 / 15.0 / 15.3	20.9 / 12.7 / 12.2

· 열량범위제의 시행으로 인한 열조 및 도시가스용 LPG 수요 감소로 전년대비 외형 축소.
· 매출 감소에 따른 고정비용 부담 가중으로 영업이익률이 전년대비 소폭 하락한 반면 금융수지 개선으로 순이익률은 전년대비 소폭 상승.
· 매입채무 · 차입금 감소 등으로 부채 규모가 축소되었고, 순이익의 내부유보로 자기자본을 확충하면서 제 안정성 지표 전년대비 개선.

▶ 주가 그래프

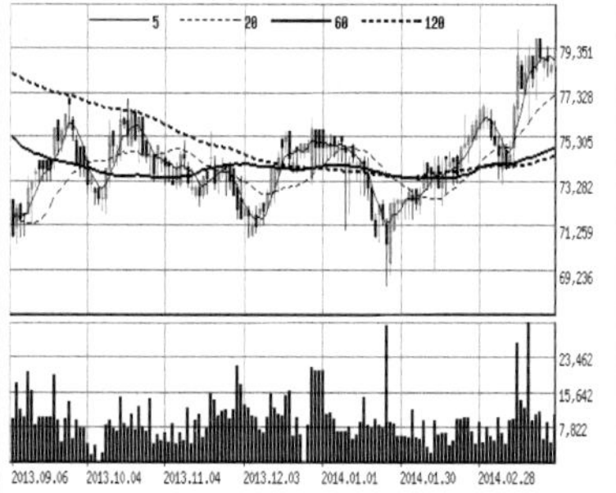

▶ 주가관련지표
(단위 : 원, 배)

구 분		10.12	11.12	12.12	13.12
주 가	최 고	49,700	77,800	92,500	88,000
	최 저	38,950	37,150	58,600	67,900
주 당	순이익	13,345	14,451	12,779	12,275
	매출액	867,413	970,425	1,011,663	799,592
	순자산	82,783	94,825	113,143	129,660
PER(H/L)		3.72/2.92	5.38/2.57	7.24/4.59	7.17/5.53
PSR(H/L)		0.06/0.04	0.08/0.04	0.09/0.06	0.11/0.08
PBR(H/L)		0.60/0.47	0.82/0.39	0.82/0.52	0.68/0.52

· 경유택시 도입 등 지속적인 LPG 수요 감소와 가격 하락세 영향으로 외형 회복 쉽지 않을 듯.
· LPG 가격 하락세 및 PHD 공장 설립 관련 투자 등에 따른 차입금 증가로 금융비용 부담 가중이 예상되는바, 수익성 개선 쉽지 않을 듯.
· 사우디 APC社와 합작법인을 설립 후 프로판을 원료로 한 프로펜 제조사업(PHD사업)에 진출, 사업다각화에 따른 장기적인 외형 성장 전망.

▶ 요약연결재무제표
(단위 : 억원)

구 분	10.12	11.12	12.12	13.12
비유동자산	7,920.8	9,380.7	9,905.8	10,950.1
유 동 자 산	11,380.7	10,980.4	19,017.2	15,333.4
자 산 총 계	19,301.5	20,361.1	28,923.0	26,283.5
지배기업지분	7,143.1	8,182.1	9,762.7	11,188.0
비지배지분	24.4	4.2	4.3	0.0
자 본 총 계	7,167.5	8,186.3	9,767.0	11,188.0
비유동부채	1,413.6	780.2	5,120.8	4,971.3
유 동 부 채	10,720.4	11,394.6	14,035.2	10,124.2
부 채 총 계	12,134.1	12,174.8	19,156.0	15,095.5
수　　　익	64,437.2	72,227.9	75,837.5	66,722.5
매 출 원 가	61,028.4	68,443.6	72,266.8	63,495.6
매출총이익	3,408.8	3,784.3	3,570.6	3,226.9
기타영업수익	0.0	0.0	0.0	0.0
기타영업비용	0.0	0.0	0.0	0.0
판 관 비	2,101.9	2,149.8	2,162.1	1,991.9
영 업 이 익	1,306.9	1,634.5	1,408.5	1,234.9
영업외수익	2,585.9	2,820.2	2,873.8	2,467.9
영업외비용	2,577.5	3,062.0	2,991.2	2,415.7
세전계속영업이익	1,315.3	1,392.7	1,291.1	1,287.1
법인세비용	331.1	314.7	332.9	262.3
지배기업순이익	991.4	1,075.6	958.0	1,024.3

▶ 요약연결현금흐름표
(단위 : 억원)

구 분	10.12	11.12	12.12	13.12
영업활동현금흐름	1,436.3	-224.6	4,130.8	348.3
투자활동현금흐름	-1,129.8	-1,742.3	-1,432.7	-591.1
재무활동현금흐름	-1,911.8	221.6	3,407.8	-2,124.2
현금의 증가	-1,605.3	-1,745.3	6,105.9	-2,367.0
CF의 기말현금	2,799.8	1,029.1	7,104.7	4,728.8

▶ 연결재무비율
(단위 : %)

구 분	10.12	11.12	12.12	13.12
매출액증가율	28.4	12.1	5.0	-12.0
순이익증가율	흑자전환	8.5	-10.9	6.9
R O A	5.2	5.4	3.9	3.7
R O E	14.9	14.0	10.7	9.8
부 채 비 율	169.3	148.7	196.1	134.9

SK네트웍스(주)

www.sknetworks.com

채용정보

업종	기업명	채용예상 인원	공채 예상 시기	연봉 정보	영어면접 시행유무
기타	SK네트웍스(주)	00명	9월	3000만원 후반	부분시행 해외영업

외국어능력 시험 제한	토익점수	영어 말하기 점수	학점 제한	학점	스펙초월 채용계획	스펙초월 채용방식
無	제한 없음	제한 없음	無	제한 없음	있음 (그룹사 채용시)	미정

주소	연락처	메일
서울시 중구 남대문로 90	02-6123-2200~1	비공개

주요상품	
주요상품	상품 종합 도매업

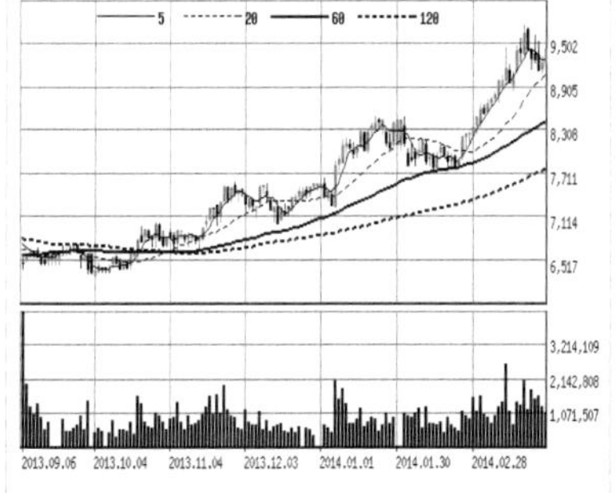

기업 정보

유통 및 에너지판매로 다각화된 종합상사
www.sknetworks.co.kr 【2,500원/12월/결산】
경기도 수원시 장안구 경수대로 795
대표전화 : 070-7800-2114   주식담당자 : 070-7800-2114

		주요주주 (13.12)	(%)
설 립 일	1956.03.24	SK(주)	39.1
상 장 일	1977.06.30	(주)신한은행	7.1
대표이사	문덕규	한국정책금융공사	5.0
종업원수	3,661명(13.12)	매출구성	(%)
회계감사법인	적정(한영회계법인)	상품매출	93.8
보 통 주	24,819만주	용역매출	4.8
우 선 주	11만주	제품매출	1.3
신용등급(Bond)	AA-	외국인지분율	14.89%
신용등급(CP)	A1		

▶ 자본금 변동 (단위 : 억원, 원)

구 분	08.01	08.04	-08.12	10.01
증 자 액	10.77	64.56	9.97	129.77
변 동 내 역	합병	합병	전환	합병

▶ 베타와 변동성 (당사/유통업/KOSPI)

기 간	12.01 ~ 12.12	13.01 ~ 13.12
베 타	0.98 / 0.77 / 1.00	1.16 / 0.72 / 1.00
변 동 성	30.1 / 15.0 / 15.3	27.8 / 12.7 / 12.2

현황 외형 축소 및 순이익 적자전환

·국내외 경기 둔화로 철강산업의 이란향 매출 감소, 정보통신 부문의 총괄 단말기 판매 감소 등 전반적인 매출 부진으로 전년대비 외형 축소.
·영업이익률 전년 수준을 유지하였으나, 관계기업및공동기업투자저분손실 증가 등 기타수지 저하로 순이익은 적자전환.
·순손실 기록에도 비현금성 비용 가산과 운전자금 부담 축소로 영업활동상 현금흐름 정(+)의 상태를 유지하고 있음.

▶ 주가 그래프

▶ 주가관련지표 (단위 : 원, 배)

구 분	10.12	11.12	12.12	13.12
주 최 고	13,450	14,050	11,550	8,800
가 최 저	9,870	9,410	7,950	5,960
주 순이익	730	587	194	-2,289
당 매출액	93,122	106,126	107,667	100,113
순자산	12,672	13,013	12,339	10,347
PER(H/L)	18.42/13.52	23.94/16.03	59.54/40.98	-
PSR(H/L)	0.14/0.11	0.13/0.09	0.11/0.07	0.09/0.06
PBR(H/L)	1.06/0.78	1.08/0.72	0.94/0.64	0.85/0.58

전망 매출 신장 및 수익성 개선 가능할 듯

·글로벌 경기의 완만한 회복세로 석탄 중심의 자원사업과 무역사업의 시너지 효과 및 렌터카·패션 등 신규 사업의 성장으로 매출 신장 전망.
·SK텔레콤의 영업정지에 따른 수익 저하가 예상되나 적자 사업 정리 및 비용절감과 매출 회복 시 고정비 부담 완화로 수익성 개선 가능힐 듯.
·여성복 브랜드 오즈세컨의 대만 시장 진출을 발판으로 동남아 전역으로 확장할 계획인바, 향후 외형 성장에 기여할 듯.

▶ 요약연결재무제표 (단위 : 억원)

구 분	10.12	11.12	12.12	13.12
비유동자산	56,471.6	59,065.8	55,286.2	44,144.4
유 동 자 산	40,152.1	52,031.9	50,984.6	44,649.4
자 산 총 계	96,623.7	111,097.6	106,270.7	88,793.8
지배기업지분	31,464.2	32,312.3	30,638.7	25,691.3
비지배지분	186.4	421.7	25.0	-40.4
자 본 총 계	31,650.7	32,734.0	30,663.8	25,650.9
비유동부채	18,907.1	21,839.7	19,001.4	14,497.1
유 동 부 채	46,065.9	56,524.0	56,605.6	48,645.8
부 채 총 계	64,973.0	78,363.7	75,607.0	63,142.9
수 익	241,614.6	275,355.7	279,355.0	259,753.6
매 출 원 가	224,857.1	256,473.9	259,234.9	240,658.3
매출총이익	16,757.5	18,881.8	20,120.1	19,095.3
기타영업수익	675.0	0.0	0.0	0.0
기타영업비용	719.8	0.0	0.0	0.0
판 관 비	14,066.4	15,280.5	17,604.5	16,687.1
영 업 이 익	2,646.3	3,601.4	2,515.6	2,408.2
영업외수익	3,679.5	4,746.9	6,175.6	5,204.5
영업외비용	4,128.7	6,162.6	7,995.1	15,596.8
세전계속영업이익	2,197.1	2,185.6	696.1	-7,984.0
법인세비용	392.8	768.1	576.7	-2,065.9
지배기업순이익	1,812.8	1,457.8	481.0	-5,679.8

▶ 요약연결현금흐름표 (단위 : 억원)

구 분	10.12	11.12	12.12	13.12
영업활동현금흐름	5,281.2	2,908.2	567.0	4,378.8
투자활동현금흐름	-9,348.4	-3,711.2	809.6	1,535.8
재무활동현금흐름	7,956.2	4,048.1	-1,824.8	-4,762.3
현금의 증가	3,889.1	2,371.2	-448.1	948.2
CF의 기말현금	10,197.4	12,571.6	12,119.4	13,065.3

▶ 연결재무비율 (단위 : %)

구 분	10.12	11.12	12.12	13.12
매출액증가율	9.6	14.0	1.5	-7.0
순이익증가율	258.8	-19.6	-67.0	적자전환
R O A	2.1	1.4	0.1	-6.1
R O E	5.8	4.6	1.5	-20.2
부 채 비 율	205.3	239.4	246.6	246.2

SK이노베이션(주)

채용정보

업종	기업명	채용예상 인원	공채 예상 시기	연봉 정보	영어면접 시행유무
기타	SK이노베이션(주)	미정	9월	3800만원	전체시행
외국어능력 시험 제한	토익점수	영어 말하기 점수	학점 제한	학점	스펙초월 채용계획	스펙초월 채용방식
無	제한 없음	제한 없음	無	제한 없음	미정	미정

주소		연락처	메일
서울시 종로구 종로 26 SK빌딩		02-2121-5114	비공개
주요상품	비금융 지주회사		

기업정보

SK그룹 내 중간 지주회사
www.skinnovation.com　【5,000원/12월/결산】
서울 종로구 종로 26
대표전화 : 02-2121-5114　주식담당자 : 02-2121-5451

설 립 일	2007.07.01	주요주주 (13.12)	(%)
상 장 일	2007.07.25	SK(주)	33.4
대표이사	구자영	국민연금공단	8.6
종업원수	1,892명(13.12)		
회계감사법인	적정(안진회계법인)	매출구성	(%)
보 통 주	9,247만주	경유	23.3
우 선 주	125만주	경유(해외판매)	13.1
신용등급(Bond)	AA+	무연휘발유	9.7
신용등급(CP)	-	외국인지분율	33.34%

▶ 자본금 변동
(단위 : 억원, 원)

구 분	07.07	08.02	.	.
증 자 액	4,568.67	54.60	-	-
변 동 내 역	신규	합병	-	-

▶ 베타와 변동성
(당사/서비스업/KOSPI)

기 간	12.01 ~ 12.12	13.01 ~ 13.12
베 타	1.48 / 0.83 / 1.00	1.06 / 0.83 / 1.00
변 동 성	32.9 / 15.2 / 15.3	22.7 / 13.0 / 12.2

현황 매출 감소, 수익성 하락
· 글로벌 경기 회복 지연으로 주력 사업인 석유제품 수요 부진한 가운데 유가 약세에 따른 판가 하락으로 전년대비 매출 감소.
· 매출 감소에 따른 비용 부담 증가로 전년대비 영업이익률 소폭 하락한 가운데 영업외수지 저하로 순이익률 역시 하락.
· SK에너지·SK종합화학·SK루브리컨츠 지분을 100% 보유, 자체적으로 석유개발 및 R&D 사업을 영위하는 SK그룹 내 중간 지주회사.

▶ 주가 그래프

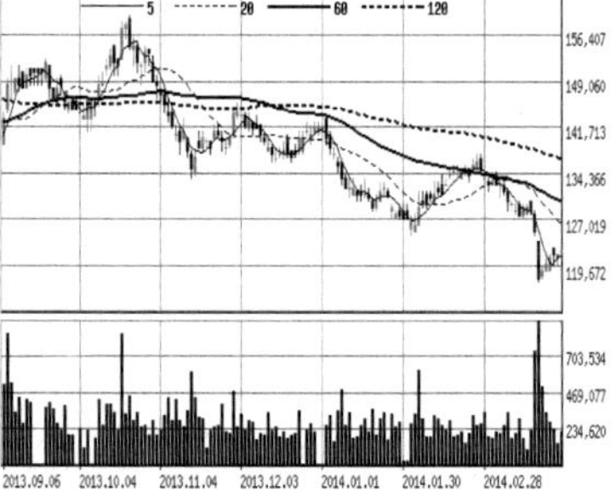

▶ 주가관련지표
(단위 : 원, 배)

구 분		10.12	11.12	12.12	13.12
주가	최 고	195,500	254,000	194,000	182,000
	최 저	97,100	122,500	125,500	128,500
주당	순이익	12,241	34,004	12,720	7,832
	매출액	577,519	733,653	786,863	715,393
	순자산	122,196	155,551	164,024	169,019
PER(H/L)		15.97/7.93	7.47/3.60	15.25/9.87	23.24/16.41
PSR(H/L)		0.34/0.17	0.35/0.17	0.25/0.16	0.25/0.18
PBR(H/L)		1.60/0.79	1.63/0.79	1.18/0.77	1.08/0.76

전망 매출 회복 전망
· 글로벌 경제의 회복세 확대에 따른 석유제품 수요 증가, PX 신증설 영향으로 매출 회복 전망.
· 다만, 미국의 석유제품 수출 다변화에 따른 정제마진 상승 제한, PX 신규 공급 증가로 마진 하락할 전망인 바 수익성 개선 제한적일 듯.
· 향후 원유 생산광구 위주의 M&A 등이 이루어질 계획으로 중장기적으로 수익성 높은 에너지기업으로의 진화가 기대됨.

▶ 요약연결재무제표
(단위 : 억원)

구 분	10.12	11.12	12.12	13.12
비유동자산	139,100.2	151,399.5	159,459.2	182,914.3
유 동 자 산	154,957.0	198,869.3	178,851.7	169,974.4
자 산 총 계	294,057.2	350,268.8	338,310.8	352,888.7
지배기업지분	114,514.8	145,772.8	153,713.4	158,394.6
비지배지분	1,002.9	2,543.4	9,766.8	10,758.0
자 본 총 계	115,517.7	148,316.1	163,480.3	169,152.5
비유동부채	61,091.4	58,898.2	54,582.4	67,082.7
유 동 부 채	117,448.2	143,054.5	120,248.2	116,653.5
부 채 총 계	178,539.6	201,952.7	174,830.6	183,736.2
수　　　익	537,224.6	683,711.6	733,300.1	666,695.2
매 출 원 가	497,494.4	635,513.6	697,437.2	634,076.9
매출총이익	39,730.2	48,198.0	35,862.9	32,618.3
기타영업수익	11,785.1	0.0	0.0	0.0
기타영업비용	15,551.5	0.0	0.0	0.0
판 관 비	17,052.2	18,603.1	18,869.2	18,789.4
영 업 이 익	18,911.6	29,594.8	16,993.6	13,828.9
영업외수익	9,142.0	50,385.1	24,662.9	19,662.3
영업외비용	13,029.4	36,893.4	24,769.4	22,317.6
세전계속영업이익	15,024.2	43,086.5	16,887.2	11,173.6
법인세비용	3,532.4	11,328.0	5,063.7	3,386.3
지배기업순이익	11,387.5	31,690.1	11,854.3	7,299.2

▶ 요약연결현금흐름표
(단위 : 억원)

구 분	10.12	11.12	12.12	13.12
영업활동현금흐름	3,110.9	27,220.8	11,616.4	13,789.8
투자활동현금흐름	-7,545.1	8,136.9	-24,618.5	-19,790.6
재무활동현금흐름	6,899.1	-20,847.6	-2,420.4	6,346.4
현금의 증가	2,464.9	14,510.2	-15,422.6	345.6
CF의 기말현금	30,135.2	43,959.2	28,287.9	28,486.0

▶ 연결재무비율
(단위 : %)

구 분	10.12	11.12	12.12	13.12
매출액증가율	23.0	27.3	7.3	-9.1
순이익증가율	70.2	178.3	-62.6	-38.4
R O A	4.3	9.9	3.4	2.3
R O E	11.9	24.4	7.9	4.7
부 채 비 율	154.6	136.2	106.9	108.6

S-OIL(주)

www.s-oil.com

채용정보

업종	기업명	채용예상 인원	공채 예상 시기	연봉 정보	영어면접 시행유무
기타	S-OIL(주)	미정	9월	협의	無

외국어능력 시험 제한	토익점수	영어 말하기 점수	학점 제한	학점	스펙초월 채용계획	스펙초월 채용방식
有	700점 이상	오픽 IM2 이상	有	3.0점 이상	없음	없음

주소	연락처	메일
서울시 마포구 백범로 192	02-3772-5145	hr.yang@s-oil.com

주요상품	원유 정제처리업

기업 정보

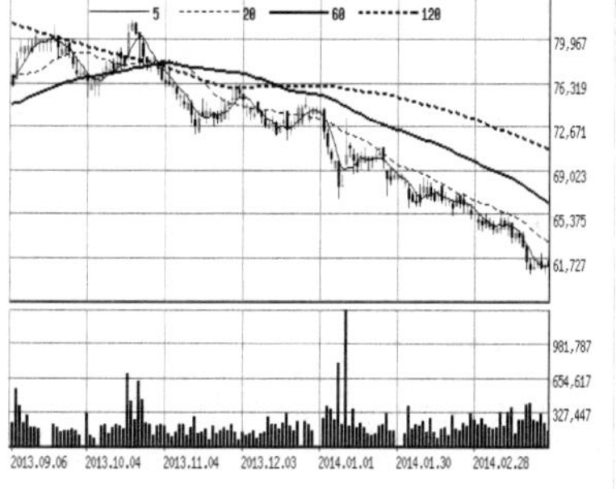

정유, 윤활유, 석유화학제품 제조 및 판매업체
www.s-oil.com　【2,500원/12월/결산】
서울 마포구 백범로 192
대표전화 : 02-3772-5151　주식당당자 : 02-3772-5300

		주요주주 (13.12)	(%)
설 립 일	1976.01.06		
상 장 일	1987.05.27	A.O.C.B.V	35.0
대표이사	Nasser Al-Mahasher	한진에너지(주)	28.4
종업원수	2,749명(13.12)		
회계감사법인	적정(삼일회계법인)	매출구성	(%)
보 통 주	11,258만주	경유	26.8
우 선 주	402만주	항공유	14.6
신용등급(Bond)	AA+	BTX 등	12.5
신용등급(CP)	-	외국인지분율	45.85%

▶ 자본금 변동
(단위 : 억원, 원)

구 분	-92.12	93.09	94.04	01.12
증 자 액	0.01	248.79	77.86	2,500.00
변 동 내 역	전환	무상	주식	액분

▶ 베타와 변동성
(당사/화 학/KOSPI)

기 간	12.01 ~ 12.12	13.01 ~ 13.12
베 타	1.11 / 0.99 / 1.00	0.77 / 0.92 / 1.00
변 동 성	29.7 / 19.2 / 15.3	17.7 / 13.8 / 12.2

현황 매출 감소, 수익성 하락

- 글로벌 경제의 회복세 지연에 따른 석유 및 석유화학제품 수요 부진 및 대규모 정기보수에 따른 생산 감소 영향으로 전년대비 매출 감소.
- 정제마진 약세가 지속된 가운데 주력 제품 수요 부진에 따른 가동률 하락으로 전년대비 영업이익률 및 당기순이익를 하락.
- 일산 669천 배럴의 정제능력을 보유한 국내 3위의 정유회사이며, 국내 최대의 PX생산능력 보유한바 사업안정성 우수한 수준.

▶ 주가 그래프

▶ 주가관련지표
(단위 : 원, 배)

구 분		10.12	11.12	12.12	13.12
주 가	최 고	92,500	167,000	144,500	105,500
	최 저	49,150	82,600	87,100	70,000
주 당	순이익	6,102	10,229	5,025	2,487
	매출액	175,902	273,693	297,786	267,215
	순자산	38,635	44,812	46,105	45,916
PER(H/L)		15.16/8.05	16.33/8.08	28.76/17.33	42.42/28.15
PSR(H/L)		0.53/0.28	0.61/0.30	0.49/0.29	0.39/0.26
PBR(H/L)		2.39/1.27	3.73/1.84	3.13/1.89	2.30/1.52

전 망 매출 성장 및 수익성 개선 제한적일 듯

- 세계 경제의 회복세 확대로 석유 및 석유화학제품 수요 증가할 전망이나 유가 약세, 공급과잉 이슈로 매출 성장 제한적일 듯.
- 미국의 석유제품 수출 다변화에 따른 정제마진 상승 제한, PX 신규 공급 증가로 마진 하락할 전망인바 수익성 개선 제한적일 두.
- 과점적 시장지위에 기반한 우수한 사업안정성 및 안정적 재무구조 견지한바 사업 운용상 단기간 내 자금흐름에 어려움 없을 듯.

▶ 요약연결재무제표
(단위 : 억원)

구 분	10.12	11.12	12.12	13.12
비유동자산	40,106.4	43,783.9	39,158.6	40,082.3
유 동 자 산	59,934.5	88,243.5	85,815.2	79,125.1
자 산 총 계	100,040.8	132,027.4	124,973.8	119,207.4
지배기업지분	45,050.5	52,253.2	53,760.4	53,540.1
비지배지분	0.0	0.0	0.0	0.0
자 본 총 계	45,050.5	52,253.2	53,760.4	53,540.1
비유동부채	9,256.2	7,414.3	8,462.2	6,819.1
유 동 부 채	45,734.2	72,359.9	62,751.2	58,848.2
부 채 총 계	54,990.3	79,774.2	71,213.4	65,667.3
수 익	205,110.7	319,138.6	347,232.9	311,585.3
매 출 원 가	192,523.7	296,957.4	334,108.2	302,293.2
매출총이익	12,586.9	22,181.2	13,124.8	9,292.1
기타영업수익	5,122.7	0.0	0.0	0.0
기타영업비용	4,761.3	0.0	0.0	0.0
판 관 비	4,354.6	5,206.2	5,307.1	5,631.7
영 업 이 익	8,593.9	16,975.0	7,817.6	3,660.4
영업외수익	2,476.1	10,272.6	8,517.5	8,091.5
영업외비용	2,304.2	11,410.6	9,145.7	7,879.7
세전계속영업이익	8,765.7	15,837.0	7,189.5	3,872.3
법인세비용	1,660.4	3,927.2	1,337.9	975.9
지배기업순이익	7,105.3	11,909.8	5,851.6	2,896.4

▶ 요약연결현금흐름표
(단위 : 억원)

구 분	10.12	11.12	12.12	13.12
영업활동현금흐름	8,265.8	4,400.4	7,350.9	7,930.8
투자활동현금흐름	-5,896.1	-9,801.3	-5,972.8	-955.0
재무활동현금흐름	-2,056.1	5,631.6	-5,802.7	-5,473.7
현금의 증가	313.6	230.7	-4,424.5	1,502.1
CF의 기말현금	8,538.6	8,769.5	4,344.1	5,846.0

▶ 연결재무비율
(단위 : %)

구 분	10.12	11.12	12.12	13.12
매출액증가율	16.9	55.6	8.8	-10.3
순이익증가율	209.4	67.6	-50.9	-50.5
R O A	7.4	10.3	4.6	2.4
R O E	16.9	24.5	11.0	5.4
부 채 비 율	122.1	152.7	132.5	122.7

(주)엔투비

www.entob.com

채용정보

업종	기업명	채용예상 인원	공채 예상 시기	연봉 정보	영어면접 시행유무
기타	(주)엔투비	5명	4월	3500만원	전체시행
외국어능력 시험 제한	토익점수	영어 말하기 점수	학점 제한	학점	스펙초월 채용계획	스펙초월 채용방식
有	700점	제한 없음	有	3.5점 이상	없음	없음

주소	연락처	메일
서울 강남구 역삼동 648-23 역삼빌딩 6층 엔투비	02-2007-0758	andrewkim@entob.com

주요상품	전자상거래업

기업 정보

ENTOB CORPORATION

기업개요

대표자	김일환
업 종	전자상거래업
형 태	주식회사, 대기업
주요제품	기업간전자상거래(기업소모성자재(MRO)), 온라인정보제공, 소프트웨어자문, 개발, 공급, 쇼핑몰운영
종업원수	137명 (2013.12)
사업자번호/설립일	220-81-96244/2000.09.01
본사주소	(135-748)서울 강남구 테헤란로123, 6층(역삼동,여삼빌딩)
전화/팩스번호	02-2007-0754/02-2007-0711
거래은행/결산월	우리은행/12월
홈페이지	www.entob.com
감사의견	적정

주요주주 (2012.12.31)

(단위 : 천주, %)

주주명	주식수	지분율
(주)포스코	2,056	64.26
(주)한진	720	22.50
기타	205	6.43
(주)케이씨씨	200	6.25
우리사주조합	18	0.56

재무정보

(단위 : 백만 원, 천주)

재무상태표	2012.12	2013.12
유동자산(계)	94,143	82,032
당좌자산(계)	94,090	81,127
현금및현금등가물	401	957
단기투자증권	19	1,778
매출채권	88,649	77,054
재고자산(계)	53	905
비유동자산(계)	8,857	7,340
투자자산(계)	2,231	536
유형자산(계)	2,983	3,118
건설중인자산	–	437
무형자산(계)	2,146	2,105
자산총계	103,000	89,371
유동부채(계)	71,544	56,415
매입채무	69,066	53,273
비유동부채(계)	167	374
장기부채성충당부채(계)	112	319
부채총계	71,710	56,789
자본금	16,000	16,000
이익잉여금	15,290	16,582
자본총계	31,290	32,582
부채와자본총계	103,000	89,371
[평균발행주식수]	3,200	3,200

손익계산서	2012.12	2013.12
매출액	607,230	648,761
매출원가	592,540	632,750
매출총이익(손실)	14,691	16,011
판매비와관리비	13,142	13,357
영업이익	1,548	2,654
영업외수익	1,262	539
영업외비용	444	503
세전계속사업이익	2,366	2,691
계속사업손익법인세비용	525	1,277
당기순이익(손실)	1,841	1,414
기본주당순이익(원)	575	442

(주)LG생활건강

채용정보

업종	기업명	채용예상 인원	공채 예상 시기	연봉 정보	영어면접 시행유무
기타	(주)LG생활건강	000명	5월	4000만원 초반	無

외국어능력 시험 제한	토익점수	영어 말하기 점수	학점 제한	학점	스펙초월 채용계획	스펙초월 채용방식
有	700점	토익대체점수로 오픽:IM2 이상	有	3.0점 이상	있음	마케팅 부서에서 계획중이며 정확한 프로그램은 없음

주소	연락처	메일
서울시 종로구 새문안로 58 LG광화문빌딩 LG생활건강	080-023-7007	recruit@lgcare.co.kr

주요상품	화장품 제조업

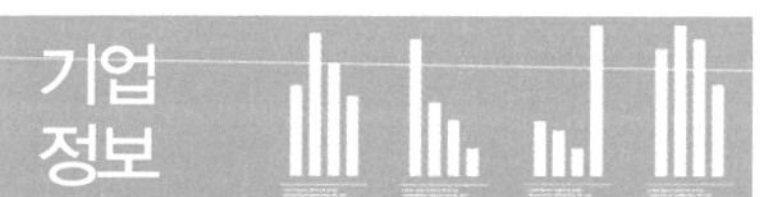

기업정보

화장품 및 생활용품 전문 제조기업
www.lgcare.co.kr 【5,000원/12월/결산】
서울 종로구 새문안로 58
대표전화 : 02-3777-1114 주식담당자 : 02-6924-6121

		주요주주 (13.12)	(%)
설 립 일	2001.04.01	(주)LG	34.0
상 장 일	2001.04.25	차석용	0.1
대표이사	차석용		
종업원수	3,881명(13.12)		
회계감사법인	적정(삼정회계법인)	매출구성	(%)
보 통 주	1,562만주	기초 및색조 등	40.4
우 선 주	210만주	치약,비누,샴푸 등	34.9
신용등급(Bond)	AA	코카콜라,환타 등	29.6
신용등급(CP)	A1	외국인지분율	44.98%

▶ 자본금 변동
(단위 : 억원, 원)

구 분	01.04	.	.	.
증 자 액	780.91	-	-	-
변 동 내 역	신규	-	-	-

▶ 베타와 변동성
(당사/화 학/KOSPI)

기 간	12.01 ~ 12.12	13.01 ~ 13.12
베 타	0.31 / 0.99 /1.00	0.83 / 0.92 /1.00
변 동 성	29.6/ 19.2 /15.3	28.5/ 13.8 /12.2

현 황 매출 증가, 순이익률 소폭 상승

·소비경기 회복 지연에도 양호한 브랜드력을 바탕으로 기존 브랜드의 견조한 성장 및 신제품 출시에 힘입어 전년대비 매출 증가.
·영업이익률 전년 수준이나 법인세비용 부담 완화로 순이익률은 전년대비 상승.
·투자활동에 따른 사금소요를 타인자본을 통해 조달한 바 전년말대비 제 안정성 지표 하락.

▶ 주가 그래프

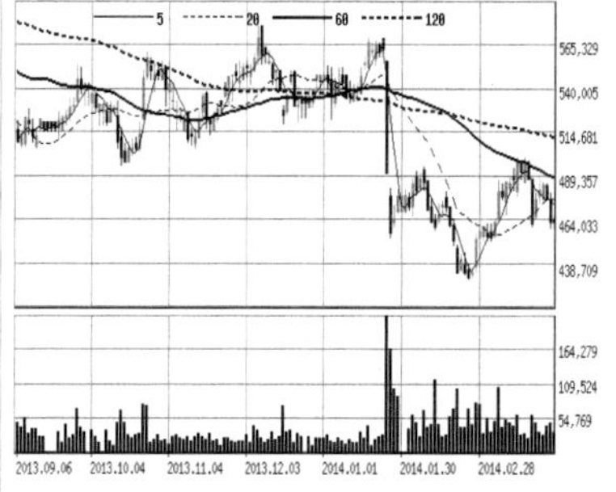

▶ 주가관련지표
(단위 : 원, 배)

구 분	10.12	11.12	12.12	13.12
주 최 고	437,500	553,000	666,000	685,000
가 최 저	270,000	352,000	462,000	486,500
주 순이익	13,743	15,786	18,126	21,311
매출액	168,650	206,216	232,478	258,138
당 순자산	44,482	56,295	67,816	79,516
PER(H/L)	31.83/19.65	35.03/22.30	36.74/25.49	32.14/22.83
PSR(H/L)	2.59/1.60	2.68/1.71	2.86/1.99	2.65/1.88
PBR(H/L)	9.84/6.07	9.82/6.25	9.82/6.81	8.61/6.12

전 망 매출 성장 전망

·국내 소비경기가 회복세를 보일 것으로 전망되는 가운데 음료 부문의 판가 인상, 기존 카테고리의 프리미엄화 등으로 매출 성장 전망.
·중국 더페이스샵 구조조정 등 장기 성장 전략에 따른 비용 집행 증가로 수익성 향상은 제한적일 듯.
·양호한 수익성에 기반한 영업활동산 현금 창출력 및 안정적 수준의 재무구조 보유한바 단기간 내 사업 운용상 자금흐름에 어려움 없을 듯.

▶ 요약연결재무제표
(단위 : 억원)

구 분	10.12	11.12	12.12	13.12
비유동자산	13,660.0	16,024.0	19,722.7	24,540.3
유 동 자 산	5,790.0	7,665.0	7,918.7	9,810.8
자 산 총 계	19,450.0	23,689.0	27,641.4	34,351.0
지배기업지분	7,881.3	9,974.3	12,015.5	14,088.6
비지배지분	565.5	631.5	700.4	665.2
자 본 총 계	8,446.8	10,605.8	12,715.9	14,753.8
비유동부채	4,828.0	5,775.5	5,526.8	9,780.4
유 동 부 채	6,175.3	7,307.7	9,398.6	9,816.9
부 채 총 계	11,003.2	13,083.3	14,925.5	19,597.3
수 익	28,264.8	34,560.7	38,962.2	43,262.6
매 출 원 가	13,337.7	17,362.7	19,032.1	20,318.2
매출총이익	14,927.1	17,198.1	19,930.1	22,944.3
기타영업수익	298.0	0.0	0.0	0.0
기타영업비용	104.6	0.0	0.0	0.0
판 관 비	11,652.3	13,496.1	15,474.8	17,980.2
영 업 이 익	3,468.2	3,702.0	4,455.3	4,964.1
영업외수익	63.2	458.4	421.0	404.6
영업외비용	345.3	439.4	573.4	634.1
세전계속영업이익	3,186.0	3,720.9	4,302.9	4,734.6
법인세비용	816.5	1,005.7	1,183.0	1,078.0
지배기업순이익	2,306.2	2,647.2	3,039.4	3,573.0

▶ 요약연결현금흐름표
(단위 : 억원)

구 분	10.12	11.12	12.12	13.12
영업활동현금흐름	3,194.9	2,888.7	2,380.3	3,895.2
투자활동현금흐름	-5,289.6	-1,349.0	-3,696.8	-4,927.2
재무활동현금흐름	2,193.5	-1,081.1	1,087.6	1,852.5
현금의 증가	103.8	473.2	-228.9	820.4
CF의 기말현금	444.0	917.6	652.0	1,430.5

▶ 연결재무비율
(단위 : %)

구 분	10.12	11.12	12.12	13.12
매출액증가율	27.5	22.3	12.7	11.0
순이익증가율	50.4	14.8	14.8	17.6
R O A	14.6	12.6	12.2	11.8
R O E	33.2	29.7	27.6	27.4
부 채 비 율	130.3	123.4	117.4	132.8

(주)예스코

www.lsyesco.com

채용정보

업종	기업명	채용예상 인원	공채 예상 시기	연봉 정보	영어면접 시행유무
기타	(주)예스코	0명	수시채용	3000만원 후반	無

외국어능력 시험 제한	토익점수	영어 말하기 점수	학점 제한	학점	스펙초월 채용계획	스펙초월 채용방식
有	제한 없음	제한 없음	無	제한 없음	없음	없음

주소	연락처	메일
서울시 성동구 용답동 249-8	02-2210-7248	webmaster@lsyesco.com

주요상품	
	가스 제조 및 배관공급업

기업정보

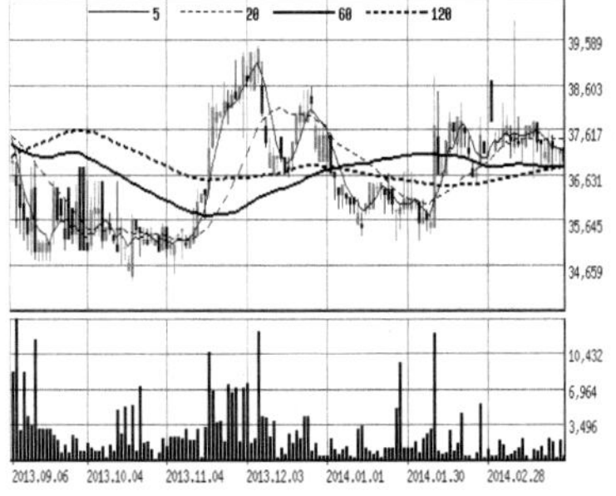

서울, 경기 지역 도시가스 공급업체
www.lsyesco.com　【5,000원/12월/결산】
서울 성동구 자동차시장길 23
대표전화 : 02-1644-3030　주식담당자 : 02-2210-7409

설 립 일	1981.03.05	주요주주 (13.12)	(%)
상 장 일	1996.12.24	(주)예스코	15.8
대표이사	노중석	구자은	13.2
종업원수	333명(13.12)	장진우	6.8
회계감사법인	적정(삼일회계법인)	매출구성	(%)
보 통 주	600만주	LNG, CNG, 계량기, 가스배관공사 등	93.1
우 선 주	-	건설, 분양, Precast Concrete 등	4.6
신용등급(Bond)	AA	TV 케이스, 진동모터 등	2.2
신용등급(CP)	-	외국인지분율	11.75%

▶ 자본금 변동
(단위 : 억원, 원)

구 분	96.12	96.12	.	.
증 자 액	210.00	90.00	-	-
변 동 내 역	신규	유상	-	-

▶ 베타와 변동성
(당사/전기가스업/KOSPI)

기 간	12.01 ~ 12.12	13.01 ~ 13.12
베 타	0.12 / 0.14 / 1.00	0.22 / 0.60 / 1.00
변 동 성	13.1 / 19.4 / 15.3	23.8 / 24.8 / 12.2

현황　법인세 증가로 순이익률은 하락

- 내수경기 부진에도 공급 세대 수 증가에 따른 견조한 가정용 수요와 산업용 수요 증가, 요금 인상 등으로 전년대비 매출 성장.
- 영업이익률 전년 수준을 유지하였으나, 법인세비용 증가로 순이익률은 전년대비 하락하였음.
- 매입채무 감소에 따른 부채 부담 축소로 제 안정성 지표는 전년대비 소폭 개선, 여전히 양호한 수준의 재무구조 견지.

▶ 주가 그래프

▶ 주가관련지표
(단위 : 원, 배)

구 분	10.12	11.12	12.12	13.12
주 최 고	25,900	26,400	30,800	41,000
가 최 저	23,500	23,350	24,300	28,900
주 순이익	7,187	4,103	5,430	2,891
매출액	283,802	282,154	284,724	298,441
당 순자산	90,291	92,858	95,408	96,920
PER(H/L)	3.60/3.27	6.43/5.69	5.67/4.48	14.18/10.00
PSR(H/L)	0.09/0.08	0.09/0.08	0.11/0.09	0.14/0.10
PBR(H/L)	0.29/0.26	0.28/0.25	0.32/0.25	0.42/0.30

전망　매출 성장 및 수익성 개선 전망

- 도시가스산업 이미 시장성숙 단계이나 지속적인 배관망 확대 추세 및 완만한 경기 회복세, 도시가스 요금 인상 등으로 매출 성장 전망.
- 매출 성장에 따른 고정비 부담 완화와 2014년 1월 도시가스 요금 인상 등으로 수익성 개선 전망.
- 영업활동상 안정적 현금 창출력 및 양호한 수준의 재무구조 견지한바 사업 운용상 단기적 자금흐름은 원활할 것으로 전망.

▶ 요약연결재무제표
(단위 : 억원)

구 분	10.12	11.12	12.12	13.12
비유동자산	6,630.8	6,651.0	6,753.3	6,700.4
유 동 자 산	6,944.6	6,331.3	7,012.3	6,790.0
자 산 총 계	13,575.4	12,982.3	13,765.6	13,490.4
지배기업지분	5,417.5	5,571.5	5,724.5	5,815.2
비지배지분	489.3	505.7	532.9	528.0
자 본 총 계	5,906.8	6,077.1	6,257.4	6,343.3
비유동부채	2,137.7	1,623.1	1,942.9	1,999.3
유 동 부 채	5,530.9	5,282.1	5,565.4	5,147.8
부 채 총 계	7,668.6	6,905.2	7,508.3	7,147.1
수　　　익	14,332.9	14,249.7	14,379.5	15,072.3
매 출 원 가	12,774.6	13,004.7	13,201.6	13,880.9
매출총이익	1,558.4	1,245.0	1,177.9	1,191.4
기타영업수익	42.1	0.0	0.0	0.0
기타영업비용	68.4	0.0	0.0	0.0
판 관 비	995.5	1,008.8	1,012.7	1,028.8
영 업 이 익	536.6	236.2	165.3	162.6
영업외수익	153.5	222.0	296.1	202.9
영업외비용	180.6	187.4	265.1	134.0
세전계속영업이익	509.5	270.8	196.3	231.4
법인세비용	174.2	51.1	-132.4	57.3
지배기업순이익	362.9	207.2	274.2	146.0

▶ 요약연결현금흐름표
(단위 : 억원)

구 분	10.12	11.12	12.12	13.12
영업활동현금흐름	1,071.1	851.9	1,035.4	580.7
투자활동현금흐름	221.0	-47.1	-1,179.0	-108.6
재무활동현금흐름	-917.5	-600.2	-256.9	-143.2
현금의 증가	374.6	204.6	-400.4	329.0
CF의 기말현금	1,768.3	1,972.0	1,569.9	1,898.9

▶ 연결재무비율
(단위 : %)

구 분	10.12	11.12	12.12	13.12
매출액증가율	20.1	-0.6	0.9	4.8
순이익증가율	97.8	-42.9	32.3	-46.8
R O A	2.4	1.7	2.3	1.0
R O E	6.8	3.8	4.9	2.5
부 채 비 율	129.8	113.6	120.0	112.7

에어프로덕츠코리아(주)

채용정보

업종	기업명	채용예상 인원	공채 예상 시기	연봉 정보	영어면접 시행유무
기타	에어프로덕츠코리아(주)	00명	미정	협의	전체시행

외국어능력 시험 제한	토익점수	영어 말하기 점수	학점 제한	학점	스펙초월 채용계획	스펙초월 채용방식
無	제한 없음	제한 없음	有	3.0점 이상	있음	미정

주소	연락처	메일
경기도 시흥시 정왕동 1238-3	02-2170-8000	kimk14@airproducts.com

주요상품	
	산업용 가스 제조업

기업정보

AIR PRODUCTS KOREA INC.

기업개요

대표자 이수연
업종 산업용 가스 제조업
형태 주식회사, 대기업
주요제품 공업용액체산소, 질소, 알곤, 기체질소, 특수혼합용가스 제조/경영자문
종업원수 495명 (2013. 9)
사업자번호/설립일 133-81-22211/1973.09.29
본사주소 (429-848)경기도 시흥시 협력로 143
전화/팩스번호 031-488-4114/031-433-3087
거래은행/결산월 HSBC은행/9월
홈페이지 http://www.airproducts.co.kr
감사의견 적정

주요주주 (2013. 9.30)

(단위 : 천주, %)

주주명	주식수	지분율
APIC	5,290	41.63
APCI	4,302	33.85
APMC	3,115	24.51

재무정보

(단위 : 백만 원, 천주)

재무상태표	2012. 9	2013. 9
유동자산(계)	461,423	573,575
당좌자산(계)	434,427	555,414
현금및현금등가물	33,022	178,616
단기투자증권	22	12
매출채권	62,017	57,399
재고자산(계)	26,996	18,161
비유동자산(계)	400,388	379,328
투자자산(계)	61,742	63,249
유형자산(계)	329,690	308,191
건설중인자산	69,815	46,622
무형자산(계)	2	0
자산총계	861,811	952,903
유동부채(계)	57,470	65,815
매입채무	13,007	9,788
비유동부채(계)	6,333	9,854
장기부채성충당부채(계)	6,309	9,854
부채총계	63,804	75,669
자본금	70,323	70,323
자본잉여금	58,295	58,295
이이인여금	669,609	748,582
자본총계	798,007	877,234
부채와자본총계	861,811	952,903
[평균발행주식수]	8,352	12,708

손익계산서	2012. 9	2013. 9
매출액	486,027	479,284
매출원가	353,158	327,874
매출총이익(손실)	132,869	151,410
판매비와관리비	62,937	59,777
영업이익	69,931	91,633
영업외수익	35,267	47,722
영업외비용	18,029	31,759
이자비용	56	–
세전계속사업이익	87,170	107,596
계속사업손익법인세비용	16,957	24,862
당기순이익(손실)	70,213	82,733
기본주당순이익(원)	8,407	6,510

인천도시가스(주)

www.icgas.co.kr

채용정보

업종	기업명	채용예상 인원	공채 예상 시기	연봉 정보	영어면접 시행유무
기타	인천도시가스(주)	5명	하반기	협의	無

외국어능력 시험 제한	토익점수	영어 말하기 점수	학점 제한	학점	스펙초월 채용계획	스펙초월 채용방식
無	제한 없음	제한 없음	有	3.0점 이상	없음	없음

주소		연락처	메일
인천광역시 서구 백범로 934번길 23		032-570-7712~7715	ystar@icgas.co.kr

주요상품	가스 제조 및 배관공급업

기업정보

인천 지역 도시가스 공급업체
www.icgas.co.kr　　**[5,000원/12월/결산]**
인천 서구 백범로934번길 23
대표전화 : 1600-0002　　주식담당자 : 032-570-7770

설 립 일	1983.03.07	주요주주　(13.12)	(%)
상 장 일	2006.11.07	이종훈	41.2
대표이사	정진혁/이가원	한성엘씨아이(주)	14.0
종업원수	189명(13.12)	이가원	8.6
회계감사법인	적정(한영회계법인)	매출구성	(%)
보 통 주	400만주	도시가스	100.0
우 선 주	-		
신용등급(Bond)	-		
신용등급(CP)	-	외국인지분율	0.06%

▶ 자본금 변동
(단위 : 억원, 원)

구 분	06.11	.	.	.
증 자 액	200.00	-	-	-
변 동 내 역	신규	-	-	-

▶ 베타와 변동성
(당사/전기가스업/KOSPI)

기 간	12.01 ~ 12.12	13.01 ~ 13.12
베 타	0.20 / 0.14 / 1.00	0.05 / 0.60 / 1.00
변 동 성	14.0 / 19.4 / 15.3	18.8 / 24.8 / 12.2

현 황　요금 인상 등으로 매출 신장

· 원전 가동 정지에 따른 가스 수요 증가와 더불어 도시가스 요금 인상 등으로 전년대비 매출 신장.
· 외형 성장으로 판관비 부담이 다소 완화되어 영업이익률이 전년대비 소폭 상승하였으나 관계기업지분법손실 증가 등으로 전년과 비슷한 순이익률 기록.
· 순이익의 내부유보에 따른 자기자본 확충 및 매입채무 감소 등에 따른 부채 규모 축소로 제 안정성 지표 전년대비 소폭 개선.

▶ 주가 그래프

▶ 주가관련지표
(단위 : 원, 배)

구 분	10.12	11.12	12.12	13.12
주가 최 고	25,650	23,150	23,400	30,000
주가 최 저	23,200	18,850	20,000	21,700
주당 순이익	3,245	2,913	2,555	2,745
주당 매출액	151,324	164,897	192,608	204,711
주당 순자산	30,412	31,706	32,736	33,541
PER(H/L)	7.90/7.15	7.95/6.47	9.16/7.83	10.93/7.91
PSR(H/L)	0.17/0.15	0.14/0.11	0.12/0.10	0.15/0.11
PBR(H/L)	0.84/0.76	0.73/0.59	0.71/0.61	0.89/0.65

전 망　보급 지역 확대로 매출 성장 전망

· 강화군, 김포시 3개면 등의 농어촌 지역과 영종 · 청라지구, 검단산업단지와 구월보금자리주택지구 등 신규 개발 지역 보급 확대로 매출 성장세 이어갈 듯.
· 요금 인상에 따른 판매 마진 향상 및 외형 성장에 따른 고정비 부담 경감으로 수익성 개선 가능할 듯.
· 영업활동상 현금 창출력을 바탕으로 투자활동이 이루어지는 등, 양호한 자금흐름 및 현금유동성을 감안할 때 원활한 자금흐름 이어갈 듯.

▶ 요약재무제표
(단위 : 억원)

구 분	10.12	11.12	12.12	13.12
비유동자산	1,408.4	1,548.9	1,773.6	1,809.8
유 동 자 산	1,450.8	1,588.8	1,899.9	1,744.7
자 산 총 계	2,859.2	3,137.7	3,673.5	3,554.6
자 본 총 계	1,236.2	1,283.6	1,324.7	1,386.8
(보통주자본금)	200.0	200.0	200.0	200.0
(우선주자본금)	0.0	0.0	0.0	0.0
비유동부채	472.5	546.0	609.7	636.5
유 동 부 채	1,150.5	1,308.2	1,739.2	1,531.3
부 채 총 계	1,623.0	1,854.1	2,348.9	2,167.7
수 익	5,800.2	6,308.1	7,223.4	7,671.6
매 출 원 가	5,290.0	5,778.0	6,673.8	7,087.2
매출총이익	510.2	530.1	549.6	584.5
기타영업수익	56.2	0.0	0.0	0.0
기타영업비용	5.7	0.0	0.0	0.0
판 관 비	386.3	414.2	449.3	465.0
영 업 이 익	174.5	115.9	100.3	119.4
세전계속영업이익	168.0	150.3	129.2	140.8
법인세비용	43.6	38.9	33.4	38.0
계속영업이익	124.4	111.4	95.8	102.9
중단영업이익	0.0	0.0	0.0	0.0
당기순이익	124.4	111.4	95.8	102.9

▶ 요약현금흐름표
(단위 : 억원)

구 분	10.12	11.12	12.12	13.12
영업활동현금흐름	229.3	209.8	246.9	137.1
투자활동현금흐름	-203.2	-138.2	-56.3	-106.8
재무활동현금흐름	-28.0	-69.2	-72.9	-45.4
현금의 증가	-1.9	2.4	117.8	-15.2
CF의 기말현금	13.8	16.2	134.0	118.8

▶ 재무비율
(단위 : %)

구 분	10.12	11.12	12.12	13.12
매출액증가율	15.8	8.8	14.5	6.2
순이익증가율	68.5	-10.4	-14.0	7.4
R O A	4.9	3.7	2.8	2.9
R O E	11.0	8.8	7.4	7.6
부 채 비 율	131.3	144.5	177.3	156.3

일진홀딩스(주)

채용정보

업종	기업명	채용예상 인원	공채 예상 시기	연봉 정보	영어면접 시행유무
기타	일진홀딩스(주)	000명	4월, 9월	3000만원 중반	부분시행 해외영업

외국어능력 시험 제한	토익점수	영어 말하기 점수	학점 제한	학점	스펙초월 채용계획	스펙초월 채용방식
無	제한 없음	제한 없음	無	제한 없음	있음	미정

주소	연락처	메일
서울시 마포구 마포대로 45 일진빌딩	02-707-9114	비공개

주요상품	
	비금융 지주회사

기업정보

일진그룹의 지주회사
www.iljin.co.kr **[1,000원/12월/결산]**
경기도 화성시 만년로 905-17
대표전화 : 031-220-0500 주식담당자 : 02-707-9137

설 립 일	1982.01.27	주요주주 (13.12)	(%)
상 장 일	1990.03.22	허정석	29.1
대표이사	허정석	일진파트너스(주)	24.6
종업원수	10명(13.12)	김항식	0.8
회계감사법인	적정(안진회계법인)	매출구성	(%)
보 통 주	4,935만주	나동선 알루미늄,나선전력선,절연선,통신선동	64.3
우 선 주	-	변압기,충전기,산업기기등	20.1
신용등급(Bond)	-	DiamondGritCuttingToolBlanks	7.0
신용등급(CP)	-	외국인지분율	6.58%

▶ 자본금 변동 (단위 : 억원, 원)

구 분	08.08	08.10	-08.12	-09.12
증 자 액	109.55	138.91	10.29	2.13
변 동 내 역	합병	유상	전환	전환

▶ 베타와 변동성 (당사/서비스업/KOSPI)

기 간	12.01 ~ 12.12	13.01 ~ 13.12
베 타	0.66 / 0.83 / 1.00	0.68 / 0.83 / 1.00
변 동 성	29.1 / 15.2 / 15.3	38.8 / 13.0 / 12.2

현황 외형 축소에도 순이익률 흑자전환

·주요 자회사인 일진전기(주)의 실적 부진 지속으로 전년대비 외형 축소.
·외형 축소에도 매출원가 절감 및 지분법손익의 증가로 전년대비 순이익률 흑자전환.
·순수 지주회사이며 일진상표권의 소유주로 브랜드의 가치 제고 및 육성, 보호 활동을 종합적으로 수행하고 있음.

▶ 주가 그래프

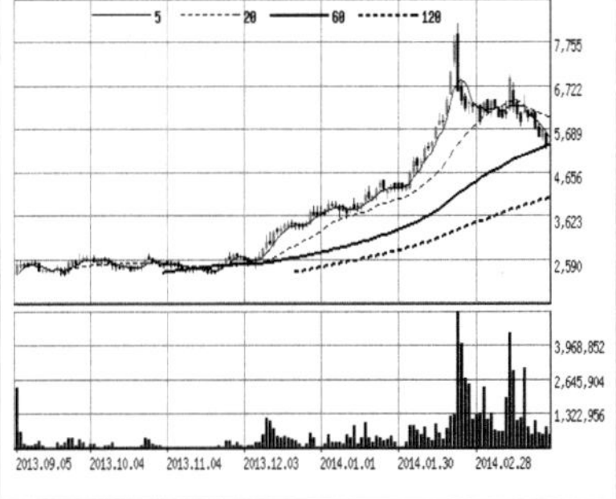

▶ 주가관련지표 (단위 : 원, 배)

구 분		10.12	11.12	12.12	13.12
주 가	최 고	4,420	4,390	2,360	3,710
	최 저	2,670	1,675	1,575	1,600
주 당	순이익	336	-226	-510	66
	매출액	27,216	26,818	26,413	24,163
	순자산	5,635	5,382	4,889	4,976
PER(H/L)		13.15/7.95	-	-	56.21/24.24
PSR(H/L)		0.16/0.10	0.16/0.06	0.09/0.06	0.15/0.07
PBR(H/L)		0.78/0.47	0.82/0.31	0.48/0.32	0.75/0.32

전망 외형 확대 및 수익성 개선 가능할 듯

·일진전기(주)의 고부가가치 제품 성장이 가능할 것으로 보이는바 외형 확대는 가능할 듯.
·외형 확대 가능할 것으로 보이고, 원가 절감 지속 및 고정비 절감 노력으로 수익성 개선 가능할 듯.
·미흡한 현금흐름을 나타내고 있고, 차입금 확대 등으로 당분간 재무구조 개선은 제한적일 듯.

▶ 요약연결재무제표 (단위 : 억원)

구 분	10.12	11.12	12.12	13.12
비유동자산	6,251.3	6,611.8	7,031.2	7,308.7
유 동 자 산	3,750.5	3,752.5	4,056.4	3,856.2
자 산 총 계	10,001.8	10,364.3	11,087.5	11,164.8
지배기업지분	2,780.8	2,655.7	2,412.6	2,455.7
비지배지분	1,880.2	1,808.7	1,761.6	1,764.4
자 본 총 계	4,661.0	4,464.5	4,174.2	4,220.1
비유동부채	1,400.5	2,260.9	2,263.0	1,678.5
유 동 부 채	3,940.3	3,638.9	4,650.3	5,266.2
부 채 총 계	5,340.8	5,899.8	6,913.3	6,944.7
수 익	11,423.3	11,259.7	11,089.8	10,144.8
매 출 원 가	9,911.8	10,007.5	9,953.9	8,812.9
매출총이익	1,511.5	1,252.2	1,135.9	1,331.9
기타영업수익	293.9	41.9	11.4	79.5
기타영업비용	260.5	31.7	9.3	0.0
판 관 비	947.0	1,099.6	1,221.8	1,086.9
영 업 이 익	597.9	162.7	-83.8	324.5
영업외수익	116.0	388.2	313.0	268.5
영업외비용	232.2	682.5	473.3	500.8
세전계속영업이익	481.6	-131.6	-244.0	92.3
법인세비용	165.2	14.1	1.2	29.1
지배기업순이익	141.0	-95.0	-214.0	27.6

▶ 요약연결현금흐름표 (단위 : 억원)

구 분	10.12	11.12	12.12	13.12
영업활동현금흐름	213.3	397.4	-264.6	-156.1
투자활동현금흐름	-340.5	-1,043.1	-605.5	76.2
재무활동현금흐름	-268.1	666.4	825.5	29.7
현금의 증가	-395.4	20.7	-44.6	-50.3
CF의 기말현금	487.0	504.7	450.2	392.8

▶ 연결재무비율 (단위 : %)

구 분	10.12	11.12	12.12	13.12
매출액증가율	21.0	-1.4	-1.5	-8.5
순이익증가율	104.5	적자전환	적자지속	흑자전환
R O A	3.2	-1.4	-2.3	0.6
R O E	5.4	-3.5	-8.4	1.1
부 채 비 율	114.6	132.2	165.6	164.6

지에스칼텍스(주)

www.gscaltex.com

채용정보

업종	기업명	채용예상 인원	공채 예상 시기	연봉 정보	영어면접 시행유무
기타	지에스칼텍스(주)	00명	3월, 9월	4150만원	無

외국어능력 시험 제한	토익점수	영어 말하기 점수	학점 제한	학점	스펙초월 채용계획	스펙초월 채용방식
有	700~800점	제한 없음	有	3.0점 이상	없음	없음

주소	연락처	메일
서울특별시 강남구 역삼동 679 GS타워	02-2005-1114	비공개

주요상품	
	원유 정제처리업

기업정보

GS-CALTEX CORPORATION

기업개요

대표자 허진수/김병열
업 종 원유 정제처리업
형 태 주식회사, 대기업
주요제품 정유, 윤활유, 폴리프로필렌, 방향족제조, 도매, 가맹점, 인쇄화산업, 부동산 임대
종업원수 3209명 (2013.12)
사업자번호/설립일 116-81-19123/1969.04.01
본사주소 (135-985)서울 특별시 강남구 논현로 508 지에스타워
전화/팩스번호 02-2005-1114/02-565-5131
거래은행/결산월 한국스탠다드차타드제일은행/12월
홈페이지 www.gscaltex.co.kr
감사의견 적정

주요주주 (2013.12.31)

(단위 : 천주, %)

주주명	주식수	지분율
지에스에너지(주)	13,000	50.00
Chevron (Overseas) Holdings Lt	10,400	40.00
Chevron Global Energy Inc.	2,600	10.00

재무정보

(단위 : 백만 원, 천주)

재무상태표

	2012.12	2013.12
유동자산(계)	10,424,753	10,371,768
당좌자산(계)	5,423,800	5,264,092
현금및현금등가물	497,263	460,803
단기투자증권	46,071	28,635
매출채권	3,443,808	3,107,744
재고자산(계)	5,000,953	5,107,676
비유동자산(계)	11,466,136	11,251,411
투자자산(계)	635,745	543,826
유형자산(계)	10,590,686	10,476,831
건설중인자산	1,917,234	814,450
무형자산(계)	84,951	86,464
자산총계	21,890,889	21,623,179
유동부채(계)	7,072,759	7,027,650
매입채무	2,812,189	3,181,324
단기차입금	1,036,348	567,575
유동성장기부채	1,019,139	1,056,768
유동성사채	878,440	1,021,265
비유동부채(계)	5,967,973	5,881,959
장기사채(계)	5,329,817	5,406,897
장기차입금(계)	116,944	56,076
장기부채성충당부채(계)	125,447	83,164
부채총계	13,040,732	12,909,609
자본금	260,000	260,000
자본조정	65,616	65,616
이익잉여금	8,500,525	8,369,775
자본총계	8,850,157	8,713,570
부채와자본총계	21,890,889	21,623,179
[평균발행주식수]	26,000	26,000

손익계산서

	2012.12	2013.12
매출액	46,155,917	44,069,494
매출원가	44,906,865	42,406,467
매출총이익(손실)	1,249,052	1,663,027
판매비와관리비	873,303	805,732
영업이익	375,749	857,295
영업외수익	2,533,076	1,392,076
영업외비용	1,599,907	1,743,421
이자비용	326,295	319,086
세전계속사업이익	1,308,918	505,950
계속사업손익법인세비용	177,881	146,331
당기순이익(손실)	1,131,037	359,619
기본주당순이익(원)	43,501	13,832

(주)풍산홀딩스

채용정보

업종	기업명	채용예상 인원	공채 예상 시기	연봉 정보	영어면접 시행유무
기타	(주)풍산홀딩스	70명	하반기	협의	전체시행

외국어능력 시험 제한	토익점수	영어 말하기 점수	학점 제한	학점	스펙초월 채용계획	스펙초월 채용방식
無	제한 없음	제한 없음	無	제한 없음	없음	없음

주소	연락처	메일
서울시 서대문구 충정로 23 풍산빌딩	02-2278-6700	비공개

주요상품	비금융 지주회사

기업 정보

풍산그룹의 사업지주회사로 비철금속 소재 제조업 영위
www.poongsanhc.co.kr　【5,000원/12월/결산】
인천 계양구 아나지로 156
대표전화 : 032-541-8220　주식담당자 : 02-3406-5134

설 립 일	1968.10.22	주요주주 (13.12)	(%)
상 장 일	1988.07.28	류진	36.0
대표이사	류진/최한명	노혜경	2.9
종업원수	367명(13.12)	류성곤	1.7
회계감사법인	적정(삼일회계법인)	매출구성	(%)
보 통 주	784만주	제품매출	53.7
우 선 주	-	용역매출	19.5
신용등급(Bond)	-	상품매출	17.1
신용등급(CP)	-	외국인지분율	8.21%

▶ 자본금 변동　(단위 : 억원, 원)

구 분	99.06	08.04	08.07	08.09
증 자 액	700.52	64.66	-1,401.21	128.31
변 동 내 역	유상	합병	감자	유상

▶ 베타와 변동성　(당사/서비스업/KOSPI)

기 간	12.01 ~ 12.12	13.01 ~ 13.12
베 타	0.63 / 0.83 / 1.00	0.51 / 0.83 / 1.00
변 동 성	23.1 / 15.2 / 15.3	19.2 / 13.0 / 12.2

현황　외형 확대

- 관계기업투자이익은 소폭 축소되었으나 동 제품 제조 등의 사업부문 매출 성장과 주요 종속회사 매출 성장에 힘입어 전년대비 외형 확대.
- 상품 매출 확대에 따른 원가율 상승, 자산손상차손 인식으로 수익성 전년대비 소폭 하락하였으나 10%대 수익률 유지하여 여전히 양호.
- 지속되는 배당에도 충분한 자기자본을 보유 중이고, 건전한 차입 수준이 지속되는 등 우량한 재무구조 견지.

▶ 주가 그래프

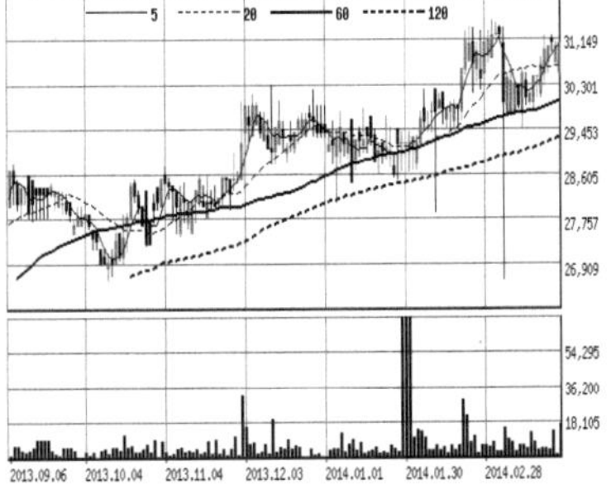

▶ 주가관련지표　(단위 : 원, 배)

구 분	10.12	11.12	12.12	13.12
주가 최 고	49,600	43,850	28,350	29,900
주가 최 저	17,700	23,150	20,000	22,400
주 순이익	7,467	7,254	5,760	5,417
매출액	52,788	30,918	35,367	42,698
당 순자산	56,621	59,982	62,746	65,422
PER(H/L)	6.64/2.37	6.04/3.19	4.92/3.47	5.52/4.14
PSR(H/L)	0.94/0.34	1.42/0.75	0.80/0.57	0.70/0.52
PBR(H/L)	0.88/0.31	0.73/0.39	0.45/0.32	0.46/0.34

전망　매출 성장 및 수익성 개선 제한적일 듯

- 국내외 경기의 점진적인 회복으로 기초소재들 세조하는 동사 및 종속회사의 외형 성장에 기여할 전망.
- 외형 성장이 예상되나 전기동, 스테인레스스틸 등의 주요 원자재 가격의 회복 조짐으로 원가 상승 가능성이 있어 수익성 개선 제한적.
- 양호한 영업현금흐름 및 풍부한 유동성 확보로 추가적인 투자에도 자금 부담이 낮은 수준인바 원활한 자금흐름 이어갈 듯.

▶ 요약연결재무제표　(단위 : 억원)

구 분	10.12	11.12	12.12	13.12
비유동자산	4,377.5	4,382.4	4,624.5	4,829.2
유 동 자 산	1,217.0	1,432.0	1,383.6	1,482.0
자 산 총 계	5,594.6	5,814.5	6,008.1	6,311.2
지배기업지분	4,436.3	4,699.7	4,916.3	5,125.9
비지배지분	73.4	74.5	98.2	96.0
자 본 총 계	4,509.8	4,774.2	5,014.5	5,221.9
비유동부채	469.1	357.0	367.1	377.5
유 동 부 채	615.7	683.3	626.5	711.9
부 채 총 계	1,084.8	1,040.2	993.6	1,089.4
수 익	3,532.5	2,013.2	2,296.0	2,771.9
매 출 원 가	2,687.5	1,596.8	1,738.7	2,201.9
매출총이익	845.1	416.4	557.4	570.1
기타영업수익	63.7	0.0	0.0	0.0
기타영업비용	119.5	0.0	0.0	0.0
판 관 비	192.9	118.2	163.3	182.6
영 업 이 익	596.4	298.2	394.1	387.5
영업외수익	16.8	312.8	74.2	64.7
영업외비용	54.7	32.5	30.2	50.4
세전계속영업이익	558.4	578.4	438.2	401.8
법인세비용	39.7	104.7	59.2	51.7
지배기업순이익	499.7	472.4	374.0	351.7

▶ 요약연결현금흐름표　(단위 : 억원)

구 분	10.12	11.12	12.12	13.12
영업활동현금흐름	220.4	190.4	129.1	232.8
투자활동현금흐름	56.7	301.6	-176.2	-833.2
재무활동현금흐름	7.1	-199.1	-19.6	10.4
현금의 증가	284.2	293.0	-66.6	-590.0
CF의 기말현금	498.1	791.1	724.5	134.5

▶ 연결재무비율　(단위 : %)

구 분	10.12	11.12	12.12	13.12
매출액증가율	-84.8	-43.0	14.1	20.7
순이익증가율	-15.2	-5.5	-20.8	-6.0
R O A	3.4	8.3	6.4	5.7
R O E	12.2	10.3	7.8	7.0
부 채 비 율	24.1	21.8	19.8	20.9

포스코에너지(주)

채용정보

업종	기업명	채용예상 인원	공채 예상 시기	연봉 정보	영어면접 시행유무
기타	포스코에너지(주)	20명 내외	9월	4600만원	전체시행

외국어능력 시험 제한	토익점수	영어 말하기 점수	학점 제한	학점	스펙초월 채용계획	스펙초월 채용방식
無	제한 없음	토익스피킹 6등급 이상	有	3.0점 이상	없음	없음

주소	연락처	메일
서울시 강남구 테헤란로 440 포스코센터 동관 8층	02-3457-2145	pp_recruit@poscoenergy.com

주요상품	화력 발전업

기업 정보

POSCO ENERGY CO.,LTD.

기 업 개요

대표자 황은연
업종 화력 발전업
형태 주식회사, 대기업
주요제품 화력 발전
종업원수 1040명 (2013.12)
사업자번호/설립일 104-81-48528/1999.12.01
본사주소 (135-777) 서울 강남구 테헤란로440,동관8층
(대치동,포스코센터)
전화/팩스번호 02-3457-2114/02-3457-2115
거래은행/결산월 한국산업은행/12월
홈페이지 www.poscopower.co.kr
감사의견 적정

주요주주 (2013.12.31)

(단위 : 천주, %)

주주명	주식수	지분율
(주)포스코	40,234	77.58
코에프씨스틱그로쓰챔프 2010의	3,896	7.51
스카이레이크 제5호 사모투자전	6,666	12.85

재무정보

(단위 : 백만 원, 천주)

재무상태표	2012.12	2013.12
유동자산(계)	761,329	690,607
당좌자산(계)	627,072	587,929
현금및현금등가물	167,248	164,571
매출채권	353,988	257,611
재고자산(계)	134,257	102,677
비유동자산(계)	2,623,583	3,331,362
투자자산(계)	222,643	315,478
유형자산(계)	2,247,929	2,837,117
리스자산	–	54,745
건설중인자산	391,777	896,704
무형자산(계)	78,585	15,801
자산총계	3,384,912	4,021,969
유동부채(계)	691,758	678,983
매입채무	325,786	312,649
유동성장기부채	202,989	189,759
유동성사채	155,583	129,867
비유동부채(계)	1,453,066	1,754,838
장기사채(계)	977,208	1,045,121
장기차입금(계)	421,565	640,975
장기부채성충당부채(계)	6,557	16,612
부채총계	2,144,824	2,433,821
자본금	259,307	225,974
자본잉여금	530,867	364,359
자본조정	△3,659	495,018
이익잉여금	503,416	490,988
자본총계	1,240,088	1,588,148

	2012.12	2013.12
부채와자본총계	3,384,912	4,021,969
[평균발행주식수]	41,760	45,195

손익계산서	2012.12	2013.12
매출액	2,856,716	2,901,117
매출원가	2,506,087	2,587,867
매출총이익(손실)	350,629	313,250
판매비와관리비	77,461	75,078
영업이익	273,168	238,172
영업외수익	80,443	82,464
영업외비용	135,914	148,710
이자비용	67,393	69,084
세전계속사업이익	217,698	171,927
계속사업손익법인세비용	35,829	27,094
당기순이익(손실)	181,869	144,832
기본주당순이익(원)	4,355	3,067

(주)한샘

채용정보

업종	기업명	채용예상 인원	공채 예상 시기	연봉 정보	영어면접 시행유무
기타	(주)한샘	60명	1, 7월	3620만원	無

외국어능력 시험 제한	토익점수	영어 말하기 점수	학점 제한	학점	스펙초월 채용계획	스펙초월 채용방식
無	제한 없음	제한 없음	無	제한 없음	있음	원래 스펙 안 봄

주소	연락처	메일
경기도 안산시 성곡동 665 ㈜한샘	02-6908-3211	recruit@hanssem.com

주요상품	가정용 가구 도매업

기업정보

부엌가구 및 인테리어 전문업체
www.hanssem.com 【1,000원/12월/결산】
경기도 안산시 단원구 번영2로 144
대표전화 : 031-496-1101 주식담당자 : 02-6908-3245

설 립 일	1974.02.01	주요주주 (13.12)	(%)
상 장 일	2002.07.16	조창걸	22.7
대표이사	최양하/조창걸	국민연금공단	8.2
종업원수	1,728명(13.12)	최양하	4.4
회계감사법인	적정(삼일회계법인)	매출구성	(%)
보 통 주	2,353만주	가구, 소품 등	74.7
우 선 주	-	부엌가구 등	21.0
신용등급(Bond)	-	기타	3.1
신용등급(CP)	-	외국인지분율	19.98%

▶ 자본금 변동
(단위 : 억원, 원)

구 분	02.07	-02.12	.	.
증 자 액	211.38	23.96	-	-
변 동 내 역	신규	전환	-	-

▶ 베타와 변동성
(당사/유통업/KOSPI)

기 간	12.01 ~ 12.12	13.01 ~ 13.12
베 타	0.11 / 0.77 / 1.00	-0.11 / 0.72 / 1.00
변 동 성	33.3 / 15.0 / 15.3	39.7 / 12.7 / 12.2

현황 매출 성장, 수익성 상승

·건설·주택경기 부진에도 양호한 디자인 및 가격경쟁력을 바탕으로 고급 대형 매장 및 홈쇼핑 등 유통망 강화로 전년대비 매출 성장.
·매출 증가에 따른 비용 부담 완화로 전년대비 영업이익률 상승, 영업외수지 저하 및 법인세비용 부담 증가에도 순이익률 역시 상승.
·국내 부엌가구 시장과 브랜드 가구 시장에서 점유율 1위를 확보한 경쟁력 보유 업체.

▶ 주가 그래프

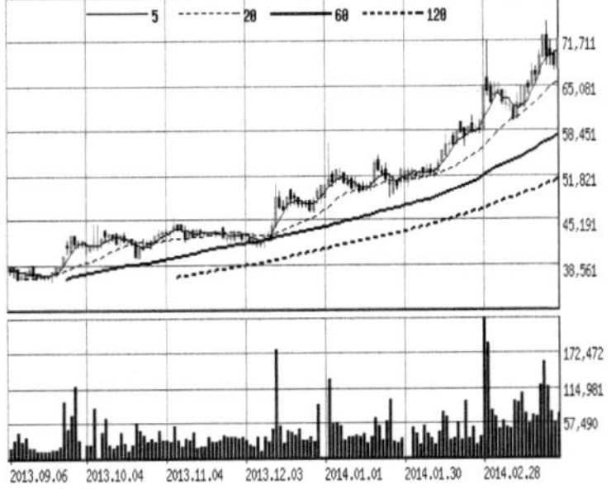

▶ 주가관련지표
(단위 : 원, 배)

구 분	10.12	11.12	12.12	13.12
주가 최 고	13,850	24,150	25,250	50,300
주가 최 저	9,970	12,050	15,900	17,600
주당 순이익	1,512	2,086	2,139	3,402
주당 매출액	32,176	37,827	42,441	55,814
주당 순자산	7,542	8,602	9,125	11,224
PER(H/L)	9.16/6.59	11.58/5.78	11.80/7.43	14.79/5.17
PSR(H/L)	0.43/0.31	0.64/0.32	0.59/0.37	0.90/0.32
PBR(H/L)	1.84/1.32	2.81/1.40	2.77/1.74	4.48/1.57

전망 외형 확대 지속될 듯

·리모델링시장 성장세를 보이는 가운데 IK를 바탕으로 한 건자재 시장 진출로 외형 확대 지속될 듯.
·규모의 경제 효과에 따른 비용 부담 감소로 양호한 수익성 견지할 듯.
·양호한 수익성에 기반한 영업활동상 현금 창출력 및 안정적 수준의 재무구조 보유한바 단기간 내 사업 운용상 자금흐름에 어려움 없을 듯.

▶ 요약연결재무제표
(단위 : 억원)

구 분	10.12	11.12	12.12	13.12
비유동자산	1,128.2	1,795.2	1,945.2	2,191.1
유 동 자 산	2,043.6	2,152.1	1,822.4	2,871.0
자 산 총 계	3,171.8	3,947.3	3,767.7	5,062.0
지배기업지분	1,774.9	2,024.3	2,147.4	2,641.4
비지배지분	0.0	0.0	1.2	1.4
자 본 총 계	1,774.9	2,024.3	2,148.6	2,642.8
비유동부채	59.4	111.4	164.1	195.5
유 동 부 채	1,337.5	1,811.6	1,455.0	2,223.7
부 채 총 계	1,396.9	1,923.0	1,619.1	2,419.2
수 익	6,239.0	7,128.4	7,832.4	10,069.5
매 출 원 가	4,597.7	5,050.3	5,384.5	7,011.3
매출총이익	1,641.3	2,078.2	2,447.9	3,058.2
기타영업수익	71.7	0.0	0.0	0.0
기타영업비용	55.3	0.0	0.0	0.0
판 관 비	1,284.4	1,590.8	1,975.4	2,260.0
영 업 이 익	373.2	487.4	472.5	798.2
영업외수익	34.5	86.8	134.2	120.2
영업외비용	8.4	48.4	88.5	106.2
세전계속영업이익	399.3	525.8	518.1	812.1
법인세비용	107.7	132.7	123.4	198.4
지배기업순이익	293.3	393.1	394.7	613.5

▶ 요약연결현금흐름표
(단위 : 억원)

구 분	10.12	11.12	12.12	13.12
영업활동현금흐름	331.8	768.6	221.6	846.8
투자활동현금흐름	-44.5	-478.3	-217.7	-857.4
재무활동현금흐름	-170.3	-89.1	-236.5	-101.8
현금의 증가	117.0	201.1	-232.6	-112.4
CF의 기말현금	394.7	591.2	352.1	240.5

▶ 연결재무비율
(단위 : %)

구 분	10.12	11.12	12.12	13.12
매출액증가율	15.1	14.3	9.9	28.6
순이익증가율	35.4	34.1	0.4	55.4
R O A	8.8	11.0	10.2	13.9
R O E	17.3	20.7	18.9	25.6
부 채 비 율	78.7	95.0	75.4	91.5

한전KPS(주)

채용정보

업종	기업명	채용예상 인원	공채 예상 시기	연봉 정보	영어면접 시행유무
기타	한전KPS(주)	미정	미정	2670만원	無

외국어능력 시험 제한	토익점수	영어 말하기 점수	학점 제한	학점	스펙초월 채용계획	스펙초월 채용방식
無	제한 없음	제한 없음	無	제한 없음	없음	없음

주소		연락처	메일
경기도 성남시 분당구 정자일로 45		031-710-4114	비공개

주요상품	
	일반전기 공사업

기업 정보

KEPCO PLANT SERVICE & ENGINEERING CO., LTD.

기 업 개 요

대표자	최외근
업 종	일반전기 공사업
형 태	주식회사, 대기업
주요제품	일반전기공사,발전설비정비공사,점검,수리,엔지니어링
종업원수	5079명 (2014. 3)
사업자번호/설립일	203-81-58100/1984.03.27
본사주소	(463-726)경기도 성남시 분당구 정자일로 45
전화/팩스번호	031-710-4114/031-710-4115
거래은행/결산월	농업협동조합/12월
홈페이지	www.kps.co.kr
감사의견	적정

주요주주 (2013.12.31)

(단위 : 천주, %)

주주명	주식수	지분율
한국전력공사	28,352	63.00

재무정보

(단위 : 백만 원, 천주)

재무상태표	2012.12	2013.12
재무상태표	2012.12	2013.12
유동자산(계)	406,454	438,271
당좌자산(계)	403,786	435,807
현금및현금등가물	69,362	56,382
매출채권	105,251	139,019
기타당좌자산	515	456
재고자산(계)	2,668	2,464
비유동자산(계)	349,759	400,795
투자자산(계)	40,167	43,242
유형자산(계)	269,060	314,284
건설중인자산	17,576	50,863
무형자산(계)	7,375	6,045
자산총계	756,214	839,067
유동부채(계)	173,630	182,871
매입채무	10,040	6,857
비유동부채(계)	51,044	34,533
장기부채성충당부채(계)	49,545	33,326
부채총계	224,674	217,404
자본금	9,000	9,000
이익잉여금	522,540	612,662
자본총계	531,540	621,662
부채와자본총계	756,214	839,067
[평균발행주식수]	45,000	45,000

손익계산서	2012.12	2013.12
매출액	1,006,609	1,121,717
매출원가	803,989	881,972
매출총이익(손실)	202,620	239,746
판매비와관리비	60,397	56,711
영업이익	142,223	183,034
영업외수익	16,668	18,842
영업외비용	4,601	3,845
세전계속사업이익	154,290	198,031
계속사업손익법인세비용	36,403	46,508
당기순이익(손실)	117,888	151,524
기본주당순이익(원)	2,620	3,367

(주)한진중공업홀딩스

www.hhic-holdings.com

채용정보

업종	기업명	채용예상 인원	공채 예상 시기	연봉 정보	영어면접 시행유무
기타	(주)한진중공업홀딩스	20~30명	2월	4100만원	無

외국어능력 시험 제한	토익점수	영어 말하기 점수	학점 제한	학점	스펙초월 채용계획	스펙초월 채용방식
有	700점	오픽 IM 이상	有	3.0점 이상	없음	없음

주소		연락처	메일
부산광역시 중구 충장대로 6		051-410-3114	recruit@hanjin.com
주요상품	비금융 지주회사		

기업정보

한진중공업을 자회사로 둔 지주회사
www.hhic-holdings.com　【5,000원/12월/결산】
부산 중구 충장대로 6
대표전화 : 051-410-3114　주식담당자 : 02-450-8040

		주요주주 (13.12)	(%)
설 립 일	1937.07.10		
상 장 일	1956.03.03	조남호	46.5
대표이사	조남호/이수신	김영혜	0.6
종업원수	6명(13.12)	조원국	0.6
회계감사법인	적정(삼일회계법인)	매출구성	(%)
보 통 주	2,953만주	천연가스	74.4
우 선 주	-	설계,감리 용역	12.9
신용등급(Bond)	-	전기 및 열 공급	4.7
신용등급(CP)	-	외국인지분율	4.27%

▶ 자본금 변동
(단위 : 억원, 원)

구 분	99.08	00.04	07.08	07.12
증 자 액	1,260.71	137.43	-2,366.87	601.07
변 동 내 역	합병	주식	감자	유상

▶ 베타와 변동성
(당사/서비스업/KOSPI)

기 간	12.01 ~ 12.12	13.01 ~ 13.12
베 타	0.77 / 0.83 / 1.00	0.92 / 0.83 / 1.00
변 동 성	24.3 / 15.2 / 15.3	25.5 / 13.0 / 12.2

현황　매출 증가에도 순손실 규모 큰 폭 확대

· 지주회사의 매출 부진에도 집단에너지 사업부문 및 도시가스 사업부문의 수주 증가하며 외형은 전년대비 성장.
· 판관비 부담 완화에도 관계사지분법손실 증가로 영업손실 전년대비 큰 폭 확대, 기타비용 및 금융비용 증가로 순손실 역시 큰 폭으로 확대.
· 적자지속에 따른 이익잉여금 감소로 자기자본 규모 축소되었으며 장기차입금 증가 등 부채 부담 확대되어 전년대비 제 안정성 지표 저하.

▶ 주가 그래프

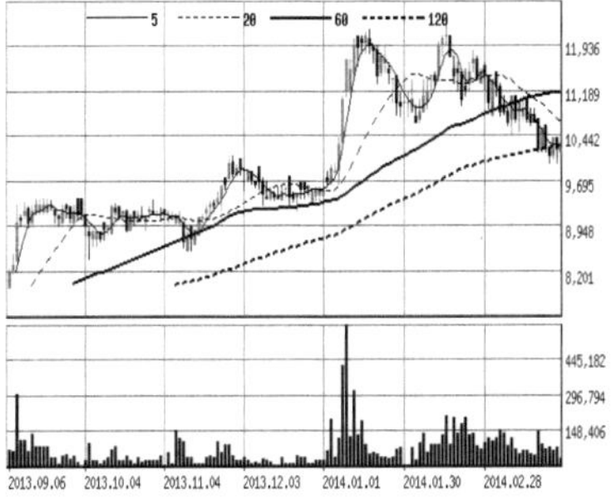

▶ 주가관련지표
(단위 : 원, 배)

구 분	10.12	11.12	12.12	13.12
주가 최 고	20,200	16,100	9,580	9,980
주가 최 저	10,000	6,550	6,460	6,050
주 순이익	326	-404	-240	-3,022
매출액	40,442	40,536	43,675	45,935
당 순자산	40,195	39,235	37,583	34,232
PER(H/L)	61.96/30.67	-	-	-
PSR(H/L)	0.50/0.25	0.40/0.16	0.22/0.15	0.22/0.13
PBR(H/L)	0.50/0.25	0.41/0.17	0.25/0.17	0.29/0.18

전망　외형 회복 가능할 듯

· 주력 자회사인 한진중공업의 업황 개선에 따른 신규 수주 증가 및 에너지 사업체 대륜E&S의 집단에너지사업 진출 등으로 외형 성장 전망.
· 신규 수주에 따른 고정비 부담 완화가 기대되며 관계 자회사들의 실적 향상 등으로 수익성 개선 전망.
· 영업활동상 현금흐름 정(+)의 상태를 유지하고 있으며 우수한 대외신인도를 보유한바 단기적 자금흐름에 큰 무리 없을 듯.

▶ 요약연결재무제표
(단위 : 억원)

구 분	10.12	11.12	12.12	13.12
비유동자산	14,042.1	15,649.4	18,125.9	21,126.2
유 동 자 산	4,109.5	4,158.0	5,027.0	4,189.0
자 산 총 계	18,151.7	19,807.4	23,152.9	25,315.2
지배기업지분	11,869.5	11,586.0	11,098.3	10,108.7
비지배지분	375.7	1,426.7	1,756.3	1,783.7
자 본 총 계	12,245.2	13,012.8	12,854.6	11,892.4
비유동부채	1,557.2	2,470.7	5,673.0	8,373.9
유 동 부 채	4,349.3	4,323.9	4,625.4	5,048.9
부 채 총 계	5,906.5	6,794.6	10,298.3	13,422.8
수 익	10,551.2	10,575.5	11,394.7	11,984.2
매 출 원 가	9,387.2	9,441.7	10,260.5	10,854.8
매출총이익	1,164.0	1,133.9	1,134.2	1,129.4
기타영업수익	81.8	0.0	0.0	0.0
기타영업비용	23.6	0.0	0.0	0.0
판 관 비	777.4	1,194.8	1,144.3	1,540.2
영 업 이 익	444.8	-61.0	-10.1	-410.8
영업외수익	60.2	131.4	139.5	123.2
영업외비용	323.5	60.2	81.5	469.3
세전계속영업이익	181.5	10.2	47.9	-756.9
법인세비용	94.9	105.8	129.6	60.4
지배기업순이익	85.1	-105.5	-62.7	-788.3

▶ 요약연결현금흐름표
(단위 : 억원)

구 분	10.12	11.12	12.12	13.12
영업활동현금흐름	482.4	-488.1	387.7	128.2
투자활동현금흐름	-424.7	-1,247.4	-4,041.8	-4,263.3
재무활동현금흐름	-152.2	1,670.6	3,906.3	3,471.0
현금의 증가	-94.4	-64.9	252.2	-664.2
CF의 기말현금	1,145.7	1,082.4	1,326.7	660.5

▶ 연결재무비율
(단위 : %)

구 분	10.12	11.12	12.12	13.12
매출액증가율	-77.0	0.2	7.8	5.2
순이익증가율	17.6	적지전환	적지지속	적지지속
R O A	0.2	-0.5	-0.4	-3.4
R O E	0.8	-0.9	-0.6	-7.4
부 채 비 율	48.2	52.2	80.1	112.9

(주)한화

www.hanwha.co.kr

채용정보

업종	기업명	채용예상 인원	공채 예상 시기	연봉 정보	영어면접 시행유무
기타	(주)한화	00명	3~4월, 9~10월	4000만원 초반	부분시행 해외영업

외국어능력 시험 제한	토익점수	영어 말하기 점수	학점 제한	학점	스펙초월 채용계획	스펙초월 채용방식
無	제한 없음	제한 없음	無	제한 없음	있음	미정

주소		연락처	메일
서울시 중구 청계천로 86		02-729-1114	비공개
주요상품	한화그룹 지주회사		

기업정보

한화그룹의 지주회사
www.hanwhacorp.co.kr 【5,000원/12월/결산】
서울 중구 장교동 1 한화빌딩 24층
대표전화 : 02-729-1114 주식담당자 : 02-729-1681

		주요주주 (13.12)	(%)
설 립 일	1952.10.28	김승연	22.7
상 장 일	1976.06.24	국민연금공단	6.7
대표이사	심경섭/박재홍	김동관	4.4
종업원수	3,896명(13.12)	매출구성	(%)
회계감사법인	적정(삼일회계법인)	석유화학제품, 석유제품, 일반상품 등	18.1
보 통 주	7,496만주	건축, 토목,플랜트	16.9
우 선 주	48만주	화학제조업(한화케미칼)(제품)	15.7
신용등급(Bond)	A		
신용등급(CP)	A2	외국인지분율	28.24%

▶ 자본금 변동
(단위 : 억원, 원)

구 분	99.02	99.07	00.04	-04.12
증 자 액	393.20	1,000.00	210.28	4.38
변 동 내 역	무상	유상	주식	전환

▶ 베타와 변동성
(당사/화 학/KOSPI)

기 간	12.01 ~ 12.12	13.01 ~ 13.12
베 타	0.92 / 0.99 / 1.00	0.66 / 0.92 / 1.00
변 동 성	25.6 / 19.2 / 15.3	18.2 / 13.8 / 12.2

현황 매출 증가하였으나 수익성 하락

- 한화큐셀코리아 인수 효과 및 태양광 사업의 업황 개선, 금융업ㆍ도소매업의 성장 등에 힘입어 전년대비 매출 증가.
- 태양광 사업의 적자 축소에도 주요 사업의 업황 회복 지연으로 영업이익률 및 당기순이익률 하락.
- 한화건설, 한화케미칼, 한화엘앤씨 등 주요 계열사에 대한 최대 지분을 보유한 그룹의 실질적인 지주회사.

▶ 주가 그래프

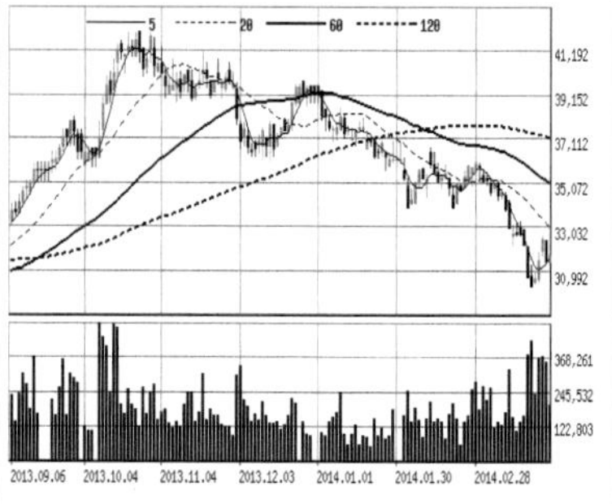

▶ 주가관련지표
(단위 : 원, 배)

구 분		10.12	11.12	12.12	13.12
주가	최고	51,300	57,300	39,400	41,850
	최저	32,300	31,300	26,400	29,050
주당	순이익	16,520	1,934	4,119	1,869
	매출액	208,053	175,191	512,550	556,729
	순자산	61,980	62,112	56,743	57,001
PER(H/L)		3.11/1.96	29.63/16.18	9.57/6.41	22.39/15.54
PSR(H/L)		0.25/0.16	0.33/0.18	0.08/0.05	0.08/0.05
PBR(H/L)		0.83/0.52	0.92/0.50	0.69/0.47	0.73/0.51

전망 매출 증가, 수익성 개선 기대

- 한화건설의 순조로운 이라크 프로젝트 진행, 금융과 태양광의 업황 호전으로 매출 증가 기대.
- 태양광 사업부문인 한화솔라원과 한화큐셀코리아 가동률 상승으로 수익성 개선 전망.
- 한화케미칼의 폴리실리콘 생산 개시에 따른 태양광 수직 계열화 완성으로 외형 성장과 수익성 개선에 일조 할 듯.

▶ 요약연결재무제표
(단위 : 억원)

구 분	10.12	11.12	12.12	13.12
비유동자산	100,488.4	100,437.8	128,089.9	120,224.5
유 동 자 산	38,791.5	42,748.1	78,558.0	94,604.5
자 산 총 계	146,243.9	150,297.3	1,040,856.5	1,133,226.1
지배기업지분	46,756.4	46,856.4	42,805.9	43,000.7
비지배지분	4,305.2	3,731.9	63,053.7	64,758.9
자 본 총 계	51,061.7	50,588.4	105,859.6	107,759.6
비유동부채	37,770.7	41,495.1	84,891.8	90,434.2
유 동 부 채	50,866.4	51,736.3	88,353.8	90,751.7
부 채 총 계	95,182.2	99,709.0	934,996.9	1,025,466.5
수 익	144,717.8	121,859.1	356,519.7	387,249.7
매 출 원 가	133,700.1	112,670.4	327,059.3	359,582.6
매출총이익	11,017.7	9,188.7	29,460.5	27,667.1
기타영업수익	2,745.3	0.0	0.0	0.0
기타영업비용	3,651.7	0.0	0.0	0.0
판 관 비	5,475.0	6,123.5	17,199.4	19,029.8
영 업 이 익	4,636.3	3,065.2	12,261.1	8,637.3
영업외수익	12,518.9	5,615.3	6,646.0	6,962.5
영업외비용	2,829.1	5,717.1	10,779.8	11,555.5
세전계속영업이익	14,326.1	2,963.4	8,127.3	4,044.3
법인세비용	2,602.7	2,028.2	3,162.2	1,797.7
지배기업순이익	11,491.0	1,345.3	2,865.5	1,300.0

▶ 요약연결현금흐름표
(단위 : 억원)

구 분	10.12	11.12	12.12	13.12
영업활동현금흐름	-8,013.0	6,578.9	67,306.5	64,041.7
투자활동현금흐름	-10,601.3	-3,286.8	-58,861.0	-71,528.1
재무활동현금흐름	14,994.4	-1,953.2	-5,084.1	6,108.2
현금의 증가	-3,619.9	1,339.0	3,361.5	-1,378.2
CF의 기말현금	2,183.0	3,511.2	18,097.7	16,779.3

▶ 연결재무비율
(단위 : %)

구 분	10.12	11.12	12.12	13.12
매출액증가율	-51.8	-15.8	192.6	8.6
순이익증가율	105.3	-88.3	113.0	-54.6
R O A	2.6	0.6	0.8	0.2
R O E	33.2	2.9	6.4	3.0
부 채 비 율	186.4	197.1	883.2	951.6

한화엘앤씨(주)

채용정보

업종	기업명	채용예상 인원	공채 예상 시기	연봉 정보	영어면접 시행유무
기타	한화엘앤씨(주)	10명	3월, 9월	4300~4400만원	전체시행

외국어능력 시험 제한	토익점수	영어 말하기 점수	학점 제한	학점	스펙초월 채용계획	스펙초월 채용방식
無	제한 없음	제한 없음	無	제한 없음	있음	직무능력, 자격증 우대

주소	연락처	메일
서울시 중구 장교동 1번지 한화빌딩 14층 지원팀 채용담당자	02-729-1593	fortune99@hanwha.co.kr

주요상품	벽 및 바닥 피복용 플라스틱제품 제조업

기업 정보

HANWHA L & C CO.,LTD.

기업개요

대표자 김창범
업 종 벽 및 바닥 피복용 플라스틱제품 제조업
형 태 주식회사, 대기업
주요제품 바닥재(PVC장판),PVC,알루미늄창호,홈도어, 자동차부품(내장재,사출품),경질필름,시트,인조 대리석 제조,도소매/창호공사
종업원수 1245명 (2013.12)
사업자번호/설립일 202-81-63842/1999.07.01
본사주소 (100-220)서울 중구 청계천로86(장교동,한화 빌딩)
전화/팩스번호 080-729-8272/02-729-2528
거래은행/결산월 우리은행/12월
홈페이지 www.hlcc.co.kr
감사의견 적정

주요주주 (2013.12.31)

(단위 : 천주, %)

주주명	주식수	지분율
한화케미칼(주)	7,000	100.00

재 무 정보

(단위 : 백만 원, 천주)

재무상태표	2012.12	2013.12
유동자산(계)	356,441	381,704
당좌자산(계)	275,786	311,455
현금및현금등가물	5,036	1,417
매출채권	253,604	281,058
재고자산(계)	80,655	70,249
비유동자산(계)	745,320	781,669
투자자산(계)	374,715	383,090
유형자산(계)	340,991	368,223
건설중인자산	18,760	41,932
무형자산(계)	15,990	14,888
자산총계	1,101,761	1,163,373
유동부채(계)	462,423	494,817
매입채무	138,023	170,515
단기차입금	233,404	147,288
유동성장기부채	65,842	138,697
유동성사채	29,960	79,929
비유동부채(계)	263,890	273,987
장기사채(계)	119,693	71,419
장기차입금(계)	76,716	130,393
장기부채성충당부채(계)	65,289	69,466
부채총계	726,313	768,804
자본금	35,000	35,000
자본잉여금	333,561	333,561
자본조정	496	496
이이잉여금	41,150	60,351
자본총계	375,448	394,569
부채와자본총계	1,101,761	1,163,373
[평균발행주식수]	7,000	7,000

손익계산서	2012.12	2013.12
매출액	1,102,864	1,267,473
매출원가	961,712	1,099,173
매출총이익(손실)	141,152	168,300
판매비와관리비	106,356	116,251
영업이익	34,796	52,049
영업외수익	8,057	13,222
영업외비용	41,061	41,398
이자비용	26,272	24,052
세전계속사업이익	1,792	23,873
계속사업손익법인세비용	△886	7,166
당기순이익(손실)	2,678	16,708
기본주당순이익(원)	383	2,387

현대엔지니어링(주)

www.hec.co.kr

채용정보

업종	기업명	채용예상 인원	공채 예상 시기	연봉 정보	영어면접 시행유무
기타	현대엔지니어링(주)	40~50명	10월	5000만원	전체시행

외국어능력 시험 제한	토익점수	영어 말하기 점수	학점 제한	학점	스펙초월 채용계획	스펙초월 채용방식
有	700점	제한 없음	有	3.0점 이상	없음	없음

주소		연락처	메일
서울시 종로구 율곡로 75 (계동)		02-3464-6885	www.hec.co.kr

주요상품	건물 및 토목엔지니어링 서비스업

기업 정보

HYUNDAI ENGINEERING CO.,LTD.

기업개요

대표자 김위철
업 종 건물 및 토목엔지니어링 서비스업
형 태 주식회사, 대기업
주요제품 토목설계,감리/플랜트공사,토목공사/건설자재, 배관자재 도매
종업원수 3153명 (2013.12)
사업자번호/설립일 101-81-66755/2001.01.17
본사주소 (110-801)서울 종로구 율곡로75(계동,현대건설빌딩)
전화/팩스번호 02-2134-1114/02-2649-6582
거래은행/결산월 한국외환은행/12월
홈페이지 www.hec.co.kr
감사의견 적정

주요주주 (2013.12.31)   (단위 : 천주, %)

주주명	주식수	지분율
현대건설(주)	2,933	72.55
한국산업은행	300	7.42
우리사주조합	196	4.86
성상록	1	0.03
김위철	1	0.03

재무정보   (단위 : 백만 원, 천주)

재무상태표	2012.12	2013.12
유동자산(계)	1,635,908	2,186,587
당좌자산(계)	1,635,824	2,186,333
현금및현금등가물	543,845	680,233
매출채권	233,310	233,503
기타당좌자산	–	4,204
재고자산(계)	84	253
비유동자산(계)	250,911	266,310
투자자산(계)	86,785	52,277
유형자산(계)	47,096	18,165
건설중인자산	5,471	1,669
무형자산(계)	10,007	17,606
자산총계	1,886,819	2,452,897
유동부채(계)	1,141,669	1,427,962
매입채무	416,480	518,394
단기차입금	1,607	–
유동성장기부채	10	–
유동성사채	10	–
비유동부채(계)	38,256	63,808
장기사채(계)	–	10
장기부채성충당부채(계)	12,313	10,232
부채총계	1,179,925	1,491,769
자본금	20,215	20,215
자본잉여금	1,401	1,401
자본조정	827	827
이익잉여금	683,182	906,886
자본총계	706,894	961,128

	2012.12	2013.12
부채와자본총계	1,886,819	2,452,897
[평균발행주식수]	4,043	4,043

손익계산서	2012.12	2013.12
매출액	2,271,269	2,616,187
매출원가	1,981,565	2,298,185
매출총이익(손실)	289,704	318,002
판매비와관리비	55,609	52,547
영업이익	234,094	265,455
영업외수익	61,110	92,943
영업외비용	50,010	66,179
이자비용	1	–
세전계속사업이익	245,194	292,219
계속사업손익법인세비용	54,675	72,291
당기순이익(손실)	190,519	219,928
기본주당순이익(원)	47,123	54,397

(주)호텔롯데

www.lottehotel.com

채용정보

업종	기업명	채용예상 인원	공채 예상 시기	연봉 정보	영어면접 시행유무
기타	(주)호텔롯데	미정	3월, 10월	협의	전체시행

외국어능력 시험 제한	토익점수	영어 말하기 점수	학점 제한	학점	스펙초월 채용계획	스펙초월 채용방식
無	제한 없음	기준은 없으나 제출은 의무	無	제한 없음	있음	미정

주소		연락처	메일
서울시 중구 을지로 30		02-771-1000	비공개

주요상품	호텔업

기업정보

HOTEL LOTTE CO.,LTD.

기업개요

대표자 송용덕/신격호/이동우/이홍균
업 종 호텔업
형 태 주식회사, 대기업
주요제품 관광호텔(음식숙박업,면세점,종합휴양)
종업원수 3367명 (2013.12)
사업자번호/설립일 104-81-25980/1973.02.26
본사주소 (100-070)서울 중구 을지로30(소공동,롯데호텔)
전화/팩스번호 02-771-1000/02-754-3678
거래은행/결산월 신한은행/12월
홈페이지 www.lottehotel.com
감사의견 적정

주요주주 (2013.12.31)

(단위 : 천주, %)

주주명	주식수	지분율
일본(주)롯데홀딩스	9,757	19.07
일본주식회사L제4투자회사	8,000	15.63
일본주식회사L제9투자회사	5,325	10.41
일본주식회사L제7투자회사	4,810	9.40
일본주식회사L제1투자회사	4,400	8.60
일본주식회사L제8투자회사	2,950	5.76
일본주식회사L일본(주)광윤사	2,790	5.45
일본주식회사L제10투자회사	2,270	4.44
일본주식회사L제12투자회사	2,150	4.20
일본주식회사L제6투자회사	2,030	3.97
일본주식회사L제5투자회사	1,842	3.60
일본주식회사L제11투자회사	1,700	3.32
일본주식회사L제2투자회사	1,700	3.32
일본(주)패미리	1,080	2.11
(주)호텔롯데	86	0.17
롯데쇼핑(주)	79	0.15
롯데건설(주)	79	0.15
롯데칠성음료(주)	41	0.08
롯데제과(주)	41	0.08
롯데상사(주)	37	0.07
(주)대홍기획	3	0.01

재무정보

(단위 : 백만 원, 천주)

재무상태표	2012.12	2013.12
유동자산(계)	814,480	910,398
당좌자산(계)	360,453	403,900
현금및현금등가물	53,890	10,570
단기투자증권	108	61
매출채권	52,115	61,453
재고자산(계)	454,027	506,498
비유동자산(계)	11,928,571	12,785,049
투자자산(계)	6,486,642	6,538,660
유형자산(계)	5,123,593	5,966,632
리스자산	–	2,607
건설중인자산	349,550	590,929
무형자산(계)	118,225	114,939
자산총계	**12,743,051**	**13,695,448**
유동부채(계)	537,129	1,388,332
매입채무	148,671	180,434
단기차입금	1,887	277,412
유동성장기부채	–	438,123
유동성사채	–	435,798
비유동부채(계)	2,768,519	2,641,895
장기사채(계)	600,266	336,572
장기차입금(계)	238,650	269,251
장기부채성충당부채(계)	11,529	8,768
부채총계	**3,305,649**	**4,030,227**
자본금	508,050	511,749
자본잉여금	–	39,692
이익잉여금	7,097,084	7,234,004
자본총계	**9,437,402**	**9,665,220**
부채와자본총계	**12,743,051**	**13,695,448**
[평균발행주식수]	50,805	50,876

손익계산서	2012.12	2013.12
매출액	**3,061,262**	**3,371,743**
매출원가	1,930,466	2,158,601
매출총이익(손실)	1,130,796	1,213,142
판매비와관리비	824,576	891,308
영업이익	**306,220**	**321,834**
영업외수익	139,814	130,383
영업외비용	141,115	184,726
이자비용	33,070	28,138
세전계속사업이익	**304,918**	**267,491**
계속사업손익법인세비용	77,834	107,647
당기순이익(손실)	**227,085**	**159,844**
기본주당순이익(원)	4,470	3,142

⑱ 외국계기업

금호미쓰이화학(주) ｜ 노벨리스코리아(주) ｜ 롯데로지스틱스(주) 캐논코리아비즈니스솔루션(주) 비브라운코리아(주) ｜ (주)삼진엘앤디 ｜ 한국암웨이(주) ｜ 엘지엠엠에이(주) ｜ 교세라커넥터프로덕츠코리아(주) ｜ 한국로버트보쉬(주) 한국씰마스타(주) ｜ 도레이첨단소재(주) ｜ 도시바일렉트로닉스코리아(주) ｜ 유코카캐리어스(주) 한국아이비엠(주) ｜ 한국후지제록스(주)

금호미쓰이화학(주)

www.kmci.co.kr

채용정보

업종	기업명	채용예상 인원	공채 예상 시기	연봉 정보	영어면접 시행유무
외국계기업	금호미쓰이화학(주)	3명(인턴 4명)	4월, 10월(인턴 미정)	4000만원	부분시행 해외영업
외국어능력 시험 제한	토익점수	영어 말하기 점수	학점 제한	학점	스펙초월 채용계획	스펙초월 채용방식
無	제한 없음	제한 없음	無	제한 없음	없음	없음

주소	연락처	메일
서울시 중구 청계천로 100 (수표동) 시그너쳐타워 동관 11층	02-6961-1114	비공개
주요상품	폴리우레탄원료(MDI), 벤젠, 기초화합물 제조, 도소매	

기업정보

KUMHO MITSUI CHEMICALS CO.,LTD.

기업개요

대표자 박찬구/안도신지
업 종 기타 기초유기화학물질 제조업
형 태 주식회사, 대기업
주요제품 폴리우레탄원료(MDI),벤젠,기초화합물제조,도소매
종업원수 165명 (2013.12)
사업자번호/설립일 102-81-31282/1989.03.02
본사주소 (100-230)서울 중구 청계천로 100(수표동,시그니쳐타워)
전화/팩스번호 02-6961-3791/02-6961-3779
거래은행/결산월 우리은행/12월
홈페이지 www.kmci.co.kr
감사의견 적정

주요주주 (2012.12.31)

(단위 : 천주, %)

주주명	주식수	지분율
Mitsui Chemicals Inc.	1,750	50.00
금호석유화학(주)	1,750	50.00

재무정보

(단위 : 백만 원, 천주)

재무상태표	2012.12	2013.12
유동자산(계)	136,214	135,456
당좌자산(계)	101,930	103,182
현금및현금등가물	7,946	3,973
매출채권	91,087	94,959
재고자산(계)	34,284	32,274
비유동자산(계)	272,027	260,291
투자자산(계)	3,530	1,108
유형자산(계)	256,789	254,283
건설중인자산	2,110	3,794
무형자산(계)	6,870	1,474
자산총계	**408,242**	**395,747**
유동부채(계)	181,604	129,372
매입채무	47,175	46,843
단기차입금	95,228	43,059
유동성장기부채	18,408	20,838
비유동부채(계)	72,144	89,841
장기차입금(계)	65,130	84,901
장기부채성충당부채(계)	2,361	1,898
부채총계	**253,749**	**219,213**
자본금	35,000	35,000
자본조정	27	27
이익잉여금	120,597	142,187
자본총계	**154,493**	**176,534**
부채와자본총계	**408,242**	**395,747**
[평균발행주식수]	3,500	3,500

손익계산서	2012.12	2013.12
매출액	**545,053**	**664,117**
매출원가	503,207	605,599
매출총이익(손실)	41,846	58,518
판매비와관리비	11,524	14,557
영업이익	**30,322**	**43,961**
영업외수익	18,181	12,429
영업외비용	26,862	20,333
이자비용	6,152	5,432
세전계속사업이익	**21,641**	**36,057**
계속사업손익법인세비용	3,269	8,007
당기순이익(손실)	**18,372**	**28,050**
기본주당순이익(원)	5,249	8,014

노벨리스코리아(주)

www.novelis.co.kr

채용정보

업종	기업명	채용예상 인원	공채 예상 시기	연봉 정보	영어면접 시행유무
외국계기업	노벨리스코리아(주)	미정	미정	3000만원 초중반	전체시행

외국어능력 시험 제한	토익점수	영어 말하기 점수	학점 제한	학점	스펙초월 채용계획	스펙초월 채용방식
有	700점	오펙IM2이상 or 토익스피킹120점 이상 or 토익700이상 셋중1가지라도 충족되면 됨	有	3.0점 이상	없음	없음

주소	연락처	메일
한국 서울시 중구 남대문로5가 84-11번지 연세재단 세브란스 빌딩 23층	02-2259-1600	Recruit.Korea@novelis.com

주요상품	
	알루미늄압연, 알루미늄판, 알루미늄캔 제조, 판매

기업정보

NOVELIS KOREA LIMITED

기업개요

대표자 샤시모드갈
업 종 알루미늄 압연, 압출 및 연신제품 제조업
형 태 주식회사, 대기업
주요제품 알루미늄압연, 알루미늄판, 알루미늄캔제조, 판매
종업원수 1436명 (2013.12)
사업자번호/설립일 512-81-06559/1999.09.01
본사주소 (750-110)경상북도 영주시 적서공단로 23
전화/팩스번호 054-630-7114/054-634-5077
거래은행/결산월 한국외환은행/12월
홈페이지 www.novelis.co.kr
감사의견 적정

주요주주 (2013.12.31)

(단위 : 천주, %)

주주명	주식수	지분율
4260856 Canada Inc.	19,052	40.74
8018227 Canada Inc.	14,939	31.95
4260848 Canada Inc.	12,770	27.31
기타		0.00

재무정보

(단위 : 백만 원, 천주)

재무상태표	2012.12	2013.12
유동자산(계)	629,358	535,334
당좌자산(계)	461,787	389,351
현금및현금등가물	171,290	131,683
단기투자증권	5	4
매출채권	238,905	204,940
기타당좌자산	374	3,703
재고자산(계)	167,572	145,983
비유동자산(계)	669,657	817,519
투자자산(계)	4,367	6,730
유형자산(계)	659,575	802,363
건설중인자산	231,940	16,221
무형자산(계)	2,651	4,587
자산총계	**1,299,015**	**1,352,853**
유동부채(계)	473,115	559,356
매입채무	336,248	330,144
단기차입금	50,000	50,000
유동성장기부채	–	65,000
비유동부채(계)	178,068	113,376
장기차입금(계)	169,800	104,800
장기부채성충당부채(계)	5,660	5,840
부채총계	**651,183**	**672,732**
자본금	116,905	116,905
자본잉여금	399,241	399,241
이익잉여금	123,470	149,878
자본총계	**647,833**	**680,121**
부채와자본총계	**1,299,015**	**1,352,853**

[평균발행주식수]	46,762	46,762

손익계산서	2012.12	2013.12
매출액	**1,821,251**	**1,856,053**
매출원가	1,619,895	1,625,348
매출총이익(손실)	201,356	230,705
판매비와관리비	98,309	95,213
영업이익	**103,047**	**135,492**
영업외수익	136,644	134,715
영업외비용	136,867	139,870
이자비용	965	3,808
세전계속사업이익	**102,825**	**130,338**
계속사업손익법인세비용	16,162	17,420
당기순이익(손실)	**86,663**	**112,918**
기본주당순이익(원)	1,853	2,415

롯데로지스틱스(주)

채용정보

업종	기업명	채용예상 인원	공채 예상 시기	연봉 정보	영어면접 시행유무
외국계기업	롯데로지스틱스(주)	미정	5월, 10월	협의	부분시행 해외사업

외국어능력 시험 제한	토익점수	영어 말하기 점수	학점 제한	학점	스펙초월 채용계획	스펙초월 채용방식
無	제한 없음	제한 없음	無	제한 없음	없음	없음

주소	연락처	메일
서울시 중구 봉래동1가 48-3 연세봉래빌딩 11층	02-2095-3114	kyungwon.min@lotte.net

주요상품	
물류 관리, 컨설팅/냉동, 냉장, 보통 창고	

기업 정보

LOTTE LOGISTICS CORP.

기업개요

대표자 이재현
업 종 기타 육상 운송지원 서비스업
형 태 주식회사, 대기업
주요제품 물류 관리,컨설팅/냉동,냉장,보통 창고
종업원수 549명 (2013.12)
사업자번호/설립일 107-81-35250/1981.03.01
본사주소 (100-161)서울 중구 칠패로36(봉래동1가,연세 봉래빌딩)
전화/팩스번호 02-2095-3114/02-2095-3040
거래은행/결산월 하나은행/12월
홈페이지 http://www.llc.co.kr
감사의견 적정

주요주주 (2013.12.31)

(단위 : 천주, %)

주주명	주식수	지분율
(주)L제2투자회사	648	45.34
(주)롯데리아	247	17.31
(주)호텔롯데	126	8.84
(주)롯데푸드	71	4.99
롯데칠성음료(주)	66	4.64
롯데제과(주)	66	4.64
롯데케미칼(주)	66	4.64
롯데쇼핑(주)	66	4.64

재 무 정보

(단위 : 백만 원, 천주)

재무상태표	2012.12	2013.12
유동자산(계)	291,540	276,879
당좌자산(계)	257,933	251,981
현금및현금등가물	33,328	14,492
매출채권	220,648	231,810
재고자산(계)	33,607	24,898
비유동자산(계)	319,828	352,913
투자자산(계)	156,356	158,396
유형자산(계)	156,865	187,846
건설중인자산	16,948	572
무형자산(계)	2,988	2,041
자산총계	611,368	629,791
유동부채(계)	242,487	311,543
매입채무	218,114	222,077
유동성장기부채	–	69,895
유동성사채	–	69,895
비유동부채(계)	136,283	66,698
장기사채(계)	97,201	22,068
장기부채성충당부채(계)	2,638	2,543
부채총계	378,770	378,241
자본금	7,146	7,146
자본잉여금	39,640	39,640
이익잉여금	108,646	125,898
자본총계	232,599	251,551
부채와자본총계	611,368	629,791
[평균발행주식수]	1,429	1,429

손익계산서	2012.12	2013.12
매출액	2,045,050	2,128,601
매출원가	1,959,755	2,036,856
매출총이익(손실)	85,294	91,745
판매비와관리비	61,800	68,406
영업이익	23,494	23,338
영업외수익	5,298	9,701
영업외비용	6,300	9,567
이자비용	3,019	3,290
세전계속사업이익	22,492	23,472
계속사업손익법인세비용	4,793	3,929
당기순이익(손실)	17,699	19,543
기본주당순이익(원)	12,384	13,674

캐논코리아비즈니스솔루션(주) www.canon-bs.co.kr

채용정보

업종	기업명	채용예상 인원	공채 예상 시기	연봉 정보	영어면접 시행유무
외국계기업	캐논코리아비즈니스솔루션(주)	00명(인턴 30명)	1월, 7월	3450만원	無

외국어능력 시험 제한	토익점수	영어 말하기 점수	학점 제한	학점	스펙초월 채용계획	스펙초월 채용방식
無	제한 없음	제한 없음	有	3.0점 이상	없음	없음

주소	연락처	메일
서울시 강남구 테헤란로 607	02-3450-0700	비공개

주요상품	사무자동화기기(전자복사기, 프린터, 팩시밀리, 스캐너, 첨단OA기기) 제조, 도소매, 임대/복사지, 전자용액 도소매

기업 정보

CANONKOREA BUSINESS SOLUTIONS INC .

기업개요

대표자 김천주/키무라아키요시
업 종 사무용 기계 및 장비 제조업
형 태 주식회사, 대기업
주요제품 사무자동화기기(전자복사기, 프린터, 팩시밀리, 스캐너, 첨단OA기기)제조, 도소매, 임대/복사지, 전자용액 도소매
종업원수 215명 (2014. 5)
사업자번호/설립일 120-81-15636/1985.07.01
본사주소 (135-882)서울 강남구 테헤란로 607(삼성동, 캐논케이타워)
전화/팩스번호 02-3450-0700/02-558-5002
거래은행/결산월 신한은행/12월
홈페이지 www.canon-bs.co.kr
감사의견 적정

주요주주 (2014. 3. 1)

(단위 : 천주, %)

주주명	주식수	지분율
캐논(주)	892	50.00
(주)호텔롯데	515	28.88
롯데로지스틱스(주)	160	8.96
롯데정보통신(주)	100	5.60
롯데알미늄(주)	100	5.60
롯데상사(주)	17	0.95

재무정보

(단위 : 백만 원, 천주)

재무상태표	2012.12	2013.12
유동자산(계)	148,532	109,230
당좌자산(계)	100,437	65,759
현금및현금등가물	24,409	11,436
단기투자증권	10	40
매출채권	41,707	46,593
기타당좌자산	19,800	–
재고자산(계)	48,094	43,470
비유동자산(계)	145,030	202,318
투자자산(계)	19,109	19,264
유형자산(계)	115,348	173,323
건설중인자산	47,298	309
무형자산(계)	5,790	5,224
자산총계	293,561	311,547
유동부채(계)	87,671	104,409
매입채무	40,530	49,063
단기차입금	9,832	10,188
비유동부채(계)	10,459	7,649
장기부채성충당부채(계)	4,649	3,185
부채총계	98,130	112,058
자본금	8,925	8,925
자본잉여금	95	95
이익잉여금	186,411	190,470
자본총계	195,431	199,489
부채와자본총계	293,561	311,547
[평균발행주식수]	1,785	1,785

손익계산서	2012.12	2013.12
매출액	588,563	527,948
매출원가	491,853	445,208
매출총이익(손실)	96,710	82,739
판매비와관리비	75,012	77,557
영업이익	21,698	5,183
영업외수익	16,477	14,488
영업외비용	22,949	14,777
이자비용	502	575
세전계속사업이익	15,226	4,893
계속사업손익법인세비용	1,548	999
당기순이익(손실)	13,678	3,894
기본주당순이익(원)	7,663	2,182

비브라운코리아(주)

www.bbraunkorea.com

채용정보

업종	기업명	채용예상 인원	공채 예상 시기	연봉 정보	영어면접 시행유무
외국계기업	비브라운코리아(주)	10명	수시채용	3200만원	전체시행

외국어능력 시험 제한	토익점수	영어 말하기 점수	학점 제한	학점	스펙초월 채용계획	스펙초월 채용방식
有	900점	제한 없음	無	제한 없음	없음	없음

주소	연락처	메일
서울 강남구 대치4동 포스코센터 서관13층	02-3459-7800	brok_recruit@bbraun.com

주요상품	의료용소모품, 외과용의료기구 수입판매, 수리

기업 정보

B BRAUN KOREA CO.,LTD.

기업개요

대표자 김해동
업 종 의료, 정밀 및 과학기기 도매업
형 태 주식회사, 중소기업
주요제품 의료용소모품,외과용의료기구수입판매,수리
종업원수 122명 (2013.12)
사업자번호/설립일 120-81-56485/1990.05.25
본사주소 (135-840)서울 강남구 테헤란로 440(대치동, 포스코센터)
전화/팩스번호 02-3459-7800/02-574-8244
거래은행/결산월 국민은행/12월
홈페이지 www.bbraun.co.kr
감사의견 적정

주요주주 (2012.12.31)

(단위 : 천주, %)

주주명	주식수	지분율
Aesculap International GmbH	1,150	100.00

재무정보

(단위 : 백만 원, 천주)

재무상태표	2012.12	2013.12
유동자산(계)	38,076	41,205
당좌자산(계)	28,276	29,561
현금및현금등가물	411	–
매출채권	26,428	28,185
재고자산(계)	9,800	11,644
비유동자산(계)	6,446	8,192
투자자산(계)	3	3
유형자산(계)	4,791	5,944
건설중인자산	193	–
무형자산(계)	1	465
자산총계	**44,523**	**49,397**
유동부채(계)	16,523	20,691
매입채무	8,280	10,694
단기차입금	1,964	6,412
유동성장기부채	2,340	–
비유동부채(계)	1,229	1,684
장기부채성충당부채(계)	1,229	1,684
부채총계	**17,752**	**22,376**
자본금	11,500	11,500
이익잉여금	15,270	15,521
자본총계	**26,770**	**27,021**
부채와자본총계	**44,523**	**49,397**
[평균발행주식수]	1,150	1,150

손익계산서	2012.12	2013.12
매출액	**78,184**	**82,950**
매출원가	54,728	57,454
매출총이익(손실)	23,450	25,406
판매비와관리비	21,610	23,684
영업이익	**1,846**	**1,812**
영업외수익	589	997
영업외비용	1,609	1,817
이자비용	268	178
세전계속사업이익	**826**	**993**
계속사업손익법인세비용	711	742
당기순이익(손실)	**115**	**251**
기본주당순이익(원)	100	218

(주)삼진엘앤디

www.samjin.co.kr

채용정보

업종	기업명	채용예상 인원	공채 예상 시기	연봉 정보	영어면접 시행유무
외국계기업	(주)삼진엘앤디	10명(인턴 5명)	4월(인턴 2~3월)	협의	無

외국어능력 시험 제한	토익점수	영어 말하기 점수	학점 제한	학점	스펙초월 채용계획	스펙초월 채용방식
無	제한 없음	제한 없음	無	제한 없음	없음	없음

주소	연락처	메일
경기도 화성시 동탄면 동탄 기흥로 64-17	031-379-2000	recruit@samjin.co.kr

주요상품	액정표시장치(백라이트유니트, 동부품), 몰드프레임 제조, 판매

기업 정보

SAMJIN LND CO.,LTD.

기업개요

대표자	이경재
업 종	액정 평판 디스플레이 제조업
형 태	주식회사, 중소기업
주요제품	액정표시장치(백라이트유니트,동부품),몰드프레임 제조,판매
종업원수	188명 (2013.12)
사업자번호/설립일	124-81-34479/1987.04.01
본사주소	(445-812)경기도 화성시 동부대로 714-31동 탄일반산업단지 18B-2L
전화/팩스번호	031-379-2000/031-376-5830
거래은행/결산월	중소기업은행/12월
홈페이지	www.samjin.co.kr
감사의견	적정

주요주주 (2013.12.31)

(단위 : 천주, %)

주주명	주식수	지분율
이경재	2,310	12.28
이명종	886	4.71
김영희	438	2.33
이은정	399	2.12
이수정	181	0.96
백형규	170	0.90
전민선	130	0.69
박용철	13	0.07
우리사주조합	0.00	
김중현		0.00
조순자		0.00

재무정보

(단위 : 백만 원, 천주)

재무상태표	2012.12	2013.12
유동자산(계)	56,124	61,404
당좌자산(계)	53,282	58,444
현금및현금등가물	8,500	8,346
매출채권	25,845	28,615
재고자산(계)	2,842	2,960
비유동자산(계)	75,600	76,092
투자자산(계)	40,676	42,992
유형자산(계)	31,926	30,171
건설중인자산	542	314
무형자산(계)	524	590
자산총계	131,724	137,496
유동부채(계)	45,985	38,230
매입채무	5,294	4,223
단기차입금	11,485	5,281
유동성장기부채	1,825	3,518
유동성사채	–	2,000
비유동부채(계)	25,772	25,439
장기사채(계)	6,931	8,326
장기차입금(계)	14,247	14,433
장기부채성충당부채(계)	445	420
부채총계	71,757	63,669
자본금	8,036	9,407
자본잉여금	31,383	37,527
자본조정	△2,332	△773
이익잉여금	22,880	27,667
자본총계	59,967	73,827
부채와자본총계	131,724	137,496
[평균발행주식수]	15,322	17,813

손익계산서	2012.12	2013.12
매출액	116,203	121,928
매출원가	109,042	106,915
매출총이익(손실)	7,162	15,013
판매비와관리비	14,469	16,342
영업이익	△7,307	△1,329
영업외수익	28,181	16,881
영업외비용	11,896	9,835
이자비용	2,029	2,025
세전계속사업이익	8,978	5,717
계속사업손익법인세비용	3,337	93
당기순이익(손실)	5,641	5,625
기본주당순이익(원)	368	316

한국암웨이(주)

www.amway.co.kr

채용정보

업종	기업명	채용예상 인원	공채 예상 시기	연봉 정보	영어면접 시행유무
외국계기업	한국암웨이(주)	15명(인턴 5명)	수시채용(인턴 6월)	협의	전체시행
외국어능력 시험 제한	토익점수	영어 말하기 점수	학점 제한	학점	스펙초월 채용계획	스펙초월 채용방식
無	제한 없음	제한 없음	無	제한 없음	없음	없음

주소	연락처	메일
서울 강남구 대치동 944-31 섬유센터 빌딩	02-3468-6000	비공개

주요상품	
비누, 합성세제, 세탁첨가제 도소매, 수입	

기업정보

AMWAY KOREA LTD.

기업개요

대표자 제임스비패인/박세준
업 종 비누 및 세정제 도매업
형 태 주식회사, 대기업
주요제품 비누, 합성세제, 세탁첨가제 도소매, 수입
종업원수 372명 (2013.12)
사업자번호/설립일 120-81-03391/1988.02.08
본사주소 (135-713)서울 강남구 테헤란로 518(대치동, 섬유센타빌딩)
전화/팩스번호 02-3468-6000/02-3468-6172
거래은행/결산월 한국씨티은행/12월
홈페이지 www.amway.co.kr
감사의견 적정

주요주주 (2012.12.31)

(단위 : 천주, %)

주주명	주식수	지분율
Amway(Europe)Limited	2,178	100.00

재무정보

(단위 : 백만 원, 천주)

재무상태표	2012.12	2013.12
유동자산(계)	270,155	205,913
당좌자산(계)	201,274	147,363
현금및현금등가물	5,644	84,113
단기투자증권	16	–
매출채권	16,973	16,329
재고자산(계)	68,881	58,550
비유동자산(계)	42,126	46,222
투자자산(계)	9,153	10,692
유형자산(계)	13,147	14,364
건설중인자산	726	2,259
무형자산(계)	1,566	2,175
자산총계	312,281	252,134
유동부채(계)	222,401	155,410
매입채무	34,878	29,222
단기차입금	71,779	–
비유동부채(계)	2,657	4,411
장기부채성충당부채(계)	2,657	4,411
부채총계	225,058	159,821
자본금	21,784	21,784
이익잉여금	65,439	70,530
자본총계	87,223	92,314
부채와자본총계	312,281	252,134
[평균발행주식수]	2,178	2,178

손익계산서	2012.12	2013.12
매출액	616,402	656,799
매출원가	345,927	353,266
매출총이익(손실)	270,475	303,532
판매비와관리비	199,772	225,547
영업이익	70,703	77,985
영업외수익	3,470	2,584
영업외비용	1,786	2,115
이자비용	86	654
세전계속사업이익	72,388	78,454
계속사업손익법인세비용	17,841	18,817
당기순이익(손실)	54,547	59,638
기본주당순이익(원)	25,040	27,377

엘지엠엠에이(주)

www.lgmma.com

채용정보

업종	기업명	채용예상 인원	공채 예상 시기	연봉 정보	영어면접 시행유무
외국계기업	엘지엠엠에이(주)	0명	상반기, 하반기	협의	전체시행

외국어능력 시험 제한	토익점수	영어 말하기 점수	학점 제한	학점	스펙초월 채용계획	스펙초월 채용방식
有	700점	제한 없음	有	3.0점 이상	없음	없음

주소	연락처	메일
서울시 영등포구 여의도동 23-7 유화증권빌딩 12층	02-3770-1215	face78@lgmma.com

주요상품	
주요상품	유기화학제품(메틸매타크릴레이트-MMA) 제조, 판매

기업 정보

LG MMA CORPORATION

기업개요

대표자 나상업/야마다코이치로
업 종 기타 기초유기화학물질 제조업
형 태 주식회사, 대기업
주요제품 유기화학제품(메틸매타크릴레이트-MMA)제조,판매
종업원수 252명 (2013.12)
사업자번호/설립일 417-81-05600/1991.04.01
본사주소 (555-805)전남 여수시 중흥동 759
전화/팩스번호 061-688-2600/061-688-2565
거래은행/결산월 신한은행/12월
홈페이지 www.lgmma.com
감사의견 적정

주요주주 (2012.12.31)

(단위 : 천주, %)

주주명	주식수	지분율
(주)LG	1,200	50.00
일본촉매	600	25.00
스미토모화학공업	600	25.00

재무정보

(단위 : 백만 원, 천주)

재무상태표	2012.12	2013.12
유동자산(계)	232,943	264,485
당좌자산(계)	128,047	164,232
현금및현금등가물	57,339	92,046
매출채권	60,929	62,605
기타당좌자산	9,474	9,305
재고자산(계)	104,895	100,253
비유동자산(계)	249,353	221,202
유형자산(계)	238,471	209,637
건설중인자산	8,756	1,605
무형자산(계)	2,155	2,062
자산총계	**482,296**	**485,687**
유동부채(계)	55,082	69,483
매입채무	25,698	34,151
단기차입금	10,048	20,018
비유동부채(계)	1,314	1,479
장기부채성충당부채(계)	1,314	1,479
부채총계	**56,396**	**70,962**
자본금	24,000	24,000
자본잉여금	29,041	29,041
이익잉여금	372,859	361,685
자본총계	**425,900**	**414,726**
부채와자본총계	**482,296**	**485,687**
[평균발행주식수]	2,400	2,400

손익계산서	2012.12	2013.12
매출액	**587,249**	**524,445**
매출원가	507,403	475,607
매출총이익(손실)	79,846	48,838
판매비와관리비	21,778	22,823
영업이익	**58,068**	**26,016**
영업외수익	5,624	5,229
영업외비용	5,282	5,569
이자비용	266	153
세전계속사업이익	**58,410**	**25,675**
계속사업손익법인세비용	12,756	6,530
당기순이익(손실)	**45,654**	**19,145**
기본주당순이익(원)	19,023	7,977

교세라커넥터프로덕츠코리아(주) www.kyocera.co.kr

채용정보

업종	기업명	채용예상 인원	공채 예상 시기	연봉 정보	영어면접 시행유무
외국계기업	교세라커넥터프로덕츠코리아(주)	10명 이내(인턴 10명)	7월	3100만원	전체시행

외국어능력 시험 제한	토익점수	영어 말하기 점수	학점 제한	학점	스펙초월 채용계획	스펙초월 채용방식
有	750점	토익 750점 대와 비슷한 수준	無	제한 없음	없음	없음

주소	연락처	메일
서울특별시 구로구 신도림동 399번지 기임빌딩 4층	02-2677-1480	recruit@kyocera-connector.kr

주요상품	
	전자콘넥터, 부품 제조,도매

기업 정보

KYOCERA CONNECTOR KOREA SALES CO., LTD.

기업개요

대표자　요지다테
업 종　전기용 기계장비 및 관련 기자재 도매업
형 태　주식회사, 대기업
주요제품　전자부품(커넥터) 도소매,수출입
종업원수　31명 (2013. 3)
사업자번호/설립일　119-81-87988/2006.03.23
본사주소　(425-851)경기도안산시단원구범지기로116
전화/팩스번호　031-494-2040/031-494-3233
거래은행/결산월　한국외환은행/3월
홈페이지　www.kyocera.co.kr
감사의견　적정

주요주주 (2013. 3.31)　(단위 : 천주, %)

주주명	주식수	지분율
교세라커넥터프로덕츠코리아(주)	150	100.00

재무정보　(단위 : 백만 원, 천주)

재무상태표	2012. 3	2013. 3
유동자산(계)	60,316	79,289
당좌자산(계)	37,907	61,784
현금및현금등가물	21,220	37,364
단기투자증권	–	6
매출채권	15,463	22,687
재고자산(계)	22,409	17,504
비유동자산(계)	264	279
투자자산(계)	16	9
유형자산(계)	53	46
무형자산(계)	80	108
자산총계	60,580	79,567
유동부채(계)	15,773	26,159
매입채무	14,379	23,082
부채총계	15,773	26,159
자본금	1,500	1,500
자본잉여금	24,861	24,861
이익잉여금	18,446	27,048
자본총계	44,807	53,409
부채와자본총계	60,580	79,567
[평균발행주식수]	150	150

손익계산서	2012. 3	2013. 3
매출액	107,346	169,675
매출원가	96,438	149,611
매출총이익(손실)	10,908	20,064
판매비와관리비	5,019	5,621
영업이익	5,889	14,444
영업외수익	3,332	1,649
영업외비용	903	1,042
세전계속사업이익	8,317	15,050
계속사업손익법인세비용	2,004	3,291
당기순이익(손실)	6,314	11,759
기본주당순이익(원)	42,092	78,393

한국로버트보쉬(주)

www.bosch.co.kr

채용정보

업종	기업명	채용예상 인원	공채 예상 시기	연봉 정보	영어면접 시행유무
외국계기업	한국로버트보쉬(주)	미정(인턴 00명)	미정(인턴 5월초)	협의	전체시행

외국어능력 시험 제한	토익점수	영어 말하기 점수	학점 제한	학점	스펙초월 채용계획	스펙초월 채용방식
無	제한 없음	제한 없음	無	제한 없음	없음	없음

주소	연락처	메일
경기도 용인시 기흥구 보정동 298	1599-3567	bosch.recruit@kr.bosch.com

주요상품	자동차부품(전자제어연료분사장치용 연료펌프, 미끄럼방지 제동장치) 도매, 제조

기업 정보

ROBERT BOSCH KOREA CO.,LTD.

기업개요

대표자　헤르만캐스/박영후/벤츠만프레드
업 종　기타 자동차신품 부품 및 내장품 판매업
형 태　주식회사, 대기업
주요제품　자동차 부품 (전자제어 연료 분사장치용 연료
　　　　　펌프, 미끄럼방지 제동장치) 도매, 제조
종업원수　944명 (2013.12)
사업자번호/설립일　312-81-33140/1994.07.01
본사주소　(306-230) 대전 대덕구 신일서로5(신일동.
　　　　　한국로버트보쉬기전(주))
전화/팩스번호　031-270-4130/031-270-4614
거래은행/결산월　한국외환은행/12월
홈페이지　www.bosch.co.kr
감사의견　적정

주요주주 (2013.12.31)

(단위 : 천주, %)

주주명	주식수	지분율
RobertBoschGmbH외	8,154	100.00

재무정보

(단위 : 백만 원, 천주)

재무상태표	2012.12	2013.12
유동자산(계)	66,153	215,875
당좌자산(계)	37,352	149,241
현금및현금등가물	11,579	39,152
매출채권	20,376	71,939
재고자산(계)	28,800	66,634
비유동자산(계)	97,878	227,352
투자자산(계)	6,964	8,827
유형자산(계)	86,386	180,364
건설중인자산	14,773	28,019
무형자산(계)	1,854	18,989
자산총계	164,031	443,227
유동부채(계)	137,122	447,183
매입채무	43,832	115,693
단기차입금	70,000	234,088
비유동부채(계)	1,549	15,164
장기부채성충당부채(계)	1,416	9,525
부채총계	138,671	462,347
자본금	10,047	81,547
자본잉여금	11,799	11,799
이익잉여금	3,513	△112,466
자본총계	25,359	△19,120
부채와자본총계	164,031	443,227
[평균발행주식수]	1,005	4,668

손익계산서	2012.12	2013.12
매출액	228,941	421,203
매출원가	173,958	399,344
매출총이익(손실)	54,983	21,859
판매비와관리비	63,008	120,386
영업이익	△8,025	△98,527
영업외수익	9,038	16,001
영업외비용	6,852	31,966
이자비용	4,521	10,653
세전계속사업이익	△5,839	△114,492
계속사업손익법인세비용	7,167	1,488
당기순이익(손실)	△13,007	△115,980
기본주당순이익(원)	△12,945	△24,846

한국씰마스타(주)

채용정보

업종	기업명	채용예상 인원	공채 예상 시기	연봉 정보	영어면접 시행유무
외국계기업	한국씰마스타(주)	10명(인턴 5명)	3월, 4월(인턴 하반기)	협의	부분시행 해외영업

외국어능력 시험 제한	토익점수	영어 말하기 점수	학점 제한	학점	스펙초월 채용계획	스펙초월 채용방식
無	제한 없음	제한 없음	無	제한 없음	있음	미정

주소	연락처	메일
경기도 김포시 대곶면 소래로 71 한국씰마스타㈜	031-980-0119	recruit@ksm.co.kr

주요상품	반도체장비부품(회전용기계씰, 압출패킹, 오일압력장치, 회전용조인트, 메탈벨로우즈) 제조, 도매, 무역

기업 정보

FLOWERVE KSM CO.,LTD.

기업개요

대표자 김윤호
업 종 반도체 제조용 기계 제조업
형 태 주식회사, 중소기업
주요제품 반도체 장비 부품 (회전용 기계 씰, 압출 패킹, 오일 압력 장치, 회전용 조인트, 메탈벨로우) 제조, 도매, 무역
종업원수 215명 (2013.12)
사업자번호/설립일 136-81-01670/1979.02.05
본사주소 (415 - 855) 경기 김포시 대곶면 소래로66(송마리)
전화/팩스번호 031-980-7700/031-982-3691
거래은행/결산월 중소기업은행/12월
홈페이지 www.ksm.co.kr
감사의견 적정

주요주주 (2008.12.19)

(단위 : 천주, %)

주주명	주식수	지분율
Flowserve Co	120	40.00
김윤호	56	18.90
이연숙	30	10.00

재무정보

(단위 : 백만 원, 천주)

재무상태표	2012.12	2013.12
유동자산(계)	49,779	44,811
당좌자산(계)	37,008	30,879
현금및현금등가물	9,640	6,758
매출채권	18,688	18,035
재고자산(계)	12,771	13,932
비유동자산(계)	7,740	7,704
투자자산(계)	240	560
유형자산(계)	3,191	2,925
자산총계	**57,519**	**52,515**
유동부채(계)	19,725	6,929
매입채무	4,310	3,465
단기차입금	10,000	–
부채총계	**19,725**	**6,929**
자본금	1,500	1,500
자본잉여금	512	512
이익잉여금	35,783	43,574
자본총계	**37,794**	**45,586**
부채와자본총계	**57,519**	**52,515**
[평균발행주식수]	150	150

손익계산서	2012.12	2013.12
매출액	**67,751**	**65,492**
매출원가	46,263	43,579
매출총이익(손실)	21,489	21,913
판매비와관리비	8,327	9,220
영업이익	**13,162**	**12,693**
영업외수익	777	1,084
영업외비용	1,273	366
이자비용	201	74
세전계속사업이익	**12,666**	**13,410**
계속사업손익법인세비용	3,047	2,618
당기순이익(손실)	**9,619**	**10,792**
기본주당순이익(원)	64,125	71,946

도레이첨단소재(주)

www.torayamk.com

채용정보

업종	기업명	채용예상 인원	공채 예상 시기	연봉 정보	영어면접 시행유무
외국계기업	도레이첨단소재(주)	50명	9월	3800만원	無
외국어능력 시험 제한	토익점수	영어 말하기 점수	학점 제한	학점	스펙초월 채용계획	스펙초월 채용방식
無	제한 없음	제한 없음	無	제한 없음	없음	없음

주소	연락처	메일
서울특별시 마포구 마포대로 155 10, 16, 17층	02-3279-1122/ 1123	recruit@torayamk.com

주요상품	폴리에스터필름, 증착필름, 폴리에스터섬유, 부직포, 수지, 제조, 도매/부동산 임대

기업 정보

TORAY ADVANCED MATERIALS KOREA INC .

기업개요

대표자 이영관/김상필
업 종 플라스틱 필름, 시트 및 판 제조업
형 태 주식회사, 대기업
주요제품 폴리에스터 필름, 증착 필름, 폴리에스터 섬유
　　　　　부직포, 수지, 제조, 도매/부동산 임대
종업원수 1275명 (2013.12)
사업자번호/설립일 513-81-16410/1999.12.01
본사주소 (730-350) 경북 구미시 3공단 2로 300(임수동, 도레이첨단소재주식회사)
전화/팩스번호 054-479-6114/054-479-6371
거래은행/결산월 우리은행/12월
홈페이지 www.torayamk.com
감사의견 적정

주요주주 (2012.12.31)   (단위 : 천주, %)

주주명	주식수	지분율
TORAY INDUSTRIES IINC.	95,000	100.00

재무정보   (단위 : 백만 원, 천주)

재무상태표	2012.12	2013.12
유동자산(계)	505,518	538,803
당좌자산(계)	330,460	333,767
현금및현금등가물	94,141	112,425
단기투자증권	95	27
매출채권	223,136	207,277
재고자산(계)	175,058	205,036
비유동자산(계)	913,938	1,195,736
투자자산(계)	103,705	110,252
유형자산(계)	794,327	803,558
건설중인자산	128,174	89,301
무형자산(계)	2,673	10,222
자산총계	1,419,456	1,734,539
유동부채(계)	207,411	216,387
매입채무	110,443	82,659
단기차입금	–	50,000
비유동부채(계)	13,102	233,112
장기차입금(계)	–	219,853
장기부채성충당부채(계)	6,748	6,810
부채총계	220,513	449,498
자본금	475,000	475,000
자본조정	△294	–
이익잉여금	718,127	804,236
자본총계	1,198,942	1,285,041
부채와자본총계	1,419,456	1,734,539
[평균발행주식수]	92,019	95,000

손익계산서	2012.12	2013.12
매출액	1,331,196	1,289,688
매출원가	1,052,886	1,069,019
매출총이익(손실)	278,310	220,669
판매비와관리비	88,249	90,393
영업이익	190,061	130,276
영업외수익	32,754	25,987
영업외비용	24,698	20,009
이자비용	843	588
세전계속사업이익	198,117	136,255
계속사업손익법인세비용	33,264	26,101
당기순이익(손실)	164,853	110,153
기본주당순이익(원)	1,792	1,160

도시바일렉트로닉스코리아(주)

tekr.toshiba.kr

채용정보

업종	기업명	채용예상 인원	공채 예상 시기	연봉 정보	영어면접 시행유무
외국계기업	도시바일렉트로닉스코리아(주)	0명	수시채용	협의	無

외국어능력 시험 제한	토익점수	영어 말하기 점수	학점 제한	학점	스펙초월 채용계획	스펙초월 채용방식
無	제한 없음	제한 없음	無	제한 없음	없음	없음

주소		연락처	메일
서울시 강남구 대치동 891 삼성생명 대치타워 20층		02-3484-4334	비공개

주요상품	반도체, 전기용 기계장비, 부품 도소매, 무역, 오파

기업 정보

TOSHIBA ELECTRONICS KOREA CORPORATION

기업개요

대표자　미야자키요이치
업 종　전기용 기계장비 및 관련 기자재 도매업
형 태　주식회사, 대기업
주요제품　반도체, 전기용 기계장비, 부품 도소매, 무역,
　　　　　오파
종업원수　86명 (2013. 3)
사업자번호/설립일　229-81-36170/1999.02.12
본사주소　(135-738)서울특별시 강남구 테헤란로 424
전화/팩스번호　02-3484-4323/02-3484-4302
거래은행/결산월　한국씨티은행/3월
홈페이지　www.toshiba.co.jp
감사의견　적정

주요주주 (2013.12.31)　(단위 : 천주, %)

주주명	주식수	지분율
Toshiba Electronics Asia(Singa	160	100.00

재무정보　(단위 : 백만 원, 천주)

재무상태표	2012. 3	2013. 3
유동자산(계)	84,590	171,319
당좌자산(계)	59,135	135,360
현금및현금등가물	9,152	4,834
매출채권	41,406	118,507
재고자산(계)	25,455	35,959
비유동자산(계)	4,711	8,826
투자자산(계)	2,848	1,240
유형자산(계)	181	5,693
건설중인자산	–	2,047
자산총계	**89,301**	**180,145**
유동부채(계)	72,704	157,099
매입채무	70,938	146,555
비유동부채(계)	2,389	2,936
장기부채성충당부채(계)	2,389	2,936
부채총계	**75,093**	**160,034**
자본금	1,600	1,600
이익잉여금	12,608	18,511
자본총계	**14,208**	**20,111**
부채와자본총계	**89,301**	**180,145**
[평균발행주식수]	160	160

손익계산서	2012. 3	2013. 3
매출액	**530,164**	**712,080**
매출원가	505,193	665,640
매출총이익(손실)	24,971	46,440
판매비와관리비	18,883	36,136
영업이익	**6,088**	**10,304**
영업외수익	18,404	16,745
영업외비용	22,858	19,753
이자비용	67	57
세전계속사업이익	1,635	7,296
계속사업손익법인세비용	445	1,246
당기순이익(손실)	**1,190**	**6,050**
기본주당순이익(원)	7,434	37,814

유코카캐리어스(주)

채용정보

업종	기업명	채용예상 인원	공채 예상 시기	연봉 정보	영어면접 시행유무
외국계기업	유코카캐리어스(주)	0명	1월	협의	전체시행

외국어능력 시험 제한	토익점수	영어 말하기 점수	학점 제한	학점	스펙초월 채용계획	스펙초월 채용방식
有	900점	제한 없음	有	3.5점 이상	있음	서류 블라인드 채용

주소	연락처	메일
서울시 강남구 테헤란로 152 강남 파이낸스센터 24층	02-3468-5200	eukorhr@eukor.com

주요상품	외항, 내항 화물운송

기업정보

EUKOR CAR CARRIERS INC.

기업개요

대표자 크레이그루이스 자센스키
업 종 외항 화물 운송업
형 태 주식회사, 대기업
주요제품 외항, 내항 화물운송
종업원수 164명 (2013.12)
사업자번호/설립일 101-81-88064/2002.11.01
본사주소 (135-984) 서울 강남구 테헤란로 152 24층(역삼동, 강남파이낸스센터)
전화/팩스번호 02-3468-5200/02-6234-2124
거래은행/결산월 한국외환은행/12월
홈페이지 www.eukor.com
감사의견 적정

주요주주 (2014. 4.28)   (단위 : 천주, %)

주주명	주식수	지분율
Wallenius Logistics AB	8,800	40.00
Wilhelmsen Ships Holding Malta	8,800	40.00
현대자동차(주)	2,640	12.00
기아자동차(주)	1,760	8.00

재무정보   (단위 : 백만 원, 천주)

재무상태표	2012.12	2013.12
유동자산(계)	499,498	563,589
당좌자산(계)	398,611	460,455
현금및현금등가물	75,050	43,081
매출채권	108,965	110,523
재고자산(계)	100,887	103,134
비유동자산(계)	1,791,720	1,984,373
투자자산(계)	25,300	28,525
유형자산(계)	1,685,224	1,889,231
건설중인자산	54,445	187,107
무형자산(계)	79,118	63,813
자산총계	**2,291,218**	**2,547,962**
유동부채(계)	328,456	341,512
매입채무	124,569	150,642
유동성장기부채	174,481	173,631
비유동부채(계)	1,123,526	1,194,435
장기차입금(계)	75,750	5,657
장기부채성충당부채(계)	2,514	2,807
부채총계	**1,451,982**	**1,535,947**
자본금	110,000	110,000
자본잉여금	252,017	252,017
이익잉여금	610,646	798,197
자본총계	**839,235**	**1,012,016**
부채와자본총계	**2,291,218**	**2,547,962**
[평균발행주식수]	22,000	22,000

손익계산서	2012.12	2013.12
매출액	**2,874,753**	**2,598,281**
매출원가	2,463,371	2,259,343
매출총이익(손실)	411,382	338,937
판매비와관리비	200,228	76,355
영업이익	**211,154**	**262,582**
영업외수익	44,611	32,181
영업외비용	48,917	36,773
이자비용	34,750	32,134
세전계속사업이익	**206,848**	**257,990**
계속사업손익법인세비용	2,721	2,161
당기순이익(손실)	**204,127**	**255,829**
기본주당순이익(원)	9,278	11,629

한국아이비엠(주)

www.ibm.com/kr

채용정보

업종	기업명	채용예상 인원	공채 예상 시기	연봉 정보	영어면접 시행유무
외국계기업	한국아이비엠(주)	미정	9월, 10월	3000만원 후반	전체시행
외국어능력 시험 제한	토익점수	영어 말하기 점수	학점 제한	학점	스펙초월 채용계획	스펙초월 채용방식
無	제한 없음	유동적임	有	3.0점 이상	미정	미정

주소	연락처	메일
서울시 강남구 도곡동 467-12 군인공제회관빌딩	02-3781-4300	비공개

주요상품	시스템 개발, 공급, 자문, 컨설팅/컴퓨터, 정보처리기기, 사무용기계 판매, 임대, 수리용역

기업 정보

IBM KOREA INC.

기업개요

대표자 셜리위추이
업 종 응용소프트웨어 개발 및 공급업
형 태 주식회사, 대기업
주요제품 시스템 개발, 공급, 자문, 컨설팅 / 컴퓨터, 정보처리기기사무용기계 판매, 임대, 수리 용역
종업원수 2346명 (2014. 1)
사업자번호/설립일 116-81-03897/1967.04.25
본사주소 (135-700) 서울특별시 강남구 남부순환로 2806 6층(도곡동, 군인공제회관)
전화/팩스번호 02-3781-7114/02-3781-5231
거래은행/결산월 한국씨티은행/12월
홈페이지 www.ibm.com/kr
감사의견 적정

주요주주 (2014. 4. 3)

(단위 : 천주, %)

주주명	주식수	지분율
IBM Korea Holding B.V.	22,691	100.00

재무정보

(단위 : 백만 원, 천주)

재무상태표	2012.12	2013.12
유동자산(계)	585,901	542,842
당좌자산(계)	578,646	531,703
현금및현금등가물	233,503	185,697
매출채권	248,980	250,867
재고자산(계)	7,254	11,139
비유동자산(계)	246,353	240,635
투자자산(계)	9,792	12,774
유형자산(계)	91,436	88,620
리스자산	18,704	12,505
무형자산(계)	19,665	19,627
자산총계	832,253	783,477
유동부채(계)	433,232	412,172
매입채무	116,320	115,839
비유동부채(계)	91,416	74,087
장기부채성충당부채(계)	91,416	74,087
부채총계	524,648	486,259
자본금	113,458	113,458
자본잉여금	4,229	4,229
자본조정	3,499	3,988
이익잉여금	191,971	180,455
자본총계	307,606	297,218
부채와자본총계	832,253	783,477
[평균발행주식수]	22,692	22,692

손익계산서	2012.12	2013.12
매출액	1,240,023	1,225,365
매출원가	850,457	882,135
매출총이익(손실)	389,566	343,230
판매비와관리비	231,297	201,198
영업이익	158,268	142,033
영업외수익	50,826	31,782
영업외비용	42,256	32,799
이자비용	24	17
세전계속사업이익	166,839	141,016
계속사업손익법인세비용	14,644	25,560
당기순이익(손실)	152,195	115,455
기본주당순이익(원)	6,707	5,088

한국후지제록스(주)

채용정보

업종	기업명	채용예상 인원	공채 예상 시기	연봉 정보	영어면접 시행유무
외국계기업	한국후지제록스(주)	미정	미정	협의	부분시행마케팅, 영업
외국어능력 시험 제한	토익점수	영어 말하기 점수	학점 제한	학점	스펙초월 채용계획	스펙초월 채용방식
有	700점	토익스피킹 6급	無	제한 없음	없음	없음

주소	연락처	메일
서울시 중구 서소문로 11길 19 배재정동빌딩 B동 10층	1644-8988	recruit@kor.fujixerox.com

주요상품	
	복사기, 팩시밀리 제조, 통신판매/기타 사무통신기기 대여

기업 정보

FUJI XEROX KOREA CO.,LTD.

기업개요

대표자 황인태/우에노야스아키
업 종 사무용 기계 및 장비 제조업
형 태 주식회사, 대기업
주요제품 복사기, 팩시밀리 제조, 통신판매 / 기타 사무 통신기기 대여
종업원수 1039명 (2013. 9)
사업자번호/설립일 110-81-01270/1974.11.01
본사주소 (100-785) 서울특별시 중구 서소문로 11길 19 배재빌딩 비동6~10층
전화/팩스번호 02-310-6159/02-310-8654
거래은행/결산월 우리은행/3월
홈페이지 http://www.fuji.xerox.kr
감사의견 적정

주요주주 (2006.8.25)

(단위 : 천주, %)

주주명	주식수	지분율
Fuji Xerox Co.,Ltd.	896	64.00
Fuji Xerox Asia Packfic Ptd.,	504	36.00

재 무 정보

(단위 : 백만 원, 천주)

재무상태표	2012.3	2013.3
유동자산(계)	113,046	125,788
당좌자산(계)	88,359	96,264
현금및현금등가물	9,548	14,687
단기투자증권	1	27
매출채권	1,41,900	43,262
재고자산(계)	24,688	29,524
비유동자산(계)	106,638	111,762
투자자산(계)	9,199	9,778
유형자산(계)	37,475	36,511
무형자산(계)	8	8
자산총계	219,684	237,550
유동부채(계)	90,568	80,336
매입채무	25,325	26,024
단기차입금	45,000	30,500
비유동부채(계)	3,272	28,263
장기차입금(계)	–	25,000
장기부채성충당부채(계)	3,272	3,263
부채총계	93,841	108,599
자본금	14,000	14,000
자본잉여금	6,000	6,000
이익잉여금	105,844	108,951
자본총계	125,844	128,951
부채와자본총계	219,684	237,550
[평균발행주식수]	1,400	1,400

손익계산서	2012.3	2013.3
매출액	423,263	383,215
매출원가	362,675	313,454
매출총이익(손실)	60,588	69,761
판매비와관리비	62,808	66,907
영업이익	△2,219	2,857
영업외수익	11,844	11,643
영업외비용	9,959	9,122
이자비용	965	2,159
세전계속사업이익	△334	5,378
계속사업손익법인세비용	1,535	1,293
당기순이익(손실)	△1,870	4,085
기본주당순이익(원)	△1,335	2,918

(주)케이알산업 ❙ 경기관광공사 ❙ 국민연금공단 ❙ 서울올림픽기념국민체육진흥공단 ❙ 금융감독원 ❙ 농수산물유통공사 ❙ 서울특별시 시설관리공단 ❙ 예금보험공사 ❙ 대한무역투자진흥공사 ❙ 서울시 도시개발공사 ❙ 인천국제공항공사 ❙ 한국가스안전공사 ❙ 한국남동발전(주) ❙ 한국남부발전(주) ❙ 한국농어촌공사 ❙ 한국동서발전(주) ❙ 한국마사회 ❙ 한국무역보험공사(Ksure) ❙ 한국산업인력공단 ❙ 한국소방산업기술원 ❙ 한국수출입은행 ❙ 한국시설안전공단 ❙ 한국장애인고용공단 ❙ 한국중부발전(주) ❙ 한국철도공사 ❙ 한전케이디엔(주)

(주)케이알산업

채용정보

업종	기업명	채용예상 인원	공채 예상 시기	연봉 정보	영어면접 시행유무
공기업	(주)케이알산업	15명	12월	3500만원	전체시행
외국어능력 시험 제한	토익점수	영어 말하기 점수	학점 제한	학점	스펙초월 채용계획	스펙초월 채용방식
無	제한 없음	제한 없음	有	3.5점 이상	없음	없음

주소	연락처	메일
경기 이천시 부발읍 아미리 697-23	031-639-0264	galassian@krindus.co.kr

주요상품	포장 공사업, 휴게시설 운영업

경기관광공사

채용정보

업종	기업명	채용예상 인원	공채 예상 시기	연봉 정보	영어면접 시행유무
공기업	경기관광공사	0명	3월	2800만원	부분시행 관광마케팅
외국어능력 시험 제한	토익점수	영어 말하기 점수	학점 제한	학점	스펙초월 채용계획	스펙초월 채용방식
有	800점	제한 없음	無	제한 없음	없음	없음

주소	연락처	메일
경기 수원시 영통구 이의동 906-5 중소기업종합지원센터 3층	031-259-4700	ggi@gto.or.kr

주요상품	문화 및 관광 행정

국민연금공단

www.nps.or.kr

채용정보

업종	기업명	채용예상 인원	공채 예상 시기	연봉 정보	영어면접 시행유무
공기업	국민연금공단	300~400명 (인턴 000명)	7월(인턴 5월)	2600만원	無

	토익점수	영어 말하기 점수	학점 제한	학점	스펙초월 채용계획	스펙초월 채용방식
無	제한 없음	제한 없음	無	제한 없음	없음	없음

주소		연락처	메일
서울시 송파구 올림픽로 35다길 13		1355	제한 없음

주요상품	기금 운영업

서울올림픽기념국민체육진흥공단

www.kspo.or.kr

채용정보

업종	기업명	채용예상 인원	공채 예상 시기	연봉 정보	영어면접 시행유무
공기업	서울올림픽기념국민체육진흥공단	10~15명(고졸 4명) (인턴 46명)	10월(인턴 3월)	3200~3300만원	無

외국어능력 시험 제한	토익점수	영어 말하기 점수	학점 제한	학점	스펙초월 채용계획	스펙초월 채용방식
有	800점	토익스피킹 130점	無	제한 없음	없음	없음

주소		연락처	메일
서울시 송파구 올림픽로 424 올림픽회관		02-410-1235	비공개

주요상품	그외 기타 협회 및 단체

금융감독원

채용정보

업종	기업명	채용예상 인원	공채 예상 시기	연봉 정보	영어면접 시행유무
공기업	금융감독원	50명	8월 말~9월 초	협의	부분시행 경영, 경제직무
외국어능력 시험 제한	토익점수	영어 말하기 점수	학점 제한	학점	스펙초월 채용계획	스펙초월 채용방식
無	제한 없음	제한 없음	無	제한 없음	없음	없음
주소				연락처	메일
서울시 영등포구 여의대로 38				02-3145-5256/5254	insa@fss.or.kr
주요상품	금융시장 관리업				

농수산물유통공사

채용정보

업종	기업명	채용예상 인원	공채 예상 시기	연봉 정보	영어면접 시행유무
공기업	농수산물유통공사	30명(고졸 6명) (인턴 40명)	12월(인턴 5월 이후)	3000만원 중반	無
외국어능력 시험 제한	토익점수	영어 말하기 점수	학점 제한	학점	스펙초월 채용계획	스펙초월 채용방식
無	제한 없음	제한 없음	無	제한 없음	없음	없음
주소				연락처	메일
서울시 서초구 강남대로 27				02-6300-1082	비공개
주요상품	농림수산 행정				

서울특별시 시설관리공단

www.sisul.or.kr

채용정보

업종	기업명	채용예상 인원	공채 예상 시기	연봉 정보	영어면접 시행유무
공기업	서울특별시 시설관리공단	30~40명(고졸 3명)	하반기	2700만원	無
외국어능력 시험 제한	토익점수	영어 말하기 점수	학점 제한	학점	스펙초월 채용계획	스펙초월 채용방식
有	700점	제한 없음	無	제한 없음	있음	특별전형 개설

주소	연락처	메일
서울시 성동구 청계천로 540 서울특별시 시설관리공단	02-2290-6114	비공개

주요상품	사업시설 유지관리 서비스업

예금보험공사

www.kdic.or.kr

채용정보

업종	기업명	채용예상 인원	공채 예상 시기	연봉 정보	영어면접 시행유무
공기업	예금보험공사	00명(인턴 00명)	9월(인턴 방학기간 중)	4000만원	無
외국어능력 시험 제한	토익점수	영어 말하기 점수	학점 제한	학점	스펙초월 채용계획	스펙초월 채용방식
無	제한 없음	제한 없음	無	제한 없음	검토 중	미정

주소	연락처	메일
서울시 중구 청계천로 30	02-758-0118/0130	insa@kdic.or.kr

주요상품	기금 운영업

대한무역투자진흥공사

채용정보

업종	기업명	채용예상 인원	공채 예상 시기	연봉 정보	영어면접 시행유무
공기업	대한무역투자진흥공사	30여명(고졸 3명) (인턴 100명 이상)	10월 (매분기별1회)	2800만원	전체시행
외국어능력 시험 제한	토익점수	영어 말하기 점수	학점 제한	학점	스펙초월 채용계획	스펙초월 채용방식
有	850점	오픽IH 이상 or 토익스피킹 140점 이상	無	제한 없음	없음	없음

주소	연락처	메일
서울시 서초구 헌릉로 13	02-3460-7039	비공개

주요상품	경영컨설팅업

서울시 도시개발공사

채용정보

업종	기업명	채용예상 인원	공채 예상 시기	연봉 정보	영어면접 시행유무
공기업	서울시 도시개발공사	30여명(인턴 50명)	2월(인턴 4월)	2500만원	無
외국어능력 시험 제한	토익점수	영어 말하기 점수	학점 제한	학점	스펙초월 채용계획	스펙초월 채용방식
有	700점	제한 없음	無	제한 없음	있음	미정

주소	연락처	메일
서울시 강남구 개포동 SH공사	02-3410-7114	비공개

주요상품	부동산 개발 및 공급업

인천국제공항공사

www.airport.kr

채용정보

업종	기업명	채용예상 인원	공채 예상 시기	연봉 정보	영어면접 시행유무
공기업	인천국제공항공사	00명(고졸 00명) (인턴 00명)	상반기, 하반기 (인턴 상반기)	3500만원	전체시행
외국어능력 시험 제한	토익점수	영어 말하기 점수	학점 제한	학점	스펙초월 채용계획	스펙초월 채용방식
有	750점	제한 없음	有	3.0점 이상	있음	자기소개서 항목을 다양하게도 입해서 구체적인 사례를 봄
주소				연락처	메일
인천시 중구 공항로 272				1577-2600	비공개
주요상품	공항 운영업				

한국가스안전공사

www.kgs.or.kr

채용정보

업종	기업명	채용예상 인원	공채 예상 시기	연봉 정보	영어면접 시행유무
공기업	한국가스안전공사	미정(고졸 미정) (인턴 100명)	하반기(인턴 2, 4분기)	3000만원	전체시행
외국어능력 시험 제한	토익점수	영어 말하기 점수	학점 제한	학점	스펙초월 채용계획	스펙초월 채용방식
無	제한 없음	제한 없음	無	제한 없음	있음	영어제한이 없음. 모든 지원자시험 부여
주소				연락처	메일
충북 음성군 맹동면 원중로 1390 한국가스안전공사				043-750-1191	cooldragonia@kgs.or.kr
주요상품	기타 엔지니어링 서비스업				

한국남동발전(주)

채용정보

업종	기업명	채용예상 인원	공채 예상 시기	연봉 정보	영어면접 시행유무
공기업	한국남동발전(주)	160명(고졸 40명) (인턴 160명)	상반기(인턴 상반기)	협의	전체시행

외국어능력 시험 제한	토익점수	영어 말하기 점수	학점 제한	학점	스펙초월 채용계획	스펙초월 채용방식
無	제한 없음	제한 없음	無	제한 없음	있음	미정

주소		연락처	메일
경상남도 진주시 사들로 123번길 32		070-8898-1543,5~9	fallsky@kosep.co.kr

주요상품	화력 발전업

한국남부발전(주)

채용정보

업종	기업명	채용예상 인원	공채 예상 시기	연봉 정보	영어면접 시행유무
공기업	한국남부발전(주)	미정	미정	협의	無

외국어능력 시험 제한	토익점수	영어 말하기 점수	학점 제한	학점	스펙초월 채용계획	스펙초월 채용방식
無	제한 없음	제한 없음	無	제한 없음	있음	역량기반 자기소개서

주소		연락처	메일
서울시 강남구 테헤란로 620 미래에셋타워빌딩		070-7713-8213/8217	recruit@kospo.co.kr

주요상품	화력 발전업

한국농어촌공사

채용정보

업종	기업명	채용예상 인원	공채 예상 시기	연봉 정보	영어면접 시행유무
공기업	한국농어촌공사	100여명(고졸 20명)(인턴 00명)	9월(인턴 3~4월)	2300~2400만원	전체시행
외국어능력 시험 제한	토익점수	영어 말하기 점수	학점 제한	학점	스펙초월 채용계획	스펙초월 채용방식
有	점수제한x 성적표는 필수	제한 없음	無	제한 없음	있음	미정

주소			연락처	메일
경기도 의왕시 안양판교로 98 농업기반공사			031-420-3973/3974	비공개
주요상품	사업지원 서비스업			

한국동서발전(주)

채용정보

업종	기업명	채용예상 인원	공채 예상 시기	연봉 정보	영어면접 시행유무
공기업	한국동서발전(주)	미정(고졸 50명)(인턴 100명)	미정(인턴 미정)	3000만원	부분시행
외국어능력 시험 제한	토익점수	영어 말하기 점수	학점 제한	학점	스펙초월 채용계획	스펙초월 채용방식
無	제한 없음	제한 없음	無	제한 없음	있음	블라인드 면접

주소			연락처	메일
울산광역시 중구 북정동 222-2			02-3456-7563,5	recruit@ewp.co.kr
주요상품	화력 발전업			

한국마사회

www.kra.co.kr

채용정보

업종	기업명	채용예상 인원	공채 예상 시기	연봉 정보	영어면접 시행유무
공기업	한국마사회	30명(고졸 20명 내외) (인턴 50~70명)	1월(인턴 상반기 중)	3000만원 후반	부분시행 사무직
외국어능력 시험 제한	토익점수	영어 말하기 점수	학점 제한	학점	스펙초월 채용계획	스펙초월 채용방식
無	제한 없음	제한 없음	無	제한 없음	있음	서류전형 대체로 온라인상 시험
주소				연락처	메일
경기도 과천시 경마공원대로 107				1566-3333	비공개
주요상품	경주장 운영업				

한국무역보험공사(Ksure)

www.ksure.or.kr

채용정보

업종	기업명	채용예상 인원	공채 예상 시기	연봉 정보	영어면접 시행유무
공기업	한국무역보험공사(Ksure)	미정	미정	3600만원	無
외국어능력 시험 제한	토익점수	영어 말하기 점수	학점 제한	학점	스펙초월 채용계획	스펙초월 채용방식
無	제한 없음	제한 없음	無	제한 없음	없음	없음
주소				연락처	메일
서울시 종로구 종로 14 한국무역보험공사				02-399-6962/6897	비공개
주요상품	보험 및 연금관련 서비스업				

한국산업인력공단

채용정보

업종	기업명	채용예상 인원	공채 예상 시기	연봉 정보	영어면접 시행유무
공기업	한국산업인력공단	60명(고졸 20명) (인턴 00명)	7~8월(인턴 1월)	2500만원	無

외국어능력 시험 제한	토익점수	영어 말하기 점수	학점 제한	학점	스펙초월 채용계획	스펙초월 채용방식
無	제한 없음	제한 없음	無	제한 없음	있음	스펙 안 봄

주소		연락처	메일
울산광역시 중구 종가로 345 한국산업인력공단		052-714-8091	비공개

주요상품	직업훈련기관

한국소방산업기술원

채용정보

업종	기업명	채용예상 인원	공채 예상 시기	연봉 정보	영어면접 시행유무
공기업	한국소방산업기술원	10명(고졸 1명) (인턴 30명)	3월(인턴 2월)	2800만원	無

외국어능력 시험 제한	토익점수	영어 말하기 점수	학점 제한	학점	스펙초월 채용계획	스펙초월 채용방식
無	제한 없음	제한 없음	無	제한 없음	있음	미정

주소		연락처	메일
경기도 용인시 기흥구 지삼로 331		02-2286-3832	비공개

주요상품	기술 시험, 검사 및 분석업

한국수출입은행

채용정보

업종	기업명	채용예상 인원	공채 예상 시기	연봉 정보	영어면접 시행유무
공기업	한국수출입은행	23명(인턴 40명)	9~10월(인턴 3월)	협의	無
외국어능력 시험 제한	토익점수	영어 말하기 점수	학점 제한	학점	스펙초월 채용계획	스펙초월 채용방식
無	제한 없음	제한 없음	無	제한 없음	없음	없음
주소				연락처	메일
서울시 영등포구 은행로 38				02-3779-6109/6106	비공개
주요상품	개발금융기관				

한국시설안전공단

채용정보

업종	기업명	채용예상 인원	공채 예상 시기	연봉 정보	영어면접 시행유무
공기업	한국시설안전공단	6명(인턴 10명)	5~6월(인턴 3월)	3000만원	無
외국어능력 시험 제한	토익점수	영어 말하기 점수	학점 제한	학점	스펙초월 채용계획	스펙초월 채용방식
有	700점	제한 없음	無	제한 없음	없음	없음
주소				연락처	메일
경기도 고양시 일산서구 고양대로 315 한국시설안전공단				031-910-3522	비공개
주요상품	기술 시험, 검사 및 분석업				

한국장애인고용공단

www.kead.or.kr

채용정보

업종	기업명	채용예상 인원	공채 예상 시기	연봉 정보	영어면접 시행유무
공기업	한국장애인고용공단	미정	미정	2700~2800만원	無
외국어능력 시험 제한	토익점수	영어 말하기 점수	학점 제한	학점	스펙초월 채용계획	스펙초월 채용방식
無	제한 없음	제한 없음	無	제한 없음	없음	없음
주소				연락처	메일
경기도 성남시 분당구 구미로 173번길 59				031-728-7255	비공개
주요상품	비거주 복지 서비스업				

한국중부발전(주)

www.komipo.co.kr

채용정보

업종	기업명	채용예상 인원	공채 예상 시기	연봉 정보	영어면접 시행유무
공기업	한국중부발전(주)	70명(고졸 00명) (인턴 미정)	1월(인턴 하반기)	3000만원 초반	전체시행
외국어능력 시험 제한	토익점수	영어 말하기 점수	학점 제한	학점	스펙초월 채용계획	스펙초월 채용방식
有	700점	제한 없음	無	제한 없음	없음	없음
주소				연락처	메일
서울시 강남구 테헤란로 114길 38 동일타운 15층				070-7511-1212/1215/1217	비공개
주요상품	화력 발전업				

한국철도공사

www.korail.com

채용정보

업종	기업명	채용예상 인원	공채 예상 시기	연봉 정보	영어면접 시행유무
공기업	한국철도공사	000명(고졸 120명) (인턴 1600명)	4~5월 (인턴 4~5월)	2200만원	無
외국어능력 시험 제한	토익점수	영어 말하기 점수	학점 제한	학점	스펙초월 채용계획	스펙초월 채용방식
無	제한 없음	제한 없음	無	제한 없음	있음	단계별 면접, 적성검사, 인턴쉽
주소				연락처	메일
대전광역시 동구 중앙로 240				1544-7788	비공개
주요상품	철도운송업				

한전케이디엔(주)

www.kdn.com

채용정보

업종	기업명	채용예상 인원	공채 예상 시기	연봉 정보	영어면접 시행유무
공기업	한전케이디엔(주)	30명	미정	2000만원 후반	無
외국어능력 시험 제한	토익점수	영어 말하기 점수	학점 제한	학점	스펙초월 채용계획	스펙초월 채용방식
無	제한 없음	제한 없음	無	제한 없음	없음	없음
주소				연락처	메일
서울시 서초구 효령로 72길 60				02-6262-6114	비공개
주요상품	컴퓨터시설 관리업				

매출액
1위~1000위 기업

(단위: 백만 원)

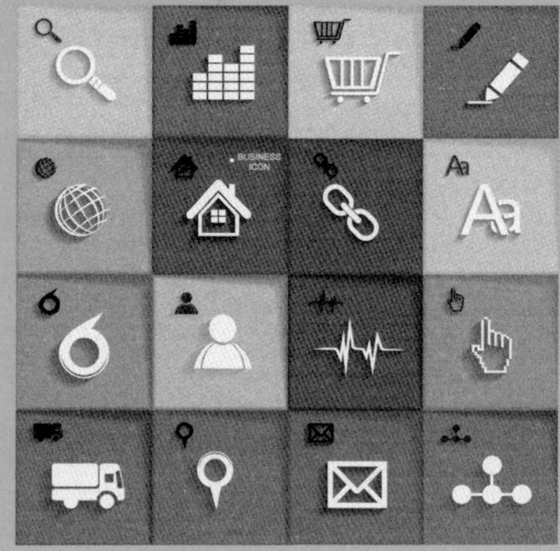

(2014.6.9 기준 NICE평가정보(주) DB)

(단위: 백만 원)

순위	업체명	매출액
1	삼성전자(주)	158,372,089
2	한국전력공사	53,692,406
3	지에스칼텍스(주)	44,069,494
4	에스케이에너지(주)	43,613,023
5	현대자동차(주)	41,691,171
6	한국가스공사	37,442,517
7	S-OIL(주)	31,158,528
8	(주)포스코	30,543,545
9	삼성디스플레이(주)	29,386,907
10	기아자동차(주)	28,332,572
11	LG전자(주)	28,078,895
12	엘지디스플레이(주)	25,854,183
13	현대중공업(주)	24,282,737
14	SK네트웍스(주)	23,739,620
15	현대오일뱅크(주)	20,295,635
16	(주)LG화학	20,255,935
17	삼성물산(주)	18,844,614
18	(주)케이티	17,937,079
19	현대모비스(주)	17,512,013
20	(주)대우인터내셔널	16,601,358
21	롯데쇼핑(주)	16,562,962
22	한국지엠(주)	15,603,937
23	에스케이종합화학(주)	15,590,749
24	삼성중공업(주)	14,706,098
25	대우조선해양(주)	14,080,037
26	에스케이하이닉스(주)	13,896,309
27	SK텔레콤(주)	12,860,379
28	현대제철(주)	12,814,237
29	롯데케미칼(주)	12,273,440
30	(주)대한항공	11,712,354
31	(주)LG유플러스	11,452,151
32	(주)이마트	10,780,081
33	현대건설(주)	10,591,308
34	현대글로비스(주)	10,174,668
35	(주)한진해운	9,883,350
36	(주)효성	9,067,386
37	대림산업(주)	8,441,747
38	(주)대우건설	8,417,075
39	삼성엔지니어링(주)	8,234,670
40	(주)포스코건설	8,028,269
41	삼성토탈(주)	7,869,108
42	GS건설(주)	7,861,809

(단위: 백만 원)

순위	업체명	매출액
43	여천엔씨씨(주)	7,692,248
44	SK건설(주)	7,505,252
45	엘에스니꼬동제련(주)	7,364,946
46	한국남부발전(주)	7,120,621
47	홈플러스(주)	7,086,293
48	현대상선(주)	6,908,325
49	두산중공업(주)	6,675,222
50	(주)E1	6,405,853
51	한국수력원자력(주)	6,378,280
52	현대위아(주)	6,287,025
53	삼성전기(주)	6,119,486
54	한국서부발전(주)	5,762,386
55	한국중부발전(주)	5,658,612
56	(주)LG상사	5,555,793
57	LG이노텍(주)	5,504,038
58	아시아나항공(주)	5,463,295
59	한국동서발전(주)	5,368,299
60	(주)한화	5,340,879
61	(주)GS리테일	4,705,552
62	삼성에스디에스(주)	4,632,857
63	CJ제일제당(주)	4,513,827
64	현대종합상사(주)	4,377,917
65	롯데건설(주)	4,306,336
66	제일모직(주)	4,277,556
67	고려아연(주)	4,232,416
68	SK가스(주)	4,196,770
69	금호석유화학(주)	4,193,220
70	한국남동발전(주)	4,157,175
71	(주)대림코퍼레이션	4,132,325
72	동국제강(주)	4,011,642
73	(주)현대미포조선	4,003,285
74	삼성SDI(주)	3,989,091
75	코오롱인더스트리(주)	3,963,413
76	한국타이어(주)	3,912,520
77	(주)서브원	3,833,489
78	두산인프라코어(주)	3,827,352
79	(주)한화건설	3,768,371
80	한화케미칼(주)	3,591,399
81	LS전선(주)	3,535,668
82	에스케이트레이딩인터내셔널(주)	3,530,875
83	(주)롯데하이마트	3,511,022
84	현대삼호중공업(주)	3,506,163

(단위: 백만 원)

순위	업체명	매출액	순위	업체명	매출액
85	(주)삼천리	3,504,873	127	두산건설(주)	2,188,154
86	쌍용자동차(주)	3,475,186	128	아우디폭스바겐코리아(주)	2,153,289
87	씨제이대한통운(주)	3,394,964	129	(주)코리아세븐	2,133,915
88	(주)호텔롯데	3,371,743	130	롯데로지스틱스(주)	2,128,601
89	르노삼성자동차(주)	3,333,622	131	(주)세아베스틸	2,112,650
90	동부제철(주)	3,332,943	132	(주)지에스글로벌	2,111,241
91	현대코스모(주)	3,329,608	133	롯데칠성음료(주)	2,029,594
92	현대파워텍(주)	3,273,053	134	삼성전자판매(주)	2,020,698
93	(주)만도	3,197,984	135	한국항공우주산업(주)	2,016,309
94	(주)비지에프리테일	3,076,064	136	(주)이랜드리테일	1,985,728
95	코오롱글로벌(주)	3,063,287	137	대한유화공업(주)	1,957,804
96	현대로템(주)	3,044,921	138	코웨이(주)	1,933,731
97	삼성에버랜드(주)	3,018,454	139	(주)한진중공업	1,927,307
98	금호타이어(주)	2,914,257	140	대한전선(주)	1,910,025
99	포스코에너지(주)	2,901,117	141	비엠더블유코리아(주)	1,906,799
100	현대산업개발(주)	2,877,143	142	(주)STX	1,895,063
101	(주)케이씨씨	2,862,798	143	볼보그룹코리아(주)	1,890,922
102	에스케이인천석유화학(주)	2,842,782	144	서울도시가스(주)	1,885,866
103	삼성테크윈(주)	2,758,203	145	(주)농심	1,870,807
104	(주)포스코피앤에스	2,745,727	146	노벨리스코리아(주)	1,856,053
105	(주)아모레퍼시픽	2,667,650	147	에스케이씨(주)	1,851,144
106	(주)경동도시가스	2,664,100	148	에스케이씨앤씨(주)	1,805,743
107	에스케이루브리컨츠(주)	2,663,145	149	씨제이프레시웨이(주)	1,805,046
108	한국지역난방공사	2,657,794	150	이수화학(주)	1,774,728
109	현대엔지니어링(주)	2,616,187	151	LS산전(주)	1,765,837
110	유코카캐리어스(주)	2,598,281	152	홈플러스테스코(주)	1,725,468
111	에스케이브로드밴드(주)	2,539,366	153	(주)세아제강	1,720,005
112	(주)코스트코코리아	2,537,187	154	STX조선해양(주)	1,712,675
113	태광산업(주)	2,519,641	155	(주)오뚜기	1,697,865
114	(주)케이티앤지	2,510,633	156	유니온스틸(주)	1,693,284
115	(주)아이마켓코리아	2,451,767	157	(주)두산	1,652,025
116	팬오션(주)	2,428,186	158	(주)파리크라상	1,651,264
117	삼성코닝정밀소재(주)	2,397,956	159	(주)태영건설	1,639,161
118	(주)엘지씨엔에스	2,374,031	160	하이트진로(주)	1,628,738
119	(주)풍산	2,372,687	161	(주)이랜드월드	1,617,615
120	삼성석유화학(주)	2,364,204	162	롯데제과(주)	1,610,077
121	한라비스테온공조(주)	2,349,406	163	현대다이모스(주)	1,604,118
122	(주)엘지하우시스	2,285,965	164	코원에너지서비스(주)	1,583,944
123	(주)호텔신라	2,275,089	165	대상(주)	1,570,275
124	한국바스프(주)	2,261,894	166	(주)롯데푸드	1,568,261
125	(주)LG생활건강	2,238,175	167	삼남석유화학(주)	1,566,766
126	오씨아이(주)	2,195,113	168	쌍용건설(주)	1,551,853

순위	업체명	매출액
169	(주)신세계	1,543,720
170	동서식품(주)	1,527,031
171	(주)현대케피코	1,503,604
172	(주)농협사료	1,501,244
173	SK이노베이션(주)	1,493,808
174	오비맥주(주)	1,484,804
175	SK케미칼(주)	1,484,565
176	한솔제지(주)	1,482,494
177	앰코테크놀로지코리아(주)	1,477,569
178	(주)하이프라자	1,466,810
179	(주)한라	1,465,457
180	금호산업(주)	1,433,682
181	SK해운(주)	1,425,769
182	(주)LF	1,416,402
183	쌍용양회공업(주)	1,401,315
184	한신공영(주)	1,394,891
185	남해화학(주)	1,391,551
186	에스피피조선(주)	1,388,213
187	씨제이이앤엠(주)	1,383,730
188	넥센타이어(주)	1,380,223
189	에스케이플래닛(주)	1,378,211
190	유한킴벌리(주)	1,366,026
191	메르세데스벤츠코리아(주)	1,360,558
192	(주)강원랜드	1,356,906
193	(주)팬택	1,335,591
194	세아상역(주)	1,325,742
195	포스코특수강(주)	1,316,781
196	현대하이스코(주)	1,316,123
197	삼성정밀화학(주)	1,313,930
198	한국쓰리엠(주)	1,312,824
199	(주)예스코	1,309,160
200	(주)서원유통	1,293,057
201	(주)부영주택	1,292,946
202	(주)포스코켐텍	1,292,356
203	도레이첨단소재(주)	1,289,688
204	(주)범한판토스	1,287,278
205	(주)삼양사	1,282,861
206	(주)한양	1,282,644
207	삼성전자서비스(주)	1,278,913
208	(주)현대그린푸드	1,276,038
209	소니코리아(주)	1,273,219
210	한화엘앤씨(주)	1,267,473

순위	업체명	매출액
211	(주)씨제이오쇼핑	1,260,652
212	(주)휴비스	1,257,251
213	(주)한진	1,255,119
214	(주)넥슨코리아	1,252,206
215	(주)동원F&B	1,246,609
216	지에스이피에스(주)	1,230,891
217	한국아이비엠(주)	1,225,365
218	네이버(주)	1,223,506
219	(주)부산도시가스	1,209,941
220	엘아이지넥스원(주)	1,208,198
221	남양유업(주)	1,205,331
222	한국델파이(주)	1,203,794
223	대한제당(주)	1,190,728
224	대성산업(주)	1,184,323
225	(주)농협유통	1,180,935
226	한세실업(주)	1,174,745
227	(주)동부대우전자	1,168,751
228	(주)아워홈	1,162,324
229	(주)에스원	1,160,082
230	한국스티롤루션(주)	1,145,118
231	(주)모뉴엘	1,140,985
232	매일유업(주)	1,138,185
233	(주)현대백화점	1,126,787
234	(주)세동에너탱크	1,124,063
235	한전KPS(주)	1,121,717
236	고려해운(주)	1,119,636
237	희성촉매(주)	1,107,547
238	(주)경신	1,103,552
239	피에스앤마케팅(주)	1,098,296
240	(주)영원무역	1,096,210
241	한국옵티칼하이테크(주)	1,095,572
242	(주)유라코퍼레이션	1,088,409
243	STX중공업(주)	1,084,749
244	GS파워(주)	1,083,743
245	(주)케이씨씨건설	1,081,107
246	(주)지오영	1,072,079
247	삼성전자로지텍(주)	1,070,812
248	현대엘리베이터(주)	1,064,723
249	SK(주)	1,062,860
250	한국니토옵티칼(주)	1,060,337
251	계룡건설산업(주)	1,060,178
252	(주)지에스이앤알	1,060,098

순위	업체명	매출액
253	(주)영풍	1,054,284
254	(주)포스코아이씨티	1,050,747
255	(주)GS홈쇼핑	1,041,741
256	한화호텔앤드리조트(주)	1,037,284
257	금호피앤비화학(주)	1,036,776
258	대한제강(주)	1,032,492
259	(주)히타치엘지데이터스토리지코리아	1,025,164
260	(주)에스에이엠티	1,022,799
261	엘에스엠트론(주)	1,020,367
262	대성에너지(주)	1,019,467
263	(주)포스코엔지니어링	1,013,115
264	(주)파트론	1,012,593
265	성동조선해양(주)	1,011,524
266	(주)씨제이헬로비전	1,010,491
267	희성전자(주)	1,007,528
268	가온전선(주)	1,005,949
269	코카콜라음료(주)	1,003,959
270	동부건설(주)	1,001,297
271	에스케이이엔에스(주)	999,489
272	도시바삼성스토리지테크놀러지코리아(주)	996,826
273	(주)한국야쿠르트	992,463
274	(주)인터플렉스	991,097
275	롯데알미늄(주)	990,885
276	희성금속(주)	980,121
277	애경유화(주)	975,935
278	(주)롯데리아	975,513
279	서울반도체(주)	974,604
280	(주)삼립식품	968,029
281	텍사스인스트루먼트코리아(주)	967,121
282	(주)휴맥스	964,863
283	한일시멘트(주)	963,751
284	(주)호반건설	958,490
285	(주)한샘	955,958
286	씨제이푸드빌(주)	947,806
287	(주)성우하이텍	937,128
288	(주)케이에이치에너지	934,718
289	영남에너지서비스(주)	933,695
290	현대로지스틱스(주)	932,328
291	(주)유한양행	931,612
292	현대오토에버(주)	930,854
293	태광실업(주)	928,710
294	(주)제일기획	926,525

순위	업체명	매출액
295	아사히초자화인테크노한국(주)	919,085
296	셋방전자(주)	918,797
297	폴리미래(주)	909,663
298	(주)삼우	906,309
299	(주)포스코엠텍	902,541
300	도레이케미칼(주)	900,993
301	세메스(주)	897,346
302	콘티넨탈오토모티브시스템(주)	897,245
303	(주)대륜이엔에스	895,128
304	(주)카길애그리퓨리나	887,373
305	지멘스(주)	885,476
306	(주)케이티엠앤에스	883,971
307	현대성우오토모티브코리아(주)	879,510
308	롯데상사(주)	879,432
309	일진전기(주)	876,755
310	(주)삼탄	875,433
311	한솔섬유(주)	865,936
312	중부도시가스(주)	864,584
313	동서석유화학(주)	852,642
314	한성자동차(주)	850,611
315	(주)케이티렌탈	848,434
316	(주)티케이케미칼	848,025
317	(주)엘지실트론	844,441
318	한일이화(주)	843,868
319	덕양산업(주)	836,617
320	경남에너지(주)	830,197
321	한국유에스씨전자(주)	825,467
322	타타대우상용차(주)	823,916
323	포스코강판(주)	821,183
324	한국철강(주)	821,096
325	(주)문화방송	815,501
326	장금상선(주)	810,585
327	(주)빙그레	805,059
328	대원강업(주)	800,871
329	(주)현대홈쇼핑	799,862
330	폴라리스쉬핑(주)	795,785
331	(주)멜파스	794,289
332	(주)녹십자	793,754
333	현대EP(주)	793,360
334	(주)오리온	792,164
335	한국미니스톱(주)	791,974
336	(주)신세계인터내셔날	790,016

순위	업체명	매출액
337	(주)서희건설	789,497
338	(주)하림	789,049
339	씨앤에스에너지(주)	787,458
340	엘지엔시스(주)	785,992
341	(주)한국인삼공사	784,799
342	극동건설(주)	781,720
343	아디다스코리아(주)	774,931
344	(주)다스	774,637
345	(주)우리홈쇼핑	773,218
346	씨제이씨지브이(주)	773,009
347	(주)카프로	771,815
348	(주)대교	771,528
349	하이호금속(주)	769,903
350	인천도시가스(주)	767,164
351	한국전력기술(주)	755,484
352	(주)창신아이엔씨	755,258
353	파주전기초재(주)	750,895
354	경남기업(주)	749,206
355	(주)다이소아성산업	746,513
356	S&T모티브(주)	746,023
357	고려개발(주)	744,313
358	(주)팜스코	743,701
359	흥아해운(주)	743,107
360	두산엔진(주)	743,104
361	세운철강(주)	742,005
362	(주)전주페이퍼	739,263
363	대덕전자(주)	737,186
364	한국프랜지공업(주)	735,293
365	(주)대창	731,585
366	페트로코리아(주)	727,599
367	(주)충남도시가스	723,392
368	(주)한미석유	722,875
369	(주)신세계푸드	721,355
370	해태제과식품(주)	719,892
371	(주)삼동	714,527
372	도시바일렉트로닉스코리아(주)	712,080
373	네이버비즈니스플랫폼(주)	711,228
374	(주)SBS	707,622
375	휴켐스(주)	706,733
376	STX엔진(주)	705,047
377	신성통상(주)	703,303
378	엘에스글로벌인코퍼레이티드(주)	702,443

순위	업체명	매출액
379	현대비앤지스틸(주)	696,721
380	(주)LS네트웍스	695,547
381	에프알엘코리아(주)	694,043
382	동원산업(주)	693,813
383	한국필립모리스(주)	689,856
384	(주)세아특수강	687,717
385	지엘피에프브이원(주)	685,744
386	(주)에브리데이리테일	684,655
387	(주)프라임글로벌	681,640
388	(주)대웅제약	674,867
389	롯데역사(주)	674,120
390	(주)에스아이플렉스	673,783
391	동부팜한농(주)	673,619
392	에릭슨엘지(주)	672,191
393	(주)드림텍	669,220
394	(주)화승네트웍스	669,015
395	(주)이라이콤	664,730
396	(주)화신	664,325
397	KPX케미칼(주)	664,132
398	금호미쓰이화학(주)	664,117
399	(주)동부익스프레스	663,737
400	(주)이베이코리아	662,247
401	(주)미래엔서해에너지	662,163
402	(주)오씨아이상사	661,546
403	지에스네오텍(주)	661,398
404	일진디스플레이(주)	659,142
405	한국암웨이(주)	656,799
406	엠피씨율촌전력(주)	656,586
407	국도화학(주)	655,660
408	(주)화승알앤에이	655,379
409	태평양물산(주)	653,954
410	한국제지(주)	650,726
411	제일사료(주)	649,528
412	풀무원식품(주)	649,270
413	(주)케이피아이씨코포레이션	649,094
414	(주)웅진씽크빅	648,846
415	(주)엔투비	648,761
416	깨끗한나라(주)	647,439
417	(주)삼호	646,868
418	현대오트론(주)	644,339
419	무림피앤피(주)	642,800
420	울트라건설(주)	639,072

(단위: 백만 원)

순위	업체명	매출액
421	와이케이스틸(주)	638,121
422	(주)시몬느	637,187
423	송도글로벌대학캠퍼스(주)	634,286
424	머크어드밴스드테크놀러지스(주)	633,801
425	(주)해양도시가스	630,490
426	백제약품(주)	628,149
427	(주)교원구몬	622,741
428	에스케이유화(주)	621,299
429	동양기전(주)	618,703
430	(주)케이엠앤아이	617,896
431	삼성탈레스(주)	617,637
432	비에이치아이(주)	616,882
433	(주)메가마트	616,686
434	현대위스코(주)	613,567
435	(주)포스코에이에스티	611,458
436	동양시멘트(주)	607,800
437	(주)사조해표	607,417
438	(주)루멘스	603,278
439	롯데정보통신(주)	600,773
440	(주)케이티스카이라이프	600,302
441	(주)디아이디	599,381
442	한국화이자제약(주)	597,561
443	(주)포스코플랜텍	597,561
444	송원산업(주)	596,635
445	대산엠엠에이(주)	593,682
446	(주)지오영네트웍스	593,412
447	(주)일진글로벌	589,775
448	충청에너지서비스(주)	589,112
449	(주)동부하이텍	583,902
450	덴소코리아오토모티브(주)	583,369
451	한국토요타자동차(주)	583,308
452	서울석유(주)	582,868
453	(주)블랙야크	580,503
454	(주)삼광	579,062
455	(주)한주	578,476
456	에스엘(주)	577,338
457	아주모터스(주)	575,519
458	(주)동일	575,118
459	(주)케이티디에스	573,398
460	(주)씨텍	573,102
461	에이에스이코리아(주)	572,807
462	(주)케이티비엔에스	572,398

(단위: 백만 원)

순위	업체명	매출액
463	(주)신원	569,339
464	(주)LG	568,046
465	(주)화승	566,735
466	아이에스동서(주)	564,609
467	(주)듀폰코리아	563,791
468	한국특수형강(주)	563,316
469	한미약품(주)	562,757
470	그랜드코리아레저(주)	561,327
471	이지석유(주)	560,217
472	(주)KH바텍	558,116
473	한국화낙(주)	557,648
474	(주)태우	556,103
475	대성전기공업(주)	555,740
476	(주)동부메탈	553,226
477	대덕GDS(주)	551,972
478	(주)동진쎄미켐	551,738
479	(주)옥산유통	549,955
480	평택에너지서비스(주)	549,531
481	(주)세정	549,192
482	(주)에스와이에스리테일	548,375
483	에스맥(주)	547,801
484	코오롱패션머티리얼(주)	546,899
485	고려제강(주)	543,416
486	(주)이시아폴리스	541,643
487	에코플라스틱(주)	539,266
488	에스앤티중공업(주)	538,416
489	두산디에스티(주)	538,072
490	한라마이스터(유)	537,130
491	무림페이퍼(주)	536,399
492	대한해운(주)	535,466
493	(주)디스플레이테크	535,275
494	(주)휴스틸	535,195
495	(주)교보문고	535,180
496	명화공업(주)	534,611
497	삼환기업(주)	533,358
498	(주)대명레저산업	530,052
499	서한산업(주)	528,492
500	솔브레인(주)	528,183
501	캐논코리아비즈니스솔루션(주)	527,948
502	(주)영원아웃도어	526,748
503	제이에스전선(주)	526,423
504	세방(주)	526,007

순위	업체명	매출액	순위	업체명	매출액
505	(주)현대리바트	525,828	547	동아에스티(주)	495,823
506	동부씨엔아이(주)	525,422	548	(주)부산롯데호텔	493,278
507	엘지엠엠에이(주)	524,445	549	한무쇼핑(주)	493,113
508	대우조선해양건설(주)	524,049	550	조선내화(주)	491,739
509	(주)동양	523,540	551	(주)파라다이스	491,179
510	(주)한국금거래소쓰리엠	523,005	552	(주)더페이스샵	491,110
511	인터지스(주)	522,175	553	(주)두원공조	489,990
512	(주)선진	522,076	554	한화테크엠(주)	489,652
513	(주)심텍	521,543	555	현대종합금속(주)	488,629
514	성신양회(주)	521,280	556	몰트홀딩(주)	488,500
515	(주)유니드	520,832	557	(주)에스에스오토	487,955
516	(주)반도건설	520,538	558	코오롱글로텍(주)	486,690
517	삼부토건(주)	518,448	559	대원산업(주)	486,060
518	발레오전장시스템스코리아(주)	517,890	560	(주)파워로직스	484,664
519	동일석유(주)	516,189	561	동양이엔피(주)	484,055
520	(주)드림플	515,000	562	한국노바티스(주)	483,228
521	삼보이엔씨(주)	513,178	563	(주)스타벅스커피코리아	482,177
522	(주)농협목우촌	512,440	564	에어프로덕츠코리아(주)	479,284
523	(주)신도리코	510,746	565	진흥기업(주)	479,224
524	노틸러스효성(주)	510,535	566	(주)에이디티캡스	478,919
525	(주)힘스	509,890	567	한국성전(주)	478,917
526	대동공업(주)	509,380	568	(주)필립스전자	478,325
527	동우화인켐(주)	509,367	569	(주)대유에이텍	477,929
528	한국다우케미칼(주)	509,292	570	삼화모터스(주)	475,720
529	한국솔베이(주)	508,159	571	대원전선(주)	475,383
530	평화정공(주)	508,043	572	브리티쉬아메리칸토바코코리아(주)	475,304
531	코리아이플랫폼(주)	507,632	573	(주)엔씨소프트	475,302
532	(주)이랜드파크	507,034	574	한국다우코닝(주)	475,223
533	한솔테크닉스(주)	505,768	575	한국파워트레인(주)	473,276
534	(주)대동	505,299	576	환영철강공업(주)	473,224
535	(주)이테크건설	504,101	577	(주)토비스	472,791
536	비알코리아(주)	502,727	578	(주)아트라스비엑스	472,780
537	(주)다음커뮤니케이션	502,063	579	대한주정판매(주)	472,027
538	(주)교원	501,524	580	엠케이전자(주)	471,123
539	동아원(주)	501,345	581	네파(주)	470,388
540	쿠쿠전자(주)	499,500	582	갑을메탈(주)	470,007
541	경창산업(주)	499,111	583	(주)베바스토동희	469,290
542	데상트코리아(주)	497,789	584	광동제약(주)	467,417
543	(주)동방	497,411	585	인탑스(주)	464,993
544	(주)씨앤앰	497,400	586	(주)플렉스컴	463,672
545	(주)유성티엔에스	497,021	587	세종공업(주)	462,828
546	한국단자공업(주)	496,822	588	(주)한섬	462,604

순위	업체명	매출액
589	자일대우버스(주)	461,716
590	(주)한독모터스	461,622
591	(주)에이비비코리아	461,620
592	(주)코리아써키트	461,212
593	넥스틸(주)	460,664
594	한화에스앤씨(주)	460,244
595	오뚜기라면(주)	460,194
596	영풍전자(주)	457,446
597	씨제이올리브영(주)	457,118
598	(주)네오플	452,821
599	(주)팜스토리	452,740
600	제일약품(주)	451,968
601	삼화페인트공업(주)	451,859
602	자화전자(주)	451,812
603	케이티커머스(주)	451,299
604	(주)에스에프에이	450,832
605	에스케이텔레시스(주)	450,784
606	지엠비코리아(주)	447,994
607	(주)평화발레오	445,260
608	에이제이렌터카(주)	443,528
609	한화에너지(주)	443,400
610	에이에스엠엘코리아(주)	443,048
611	덴소코리아일렉트로닉스(주)	442,289
612	신세계건설(주)	441,353
613	(주)케이알산업	441,017
614	율촌화학(주)	440,653
615	(주)글락소스미스클라인	440,513
616	스피드모터스(주)	440,115
617	대원씨티에스(주)	439,782
618	(주)메타넥스코리아	438,742
619	대성산업가스(주)	438,620
620	(주)경신전선	436,931
621	동아타이어공업(주)	436,690
622	도이치모터스(주)	436,167
623	현대스틸산업(주)	435,325
624	핸즈코퍼레이션(주)	435,087
625	(주)보쉬전장	433,606
626	에스케이텔링크(주)	433,273
627	(주)대우로지스틱스	433,092
628	(주)제주항공	432,339
629	유진기업(주)	432,214
630	에이케이켐텍(주)	431,117

순위	업체명	매출액
631	(주)성호기업	429,780
632	(주)크라운제과	428,763
633	(주)현대에이치앤에스	428,647
634	성창이엔씨(주)	428,610
635	에드워드코리아(주)	426,951
636	대상베스트코(주)	426,687
637	에어리퀴드코리아(주)	425,893
638	(주)동서	425,765
639	금강공업(주)	424,978
640	신라철강(주)	424,087
641	한국공항(주)	421,743
642	한국로버트보쉬(주)	421,203
643	(주)뉴옵틱스	421,123
644	라파즈한라시멘트(주)	420,484
645	(주)바이더웨이	420,347
646	(주)티씨씨동양	419,484
647	삼미상사(주)	417,901
648	파나소닉디바이스세일즈코리아(주)	417,758
649	대주중공업(주)	415,835
650	대선조선(주)	415,627
651	휠라코리아(주)	415,153
652	(주)리치몬트코리아	413,950
653	하이비지니스로지스틱스(주)	413,738
654	위니아만도(주)	412,858
655	동양네트웍스(주)	412,482
656	씨에스유통(주)	410,411
657	(주)태웅	410,133
658	한국컴퓨터(주)	409,843
659	(주)실리콘웍스	409,645
660	한솔로지스틱스(주)	409,502
661	(주)동성화인텍	409,450
662	(주)이랜텍	408,359
663	(주)LG생명과학	407,955
664	아세아제지(주)	407,624
665	(주)단석산업	407,288
666	동부특수강(주)	406,382
667	(주)에스에이치비	406,363
668	(주)에스엔엔씨	405,419
669	노키아솔루션앤네트웍스코리아(주)	405,226
670	패션그룹형지(주)	404,784
671	동아건설산업(주)	402,826
672	(주)에이블씨엔씨	401,313

(단위: 백만 원)

순위	업체명	매출액
673	대보건설(주)	400,116
674	케이투코리아(주)	399,682
675	(주)시노펙스	399,470
676	(주)사조대림	399,419
677	능원금속공업(주)	399,344
678	(주)노루페인트	397,753
679	(주)성주디앤디	397,668
680	엘에스메탈(주)	397,462
681	일본전기초자한국(주)	396,288
682	(주)케이티씨에스	396,223
683	(주)세진중공업	394,605
684	JW중외제약(주)	394,182
685	(주)삼양제넥스	394,148
686	한솔아트원제지(주)	392,659
687	(주)코스틸	391,193
688	(주)루셈	390,925
689	(주)지엔에스트레이딩	390,857
690	금호폴리켐(주)	390,799
691	코리아오토글라스(주)	390,042
692	도요엔지니어링코리아(주)	390,035
693	(주)부영	389,216
694	현대엠시트(주)	388,642
695	대림자동차공업(주)	388,641
696	남양공업(주)	388,278
697	오리온엔지니어드카본즈(주)	387,861
698	(주)케이티스	387,720
699	(주)티엠씨	387,227
700	기보스틸(주)	387,096
701	(주)디에이치엘코리아	384,997
702	(주)푸드머스	384,285
703	백광산업(주)	384,096
704	한국후지제록스(주)	383,215
705	(주)성광벤드	382,079
706	신동아건설(주)	380,592
707	동일산업(주)	379,858
708	하이에어코리아(주)	379,556
709	희성피엠텍(주)	379,095
710	(주)비아다빈치	378,649
711	일동제약(주)	378,247
712	우미건설(주)	378,008
713	금호고속(주)	376,216
714	사조산업(주)	376,066

(단위: 백만 원)

순위	업체명	매출액
715	(주)인터파크아이엔티	374,108
716	현대아이에이치엘(주)	372,866
717	한전케이디엔(주)	372,830
718	인지컨트롤스(주)	372,178
719	(주)네오위즈게임즈	371,656
720	(주)경동나비엔	371,601
721	미창석유공업(주)	370,333
722	(주)델코	370,130
723	(주)온코퍼레이션	369,180
724	남성해운(주)	368,692
725	(주)한화갤러리아	367,471
726	전북도시가스(주)	367,274
727	한국알프스(주)	367,102
728	대한제분(주)	367,083
729	태림포장공업(주)	366,897
730	(주)두성테크	366,267
731	(주)스마일게이트엔터테인먼트	365,935
732	(주)우전앤한단	365,842
733	공신테크노소닉(주)	365,770
734	(주)노키아티엠씨	365,555
735	(주)라츠	365,091
736	더클래스효성(주)	364,494
737	한림건설(주)	364,304
738	(주)한국축산의희망서울사료	364,024
739	코레일공항철도(주)	362,798
740	페어차일드코리아반도체(주)	362,693
741	동양물산기업(주)	361,655
742	중흥건설(주)	360,166
743	디아지오코리아(주)	359,947
744	(주)삼선로직스	359,514
745	애경산업(주)	359,484
746	서진산업(주)	358,872
747	대한모터스(주)	358,688
748	(주)노브랜드	357,325
749	현대메티아(주)	356,794
750	자일자동차판매(주)	356,229
751	(주)이노션	356,158
752	(주)엠에스오토텍	355,644
753	(주)리홈쿠첸	355,624
754	한국네슬레(주)	355,013
755	(주)엠제이팜	354,318
756	(주)남선알미늄	353,379

(단위: 백만 원)

순위	업체명	매출액
757	티센크루프엘리베이터코리아(주)	353,120
758	동명스틸(주)화성산업(주)	352,884
759	화성산업(주)	352,676
760	태양금속공업(주)	352,439
761	대양석유(주)	352,274
762	(주)컴퓨존	351,665
763	테크팩솔루션(주)	349,823
764	(주)금강	348,544
765	대한사료(주)	348,173
766	오덱(주)	347,877
767	고진모터스(주)	347,810
768	아세아(주)	347,706
769	(주)비에이치	347,684
770	(주)엔에스쇼핑	347,135
771	델인터내셔널(주)	346,748
772	(주)올품	346,441
773	존슨콘트롤즈오토모티브코리아(주)	346,288
774	두원중공업(주)	341,397
775	한국이엠씨컴퓨터시스템즈(주)	340,466
776	(주)이수페타시스	340,260
777	(주)골프존	340,005
778	현대그린파워(주)	339,567
779	남선석유(주)	339,567
780	(주)영우디지탈	338,356
781	(주)홈앤쇼핑	338,239
782	(주)에뛰드	337,239
783	(주)니프코코리아	337,199
784	에이케이에스앤디(주)	337,120
785	(주)재규어랜드로버코리아	336,732
786	(주)조선일보사	336,274
787	(주)풍인무역	334,681
788	(주)대창스틸	334,289
789	넥상스코리아(주)	333,447
790	(주)이씨엠디	333,119
791	강남도시가스(주)	332,992
792	삼성비피화학(주)	332,981
793	(주)이니스프리	332,759
794	(주)신영	332,649
795	(주)센트랄	331,940
796	(주)넥솔론	331,820
797	바이엘코리아(주)	331,573
798	신라교역(주)	331,527

(단위: 백만 원)

순위	업체명	매출액
799	로옴세미컨덕터코리아(주)	331,349
800	도쿄일렉트론코리아(주)	331,320
801	(주)캠시스	330,800
802	예스이십사(주)	330,426
803	동국산업(주)	330,413
804	기전산업(주)	330,316
805	(주)GS	330,061
806	(주)대유신소재	330,008
807	(주)아이피케이	328,987
808	(주)한독	327,936
809	보령제약(주)	327,279
810	에스티에스반도체통신(주)	326,951
811	일신방직(주)	326,934
812	조일알미늄(주)	326,176
813	(주)이스트건설	325,697
814	현대시멘트(주)	325,628
815	화이트코리아(주)	325,420
816	한국허벌라이프(주)	324,362
817	(주)디아이씨	323,946
818	(주)에이비씨마트코리아	323,923
819	(주)귀뚜라미	323,796
820	(주)팔도	323,571
821	(주)동아지질	322,552
822	제이에스알마이크로코리아(주)	321,640
823	광림통상(주)	321,514
824	건설화학공업(주)	320,478
825	(주)포스코티엠씨	319,580
826	프라다코리아(주)	319,372
827	뉴스킨코리아(주)	318,623
828	한양이엔지(주)	318,504
829	(주)삼표	318,334
830	(주)동원개발	318,263
831	(주)엠디엠	318,133
832	오텍캐리어(주)	317,432
833	한일제관(주)	316,235
834	주택관리공단(주)	315,703
835	(주)코스콤	315,494
836	(주)대호피앤씨	314,034
837	(주)신세계조선호텔	313,754
838	(주)삼원강재	313,409
839	(주)에스지세계물산	312,689
840	(주)에스엘라이팅	312,670

(단위: 백만 원)

순위	업체명	매출액
841	(주)대홍기획	312,515
842	청호나이스(주)	311,707
843	(주)우성사료	311,453
844	우리에프아이에스(주)	311,337
845	만도헬라일렉트로닉스(주)	311,230
846	(주)태광	310,840
847	(주)대성엘텍	309,012
848	(주)한익스프레스	308,693
849	(주)체리부로	308,296
850	지에스에너지(주)	307,926
851	정안철강(주)	307,599
852	(주)대한솔루션	306,931
853	(주)중앙일보	306,143
854	극동유화(주)	306,047
855	에스티엑스마린서비스(주)	305,885
856	경남스틸(주)	305,659
857	삼양화성(주)	304,439
858	(주)서현건설	304,413
859	(주)디에이피	304,368
860	신성약품(주)	303,610
861	프렉스에어코리아(주)	303,397
862	롯데디에프글로벌(주)	303,206
863	캐논코리아컨슈머이미징(주)	302,845
864	STX건설(주)	302,131
865	(주)대명건설	301,928
866	엔브이에이치코리아(주)	301,785
867	한국아스트라제네카(주)	301,545
868	경북광유(주)	300,457
869	(주)스틸드림	300,348
870	씨제이건설(주)	299,432
871	어플라이드머티어리얼즈코리아(주)	298,637
872	(주)디케이씨	298,616
873	(주)화승소재	298,041
874	대방건설(주)	297,964
875	하이호경금속(주)	297,913
876	새롬파트너스(주)	297,846
877	(주)하나투어	297,598
878	동원시스템즈(주)	296,765
879	대원석유(주)	296,000
880	(주)서한	295,874
881	히로세코리아(주)	295,680
882	한국에스엠씨공압(주)	294,677

(단위: 백만 원)

순위	업체명	매출액
883	한국소니전자(주)	294,606
884	에스에이피코리아(주)	294,263
885	(주)포스텍	293,331
886	(주)원익아이피에스	293,289
887	삼양식품(주)	292,920
888	(주)켐트로닉스	292,718
889	(주)삼양인터내셔날	292,502
890	(주)경기고속	292,024
891	(주)복산나이스팜	290,885
892	(주)금성백조주택	290,585
893	한국콩스버그마리타임(주)	290,199
894	케이씨코트렐(주)	290,178
895	이엘케이(주)	290,046
896	(주)신흥정밀	289,818
897	동아제약(주)	289,714
898	(주)옵티스	289,711
899	한전산업개발(주)	289,085
900	(주)풍국산업	288,291
901	서린상사(주)	288,257
902	삼광글라스(주)	288,199
903	남양약품(주)	288,002
904	(주)윈스틸	287,886
905	한라엔컴(주)	287,476
906	(주)에스텍시스템	286,441
907	(주)에스엠알풍정	286,208
908	(주)한솔케미칼	286,157
909	(주)서원	286,072
910	극동전선(주)	285,402
911	(주)한유에너지	284,856
912	남광토건(주)	284,498
913	(주)동아일보사	284,161
914	(주)케이피에프	283,984
915	유성기업(주)	283,968
916	(주)밀레	283,829
917	한성기업(주)	283,729
918	(주)진에어	283,330
919	가온미디어(주)	283,112
920	(주)한중푸드	282,689
921	(주)센트랄모텍	282,553
922	아주산업(주)	281,436
923	린나이코리아(주)	281,194
924	(주)풍전비철	280,557

순위	업체명	매출액
925	삼보산업(주)	280,052
926	(주)서원인텍	279,503
927	엔피씨(주)	279,025
928	삼화석유(주)	278,754
929	민메탈스코리아(주)	278,751
930	애경화학(주)	278,748
931	대림아이앤에스(주)	278,722
932	아주베스틸(주)	278,134
933	(주)마니커	278,039
934	에어부산(주)	277,932
935	(주)삼우종합건축사사무소	277,604
936	씨제이시스템즈(주)	277,217
937	한국태양유전(주)	275,357
938	무진전자(주)	275,216
939	한국몰렉스(주)	275,079
940	시그네틱스(주)	274,201
941	한국엔지니어링플라스틱(주)	273,837
942	(주)리싸이텍코리아	273,665
943	(주)농업법인쿱스토어	273,531
944	(주)클라크	273,194
945	(주)엔에이치개발	273,031
946	(주)삼양홀딩스	272,553
947	스와치그룹코리아(주)	272,221
948	(주)푸르밀	272,202
949	(주)엠씨넥스	271,772
950	케어캠프(주)	271,766
951	(주)대성스틸	271,622
952	(주)인천약품	271,607
953	원영건업(주)	271,369
954	효성인포메이션시스템(주)	271,305
955	(주)뉴빛	271,131
956	(주)신성씨앤티	271,106
957	(주)한국로슈	271,033
958	전방(주)	271,023
959	(주)에버다임	270,751
960	(주)도화엔지니어링	270,206
961	(주)에스엘서봉	269,951
962	대한방직(주)	269,900
963	(주)사노피아벤티스코리아	269,379
964	이루씨앤에스(주)	269,266
965	삼성메디슨(주)	268,938
966	(주)태안모터스	268,106

순위	업체명	매출액
967	(주)유라하네스	268,055
968	(주)케이엠더블유	267,922
969	한국콜마(주)	267,881
970	(주)케이지이니시스	267,622
971	신한기계(주)	267,294
972	한국내화(주)	267,096
973	(주)벽산	266,821
974	효성굿스프링스(주)	266,330
975	헤라우스오리엔탈하이텍(주)	266,014
976	(주)케이씨엔에이	265,978
977	(주)청우테크	265,693
978	유니코로지스틱스(주)	265,333
979	(주)월산	265,005
980	(주)티브로드한빛방송	264,855
981	(주)경방	264,782
982	경동건설(주)	264,672
983	군산도시가스(주)	264,650
984	삼영무역(주)	264,571
985	(주)아시아씨푸드	264,376
986	(주)에스엘라이텍	263,909
987	동원금속(주)	263,587
988	양우건설(주)	263,418
989	(주)현대그린개발	263,274
990	대방산업개발(주)	263,074
991	(주)남양인터내셔날	263,013
992	선창산업(주)	262,777
993	코오롱베니트(주)	262,401
994	넥스콘테크놀러지(주)	262,306
995	구산토건(주)	262,192
996	고려강선(주)	262,088
997	(주)씨에이치아이건설	261,912
998	(주)농협물류	261,014
999	코스맥스비티아이(주)	260,701
1000	화천기계(주)	260,590

순이익
1위~1000위 기업

(단위: 백만 원)

(2014.6.9 기준 NICE평가정보(주) DB)

(단위: 백만 원)

순위	업체명	순이익
1	삼성전자(주)	17,929,520
2	현대자동차(주)	5,181,546
3	에스케이하이닉스(주)	2,796,967
4	기아자동차(주)	2,634,437
5	삼성디스플레이(주)	2,400,779
6	현대모비스(주)	2,079,630
7	네이버(주)	1,960,644
8	(주)포스코	1,582,596
9	현대하이스코(주)	1,529,505
10	(주)LG화학	1,174,392
11	SK텔레콤(주)	910,157
12	삼성코닝정밀소재(주)	834,260
13	현대제철(주)	681,999
14	에스케이종합화학(주)	662,941
15	(주)넥슨코리아	652,718
16	삼성중공업(주)	652,446
17	롯데쇼핑(주)	618,471
18	(주)케이티앤지	501,315
19	홈플러스(주)	489,686
20	(주)이마트	483,323
21	몰트홀딩(주)	480,624
22	고려아연(주)	467,667
23	한국타이어(주)	456,866
24	현대중공업(주)	451,668
25	두산중공업(주)	438,037
26	에스케이이엔에스(주)	426,871
27	삼성토탈(주)	414,646
28	(주)종근당홀딩스	401,497
29	(주)웅진홀딩스	390,606
30	대한해운(주)	383,868
31	현대위아(주)	375,115
32	현대건설(주)	360,278
33	지에스칼텍스(주)	359,619
34	(주)LG	355,979
35	현대글로비스(주)	347,277
36	롯데케미칼(주)	338,811
37	오비맥주(주)	310,172
38	(주)부영	303,870
39	(주)네오플	303,438
40	(주)강원랜드	293,129
41	S-OIL(주)	289,306
42	(주)LG유플러스	277,512

순위	업체명	순이익
43	(주)아모레퍼시픽	270,810
44	제일모직(주)	269,119
45	(주)GS	256,218
46	유코카캐리어스(주)	255,829
47	코웨이(주)	253,193
48	대우조선해양(주)	251,718
49	삼성전기(주)	244,229
50	삼성에스디에스(주)	242,861
51	한국전력공사	238,307
52	SK이노베이션(주)	237,032
53	(주)현대백화점	228,638
54	(주)케이씨씨	223,319
55	지엘피에프브이원(주)	222,356
56	현대엔지니어링(주)	219,928
57	삼성종합화학(주)	205,314
58	(주)스마일게이트엔터테인먼트	204,575
59	CJ제일제당(주)	202,846
60	에스케이플래닛(주)	201,556
61	(주)현대홈쇼핑	195,476
62	(주)에스지홀딩스	179,720
63	(주)삼탄	177,269
64	(주)LG생활건강	176,960
65	동서식품(주)	169,333
66	한라비스테온공조(주)	167,278
67	지에스에너지(주)	166,204
68	대림산업(주)	165,852
69	한국타이어월드와이드(주)	160,152
70	(주)호텔롯데	159,844
71	엘에스니꼬동제련(주)	157,460
72	현대오일뱅크(주)	152,358
73	한전KPS(주)	151,524
74	(주)두산	149,688
75	포스코에너지(주)	144,832
76	한국필립모리스(주)	140,753
77	케이투코리아(주)	140,512
78	삼성물산(주)	140,191
79	그랜드코리아레저(주)	137,570
80	한국바스프(주)	135,852
81	유한킴벌리(주)	135,574
82	(주)대우인터내셔널	132,541
83	(주)GS홈쇼핑	130,305
84	(주)일진글로벌	127,768

(단위: 백만 원)

순위	업체명	순이익	순위	업체명	순이익
85	에스케이씨앤씨(주)	124,651	127	삼성에버랜드(주)	96,302
86	(주)롯데하이마트	124,429	128	(주)동서	95,998
87	디아이피홀딩스(주)	123,857	129	(주)동일홀딩스	94,732
88	(주)GS리테일	122,906	130	(주)농심	92,612
89	(주)신세계	120,289	131	(주)이랜드월드	92,382
90	한국쓰리엠(주)	119,077	132	한국화낙(주)	92,037
91	한국남동발전(주)	116,001	133	롯데칠성음료(주)	91,346
92	한화케미칼(주)	115,869	134	한국항공우주산업(주)	89,619
93	한국아이비엠(주)	115,455	135	(주)한국인삼공사	89,292
94	한국지역난방공사	115,410	136	세안건영(주)	87,042
95	(주)엔엑스씨	115,183	137	(주)LF	87,002
96	한화에너지(주)	114,735	138	아사히초자화인테크노한국(주)	86,571
97	(주)롯데푸드	113,945	139	대상(주)	86,094
98	노벨리스코리아(주)	112,918	140	(주)동일	85,655
99	현대로템(주)	112,477	141	한무쇼핑(주)	85,412
100	(주)현대미포조선	112,137	142	(주)파라다이스	85,209
101	넥센타이어(주)	111,929	143	SK가스(주)	84,620
102	SK(주)	111,255	144	(주)풍산	84,561
103	(주)코스트코코리아	111,235	145	GS파워(주)	84,475
104	LS산전(주)	110,779	146	하이트진로(주)	84,349
105	콘티넨탈오토모티브시스템(주)	110,718	147	(주)케이피아이씨코포레이션	84,147
106	(주)시몬느	110,688	148	코오롱인더스트리(주)	84,019
107	도레이첨단소재(주)	110,153	149	신공항하이웨이(주)	83,303
108	(주)호반건설	109,139	150	(주)블랙야크	82,921
109	(주)파라다이스글로벌	109,110	151	에어프로덕츠코리아(주)	82,733
110	(주)씨제이오쇼핑	108,314	152	(주)서브원	82,456
111	한국서부발전(주)	106,829	153	(주)만도	80,728
112	네파(주)	105,215	154	삼성테크윈(주)	80,660
113	(주)만도차이나홀딩스	104,910	155	현대다이모스(주)	78,712
114	(주)티브로드홀딩스	104,304	156	(주)포스코켐텍	78,554
115	(주)세아베스틸	104,010	157	(주)세아제강	77,720
116	(주)셀트리온	103,754	158	(주)이랜드리테일	77,711
117	한국남부발전(주)	102,670	159	아디다스코리아(주)	77,505
118	지에스이피에스(주)	102,038	160	(주)순화동피엔프브이	77,191
119	한국지엠(주)	100,987	161	(주)엘지씨엔에스	76,533
120	여천엔씨씨(주)	99,778	162	CJ(주)	76,354
121	엘지디스플레이(주)	99,672	163	(주)현대케피코	75,994
122	(주)파트론	99,615	164	베르나바이오텍코리아(주)	75,369
123	호반티에스(주)	98,922	165	(주)오뚜기	75,366
124	(주)포스코건설	98,714	166	롯데물산(주)	75,145
125	현대파워텍(주)	97,851	167	삼창기업(주)	74,761
126	(주)성우하이텍	96,836	168	(주)이노션	74,273

(단위: 백만 원)

순위	업체명	순이익
169	코카콜라음료(주)	73,723
170	롯데제과(주)	73,147
171	(주)에스원	72,919
172	(주)케이티스카이라이프	72,554
173	팰(주)	72,327
174	(주)유한양행	71,886
175	한국허벌라이프(주)	71,775
176	한일시멘트(주)	71,682
177	(주)영풍	71,429
178	(주)엘지하우시스	70,047
179	셋방전지(주)	69,708
180	한림건설(주)	68,749
181	(주)엔씨소프트	68,713
182	에스케이루브리컨츠(주)	68,713
183	동서석유화학(주)	68,597
184	(주)녹십자	68,451
185	(주)성광벤드	67,738
186	(주)교원구몬	67,282
187	(주)우리홈쇼핑	67,117
188	(주)다음커뮤니케이션	66,062
189	(주)파리크라상	65,667
190	한국실리콘(주)	65,463
191	한화호텔앤드리조트(주)	64,975
192	(주)이스트건설	64,517
193	(주)홈앤쇼핑	64,365
194	(주)더페이스샵	63,959
195	금호타이어(주)	63,879
196	(주)성주디앤디	63,675
197	(주)셀트리온지에스씨	63,057
198	(주)유라코퍼레이션	62,941
199	에스케이씨(주)	62,847
200	(주)에이디티캡스	62,421
201	(주)LS	62,106
202	(주)씨앤앰	62,036
203	(주)이시아폴리스	61,901
204	(주)비지에프리테일	61,064
205	(주)모뉴엘	59,966
206	(주)에스에프에이	59,794
207	한국암웨이(주)	59,638
208	(주)서원유통	58,996
209	(주)E1	58,935
210	프라다코리아(주)	58,775

(단위: 백만 원)

순위	업체명	순이익
211	(주)베네세코리아	58,684
212	(주)대웅제약	58,673
213	서울도시가스(주)	58,517
214	(주)씨제이헬로비전	58,353
215	(주)연호엠에스	57,291
216	폴라리스쉬핑(주)	56,998
217	롯데역사(주)	56,801
218	디아지오코리아(주)	56,636
219	솔브레인(주)	56,596
220	동화투자개발(주)	56,519
221	(주)케이티샛	56,413
222	(주)한샘	56,056
223	(주)카카오	55,635
224	(주)대림코퍼레이션	55,337
225	엘아이지넥스원(주)	55,152
226	(주)무학	54,719
227	(주)엔에스쇼핑	54,619
228	지멘스(주)	54,446
229	화이트코리아(주)	54,280
230	한세실업(주)	54,134
231	(주)한화	53,810
232	한국다우코닝(주)	53,722
233	부전전자(주)	53,585
234	(주)아트라스비엑스	52,960
235	(주)네오위즈게임즈	52,818
236	(주)제일기획	52,254
237	휴켐스(주)	52,155
238	히로세코리아(주)	51,632
239	한솔제지(주)	51,336
240	쿠쿠전자(주)	51,217
241	(주)한국야쿠르트	51,208
242	(주)현대그린푸드	50,790
243	한국옵티칼하이테크(주)	50,703
244	(주)대원플러스건설	50,696
245	(주)부영주택	50,483
246	(주)아이피케이	50,437
247	(주)다스	50,294
248	라온레저개발(주)	49,531
249	호반베르디움(주)	49,383
250	(주)범한판토스	49,338
251	대덕GDS(주)	49,019
252	(주)드림텍	48,955

(단위: 백만 원)

순위	업체명	순이익
253	(주)한섬	48,810
254	데상트코리아(주)	48,593
255	(주)광주신세계	48,570
256	일진디스플레이(주)	48,116
257	(주)한화건설	47,970
258	희성촉매(주)	47,680
259	(주)연호전자	47,644
260	프렉스에어코리아(주)	47,269
261	(주)영원무역	47,229
262	현대종합상사(주)	47,185
263	(주)에스아이플렉스	46,977
264	(주)두성테크	46,961
265	에드워드코리아(주)	46,747
266	한국전기초자(주)	46,742
267	(주)경동도시가스	46,254
268	농협경제지주(주)	46,175
269	동광주택산업(주)	45,615
270	(주)일진	45,251
271	비알코리아(주)	45,147
272	(주)오리엔탈정공	45,055
273	하이에어코리아(주)	45,041
274	(주)센트럴시티	44,666
275	(주)슈가돌	44,616
276	장금상선(주)	44,567
277	평택에너지서비스(주)	44,507
278	(주)영원아웃도어	44,465
279	(주)삼천리	44,302
280	에프알엘코리아(주)	43,445
281	(주)델코	43,434
282	현대오토에버(주)	43,310
283	아반스트레이트코리아(주)	43,225
284	에스케이트레이딩인터내셔널(주)	43,158
285	씨제이씨지브이(주)	43,078
286	(주)서현건설	42,962
287	(주)이라이콤	42,670
288	서울반도체(주)	42,651
289	중흥토건(주)	42,312
290	강남금융센터(주)	42,210
291	(주)비아다빈치	41,715
292	(주)경신	41,610
293	모토로라코리아(주)	41,531
294	(주)신도리코	41,450

(단위: 백만 원)

순위	업체명	순이익
295	발레오전장시스템스코리아(주)	41,194
296	(주)넥서스	41,136
297	한국중부발전(주)	40,815
298	(주)화신	40,673
299	(주)태영건설	40,241
300	(주)위너셋	40,137
301	(주)동희산업	39,900
302	(주)아워홈	39,597
303	동원산업(주)	39,595
304	(주)아이마켓코리아	39,567
305	(주)유진테크	39,484
306	피에스텍(주)	39,402
307	(주)이니스프리	39,348
308	천안논산고속도로(주)	39,302
309	(주)지누스	39,290
310	(주)에이비비코리아	39,067
311	(주)엠디엠	39,040
312	(주)교원	38,858
313	(주)문화방송	38,642
314	자화전자(주)	38,347
315	라파즈한라시멘트(주)	38,223
316	(주)와이비엠	38,098
317	세메스(주)	38,062
318	(주)픽셀플러스	37,920
319	(주)귀뚜라미	37,787
320	(주)아모레퍼시픽그룹	37,738
321	(주)빙그레	37,488
322	평화크랏치공업(주)	37,267
323	호반비오토(주)	37,244
324	엠피씨코리아홀딩스(주)	37,164
325	(주)에실로코리아	36,887
326	(주)송도주택피에프브이	36,836
327	(주)부산도시가스	36,806
328	(주)동원종합건설	36,160
329	볼보그룹코리아(주)	36,090
330	(주)포스코피앤에스	35,941
331	한국파렛트풀(주)	35,749
332	부산신항만(주)	35,726
333	(주)밀레	35,676
334	이루씨앤에스(주)	35,624
335	동우화인켐(주)	35,432
336	(주)삼익악기	35,328

(단위: 백만 원)

순위	업체명	순이익
337	(주)시디즈	34,843
338	애터미(주)	34,738
339	머크어드밴스드테크놀러지스(주)	34,700
340	대방건설(주)	34,588
341	에스엘(주)	34,540
342	메르세데스벤츠코리아(주)	34,523
343	한국전력기술(주)	34,407
344	S&T모티브(주)	34,373
345	티에스주택(주)	34,166
346	홈플러스테스코(주)	34,130
347	(주)와이비엠홀딩스	34,105
348	(주)로엔엔터테인먼트	34,088
349	(주)포스코아이씨티	33,796
350	군장에너지(주)	33,494
351	에스맥(주)	33,458
352	어플라이드머티어리얼즈코리아(주)	33,450
353	애경유화(주)	33,375
354	조선내화(주)	33,342
355	서울버스(주)	33,316
356	타이코화이어앤시큐리티서비시즈코리아(주)	33,145
357	엔에이치엔엔터테인먼트(주)	33,104
358	(주)대광반도체	33,025
359	(주)실리콘웍스	32,982
360	(주)디에이치홀딩스	32,958
361	엘에스지스카이셰프코리아(주)	32,933
362	(주)강남	32,910
363	하이록코리아(주)	32,876
364	코레일공항철도(주)	32,875
365	(주)에스엠티	32,851
366	(주)동원개발	32,847
367	그랑블제주알앤지(주)	32,740
368	(주)하나투어	32,727
369	한국단자공업(주)	32,724
370	제일홀딩스(주)	32,722
371	씨에스윈드(주)	32,638
372	한국엔지니어링플라스틱(주)	32,524
373	(주)루멘스	32,211
374	(주)대교	31,814
375	(주)이베이코리아	31,814
376	(주)KH바텍	31,760
377	포스코특수강(주)	31,703
378	(주)LG상사	31,700

(단위: 백만 원)

순위	업체명	순이익
379	(주)태진인터내셔날	31,443
380	동양기전(주)	31,412
381	(주)케미그라스	31,349
382	아우디폭스바겐코리아(주)	31,265
383	동아타이어공업(주)	31,217
384	(주)앤모드하우스	31,208
385	태광실업(주)	31,176
386	(주)듀폰코리아	31,082
387	(주)리드코프	30,716
388	(주)브이엘엔코	30,627
389	메가스터디(주)	30,588
390	원일종합건설(주)	30,533
391	제일사료(주)	30,525
392	(주)롯데리아	30,510
393	금복홀딩스(주)	30,505
394	(주)세아특수강	30,497
395	덕산하이메탈(주)	30,450
396	(주)씨에이치아이건설	30,448
397	(주)세정	30,423
398	(주)협성건설	30,334
399	에어리퀴드코리아(주)	30,032
400	(주)아이존	29,950
401	(주)케이엠앤아이	29,885
402	(주)밀레에델바이스홀딩스	29,876
403	(주)신세계인터내셔날	29,759
404	한국델파이(주)	29,713
405	(주)서령개발	29,652
406	한국쉘석유(주)	29,607
407	(주)에이비씨마트코리아	29,584
408	(주)선진	29,560
409	현대비앤지스틸(주)	29,555
410	(주)삼탄인터내셔널	29,533
411	(주)에이스침대	29,518
412	태광산업(주)	29,479
413	처인레저(주)	29,439
414	(주)이앤아이	29,351
415	현대그린파워(주)	29,349
416	(주)동희하이테크	29,310
417	무림피앤피(주)	29,305
418	엠피씨율촌전력(주)	29,244
419	(주)휴비스	29,183
420	제이에스알마이크로코리아(주)	29,149

(단위: 백만 원)

순위	업체명	순이익
421	신라교역(주)	29,010
422	(주)경향신문사	28,923
423	(주)신세계사이먼	28,660
424	영남에너지서비스(주)	28,629
425	한화테크엠(주)	28,600
426	(주)티브로드한빛방송	28,559
427	(주)앤이오플랙스	28,557
428	(주)서영	28,551
429	태광독산프로젝트금융투자(주)	28,539
430	(주)태광	28,533
431	미원스페셜티케미칼(주)	28,482
432	한국니토옵티칼(주)	28,413
433	(주)씨앤아이디벨롭먼트	28,340
434	윌로펌프(주)	28,332
435	(주)조선일보사	28,126
436	국도화학(주)	28,110
437	금호미쓰이화학(주)	28,050
438	(주)이녹스	27,868
439	(주)금복주	27,859
440	한국파워트레인(주)	27,770
441	텍사스인스트루먼트코리아(주)	27,682
442	(주)비에이치	27,634
443	에릭슨엘지(주)	27,604
444	동아제약(주)	27,576
445	(주)농협사료	27,559
446	(주)드림파마	27,554
447	금호폴리켐(주)	27,541
448	(주)이오테크닉스	27,539
449	율촌화학(주)	27,490
450	(주)호반하우징	27,375
451	(주)서원인텍	27,356
452	엘에스엠트론(주)	27,283
453	노틸러스효성(주)	27,064
454	한국동서발전(주)	27,021
455	세종공업(주)	27,020
456	(주)신동개발투자회사	27,005
457	(주)젠토	26,999
458	경남테크(주)	26,990
459	동양이엔피(주)	26,968
460	(주)도루코	26,968
461	페르노리카코리아임페리얼(주)	26,839
462	유니온스틸(주)	26,764

(단위: 백만 원)

순위	업체명	순이익
463	(주)SBS	26,650
464	(주)이수페타시스	26,636
465	경기관광개발(주)	26,636
466	(주)현대그린개발	26,585
467	(주)디스플레이테크	26,550
468	대전천변도시고속화도로(주)	26,536
469	삼성메디슨(주)	26,525
470	SK케미칼(주)	26,468
471	(주)코리아써키트	26,324
472	천안제삼사이언스컴플렉스(주)	26,247
473	은성오엔씨(주)	26,240
474	(주)케이에스에스해운	26,237
475	(주)호반토건	26,195
476	리노공업(주)	26,181
477	(주)유니드	26,103
478	스와치그룹코리아(주)	26,064
479	(주)에코맥스	26,050
480	한미약품(주)	25,967
481	(주)동원F&B	25,960
482	(주)글락소스미스클라인	25,955
483	에스폼알파(주)	25,919
484	일진파트너스(주)	25,914
485	풍성(주)	25,914
486	JW홀딩스(주)	25,907
487	(주)삼양제넥스	25,786
488	에스케이씨코오롱피아이(주)	25,690
489	(주)메가박스	25,632
490	(주)스타벅스커피코리아	25,615
491	(주)아산성우하이텍	25,584
492	금호고속(주)	25,533
493	(주)대한송유관공사	25,480
494	(주)경신전선	25,479
495	(주)우리모두	25,392
496	(주)켐트로닉스	25,362
497	(주)삼화양행	25,333
498	삼보이엔씨(주)	25,329
499	고려해운(주)	25,203
500	(주)현대에이치씨엔	25,145
501	덴소코리아일렉트로닉스(주)	25,104
502	한림제약(주)	25,024
503	(주)시티파크종합건설	24,970
504	아비만전자(주)	24,961

(단위: 백만 원)

순위	업체명	순이익
505	(주)에스비에스콘텐츠허브	24,818
506	평화정공(주)	24,749
507	(주)한국카본	24,709
508	고려개발(주)	24,529
509	한국복합물류(주)	24,513
510	에스티에스도시개발(주)	24,487
511	(주)누가의료기	24,407
512	(주)케이엠더블유	24,406
513	(주)유디	24,346
514	에이지이엠코리아(주)	24,316
515	인창전자(주)	24,306
516	한국에이에스엠지니텍(주)	24,278
517	한국썸벧(주)	24,190
518	알파라발한국홀딩(주)	24,175
519	(주)삼라	24,175
520	명인제약(주)	24,063
521	고려제강(주)	24,056
522	KPX케미칼(주)	24,029
523	중흥건설(주)	23,952
524	(주)케이티렌탈	23,834
525	중흥에스클래스(주)	23,803
526	(주)지디	23,795
527	(주)뉴빛	23,589
528	(주)상암피에프브이	23,576
529	한진에너지(주)	23,570
530	LS전선(주)	23,549
531	뉴스킨코리아(주)	23,453
532	(주)코스모글로벌	23,304
533	대한유화공업(주)	23,255
534	(주)미래와가치	23,229
535	모아건설(주)	23,177
536	(주)와이엠에스에이	23,176
537	건설화학공업(주)	23,055
538	경창산업(주)	23,054
539	아이에스동서(주)	22,998
540	대원산업(주)	22,891
541	한국몰렉스(주)	22,891
542	(주)초이락게임즈	22,741
543	도쿄일렉트론코리아(주)	22,738
544	(주)건설뱅크	22,733
545	(주)중소기업유통센터	22,723
546	(주)세이브존아이앤씨	22,687

순위	업체명	순이익
547	(주)아이비클럽	22,629
548	(주)케이티엠앤에스	22,614
549	(주)케이티이엔에스	22,317
550	(주)에스엔아이	22,262
551	(주)대현에스티	22,251
552	한국오에스지(주)	22,246
553	명화공업(주)	22,237
554	(주)코리아세븐	22,195
555	포스코터미날(주)	22,152
556	한진해운신항만(주)	21,945
557	오리온엔지니어드카본즈(주)	21,916
558	현대위스코(주)	21,840
559	(주)에스디	21,796
560	제페토(주)	21,765
561	아사히피디글라스한국(주)	21,682
562	다임러트럭코리아(주)	21,574
563	(주)성담	21,547
564	(주)동광주택	21,516
565	(주)프레제니우스메디칼케어코리아	21,511
566	(주)한양정밀	21,496
567	(주)티맥스소프트	21,474
568	광동제약(주)	21,435
569	(주)캐프	21,398
570	(주)풍국산업	21,376
571	(주)에이치비테크놀러지	21,375
572	스투트가르트스포츠카(주)	21,356
573	(주)목화	21,318
574	(주)옵트론텍	21,318
575	(주)케이티에스테이트	21,282
576	(주)디알비동일	21,261
577	삼목에스폼(주)	21,248
578	경남개발공사	21,235
579	(주)에스엠에스	21,230
580	앰코테크놀로지코리아(주)	21,229
581	(주)이이더불유코리아	21,222
582	폴리미래(주)	21,222
583	타이어뱅크(주)	21,216
584	(주)금화피에스시	21,184
585	(주)BYC	21,178
586	진해로지스틱스(주)	21,166
587	(주)한솔케미칼	21,040
588	(주)케이씨텍	21,038

(단위: 백만 원)

순위	업체명	순이익
589	(주)금강밸브	20,962
590	서울도시개발(주)	20,928
591	(주)세코닉스	20,873
592	(주)티엠씨	20,830
593	(주)이엠텍	20,823
594	(주)퍼시스	20,750
595	(주)디에이피	20,609
596	(주)삼양사	20,593
597	대원강업(주)	20,579
598	(주)동일드방레	20,572
599	(주)덕산종합건설	20,526
600	(주)지오다노	20,454
601	(주)원익머트리얼즈	20,433
602	현대EP(주)	20,407
603	수원애경역사(주)	20,386
604	모빌코리아윤활유(주)	20,376
605	매일유업(주)	20,271
606	행복도시상가개발(주)	20,259
607	(주)부산롯데호텔	20,116
608	대방산업개발(주)	20,111
609	(주)휴롬	20,088
610	(주)원우정밀	20,034
611	에이케이켐텍(주)	20,010
612	코나아이(주)	19,852
613	대림자동차공업(주)	19,847
614	알에프에이치아이씨(주)	19,837
615	(주)컴투스	19,824
616	넥슨지티(주)	19,814
617	(주)이스타코	19,803
618	(주)신성씨앤티	19,770
619	협진해운(주)	19,699
620	순천에코밸리(주)	19,583
621	(주)대한세라믹스	19,548
622	롯데로지스틱스(주)	19,543
623	부광약품(주)	19,532
624	베올리아워터코리아대산(주)	19,512
625	오리온스낵인터내셔널(주)	19,493
626	(주)노루홀딩스	19,472
627	(주)에뛰드	19,467
628	한국엔에스케이(주)	19,408
629	(주)제주항공	19,382
630	영풍전자(주)	19,376

(단위: 백만 원)

순위	업체명	순이익
631	삼성탈레스(주)	19,353
632	비피코리아(주)	19,349
633	(주)신세계푸드	19,302
634	나이스정보통신(주)	19,294
635	(주)셀트리온헬스케어	19,283
636	(주)내츄럴엔도텍	19,280
637	(주)심팩	19,196
638	(주)케이지이니시스	19,188
639	아세아제지(주)	19,174
640	중부도시가스(주)	19,150
641	엘지엠엠에이(주)	19,145
642	키엔스코리아(주)	19,096
643	영보엔지니어링(주)	19,094
644	지이헬스케어코리아(주)	19,067
645	해태음료(주)	19,061
646	(주)세원정공	19,034
647	(주)니프코코리아	18,997
648	(주)대한솔루션	18,993
649	이진종합건설(주)	18,939
650	강원풍력발전(주)	18,900
651	랜드마크씨앤디(주)	18,779
652	충청에너지서비스(주)	18,779
653	(주)유티아이	18,746
654	경동제약(주)	18,742
655	(주)토니모리	18,735
656	(주)이노칩테크놀로지	18,676
657	굴드펌프(주)	18,637
658	(주)덕평물류	18,628
659	제니스건설(주)	18,621
660	모트렉스(주)	18,618
661	지엠비코리아(주)	18,610
662	(주)흥아	18,597
663	두산디에스티(주)	18,593
664	휴롬엘에스(주)	18,583
665	인탑스(주)	18,560
666	새롬파트너스(주)	18,528
667	(주)동희	18,500
668	(주)레이언스	18,417
669	(주)한진퍼시픽	18,385
670	(주)아이디스	18,346
671	우미건설(주)	18,334
672	현대스틸산업(주)	18,333

순위	업체명	순이익
673	말레동현필터시스템(주)	18,283
674	(주)케이티디에스	18,245
675	(주)솔루에타	18,197
676	현대부산신항만(주)	18,177
677	씨케이코앤(주)	18,161
678	캐논쎄미콘덕터엔지니어링코리아(주)	18,147
679	(주)오토닉스	18,140
680	(주)아이센스	18,118
681	비에이치아이(주)	18,101
682	(주)지팸	18,100
683	오스템임플란트(주)	18,099
684	KPX홀딩스(주)	18,057
685	동부인천항만(주)	18,054
686	(주)엘에스엘개발	17,972
687	송원산업(주)	17,964
688	(주)케이에스넷	17,941
689	(주)유풍	17,933
690	코레일유통(주)	17,895
691	(주)대경디앤씨	17,894
692	두원중공업(주)	17,884
693	(주)모두투어네트워크	17,819
694	인성산업(주)	17,736
695	코리아오토글라스(주)	17,731
696	(주)충남도시가스	17,731
697	(주)필옵틱스	17,729
698	(주)미래엔	17,713
699	(주)한화갤러리아	17,701
700	대창단조(주)	17,682
701	세아상역(주)	17,661
702	(주)린데코리아	17,654
703	(주)뉴옵틱스	17,628
704	(주)유비쿼스	17,566
705	(주)에스엠엔터테인먼트	17,564
706	(주)카길애그리퓨리나	17,557
707	(주)다인정공	17,547
708	(주)모토닉	17,538
709	(주)한진해운홀딩스	17,511
710	미창석유공업(주)	17,440
711	(주)에이치에스엘일렉트로닉스	17,406
712	대한제강(주)	17,400
713	에이제이렌터카(주)	17,396
714	오씨아이에스엔에프(주)	17,379

순위	업체명	순이익
715	(주)디에스시	17,378
716	(주)한글과컴퓨터	17,375
717	(주)평화발레오	17,372
718	(주)코텍	17,360
719	동진섬유(주)	17,358
720	(주)넥센	17,336
721	삼익THK(주)	17,296
722	(주)삼오제약	17,255
723	(주)지오영	17,254
724	경남에너지(주)	17,246
725	(주)현대쇼핑	17,239
726	코오롱생명과학(주)	17,228
727	(주)인터컨스텍	17,225
728	프리드라이프(주)	17,221
729	(주)동산시앤시	17,200
730	니콘프레시전코리아(주)	17,193
731	효성인포메이션시스템(주)	17,165
732	엔씨케이(주)	17,154
733	엘티씨(주)	17,150
734	(주)해피콜	17,143
735	르노삼성자동차(주)	17,139
736	(주)코크렙엔피에스제1호위탁관리부동산투자회사	17,132
737	(주)티아이오토모티브	17,105
738	(주)동진쎄미켐	17,100
739	휠라코리아(주)	17,020
740	환영철강공업(주)	17,011
741	로데슈바르즈코리아(주)	17,004
742	(주)경보제약	16,959
743	(주)삼광윈테크	16,949
744	(주)화인베스틸	16,948
745	(주)파카하니핀커넥터	16,938
746	스타오토홀딩스(주)	16,937
747	티에스개발(주)	16,919
748	(주)대호	16,885
749	(주)빅솔론	16,849
750	버버리코리아(주)	16,837
751	동국제약(주)	16,809
752	한국정보통신(주)	16,798
753	(주)우진기전	16,794
754	(주)범천정밀	16,781
755	신한다이아몬드공업(주)	16,745
756	한화엘앤씨(주)	16,708

(단위: 백만 원)

순위	업체명	순이익
757	(주)위비스	16,657
758	(주)예스코	16,652
759	에이에스엠엘코리아(주)	16,609
760	(주)원익아이피에스	16,601
761	삼화강봉(주)	16,513
762	(주)에버다임	16,489
763	(주)평화드림	16,470
764	(주)유도	16,460
765	(주)해양도시가스	16,448
766	(주)태수	16,421
767	대림씨엔에스(주)	16,400
768	비엠더블유코리아(주)	16,396
769	(주)녹수	16,365
770	한일제관(주)	16,345
771	흥아해운(주)	16,336
772	현대엠엔소프트(주)	16,333
773	한국교세라정공(주)	16,327
774	깨끗한나라(주)	16,280
775	(주)테스콤	16,276
776	엔피씨(주)	16,275
777	(주)농심홀딩스	16,264
778	에이치엔티일렉트로닉스(주)	16,257
779	(주)저스트원	16,206
780	(주)난다	16,198
781	(주)녹십자홀딩스	16,195
782	(주)동성테크	16,194
783	(주)S&TC	16,190
784	현대성우오토모티브코리아(주)	16,154
785	AK홀딩스(주)	16,130
786	(주)씨엠비대전방송	16,111
787	현담산업(주)	16,102
788	에스케이텔링크(주)	16,093
789	(주)알티캐스트	16,089
790	구찌그룹코리아(주)	16,080
791	(주)시큐아이	16,075
792	(주)해커스어학원	16,067
793	한국컴퓨터지주(주)	16,059
794	(주)씨텍	16,020
795	(주)창신아이엔씨	15,996
796	(주)을화	15,994
797	(주)한독	15,976
798	아데카코리아(주)	15,975

(단위: 백만 원)

순위	업체명	순이익
799	(주)에스에이엠티	15,964
800	(주)세경하이테크	15,951
801	한국홀딩스(주)	15,899
802	(주)명진테크	15,869
803	(주)윌트론	15,839
804	(주)레드캡투어	15,809
805	한국에스엠씨공압(주)	15,801
806	(주)디와이에셋	15,786
807	케이유엠(주)	15,765
808	현대메티아(주)	15,751
809	오리온엔지니어드카본즈코리아(주)	15,751
810	(주)사노피아벤티스코리아	15,696
811	코스맥스비티아이(주)	15,651
812	쌍용양회공업(주)	15,628
813	삼화페인트공업(주)	15,619
814	재원산업(주)	15,613
815	(주)대륜이엔에스	15,583
816	(주)동아일렉콤	15,549
817	(주)아바텍	15,538
818	한국성전(주)	15,535
819	신성통상(주)	15,528
820	(주)하림	15,510
821	(주)인팩	15,503
822	(주)케이디알	15,499
823	(주)디지탈옵틱	15,474
824	(주)풍산홀딩스	15,414
825	한전원자력연료(주)	15,401
826	삼영무역(주)	15,368
827	상신브레이크(주)	15,330
828	(주)아모텍	15,298
829	교세라커넥터프로덕츠코리아(주)	15,278
830	(주)체리파크리조트	15,230
831	(주)싸이칸홀딩스	15,215
832	(주)피케이엘	15,172
833	삼성공조(주)	15,160
834	한신공영(주)	15,154
835	(주)지피아이	15,135
836	(주)이지바이오	15,131
837	인창건설(주)	15,105
838	(주)경방	15,104
839	(주)액토즈소프트	15,102
840	NICE평가정보(주)	15,095

순위	업체명	순이익
841	한국스파이렉스사코(주)	15,064
842	(주)에스에이씨	15,058
843	(주)오스람코리아	15,048
844	흥한주택종합건설(주)	15,029
845	(주)제이브이엠	15,029
846	(주)엠비씨플러스미디어	14,993
847	(주)삼원강재	14,989
848	(주)톱텍	14,974
849	(주)파라다이스호텔부산	14,970
850	(주)아이에스시	14,962
851	(주)창해에탄올	14,887
852	(주)미래엔서해에너지	14,855
853	(주)금성백조주택	14,842
854	(주)고영테크놀러지	14,817
855	영림임업(주)	14,809
856	(주)유니크	14,800
857	엔브이에이치코리아(주)	14,787
858	(주)삼립식품	14,778
859	(주)쏠리드	14,770
860	동서유지(주)	14,761
861	(주)서한	14,760
862	강현건설(주)	14,758
863	에임피앤디(주)	14,757
864	(주)선광	14,754
865	(주)케이피씨	14,709
866	그린에어(주)	14,690
867	금아산업(주)	14,645
868	소니코리아(주)	14,624
869	(주)프라코	14,605
870	(주)라이온켐텍	14,585
871	엘지엔시스(주)	14,581
872	환인제약(주)	14,580
873	(주)리홈쿠첸	14,563
874	(주)페르노리카코리아	14,558
875	중봉건설(주)	14,524
876	씨에스케이(주)	14,511
877	(주)플렉스컴	14,497
878	씨제이시스템즈(주)	14,484
879	(주)중원산업	14,457
880	보문관광(주)	14,408
881	(주)에이앤엠	14,334
882	(주)리치몬트코리아	14,325

순위	업체명	순이익
883	(주)에스엠알풍정	14,308
884	삼주리틀휴즈(주)	14,295
885	(주)영원무역홀딩스	14,264
886	네이버비즈니스플랫폼(주)	14,243
887	(주)일성	14,234
888	(주)지스코	14,225
889	신한벽지(주)	14,211
890	(주)유라엘텍	14,204
891	태림포장공업(주)	14,192
892	(주)삼호	14,175
893	하이네켄코리아(주)	14,160
894	강남화성(주)	14,135
895	(주)유아이디	14,128
896	(주)호텔신라	14,128
897	보령제약(주)	14,127
898	이너지오토모티브시스템즈(주)	14,126
899	대신에이엠씨(주)	14,119
900	(주)진로발효	14,116
901	금호터미널(주)	14,112
902	한국다우케미칼(주)	14,104
903	한라스택폴(주)	14,089
904	경동건설(주)	14,059
905	(주)탑앤양지	14,042
906	(주)티웨이항공	14,031
907	(주)인터파크아이엔티	14,031
908	(주)데코네티션	14,025
909	(주)세아엘앤에스	14,024
910	(주)일지테크	13,993
911	에쓰오일토탈윤활유(주)	13,986
912	동일고무벨트(주)	13,985
913	전진중공업(주)	13,978
914	(주)세화아이엠씨	13,975
915	(주)한대	13,964
916	(주)선데이토즈	13,950
917	(주)와이지엔터테인먼트	13,935
918	(주)한국가스기술공사	13,927
919	부산파이낸스센터피에프브이(주)	13,916
920	대한제분(주)	13,915
921	조광요턴(주)	13,889
922	(주)필립스전자	13,880
923	(주)진양홀딩스	13,871
924	(주)씨앤엠강남케이블티브이	13,870

순위	업체명	순이익
925	우방산업(주)	13,864
926	성지산업(주)	13,862
927	(주)파크랜드	13,849
928	(주)더존비즈온	13,844
929	(주)모아종합건설	13,844
930	(주)케이지모빌리언스	13,838
931	우양산업개발(주)	13,833
932	(주)한유엘앤에스	13,832
933	(주)케이티스	13,830
934	시스코시스템즈코리아(유)	13,825
935	아세아(주)	13,811
936	비에스한아름(주)	13,810
937	화성산업(주)	13,799
938	대림아이앤에스(주)	13,796
939	고려용접봉(주)	13,783
940	케이에스케이펀드(주)	13,769
941	(주)경농	13,752
942	(주)천재교육	13,751
943	미원상사(주)	13,720
944	보그워너티티에스오창(주)	13,689
945	(주)제이엔지코리아	13,689
946	훌루테크(주)	13,668
947	(주)벽산	13,658
948	(주)동보	13,604
949	(주)세이브존	13,581
950	(주)에스엘라이팅	13,563
951	화천기공(주)	13,561
952	(주)위메이드엔터테인먼트	13,554
953	(주)신세기건설	13,540
954	한무컨벤션(주)	13,537
955	(주)코오롱	13,510
956	인지컨트롤스(주)	13,508
957	(주)금강주택	13,485
958	(주)팜스코	13,483
959	희성금속(주)	13,477
960	(주)위닉스	13,475
961	유니퀘스트(주)	13,465
962	(주)슈프리마	13,465
963	아토텍코리아(주)	13,444
964	에스에이피코리아(주)	13,441
965	윤산공영개발(주)	13,398
966	신젠타코리아(주)	13,390

순위	업체명	순이익
967	(주)성철사	13,362
968	주광정밀(주)	13,285
969	(주)현진스포텍	13,274
970	삼정펄프(주)	13,232
971	(주)뉴코아강남기업구조조정부동산투자회사	13,231
972	새론오토모티브(주)	13,229
973	유성기업(주)	13,221
974	케이아이에스정보통신(주)	13,218
975	(주)모베이스	13,209
976	스포츠토토(주)	13,188
977	슈나이더일렉트릭코리아(주)	13,181
978	(주)엠티콜렉션	13,165
979	(주)한성라인	13,157
980	경남모직(주)	13,134
981	아이에스지주(주)	13,128
982	만도헬라일렉트로닉스(주)	13,100
983	씨에스유통(주)	13,097
984	동아탱커(주)	13,092
985	케이지이티에스(주)	13,086
986	토파스여행정보(주)	13,031
987	(주)네오씨티알	13,015
988	(주)동서기공	13,005
989	화산건설(주)	12,999
990	와이시피(주)	12,990
991	(주)재승출판	12,984
992	(주)대홍기획	12,983
993	(주)코크렙제8호위탁관리부동산투자회사	12,979
994	농업회사법인(주)농우바이오	12,975
995	(주)동승	12,954
996	남해화학(주)	12,947
997	극동유화(주)	12,941
998	(주)한국경제신문	12,938
999	아쿠쉬네트코리아(주)	12,907
1000	한국폴(주)	12,903

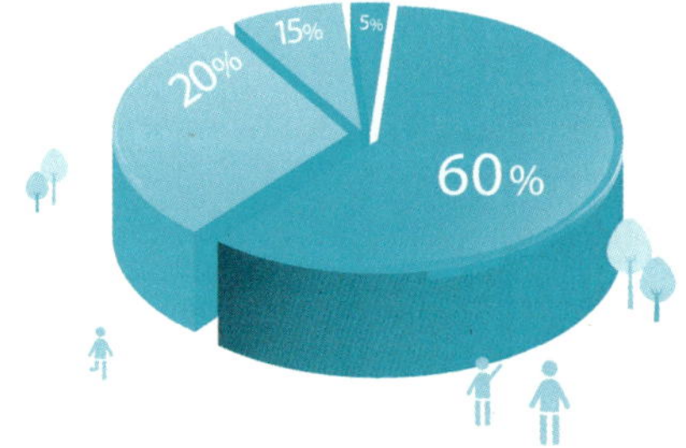

총자산
1위~1000위 기업

(단위: 백만 원)

(2014.6.9 기준 NICE평가정보(주) DB)

(단위: 백만 원)

순위	업체명	총자산	순위	업체명	총자산
1	삼성전자(주)	154,825,957	43	한국남동발전(주)	8,294,382
2	한국전력공사	98,249,927	44	SK네트웍스(주)	8,168,923
3	현대자동차(주)	57,714,177	45	(주)LG	7,872,017
4	(주)포스코	54,242,278	46	(주)효성	7,848,966
5	한국수력원자력(주)	46,717,706	47	(주)대우인터내셔널	7,739,676
6	한국가스공사	42,271,828	48	한국동서발전(주)	7,449,723
7	삼성디스플레이(주)	35,754,894	49	한국남부발전(주)	7,360,191
8	현대중공업(주)	32,131,726	50	동국제강(주)	7,216,456
9	현대제철(주)	28,932,059	51	한국서부발전(주)	7,160,956
10	기아자동차(주)	26,862,906	52	두산인프라코어(주)	6,905,924
11	롯데쇼핑(주)	26,332,000	53	현대상선(주)	6,854,879
12	(주)케이티	25,693,894	54	(주)포스코건설	6,853,318
13	LG전자(주)	24,971,082	55	한화케미칼(주)	6,835,248
14	SK텔레콤(주)	22,827,420	56	삼성코닝정밀소재(주)	6,819,644
15	삼성물산(주)	21,970,679	57	(주)케이씨씨	6,812,823
16	지에스칼텍스(주)	21,623,179	58	현대삼호중공업(주)	6,782,721
17	(주)대한항공	20,964,254	59	홈플러스(주)	6,333,826
18	엘지디스플레이(주)	20,644,593	60	(주)한화	6,276,926
19	에스케이하이닉스(주)	19,896,259	61	CJ제일제당(주)	6,216,231
20	현대모비스(주)	19,889,067	62	한국중부발전(주)	6,189,836
21	삼성중공업(주)	17,057,711	63	(주)케이티앤지	6,082,312
22	대우조선해양(주)	16,458,240	64	아시아나항공(주)	6,054,231
23	에스케이에너지(주)	15,517,878	65	(주)한진중공업	5,839,633
24	(주)LG화학	15,387,176	66	에스케이종합화학(주)	5,758,473
25	SK이노베이션(주)	14,486,694	67	오씨아이(주)	5,716,070
26	(주)호텔롯데	13,695,448	68	삼성전기(주)	5,628,444
27	(주)이마트	12,031,101	69	롯데건설(주)	5,626,929
28	S-OIL(주)	11,914,935	70	삼성토탈(주)	5,480,893
29	현대건설(주)	11,901,427	71	(주)GS	5,380,295
30	(주)LG유플러스	11,746,124	72	(주)신세계	5,379,702
31	SK(주)	11,346,254	73	현대산업개발(주)	5,376,148
32	GS건설(주)	10,838,835	74	지에스에너지(주)	5,314,332
33	두산중공업(주)	10,767,958	75	롯데물산(주)	5,199,622
34	삼성SDI(주)	10,126,727	76	(주)한화건설	5,170,047
35	(주)한진해운	10,091,861	77	(주)현대미포조선	5,032,466
36	대림산업(주)	9,929,196	78	삼성엔지니어링(주)	4,974,245
37	(주)부영주택	9,911,135	79	SK건설(주)	4,887,938
38	롯데케미칼(주)	9,835,072	80	동부제철(주)	4,841,858
39	(주)대우건설	9,721,383	81	에스케이인천석유화학(주)	4,833,512
40	한국지엠(주)	9,036,318	82	제일모직(주)	4,785,270
41	현대오일뱅크(주)	8,597,935	83	두산건설(주)	4,745,786
42	삼성에버랜드(주)	8,395,640	84	고려아연(주)	4,690,740

순위	업체명	총자산
85	한국타이어(주)	4,656,058
86	한국지역난방공사	4,646,823
87	팬오션(주)	4,639,640
88	삼성에스디에스(주)	4,603,903
89	현대글로비스(주)	4,422,278
90	SK해운(주)	4,301,454
91	롯데제과(주)	4,264,781
92	LG이노텍(주)	4,260,285
93	(주)현대백화점	4,124,105
94	현대위아(주)	4,114,712
95	포스코에너지(주)	4,021,969
96	현대로템(주)	3,882,373
97	롯데칠성음료(주)	3,838,242
98	씨제이대한통운(주)	3,791,636
99	엘에스니꼬동제련(주)	3,636,456
100	(주)만도	3,604,181
101	코오롱인더스트리(주)	3,589,876
102	하이트진로(주)	3,398,638
103	STX조선해양(주)	3,376,216
104	금호타이어(주)	3,324,692
105	(주)두산	3,291,631
106	삼성테크윈(주)	3,254,375
107	금호석유화학(주)	3,234,382
108	에스케이씨앤씨(주)	3,184,094
109	(주)아모레퍼시픽	3,133,866
110	(주)강원랜드	3,105,430
111	(주)LG상사	3,093,789
112	오비맥주(주)	3,084,052
113	에스케이브로드밴드(주)	3,044,349
114	CJ(주)	3,004,672
115	코레일공항철도(주)	2,839,998
116	(주)GS리테일	2,827,723
117	(주)부영	2,819,804
118	(주)E1	2,817,244
119	에스케이이엔에스(주)	2,809,360
120	태광산업(주)	2,780,790
121	(주)롯데하이마트	2,751,826
122	에스케이씨(주)	2,571,838
123	LS전선(주)	2,565,291
124	유코카캐리어스(주)	2,547,962
125	에스케이플래닛(주)	2,528,054
126	(주)삼천리	2,506,238

순위	업체명	총자산
127	쌍용양회공업(주)	2,470,174
128	현대엔지니어링(주)	2,452,897
129	(주)이랜드리테일	2,448,160
130	(주)이랜드월드	2,435,123
131	SK케미칼(주)	2,403,408
132	한진에너지(주)	2,390,988
133	여천엔씨씨(주)	2,364,646
134	한국타이어월드와이드(주)	2,353,168
135	한화호텔앤드리조트(주)	2,336,135
136	(주)LG생활건강	2,325,814
137	(주)풍산	2,321,810
138	(주)센트럴시티	2,272,970
139	코오롱글로벌(주)	2,269,049
140	네이버(주)	2,260,147
141	(주)넥슨코리아	2,230,830
142	대성산업(주)	2,230,763
143	(주)세아베스틸	2,209,112
144	(주)태영건설	2,136,327
145	한라비스테온공조(주)	2,133,097
146	(주)농심	2,129,920
147	쌍용자동차(주)	2,123,813
148	국민유선방송투자(주)	2,122,727
149	(주)케이티렌탈	2,116,548
150	현대파워텍(주)	2,082,443
151	SK가스(주)	2,046,273
152	(주)문화방송	2,038,320
153	씨제이이앤엠(주)	2,034,794
154	(주)알파돔시티	1,989,416
155	(주)씨제이헬로비전	1,986,834
156	(주)영풍	1,980,715
157	한국항공우주산업(주)	1,976,019
158	(주)셀트리온	1,972,614
159	LS산전(주)	1,961,236
160	한일시멘트(주)	1,948,625
161	(주)서브원	1,945,896
162	에스케이루브리컨츠(주)	1,913,148
163	삼성정밀화학(주)	1,906,316
164	넥센타이어(주)	1,905,329
165	(주)한라	1,904,679
166	(주)대림코퍼레이션	1,899,069
167	성동조선해양(주)	1,891,730
168	(주)LS	1,814,856

(단위: 백만 원)

순위	업체명	총자산
169	포스코특수강(주)	1,792,407
170	하이트진로홀딩스(주)	1,768,074
171	유니온스틸(주)	1,749,051
172	도레이첨단소재(주)	1,734,539
173	(주)세아제강	1,717,962
174	한솔제지(주)	1,714,006
175	(주)엘지하우시스	1,713,858
176	(주)엘지씨엔에스	1,711,718
177	(주)호텔신라	1,709,734
178	금호산업(주)	1,708,573
179	(주)한진	1,704,060
180	(주)한화갤러리아	1,703,966
181	STX중공업(주)	1,684,882
182	롯데알미늄(주)	1,678,414
183	지케이해상도로(주)	1,667,321
184	르노삼성자동차(주)	1,665,306
185	(주)대명레저산업	1,664,325
186	현대엘리베이터(주)	1,662,449
187	(주)아모레퍼시픽그룹	1,653,114
188	동부건설(주)	1,650,813
189	코웨이(주)	1,641,057
190	(주)일레븐건설	1,604,534
191	삼성종합화학(주)	1,597,400
192	(주)현대그린푸드	1,590,520
193	현대코스모(주)	1,583,410
194	경남기업(주)	1,568,586
195	(주)삼탄	1,558,163
196	두산엔진(주)	1,538,917
197	한무쇼핑(주)	1,537,049
198	동우화인켐(주)	1,523,182
199	(주)엘지실트론	1,520,406
200	(주)이베이코리아	1,518,537
201	한신공영(주)	1,512,082
202	홈플러스테스코(주)	1,507,242
203	대한전선(주)	1,491,581
204	앰코테크놀로지코리아(주)	1,485,488
205	지에스이피에스(주)	1,475,099
206	폴라리스쉬핑(주)	1,458,344
207	엘아이지넥스원(주)	1,456,425
208	삼부토건(주)	1,450,519
209	서울도시가스(주)	1,438,421
210	(주)케이티에스테이트	1,431,493

(단위: 백만 원)

순위	업체명	총자산
211	(주)현대홈쇼핑	1,429,042
212	농협경제지주(주)	1,423,955
213	(주)한국인삼공사	1,415,039
214	(주)동광주택	1,413,638
215	현대종합상사(주)	1,399,180
216	몰트홀딩(주)	1,397,166
217	디에스디삼호(주)	1,392,632
218	(주)유한양행	1,390,058
219	현대다이모스(주)	1,370,484
220	대상(주)	1,356,162
221	고려제강(주)	1,355,730
222	노벨리스코리아(주)	1,352,853
223	아사히초자화인테크노한국(주)	1,352,366
224	장금상선(주)	1,334,427
225	계룡건설산업(주)	1,329,509
226	창명해운(주)	1,329,460
227	(주)오리온	1,316,405
228	(주)LF	1,305,044
229	대한유화공업(주)	1,299,053
230	신대구부산고속도로(주)	1,296,936
231	(주)LS네트웍스	1,295,192
232	엠피씨율촌전력(주)	1,267,036
233	에스케이트레이딩인터내셔널(주)	1,265,972
234	(주)경방	1,261,257
235	에스피피조선(주)	1,241,206
236	한국바스프(주)	1,233,955
237	동부팜한농(주)	1,228,524
238	롯데상사(주)	1,226,123
239	동양시멘트(주)	1,223,374
240	대한해운(주)	1,222,386
241	무림피앤피(주)	1,222,252
242	현대그린파워(주)	1,217,252
243	파르나스호텔(주)	1,210,840
244	(주)엔씨소프트	1,200,514
245	STX엔진(주)	1,200,269
246	(주)GS홈쇼핑	1,182,414
247	(주)디씨알이	1,176,393
248	대우송도개발(주)	1,172,516
249	서울춘천고속도로(주)	1,171,723
250	한화엘앤씨(주)	1,163,373
251	(주)경동도시가스	1,161,427
252	동두천드림파워(주)	1,159,917

(단위: 백만 원)

순위	업체명	총자산
253	롯데정보통신(주)	1,156,817
254	엘에스엠트론(주)	1,153,714
255	현대하이스코(주)	1,152,040
256	엔에이치엔엔터테인먼트(주)	1,151,633
257	(주)동부하이텍	1,149,069
258	한국후지필름(주)	1,147,928
259	(주)씨제이오쇼핑	1,136,935
260	(주)코오롱	1,134,536
261	(주)교원구몬	1,129,322
262	(주)롯데푸드	1,128,643
263	(주)성우하이텍	1,126,082
264	(주)예스코	1,122,853
265	(주)삼양홀딩스	1,122,217
266	(주)케이씨씨건설	1,115,656
267	성신양회(주)	1,115,108
268	(주)케이알원기업구조조정부동산투자회사	1,099,355
269	서울고속도로(주)	1,087,479
270	(주)STX	1,086,567
271	(주)코스트코코리아	1,081,196
272	이수화학(주)	1,080,775
273	(주)부산롯데호텔	1,080,594
274	(주)제일기획	1,077,775
275	(주)셀트리온헬스케어	1,072,387
276	코원에너지서비스(주)	1,072,306
277	(주)한진중공업홀딩스	1,066,350
278	(주)포스코피앤에스	1,061,686
279	포천파워(주)	1,059,778
280	씨제이씨지브이(주)	1,052,522
281	(주)대한송유관공사	1,048,414
282	(주)아이앤티디씨	1,043,158
283	(주)에스원	1,042,173
284	(주)지에스이앤알	1,041,060
285	(주)녹십자	1,040,803
286	희성전자(주)	1,038,037
287	대성산업가스(주)	1,033,319
288	(주)비지에프리테일	1,026,687
289	(주)오뚜기	1,025,662
290	(주)씨앤앰	1,020,921
291	유진기업(주)	1,017,010
292	(주)웅진홀딩스	1,003,657
293	아주산업(주)	1,001,107
294	(주)교원	1,001,099

순위	업체명	총자산
295	한스자람(주)	999,934
296	동서식품(주)	991,240
297	대한제당(주)	990,984
298	티비홀딩스(주)	990,975
299	(주)한국야쿠르트	985,845
300	(주)영원무역	979,618
301	(주)파리크라상	976,550
302	볼보그룹코리아(주)	974,435
303	남양유업(주)	969,683
304	유한킴벌리(주)	961,226
305	(주)세아홀딩스	959,770
306	(주)동서	959,159
307	(주)호반건설	953,952
308	천안논산고속도로(주)	953,472
309	에어프로덕츠코리아(주)	952,903
310	(주)동양	940,420
311	울산아로마틱스(주)	937,282
312	금호터미널(주)	928,452
313	동아에스티(주)	925,750
314	(주)만도차이나홀딩스	925,234
315	신공항하이웨이(주)	925,119
316	동원산업(주)	917,849
317	미단시티개발(주)	909,859
318	에스앤티중공업(주)	909,583
319	한국철강(주)	907,187
320	아세아(주)	907,087
321	(주)한진해운홀딩스	906,384
322	무림페이퍼(주)	905,983
323	GS파워(주)	903,828
324	쌍용건설(주)	903,197
325	(주)포스코플랜텍	900,409
326	(주)넥솔론	886,683
327	삼성석유화학(주)	883,798
328	(주)신도리코	882,416
329	(주)롯데리아	878,791
330	(주)코리아세븐	875,827
331	서울시메트로구호선(주)	873,455
332	셋방전지(주)	870,158
333	(주)파라다이스	869,491
334	(주)한양	868,925
335	한솔개발(주)	859,910
336	S&T모티브(주)	855,127

순위	업체명	총자산
337	서울반도체(주)	850,484
338	(주)동원엔터프라이즈	850,467
339	제이서해안고속도로(주)	850,083
340	싸이러스송도개발(주)	846,802
341	(주)셀트리온홀딩스	839,813
342	한전KPS(주)	839,067
343	(주)현대케피코	838,529
344	현대로지스틱스(주)	838,279
345	신분당선(주)	838,124
346	일진전기(주)	836,109
347	(주)한진칼	831,329
348	(주)세정	830,632
349	경남개발공사	830,309
350	송원산업(주)	829,172
351	한국화낙(주)	829,044
352	송도국제화복합단지개발(주)	824,516
353	부산울산고속도로(주)	823,478
354	고려개발(주)	823,443
355	(주)귀뚜라미	822,951
356	대원강업(주)	822,732
357	금호피앤비화학(주)	820,772
358	(주)서부티엔디	816,449
359	평택에너지서비스(주)	815,856
360	아이에스동서(주)	812,867
361	(주)비엔씨티	811,440
362	송도글로벌대학캠퍼스(주)	810,920
363	(주)코크렙엔피에스제1호위탁관리부동산투자회사	801,753
364	(주)SBS	801,536
365	프라임개발(주)	801,322
366	(주)한섬	795,055
367	한화에너지(주)	793,477
368	(주)부산도시가스	792,641
369	(주)대교	791,840
370	한국쓰리엠(주)	787,318
371	한국아이비엠(주)	783,477
372	(주)우리홈쇼핑	783,168
373	코리아엘엔지트레이딩(주)	782,600
374	(주)일진글로벌	778,461
375	한일이화(주)	774,672
376	도레이케미칼(주)	774,379
377	동아탱커(주)	774,131
378	세아상역(주)	772,669

순위	업체명	총자산
379	(주)아이마켓코리아	771,888
380	에이제이렌터카(주)	770,690
381	(주)녹십자홀딩스	766,055
382	(주)삼양사	761,643
383	한국전력기술(주)	760,504
384	미래에셋컨설팅(주)	757,621
385	삼남석유화학(주)	757,452
386	(주)전주페이퍼	754,214
387	부산김해경전철(주)	752,011
388	태광실업(주)	749,247
389	대한제강(주)	748,080
390	한국델파이(주)	745,501
391	아세아시멘트(주)	745,467
392	에이케이에스앤디(주)	744,178
393	(주)신세계인터내셔날	742,342
394	(주)유니드	741,735
395	한라마이스터(유)	741,578
396	다함하비오(주)	740,307
397	롯데역사(주)	739,907
398	(주)동부익스프레스	738,685
399	인천대교(주)	738,491
400	(주)티브로드한빛방송	735,556
401	(주)용평리조트	734,627
402	셋방(주)	734,551
403	(주)네오플	734,317
404	(주)포스코아이씨티	733,968
405	휴켐스(주)	732,613
406	경기고속도로(주)	729,239
407	한미약품(주)	719,183
408	(주)휴비스	716,852
409	대한제분(주)	714,184
410	(주)동원F&B	711,103
411	(주)팬택	710,711
412	해태제과식품(주)	706,550
413	(주)인터플렉스	705,724
414	(주)이노션	702,020
415	(주)동부메탈	701,862
416	휠라코리아(주)	693,230
417	비엠더블유코리아(주)	691,615
418	두산디에스티(주)	684,998
419	(주)휴맥스	684,745
420	현대성우오토모티브코리아(주)	684,275

(단위: 백만 원)

순위	업체명	총자산
421	동서석유화학(주)	683,231
422	부산신항만(주)	682,137
423	(주)클라쎄빌	681,198
424	(주)삼호	680,011
425	삼성바이오로직스(주)	677,663
426	장금마리타임(주)	675,200
427	세메스(주)	669,232
428	(주)다우기술	667,637
429	(주)케이티스카이라이프	667,562
430	동일방직(주)	662,849
431	(주)지에스글로벌	661,014
432	(주)메이저디벨로프먼트	659,285
433	(주)광주신세계	656,356
434	동부씨엔아이(주)	654,682
435	대성에너지(주)	652,991
436	(주)락앤락	651,758
437	조선내화(주)	650,424
438	(주)태웅	649,347
439	현대종합금속(주)	649,301
440	(주)이랜드파크	646,972
441	에스엘(주)	646,561
442	동화기업(주)	645,873
443	(주)카프로	643,433
444	강남금융센터(주)	640,951
445	(주)대교홀딩스	640,873
446	한국제지(주)	638,813
447	(주)무주덕유산리조트	638,561
448	삼광글라스(주)	637,748
449	삼성탈레스(주)	636,919
450	(주)농협사료	632,729
451	에스엠피(주)	630,760
452	롯데로지스틱스(주)	629,791
453	(주)유라코퍼레이션	628,855
454	제삼경인고속도로(주)	628,686
455	신성통상(주)	628,041
456	현대비앤지스틸(주)	626,577
457	(주)화승알앤에이	625,861
458	매일유업(주)	624,660
459	(주)제이피홀딩스피에프브이	624,538
460	군장에너지(주)	623,092
461	청진이삼프로젝트(주)	622,814
462	(주)서희건설	621,925

(단위: 백만 원)

순위	업체명	총자산
463	아우디폭스바겐코리아(주)	621,348
464	동아타이어공업(주)	619,851
465	(주)에스파워	614,591
466	경남에너지(주)	614,308
467	동아건설산업(주)	613,443
468	프렉스에어코리아(주)	612,991
469	(주)코크렙엔피에스제2호기업구조조정부동산투자회사	612,460
470	(주)반도건설	612,303
471	일동제약(주)	612,258
472	대산엠엠에이(주)	611,067
473	케이투코리아(주)	611,002
474	와이이십이프로젝트금융투자(주)	610,017
475	(주)LG생명과학	609,638
476	(주)포스코엔지니어링	608,624
477	(주)대륜발전	608,270
478	(주)꾸메도시	608,024
479	네파(주)	607,297
480	(주)새날	601,567
481	(주)다음커뮤니케이션	601,548
482	(주)대륜이엔에스	599,095
483	(주)팔도	596,879
484	(주)동부대우전자	593,756
485	씨제이프레시웨이(주)	593,432
486	동국산업(주)	592,670
487	(주)파라다이스글로벌	591,484
488	타타대우상용차(주)	591,372
489	(주)골프존	589,947
490	한국복합물류(주)	589,237
491	메르세데스벤츠코리아(주)	588,295
492	JW중외제약(주)	587,391
493	동아원(주)	587,271
494	씨제이건설(주)	586,566
495	라파즈한라시멘트(주)	586,185
496	(주)원주기업도시	584,908
497	코카콜라음료(주)	581,696
498	네이버비즈니스플랫폼(주)	576,182
499	동아쏘시오홀딩스(주)	575,304
500	아세아제지(주)	574,483
501	(주)듀폰코리아	574,370
502	에릭슨엘지(주)	573,068
503	(주)아워홈	572,632
504	(주)내츄럴엔도텍	572,054

(단위: 백만 원)

순위	업체명	총자산
505	(주)건화	571,846
506	(주)농심홀딩스	571,645
507	(주)심텍	571,615
508	한세실업(주)	570,300
509	(주)서울레이크사이드	569,927
510	(주)대원	569,577
511	홍덕(주)	568,835
512	태림포장공업(주)	568,150
513	모아건설(주)	567,491
514	(주)에스에프에이	566,883
515	(주)서해종합건설	565,397
516	(주)보광	564,785
517	삼성전자판매(주)	564,361
518	전라선철도(주)	562,935
519	그랜드코리아레저(주)	562,914
520	비에이치아이(주)	562,342
521	(주)빙그레	561,401
522	(주)팜스코	560,026
523	(주)휴스틸	558,465
524	한국필립모리스(주)	557,895
525	스카이랜드(주)	557,315
526	사조산업(주)	555,021
527	(주)케이에스아이디	554,407
528	신세계건설(주)	551,473
529	(주)네오위즈게임즈	551,249
530	(주)경신	550,989
531	(주)넥센	550,328
532	현대스틸산업(주)	549,833
533	한화에스앤씨(주)	548,756
534	현대에너지(주)	548,467
535	요진개발(주)	547,278
536	제일홀딩스(주)	546,665
537	흥아해운(주)	546,190
538	(주)펜타포트개발	545,677
539	서울파이낸스센터(주)	545,635
540	한국유리공업(주)	544,766
541	페어차일드코리아반도체(주)	543,965
542	(주)금강	543,916
543	디아지오코리아(주)	543,419
544	전기초자코리아(주)	543,310
545	(주)신안	542,511
546	삼환기업(주)	541,780

(단위: 백만 원)

순위	업체명	총자산
547	풀무원식품(주)	539,158
548	(주)에코시티	538,372
549	에스비에스미디어홀딩스(주)	536,574
550	(주)우리강남피에프브이	536,204
551	한국단자공업(주)	535,595
552	에스티에스반도체통신(주)	534,880
553	호반베르디움(주)	534,314
554	경수고속도로(주)	533,987
555	(주)동진쎄미켐	533,834
556	일신방직(주)	533,630
557	(주)포스코켐텍	533,402
558	한국특수형강(주)	532,912
559	(주)티케이케미칼	532,727
560	(주)동방	531,784
561	두산타워(주)	531,378
562	한국전기초재(주)	531,069
563	(주)크라운제과	531,020
564	오일허브코리아여수(주)	530,333
565	에이에스이코리아(주)	528,560
566	금호리조트(주)	528,320
567	코오롱글로텍(주)	527,685
568	에이엘디제일차피에프브이(주)	527,164
569	(주)BYC	526,385
570	(주)엔엑스씨	525,672
571	(주)엘시티피에프브이	523,728
572	(주)화신	522,989
573	율촌화학(주)	522,868
574	(주)종근당	521,951
575	대덕GDS(주)	521,364
576	가온전선(주)	519,994
577	이수건설(주)	518,876
578	한국실리콘(주)	518,691
579	대덕전자(주)	518,608
580	대선조선(주)	518,152
581	전방(주)	517,897
582	(주)세이브존아이앤씨	516,280
583	한양개발(주)	514,916
584	코스모화학(주)	513,672
585	고려해운(주)	512,763
586	풍림산업(주)	512,015
587	(주)동희산업	510,303
588	한전원자력연료(주)	509,057

순위	업체명	총자산
589	(주)칼호텔네트워크	508,638
590	(주)포스코에이에스티	508,189
591	(주)노루페인트	507,428
592	KISCO홀딩스(주)	507,370
593	(주)삼표산업	506,973
594	(주)대홍기획	505,536
595	(주)에스엔엔씨	504,351
596	오씨아이머티리얼즈(주)	504,351
597	(주)대명홀딩스	504,057
598	남해화학(주)	504,052
599	대한화섬(주)	503,635
600	한화테크엠(주)	503,613
601	(주)대성합동지주	503,280
602	백광산업(주)	502,627
603	(주)파크랜드	501,670
604	(주)대구백화점	499,635
605	신라교역(주)	499,099
606	(주)범한판토스	497,997
607	(주)성광벤드	497,635
608	오산랜드마크프로젝트(주)	497,222
609	(주)동일토건	497,140
610	(주)조선일보사	496,632
611	(주)케이리얼티제1호기업구조조정부동산투자회사	495,824
612	(주)성담	494,645
613	한솔아트원제지(주)	493,619
614	태평양물산(주)	492,824
615	(주)신세계조선호텔	492,485
616	케이엑스홀딩스(주)	492,224
617	(주)케이티샛	491,766
618	(주)대창	491,396
619	금강공업(주)	489,780
620	대동공업(주)	489,595
621	국도화학(주)	488,596
622	진흥기업(주)	487,789
623	금호고속(주)	487,379
624	(주)코크렙청진18호위탁관리부동산투자회사	486,802
625	엘지엠엠에이(주)	485,687
626	한국화이자제약(주)	485,605
627	(주)엠디엠	483,264
628	코크렙지스퀘어(주)	481,584
629	(주)하림	481,047
630	솔브레인(주)	480,707

순위	업체명	총자산
631	(주)시몬느	480,638
632	와이케이스틸(주)	479,388
633	현대시멘트(주)	479,330
634	아반스트레이트코리아(주)	479,174
635	현대EP(주)	478,849
636	(주)신세계사이먼	478,779
637	(주)오피에이	477,514
638	(주)한샘	477,460
639	(주)한독	477,195
640	(주)와이지-원	473,773
641	(주)인터파크	473,264
642	동화엠파크(주)	472,941
643	한국프랜지공업(주)	471,733
644	(주)에스지홀딩스	471,265
645	(주)동훈	471,146
646	동양기전(주)	470,672
647	(주)디케이티	469,739
648	(주)태광	468,623
649	(주)동아일보사	467,934
650	한화역사(주)	467,644
651	티시스(주)	467,517
652	(주)현대아이파크몰	464,487
653	현대오토에버(주)	462,285
654	대구그린파워(주)	461,503
655	AK홀딩스(주)	461,247
656	(주)파트론	460,808
657	고성조선해양(주)	460,329
658	한림건설(주)	460,306
659	남광토건(주)	459,327
660	삼성웰스토리(주)	458,697
661	일진머티리얼즈(주)	458,253
662	한성인베스트먼트(주)	458,057
663	평화정공(주)	456,010
664	씨제이푸드빌(주)	451,757
665	(주)웅진씽크빅	450,980
666	(주)풍산홀딩스	450,632
667	포스코강판(주)	449,661
668	(주)삼양제넥스	449,419
669	노틸러스효성(주)	448,062
670	깨끗한나라(주)	446,517
671	(주)일진	444,666
672	쿠쿠전자(주)	444,278

(단위: 백만 원)

순위	업체명	총자산	순위	업체명	총자산
673	(주)티씨씨동양	444,205	715	메가스터디(주)	426,553
674	한국로버트보쉬(주)	443,227	716	(주)코스콤	426,150
675	(주)승산	443,151	717	에스오크린(주)	426,070
676	(주)원산업	443,064	718	세종공업(주)	425,657
677	한미사이언스(주)	441,694	719	(주)원익아이피에스	424,536
678	패션그룹형지(주)	441,594	720	극동건설(주)	424,178
679	인터지스(주)	441,245	721	(주)흥화	423,781
680	영남에너지서비스(주)	441,241	722	(주)카길애그리퓨리나	423,700
681	동광주택산업(주)	440,625	723	한국에스엠씨공압(주)	423,473
682	(주)무학	440,362	724	(주)와이비엠	423,422
683	금호폴리켐(주)	440,159	725	페이퍼코리아(주)	422,838
684	(주)지오영	440,041	726	삼영전자공업(주)	420,356
685	(주)신원	439,264	727	에스피피율촌에너지(주)	419,862
686	(주)중앙일보	438,551	728	한국파렛트풀(주)	419,427
687	삼화페인트공업(주)	438,509	729	화성산업(주)	419,007
688	(주)해양도시가스	437,929	730	금강에스디씨(주)	418,975
689	(주)코리아써키트	437,457	731	현진소재(주)	417,917
690	(주)충남도시가스	437,102	732	광동제약(주)	416,785
691	(주)세아특수강	436,662	733	(주)중산도시개발	415,648
692	KPX케미칼(주)	436,450	734	(주)선광	415,254
693	프리드라이프(주)	435,733	735	중흥에스클래스개발(주)	414,763
694	희성촉매(주)	435,545	736	경창산업(주)	413,981
695	(주)리드코프	435,326	737	가야철도(주)	413,919
696	대주중공업(주)	435,186	738	대성홀딩스(주)	412,865
697	메타폴리스(주)	434,992	739	베르나바이오텍코리아(주)	412,793
698	엠피씨코리아홀딩스(주)	434,900	740	고려강선(주)	412,007
699	(주)아트라스비엑스	434,262	741	(주)영원무역홀딩스	411,676
700	(주)하이프라자	434,154	742	고려용접봉(주)	411,361
701	대성전기공업(주)	434,084	743	(주)블랙야크	411,218
702	의정부경전철(주)	433,451	744	(주)삼립식품	410,495
703	(주)오리엔트조선	433,009	745	(주)현대에이치씨엔	409,956
704	(주)이테크건설	432,590	746	동문건설(주)	409,466
705	환영철강공업(주)	431,566	747	(주)와이비엠홀딩스	409,420
706	(주)디아이씨	431,021	748	대우조선해양건설(주)	409,416
707	(주)메타티엔씨	430,988	749	(주)연호전자	409,389
708	(주)아라리오	430,841	750	(주)와이티엔	409,131
709	(주)보성	430,095	751	(주)다스	407,845
710	청라에너지(주)	429,413	752	디아이피홀딩스(주)	407,221
711	선창산업(주)	428,903	753	스포츠토토(주)	404,208
712	(주)티브로드홀딩스	428,063	754	엘에스글로벌인코퍼레이티드(주)	402,936
713	한솔테크닉스(주)	427,217	755	소니코리아(주)	402,855
714	(주)동일	427,188	756	비알코리아(주)	402,492

(단위: 백만 원)

순위	업체명	총자산
757	(주)동일홀딩스	402,050
758	파밀리에건설(주)	401,440
759	한솔섬유(주)	401,354
760	희성금속(주)	401,351
761	(주)신영	400,501
762	자일대우버스(주)	400,131
763	(주)케이엠앤아이	400,098
764	(주)씨텍	399,798
765	그린에어(주)	399,572
766	일양약품(주)	398,384
767	(주)코크렙청진19호위탁관리부동산투자회사	398,307
768	일송개발(주)	397,850
769	(주)S&T홀딩스	397,336
770	제일약품(주)	396,097
771	금호미쓰이화학(주)	395,747
772	(주)모토닉	395,645
773	일상해양산업(주)	394,943
774	(주)화승	393,010
775	드림리츠(주)	392,805
776	신풍제약(주)	392,439
777	핸즈코퍼레이션(주)	392,427
778	테크팩솔루션(주)	392,076
779	(주)세진중공업	391,402
780	하이에어코리아(주)	391,338
781	(주)차바이오텍	390,774
782	대림자동차공업(주)	388,758
783	대상홀딩스(주)	388,743
784	(주)메가마트	387,660
785	한국니토옵티칼(주)	387,427
786	(주)동원개발	387,098
787	KPX홀딩스(주)	385,256
788	케이에코로지스(주)	385,175
789	에이제이네트웍스(주)	384,555
790	(주)대원플러스건설	384,100
791	(주)서원유통	383,763
792	(주)유니시티	382,973
793	콘티넨탈오토모티브시스템(주)	382,501
794	인탑스(주)	381,826
795	에프알엘코리아(주)	381,430
796	금호전기(주)	381,396
797	(주)삼우	381,101
798	현대도시개발(주)	380,996

(단위: 백만 원)

순위	업체명	총자산
799	대한조선(주)	380,620
800	동원시스템즈(주)	380,404
801	울트라건설(주)	378,645
802	해솔리아컨트리클럽(주)	378,499
803	(주)디에이치홀딩스	376,875
804	(주)한화타임월드	376,473
805	(주)문영건설	376,404
806	(주)서흥	374,451
807	우양에이치씨(주)	373,356
808	동부특수강(주)	372,663
809	일성신약(주)	372,659
810	경기남부도로(주)	371,970
811	한국공항(주)	371,858
812	(주)앤모드하우스	371,857
813	에어리퀴드코리아(주)	371,808
814	(주)피에스아이비	371,745
815	주성엔지니어링(주)	371,439
816	인천종합에너지(주)	371,208
817	별내에너지(주)	370,858
818	(주)매일방송	369,727
819	그랜드백화점(주)	368,846
820	(주)현대쇼핑	368,801
821	애경유화(주)	368,197
822	동광종합토건(주)	368,057
823	(주)지에스동해전력	367,284
824	신안종합리조트(주)	367,181
825	제일사료(주)	367,000
826	대방건설(주)	366,025
827	(주)영원아웃도어	366,013
828	평화크랏치공업(주)	364,782
829	(주)팜스토리	364,073
830	(주)반도홀딩스	363,640
831	덴소코리아오토모티브(주)	363,167
832	중부도시가스(주)	362,891
833	강남순환도로(주)	362,660
834	일진제강(주)	361,904
835	코리아오토글라스(주)	361,175
836	수원애경역사(주)	360,921
837	(주)아이존	360,423
838	동일산업(주)	360,064
839	(주)셀트리온제약	359,988
840	(주)포스하이메탈	359,240

순위	업체명	총자산
841	서린상사(주)	358,222
842	화성도시공사	357,845
843	엘지엔시스(주)	357,234
844	동화투자개발(주)	357,146
845	(주)삼선로직스	356,540
846	인창건설(주)	356,008
847	삼우중공업(주)	355,999
848	(주)엠에스오토텍	355,493
849	인천도시가스(주)	355,457
850	(주)신흥정밀	354,826
851	한전케이디엔(주)	354,577
852	신세계의정부역사(주)	354,288
853	(주)니프코코리아	354,095
854	동양물산기업(주)	353,678
855	(주)모아주택산업	353,649
856	(주)유성티엔에스	353,048
857	(주)케이피에프	352,760
858	지엠비코리아(주)	352,695
859	(주)케이이씨	352,339
860	리앤리어드바이저스(주)	352,169
861	(주)에스아이플렉스	352,117
862	웅진에너지(주)	351,683
863	(주)라데빵스	351,373
864	어플라이드머티어리얼즈코리아(주)	350,952
865	(주)심팩	349,837
866	정석기업(주)	349,794
867	(주)미르이앤씨	349,088
868	(주)인포트	348,795
869	신흥프로퍼티파트너스(주)	348,758
870	(주)퍼시스	348,668
871	(주)이라이콤	348,661
872	현대위스코(주)	348,015
873	지에스네오텍(주)	347,648
874	(주)실리콘웍스	346,956
875	(주)포스코엠텍	346,577
876	(주)맥쿼리엔피에스제2호위탁관리부동산투자회사	346,157
877	(주)동양강철	345,784
878	신아에스비(주)	345,635
879	(주)모뉴엘	345,539
880	(주)리솜리조트	345,355
881	(주)에이블현대호텔앤리조트	345,313
882	(주)한솔케미칼	344,586

순위	업체명	총자산
883	(주)대동	342,132
884	신동아건설(주)	342,127
885	(주)베이스명동	341,887
886	(주)이지바이오	341,211
887	에스엘디엔씨(주)	340,536
888	(주)NICE홀딩스	340,425
889	(주)대교디앤에스	339,479
890	(주)글락소스미스클라인	339,170
891	경문도시개발(주)	337,901
892	(주)케이알산업	337,828
893	(주)도화엔지니어링	337,616
894	(주)위메이드엔터테인먼트	337,443
895	(주)케이에스에스해운	337,375
896	(주)엔에스쇼핑	336,642
897	(주)대유에이텍	336,455
898	명화공업(주)	336,431
899	대한제지(주)	336,298
900	삼성전자서비스(주)	335,588
901	(주)청원건설	335,455
902	(주)삼탄인터내셔널	335,235
903	(주)이오테크닉스	335,188
904	오뚜기라면(주)	334,933
905	(주)에브리데이리테일	334,788
906	영풍개발(주)	334,753
907	이지건설(주)	334,345
908	(주)에이스침대	334,154
909	(주)피케이엘	334,147
910	노키아솔루션앤네트웍스코리아(주)	333,071
911	경기그린에너지(주)	333,027
912	오라관광(주)	332,686
913	우미건설(주)	332,414
914	(주)아산성우하이텍	332,323
915	여수복합신도시개발(주)	332,262
916	우리에프아이에스(주)	332,223
917	(주)에이디티캡스	332,069
918	경남인베스트먼트(주)	331,479
919	(주)홈앤쇼핑	331,188
920	(주)에이스테크놀로지	331,185
921	(주)하나투어	330,835
922	(주)인터파크아이엔티	330,803
923	건설화학공업(주)	330,202
924	해비치호텔앤드리조트(주)	329,992

(단위: 백만 원)

순위	업체명	총자산
925	세운철강(주)	329,423
926	서울바이오시스(주)	327,886
927	이엘케이(주)	327,485
928	하나마이크론(주)	327,443
929	(주)케이앤테크노밸리	327,369
930	(주)해울	327,300
931	(주)한주	326,856
932	파주전기초자(주)	326,483
933	(주)풀무원	326,402
934	서우로이엘(주)	326,342
935	(주)한국스마트카드	326,154
936	엘아이지건설(주)	326,025
937	키스와이어홀딩스(주)	325,393
938	한국제분(주)	325,085
939	(주)씨에이치아이건설	324,250
940	(주)현대리바트	324,095
941	(주)루멘스	324,087
942	중흥건설산업(주)	323,963
943	대림씨엔에스(주)	323,496
944	알파라발한국홀딩(주)	323,375
945	한미건설(주)	323,208
946	(주)멜파스	323,147
947	(주)건남개발	322,448
948	미래나노텍(주)	321,952
949	이레일(주)	321,289
950	한국파워트레인(주)	321,146
951	태양금속공업(주)	321,002
952	(주)삼표	320,834
953	(주)에스엘라이팅	320,704
954	(주)지이엔피에스제1호위탁관리부동산투자회사	320,460
955	(주)대명종합건설	319,698
956	(주)한국축산의희망서울사료	319,684
957	(주)티에스엠텍	318,563
958	네오위즈엔에이치엔에셋매니지먼트(주)	318,268
959	잠실향군피에프브이(주)	317,869
960	대구남부순환도로(주)	317,764
961	영풍정밀(주)	317,563
962	롯데자산개발(주)	316,960
963	동화약품(주)	316,166
964	(주)우전앤한단	314,181
965	넥스콘테크놀러지(주)	313,532
966	(주)미래엔서해에너지	313,516

(단위: 백만 원)

순위	업체명	총자산
967	진흥레저파인리즈(주)	312,340
968	삼성비피화학(주)	312,032
969	(주)동승	311,931
970	(주)매일경제신문사	311,923
971	(주)S&TC	311,675
972	캐논코리아비즈니스솔루션(주)	311,547
973	(주)케이피아이씨코포레이션	311,014
974	수도권서부고속도로(주)	310,956
975	(주)스마일게이트엔터테인먼트	310,307
976	(주)월산	310,290
977	(주)성창에프엔디	310,021
978	(주)아모텍	309,860
979	(주)인테로	309,818
980	(주)대웅	309,791
981	삼성메디슨(주)	309,321
982	남성해운(주)	309,121
983	(주)네패스	308,568
984	(주)린데코리아	308,235
985	세원셀론텍(주)	307,308
986	전원산업(주)	305,167
987	일진홀딩스(주)	305,147
988	(주)교보문고	304,954
989	(주)에니스	304,714
990	희망세움(주)	304,264
991	(주)디스플레이테크	304,074
992	자일자동차판매(주)	303,791
993	(주)금성백조주택	303,202
994	(주)태승이십일	302,905
995	유베이스매뉴팩처링아시아(주)	302,602
996	코오롱패션머티리얼(주)	302,393
997	대보인터내셔널쉬핑(주)	302,371
998	(주)에스엠엔터테인먼트	302,106
999	(주)채널에이	301,797
1000	(주)스타벅스커피코리아	301,796

잡코리아 좋은일 연구소

대한민국 최대 취업포털 사이트 잡코리아가 운영하는 좋은일 연구소는 20~30대 청춘들이 자신의 진로를 보다 쉽게 파악하고 각자에게 맞는 일을 찾을 수 있도록 돕기 위해 2012년 설립되었으며, 매년 기업별, 업종별 신규인력 채용 증감률을 파악하여 대한민국 고용동향 보고서를 발표하고 있다.

NICE평가정보(주)

국내 1, 2위의 기업정보 및 신용평가 전문기관인 한국신용평가정보㈜와 한국신용정보㈜가 분할 합병하여 2010년 11월 새롭게 재탄생했다. NICE평가정보(주)는 국내 최대 규모의 신용정보 DB를 보유하고 있으며, 업계 최고 수준의 정보가공 노하우 및 솔루션, 우수한 컨설팅 인력 및 시장 인지도를 바탕으로 양질의 기업 정보를 제공하고 있다.

채용이 한눈에 보이는
2014 취업지도

제1판 1쇄 인쇄 | 2014년 8월 8일
제1판 1쇄 발행 | 2014년 8월 15일

엮은이 | 잡코리아 좋은일 연구소 · NICE평가정보(주)
펴낸이 | 고광철
펴낸곳 | 한국경제신문 한경BP
편집주간 | 전준석
책임편집 | 송인국
영업마케팅 | 배한일 · 김규형
홍보마케팅 | 정명찬 · 이진화
디자인 | 김홍신

주소 | 서울특별시 중구 청파로 463
기획출판팀 | 02-3604-553~6
영업마케팅팀 | 02-3604-595, 583 FAX | 02-3604-599
H | http://bp.hankyung.com   E | bp@hankyung.com
T | @hankbp   F | www.facebook.com/hankyungbp
등록 | 제 2-315(1967. 5. 15)

ISBN 978-89-475-2976-1   13320